ラダック仏教僧院と祭礼

煎本 孝

Buddhist Monasteries and Festivals
in Ladakh
Takashi IRIMOTO

法藏館

口絵1（写真1-5）　ラダック、ザンスカール地方を訪れたダライ・ラマ14世（1980年）

口絵2（写真2-10）　ラダックのラマユル僧院（1980年）

口絵3（写真3-2）　ラマユル僧院の厨房で食事を作る僧たち（1989年）

口絵4（写真4-41）　ラマユル僧院カブギャット祭礼における舞踊2日目第8場面のゴンボ（1984年）

口絵 5（写真 4 -50）　ラマユル僧院カブギャット祭礼における舞踊 2 日目第10場面の先導隊と諸尊（1984年）

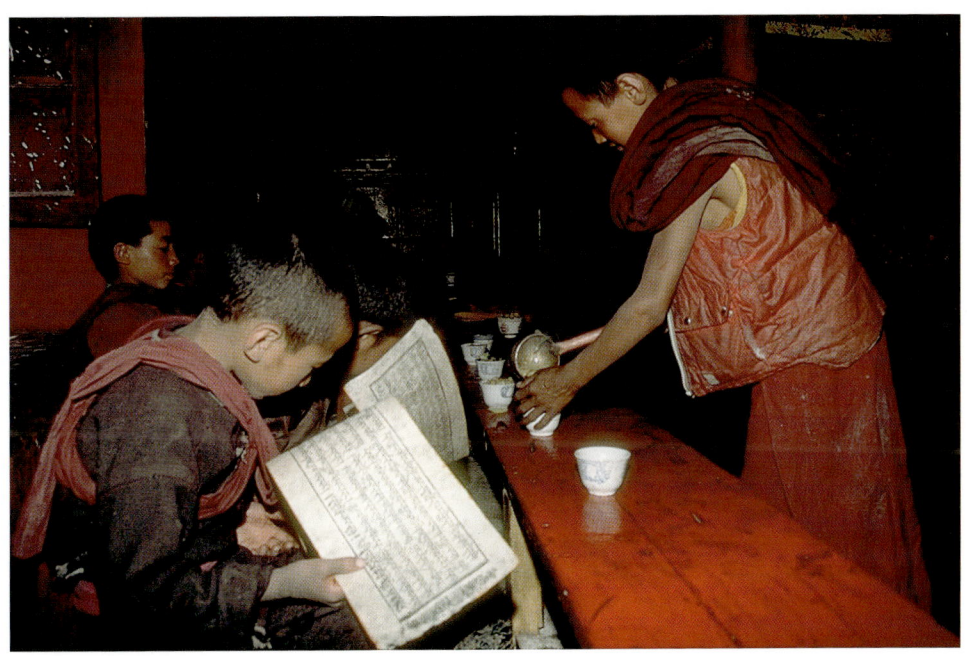

口絵 6（写真 5 - 3 ）　ラマユル僧院カンギュル祭礼において、カンギュルの朗唱が続けられる中、食事のトゥクパが配られる（1989年）

口絵7（写真6-2）　ラマユル僧院デチョク儀軌において、色粉を落として
　　　　　　　　　キルコルの図柄を描いてゆく（1989年）

口絵8（写真6-19）　ラマユル僧院デチョク儀軌第4部のワン。金剛杵のついた杖を持ち、
　　　　　　　　　左手に頭蓋骨の杯、右手で手鼓を鳴らす（1989年）

口絵9（写真6-55）　ラマユル僧院デチョク儀軌における最終日、村へと進む僧たちの隊列（1989年）

口絵10（写真7-2）　ラマユル僧院におけるジトー儀軌とコンシャクス儀軌のための祭壇（1989年）

口絵11（写真8-43） マトー僧院ナグラン祭礼1日目、仮面舞踊第10場面のチャムスコル・チェンモにおいて、諸尊とともに踊るラバ（1984年）

口絵12（写真8-53） マトー僧院ナグラン祭礼2日目、巡行するゴンボのラーと託宣を受けるため集まる村人たち（1984年）

口絵13（写真9-5） ストック僧院グル・ツェチュー祭礼におけるドルジェ・ジクチェット（ヴァジュラバイラヴァ）の内部トルマ（2009年）

口絵14（写真9-57） ストック僧院グル・ツェチュー祭礼において、ツォクスの奉献を行なうラバ（1984年）

口絵15（写真9-68）　ストック僧院グル・ツェチュー祭礼において、ドルジェ・ジクチェットの外部のトルマが火の中に投捨される（1984年）

口絵16（写真10-35）　シェー・シュブラ祭礼において、馬上で両手を上げ、村人に対し、自分が本当のラーであることを示すラバ（2011年）

ラダック仏教僧院と祭礼
*
目　次

口　絵

プロローグ …………………………………………………………………………… 3

第1部　僧院の組織と祭礼

第1章　フロンティア …………………………………………………… 7
1　自然誌の理論と方法論 ………………………………………… 7
2　フィールド・ワーク …………………………………………… 10
3　目標と構成 ……………………………………………………… 21

第2章　ラダックにおける仏教 ………………………………………… 23
1　仏教の始まりと伝播 …………………………………………… 23
2　ラダックにおける仏教の展開 ………………………………… 26
3　ラダック王国と仏教 …………………………………………… 32
　イスラームの影響　32／宗教維持機構　35／僧院と王朝　36／
　現在の僧院　39／僧院の祭礼　44

第3章　僧院の組織と運営 ……………………………………………… 49
1　ラマユル僧院の組織 …………………………………………… 49
　僧院の運営組織　49／リンポチェとトゥルク　53／2人のトゥルク　58／
　僧院と周辺附属施設　59／ラマユル僧院の建物と部屋　65／
　瞑想者たちのコミュニティー　80／僧院とその附属施設の宇宙観　84
2　僧の1年間の生活と経済基盤 ………………………………… 87
3　僧院の運営と改革 ……………………………………………… 95
　デバとチツェデバ　95／運営組織の改革　99
4　改革の意味 ……………………………………………………… 107

第4章　カプギャット祭礼 ……………………………………………… 117
1　ラダックに入る ………………………………………………… 117
2　カプギャット祭礼 ……………………………………………… 119
3　カプギャット祭礼の準備 ……………………………………… 124
　トルマとマントラ　124／村人による僧の招待　129／
　ゴンボとカプギャットのトルマ　131／悪霊たちのトルマ　139／
　僧院に集う僧たち　147

4　舞　踊 …………………………………………………………………………… 151
　　　　　舞踊1日目（試演日）151／舞踊2日目 157／舞踊3日目 175
　　　5　トルマの投捨 ………………………………………………………………… 197
　　　　　僧院屋上での儀礼 197／村人と僧によるトルマの投捨 199
　　　6　カプギャット祭礼における仏教的論理と生態学的意味 …………………… 205

第5章　カンギュル祭礼 …………………………………………………… 211
　　　1　再びラマユル僧院に入る ……………………………………………………… 211
　　　2　ラマユル・カンギュル祭礼 …………………………………………………… 212
　　　　　カンギュル祭礼 212／カンギュルの朗唱 213／キルコルの製作準備 216
　　　3　カンギュル朗唱の意味 ………………………………………………………… 221
　　　　　カンギュルとその朗唱 221／経典とマントラの力 222
　　　4　カンギュル祭礼の背後にある死生観 ………………………………………… 229
　　　　　輪廻図 229／27種類のラー 231／輪廻からの解脱 237／迷いと業 238／
　　　　　僧の説法と村人の認識 238

第6章　デチョク儀軌 ……………………………………………………… 245
　　　1　デチョク（チャクラサンヴァラ）とキルコル（マンダラ） ………………… 245
　　　2　デチョク儀軌の実践 …………………………………………………………… 250
　　　　　デチョク儀軌6部（7月12日）256／デチョク儀軌6部（7月13日）262／
　　　　　デチョク儀軌（7月15日）273／反復されるデチョク儀軌 293
　　　3　リンポチェの臨席と茶の奉献 ………………………………………………… 296
　　　4　デチョク儀軌最終日の僧と村人による祭礼 ………………………………… 301
　　　5　デチョク儀軌実践の意味 ……………………………………………………… 311

第7章　ジトー儀軌、コンシャクス儀軌、ストンチョット儀軌 … 315
　　　1　ジトー儀軌とコンシャクス儀軌 ……………………………………………… 315
　　　2　ストンチョット儀軌の構成 …………………………………………………… 325
　　　3　ストンチョット儀軌の進行と内容 …………………………………………… 335
　　　　　儀軌の準備と開始 337／ナムギャルマの招請とダクスケット 338／
　　　　　ナムギャルマによる衆生の救済 339／
　　　　　ナムギャルマの説明、招請とダクスケット 340／五仏の招請と浄化 342／
　　　　　ナムギャルマの招請とドゥンスケット 344／マントラの朗唱 345／
　　　　　チャプトル儀軌 349／ナムギャルマの送ालしい 351／吉兆の歌 352
　　　4　ジトー儀軌、コンシャクス儀軌、ストンチョット儀軌の特徴と
　　　　　カンギュル祭礼実践の意義 ………………………………………………… 354
　　　　　儀軌の特徴とカンギュル祭礼 354／ラマユル僧院における祭礼実践の意義 357

第2部　ラーの登場する祭礼と僧院

第8章　マトー・ナグラン祭礼とラー ……………………… 363
 1　歴史的背景 ……………………… 364
 2　祭礼の次第 ……………………… 366
  祭礼の準備　366／祭礼1日目　368／祭礼2日目　370／ラーの帰還　372
 3　仮面舞踊とラー ……………………… 372
  祭礼前日のマトー僧院とラー　372／仮面舞踊とラー（祭礼1日目）　386／
  仮面舞踊とラー（祭礼2日目）　403
 4　村人の語りと祭礼の変化 ……………………… 409
  村人からみたラー　410／祭礼における村人の役割　412／祭礼の変化　415
 5　ラーの登場拒否と政治 ……………………… 417
  ラダックの人々の噂話　417／ラーをめぐる政治　418

第9章　ストック・グル・ツェチュー祭礼とラー ……………………… 425
 1　祭礼の次第 ……………………… 425
  ラバの選抜　426／祭礼の準備　427／祭礼前のラー　427／祭礼日のラー　428
 2　仮面舞踊とラー ……………………… 430
  祭礼前日のストック僧院とラー　431／祭礼前日のラーの登場　437／
  仮面舞踊とラー（祭礼1日目）　440／ラーの託宣とツォクスの奉献（祭礼2日目）　467
 3　仮面舞踊、トルマ、ツォクスの意味 ……………………… 484
 4　オンポとラーの関係 ……………………… 493
 5　祭礼の変化 ……………………… 498

第10章　シェー・シュブラ祭礼とラー ……………………… 501
 1　シェー・シュブラ祭礼の歴史的経緯 ……………………… 502
  歴史的背景　502／ラーの登場の一時停止　504
 2　伝統的シェー・シュブラ祭礼 ……………………… 506
  祭礼前のラー　506／祭礼1日目　507／祭礼2日目　510
 3　現在のシェー・シュブラ祭礼 ……………………… 511
  シュブラの奉献とラーの登場の準備（祭礼前日）　511／
  ラバと村人たちの討論（祭礼前日昼食後）　522／
  ラーの再登場（祭礼1日目午前）　525／
  ラトーの更新とラーの巡行（祭礼2日目午前）　531／
  村人の舞踊と村の再統合（祭礼1日目午後、および2日目午後）　544
 4　シェー・シュブラ祭礼、ラー、王権 ……………………… 556
  シェー・シュブラ祭礼の意味　556／ラーと王権　557／現代化とラーの役割　559

第11章　仏教の行方 ……………………………………………………………… 565
1　仏教徒とムスリムの衝突 ……………………………………………… 565
2　村々における暴力的衝突 ……………………………………………… 571

第12章　結論と考察 ……………………………………………………………… 585
1　ラダック仏教僧院における祭礼の特徴と意義 ……………………… 585
祭礼における仏教的世界観　585／衆生への奉仕を目的とする祭礼の実践　587／祭礼の方法　593／祭礼の生態学的意義　596
2　チベット仏教とシャマニズム ………………………………………… 599
ラーへの信仰とシャマニズム　599／ラーの登場と王権　600／ラーの登場と僧院　602／ラーをめぐる政治的体系の5位相　604
3　仏教と現代化 …………………………………………………………… 606
現代化と伝統　606／人々にとっての信仰の意味　608

エピローグ ………………………………………………………………………… 617
ラダック語語彙用語解 …………………………………………………………… 623
文　献 ……………………………………………………………………………… 665

附　録 ……………………………………………………………………………… 671
　附録1　ゴンボ・ズンス　671
　附録2　カプギャット・ズンス　672
　附録3　キュン・ズンス　673

あとがき …………………………………………………………………………… 675
索　引 ……………………………………………………………………………… 679

ラダック仏教僧院と祭礼

煎本 孝

プロローグ

　1980年の夏、私は西チベット、ザンスカール山脈の渓谷を登っていた。谷の行く手は大きく二手に分かれており、ガイドはどちらの道を行くべきか少し迷っていたようであった。私たちは左手の谷に入るべく道を登り、高原状の台地に出た。眼の前には谷を隔てて切り立った岩壁がそびえていた。その時、はるか向こうから茶褐色の衣を着け、大きな荷物を背負った1人の僧が、急ぎながらもしっかりとした足どりで近づいて来るのが見えた。私たちは立ち止まり、そして彼が私たちのところにまでやって来たところで、ガイドは私たちが目指す渓谷の奥にある村へ行くには、この道でよいのかどうかを僧にたずねた。僧は自分はその村からやって来たところであり、このまま谷を上流へと歩いて行けばその村にたどり着くだろうと言った。また、彼は今、交易のため荷物を背負って下流にある大きな村まで行くところだと説明した。

　それから、彼は私が肩に懸けていた双眼鏡に目を留め、それを少し貸してくれないかと言った。私は双眼鏡をケースから取り出して彼に渡した。彼はそれを手に取ると、双眼鏡を通して対岸にある切り立った大きな岩壁を見ながら、しきりに何かを探していた。彼は双眼鏡の扱いに不慣れなようだったので、私はネジを回してピントを合わせる方法を教えた。彼はしきりにうなずきながら、じっと岩壁を見た。そして、やはり思った通りだと納得したように、日焼けした元気そうな顔に満面の笑みを浮かべたのである。

　私たちは、岩壁に何があるのかを僧にたずねた。すると、彼は岩壁の上部を手で指し示し、そこに小さな洞窟があるのだと言った。そして、この洞窟は昔、偉大な修行僧が瞑想をしたところだと言う。さらに、この洞窟の入口の壁に修行僧の姿や手形が刻印されたという伝説があるのだと言う。これは昔から人々の間に語り伝えられてきた話であり、人々はそう信じているのである。しかし、何しろ洞窟は谷を隔てた絶壁の上の方にあり、実際にそこに行くことができないばかりか、遠くから見ても洞窟らしき岩の窪みとその横のかすかな白い岩肌しか見えない。そこで彼は、双眼鏡でこの白い部分が本当に修行僧の形なのかどうかを確かめてみたかったと言うのである。その結果、彼は思っていた通り、白い部分はすばらしい修行僧の形であったと私たちに語ったのである。

　私も早速、指し示された方向にある洞窟らしきものを双眼鏡で見た。そこには岩の窪みがあり、その端には確かに白い色の岩が露出している部分があった。しかし、それは人の形をしているようには見えなかった。ガイドも半信半疑で双眼鏡を手に取り、岩壁を見上

げた。私が人の形が見えるかとたずねたが、彼は笑って頭を横に振るのみであった。もっとも、ガイドは私がザンスカールで雇ったムスリム（イスラーム教徒）であったため、当初より仏教そのものに対して懐疑的であったことも事実である。

　しかし、僧は双眼鏡で修行僧の形を見ることができて本当によかったと再び言いながら、満足した様子で、先を急ぐようにその場を後にしたのである。

　この小さな出来事は、僧の満面の笑みとともにその後もずっと私の心に焼きついていた。僧は私には見えないものを見ていたのである。彼の頭の中には一体どのような世界が広がっていたのであろうかという思いとともに、私は、私の知らない世界がそこにあることを、その時、確信したのである。

　そもそも、私がラダックに関心を持ったのはこの数年前に遡る。当時、私はカナダの大学でカナダ・インディアンについての学位論文を作成していた。そこでの分析は、客観的データに基づく生態人類学的視点からのものであった。しかし、論文をまとめる過程で、「人間とは何か」という人類学の目的にとっては、研究対象である彼ら自身が世界をどう見ているかという、対象者の内側からの視点も重要であることに気づいたのである。

　この頃、私は、ヒマラヤの山中で今も息づくチベット仏教を信仰し、厳しい自然を生きるラダックの人々がいることを知った。このインド北西部、カシミール地方にあるラダックという地域は、文化的には西チベットとして位置づけられ、南北をインドと中央アジア、東西をチベットとパキスタンに囲まれた国境未確定地域であり、このため長い間閉鎖されていた。しかし、1974年以後インド側からの入域が徐々に解禁され、その存在が外の世界にも知られるようになったのである。そこは、人間が生活することの限界とも思える年間雨量50mmの極度の乾燥地域、標高3,000mから5,000mという高標高地域の厳しい環境にあった。この中で、人々がどのように自然と対峙し、どのような世界を見、いかに生きているのかに、私は強い興味を覚えたのである。荒涼とした岩山、それとは対照的な色彩にあふれた仏像群、そして僧たちが瞑想する僧院は、それまでの私の研究対象とはまったく異質なものであった。このため、当時、私はこれらを理解する術をまったく持ってはいなかった。しかし、だからこそ、私には未知なるものを理解したいという思いが強く芽生えたのである。

　物事を理解しようとその周りを巡り続け、そしてある瞬間、今度は自分自身がその中心から世界を見渡すことができれば、世界を理解することができるはずだと考えたのである。人間と世界を理解するための理論と方法論はフィールドで作られる。そして、このラダックのフィールドこそが、私の次のフロンティアだと直感したのである。

第1部
僧院の組織と祭礼

［扉使用写真］
ザンスカール・パドムの対岸にあるカルシャ僧院(1983年)

第1章　フロンティア

1　自然誌の理論と方法論

　私は、ラダックを理解するために、一貫して自然誌的視点をとった。あるいは、これら研究を通して、私は新しい自然誌の理論と方法論を構築していったといってよいかもしれない[1]。自然誌（*shizenshi*）とは、従来のいわゆる自然史（natural history；自然の歴史）を越えて、その研究対象には入っていなかった人間を研究対象とする。さらに、自然誌は、従来の人類学における文化と自然という西洋の対立的二元論に基づく文化人類学と自然人類学という二つの異なる分野を統合した、いわば自然と文化の一つの人類学（an anthropology of nature and culture）とする。

　「自然」とは字義通りには英語の "nature" に相当するが、日本語では「あるがままのさま」を意味し、「誌」は「記録」の意味である。「文化」は人間活動そのものの中にあり、したがって、広い意味での人間の自然そのものであると考えるのである。すなわち、「自然」と「文化」は、ともに人間の全体的自然であり、この広義の自然の記載と分析が自然誌なのである。自然誌は人類学を基礎としながらも、人間を自然であると同時に文化であると捉え、人間の全体的理解を目的とするものである。

　このため、人間の生活を諸活動の体系である人間活動系として捉え、この自然と文化とが交叉する「人間活動系」を研究対象とする。そして、従来の社会、宗教、生物、生態という異なる範疇に分類されていた領域を、それぞれ人間活動系の一局面であると再定義する。すなわち、人間活動をこれら諸範疇に分割するのではなく、人間活動系における範疇間の関係、より広義に言えば、人間活動系における自然と文化との関係、が新たな分析の焦点となる。

　なお、ここで用いる体系とは統合された一つの有機的全体を意味するものではなく、個別事象の間の関係の総体である。さらに、人間活動には心のはたらきも含まれる。心は文化・生態学的基盤を持ち、自然や社会の認識を通して、さらには所与の条件のもとでは自動的に活動の発動にかかわるものである[2]。

　すなわち、人間活動系の分析は人間の全体的理解を体系的アプローチから行なうものであり、この人間活動の体系的記載と分析を自然誌と呼ぶことにする。私は、自然誌は日本と西洋の科学の統合であると考えている。全体の枠組みは、自然と文化とを二元的に対立させないという日本の伝統的自然観に基づいているが、そこに「いかにして」、「なぜ」と

いう西洋の分析的思考を統合しているのである。

　この新たな自然誌の理論に基づく方法論は以下の通りである。第1は経験的観察方法である。これは、すでに私がカナダ・インディアンの調査[3]で行ない、またロシアのコリヤークの調査[4]でとられてきた方法である。すなわち、フィールド・ワーク、言語、行動を通して、観察者が対象者と同一化することにより、外的な観察のみならず、内的な観察を可能とするものである[5]。これは、従来より人類学で用いられてきた傍観的な観察である参与観察や、最近、フィールド・ワークと同義語として用いられるエスノ・グラフィーという方法をさらに進め、より積極的な自己と他者の同一化と分離の往復運動の過程の経験を通した観察方法であり、従来の用語と区別して、経験的観察方法と呼ぶのである。

　さらに、フィールド・ワークにおいては、調査者の構成により、それを受容する対象者が異なってくる。調査者が単独である場合と夫妻である場合、さらには子供を連れた夫妻である場合、私たちと関係を持つ人々は変化する。たとえば、後に述べるように私たち夫妻と息子がラダックの村に滞在した時、たくさんの子供たちや大人たちが私たちを訪れた。そして、息子はその子供たちと一緒に畑に行き、あるいはアンズの実を取りに行った。もちろん、その子供たちや他の大人たちは、私1人で村に滞在していた時からその村にいたはずである。しかし、彼らは遠くから私を見ているだけで、私に直接近づいて来ることはなかった。自分たちと同じ小さな子供がいることで、彼らは調査者に興味を持ち、話しかけてきたということになるのである。子供を持つ母親は母親同士で親しみを持ち、また子供たちは子供たち同士で友人になったのである。

　人生の過程において、人々はそれぞれ異なる世界を作り、それは連続しながら変化し続けていく。私が観察者として対象を理解するといっても、それは社会の中の限られた人々の、限られた局面における、ほんの一瞬の理解でしかない。私たちは、彼らとの間に共有されるほんの一瞬の世界を積み重ねていくことによって、世界を理解しようとしているのである。

　方法論の第2は活動の時間・空間分析方法である。人文・社会科学におけるフィールド・データの数値そのものは誤差も大きく、またさまざまな条件が働いていると考えられるため、それ自体にあまり大きな意味はないかもしれない。しかし、それらの比較、分析により得られた傾向は、社会や文化を理解するための重要な指標となる。観察に基づく実証的方法とは、科学的方法ということに他ならない。科学的方法とは検証可能な方法ということである。人間活動の時間－空間利用という客観的データの収集とその定性的、定量的分析は、人間活動系の解析における実証的方法である。

　さらに、儀礼活動においては、活動の過程のみならず、儀礼に登場する諸尊や道具立てが象徴的意味を持つ。したがって、儀礼の外的観察において、活動を時間的、空間的に測定、記録し、定性的、定量的データを収集するとともに、儀礼の内的観察においては、瞑

想の過程を儀軌テキストの解読に基づき内側から観察し、儀礼の象徴的意味を通した世界観を明らかにし、儀礼の意味についての分析を行なう。同様に、フィールド・ノートに記録された日時と照合しながら、儀礼活動、さらには、フィールド・ワークの過程における写真データを整理し、これらを視覚的、客観的データとして提示する。さらに、祭礼は生態、社会、世界観の統合された動態系であり、自然と超自然との初原的同一性の場である[6]。このため、祭礼活動を通した僧院と村人との関係、人々と仏教諸尊、あるいは地方神(ラー)との関係、さらには歴史的経緯、および現代化による変化についての分析が、客観的データに基づいて行なわれることになる。もちろん、人文・社会科学においては、観察者の主観的印象も重要であるが、これとともに、実証的研究として耐え得る客観的データの収集、分析、提示を方法論の基礎に置いたのである。

　方法論の第3は主観客体化方法である。すでに述べたように、経験的観察方法は観察者と対象者との関係によって形成されるものである。したがって、観察者そのものが、この結果の条件となる。このため、記載においては、条件である観察者自身の活動を同時に記録し、観察者と対象者との関係を客観的に明示しておく必要がある。この関係を記載するということは、とりもなおさず観察者の主観を客体化することを意味する。経験的観察方法において、観察者はその対象者との間の距離をゆっくり縮めていき、そして最終的には観察者が対象者そのものになり、対象者の目で世界を見るということが必要になる。すなわち、観察者と対象者が別個のものであったところから始まり、観察者が対象者に接近し、そして観察者と対象者とが同一化するのである。では、この時、誰が観察しているのかという問題が生じる。この時、観察しているのは対象者であると同時に、超越した観察者ということになる。超越というのは、自己を離れ、自己自身を見るという状況である[7]。すなわち、このフィールド・ワークの過程を、設定された条件とともに、超越した観察者の目で見るということが主観客体化方法なのである。

　このため、私は「私」という主格を用いながらもそれを客観的に記載することにより、自己を客体化するのである。したがって主観客体化方法は、経験的観察に伴う記述方法そのものともなるのである[8]。もし、観察者と対象者との関係という条件が異なれば、観察結果も異なってくるはずである。それ故、観察結果を実証的データとするためには、その条件を明示しておく必要がある。写真についても同様である。30年前の私は、写真の中の私と同様、現在の私ではない。ラダックの人々が変化していくように、私自身も変化しているのである。30年前の記録は、30年前の私によって取られた記録なのである。これを明確にし、時間の中で固定化するために、その時々の写真を客観的データとして提示することにしたのである。

　以上、述べてきた自然誌の理論に基づく方法論である経験的観察方法、時間・空間分析方法、主観客体化方法はいずれも自己と他者の関係に着目して、その関係性の全体を記載

し理解することを目的とした実証的方法論である。ここでは、これらをまとめて、自然誌の方法論と呼ぶことにする。

2　フィールド・ワーク

　西チベットに初めて足を踏み入れる前年の1979年12月、カナダの大学に学位論文を提出し帰国の途につくことになった私は、ラダックにおけるフィールド・ワークの可能性を探るため、インド北西部、カシミール地方にあるスリナガルに立ち寄ることにした。カナダから東回りでデンマークのコペンハーゲンに行き、国立博物館で私の専門としていた極北地域における資料を調査した後、イスタンブール、カラチを経てインドのデリーに入った。そこから、インド国内線でスリナガルを訪れたのである。スリナガルはジャム・カシミール州の夏の州都で、後にラダック調査の拠点となる場所である。当時は暴動や爆弾テロもなく、渓谷に広がる美しい町であった（写真1-1、1-2）。ここで、ラダック入域のための手段や許可の取得等に関する情報を収集した。これが、今後30年間にわたって続けられる、ラダックとチベットに関する私の第1次調査となったのである（地図1-1、1-2）。

写真1-1　インド、ジャム・カシミール州、スリナガルの町の大通り（1979年）

写真1-2　スリナガルの湖と川には多くのハウス・ボートが浮かぶ（1979年）

　帰国した翌年の1980年、私はいよいよラダック第2次調査としてのフィールド・ワークを開始した。スリナガルからラダックの主都であるレーに入り、レー地区およびその南にあるカルギル地区、ザンスカール地区の広域調査を行なったのである。ザンスカールに西から入るには、4,400mのペンシ・ラ（峠）を越えねばならない。テントと食糧

第1章 フロンティア 11

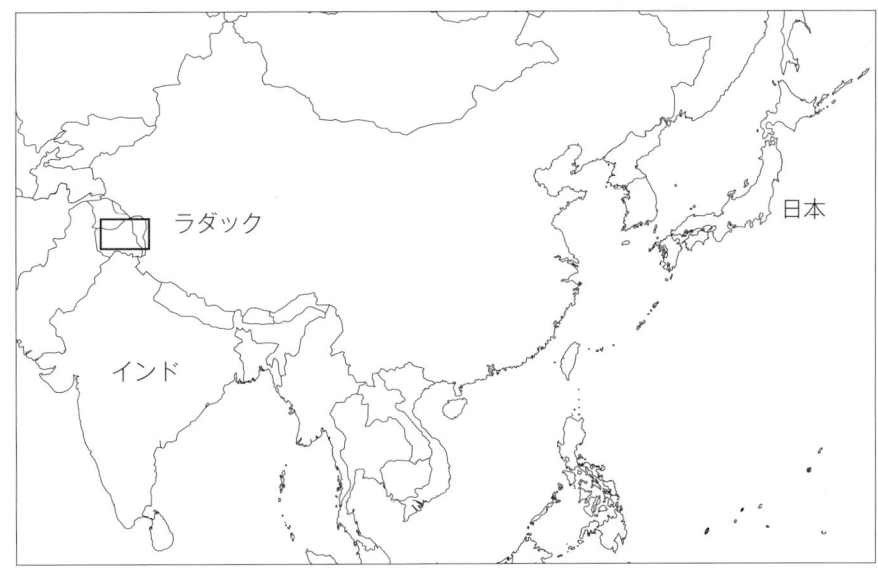

地図1-1 日本、インド、ラダックの地理的位置

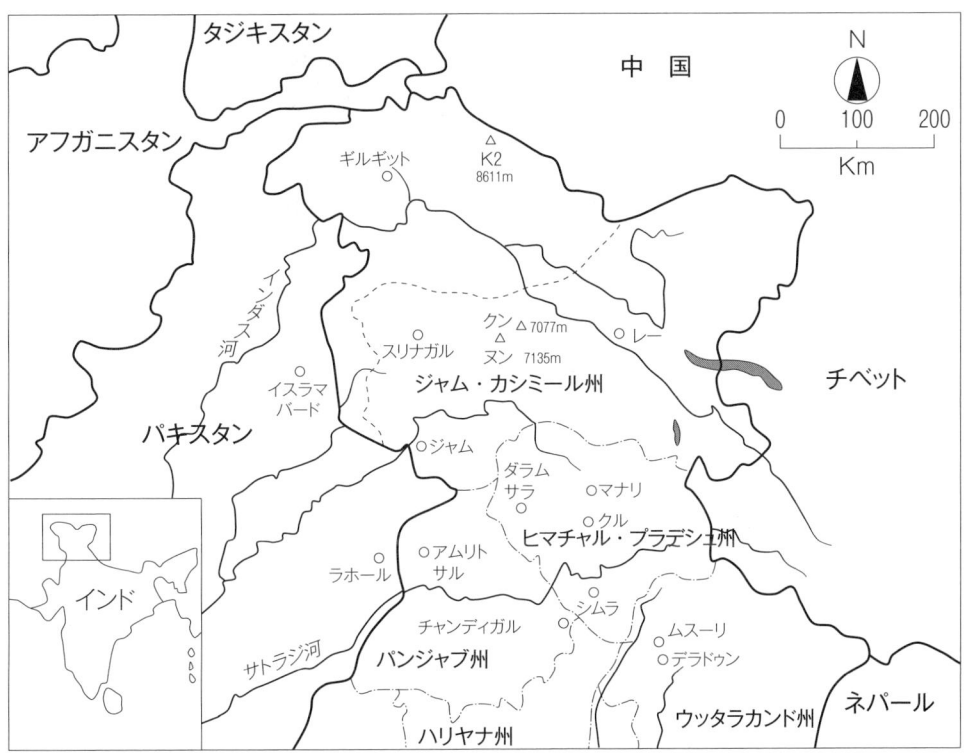

地図1-2 インド北西部、ジャム・カシミール州の地理的位置、および都市・村落名
―――：国境　-------：インド-パキスタン停戦ライン　- - - -：州境
△：山岳　―――：河川　●：湖　○：都市・村落名

写真1-3 ザンスカールの入口。ジープの運転手とバルティの馬方とともに（1980年）

写真1-4 トランス・ヒマラヤ、ザンスカール山脈に広がる渓谷（1980年）

を準備し、ジープでカルギル経由で2日間をかけて入り、そこからはジープを乗り捨て、馬方とガイドを雇い、荷物を馬に積み、徒歩で村々を訪ねるのである（写真1-3）。私はこうして、ザンスカールの中心地であるパドム村を基点とし、南の大ヒマラヤ山脈と北のザンスカール山脈の間の渓谷の村々を歩き、調査を行なった（写真1-4）。この年、ダライ・ラマ14世が初めてラダックのザンスカール地区を訪れ、人々は歓迎のため道の途中の各所に、休み所としての玉座を造っていた。そして、ザンスカールの中心地のパドムでは、ダライ・ラマが人々を祝福するための説法を行なった。1日中強い風の吹く中、人々は風がダライ・ラマのために埃を払っているのだと語り、ザンスカール中の仏教徒たちは一同に集ったのである（写真1-5［口絵1］、1-6）。その後、パドムから徒歩と乗馬により北

写真1-6 ダライ・ラマ14世の説法に集うザンスカールの人々。既婚の婦人はトルコ石をちりばめたペラックと呼ばれる頭飾りを着ける（1980年）

のザンスカール山脈を4,960mのセンゲ（峠）で横断し、後に滞在し調査を行なうことになるラダックのラマユル僧院に出たのである。

　帰国後、私は東京外国語大学アジア・アフリカ言語文化研究センター主催のチベット語集中講座を2カ月間受講した。そして、1983-1984年には、第3次ラダック調査として文部省在外研究員派遣が認められ、1年間にわたり山田孝子とともにラダックにおける調査研究が行なわれることになった。私たちは、スリナガルにある考古学・古文書局の局長であり、カシミール研究所長のF. ハスナイン博士の協力のもと、ラダックのみならず、インダス河下流の印パ停戦ラインのパキスタン側に住むムスリム（イスラーム教徒）のチベット系住民であるバルティの調査を行なうことができた。また、ラダックのアーリア系住民といわれるダルドについての情報を得ることができ、後に集中的な調査が行なわれることになったのである。

　1983年、私たちはスリナガルから陸路カルギル経由でラダックのレーに入った。途中、スリナガルとカルギルの間にあるゾジ・ラ（峠、3,500m）を越えカルギルで1泊し、その後、ムルベックとボッド・カルブの間にあるナミカ・ラ（峠、3,780m）、ボッドカルブとラマユルの間にあるフォト・ラ（峠、4,090m）を越えインダス河に下りると、橋を渡ってその右岸に沿って東に走り、かつてのラダック王国の都であったレー（3,554m）に至った。

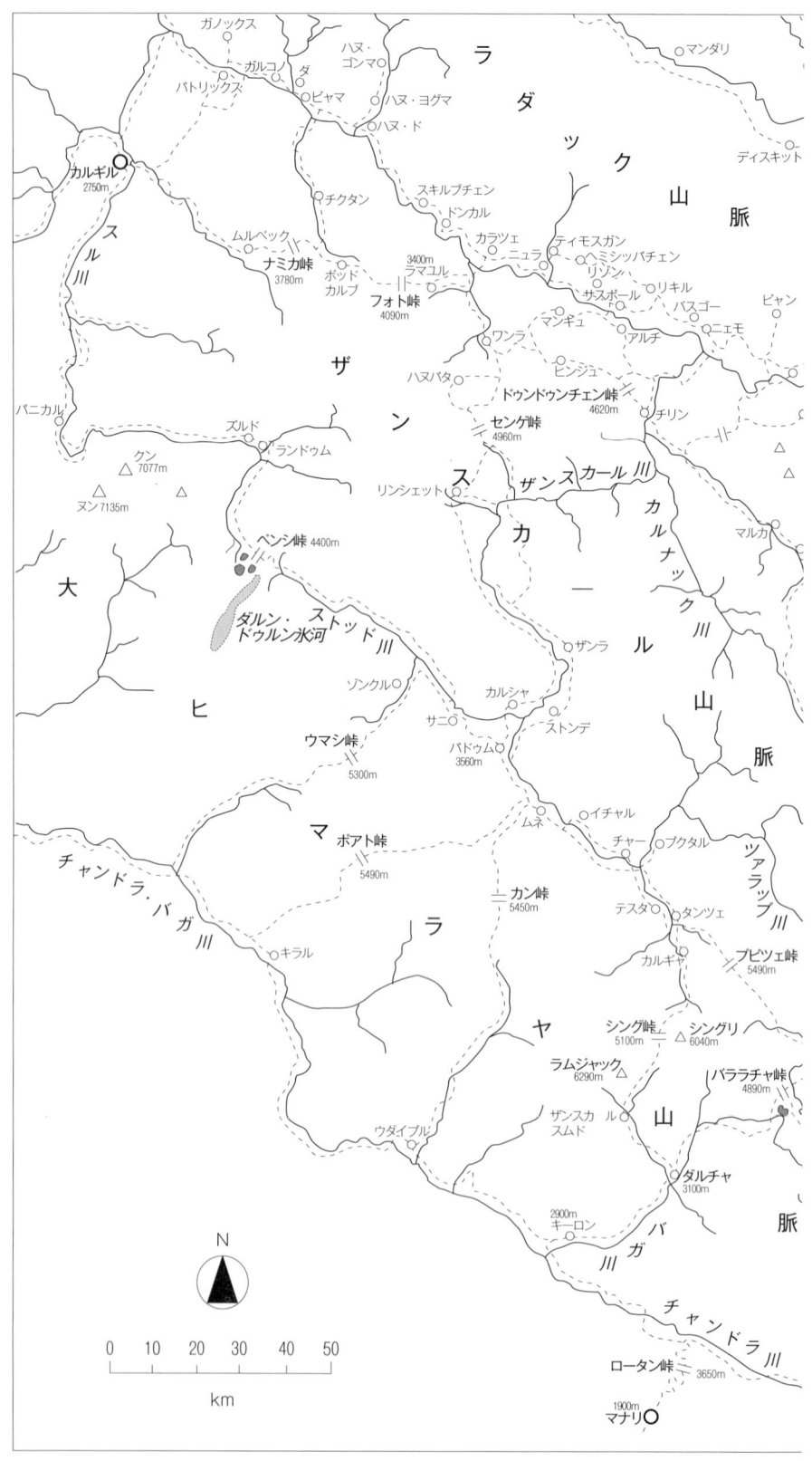

地図1-3　ラダックおよびザンスカール地域地図

○：町　　o：村　　△：山頂（7,000m以上）　　△：山頂（6,000m以上）
――：河川　　------：道　　--╫--：峠　　●：湖　　◎：氷河

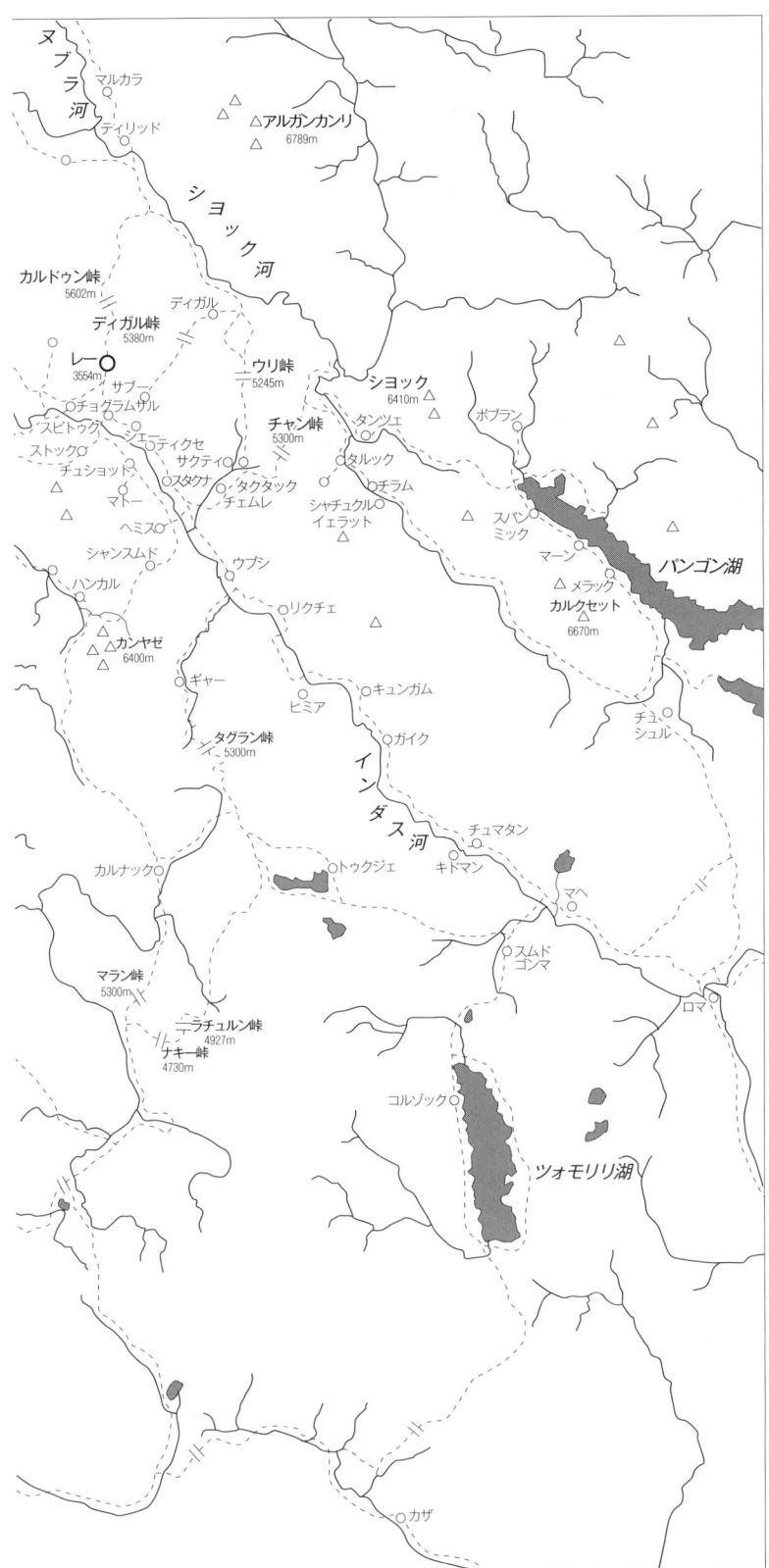

(Map showing Dr. A. H. Francke's route through the Indo-Tibetan borderland, Reg. No.3806E., 11-L-500. In Francke, A. H. 1914 *Antiquities of Indian Tibet. Archaeological Survey of India, New Imperial Series, Vol. XXXVIII*. New Delhi: S.Chand & Co. (Pvt.)LTD.; Map of Ladakh. L'ARC (ed.) 1979 *Ladakh*. Tushita, Srinagar Leh; Map of Ladakh. In Eakins, N. 2011 *Ladakh*. Delhi: Hanish & Co. に準拠し、改変、作成)

16　第1部　僧院の組織と祭礼

写真1-7　ジョルダン氏を中心にクリスマスを祝う、モラヴィア教会に属するラダックの人々（1983年）

　レーでは、私が1980年にすでに世話になっていたジョルダン家に滞在した。ジョルダン家はモラヴィア教会に属するラダックでは珍しい進歩的なキリスト教徒であり、ホテルもなかったラダックの入域解禁直後から、自宅をゲスト・ハウスとして民宿を営んでいた。もっとも、ジョルダン氏の妻はカラツェ村出身の仏教徒であった。彼らの間にはすでに婿を取り結婚して家を継いでいる長女、婚出してレーの東にあるサブー村に住む次女、それに、未婚の三女を加えた3人の娘がいた。後に私たちはこの縁で、インダス河下流の下手ラダックにあるカラツェ村と中央ラダックのサブー村で集中調査を行なうことができたのである（地図1-3、写真1-7）。
　さらに、ジョルダン家の人々は、私たちの求めに応じ有能な2人の僧を紹介してくれた。コンチョック・パンディ師とゲロン・パルダン師である。パンディ師は下手ラダックのアチナタン村出身の学僧であり、ディグン・カーギュ派ラマユル僧院に属していた。彼はインドのヴァラナシ・サンスクリット大学に学び、ゲロン（学士）の称号を持ち（後にケンポ〈博士〉の称号を受ける）、仏教哲学のみならず村の人々の生活にも精通しており、とりわけチベット語の筆記に造詣が深かった。彼は常に穏やかな笑顔を絶やさず、物事を深く理解するとともに、それを冷静に外側から見る目を持っていた。後日、彼はディグン・カーギュ派のアヤン・リンポチェとともに仏教儀礼の講演のため来日した。その際、たまたま東京の下町で行なわれていた盆祭りを見て、その優雅さに深く感動したという。
　他方、ゲロン・パルダン師はサブー村出身の学僧であり、ゲールク派スピトゥック僧院に属していた。彼はチベット仏教のみならず、ラダックの文化にも深い理解を持ち、ラダック文化研究所（Ladakh Cultural Academy）の所長としてラダックの仏教文化の振興に力を注いでいた。活動的で力強く、常に揺るぎのない信念を持って行動していた。自分で

スケッチを上手に描き、また仮面舞踊の際のステップの一つひとつに意味があることを実演して私に示し、ゴンボ（マハーカーラ）のような忿怒尊がどんなに恐ろしい形態をとっていようと、その本質はチェンレンズィ（アヴァロキテシュヴァラ、観音）であり、その化身にすぎないのだということを、その形相を真似ながら説明してくれた。また、彼は仏教の伝播の歴史にも興味を持っており、実際、日本を訪れ、禅宗における座禅を体験し、またモンゴルではモンゴル仏教の寺院を訪ねるなど、仏教に関する広い知識を有していたのである。

私たちは1983年にラダックのレー地区で調査を行ない、その後、ザンスカールに向かった。カルギルを経由し、馬方を雇い、ペンシ・ラ（峠、4,400m）を越えてザンスカールに入った。その後、僧院や村々で調査を続けながら、ザンスカールの渓谷を東に遡り、シング・ラ（峠、5,100m）を越え（写真1-8）、大ヒマラヤ山脈を北から南に横断し、キーロン経由でヒマチャル・プラデシュ州のマナリ（1,900m）に下りたのである（写真1-9、1-10）。

その後、私たちはチベット亡命政府のあるダラムサラを訪れ、スリナガルに一旦戻ると、次にパキスタンのペシャワールから首都のイスラマバードに入り、ラワルピンディ、ギルギット、スカルドを経て、カラコルム山脈と大ヒマラヤ山脈の間を流れるインダス河を遡ってカプルに至り、ムスリム化したチベット系住民であるバルティの調査を行なった。そして、再びインドのスリナガルに戻り、再度ラダックのレーに入り、中央ラダックのサブー村で1984年まで調査を続行した。その後、スリナガル経由でデリーに出て、私は単身、開設間もない空路を利用し再びデリーからラダックのレーに直接空路で入り、パンディ師とともにラマユル僧院に向かったのである。本書のカプギャット祭礼に関するフィールド・データは、このうちの1984年3-4月の時のものである。

帰国後、私は7年間勤めていた国立民族学博物館を離れ、新たに北海道大学に移籍した。ここで、私はもう一つの専門分野である北方文化研究を進めることになった。こうして北方文化研究と並行しながら、私はラダックの調査を続けた。1988年には、昭和63年度庭野平和財団研究助成「西チベット、ラダック地方における宗教の果たす社会的機能に関する実証的研究（研究代表者：煎本孝）」を受け、第4次ラダック調査が行なわれた。また、この調査には小学2年生、7歳になった息子の太郎も初めて同行した。さらに1988年末から1989年にかけ、第5次ラダック調査が行なわれ、レー、カラツェにおける集中調査が実施された。さらに、同年の1989年、および1990-1991年には、平成元-2年度日本学術振興会国際共同研究「西チベット民族の生態と世界観の動態に関する文化人類学的研究（研究代表者：煎本孝）」のもと、パンディ師、およびゲロン・パルダン師の研究協力を得て、レー、カラツェ、サブー、ラマユル、さらには下手ラダックのダ・ハヌ（ダルド）、上手ラダックからチベットにかけてのチャンタン（チャンパ）に関する第6次、および第7次ラダックの集中調査が行なわれたのである。なお、本書におけるラマユル僧院のカンギュル祭礼

18　第1部　僧院の組織と祭礼

写真1-8　シング・ラ（峠、5,100m）に続く雪原を登る（1983年）

写真1-9　大ヒマラヤ山脈を北から南に横断し、キーロンに至る。途中の川には橋がないため、馬は川を泳がせ渡らせる（1983年）

写真1-10　キーロンに至る途中、人は川に張られたロープに吊り下げられたかごに乗って渡る（1983年）

に関する分析は、このうちの1989年5-8月におけるフィールド・データに基づくものである。またこの時、後述する僧院の行方、およびエピローグにあるように、小学3年生、8歳になった太郎は再度、ラダック調査に同行した。

　私はこの時、ラダックの生態と世界観を知るということに関しては、すでにある程度の見通しを持っていたように思う。しかし、膨大なフィールド・データと数万枚に及ぶ写真データの実証的分析については、まだ時間が必要だと感じていた[9]。私は、ラマユル僧院におけるカプギャット祭礼に触れながら、「人間によって乖離させられた自然と人間とが本来的に同一であるということ、そしてそれらをふたたび同一化するということにより生みだされた人間性の本質というものについて、私が本当に理解するためには、人類がずっと回り道をして神を発見したのとおなじように、私も人類とその多様な文化の展開を丹念にひとつずつ追い求め、彼らがそれぞれ歩んで来た道筋にそって遠回りをしながら、一人の人類学徒としての探究を続けねばならないだろう[10]」と結んでいる。すなわち、私のフロンティアは、ラダックを理解するということにとどまらず、それを超えて、ラダックを人類文化の時空間の中に位置づけ、ラダックを通して人間を理解するということに移行したのである。

　このため、私はできるだけ広く異なる学問分野に目を向けるよう努めた。私の今まで学んできた分野は日本では生物学に始まり、自然人類学、生態人類学等の理学系分野であり、カナダにおいては文化人類学、社会人類学という人文・社会科学系分野であった。すなわち、理学系、人文・社会科学系にまたがるとはいえ、人類学そのものは学問全体の中で見れば、比較的狭く限定された分野にとどまるのである。もちろん、カナダの教育では専攻は人類学（anthropology）であったとしても、Ph. D.（哲学博士）の学位を取得するためには、人類学に直接かかわる社会学、宗教、哲学という分野の理解が必要とされており、実際、セミナーでもこれらが取り上げられた。しかし今回、新たにラダックを本当に理解するためには、さらに仏教学やインド哲学という分野の知見が必須であることに私は気づいていたのである。

　幸いなことに、新しく赴任した北海道大学ではインド哲学・仏教学講座の諸氏が必要な文献を教示してくれ、また学会に参加し、発表する機会さえ与えてくれた。さらに、私にとってきわめて有益であったのは、平成14-18年度21世紀COEプログラム「心の文化・生態学的基盤に関する研究拠点（北海道大学、人文学D-1）」、および、平成19-23年度グローバルCOEプログラム「心の社会性に関する教育研究拠点（北海道大学、人文学D-1）」における事業推進担当者として、社会心理学分野からの心の研究に参加し得たことである。実験心理学的アプローチと、フィールド・ワークを通した人類学的アプローチという両アプローチから人間の心を探究するという人文・社会科学分野における最先端のプロジェクトは、私の視野を大きく広げてくれることになったのである。

これと並行しながら、私は実際のフィールド・ワークを通して北方周極地域、および東北アジア諸民族の文化動態に関する調査研究を展開することになった[11]。ここでは、ロシア、モンゴル国、中国内蒙古自治区の遊牧民をはじめ、2001年には平成13年度文部科学省科学研究費「東北アジア諸民族の文化変化とアイデンティティの形成に関する文化人類学的研究（研究代表者：煎本孝）」により、ラサを中心とする中央チベット、ブータン、シッキム等におけるチベット系住民の調査が、第1次チベット調査、第2次チベット調査として行なわれた。また、2002年には第3次チベット調査としてネパール、インド、ダラムサラ、2003年には第4次チベット調査としてインド、ボドガヤ、第5次チベット調査としてインド、ビラクッペ等におけるチベット難民の調査が、平成14年度21世紀COEプログラム「心の文化・生態学的基盤」の一環として行なわれた。
　さらに、2003年から2004年には、平成15-17年度文部科学省科学研究費「チベット難民における新しいエスニシティの形成に関する文化人類学的研究（研究代表者：煎本孝）」のもと、第6次、第7次チベット調査として、インド北部、およびインド南部のチベット難民の研究に専念した。また、第8次チベット調査は2005年に中国で行なわれ、第9次チベット調査はインド、ラダックにおいて行なわれた。ここでは、ラダックのレーの東に位置するチベット難民居住地であるチョグラムサルにおける調査のみならず、ラダックのインダス河下流、ダ・ハヌ地区におけるダルドに関するフィールド・ワークが敢行された。
　さらに、これに続き、2006年から2009年には、平成18-21年度文部科学省科学研究費「チベットの文化復興とアイデンティティの形成に関する文化人類学的研究（研究代表者：煎本孝）」により、中国青海省、甘粛省、四川省のカム、アムド地方という東チベット、および中国チベット自治区のラサを中心とするウ・ツァン地方という中央チベット、インドのチベット難民、西チベットのラダックにおいて、第10次から第14次にわたるチベット調査が実施され、2011年には第8次ラダック調査が行なわれたのである。上記のラダック調査は計8次、31カ月間、西チベット、ラダックを含む中央チベット、東チベット、インドのチベット難民を対象としたチベット調査は計14次、21カ月にわたり、その合計調査期間は52カ月（4年4カ月）となる。なお、山田孝子によるラダック・チベット調査は17次、合計調査期間は42カ月（3年6カ月）にわたり、私たちの延べ調査期間は94カ月（7年10カ月）になる。
　こうして私は、東アジア、北アジア、中央アジア、インドという広い地域とその諸文化を背景にチベットを位置づけ、さらに西チベット、中央チベット、東チベット、そしてチベット難民というチベットの全体像を、フィールド・ワークを通して捉えることができたのである。
　私が再びラダックに戻ったのは、2009年2月であった。最初のフィールド・ワークから30年の時を経て見るラダックは、変化しているようにも見えた。実際のところ、私自身が、

またパンディ師やゲロン・パルダン師も、30年の歳月を経ていたのである。当時の記憶の詳細については薄れているところもあるが、同時に、遠くからそれらを再び見ることにより全体像が見え、その本質が理解できるという利点もある。そして何よりも、私はこの30年間のラダックの姿を、フィールド・ワークを通して実際に経験しているのである。本書のマトー・ナグラン祭礼、ストック・グル・ツェチュー祭礼、シェー・シュブラ祭礼に関する分析は、第3次ラダック調査の1984年2月、第5次ラダック調査の1989年8月、そして第14次チベット調査の2009年3月、第8次ラダック調査の2011年9月のフィールド・データに基づき比較、分析したものである。

私は、本当に遠回りをしながら、再び今、ラダックに帰って来たのである。今までに蓄積された膨大なフィールド・データを前に、私はまるで立ちはだかる大岩壁を前にして、未踏のルートを探しながら登攀に挑もうとする心境であった。私のフロンティアへの本当の挑戦は、今、始まったばかりなのである。

3　目標と構成

「人間とは何か」という永遠の問いに答える目的のもと、本研究ではラダックにおける人々の世界と生き方を明らかにするという目標を設定することができる。このため、本書では僧院における祭礼と僧たちの生活に焦点をあて、祭礼活動を通した生態と世界観の関係について解明する。これは、儀軌における瞑想を通した理念と現実の関係のみならず、そこから生まれた実践を通した僧院と村々の間の社会的、生態的、象徴的関係の分析でもある。

さらに、全体を貫く中心軸は宗教である。僧院においても、村の人々においても、宗教は彼らの世界を構成する核となっているからである。ここでの宗教とは、仏教にとどまらず、広い意味での世界観と定義する。したがって、彼らにとってチベット仏教における諸尊のみではなく、土地固有の神々が重要な役割を持つことになる。もちろん、ラダックにおけるチベット仏教の伝播と展開、そして仏教の行方は、過去、現在、未来とそこで生きる人々を写し出している。しかし、それと同時に、日常生活においても、また仏教僧院の祭礼においても、神々が村人や僧に憑依し登場するのである。本書では、仏教僧院における祭礼活動を中心に位置づけ、それにかかわる全体的体系を僧院と村人との関係、仏教とシャマニズムとの関係、時間的変化とその動態に焦点をあて、自然誌の視点から記載、分析することになる。

このため、本書では、全体を第1部（「僧院の組織と祭礼」）、および第2部（「ラーの登場する祭礼と僧院」）に分け、第1部第2章において、ラダックにおけるチベット仏教の歴史と展開から、現在の仏教の状況を明らかにする。第3章では、僧院の組織と運営について、

ラマユル僧院と僧のコミュニティー、僧の1年間の生活と経済基盤という視点から記載、分析する。さらに、最近行なわれた僧院の運営における改革とその意味を分析し、現代化、グローバル化に直面するラダックの仏教僧院の現実を分析する。第4章では、ディゲン・カーギュ派ラマユル僧院におけるカプギャット祭礼の過程を記載する。その上で、カプギャット祭礼における仏教的論理とその生態学的意味について分析する。第5章では、同じラマユル僧院で行なわれるカンギュル祭礼について記載する。ここでは仏教と人々の死生観について述べる。さらに、第6章ではデチョク（チャクラサンヴァラ）儀軌について、第7章ではジトー儀軌、コンシャクス儀軌、ストンチョット儀軌について、外側からの観察と同時に、テキストに沿って瞑想を通した内側からの観察を行ない、彼らの世界を明らかにする。

そして、第2部第8章ではマトー・ナグラン祭礼について、第9章ではストック・グル・ツェチュー祭礼について、そして、第10章ではシェー・シュブラ祭礼について記載する。これらの祭礼においては、地方神であるラーが登場する。したがって、ラー、王権、僧院、村人の関係、現代化に伴う祭礼の変化に焦点を合わせた分析が行なわれる。

さらに、第11章においては、フィールド・ワーク中に起こった仏教徒とムスリムの暴力的衝突を記録し、ラダックと仏教の現状、そしてその行方について述べる。その上で、最後に、第12章として、ラダック仏教僧院における祭礼の特徴と意義、チベット仏教とシャマニズム、そして仏教と現代化について結論と考察を述べる。

註
1) 煎本 1996：11-16；2007a；Irimoto 2004a.
2) 煎本 2007b；2010a.
3) 煎本 1983［2002］.
4) 煎本 2007c；Irimoto 2004b.
5) 煎本 1996：16-21.
6) 煎本 2007c；2010b；Irimoto 2004b.
7) 煎本 1996：17.
8) 煎本 1983［2002］；2007c.
9) 煎本 1981a；1981b；1984；1986a；1986b；1986c；1986d；1986e；1989a；1989b.
10) 煎本 1996：170.
11) 煎本（編）2002；煎本 2007d；Irimoto T. and T. Yamada (eds) 2004.

第2章　ラダックにおける仏教

1　仏教の始まりと伝播

　仏教の母体となったバラモン教（ヴェーダ教、古代ヒンドゥー教）は、アーリア人の祭式宗教に起源するヴェーダの宗教である。アーリア人とは、形質的にはコーカソイドに属し、インド・ヨーロッパ語系諸族のうち、インド、イランに定住した民族を指す。彼らの祖先は中央アジアの遊牧民であり、紀元前2000年から紀元前1300年頃までの間に南下し、イラン、およびインダス河上流のパンジャーブ地方に入り、その後、ガンジス河上流域から中流域にまで広がった。この過程で土地固有の文化と融合しながら、紀元前1000年頃から数世紀にわたって集成されたヴェーダ聖典を基本とし、バラモン（ブラーマン）をヴァルナ（四種姓）で最高位の司祭階層とするヴェーダの宗教が成立したのである。ヴェーダの宗教は多神教であり、自然とその背後に存在するとされる力を神格化して、神々に対する供犠が行なわれた。また、宇宙は黄金の胎児から生起した、あるいは原人の解体により開展したなどとされた。さらに、宇宙は一定の秩序、すなわち宇宙の理法（ṛta, 天則）によって維持されていると考えた。[1] なお、このヴェーダの思想と祭式は、後のヒンドゥー教の中核を成すものとなる。

　紀元前5世紀頃にはガンジス河中流地域において都市国家が成立し、自由な思索の生まれる社会環境が整った。このような環境のもと、マガダ国において、ゴータマ・ブッダ（釈尊）はバラモン教の身分制や祭祀主義を否定し、人間の生まれよりもその人の行為を尊重し、すべては無常、苦、無我であるとする真実の姿である法に目覚める時、人間は本来の自己に目覚めるという教えを説き、ここに仏教が誕生したのである[2]（写真2-1）。

　この思想は仏教の諸聖典のうちで最も古いスッタニパータ（sutta nipāta）の「彼岸に至る道の章」において、「よく気をつけて、無所有を期待しつつ、『そこには何も存在しない』と思うことに依って、煩悩の流れを渡れ。諸々の欲望を捨てて、諸々の疑惑を離れ、愛執の消滅を昼夜に観ぜよ」[3] との言葉で示される通りである。

　その後、紀元前後の頃には、仏舎利を納めた仏塔を中心とする在家信者の集団が、ブッダ自身に対する憧憬を信仰の中核とし、自分自身の救いよりも人々を救済する利他行を実践する運動が始められた。そして、このマハーヤーナ（mahāyāna, 大乗）と呼ばれる大乗仏教の基本的な立場である空観と、それに基づく菩薩の実践を説く『般若経』経典群が成立する。さらに、ナーガールジュナ（Nāgārjuna, 龍樹、150-250頃）は、『中論(頌)』（madhyamaka kārikā)』において、諸存在が縁起しているものであるが故に空であるということを、否定的な論証法であるプラサンガ論法（prasaṅga vākya, 帰謬法）を用いて、大乗仏教を哲学的に理論づけた[4]。

なお、紀元前3世紀にはアショカ王（Aśoka, 紀元前268-232在位）の保護を受けて仏教はインド各地に広まる。北西インドのガンダーラに仏教が伝播したのもこの時期であった。また、1-3世紀のクシャーナ朝の時代にはガンダーラとカシミールは仏教哲学の中心地となり、150年頃にはカシミールで第4回仏典結集が行なわれている。当時の教団の主流は説一切有部（アビダルマ）であったが、大乗仏教、仏塔崇拝も流行し始め、1世紀後半には仏像が造られた[5]。そして、ここから、仏教は中央アジア、中国、さらには朝鮮半島を経由して日本に伝えられることになったのである（図2-1）。

写真2-1　ゴータマ・ブッダが悟りを開いたとされるインド、ブダガヤに建つ仏塔（2003年）

この後、大乗仏教においては、グプタ王朝成立（320年）前後の頃から、修行者の1群である瑜伽師（yogācāra）と呼ばれる実践主義者たちにより、『般若経』の空観に基づきながらも、人間の主体としての心の本質を究明するため、心の機能を分析し輪廻の主体を追求する唯識説、および心をブッダと共通するものとしてみる如来蔵説が現れる。アサンガ（Asaṅga, 無著、395-470頃）とヴァスバンドゥ（Vasubandhu, 世親、400-480頃）は、このような『解深密経』の思想に基づいて、すべてのものが識別されたもの、すなわち表象としてのみあるとする唯識説を大成した。そしてアサンガは、唯識説に基づく大乗仏教概論である『摂大乗論』を著すことになる。なお、この時代、王朝の援助のもとにナーランダー（Nālandā）大学が建設され、世界的な規模を持つ大学問寺となった。

他方、ナーガールジュナの学系を継ぐ中観派（mādhyamika）は、ブッダパーリタ（Buddhapālita, 470-540頃）の時代から学派として明確な形をとり、有や無に執着することのない空を教学の基本とした。しかし、その後、中観派はプラサンガ論法の意義を強調するブッダパーリタの系統であるプラサンギカ派（prāsaṅgika, 帰謬論証派）と、論争に際しては自らの論理的立場を持つべきであると主張するバーヴァヴィヴェーカ（Bhāvaviveka,

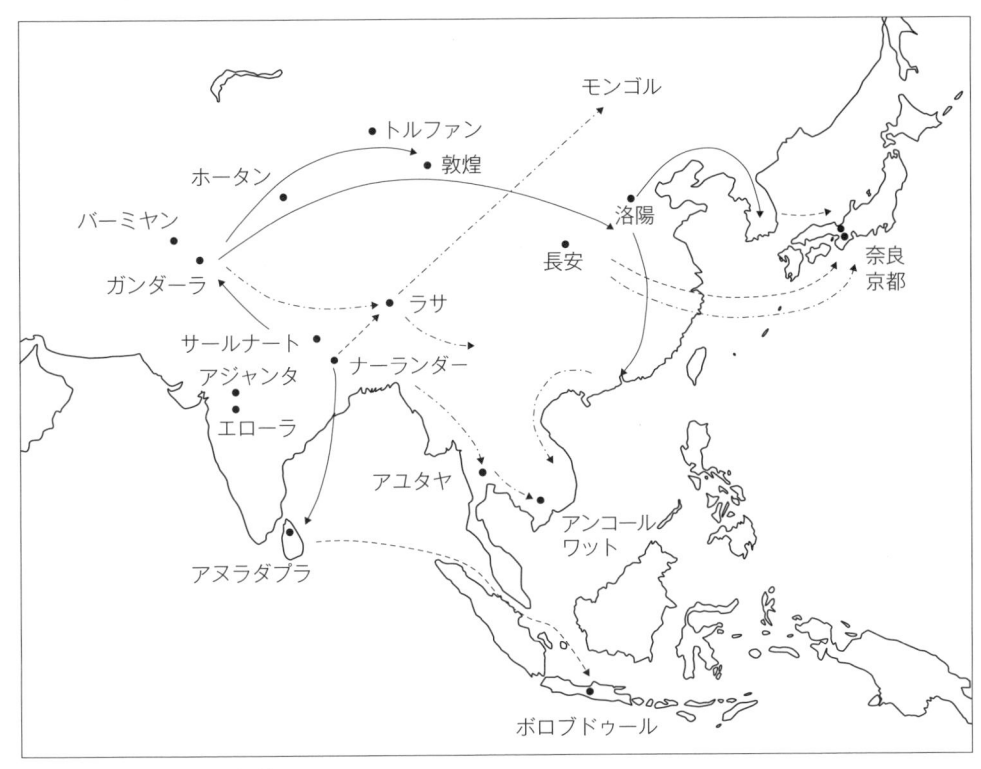

図 2-1 仏教の伝播
──→ : 〜AD.5 ----→ : 6-10c. -・-・→ : 11c.〜
(『仏教文化事典』東京、俊成出版会、1989：全図〈仏教の伝播〉に基づいて作成)

清弁、500-700頃)の系統であるスヴァータントリカ派(svātantrika, 自立論証派)に分裂する。後に、チベットに入り仏教を伝えたシャーンタラクシタ(Śāntarakṣita, 寂護、725-788頃)やカマラシーラ(Kamalaśīla, 蓮華戒、8世紀)などは後者の系統に属し、カダム派の祖となるアティーシャ(Atīśa, 980-1052)は前者の系統に属している。[6]

　密教(タントリズム)はグプタ朝後期から崩壊の時期にあたる5-6世紀に台頭した。この成立と展開に関しては、中観思想の密教化、また大乗思想が儀軌化する中で、いわば密教瑜伽として体系化された[7]と考えられている。8世紀頃のインド密教界では、大乗を波羅蜜道(pāramitā naya)と密教に相当する真言道(mantra naya)に区別し、悟りに至る方法が異なるものとされた。真言(マントラ)とは、マーナ(māna, 意)とトラー(trā, 救護する)から成るマーントラー(māntrā, 意を救護する)と解される。その内容は大日の教えの言葉を聖句として集約し、あるいは、あるものをサンスクリット文字1字に種字として集約したものである。そして、これらを手段として成仏する方法が真言道である。さらに8世紀後半頃には、利他行の実践において、密教の方が優れていると説かれるようになり、

この理念は後期の無上瑜伽タントラへと継承されるのである[8]。

　チベット大蔵経では、密教の文献はすべてタントラ（tantra; rgyud）と呼ばれ、プトンの四分法により、所作（kriyā; bya ba）、行（caryā; spyod pa）、瑜伽（yoga; rnal 'byor）、無上瑜伽（anuttara-yoga; rnal 'byor bla na med pa）に分類される。所作タントラは、修法するための次第の説明と規則を扱うタントラ群である。行タントラは道具を用意し、行ずるタントラ群で、護摩のように外の瑜伽を説き、『大日経』の思想体系に属する。瑜伽タントラは心の中で行ずる観法に関するタントラ群で内の瑜伽を説き、即身成仏のための入我我入観が実践の中心となり、代表的なタントラは『初会金剛頂経』などである。無上瑜伽タントラは、実践面で人間の生理作用を適用した観法を説く。このタントラ群は、方便（悲）・父タントラ系、般若（智）・母タントラ系、この両者の総合による般若・方便双入不二のタントラ系に区別される。方便・父タントラ系は8世紀後半の成立で、『秘密集会タントラ』を代表的タントラとし、実践面では本尊（大宇宙）と行者（小宇宙）の入我我入の観法を説く。般若・母タントラ系も8世紀後半に成立し、『ヘーヴァジュラ・タントラ』とサンヴァラ系のタントラが見られ、思想面はチベットの無上瑜伽思想のヤブユム（父〈殿〉・母〈妃〉）に代表されるが、中国と日本へはほとんど伝播しなかった。般若・方便双入不二のタントラは『カーラチャクラ・タントラ』を代表とし、11世紀に成立した。思想面では方便と般若の不二こそが悟りの最高の境地であるとする[9]。そして、チベット仏教における儀軌においては、この無上瑜伽タントラが重要な位置を占めることになるのである。

　密教は中央アジア、東南アジアを経て中国に伝播し、806年に空海により日本に伝えられ、真言宗が開かれることになる。しかし、仏教発祥の地であるインドにおいて、仏教はバラモン教、そしてその後のヒンドゥー教の前に弱体化する。さらに、11世紀にはムスリムにより北インドが征服され、仏教寺院、ナーランダー大学など仏教施設は破壊され、13世紀にはデリーを都とするイスラーム王朝が建てられて、仏教は滅亡したのである。また、チベットでも、1959年、ダライ・ラマ14世がインドに亡命し、文化大革命時においては仏教は壊滅的な打撃を受けることになった。もちろん、チベット難民の中での新たなチベット仏教復興の動きがあるものの、現在、人々の生活の中で断絶を経ることなくチベット仏教が生きている場としては、ラダックは数少ない地域の一つとなったのである。本書では人々の生活の中での宗教の意味を明らかにするためにも、ラダックの仏教に焦点をあてることになる。

2　ラダックにおける仏教の展開

　インド北西部において、仏教はクシャン朝（紀元前1世紀-後5世紀）の保護のもとにガンダーラを中心に繁栄した。しかし、5世紀には中央アジアからのフンの侵略を受けクシャ

ン朝は倒れる。その後、カシミールの王ラリターディトヤ・ムクターピダ（Lalitādiya-Mukutāpida, c.725-756）は覇権の復興を図り、ヒンドゥー教と仏教の振興に努める。ラダックに仏教が伝播したのは、おそらくクシャン朝の時代からと推測され得るが、カシミールの影響が明瞭に現れるのは8世紀になってからである。[10]

写真2-2 ザンスカールのサニ僧院とカニカ・ストゥーパと呼ばれる仏塔（写真右側）（1983年）

もっとも、ラダックの伝説によれば、紀元前550年頃、ブッダの弟子のアーナンダの500人の弟子の長であったアラハット・マジャンティカは、奇跡を起こす力によりカシミールを訪れた。この際、彼はラダックに来て、当時、湖であった現在のラマユル僧院のある場所を訪れたという。また、彼はチャラサにてヌブラ渓谷を祝福し、さらに現在のスピトゥック僧院のある場所を祝福し、ここに僧団が設立されることを予言したとされる。なお、サブーにはマジャンティカの遺物の納められている仏塔があり、この近くに建つ現在のサブー僧院のある場所を祝福したという。また、紀元前200年頃のマウリヤ朝、アショカ王の時代、仏教の伝播はザンスカールのスル渓谷に及び、古い仏塔がスムダ、ティリに見られるとされる。さらに、クシャン朝のカニシカ王（2世紀頃）は中央アジアのヤルカンドやホータンを征服し、バルティスタンやラダックを帝国下に置き、多くの仏塔を建てたとされており、ザンスカールのサニ僧院にあるカニカ・ストゥーパと呼ばれる仏塔はこの時代のものと伝えられる[11]（写真2-2）。これらの資料等に基づけば、ラダックへの最初の仏教の伝播は2世紀頃にはおそらく行なわれていたのではないかと考えられる。

さらに、スリナガルからカルギルの間にあるドラース（drass）には弥勒菩薩、蓮華文様、騎馬像、観音菩薩の石像がある。さらに、ムルベック（mulbek）には岩壁に15mほどの高さの弥勒立像が彫られている（写真2-3）。これらは、チベット的要素は少なくインド的であり、アルチ寺院の三層堂の3菩薩像（観音、弥勒、文殊）とも共通性を持つが、時代的に多少遡るとも考えられている。なお、美術史的にはポスト・グプタ様式を踏襲した7-8世紀の作とされる[12]。また、ザンスカールのサニ僧院の裏には弥勒等の石仏が見られ、これも同時代のものである可能性がある（写真2-4）。これらに基づけば、西チベットに興るリンチェンザンポによる仏教の伝播以前に、ラダックに仏教が伝播していたものと考えられよう。この初期仏教の特徴はチベットを経由した仏教、すなわちチベット仏教では

写真2-3　ムルベックの岩壁に彫刻された弥勒立像（1980年）

写真2-4　ザンスカール、サニ僧院にある弥勒の石仏
　　　　（1983年）

なく、カシミールからの直接の影響によるインド仏教であるという点にある。
　チベットにおいては、ソンツェンガンポ（srong btsan sgam po, 600-649頃）の時代、629年に吐蕃王国が建てられ、仏教の国教化が図られたとされる。もっとも、7世紀のこの出来事は史実というよりも、むしろ仏教受容とチベットの国家的英雄とを結びつけた神話的性格の強いものであるとされる[13]。しかし、ティデツックツェン（khri lde gtsug brtsan, 704-755）の時代になると、政府閣僚の一部の反対にもかかわらず仏教を受容することへの努力がなされる。さらに、彼の息子のティソンデツェン（khri srong lde brtsan, 755-797）の時代には、インドから招聘されたパドマサムバヴァ（Padma-saṃbhava; padma 'byung gnas）のもとに、チベットにおける仏教振興が図られる[14]。これは、瑜伽行中観派の仏教であった。

チベットにおける仏教国教化に伴い、中国からのチャン (ch'an) 派を擁護するワシャン ('wa shang) と、インドからのシャーンタラクシタ派を擁護するサルナン (gsal snang) との間の抗争があったものの、ラルパチェン (ral pa can: khri gtsug lde brtsan, 815-838) 以後、チャン派の勢力は衰退する。こうして、仏教はチベット国教となるが、在来のボン教との間には教義的、政治的抗争が続いたものと考えられる。インドからの仏教は在来の神々、儀礼を取り入れ、ボン教との融合を図る。しかし、チベットにおける仏教確立の試みはランダルマ (glang dar ma, 838-842) による破仏と843年の王朝の崩壊により終焉を迎え、チベットにおける仏教の第1次伝播は終わりを告げる。

　ランダルマの死後、チベットの政治的統一は失われ、地方勢力の分立の時代となる。ラダック王統史によれば、ラダック王国最初の王朝はランダルマの孫にあたるキデニマゴン (skyid lde nyi ma mgon, c.900-930) に始まるとされる。彼は中央チベットを追われ、プラン (pu 'rangs) のニズン (nyi zuns) に都を定め、その後、ルトク (ru thogs)、グゲ (gu ge)、プラン (pu 'rangs) を含むガリコルスム (mnga' ris skor gsum) と呼ばれる西チベット地方を征服する。当時のラダック地方について王統史は次のように述べる。すなわち、マルユル (mar yul) の上手ラダック (la dwags stod) はゲサル (ge sar) の子孫たちにより治められており、下手ラダック (smad rnams) は小独立公国に分割されていると。ここに登場するゲサル (gesar) という名称について、フランケ[16]は、ラダック地方において、仏教が伝播する以前に、ケサル伝説の王 (Kesar) の名を語る王朝が存在し、それはラダックの先住民族であったダルド (Dard) と関係があったのではないかと考えている。しかし、一方でラダック王朝成立以前に、ダルド族ではなくチベット族の影響がラダック地方に存在していたということも無視できない。たとえば、山口[17]は、吐蕃前史時代の考証的研究において、シャンシュン (zhang zhung) のラダック地区東部を大羊同に比定し、下手、上手の両シャンシュンの他に、ニャーティ・ツェンポ以前のピャ部族、もしくはトン部族、ム部族等の所在と、さらに後に彼らと通婚したダン氏の女国を位置づけ、この上で、ペテック[18]により述べられるシャンシュン地域とヤルルン王家を中心とするチベット部族が7世紀以後に初めて接触を持ったとする考えに、否定的見解を示している。また、吐蕃王国成立以後も、その勢力はラダックはもとより西方の大勃律（バルティスタン）、小勃律（ギルギット）、掲師（チトラル）にまで及んだと考えられる[19]。これらのことから、ラダック王朝成立以前から、この地域がさまざまな形ですでにチベット族と関係があったということを指摘することができるのである[20]。

　仏教の第2次伝播は西チベットに起こる。10世紀当時、北西ネパールにおいてカシア (khasia) 族に属するマラ (malla) 王朝が力を持ち、首都をセムジャ (semja) に置き、ここからプランを支配していた[21]。この王朝のコルレ王は弟ソンゲに位を譲り、イェシェウ (ye shes 'od) の名のもとに出家する[22]。彼は僧院の規律と仏法の再興のために若者をカシミー

写真2-5 ザンスカール、パドム村の近くの岩壁に彫刻された五仏。左より宝生、阿閦、大日、阿弥陀、不空成就（1980年）

ルに送り、仏教を学ばせた。当時、カシミールは仏教の理論と実践に関する伝統を保持していたからである。リンチェンザンポ（rin chen bzang po, 958-1055）はこれら留学僧の中の1人であった。彼はグゲ（gu ge）の王の支配地を中心に多くの寺院を建立し、またカンギュル、タンギュルを含む多くの仏典の翻訳を行なった。グゲのキタン（khyi thang）のパルイェシェ（dpal ye shes）によるリンチェンザンポの伝記によれば、彼の建立した寺院はプランのカチャル（kha char）、グゲのトディン（mtho lding）、マルユル（mar yul：ラダック）のニャルマ（nyar ma）とされるが、スネルグローヴはこの伝記の註訳において、さらにザンカル（ザンスカール）のスムダ（gsum mda'）を加えている。なお、ザンスカールのパドム村の近くの岩壁には、リンチェンザンポの時代のものと伝えられる大日を中心とする宝生、阿閦、阿弥陀、不空成就の五仏の彫刻が見られる[24]（写真2-5）。

ラダックにおいては、ニャルマ（nyar ma）寺院は現在廃墟となっているが、この他アルチ、スムダ、マンギュの寺院がリンチェンザンポの建立とされる[25]。なお、ニャルマ寺院の建設年代はリンチェンザンポの在世期間（958-1055）から1000年頃と考えられ、またアルチ寺院については、ニャルマに学んだカルダンシェラブ（skal ldan shes rab）が建立したとする銘に基づき、11世紀後半と考えられる[26]。

リンチェンザンポがラダック地方にもたらした仏教は『初会金剛頂経（tattvasaṃgraha）』、『悪趣清浄軌（durgatipariśodhana）』で、7世紀頃インドで栄え瑜伽観法を中心とし、民衆教化を直接目的としない瑜伽タントラ系のものであったとされる。リンチェンザンポ自身は無上瑜伽タントラの翻訳も行なっており、これについて知っていたはずであるが、寺院の仏像、壁画に見られる特徴は、金剛界系の五仏の像、五仏を中心とするマンダラの中尊が智拳印、転法輪印、定印のいずれかを結ぶ大日（ヴァイローチャナ）である。これは、1400年のラダック王国第2次王朝以後に建立された寺院が無上瑜伽タントラ系、すなわち、グヒヤサマージャ（guhyasamāja）、ヘーヴァジュラ（hevajra）、サンヴァラ（saṃvara）、カーラチャクラ（kālacakra）などのマンダラを主とし、ヤブユム尊や忿怒尊が顕著になるという点と特色を異にする。この無上瑜伽タントラ系の寺院には六道輪廻図、地獄、極楽の絵、

仏伝図など、民衆教化に関する壁画が登場する[27]。

なお、ラダックのシェー村には、中央に宝冠で智拳印を結び獅子に座す大日を置く宝生、阿閦、阿弥陀（無量光）、不空成就の五仏の立像彫刻が見られる。印相、獣座は先のザンスカールのパドムにおける岩壁彫刻と同一であるが、パドムのものが座像であったのに対し、シェーのものは立像となっている点が異なる。これは、この地方における『金剛頂経』の流行を示すものであり、蓮華座ではなく獣座に乗っていることから、『金剛頂タントラ』に近いとされる[28]。

さらに、グゲの王イェシェウの甥または甥の子チャンチュブウ（byang chub 'od）によって、インドのナーランダー大学から招かれたアティーシャは、この西チベットに興った仏教復興に大きな貢献をする（Stein 1971 : 65）。アティーシャは1042-1052年に至るまでチベットに滞在し、特に女神ターラ（tārā）の尊崇に重きを置き、カダム派（bka' gdams pa: bka' brgyud bka' gdams pa）を創始する[29]。これは、無上瑜伽タントラ系仏教である。同じ頃、マルパ（mar pa, 1012-1096）もインドで学び、弟子のミラレパ（mi la ras pa, 1040-1123）とともにカーギュ派の始祖とされる。

カーギュ派は後にディグン派（'bri gung pa）、ドゥック派（'brug pa）、カルマ派（kar ma pa）、シャン派（shangs pa）などに分派する。また、先のカダム派は後年、ツォンカパ（tsong kha pa, 1357-1419）の改革により始まるゲールク派（dge lugs pa）に移行することになる[30]。ツォンカパは小乗仏教以来の僧団の戒律を重んじ、帰謬論証派（プラサンギカ派）の中観思想を基盤に、顕教による般若波羅蜜の修習を終えた者が利他行を完成するためこの世で一切智者（ブッダ）の境地に到達し、空を体得しようとする時、無上瑜伽タントラの修行が許されるとし、小乗（ヒナヤーナ）、大乗（マハーヤーナ）、金剛乗（ヴァジュラヤーナ）の三乗を統合しようとする、アティーシャ以来のインド仏教最終期の懸案に応えたのである[31]。

この伝統は現在でも引き継がれ、僧侶がゲシェ（dge bshes, 博士）の学位を得るためには三乗を修得することが要求されている。チベット仏教はタントラ仏教を特徴としているが、同時に小乗、大乗を含む仏教全般についての広い知識と実践を基盤に置いているのである。現在のチベットでは、ゲールク派の他、ニンマ派（rning ma pa）、サキャ派（sa skya pa）、カーギュ派の四大宗派がある。さらに、よりシャマニズム的要素を持ち、仏教に対立していたボン教（bon po）も、チベット亡命政府により、一つの宗派として代表権を認められるに至っている。なお、ボン教はチベットにおける仏教の第1次伝播以前の伝統に遡り、さらに仏教と融合したものであり、ニンマ派は7世紀から8世紀におけるインド仏教の第1次伝播による古派としての伝統を持ち、カーギュ派とサキャ派は11世紀以後のインド仏教の第2次伝播の伝統を持ち、ゲールク派は15世紀はじめに確立した改革派である。

ラダックには15世紀以後、中央チベットから改革派ゲールク派をはじめ、ディグン・カーギュ派、そしてブータンと関連の深いドゥック・カーギュ派などが導入され、王朝の保護

のもとに繁栄することになる。先に述べたインド北西部ガンダーラ、さらにカシミールからの2-8世紀頃におけるインド仏教の影響を第1次伝播とし、10-11世紀に西チベットを中心に興ったリンチェンザンポ、アティーシャによる仏教の導入を第2次伝播とすると、この15世紀以後の中央チベットからの仏教の影響は、ラダックにおける仏教の第3次伝播と考えることが可能である。

3　ラダック王国と仏教

　ラダック王国の歴史は、成立期（c.900-1400）、発展期（c.1400-1600）、衰退期（c.1600-1834）の時期に分類される。成立期は、キデニマゴン（skyid lde myi ma mgon, c.900-930）からロトチョクダン（blo gros mchog ldan, c.1440-1470）に至るラダック王国第1次王朝の時代である。発展期は、ラチェン・タクブムデ（lha chen grags 'bum lde, c.1400-1440）からセンゲ・ナムギャル（seng ge rnam rgyal, c.1569-1594）に至るラダック王国第2次王朝前半期の諸王の時代である。第1次王朝と第2次王朝とは年代的には重複するが、実質的な交替があったのは、c.1470年のラチェン・バガン（lha chen bha gan, c.1470-1500）の時であったと考えられる。衰退期は、デルダン・ナムギャル（bde ldan rnam rgyal, 1594-1659/60）からツェワンラプタン・ナムギャル（tshe dbang rab brtan rnam rgyal, 1830-1835）に至るラダック王国第2次王朝後半期の諸王の時代である[32]。

　『ラダック王統史（la dwags rgyal rabs）』はラダック王朝諸王の業績と仏教の繁栄についての記載に飾られるが、その背景には仏教諸宗派間あるいはイスラーム教と仏教との間の宗教的抗争の歴史を読み取ることが可能である。この節では、ラダック西方隣接諸国におけるイスラーム化と、ラダックへのイスラーム教の拡大の傾向について指摘し、次にこれに伴うラダック王国の宗教政策について考察する。

イスラームの影響

　イスラーム化の問題は、ラダック第1次王朝後期にすでに始まっていたと考えられる証拠がある。すなわち、ラチェン・ギャルブリンチェン（lha chen rgyal bu rin chen, c.1320-1350）は、カシミールにおける初代のイスラーム王となった可能性があるとされるからである。フランケ[33]は、年代の符合性、名前の一致、さらにギャルブ（rgyal bu, 王子）という名称に基づき、ラチェン・ギャルブリンチェンとリンチャン・シャー（Rainchan Shah; riñchana bhotta）の同一性を認めている。ジョナラジャ（Jonarāja）によるカシミール王統史（rājataranggini）によると、14世紀初頭、シムハ・デヴァ（Simha Deva）王の時代のカシミールは、タタール人の王ズルカダル・カーン（Zulkadar Khan）によって侵攻を受ける。ズルカダル・カーンはトルコ人の侵略者ドルルカ（Druluca）とも記されるが[34]、さらにバムザイ[35]のカシ

ミールの歴史によると、当時、チャガタイの子孫たちによって治められていたトルキスタンのタタール人の首長であるドルチュ (Dulchu) は、トルコ人、モンゴル人から成る6万の騎馬軍団をもってジェルム (Jhelum) 渓谷からカシミール渓谷に侵入したとある。このため、シムハ・デヴァ王はキシュタワール (Kishtawar) に逃れ、ズルカダル・カーンはスリナガルを8カ月間にわたり占拠する。冬期に入り食糧不足から彼の軍隊はカシミール脱出を図るが、雪に閉じ込められて全滅する。そこで、シムハ・デヴァ王の指揮官ラマ・チャンドラ (Rama Chandra) は、スワトー (swat) 出身のシャー・ミルザ (Shah Mirza) とリンチャン・シャー (Rainchan Shah) をもってカシミールを奪還する。ここで、リンチャン・シャーについてはチベットの王である父親と不和になり、カシミール渓谷に冒険者として来たことになっている。もっとも、バムザイによると、リンチン (Rinchin, 1320-1323；リンチャン・シャー) は、彼の父を殺害したバルティに対し報復攻撃を行ない、バルティの首長たちを殺した後、安全のためにカシミールに逃走し、ラマ・チャンドラの保護のもとにあったと述べられる。この後、リンチャン・シャーはラム・チャンドを殺害し、彼の娘クタ・ラニ (Kuta Rani) と結婚し、1323年にカシミール王位を宣言する。彼はヒンドゥー教に改宗しようとするが、ブラーマンたちに拒否されたため、イスラーム教に改宗し、サドルウディン (Sadr ud din) と名のる。彼は最初のムスリムのカシミール王である。2年半の後、彼は死亡し、妻はシンハ・デヴァ王の弟と結婚する。さらにその後、彼女は前出のシャー・ミルザと結婚し、シャー・ミルザがカシミール王位につくことになる。

これ以前のカシミール王国はヒンドゥー王朝であり、仏教からイスラーム教に改宗したギャルブリンチェンは王位を宣言すると同時に、ヒンドゥー寺院の破壊による異教徒弾圧に着手する。当時のカシミールはタタール人により侵攻を受け占拠されており、さらに14世紀の終わりにはティムール皇帝ティムール (Timūr) は、中央アジアのサマルカンド (Samarkand) に都し、ムスリムによるキリスト教徒、仏教徒への迫害が行なわれていた。

15世紀初頭、ラチェン・タクブムデは、ラダック第1次王朝最後の王であるロトチョクダンを王位継承者とするが、彼以外にも2人の息子があったことが明らかである。これに関しては、ラダック王統史第7部におけるラチェン・バガンがタクブムデ王の息子たちに敵対したとの記載に、その息子たちの名前として上記のロトチョクダン以外に、ルンパアリ (drung pa'a li)、およびラプタンダギャルの2名を見ることができるからである。ここで、第2子のルンパアリという名前は、その半分はイスラーム名であり、フランケは、これをラダックを攻略したザインウル・アビディーン (Zainu'l'ābidīn) によってタクブムデ王がイスラームの妻をめとらされた結果であろう、と推測している。カシミールのイスラーム王であるザインウル・アビディーンに関して、ゲルガンとハスナインは、バルティスタンの首長の忠誠の保証のもとに彼はグゲを攻略し、ラダックのシェー、ムルベックに至ったと考えている。もっとも、彼はヒンドゥー教にも寛容であり破仏を行なわなかった

といわれているため、ラダックにおける仏教への打撃は少なかったものと考えられる。むしろ、姻戚関係によるラダック王国との関係を通してイスラーム化を図ろうとしたのではないかと考えられる。

同様な事例は、ラダック第2次王朝創始者のラチェン・バガンの2世代下のジャムヤン・ナムギャル（'jam dbyangs rnam rgyal, c.1560-1590）の治世において見られる。彼はバルティ王、アリミール・シェルカーン（a li mir sher khan）の娘のギャルカートゥン（rgyal kha thun）との婚姻によりバルティ軍との講和を図る。すなわち、スカルド（skar rdo）のアリミール・シェルカーンの侵攻によりラダック全域はバルティ軍に制圧され、ラダック王ジャムヤン・ナムギャルはアリミールの捕虜となった。そして、アリミールは喜んで彼の娘のギャルカートゥンをジャムヤン・ナムギャルの妻として与え、ジャムヤン・ナムギャルを王座につかせる。こうして、ラダック王はアリミールの娘ギャルカートゥンとともに帰国を許される。その後、ギャルカートゥンはセンゲ・ナムギャル（seng ge rnam rgyal, 獅子王）とノルブ・ナムギャル（nor bu rnam rgyal）の2人の息子をもうけるのである。

もっとも、この時期にはイスラーム化の拡大はすでにラダック王国西方諸国のみならず、かつてのラダック王国の一部であったプーリック（pu rig）にも及んでいた。プーリックのチクタン（cig tan）とカルツェ（dkar rtse）の王子たちはイスラームに改宗し、自らをスルタン（sultan, イスラーム君主）と名のり、ラダック王国の意に従わなかったことがラダック王統史に記載されている。

隣接諸国からのラダック王国に対する攻略は、第2次王朝を通じて見ることができる。ラチェン・バガンの時代には、シュリバラ（śrīvara）のカシミール王統史によれば、カシミール王ハサン・カーン（Hasan Khān）がラダック侵攻を図ったことが述べられている。また、彼の息子のタシ・ナムギャル（bkra shis rnam rgyal, c.1500-1532）は、ホル（Hor）と戦い勝利をおさめた。さらに、1532年にミルザハイダル（Mirza Hyder）はラダックに侵攻し、ヌブラの住民にイスラーム教を受容させようとしたが、貴族と首長はこれを拒否したため、彼らを殺害し、あるいは捕虜とした。その後、軍隊はレーに入り、そこの2人の支配者はイスラームを受け入れたという[39]。なお、スタン[40]によると、将軍ミルザハイダルはトルキスタン地方、カシュガルのサルタンであるサイド汗とともに、1531-1533年に中央チベットまで進出している。

さらに、センゲ・ナムギャルの時代になると、バルティ王アダム・カーン（'adam mkhan）に率いられる軍隊がラダック攻略を図るが、カルブ（mkhar bu）の戦闘において撃退させられる。ラダック王統史にはここでも多くのホルが殺されたとあり、彼らはムガールの兵士であるとも考えられるが[41]、いずれにしてもムスリムと仏教徒の間の戦争であったということができる。

以上、述べたように、ラダック王国第1次王朝後期から、第2次王朝センゲ・ナムギャ

ルに至る時期、イスラーム化したラダック西方隣接諸国からのラダック王国に対する攻略が続く。それは、直接軍事行動と戦闘行動のみならず、ラダック国王とイスラーム王妃の婚姻という、両国の姻戚関係の樹立という方法を伴うものであったということができるのである。

宗教維持機構

この節では、西方隣接諸国からのイスラーム勢力の拡大に対処するためのラダック王国の政治－宗教機構について、宗教維持機構という視点から考察する。さらに、モンゴル戦争（c.1679-1685）におけるチベットからの改革派ゲールク派のラダック国教化の試み、およびムガール帝国下カシミールからのイスラーム化の試みを、仏教－イスラーム宗教抗争の延長線上に位置づけ、これに対するラダック王国の政治－宗教戦略について分析する。

ラダック王国の対イスラーム戦略の第1は、理念的な方法である。すなわち、現実に対し仏教的解釈あるいは修正を加え、その教義に沿うような形で実質上のイスラーム勢力の拡大を緩衝し、さらに仏教的立場から容認することのできない事実は無視するという方法である。たとえば、ラダック王統史におけるラチェン・ギャルブリンチェンの項には、彼の名前以外の記載は見あたらない。すなわち、彼がラムチャンドラを殺害し、リンチャンシャーとしてカシミール王となり、イスラーム改宗を行なったかもしれないということは述べられていないのである。また前述したように、ラチェン・タクブムデの息子の1人がアリ（'a li）というイスラーム名を持つが、これに至った経過についても王統史は無視する。さらに、ジャムヤン・ナムギャルの項では、彼がイスラームであるバルティ王アリミールの娘ギャルカートゥンと結婚したことについては記載されているが、この王妃はドルマ（sgrol ma）の化身、すなわち仏教の女神ターラ（tārā）の転生であると註釈を加えることにより、仏教徒としてのラダック王朝の存続を正当化しているのである。

ラダック王国における対イスラーム戦略の第2は、現実的方法である。王統史に見るラダック王国諸王の業績についての記載には、仏教に対する信奉と振興活動が含まれている。これらは仏教の教義そのものの振興と同時に、異教徒に対する戦力強化という側面を持つものでもある。仏教振興とは、王朝による仏教保護と、僧院による民衆教化という政治的機能を持ち、仏教は王国における国家統合のための役割を果たしたのである。

ラダック王国第2次王朝ラチェン・デレク・ナムギャル（lha chen bde legs rnam rgyal, c. 1660-1685）の時代におけるモンゴル戦争（c.1679-1685）は、チベット－モンゴル軍とラダック軍、さらにチベット－モンゴル軍とカシミール軍との間の戦闘であった。しかし、実際には、モンゴル帝国下チベットとムガール帝国下カシミールによるラダック王国の覇権争奪戦として考えることも可能であり、宗教的には仏教とイスラーム教の間の宗教抗争の延長線上に位置づけられるものである。

結果的には、モンゴル戦争により、ラダック王国はその東部ガリコルスム（mnga' ris skor gsum）地方を失い、チベット、カシミール、双方から交易活動に関する制約を受ける。しかし、宗教的には、カシミールによるイスラーム化、およびチベットのダライ・ラマ政権による仏教ゲールク派の国教化は、ともに成功していない。なぜなら、ラダック王統史はラチェン・デレク・ナムギャルのイスラーム改宗について無視し、また軍事行動によるラダック攻略に失敗したチベットは、ラダック王朝の宗派であったドゥック・カーギュ派の僧ミパムワンポ（mi pham dbang po）の仲裁をもって講和を図り、新たな国境線の確定を行なうにとどまるからである。この結果、チベットはラダックを仏教国と非仏教国との境界地域として位置づけ、そのイスラーム化を阻止するという政策をとるにとどまることになる。

　モンゴル戦争の結果、ラダック王国の覇権は著しく縮小する。しかし、他方でラダック王国は強大なチベット－モンゴル軍にカシミール軍をもって対処せしめることにより、両者に経済的負担は負わされたものの、ゲールク派ダライ・ラマ政権による統治を阻止し、さらにカシミールによるラダック王国のイスラーム化をも排除し、独立国としての存続を図った。その背景には、チベットによるゲールク派国教化を怖れたラダック王朝と、ドゥック・カーギュ派の連帯関係に基づく政策決定があったものと考えられる。チベットにおいてはすでに王朝は亡び、ダライ・ラマ政権による統治形態がとられており、これを受け入れるということはラダック王国の独立を危うくすることを意味したからである。また、ゲールク派国教化は、ラダック王朝と結びついていたドゥック・カーギュ派の勢力を後退させることになる。したがって、カシミール軍の導入はラダック王国の独立とドゥック・カーギュ派の存続をかけた政治的判断であったと理解される。もっとも、この背景には、従来のイスラーム諸国との間の姻戚関係に見られるように、当時のカシミールのイスラーム教が、ラダック王国の独立ということに関しては寛容であるという認識があったと考えることもできよう。

　従来、モンゴル戦争におけるラダック王国の対応策に関しては、ラダック王が彼自身で戦争に行くことがなかったという事実、および窮境の故のカシミール太守への救済が失策として批評されるが[42]、以上の点をふまえれば、これらの解釈は必ずしもあてはまらない。むしろ、窮境にありながらも、王国の独立と宗派の存続をかけたラダック王国としての積極的な政治－宗教維持機構が機能していたと指摘することが可能である。

僧院と王朝

　ここでは、ラダックにおける仏教の歴史的背景と王統史に基づくラダック諸王と各仏教宗派との関係を記載し、僧院と王朝との関係について考察する。

　すでに述べたように、リンチェンザンポ、アティーシャなどインド仏教の影響の強いカ

ダム派以後、最初にラダックに入ったチベット仏教はゲールク派であった。ラダック王統史によれば、ラチェン・タクブムデ（lha chen grags 'bum lde, c.1400-1440）の時、ツォンカパの礼法が導入される。すなわち、ラダックを訪れたゲールク派の使節に賛同したラダック王により、スピトゥック（dpe thub；ペトゥ）僧院の出現を見たとある。もっとも、これ以前にラダックが他のチベット仏教宗派と接触を持たなかったというわけではない。たとえば、カーギュ派の支派であるディグン派（'bri gung pa）はジクステンゴンポ（'jig rten mgon po; 'bri gung dharmasvamin, 1143-1217）によって創設されるが、カイラーサ（kailāsa）周辺における1215年のグヤガンパ（g'u ya sgang pa）による布教活動に関し、グゲ（gu ge）、プラン（pu rang）の諸王とともに、ラダック王、ラチェン・ゴトップゴン（lha chen dngos grub mgon, c.1290-1320）が保護と援助を行なったとされる。王統史の記載にはラダック王が学僧を中央チベットのウ・ツァン（dbus gtsang）に留学させることが始められたとあるが、ペテックは、これもディグン・カーギュ派の影響であろうと推測している[43]。もっとも、ラダック王国における正式なディグン・カーギュ派の確立はこれより後であり、タシ・ナムギャル（bkra shis rnam rgyal, c.1555-1575, Petech; cf., c.1500-1532, Francke）によるチョスジェ・ダンマクンガタクパ（chos rje ldan ma kun dga' grags pa）の招聘に始まるものである。その後、センゲ・ナムギャルの治世、ドゥック・カーギュ派の僧タックツァン・ラチェン（stag tshang ras chen）がラダックに招請され、ヘミス僧院を拠点に王朝の保護を受けて繁栄する。さらに、ラダック王国末期のツェワン・ナムギャルⅡ世（tshe dbang rnam rgyal, 1752-1782）、およびラチェン・ツェタン・ナムギャル（lha chen 〈mi 'gyur〉 tshe brtan rnam rgyal, 1782-1808）は、ディグン・カーギュ派の僧、第6代トクダン・リンポチェ（rtogs ldan rin po che）の教えを受けている[44]。しかし、ツェタン・ナムギャルには息子がなく、ヘミス僧院の僧侶となっていたツェパル・ミギュルドントップ・ナムギャル（tshe dpal mi 'gyur don grub rnam rgyal, 1808-1830）が王位につき、その息子でラダック王国最後の王であるツェワンラプタン・ナムギャル（tshe dbang rab brtan rnam rgyal, 1830-1835）は、ドゥック・カーギュ派と結びつくことになる。

　以上、述べたように、チベット仏教各宗派はその出発点においては、王朝の保護のもとにラダックに招請され、布教の拠点を築いてきたということができる。そこでは、ラダック王国諸王は仏典カンギュル、タンギュルの写本に努め、僧院に膨大な宝物、物資を奉納し、さらに領地をも寄進したことが、ラダック王統史に詳細な目録とともに記されるのである。

　ラダック王国末期には、僧院はその維持のため国王より譲渡された4,000戸からの収入源をすでに確保するに至っている[45]。また、ラダック王統史に記されるタシ・ナムギャルによって制定された、各村から僧侶になるべき者の数に関する規則により、僧院は安定した人材の供給を確保したと考えられる。したがって、ラダック王朝によるチベット仏教各宗派に対する擁護策は、宗教的繁栄のみならず僧院の経済的発展の基盤となったと理解する

ことができる。

　僧院がラダック王国の政策決定に明確な主導権を現すようになるのはモンゴル戦争（c. 1679-1685）の時である。モンゴル戦争における国家政策の決定にラダック王朝とドゥック・カーギュ派による政治―宗教維持機構が働いていたと考え得ることについては、すでに考察した通りである。しかし、僧院と王朝の政治―宗教的関係はモンゴル戦争の時に始まったものではない。すでにセンゲ・ナムギャル（seng ge rnam rgyal, c.1590-1635；1569-1594）の治世において、センゲ（seng ge, 獅子）王とタック（stag, 虎）僧が、人々によって太陽と月とにたとえられ、ラダック王国の繁栄が賛美された時に、それは確立していたと考えることができる。それ以前においても、タシ・ナムギャルが、殺害した敵のホルの死体を王宮のある丘の頂上（ナムギャルツェモ、rnam rgyal rtse mo）に建てた堂の仏像の足下に置いたというラダック王統史の記載があることから、すでに戦争という国家事業における、宗教あるいは僧院の役割を指摘することができるのである。

　しかし、モンゴル戦争以後、僧院はラダック王国の内政、外交への直接の関与を行なうことが王統史より読み取ることができる。特に、王位継承問題の表面化するデスキョン・ナムギャル（bde skyong rnam rgyal, 1720-1739）およびプンツォク・ナムギャル（phun tshogs rnam rgyal, 1739-1752）以後になると、僧院は抗争の調停、あるいは国王の処遇に関して明確な政治権力を行使し、僧院、僧の個別具体的な名前がラダック王統史に登場する。たとえば、ツェワン・ナムギャルⅡ世はヘミス僧院に軟禁させられ、また彼の次男で王位継承権を持たないツェパル・ミギュルドントップ・ナムギャル（tshe dpal mi 'gyur don grub rnam rgyal）もヘミス僧院の僧侶とされる。

　さらに、ラダック王統史第8部には興味ある記載が見られる。すなわち、後にラダック王国最後の王となるツェワンラプタン・ナムギャルは、木―牛年（1817）、僧ヤンズィンガパ（yang 'dzin lnga pa）により、ヘミス僧院のビルパドルジェ（bhil ba rdo rje）の転生であると理解せられ、その居所もヘミス僧院と末寺のテチョク（theg mchog）僧院とされるのである。これらはいずれもドゥック・カーギュ派に属する僧院であり、この決定を僧院による王朝との融合政策の試みと考えることが可能である。

　事実、同様な試みはラダック王国がドグラ戦争（1834）によりその独立を失った後、ディグン・カーギュ派により現実化される。すなわち、ツェワン・ラプタン・ナムギャルの王子であるジクメットクンガ・ナムギャル（'jigs med kun dga' rnam rgyal）は、中央チベット生まれでガンゴン（sgang sngon, ガンスゴン；phyi dbang, チワン；ピャン）僧院に派遣されたディグン・カーギュ派の第7代転生ガワンデレクワンチュク（ngag dbang dge legs dbang phyug）を師とするが、さらにその息子はヤンリガル（yang ri sgar）に学び学者となってラダックに帰還すると、第8代転生トクダン・リンポチェ・ナワンロト・ギャルツェン（rtogs ldan rin po che ngag dbang blo gros rgyal mtshan）となり、ラマユル僧院、ガンゴン

僧院の修復を行なうに至るのである[46]。

　以上、述べたように、チベット仏教各宗派は経済的基盤の充実に伴い、内政、外交にかかわる国家政策の決定に関与し、政治－宗教機構を確立する。そして、最終的には仏教各宗派は、弱体化したラダック王朝との融合政策による新しい形の統合機構の形成へと向かったと考えることができる。しかし結果的には、シーク王国ドグラ軍のラダック王国征服により、僧院と王朝との融合化とその維持は、独立国家としてのラダック王国の統合機構として実現されるには至らなかったのである。

現在の僧院

　ラダックにおいて、現在見られるチベット仏教諸宗派は、ゲールク派（dge lugs pa）、カーギュ派（bka' brgyud pa）、サキャ派（sa skya pa）、およびニンマ派（rnying ma pa）である。カーギュ派にはディグン派（'bri gung pa）とドゥク派（'brug pa）がある。これらはいずれも15世紀以後、中央チベットから入ったものであり、それ以前は、各僧院はリンチェンザンポ、アティーシャなどインド仏教の影響の強いカダム派（bka' gdams pa）に属していたものと考えられる。以下、ラダックに現存する僧院につき、その宗派別に成立の背景を検証する[47]。

(1) ゲールク派僧院　ラダックにあるゲールク派の僧院はスピトゥック（spi thug; dpe thub, ペトゥ）僧院、ティクセ（khrig se; khri gs rtse; khri rtshe）僧院、リキール（klu 'khyil; klu dkyil：ルキール）僧院が主たるものであるが、その他、アルチ（a lci）寺院、リゾン（ri rdzong）僧院などが含まれる。

　スピトゥック僧院の正式の僧院名はサムテンリン（bsam gtan gling, 禅定寺）である[48]。伝説によれば、スピトゥック僧院は11世紀、僧ラー・ラマ・ランチュブ・オドの兄であるオデにより建立され、その後、リンチェンザンポにより僧院としての形態をとるに至る。したがって、本来、カダム派に属していたことになるが、ラダック王国タクブムデの治世、僧ラワンロト（lha dbang blo gros）により再建され、ツォンカパの教義、すなわちゲールク派が導入されたことになる[49]。スピトゥック僧院の末寺には、レーのサンカル僧院、ストックのグルプック僧院等が含まれる。これら僧院の儀軌や作法等は中央チベットのタシルンポ（bkra shis lhunpo）僧院と同じであり、留学僧はタシルンポやデブン（'bras spung）僧院のロサリン（blo gsal gling）等に行くことになっており、これは後述するティクセ僧院、リキール僧院の場合と同様である[50]。

　ティクセ僧院はツォンカパの予言により弟子のシェラザンポ（shes rab bzang po）がティクセ谷の頂上に堂を建立、後にシェラザンポの甥のパルダンシェラブ（dpal ldan shes rab）がここに寺院を建立し、1447年、僧院が開始されたとされる[51]（写真2-6）。

写真 2-6 ティクセ僧院（山田孝子撮影、2010年）

　リキール僧院（ルキール僧院、klu 'khyil dgon pa）は別名ガルダンダルゲーリン（dga' ldan dar rgyas gling）という[52]（写真 2-7）。伝説によるとその創建は古く、ラダック国王ラチェン・ギャルポ（lha chen rgyal po, c.1050-1080）が僧ワンチョジェーに対して1065年に奉献したとされる。僧院の両側は川により囲まれ、これらは各々ナガラジャナンド（naga raja nando; krisṇa, 黒龍）、およびタクサコ（taksako; tokṣaka, 德叉迦龍）とされる。15世紀にツォンカパの弟子カタップジェ（mk'as grab rje, 1385-1438）のさらに弟子のラワンロト（lha dbang blo gros）が僧院の繁栄に努め、ゲールク派が導入されるに至る[53]。

　アルチ寺院はリキール僧院の末寺であるが、成立はリンチェンザンポに帰され、11世紀後半のこととされる[54]。アルチ・チョーコル（a lci chos bskor）、すなわち法輪寺は三層の本堂と5個の仏堂を持つ[55]。大日を主尊としインド仏教の伝統が見られ、建築様式にはカシミールの影響が指摘される[56]。したがって、アルチ寺院は本来カダム派に属し、後にゲールク派に移行したものと考えられる。

　リゾン僧院は1842年にツォンカパの教義に基づいて僧ツルテムニマが建立した（写真2-8）。ヴィナヤ（vinaya）戒律の実践を行ない、経典、衣服以外の僧の個人所有を認めず、ラダックにおける最も戒律の厳しい僧院である。尼寺が下流にあり、リゾン寺院とともに自給自足の生活を行なう[57]。なお、この慣習は中央チベットのラサにおいてガルダン（dga' ldan）の第7世管長、ロダ・タンパ（blo gros brtan pa, 1402-1476）の創設したタクポ（dwags po）地方のターザン（gra tshang）等にあったといわれる[58]。

　なお、ヌブラにはゲールク派に属する僧院として、ディスキット僧院があり、ザンスカールにはカルシャ僧院、ストンデ僧院、プクタル僧院などがある（写真2-9）。

(2) ディグン・カーギュ派僧院　ラダックにあるディグン・カーギュ派に属する僧院は、

写真2-7　リキール僧院（1984年）

写真2-8　リゾン僧院と入口の仏塔（1980年）

写真2-9　ザンスカールのプクタル僧院と、その発祥地である背後の洞窟（1980年）

ラマユル (bla ma gyur) 僧院、ピャン (phyi dbang；チワン) 僧院、シャチュクル (shar chu khul) 僧院である。ラマユル僧院の正式名はユンドゥン (yun drung; svastica, 吉祥字) 僧院である (写真2-10 [口絵2])。ここは、ナローパとリンチェンザンポによるカダム派に属していたと考えられるが、16世紀ラダック国王ジャムヤン・ナムギャルが、チョスジェ・ダンマクンガタクパ (chos rje ldan ma kun dga grags pa) をラダックに招き、寺院を奉献し、ディグン・カーギュ派を開始したとされる[59]。もっとも、僧ダンマを招いたのは、在位年代から考えてラダック国王タシ・ナムギャル (bkra shis rnam rgyal, c.1555-1575, Petech; cf., c.1500-1532, Francke) であるとも考えられる[60]。

　ピャン僧院についても、前者と同様に16世紀ディグン・カーギュ派の僧チョスジェ・ダンマクンガタクパに与えられたものであるとされている。この僧院はガンゴン (sgang sngon) のタシチェザン (bkra shis chos rdzon) とも呼ばれ、ラダックにおける最初のディグン・カーギュ派に属する僧院である。ディグン・カーギュ派の本山 (gdan sa thil) はスキョパ・ジクテンゴンポ (skyob pa 'jig rten mgon po, 1143-1217) により、1178年に創設され、中央チベットにある。一番位の高い僧の下に30名くらいの僧がいるとされ、ラダックにおける法主はその1人である[61]。ディグン・カーギュ派は教義、調息法 (rtsa rlung)、声明 ('don lta dbyangs)、舞い方等の作法、儀軌による供物の作り方等、独自の特徴を持つ[62]。

(3) ドゥック・カーギュ派僧院　ラダックにおいてドゥック・カーギュ派に属する僧院は、ヘミス (he mi, ヘミ) 僧院、スタクナ (stag sna) 僧院などである。ヘミス僧院はチャンチュプチョーリン (byan chub chos gling, 菩提法寺) あるいはサンガクチョーリン (gsang sngags chos gling, 真言法寺) とも呼ばれる[63] (写真2-11)。ラダック王統史によれば、ラダック王センゲ・ナムギャルが僧タックツァン・ラチェン (stag tshang ras chen) を招いたのに始まる。この宗派はブータンで栄え、ラダックにおける根拠地はこのヘミス僧院 (1602-1642創建) である[64]。ヘミス僧院の僧テチョクワン (theg mchog dbang; mipan tsewang) の時、ヘミツェチュ (he mi tshes bcu) と呼ばれるパドマサムバヴァに献ぜられる祭礼が導入された。ラダック国王の保護のもとに栄え、土地、財産等の所有に関してラダックで最も裕福な僧院である。

　チデ (chi mde) 僧院、ワンラ (wan la) 僧院はヘミス僧院の末寺である。チデ僧院にはパドマサムバヴァの聖像がある。ワンラ僧院は伝説によれば、その起源は古くリンチェンザンポの時代に遡るとされ、11面を有すアヴァロキテシュヴァラ (avalokiteśvara, 観音) 像、ブッダ (Buddha, 仏)、ボディサットヴァ (Bodhisattva, 菩薩) の壁画の他、アティーシャの聖像がある[65]。

　スタクナ僧院はラダック国王ジャムヤン・ナムギャルが、ブータンから僧チョスジェジャムヤンパルカルを招いて師として仰ぎ、土地、財産を与え、c.1580年に建立したもの

写真 2-11　ヘミス僧院（山田孝子撮影、2009年）

写真 2-12　スタクナ僧院（山田孝子撮影、2010年）

とされる（写真2-12）。僧院にはカムルップ（kamrup；アッサム）将来の観音の聖像がある[66]。その他、ドゥック・カーギュ派に属する3名の僧、すなわち、パドマカルポ（padma dkar po）、ガクワン・ナムギャル（ngag dbang rnam rgyal；17世紀のブータンの僧）、ガクワン・ギャルツェン（ngag dbang rgyal mtshan）の聖像も安置されている[67]。なお、ザンスカールにはドゥック・カーギュ派に属する僧院としてサニ僧院がある。

(4) **サキャ派僧院**　サキャ派は中央チベットにおいて、コン・コンチョク・ゲルポが1073年にサキャ（sa skya）僧院を創設したのに始まる。ラダックにおいてサキャ派に属する僧院はマトー（mang spro）僧院である。15世紀（1415年）に僧トゥンパ・ドルジェにより建立された[68]。サキャ派は中央チベットにおいてはモンゴル帝国と結びついて勢力を拡大

したが、ラダックにおいては1僧院を確保したにとどまる。

(5) ニンマ派僧院　　チベットのカム地方（khams）においてはパドマサムバヴァの法系があり、これはニンマ派に属し、ゾクチェン派（rdzogs chen）という1派をなす[69]。しかし、ラダックにおいては、ニンマ派は先のサキャ派と同様、比較的後になって入ることになる。ラダックにおいてニンマ派に属する僧院は、タクタック（phrag theg）僧院である。伝説によれば、僧院の建立される以前にクンガプンツォクと呼ばれる僧の瞑想のための洞窟があったとされるが、ラダック国王ツェワン・ナムギャルの治世、ツェワンノルブ（tshe dbang nor bu）が、カムからラダックに来てニンマ派を導入したとされる[70]。

僧院の祭礼

　ラダックの主要な僧院では、毎年チベット暦の決まった日に祭礼が行なわれる。その内容は、仮面舞踊、トルマ（大麦の炒り粉で作った諸尊の象徴）の投捨であり、また、その際にラバ（ラー〈lha, 地方神〉が憑依した村人もしくは僧；シャーマン）が登場するものがある（表2-1）。さらに、これ以外に、儀礼の一環としてキルコル（マンダラ）を色粉で描き、儀礼の終了後、これを壊して泉や川に流し、村人たちと祝宴を催す祭礼がある。祭礼とは、僧院と村人たちが協力して行なう儀礼と祝祭からなる活動と定義する。なお、儀礼とは形式が整えられている礼法に則して行なわれる宗教上の行為であり、個別具体的なテキストとその実践を儀軌と呼ぶことにする。また、祝祭とはあることを祝う公共の祭りである。したがって、祭礼とは、僧たちによる儀軌の実践に基づく儀礼と村人たちの祝祭とが複合し、時空間を共有する活動であるということになる。

　仮面舞踊は儀軌の一環として行なわれ、その中に悪霊を殺す儀式が含まれる。用いられる儀軌と諸尊は宗派によって異なるが、ゴンボ（マハーカーラ）、カプギャット（チェチョクヘールカ）、ケードルジュ（ヘーヴァジュラ）など無上瑜伽タントラ系の護法尊であり、悪霊を調伏するため忿怒尊の形態をとる。さらに、トルマに集められた悪霊を、焚き火の中に投げ込むグストル（dgu gtor, 9〈満月の日〉・トルマ）と呼ばれるトルマの投捨が行なわれる儀式が付け加わる。これを「グストル型祭礼」と呼ぶことにする。また、ラーが登場する祭礼は、仮面舞踊、もしくは仮面舞踊とトルマの投捨にラーの登場が加わり、それぞれの歴史的背景と伝統に基づいて形成されたものである。これは「ラー登場型祭礼」と呼ぶことにする。

　ゲールク派では仮面舞踊とトルマの投捨からなる祭礼が一般的であり、これらは人々の間で、たとえばスピトゥック・グストルやリキール・グストル（リキール・ドスモチェとも称されるが、正式にはリキールのストルモチェ〈gtor mo che, トルマ・大〉）のように、僧院の名前の後にグストルをつけて呼ばれる。ディグン・カーギュ派では、この仮面舞踊とトル

表2-1 ラダックの宗派別主要僧院における祭礼、祭礼日、行事内容

宗派	僧院	祭礼名	祭礼日（チベット暦）	C	G	L
ゲールク派	スピトゥック	グストル	11月17-19日	+	+	
	リキール	ストルモチェ（ドスモチェ）	12月27-29日	+	+	
	ティクセ	グストル	9月17-19日	+	+	+
	ストック	グルツェチュー	1月9-10日	+	+	+
	ディスキット（ヌブラ）	グストル	12月28-29日	+	+	
	カルシャ（ザンスカール）	グストル	6月28-29日	+	+	
	ストンデ（ザンスカール）	グストル	11月28-29日	+	+	
	プクタル（ザンスカール）	グストル	12月18-19日	+	+	
ディグン・カーギュ派	ラマユル	ユリ・カブギャット	2月28-29日	+	+	
		ユリ・カンギュル	5月3-20日			
	ピャン	トルドック（レー）	2月9日	+		
		ガンスゴン・ツェドゥプ（ピャン）	6月2-3日	+	+	
	シャチュクル	ゴマン	6月3-4日	+	+	
ドゥック・カーギュ派	シェー	シェー・シュブラ	7月10日	+		+
	スタクナ				+	
	ヘミス	ヘミ・ツェチュー	5月9-11日	+		
	チムデ		9月28-29日	+		
	サニ（ザンスカール）		6月	+		
サキャ派	マトー	マトー・ナグラン	1月14-15日	+		+
ニンマ派	タクタック	ドスモチェ	9月28-29日	+	+	
仏教徒協会	ゴンパソマ(レー)	ドスモチェ	12月28-29日	+	+	

(注) C：チャムス（舞踊）　G：トルギャック（トルドック；トルマ投捨）　L：ラバ（シャマン）；祭礼日は村人たちが集まる主要な日であり、これ以前から儀軌、準備が行なわれる。なお、これら以外に、ラマユル僧院におけるカンギュル祭礼とともに行なわれるデチョク（チャクラサンヴァラ）儀軌のように、キルコル（マンダラ）を用いた祭礼がある。

マの投捨からなる祭礼の形式は同じであるが、たとえばユリ・カプギャット（ラマユル僧院のカプギャット）のように、個別名で呼ばれる。ドゥック・カーギュ派では、トルマの投捨は一般的ではなく、ヘミ・ツェチューに見られるように、パドマサムバヴァに関する舞踊や綴織の大タンカの開帳が見られる。サキャ派では仮面舞踊とともにラーが登場する。また、ニンマ派では仮面舞踊とトルマの投捨をグストルとは呼ばずに、悪霊を捕えるため、トルマに代わり網状に糸を張ったドスが用いられ、ドスモチェ（dos mo che, ドス・大）と呼ばれる。なお、レーの町のバザールにあるゴンパ・ソマ（新寺）はラダック仏教徒協会が1957年に建てた寺であり、仏教各宗派が集まり会議を行ない、また事務局が設けられている。ここでは祭礼に際して、ニンマ派のタクタック僧院から来た僧たちにより、ドスモチェが行なわれる。

　キルコルを用いる祭礼は、儀軌の主尊は宗派により異なるが、デチョク（チャクラサンヴァラ）など無上瑜伽タントラ系の儀軌が用いられ、ゲールク派のスピトゥック僧院、ディグン・カーギュ派のラマユル僧院、サキャ派のマトー僧院など大きな僧院で行なわれる。これは、グストルに見られるような忿怒尊による悪霊の追放とは異なり、入門儀礼、平安、輪廻から自由になることを目的とするものである。これを「キルコル型祭礼」と呼ぶことにする。

　これらの祭礼のうち、キルコル型祭礼の参加者は、一般的に、その僧院のある村人が主である。しかし、グストル型祭礼は、僧院の配下にある村々からはもちろん、時にはザンスカールを含むラダック各地から人々が観客、あるいは招待客としてやって来る。とりわけ、ラーの登場するマトー・ナグラン祭礼、ストック・グルツェチュー祭礼、シェー・シュブラ祭礼におけるラー登場型祭礼は人々の大きな関心を集め、いわばラダック全体としての祭礼となっている。

　本書では、仮面舞踊とトルマの投捨からなる「グストル型祭礼」として、ラマユル僧院におけるカプギャット祭礼、「キルコル型祭礼」としてラマユル僧院においてカンギュル朗唱とデチョク儀軌とを組み合わせて行なわれるカンギュル祭礼について記載、分析する。なお、カンギュル祭礼においては、同時に行なわれる、ジトー儀軌、コンシャクス儀軌、ストンチョット儀軌についての分析も行なう。さらに、「ラー登場型祭礼」として、マトー・ナグラン祭礼、ストック・グルツェチュー祭礼、シェー・シュブラ祭礼について記載、分析を行なうことにする。なお、ストック・グルツェチュー祭礼においてはグストルが行なわれ、マトー・ナグラン祭礼においてはグストルは行なわれず、キルコルが用いられる。また、ストック・グルツェチュー祭礼の仮面舞踊とトルマの投捨に関しては、ゲールク派のスピトゥック僧院からやって来た僧によって行なわれるため、スピトゥック僧院、およびリキール僧院のグストルについても触れることになる（表2-1）。

　以上、述べたように、ラダックにおける仏教はカシミールからのインド仏教に始まり、

ラダック王国成立期（c.900-1400）である第1次王朝の時には、大乗仏教中観派のアティーシャを祖とするカダム派の仏教が、カシミールに学んだリンチェンザンポによってもたらされた。ここでは、同じ大乗の方法論としての瑜伽タントラが見られる。その後、ラダック王国発展期（c.1400-1600）である第2次王朝以後になると、チベットからゲールク派、ディグン・カーギュ派、ドゥック・カーギュ派、サキャ派、ニンマ派が、無上瑜伽タントラとともにもたらされる。やがて、ラダック王国衰退期（c.1600-1834）を経て王国は滅亡するが、これら仏教諸宗派は現在に至るまで、僧院と村々において、王朝ではなく人々の宗教として生き続けることになったのである。

註

1) 中村 1989：14, 32, 37, 68, 403, 418；辻 1970：316-321.
2) 雲井 1989：10-13.
3) 中村 1958：187.
4) 菅沼 1989：10-13.
5) 長澤 1989：281-284.
6) 菅沼 1989：31-34.
7) 立山 1999：19；頼富 1999：32.
8) 越智 1989：37-38.
9) 越智 1989：39-40.
10) Snellgrove & Skorupski 1977：6-8.
11) Jamyang Gyaltsan 2005：1；Nawang Tsering Shakspo 1988：1.
12) インド・チベット研究会 1982：110, 230；石黒 1977：59.
13) Macdonald 1984：129-140.
14) Tucci & Heissig 1970：14.
15) Tucci & Heissig 1970：17-18.
16) Francke 1926：94
17) 山口 1983：264-266.
18) Petech 1977.
19) 嶋崎 1977：509-510.
20) 煎本 1986：438.
21) Tucci & Heissig 1970：35.
22) Stein 1971：64.
23) Snellgrove & Skorupski 1980：91.
24) 越智ほか 1979：19-20.
25) Paldan 2008：8.
26) Snellgrove & Skorupski 1977：15.
27) インド・チベット研究会 1982：112；松長 1980：12-13.
28) 頼富 1978：48；1982b：232「ラマ教の美術」.
29) Tucci & Heissig 1970：37.

30) Tucci & Heissig 1970：51.
31) 金子 1989：300；山口 1985：421.；煎本 2005a：90
32) 煎本 1986d；1986a.
33) Francke 1926：98；1977：94-96.
34) Vogel, J. Ph. *In*: Francke 1977：169-171.
35) Bamzai 1962：310.
36) Bamzai 1962：309.
37) Francke 1926：102.
38) Gergan & Hassnain 1977：20.
39) Francke 1926：102；Gergan & Hassnain 1977：25.
40) スタン 1971：78.
41) Francke 1926：110.
42) Francke 1977：120.
43) Petech 1978：316.
44) Petech 1978：325.
45) Cunningham 1854：269.
46) Petech 1978：325.
47) 煎本 1986：434-437.
48) 酒井 1978：12.
49) Paldan 1982：15.
50) ツルテム・ケサン 1981：104-105.
51) Paldan 1982：18-19.
52) 酒井 1978：13.
53) Paldan 1982：11；ツルテム・ケサン 1981：105.
54) Snellgrove & Skorupski 1977：15.
55) 酒井 1978：12.
56) Snellgrove & Skorupski 1977：16.
57) Paldan 1982：13-14.
58) ツルテム・ケサン 1981：106.
59) Paldan 1982：10.
60) Petech 1978：324.
61) ツルテム・ケサン 1981：102.
62) ツルテム・ケサン 1981：102.
63) 酒井 1978：11.
64) スタン（Stein）1971：78.
65) Paldan 2008：9-10.
66) Paldan 2008：20.
67) Snellgrove & Skorupski 1977：131.
68) Thupstan Paldan 2008：19.；Jamyang Gyaltsan 2005.
69) Stein 1971：65.
70) Paldan 2008：22.

第3章　僧院の組織と運営

　私は1984年のラマユル・カプギャット祭礼、1988年と1989年のカラツェ村での調査、そして1989年のラマユル・カンギュル祭礼の間、できるかぎり僧院の運営と僧たちの生活についての情報を得るようにしていた。しかし、その数年前（1980年頃）、組織の制度改革があり、伝統的役員の役割に修正が加えられていたのである。このことにより、従来、僧院の経営を一手に引き受けていたデバ（経営責任者）とチツェデバ（総経営責任者）の過重な負担が軽減され、彼らの役割は新たに設けられた4名のニェルパが分担することになった。この制度改革は、ラダックの社会と経済の変化に伴う僧院の運営体制の改革であった。そこで、本章では従来の伝統的な僧たちの生活と組織、およびその変化について、僧院の運営という観点から述べることにする。

1　ラマユル僧院の組織

僧院の運営組織

　僧院では、リンポチェ（rin po che, 尊重される）を頂点にさまざまな役職が決められている。それらは、僧院長であるロボン（slob dpon, 教える・者）、儀礼責任者であるウムザット（dbu mdzad）、規律監督者であるゲスコス（bdge skos；チョーティンバ〈chos 'khrims pa〉とも呼ばれる）、会計責任者であり僧院の経費の収支に関する文書などの管理を行なう秘書であるトータンバ（do dam pa）、経営責任者であるデバ（sde pa）、僧院内の財産管理者であるゴンニエル（dgon gnyer, 僧院・管理者）、料理長であるマチャン（ma chan<ma chan ma, 長・料理人。チャマ、chan ma<ja ma, 料理人とも呼ばれる）などである。また、カプギャット祭礼に際しては、舞踊の責任者であるチャムポン（'chams dpon, 舞踊・長）が任命される。

　さらに、役員としてウチョス（dbu chos）があり、これには、僧院長、儀礼責任者、規律監督者、会計責任者、経営責任者など重要な5役が含まれ、さらに、カプギャット祭礼における舞踊長が加えられ、組織委員会としての役割を持つ。

　ロボン（僧院長）は、僧院における僧の首席であり、最も高い地位を占める。宗教面における総監督となり、宗教行事を指導するため宗教的素質が要求される。したがって、彼の責任はすべての儀礼における精神的首長となることである。僧の頭という意味で、村人は通称ラマ長と呼んでいる。ラダックにおけるディグン・カーギュ派では、ラマユル僧院、

ピャン僧院、シャチュクル僧院という、比較的大きくて重要な3僧院のみに、各1名ずつのロボンが配置されている。その他の僧院ではロボンに代わり、ゴンニエル（財産管理者）がこの役を務める。ただし、スキルブチェン、ティミスガン、ワンラ、カルブの各僧院においては、役割はゴンニエルだが、ラマ（bla ma）と呼ばれ、地位は高い。なお、スキルブチェン僧院では、ゴンダック（dgon bdag, 僧院・所有者）とも呼ばれる。任期は3年であるが、さらに延長も可能である。普通、僧院内には住まず、僧院の外に住んでいる。

ウムザット（儀礼責任者）は儀礼、儀軌の実践に関する責任者である。彼は常に朗唱を先導する。朗唱における音調を知らねばならず、他の僧に指導を与える。任期は3年でラマユル僧院には1名のウムザットが配置されている。彼は先のロボンと同様、宗教的素質が要求される。年間を通して職務についており、ラマユル僧院の内部ではないが、近くに住んでいる。なお、古参のウムザットをウルガンマ（dbu rgan ma＜dbu mdzad rgan ma, 頭・古参）と呼ぶ。彼は会議に出席することができ、カプギャット祭礼の舞踊の際には上下に打ち合わせる大型のシンバル（ブップチャル、sbub chal）を演奏する。

ゲスコス（規律監督者）はチョーティンパとも呼ばれ、僧院における規則が守られているか否かを監視する役目を負っている。ちょうど、僧院における警察官のような役割を果たし、集会堂の入口の内側にある高い席に座り、ここから全員を監視している。また、朗唱の間、他の僧たちは堂内に座っていなければならないが、彼だけは堂の内部、外部を監視のため歩きまわることができる。もし、僧が規律を破っているのを見つけたら、怒ってたたくこともできる。それで、私もしばしば目にすることがあったが、子供の僧たちがふざけて規則を守らない時には彼らを追いかけまわすこともあり、子供の僧たちは常にゲスコスを怖がっている。彼には宗教的素質は問われないが、はっきりとものを言う力と知性とが要求される。任期は3年でラマユル僧院には1名のゲスコスがいる。なお、仏教の僧には、本来、ブッダの時代からドゥルワ（'dul ba）経典に記されている253の規則（ゲロンギ・ティムス・ニブギャガプチェンガースム、dge slong gi khrims nyis brgya lnga bcu nga gsum, 僧の・規則・253）が適用されるが、これは非常に厳格なもので、今日では誰もこれを守ることはできないという。したがって、ゲスコスは僧としての規範というよりは、仏教僧院における日々の活動に関する基本的規律を監督する立場にあるということになる。

トータンバ（会計責任者）は僧院の財産に関する経理（ツィルック、rtsis sgrug, 会計・集める）とその記録（トー、tho）の保管と責任を負う。また必要な文書を書く、僧院の秘書官としての役割を担う。したがって、彼は字の読み書きができることが必須である。具体的には、誰が、いつ、どれだけ、土地などを僧院に寄進したかという収入と、祭礼の際、茶、バター、麦こがしなどを僧たちがどれだけ消費したかを記録する。また、過去の記録に基づいて、儀式に必要なものと量を算定する。また、ラマユル僧院の管轄下にある村々の小さな寺院や僧院においてゴンニエル（財産管理者）が交代した時に、そこに行き、財

産の引き継ぎ（ツィルック・タンバ, rtsis sgrug gtang ba, 経理・与える）を行なう。この際、もし前任者が財産をなくしていれば、これを弁償（チャダ・スカンワ, chad dgra bskang ba, 不足・補う）させる。村々の寺院や僧院の財産記録の原簿はラマユル僧院にある。もっとも、スキルブチェンのような大きな僧院では、そこに保管されているため、トータンバは行く必要はない。しかし、後に集中的調査を行なったカラツェのような村の寺院の記録はラマユル僧院に保管されているのである。

　さらに、トータンバは渉外の役割も担う。もし、レーでラダック僧院協会と政府との間の交渉があれば、彼はラマユル僧院の代表としてその任にあたる。また、ラマユル僧院に属する村々で問題が生じた時には、彼がこれを仲裁する。彼は僧院の公印（ゴンペ・チーダム, dgon pa'i spyi tham, 僧院の・印）を所持している。この公印は同じものが2つあり、1つはトータンバが旅をする時に携帯するものであり、他の1つは僧院に保管されているものである。この印を使用すれば、それは僧院の公式文書としての意味を持つ。たとえば、ラマユル僧院における二大祭礼であるカプギャット祭礼とカンギュル祭礼の時、ラマユル僧院は村々のゴンニエルに通知するが、この時の文書にはこの公印が押される。また、村で問題が発生した場合、必要に応じてその村の僧をラマユル僧院に呼び出すが、この際に出される手紙にも公印が押される。また、ダライ・ラマ法王が急に来ることになったような時には、村々の僧院に僧を招集するための手紙を出す。この時に、ラマユル僧院の公印が押されるのである。なお、僧院からの手紙であっても、公印が押されていなければ無効であるという。

　デバ（経営責任者）は、僧院の土地、家畜の管理の責任を負い、僧院における財務大臣のような高い地位にある。任期は3年で僧院内に住んでいるが、僧院経営のための支出が多いため、富裕な家の出身でなければならない。ラマユル僧院にはデバとチツェデバ（spyi tso'i sde pa, 総・経営責任者）の2名のデバがいる。業務は分担して行なうが、ある人をデバにすると、次にチツェデバに任命し、この間に個人の損失分を取り戻させる。チツェデバの任期は4年である。なお、デバとチツェデバの仕事量は、数年前の制度改革により導入されたニェルパ（gnyer pa）の仕事分担により軽減されることになる。

　ゴンニエル（財産管理者）は、土地や家畜を除く経典、仏像、法具など、僧院内の財産の管理を行なう。また、彼は僧院で毎日行なわれるブッダへの奉献を通して善業の蓄積を目的とするソルカー（gsol kha）の儀礼を行ない、僧院の成就を願う。さらに、僧たちが儀礼のため集った時には、法具の出し入れを行ない、また儀礼の過程で霊たちに与えるため、供物としてのブルトルを外に持って出たりする。ラマユル僧院には2名のゴンニエルがおり、一緒に働いている。そのうちの1人は毎朝、ゴンボ堂でソルカーを行なわねばならない。もっとも、現在行なわれているカプギャット祭礼の期間中は、成功と生活の繁栄を願うスカンワ（bskang ba）儀礼も行なわねばならないので、ソルカーは他の僧にたのん

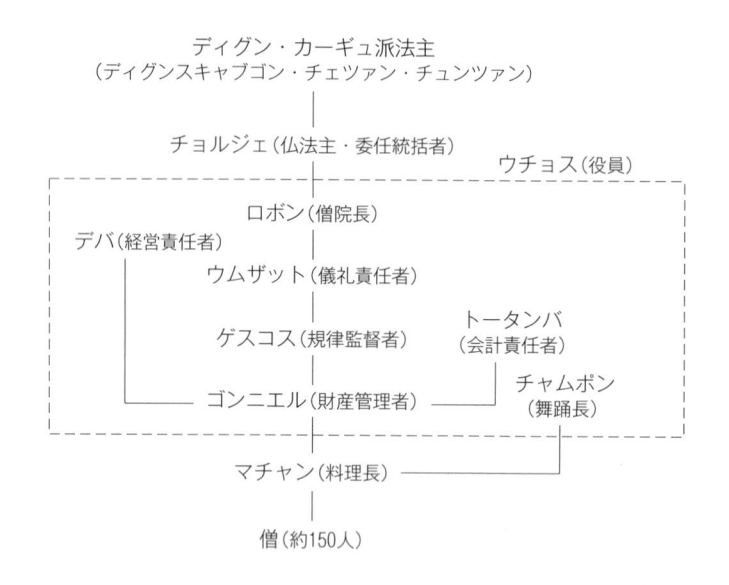

```
                    ディグン・カーギュ派法主
                (ディグンスキャブゴン・チェツァン・チュンツァン)
                              │
                     チョルジェ(仏法主・委任統括者)
       ┌──────────────────────┼────────────────── ウチョス(役員)
       │                  ロボン(僧院長)
       │                      │
   デバ(経営責任者)       ウムザット(儀礼責任者)
       │                      │
       │              ゲスコス(規律監督者)    トータンバ
       │                      │              (会計責任者)
       │                      │                  │
       │              ゴンニエル(財産管理者)──  チャムポン
       └──────────────────────┼─────────────    (舞踊長)
                              │                  │
                        マチャン(料理長)──────────┘
                              │
                         僧(約150人)
```

図 3-1 ラマユル僧院の運営組織と役割

でやってもらっている。また、ラマユル僧院にはとりわけ多くの法具があるため、2名のゴンニエルが必要である。任期は3年で、役職としては初歩的なものであり、地位はそれほど高くはない。

　マチャン(料理長)は、チャマ(料理人)とも呼ばれ、またラマユル僧院では、通称チョーティン・ツンツェ(chos khrims ba tshung tse, 規律監督者・小さい)と呼ばれている。彼は常に厨房にいて、子供の僧や若い僧たちが火を起こし、茶や食事を作り、集会堂に持って行くのを指示、監督する。また、バター茶を作る時に1回の茶に2kgのバターを入れるが、これを入れる前に、集会堂に登って行き、僧が皆集まっている前で、天秤にかけた2kgのバターを見せ、その後、これを厨房に持ち帰り茶を作る。これは、彼が職務を忠実に遂行していることを公に示す慣習である。

　さらに、彼には使者の役割もある。昔はバスや舗装道路がなかったので、遠く離れたピャン僧院にいるリンポチェに伝言の必要が生じた時には、彼が手紙を持って行った。このような事例は稀であり、3年間の任期中、一度も伝達者としての役割をすることはないかもしれない。しかし、もし、このような事態になった時には、彼が責任を持つのである。料理監督者は僧院で僧が初めにつかねばならない役職であり、任期は3年で、その地位は最も低い。

　チャムポン(舞踊長)は、カプギャット祭礼における仮面舞踊の統率者であり、そのすべての責任を持つ者である。彼はリンポチェにより任命され、他の職務はなく、舞踊に関してのみ権限を持つ。彼はさまざまな諸尊の踊り方をすべて知っていなければならず、僧

を選定し、配役を行なう。彼は踊りのステップを若い僧に教え、彼らが間違うと怒ってたたくこともあったという。ラマユル僧院には2名のチャムポンがおり、その任期は3年である。もし、彼の踊りが非常に上手で人々の評判がよい時には、4－5年、時には6年間まで延長されることもある。

これらの役職は、子供が僧となって僧院に入り、年を重ね、僧院の運営にたずさわっていく際の、僧院組織における役割ということができる（図3－1）。図の中央の線は下位の料理長に始まり、上位の僧院長に至る道筋であるが、儀礼責任者と僧院長が宗教的素質を要求されるのとは対照的に、経営責任者と会計責任者にはそれは必要とされない。しかし、それに代わり、経営責任者は富裕な家の出身であることが必要であり、また会計責任者は正確な読み書きができることが要求されるのである。

リンポチェとトゥルク

現在、ラマユル僧院に滞在しているリンポチェは、ディグン・カーギュ派のラダックにおけるチョルジェ（chos rje, 仏法・主）であるトクダン・リンポチェのことである。リンポチェ（rin po che）とは、貴重な人物との意味であり、本来、高位の人を意味するクショク（sku shog）、さらには生まれかわり（転生）を意味するトゥルク（sprul sku）とは異なる意味である。しかし、ラダックの村人たちはこれらをまったく区別しないで用いているという。したがって、トクダン・リンポチェは、本来は転生なので、トゥルクであるが、一般にはリンポチェと呼ばれているのである。人々はリンポチェをきわめて尊敬しており、ブッダやボディサットヴァの生まれかわりと信じている。それで、人々はリンポチェの服の糸くずや、彼の持っていた紙切れ、また、いらなくなった靴の片方をもらい、宝物として家に置いているのである。さらに、人々はリンポチェが散髪した時に出た髪の毛を少しもらい、紙に包んで取っておき、病気になった時にはこれを取り出し、毛の2－3本を火にくべて、その煙をかぐことによって病気の原因である悪霊が出て行くと信じて、これを行なう。また、チベットから輸入した食器類についても、かつてディグン・カーギュ派の最高位のトゥルクの1人であるチェツァンが、マントラを唱えて清めた大麦の粒をその容器に打ち当てたものと信じ、宝物として大切にしたという。実際、カラツェ村の新年祝いの時、1人の老人はパンディ師に、「自分たちは何と幸せなんだろう。生きている間に、（ラダックを訪問した観音の化身である）ダライ・ラマに会え、また（同様に観音の化身である）チェツァンにも会えたとは」と心から語ったのである。

なお、本来、高位の僧を意味するラマ（bla ma）という言葉は、ラダックの人々の間では一般の僧たちに対して用いられている。私たちは後にカラツェ村で、村の寺院を守る少年僧に対して、敬意と親しみを込めてラマジ（ジはヒンドゥー語で尊称）と呼びかけ、また人々はメメ（meme, 祖父・おじいちゃん）という呼称を用いて僧に直接呼びかけるのである。

ところで、トクダン・リンポチェは、チベットにおけるディグン・カーギュ派の最高位の法主、ディグン・スキャブゴン（'bri gung skabs mgon, 主・守護者）である兄弟（チェツァン・チュンツァン, che tsang chung tsang, ツァン〈出身家の名前〉）によって選ばれ、ラダックにおけるディグン・カーギュ派を治めるように委任されたチョルジェである。初代のトクダン・リンポチェはチベットのコンボ村出身であり、現在の転生トクダン・リンポチェは9代目にあたる。かつて、チベットとラダックは友好関係にあり、トクダン・リンポチェがラダックにおけるディグン・カーギュ派のチョルジェに任命されたのである。ラダックにおけるトクダン・リンポチェは、その後も勉強のためチベットに行かねばならなかった。現在のトクダン・リンポチェはラダックのチャンタンで生まれた。彼はチベットに行き、ディグン・カーギュ派の法主は彼をラダックのチョルジェに任命したのである。実際のところ、トクダン・リンポチェはその前世からチベットに土地と僧院とを所有していた。しかし、この3−4世代にわたり、ずっとラダックのディグン・カーギュ派を治めてきたため、現在ではほとんどラダックの独立した法主とみなされるようになってきているのである。このことは、1959年以後の中国のチベット占領に伴い、チベットとインド領ラダックの交流が遮断されたことも原因している。

　ラダックにおけるディグン・カーギュ派はその全域に及んでいるが、各地区における大きな僧院は、下手ラダックのラマユル僧院（g・yung drung dgon pa, 吉祥文・僧院；yu ru dgon pa, ユル・僧院；bla ma yu ru dgon pa, ラマユル・僧院、などと呼ばれる）、中央ラダックのピャン僧院（phyi dbang dgon pa）、上手ラダック、チャンタンのシャチュクル僧院（shar chu khul dgon pa）の3僧院である。トクダン・リンポチェはラダックにおけるディグン・カーギュ派の、この三大僧院のチョルジェである。ラダックのディグン・カーギュ派の村レベルの僧院は、すべてこの三大僧院のもとにある。なお、下手ラダックにおけるスキルブチェン村の僧院は常に40名ほどの僧が滞在しており、ラマユル僧院の配下における最大の僧院である。実際、スキルブチェン僧院とラマユル僧院は、右と左の両肩であるといわれている。

　トクダン・リンポチェは、ラダックの三大僧院に1年毎に住む。もっとも、ラマユル僧院とシャチュクル僧院では実際にはその配下にある村々に数週間ずつ滞在しながら、すべての村々を巡行することになる。これとは対照的に、ピャン僧院では周辺にあまり多くの村がないので、ほとんどピャン僧院のあるピャン村に住むことになる。巡行に際して、彼は6人の側近を連れ、馬に乗り金色の帽子を冠り、ピャンからラマユルに来るのである。

　なお、ディグン・カーギュ派の創設者はディグン・スキョパ（ニャメットゴンポ・パトナシュリ）である。当時、法主は父から息子へと世代による継承（ドゥンギュット, gdung rgyud）が行なわれた。かつての法主は結婚していたからである。しかし、22代目の時、2人の息子があり、世代継承はよくないので、転生を探す（トゥルパ、sprul pa）という方法がとられることになった。そして、兄であるチェツァンと弟であるチュンツァンのそれぞれの転

生2人で法主を務めることになったのである。

　チベットが中国に占領された1959年、チェツァン、チュンツァンはまだ15歳くらいで若く、ともにチベット内に留まり、インドに脱出することができなかった。しかし、1975年にチェツァンは1人で徒歩でネパールを経由してインドに脱出した。この時、ディグン・カーギュ派の僧たちは本当に喜んだという。それまで、インドにいる彼らには法主が不在であったからである。そして、彼はダラムサラにおいてダライ・ラマ法王の出席のもと、正式にディグン・カーギュ派の37代玉座についたのである。しかし、その2-3カ月後、彼はアメリカ合衆国に亡命した。彼の両親がすでにアメリカ合衆国に亡命していたからである。僧たちは、チェツァンはもうインドには帰って来ないのではないかと心配した。しかし、3年後に彼はインドに帰って来た。そして、ラダックのピャン、ラマユル、シャチュクルの各僧院を訪れ、ラマユル僧院には3カ月間滞在したのである。

　1984年当時、彼は40歳であるというが、インドのデラドゥンに新しい僧院を建て、そこにディグン・カーギュ派の新しい拠点を作っている。すでに30室ほどができているという。そして、ラダックから若い僧をそこに留学させ、学問を教える計画であるという。彼がデラドゥン僧院を作った理由は、その地にはダラムサラと同様、多くのチベット人難民が居住していること、さらに、ラダックにおいて彼は僧院には滞在できるが、インドの法律でチベット時代の法はすでに適用されず、僧院の財産は彼のものではなく、したがって彼自身の財産を得る必要があったからだと考えられている。なお、現在の転生チェツァンの出身家の血縁の兄はダライ・ラマ14世の兄の娘と結婚している。また、チェツァンの姉のマンリツァン（mang' ris tsang）もダライ・ラマの弟と結婚している。なお、ダライ・ラマの弟であるロブザンは、かつてリンポチェであったが、結婚して法衣を置き、現在は一般人となっている。

　また、弟のチュンツァンも、中国がパスポートを発行し、インドにやって来た。ディグン・カーギュ派の僧たちは彼に、チベットに帰らずインドに留まるよう頼んだ。しかし、彼は「チベットも悪くはないのだ」と言って、帰ったという。なお、彼は39歳というが、実際にはチェツァンよりも3歳年上とのことである。これは、最初の兄のチェツァンと弟のチュンツァンが各々転生するという制度により、実際に見つけ出されるチェツァンとチュンツァンは本当の兄弟とは限らず、年齢も本来は弟であるはずのチュンツァンのほうが兄より上になることがあるからである。したがって、兄のチェツァンより年下でなければならない弟のチュンツァンの公式の年齢は、実際の年齢との間に違いを生じていることになるのである。チュンツァンはインドに滞在中、ラダックを一度訪れ、西はダ・ハヌ、スキルブチェンから東はチャンタンまで広く巡行したという。

　ディグン・カーギュ派におけるこの2人の法主のもとに、30名を越えるチョルジェがチベットにいる。彼らはすべて転生である。その1人がラダックのチョルジェとして任命さ

れ、それが現在のトクダン・リンポチェということになるのである。

　転生であるトクダン・リンポチェを探すために、次のような方法が用いられた。トゥルクが死んだ後、1-2年間はまだその生まれかわりを探すことはしない。子供がまだとても幼いため、彼が転生かどうかを決めるのは難しいからである。2-4年後に、いよいよ転生探しが始められる。まず、霊力の高い偉大なリンポチェ、たとえばダライ・ラマのような僧をたずね、私たちのトゥルクがどこに生まれたのかをたずね、占ってもらう。その結果、生まれた家の方向や、家の前にある木の様子、家の戸の特徴、さらに何人の兄弟や姉妹があり、どのような家畜を飼っているかが明らかになる。たとえば、2人の兄弟と3人の姉妹があり、1頭のロバが飼われているが、馬はいないなどである。そこで、捜索者たちは、このような特徴をもとに、転生を探しに出かけるのである。また、別の場合には、村にいる幼い子供が自分はこのような僧院に住んでいたなどと、自分から言うことがある。また、ラダックでは、子供が産まれた直後に母親が死んだり、産まれた時に虹が出ると、人々はこの子供は転生ではないかと考えるのである。さらに、ラマが占星術でその子供の生年月日を調べ、非常によい運勢の持ち主であるかどうかを検証する。

　このようにして、2-3人の候補者が指名されることになる。次にタグリル (rtags sgril) と呼ばれる方法がとられる。これは候補者の名前を書いた紙を麦こがしの練り粉の中にそれぞれ入れ、ソルカーなどの儀軌を行なった後、1つを選ぶのである。その結果、1人の子供が転生として選ばれることになる。なお、先代のトゥルクの使用していた数珠などを他人のものと混ぜて子供に見せ、どれが自分のものかとたずね、1つを選ばせることもある。これは異なるものを対象にして2-3回行なわれる。もし、正確に選べば転生であり、選ばなければそうではないことになる。さらに、もしあなたがトクダン・リンポチェであるならば、何をしたことがあり、どこに行ったことがあるかなどを子供にたずねる。子供が本当の転生ならば、トクダン・リンポチェの家や従者などについての特徴を話すのである。このようにして十分な証拠がそろえば、捜索者は、この子供はトクダン・リンポチェなので、渡してくれるよう家族にたのむ。そして、この子供を僧院に連れて行き、すべての僧たちは新しいトゥルクを迎え、拝礼するのである。

　現在のトクダン・リンポチェはこうして転生として探し出され、最高の教師たちのもとで勉学を行ない、チベットにも留学し、そこでディグン・カーギュ派の法主であるチェツァン、チュンツァンに、ラダックのチョルジェとして任命されたのである。

　パンディ師が、トクダン・リンポチェとチベットにおけるディグン・カーギュ派の創設にかかわる歴史に詳しいのは、ディグン・カーギュ派の学僧としては当然のことであるかもしれない。しかし、じつは、彼自身が古文書にあたり、ディグン・カーギュ派の歴史を調べたことによるからでもある。彼はそのことに関して、この時は特に何も言わなかった。しかし、後にそのいきさつを私に語ってくれたのである。

それによると、ある時、トクダン・リンポチェが僧たちを僧院に集め、その前で次のように言ったという。すなわち、「私は結婚して俗人になるので、トゥルクをやめたい」と。これには僧たち一同も驚愕し、動揺したという。しかし、ある僧が、どんなことがあってもあなたは私たちのトゥルクであり、リンポチェなので、どうかそのようなことは言わず、トゥルクとして留まってほしいと願い出た。そして、すべての僧が同調し、トクダン・リンポチェがトゥルクとして留まることをその場で懇願したというのである。

　しかし、ここでの問題は、トゥルクが結婚できるのかということ、さらに、そもそもトゥルクをやめることができるのかということになる。そこで、パンディ師はディグン・カーギュ派の歴史を調べ、その創設時にはトゥルクは結婚し、ドゥンギュットという父系による継承が行なわれていたことを古文書に見出したのである。実際、この継承方法は現在のラダックにおいても、サーキャ派で行なわれていることである。この歴史的証拠を根拠にして、僧たちはトクダン・リンポチェが結婚してもトゥルクとして留まることを要請し、同時にそれを正当化したのである。

　もっとも、ラダックの人々、とりわけディグン・カーギュ派以外の僧院のもとにある人々のディグン・カーギュ派の僧に対する評判はよくはなかった。私も、レーの町の人々が、ゲールク派の僧は仏教の戒律を厳格に守り、結婚もしないし肉も食べないが、それにひきかえカーギュ派の僧は肉ばかり食べていてよくない、というのを聞かされた。また、人々のうわさでは、トクダン・リンポチェのいるピャン僧院にかつて村人が寄進したペラックと呼ばれるトルコ石をちりばめた高価な頭飾りを、トクダン・リンポチェの妻が被っているのを見たともささやかれた。

　私はレーの町にあるトクダン・リンポチェが妻や子供と暮らす家を、パンディ師とともに訪れる機会があった。そこでは、彼の大らかで物おじしない人柄にひかれる人も多いようであった。私と一緒に写真を撮った後、今度は彼と妻とを一緒に写真に収めてもよいかとの私の提案に彼は何の躊躇もなく応じ、また、外国から来たというアメリカ人の女の信者が、彼の霊力を信じるあまり、彼の尿を飲むためにほしいと申し出たことにも快く承諾したのである。もっとも、この時、私が信者が尿を飲むということに怪訝な顔をしていると、パンディ師は、人々はリンポチェをブッダそのものとして信仰しているので、尿をもらって飲み、あるいはそれを自分の頭や顔につけることはよくあることなのだと説明した。実際、彼は人々の求めに応じ、リンポチェの尿を用意し、人々がそれを飲むのを見たことがあると語ったのである。

　トクダン・リンポチェがトゥルクをやめると言い出した件は、リンポチェにしてみれば、自分の思うことをやって何が悪いのか、そもそも自分をトゥルクにしたのはお前たちではないのか、私のやることに不満があれば、トゥルクをいつでもやめてもよいという宣言であり、同時に僧や村人たちに信仰に対する試練を与えたということであったのかもしれない。

2人のトゥルク

　ところで、ディグン・カーギュ派ラマユル僧院には、もう1人のトゥルクがいる。バクラ・ランドルニマ（ba ku la rang grol nyi ma）である。彼はラダック王国がドグラに破れ、ラマユル僧院が破壊された後、その復興のため力を尽くした人物である。彼は1840-1850年頃に亡くなり、その2代目の転生が探し出された。しかし、彼は幼くしてこの世を去る。3代目の転生はザンラ村出身のザンスカール王国の王子であった。ザンスカール王国はラダック王国の南に位置する小さな王国であった。彼は力強い男で、すべての人々が彼を尊敬していたという。彼は自分こそがランドルニマの転生だと言い、他人に転生を探させることをしなかったのである。人々は彼をバクラと呼んでいた。ランドルニマもバクラと呼ばれていたからである。もっとも、彼はゲールク派に属していた。そして、1915年頃に死亡した。

　4代目のバクラはラダックのマトー村で見出された。彼がゲールク派に属する現在のクショック・バクラである。彼はラダックにおける仏教界の頂点に立ち、インド政府の高官としてモンゴル国の領事にもなっており、人々の信頼はきわめて篤い。もっとも、ディグン・カーギュ派の僧は次のように言う。すなわち、3代目のバクラの死後、土地や家屋などすべての財産はラマユル僧院にもたらされた。しかし、4代目のバクラはこれらをゲールク派に属するリキール僧院のものとしたというのである。ゲールク派に属し、クショック・バクラを転生とするスピトゥック僧院の僧たちは、クショック・バクラはランドルニマの転生であるとした。しかし、ディグン・カーギュ派の法主であるスキャブゴン・チェツァンはこれに同意せず、ディグン・カーギュ派の転生を新たに探したのである。

　下手ラダックのパンディ師の出身地でもあるアチナタン村で、チベット暦の4月15日に産まれた少年がいた。この日はブッダの誕生、悟り、涅槃の日であり、特別な吉日である。彼が産まれた後、母親はすぐ死んだ。この時、人々は母が転生であるトゥルクを生んだのではないかと考えた。それ以来、この子供はトゥルクかもしれないと人々はうわさをするようになった。このうわさは、ディグン・カーギュ派の法主スキャブゴンの知るところとなった。法主は行方不明になっているランドルニマを見つけ出したかったのである。そこで、彼はラマユル僧院のゴンボ堂において、ディグン・カーギュ派の守護尊を前にし、ティムチョル（khrims btsol, 規則・要求）の儀礼を行ない、候補者の子供たちの名前を書いた紙をそれぞれ麦こがしの練り粉で作った球の中に入れて1つを選ぶタグリルを行なった。ここでは、トクダン・リンポチェの息子も含めて3-4名の子供の名前が候補にあがっていたという。そして、1つが取り出され、その結果、アチナタン村で発見された子供の名前が出てきたのである。これは1983年のことであった。そして、彼は1984年には、普通の子供なら遊びたい年ごろであるにもかかわらず、新たにトゥルクとして読み書きと勉学だけを行なっている。彼は理解力があり、よいリンポチェになるだろうと言われているのである。

この結果、現在ランドルニマの転生は2人いることになった。1人はゲールク派のク
ショック・バクラであり、他の1人はディグン・カーギュ派のバクラ・ランドルニマであ
る。これはゲールク派とディグン・カーギュ派の間の反目が背景にあることによるもので
あろう。もっとも、これに関して、ゲールク派の僧たちは表立って何も言ってはいない。
しかし、内心、何か思っているに違いない、とディグン・カーギュ派の僧たちは考えてい
るのである。
　パンディ師は笑いながら、昨日まで隣の家の庭で遊んでいた少年が突然にしてリンポ
チェになったのだと語った。実際、この少年はカプギャット祭礼の舞踊の際、トクダン・
リンポチェの座る玉座のすぐ隣に、小さなリンポチェとして座っていたのである。

僧院と周辺附属施設

　僧たちは僧院（ゴンパ、dgon pa）を中心に、その周辺に建物を附属施設として配置し、
僧団としてのコミュニティーを作っている。ラマユル僧院はラダックの荒涼とした岩山を
背景に、尾根の上に建てられた5層からなる建物である。尾根の中腹から麓にはユル村の
家々と畑が広がる。僧院の北側の尾根の上にはさまざまな附属施設が建てられている（写
真3-1、図3-2）。
　僧院入口のすぐ近くに厨房（タプツァン、tab tshang）がある。厨房では料理長の指図の
もと、子供や若い僧たちが祭礼や日々の儀軌に際して、僧たちのために茶や食事を用意す
るのである。かつては僧院の中に厨房があったが、現在では古くなったため使われていな
い。儀軌の間、食事を担当する僧たちは厨房から茶や食事を集会堂に忙しく運ぶ。厨房の
中には薪や乾燥したヤクの糞を燃やして煮炊きするためのかまどが備えられ、大きな鍋や
バター茶を作るための木製の筒などの台所用品が置かれている（写真3-2［口絵3］）。
　厨房の隣の同じ建物内には車庫が備えられている。これはリンポチェが僧院を訪れる際
に乗って来た車を置いておくためのものである。かつて、リンポチェは馬で旅行したが、
現在では自動車が用いられているからである。
　僧院の北側、少し離れた場所に、カプギャット祭礼の時に仮面舞踊が行われる舞踊中庭
（チャムラ、'cham ra, 仮面舞踊・中庭）がある（写真3-3）。中庭に面して南側に、仮面堂（バ
カン、'bag khang, 仮面・部屋〈家屋、堂〉）が建てられている。カプギャット祭礼の際、僧
院のカプギャット堂に保管されている仮面が、ここに運び込まれるのである。そして、こ
の部屋は踊り手たちの楽屋となり、ここから中庭に入場し、舞踊の後は退場して、この部
屋に入るのである。また、この2階には、八仏（デシェクスギャトパ、bde gshegs brgyad pa,
空〈ブッダ〉・8）が安置されている。さらに、後にカプギャット祭礼の章で述べるように、
中庭に面した西側には、演奏者席、リンポチェや賓客のための寝室（ジムスチュン、gzims
chung, 寝る〈敬語〉・小さい；個室〈室、nangの敬語〉）、便所等がある。

60　第1部　僧院の組織と祭礼

写真3-1　ラマユル僧院と北側の尾根上に建てられた附属施設（1989年）

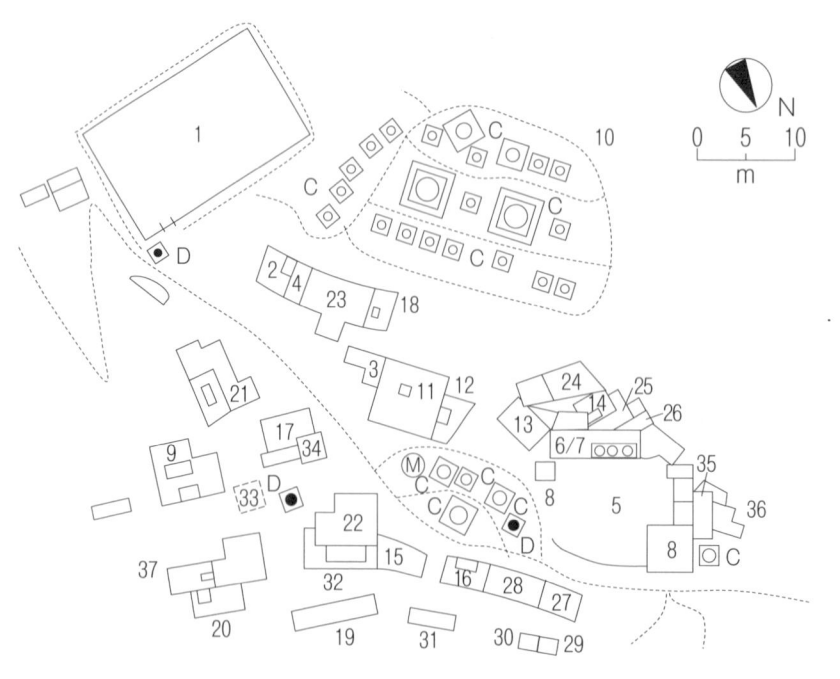

図3-2　ラマユル僧院と周辺附属施設の配置（1989年7月。番号は表3-1に対応）

写真3-3　舞踊中庭（1984年）

　僧院の北側の比較的近い場所に、神堂（ラカン、lha khang, 神・堂）が建つ。ここは、スニェンナスカン（bsnyen gnas khang, アヴァロキテシュヴァラ〈観音〉に関する儀軌の名称・堂）とも呼ばれている。冬の終わり、春の始めにすべての村人たちがこの堂に集まり、観音のマントラであるオム・マニ・パドメ・フムを唱える。もし、10億回唱えるのであれば、この行事はマニドゥンチュル（ma ṇi dung 'phyur, マントラ・10億）と呼ばれる。また、回数を決めずに単にこのマントラを繰り返し唱えるだけであれば、マニツォクスパ（ma ṇi tshogs pa, マントラ・集会）と呼ばれる。なお、この堂の向かいにはマントラを唱える人々の食事の用意をするための厨房（マニペタプツァン、ma ṇi pa'i tab tshang, マントラ・〈唱える〉人の・厨房）がある。
　僧院のすぐ北側には多くの仏塔が集合して建てられている場所がある。この仏塔群はドゥンステンニチョルテン（gdung rten gyi mchod rten, ドゥンステン・の・仏塔）と呼ばれている。ドゥンステンはこの場所の名前である。もっとも、この名称は、リンポチェなど重要な僧の死亡後に記念して建てられる仏塔の一般名称でもある。ここには大仏塔が2基あり、その周囲に小さな仏塔が20基ある。仏塔は本来は仏舎利が納められたものとされており、ブッダそのもの、すなわち仏法の象徴である。仏塔は人々を悪霊から守り、また人々を輪廻から自由へと導くものとなる。したがって、仏塔群は大きな力の象徴であり、人々の信仰の対象となっている。人々は死者を火葬にした後、その灰と土を混ぜてツァツァ（stsa tsha）と呼ばれる小さな仏塔の形をした固まりを作り、死者の魂がブッダに導かれて輪廻から自由になるよう、仏塔の側に置く（写真3-4、3-5）。僧や村人たちはこの仏塔群と僧院のまわりをマントラを唱えながら、壁に設置されているたくさんの小さな円筒状のマニコルを手でまわしながら、右まわりに歩いてまわる（写真3-6）。なお、この仏塔群とは別に、僧院から北へと続く細い道の途中の、舞踊中庭の前には4基の仏塔が建てられて

写真3-4　ドゥンステンニチョルテンの大仏塔（1989年）

写真3-5　仏塔の基台に描かれた獅子（ユキヒョウ）の彫刻と、側に積み重ねて置かれた多くのツァツァ（1989年）

いる。人々は道を歩く際、この仏塔を右手に見て（向かって左側を）歩く。仏塔は常に右まわりにまわらなければならないからである。したがって、同じ道を帰りに通る時には、行きとは反対側の道を通ることになる。すなわち、仏塔をはさんでその両側に2つの道がつけられており、ここでは丁度、一方通行のように人々が行き交うことになるのである。さらに、道の途中にはマニ（ma ṇi）と呼ばれる石積みがある。これは小さな石にオム・マニ・パドメ・フムのマントラを彫ったものをたくさん積み上げて、全体で大きな円筒形にしたものである。これも、仏塔と同様、右まわりに歩くのである。また、大旗(ダルチェン, dar chen, 旗・大きい) が台座に立てられた柱につけられる。柱の先端にはヤクの尾の毛がつけられ、旗にはマントラが印刷されている。これも、仏塔と同様、右まわりに歩く

写真3-6　壁に取りつけられたマニコルを手でまわしながら、仏塔群の横を歩く僧たち（1989年）

写真3-7　僧たちの住居群の中の道に建てられた仏塔、マニ、大旗（1984年）

ことになる（写真3-7）。

　これら以外の建物は僧の住居である。住居の種類には、各村ごとの共同住居（チカン、sphyi khang, 全員の・家屋）、僧の個人住居（タシャック、grwa shag, 僧・居室）、高僧の個人住居（ジムシャック、gzims shag, 寝る〈敬語〉・居室）がある。なお、後述するタントラ瞑想者の住居は、僧の住居であるタシャックと区別してツァムスカン（mtshams khang, 瞑想・家屋）と呼ばれる。

　村ごとの共同住居には、スキルブチェン、タクマチック、カラツェ、レド、ティンモスガン、カンジ、カルブ、ドムカル、ハヌ、ワンラの村の10棟がある。ここには、それぞれの村の出身の僧たちが住む。特に、カプギャット祭礼とカンギュル祭礼の時には、村々か

表 3-1　ラマユル僧院と周辺附属施設の名称（1989年7月）

種　類	番号	名　称	備　考
僧院	1	ゴンパ（dgon pa）	
厨房	2	タブツァン（tab tshang）	僧院附属
	3	マニペタブツァン（ma ni pa'i tab tshang）	神堂附属
車庫	4	ガレージ（garage（英語））	
中庭	5	チャムラ（'cham ra）	
仮面堂	6	バカン（'bag khang）	
八仏	7	デシェクスギャットパ（bde gshegs brgyad pa）	
寝室	8	ジムスチュン（gzims chung）	賓客用
神堂	9	ラカン（lha khang）	
仏塔群	10	ドゥンステンニチョルテン（gdung rten gyi mchod rten）	
仏塔	C	チョルテン（mchod rten）	
マニ	M	マニ（ma ni）	
大旗	D	ダルチェン（dar chen）	
共同住居	11	スキルブチェンペ・チカン（skyur bu can pa'i spyi khang）	
	12	タクマチックペ・チカン（stag ma gcig pa'i spyi khang）	
	13	カラツェペ・チカン（kha la rtsi pa'i spyi khang）	
	14	レドペ・チカン（gle mdo pa'i spyi khang）	
	15	ティンモスガンペ・チカン（gting mos sgang pa'i spyi khang）	
	16	カンジペ・チカン（kan 'ji pa'i spyi khang）	
	17	カルブペ・チカン（mkhar bu pa'i spyi khang）	
	18	ドムカルペ・チカン（mdo mkhar pa'i spyi khang）	
	19	ハヌピ・チカン（ha nu pa'i spyi khang）	
	20	ワンラペ・チカン（van la pa'i spyi khang）	
僧個人住居	21	スタゴペ・タシャック（sta sgo pa'i grwa shag）	
	22	ドンスポンペ・タシャック（grong dpon pa'i grwa shag）	
	23	セルペ・タシャック（gser pa'i grwa shag）	
	24	イリペ・タシャック（i rig pa'i grwa shag）	
	25	チャンペ・タシャック（byang pa'i grwa shag）	
	26	ベダペ・タシャック（be da pa'i grwa shag）	
	27	バルティペ・タシャック（bal ti pa'i grwa shag）	裕福な僧がバルティ家のために建てた
	28	カンジシャリピ・タシャック（kan 'ji sha li pa'i grwa shag）	裕福な僧が建てた。現在、チャクゾットが居住
	29	キャルブペ・タシャック（rkyal bu pa'i grwa shag）	
	30	ツィプスキャンチュンペ・タシャック（rtsibs rkyan can pa'i grwa shag）	
	31	デミクペ・タシャック（gre mig pa'i grwa shag）	
	32	センゲスガンペ・タシャック（seng ge sgang pa'i grwa shag）	
	33	ラロペ・タシャック（la log pa'i grwa shag）	現在、廃墟
	34	コンチョック・スタンズィンニ・タシャック（dkon mchok bstan 'dzin gyi grwa shag）	
	35	ザンポペ・タシャック（bzang po pa'i grwa shag）	
	36	カロンニ・タシャック（bka' blon pa'i grwa shag）	ユル村の貴族
寝・居室	37	ランドルニマ・ジムシャック（rang grol nyi ma gzims shag）	初代転生

（注）番号は図3-2に対応。

ら僧たちが僧院に集合するため、多くの僧でにぎわうことになる。僧個人の住居には、スタゴ家（ユル村）、ドンスポン家（ユル村）、セルパ家（ユル村）、イリ家（ユル村）、チャンパ家（ユル村）、ベダ家（ユル村）、バルティ家（ウルビス村。これは、以前、裕福な僧がバルティ家のために建てたものである）、カンジシャリ家（カンジ村。これも、以前、裕福な僧が建てたものであり、現在はリンポチェの会計係であるチャクゾット、phyag mdzodが住んでいる）、キャルブ家（ユル村）、ツィプスキャンチェン家（ユル村）、デミク家（ティンモスガン村）、センゲスガン家（ユル村）、ラロ家（現在は廃墟となっている）、コンチョック・スタンズィン（スキルブチェン村）、ザンポ家（ユル村）、カロン（貴族。ユル村）の16棟がある。また、高僧の住居として、ランドルニマのジムシャック1棟がある。前述したように、現在、ラマユル僧院には4代目転生（トゥルク）がいる。初代ランドルニマは約150年前に僧院を退役した後、僧院内部に住まず、ここに住んだという（表3-1）。

　なお、後述するように、僧院の役職にある僧やユル村出身の僧を除き、多くの僧たちは年間を通してここに住んでいるわけではない。ラマユル・カブギャット祭礼とカンギュル祭礼の36日間は、約150名の僧がすべて集合することになっているが、その他の時期は僧たちはそれぞれの出身の村にある僧院や寺院に戻り、村での儀礼を行なう。すなわち、ラマユル僧院に隣接して配置されている村ごとの共同住居は、僧たちがラマユル僧院にやって来た時に滞在するための施設であるということがいえる。これに対して、僧の個人住居の多くは、ラマユル僧院の麓にあるユル村の各家が、自分の家から出た僧のために、村の家とは別に僧院の近くに住居を建てたものであることがわかる。僧たちは、出身の村々や家々との関係を保ちながら、同時に僧団として独自のコミュニティーを形成しているのである。

ラマユル僧院の建物と部屋

　ラマユル僧院は木と石と日干しレンガで造られた5層からなる建物である。岩尾根の上に建つが、そこは本来、小さな頂きとなっており、実際に建物の内部を調べてみると、第1層から4層までは建物の中心にそのまま岩峰が入り込んでいる構造となっている。したがって、建物は岩山を中心として、それを取り囲むような形で建築されているということができるのである。

　第1層は建物の基盤部分となっている（図3-3）。北側の入口から入ると、小窓のついた廊下を通り、突き当たりの階段を右に昇り、左に折れて第2層の集会堂前の広場に出ることができる。建物の南側は僧院の外側を巡回する人々のために、屋根のついた通路（ショル、srol）が造られている。なお、僧院の東側のように屋根のついていない通路はシャン（srang）と呼ばれる。また、僧院の東側から南側にかけての内側、および北側の入口から入った廊下の右側は薪を貯蔵しておくための部屋（シンカン、shing khang, 木・部屋）となっている。また、建物の南側は窓のない暗室（ムンカン、mun khang, 暗い・部屋）となって

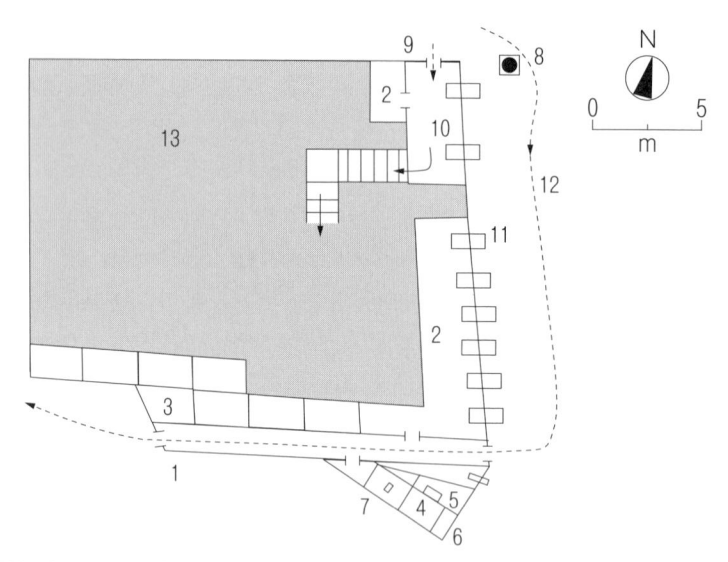

図 3-3　ラマユル僧院第 1 層（基層）
　　　　1：回廊（ショル）　2：薪貯蔵部屋（シンカン）　3：暗室（ムンカン）
　　　　4：デバの冬部屋　5：冬期間、薪や大麦粒を貯蔵する部屋
　　　　6：物置き部屋　7：便所（サンチョット）　8：大旗（ダルチェン）
　　　　9：門　10：階段　11：窓　12：僧院をまわる路　13：基盤の岩峰

いる。ここはいくつかの仕切られた空間となっており、扉もない。これらは、この階上にある現在の集会堂を造築する際に、基部として造られたもので、人々が利用するための部屋ではない。

　さらに、建物の東南には、建物の外側に三角形に出っ張るような形で部屋が造られている。ここは、この部分の階上とともに、デバの王宮（デベカル、sde pa'i mkhar, デバの・王宮）と呼ばれ、僧院の経営責任者であるデバが年間を通して居住する部屋である。第 1 層のデベカルは冬期間、デバと 4 名の助手が住む冬の部屋（グンカン、dgun khang, 冬・部屋）となっている。現在もここを利用しており、1 年間に一度、3 日間にわたり、ヤンクー儀軌（幸運を招く儀礼）が行なわれる。冬の部屋の隣は便所（サンチョット〈敬語〉、gsang spyod；通常の言い方ではチャクラ、chag ra となる）がある。部屋の別の隣は冬の間、薪や大麦を貯蔵しておくための倉庫となっている。

　第 2 層は、下階から階段を昇ってくると、集会堂前の小さな広場（ツォム、tshoms, あるいはスコル、skor）に出る（図 3-4）。さらに、数段の階段の上にはテラスがあり、集会堂（ドゥカン、'du khang）の正面入口となる。集会堂の扉の両側の壁には四天王が描かれ、4 方向を守護する。また、テラスの壁には輪廻図、および僧の戒律が記されている。広場の北側には肉、大麦、大麦炒り粉などの食糧貯蔵庫（スキドモション、skyid mo shong, 喜び・峡谷）がある。なお、現在、この倉庫は使われていない。

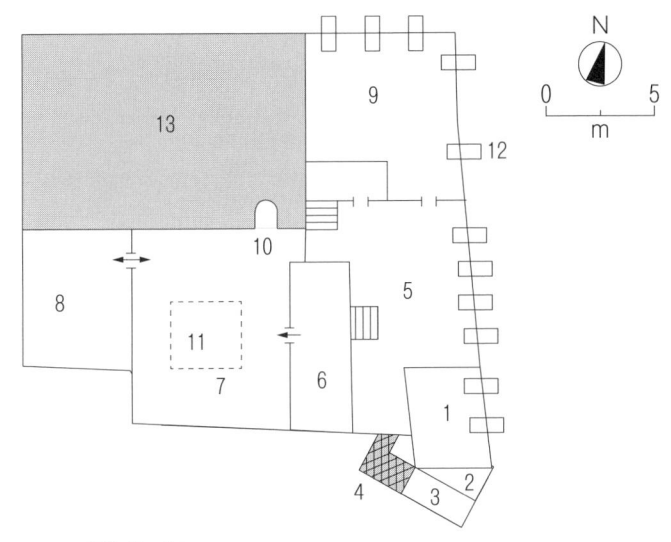

図3-4　ラマユル僧院第2層
　　　1：デバの王宮（デベカル）　2：古い厨房　3：デバの部屋（夏期）　4：屋根
　　　5：集会堂前の広場　6：集会堂前のテラス　7：集会堂（ドゥカン）
　　　8：護法尊堂（ゴンカン）　9：肉、大麦粒、大麦炒り粉の貯蔵庫（スキドモション）
　　　10：ナローパの瞑想した洞窟　11：上部が天窓　12：窓　13：基盤の岩峰

　また、建物の東南端にはデバの王宮がある。この一部はデバの夏の部屋（ヤルカン、dbyar khang, 夏・部屋）と台所となっており、別の部分は冬の期間、ニェルパ（gnyer pa）が住んでいる。ここは、以前は冬の期間もデバが住んでいたが、デバは現在、この下の階に住んでいる。

　集会堂内部の正面にはディグン・カーギュ派の法主である転生ディグン・スキャブゴン・チェツァン・チュンツァン兄弟の玉座が置かれ、その両側に祖師や諸尊の像が安置されている。僧の座席と長机は集会堂の入口から奥に向かって平行に並べられている。中央右列の最奥の座席はロボン（僧院長）の高座となり、その横はウムザット（儀礼責任者）の座席となる。これに続いて音楽を担当する僧たちの席が続く。また、集会堂の入口の内側にはゲスコス（チョーティンバ、規律監督者）の高座が置かれる。1989年における集会堂は全体に古く荘厳な雰囲気であったが、2010年には床が張り替えられ、装飾も新しくなり、観光客のための寄附金箱が置かれるなど、全体として明るく現代的な印象を受けるものとなっている（写真3-8、3-9）。

　祖師、諸尊の像は玉座の左側に4尊、右側に4尊の計8尊が安置されている。向かって左から、パドマサムバヴァ（グル・リンポチェ）、ディグン・カーギュ派の系統の祖師の1人であるチョキロッタ、ディグン・カーギュ派の創始者である祖師のスキョパ・ジクテンゴンポ（スキョパ・リンポチェ）（skyob pa 'jig rten mgon po）、チョオー（jo bo；若い時のシャ

写真3-8 ラマユル僧院の集会堂（1989年）

写真3-9 ラマユル僧院の集会堂（山田孝子撮影、2010年）

カムニ〈釈迦牟尼〉）の4尊である。なお、ラマユル僧院の主尊はスキョパ・リンポチェであり、常に中央に位置づけられているという。なお、祖師、諸尊の配置は1989年と2010年の20年間に変化はない（写真3-10）。

　玉座にはチェツァンとチュンツァンの写真が飾られている。チェツァンはチベットを亡命し、1989年現在、ディグン・カーギュ派の宗主としてデラドゥンに自分の僧院を建設中であった。建設は1985年に始まり1990年に完成、1992年に落成式が行なわれた。彼は1978年から1980年にラダックに滞在し、その間、ラマユル僧院にも滞在した。他方、チュンツァンは現在、チベットに留まっている。1989年には1人の写真が置かれていたが（写真3-11）、2010年にはチェツァン・チュンツァン2人の写真が飾られている。

　玉座の右側に配置される4尊は、左からディグン・カーギュ派の系統の祖師であるティ

写真3-10 集会堂正面奥の向かって左から、パドマサムバヴァ、チョキロッタ、スキョパ・ジクテンゴンポ(ディグン・カーギュ派の創始者)、チョオー(釈迦牟尼)の祖師と諸尊(山田孝子撮影、2010年)

写真3-11 ディグン・カーギュ派宗主であるディグンスキャブコン・チェツァン・チュンツァンの玉座(1989年)

ンボ・ザンポ、祖師のトゥンドゥプ・チョスギャル、シャカムニ(釈迦牟尼)と2人の弟子、祖師のダンマクンガタクポである。なお、ダンマクンガタクポは後述するように、ラダックに初めてディグン・カーギュ派をもたらした高僧である。1989年と2010年では祖師とシャカムニの配置は同じであるが、2010年にはシャカムニと2人の弟子に朱色の衣がつけられていることがわかる。おそらく、観光客を意識して見栄えをよくしたものであろう(写真3-12、3-13)。

なお、集会堂正面奥の祖師と諸尊像の配置はチベット仏教各宗派、さらには僧院により

70　第1部　僧院の組織と祭礼

写真3-12　集会堂正面奥の玉座の向かって右側に安置される、釈迦牟尼と2人の弟子（1989年）

写真3-13　集会堂正面奥の玉座の向かって右側の祖師と釈迦牟尼と2人の弟子の像（山田孝子撮影、2010年）

異なっている。しかし、一般的にはブッダ、あるいはシャカムニと各宗派の創始者を中心に構成されている。パドマサムバヴァはチベット仏教そのものをインドからもたらした古派であるニンマ派を創設した祖師であり、各宗派に共通する。しかし、たとえば、改革派であるゲールク派においては、創始者のツォンカパ（tsong kha pa）が安置され、同時に玉座には、ゲールク派の宗主であるダライ・ラマ14世の写真が飾られることになるのである。

　また、集会堂の向かって左側窓側にも祖師像が安置され、右側の壁に造られた棚にはカンギュル（bka' 'gyur；チベット語訳大蔵経仏説部）のナルタン版とラサ版が納められている。さらに、多くのブッダの像、ターラの像も棚に置かれている。また、ラマユル僧院におけ

る特徴的なものとして、集会堂の向かって右側の壁に露出している洞窟がある。これは、僧院の基台となっている岩尾根にあった洞窟をそのまま残したものである。この中にナローパ (na' ro pa; nāropadā〈サンスクリット〉)、マルパ (mar pa)、ミラレパ (mi la ras pa) の塑像が安置されている（写真3-14）。

写真3-14 集会堂の横の壁の洞窟の中に安置されたナローパ（中央）、マルパ（左）、ミラレパ（右）の塑像（1989年）

ナローパは11世紀（1016-1100）のインドのタントラの師であり、ナーランダー大学に学び、ティローパ (ti lo pa; tilopāda〈サンスクリット〉) を師とし、マハームドラー (phyag rgya chen po, 印・大；mahāmudrā〈サンスクリット〉；空、ブッダの状態) の教えについての6つのヨガを教示し、カーギュ派の伝統の創設者である。彼はラマユルに来て、この洞窟で瞑想をしたと伝えられている。なお、ナローパの弟子であるマルパ（1012-1097）はチベットにおけるマハームドラーの最初の師であり、翻訳者として多くのタントラ儀軌をチベット語に訳し、カーギュ派の創設者である。さらに、マルパの弟子のミラレパ（1040-1123）はチベット人の詩人であり、マハームドラーの教えを学び、生前において輪廻から完全に自由になったとされる。

なお、インドのビルール州にあったナーランダー大学（5-12世紀）は、シャカムニが最初にマハーヤーナ経典を説法した地に建てられ、ナーガールジュナ (klu sgrub; nāgārjuna〈サンスクリット〉；龍樹、2世紀) により確立された、縁起と空の理論を継承したマハーヤーナ仏教の教育の中心となった大学である。実際、7世紀に唐の玄奘や義浄がここを訪れた際には、1万人の僧が学んでいたといわれる。[1]

ラマユル僧院はユンドゥン・ゴンパ (g·yung drung dgon pa, 吉祥文〈svastika〔サンスクリット〕〉・僧院) と呼ばれる。吉祥文とは逆さ卍の形であり、幸運の象徴とされている。これは、昔、應供のニマゴンが湖であったこの場所に僧院が建つようにと予言し、ナーガ（蛇）に奉献のチャプトル儀軌を行なったところ、用いられた麦粒が波で岸辺に運ばれ、芽吹いて吉祥文の形になったという伝説に基づくものである。その後、西チベット、ガリコルスム出身で、カシミールで仏教を学んだローツァワ・リンチェンザンポ (lo tsa' ba rin chen bzang po；ローツァワは翻訳者の意) のカダム派 (bka' gdams；インド人学者アティシャ〈a ti sha; atiśa（サンスクリット）〉により11世紀に創設されたチベット仏教学派) により、ラダックで仏教が繁栄し、現存するアルチ、スムド、マンギュをはじめとする多くの僧院、仏塔

72　第1部　僧院の組織と祭礼

写真3-15　ラマユル僧院のゴンカン内部のトルマと諸尊（山田孝子撮影、2010年）

が建てられた。また、ラマユル僧院の近くにはリンチェンザンポが建てたとされる小堂がある。なお、リンチェンザンポはカシミールでナローパに会い、マハームドラーの教えを受けたといわれている。やがて、16世紀、ラダック国王に招かれ、寺院を寄進されたチョスジェ・ダンマクンガタクパ（chos rje ldan ma kun dga' grags pa）が、ラダックにおいてディグン・カーギュ派を開始することになったのである[2]。

　したがって、ラマユル僧院は、11世紀以来、少なくとも千年の歴史を持っていることになり、また、ラダックにおけるディグン・カーギュ派の歴史としては、500年を経ており、さらにドグラ戦争以後再建されたラマユル僧院の建築としては、150年の歴史を持つということになる。インドに始まった仏教思想が、カシミール、あるいはチベットを経て遠くラダックの地にまで到達し、空や慈悲というマハーヤーナ仏教の実践が、現在も儀軌を通してこの地で続けられているのである。集会堂の洞窟に安置されたナローパの像は、現代に続くこの歴史の記憶なのである。

　集会堂の奥にはゴンカン（mgon khang＜mgon po khang, ゴンボ〈マハーカーラ〉・部屋）と呼ばれる小部屋がある。ここには、護法尊（チョスキョン、chos skyong, 仏法・護る）が祀られている。柱には悪霊から堂を防御するための仮面が掛けられ、正面には左端にナントル（nang gtor, 内部の・トルマ）、その右に7尊が安置される（写真3-15）。ナントルは左からゴンボ、デチョク、ラマ、カンロ（またはパクモ）、アプチ（アチ）である。7尊は左

写真 3-16　ゴンボ・チャクズィパ（4手ゴンボ〈マハーカーラ〉）（山田孝子撮影、2010年）

写真 3-17　アプチ・ジェンザン・インチュック（山田孝子撮影、2010年）

から、ゴンボ（mgon po）、アプチ・ジェンザン・インチュック（a phyi bzhin bzang dbyings phyug; dharma dakini）、ディグン・カーギュ派の祖師ギャプツァン・トゥルンパ（スキョパ・リンポチェ、skyob pa rin po che〈リンチェンパル、rin chen dpal〉）、デチョク（bde mchog；チャクラサンヴァラ〈cakrasaṃvara〉〈サンスクリット〉）、ナム（ト）シャス（rnam thos sras；ヴァイシュラヴァナ〈vaiśravaṇa〉〈サンスクリット〉；多聞天）、チョスキョン・ダルマパーラ（chos skyong rtsi'u dmar）、アプチ・チョスキドルマ（a phyi chos gyi sgrol ma；馬に乗っているので、アプチ・スタラチェプパ、a phyi rta la 'cheb pa, とも呼ばれる）である。なお、ディグン・カーギュ派では、ゴンボ（マハーカーラ）、アプチ、デチョク、ナムシャス、チョスキョン・ダルマパーラの5尊を宗派を護るための特別な守護尊（イーダム、yi dam）とする。

　ゴンボはラマユル・カプギャット祭礼に登場する4手ゴンボ（ゴンボ・チャクズィパ、mgon po phyag bzhi pa）である（写真3-16）。アプチ・ジェンザン・インチュックは女のブッダとしてのターラ（ドルマ、sgrol ma; tārā〈サンスクリット〉）を本質とし、温和な形や忿怒の形をとって現れる。彼女は衆生の願いをかなえる尊であり、仏法の守護尊である。右手に鏡を持ち、左手には甘露の入った瓶を持って立つ（写真3-17）。デチョクはラマユル・カンギュル祭において、キルコルを製作して行なわれるデチョク儀軌の主尊である。パクモ（phag mo；ヴァジュラヴァーラーヒー〈vajravārāhi〉〈サンスクリット〉）を伴い、殿妃（ヤブユム、yab yum, 父・母）像となっている。ナムシャスは貧困から人々を救済する富裕の

尊であり、仏法を守護する護法尊である。ディグン・カーギュ派の創始者であるパトナシュリ（スキョパ・ジクテンゴンポ）がナムシャスをディグン・カーギュ派の守護尊として任用したという。集会堂の入口の扉の横壁に描かれている四天王の1人で、獅子に乗り、右手に勝利の旗、左手に口から宝石をはき出すマングースを持つ。チョスキョン・ダルマパーラはその本質をタントラ尊のハヤグリーヴァ（rta mgrin; hayagriva〈サンスクリット〉；馬頭）とする。彼は元来、悪霊のツァンであったが、パドマサムバヴァにより調伏されて護法尊となり、またディグン・カーギュ派の守護尊となっているのである。背中にたくさんの旗を立て、鎧を着けた戦いの神の姿をしており、カプギャット祭礼の仮面舞踊にも登場する尊である。アプチ・チョスキドルマも前出のアプチ・ジェンザン・インチュックと同じくターラであり、馬に乗り、鏡と甘露の入った瓶を持つ。なお、両者は、形は異なるが、ともにアプチである。

　なお、これら諸尊とその配置の順序は1989年と2010年で一致している。ただし、1989年に諸尊の前列にあった21ターラ像（ドルマニルチック、sgrol ma nyir gcig, ドルマ〈ターラ〉・21）は2010年には見られない。また、壁画にはカプギャット儀軌における主尊のチェチョクヘールカ（che mchog heruka）がパドマトッティシェリ（padma kro ti shwa ri）を妃として伴い、8方位に配置された従者たちとともに描かれている。

　ゴンカンは、集会堂において宗派の祖師や仏教において一般的なブッダやシャカムニ像が安置されることとは対照的に、宗派や僧院の守護尊が祀られる場所である。これらの守護尊は悪霊を追放し、また富をもたらし、願望をかなえるという現実的利益をもたらす力のある諸尊であり、しばしば忿怒尊や殿妃尊としての形態をとる。ゴンカンでは、日課の儀礼が行なわれ、祭礼以外の時も、毎日、諸尊に朗唱と奉献が続けられているのである。すなわち、集会堂が衆生を輪廻から自由にするという、祖師やブッダに象徴される仏教の普遍的目的を中心とした、すべての人々に開かれた場所であるのに対し、ゴンカンはタントラ仏教的力の源として、やや閉ざされた危険な空間であるということができるのである。

　僧院の建物の第3層は北側中央部に、基盤から岩峰が続いている（図3-5）。集会堂の上部は回廊になっており、その真ん中は第4層まで吹き抜けになっている。なお、集会堂は僧院の南側から見れば、基台の部分があるため第3層となっており、回廊部分は中3階となり、これは北側から見れば第3層に相当する。そして、屋根（トック、thog）の上には周囲が天窓で囲まれた空間を持つ建物（ナムリン、gnam gling, 空・領域）が造られている。第2層東北端にあった食糧倉庫の上にゴンボカン（mgon po khang）がある。この部屋は名称は守護尊であるゴンボの堂であるが、第2層のゴンカンとは異なり、カプギャット祭礼の時、集会堂で行なわれるカプギャット儀軌と同時並行して進められる、ゴンボ儀軌を行なうための部屋である。したがって、守護尊の像などはなく、3つの小さな仏塔といくつかの小さな諸尊像が棚に納められているのみである。1984年に、ここでゴンボ儀軌

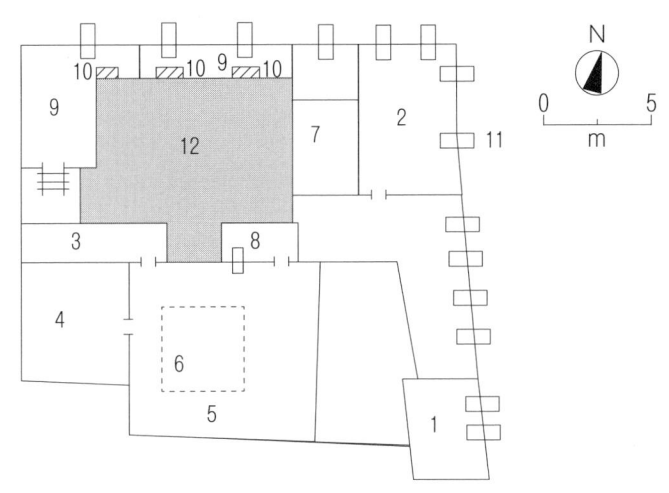

図 3-5　ラマユル僧院第 3 層
　　　　1：ゴンニエルの部屋　2：ゴンボカン　3：カプギャット祭の仮面部屋
　　　　4：カプギャットカン　5：集会堂上部の回廊（上部は屋根〈トック〉になる）
　　　　6：上部が天窓（ナムリン）　7：長部屋（物置き。カンリン）　8：ゴンニエルの部屋
　　　　9：暗室（ムンカン）　10：種籾貯蔵庫（バンパ）　11：窓　12：基盤の岩峰

　が行なわれた際には、僧たちが儀礼を行なうため、床の上に絨毯が敷かれ、長机が置かれ、ゴンボの投捨用のトルマ（チトル、phyi gtor, 外部の・トルマ）が安置されていた。また、この部屋は、若い僧たちに仏教哲学を教えるための教室としても用いられている。ゴンボカンに接して、その隣には物置きがある。この部屋は細長いため、長い部屋（カンリン、khang ring, 部屋・長い）と呼ばれている。

　第 2 層東南端のデバの王宮の上にあたる第 3 層の部分は、古い厨房であり、現在はゴンニエル（財産管理者）の 1 人が住んでいる。したがって、ここは、ゴンニエルカン（skyu gnyir khang, ゴンニエル・部屋）と呼ばれる。ここと、ゴンボカンとの間は、第 2 層の集会堂前の小さな広場の上を取り囲むようにして造られた回廊状の屋根でつながっている。さらに、集会堂上の回廊の北側には、従来のゴンニエルカンがある。昔はここにゴンニエルが住んでいた。もっとも、今日でも 1 人がここに住んでいる。

　西南端にはカプギャット堂（bka' brgyad khang, カプギャット・堂）と仮面堂（バカン、'bag khang, 仮面・堂）がある。この 2 つは、以前は 1 つの部屋であったが、現在は 2 つに仕切られている。ここにはカプギャット祭礼に関する仮面等が収納されている。なお、1974-1975 年頃、集会堂の改築が行なわれ、この際、カプギャット堂を小さくしたという。以前、カプギャット祭礼において、カプギャット儀軌はカプギャット堂で行なわれていた。しかし、今日では、カプギャット儀軌は集会堂で行なわれるようになった。

　西北端は、鉤形に細長い部屋が造られている。ここは、暗室（ムンカン、mun khang, 暗

い・部屋)、あるいは大麦粒の貯蔵庫（バンバ、bang ba）と呼ばれている。ここに入るには、第3層から下ろした梯子を昇って入らねばならない。内部は暗く、内側の壁に沿って土で造られた高さ1m、幅1.5mほどの大麦粒の貯蔵庫が並べられている。大麦を中に入れた後、口は土で塗り固められ、ネズミなどが侵入することを防いでいる。この大麦粒は、春に村人に貸借契約を結んで貸し付けるための種籾である。

　僧院の第4層は、南から見れば屋根の上に造られた建物の1階部分に相当する（図3-6）。中央部には、基盤から岩峰が続き、部屋はない。西側にはリンポチェや賓客の食事を用意するための厨房（ソルタプ、gsol thab, 台所〈敬語〉；タプツァン、thab tshang, 厨房、台所）がある（図3-7）。なお、現在（1989年）はデバがここに住んでいる。その南側の小部屋は上階の便所の下になり、外部に開いている。その南側の小部屋は西の寝室（ヌブジムスチュン、西・の・寝る・小さい）であり、トクダン・リンポチェが時折、ここに来るという。室内には扉を入って正面に寝台があり、左手に絨毯が敷かれ、それらの前には長机が置かれている。入口右手には棚があるが、何も置かれてはいない。

　また、中央部の岩の周囲は細長い回廊（スコラム、skor lam, 回転・路）になっており、以前はここをまわって歩くことができた。しかし、ディグン・カーギュ派宗主のチェツァンが滞在した際に、ここを壁で仕切り小部屋を造り、チェツァン個人の私有物の物置き部屋とした。なお、この部屋の錠はチェツァンが所持している。

　また、東南の端には、小さな独立した部屋が1つ造られている。これは、以前は客人のための部屋として用いられ、ナムカスティンサン（gnam kha' sting bsang, 空・上部・清い）と呼ばれる。もっとも、現在は、倉庫として用いられている。東北の端には重要な客人のための貴賓室と従者たちのための部屋がある。これらは総称して、シャリジムスチュン（shar gyi gzims chung, 東・の・寝る・小さい）と呼ばれる。また、これに隣接して便所があり、その一角には浴場が備えられている。もちろん、水は出ないので、運んで来ることになる。便所も部屋の真ん中に小さな穴があいているだけである。なお、浴室が便所とは別の部屋に分離している場合には、トゥスカン（khrus khang）と呼ばれる。また、貴賓室と便所の間にはかつては古い扉があったが、現在は塗り固められている。さらに、貴賓室に隣接して物置き部屋（ゾット、mdzod）が設けられている。これらの部屋には、階段（ティムスカ、thim ska）を昇って入ることになる。

　僧院の第5層は建物の最上階となる。基盤となる岩峰はここにまでは達していないので、第5層は岩峰の真上に位置することになる（図3-8）。建物は第4層も含め全体として貴賓客の家（ドンカン、mgron khang, 賓客・家屋）と呼ばれる。中央には、中央寝室（ジムスチュンウス、gzims chung dbus, 寝る・小さい・中央）がある。ここは、リンポチェや転生（トゥルク）のための個室となっている。たとえば、トクダン・リンポチェは、僧院にいる時は、夏も冬も通常ここに居住する。この部屋の北側には、扉で仕切られて便所（サンチョット

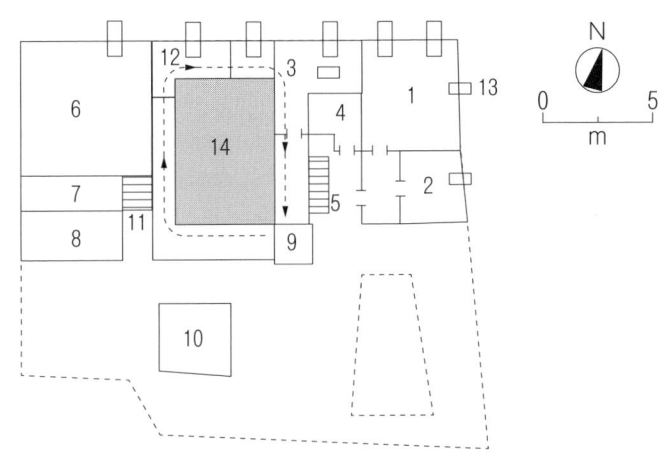

図3-6　ラマユル僧院第4層
1：東の賓客部屋　2：従者部屋（1、2はともにシャリジムスチュン）　3：便所／浴室　4：物置き
5：階段（ティムスカ）　6：厨房（ソルタプ）
7：上階の便所の下階　8：西の寝室（ヌブジムスチュン）
9：貴賓室（ナムカスティングサン）　10：天窓（ナムリン）
11：大梯子（ギャシャス）　12：回廊（スコラム。以前は基盤の岩峰のまわりをまわれたが、現在は仕切られている）
13：窓　14：基盤の岩峰

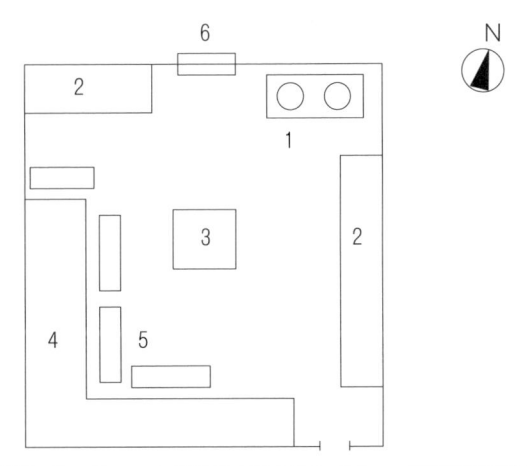

図3-7　ラマユル僧院第4層のリンポチェ、賓客用の厨房
1：竈　2：食器棚　3：調理用机　4：絨毯
5：長机　6：窓

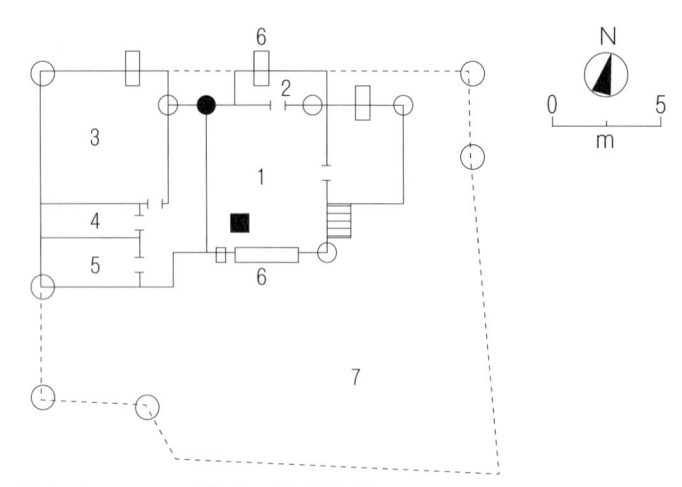

図 3-8　ラマユル僧院第 5 層（最上階）
　　　　　1：中央寝室（リンポチェ用。ジムスチュンウス）　2：便所
　　　　　3：集会・賓客室　4：便所　5：ガラス部屋（シェルカン）
　　　　　6：窓　7：屋上
　　　　●：5 色傘（ドゥクス）
　　　　■：5 色傘を立てるための柱（本来、ここに立てられる）
　　　　○：勝利の旗（ギャルツァン）

〈敬語〉）が併設されている。部屋の東側は、屋根のある張り出しになっており、階段で下の廊下につながっている。部屋には、ここにある扉から入る。室内に入ると衝立があり、これをまわって中に入ると、正面に玉座、その左側に寝台がある。部屋の南側には座席として絨毯が敷かれ、寝台と絨毯の前には長机が置かれている。部屋の北側の壁には棚が造られており、諸尊の像とトルマが安置されている。その右端は、別室に設けられている便所の扉となっている（図 3-9）。

　この中央寝室の西側は屋根のついた吹き抜けの廊下になっており、これをはさんで西側に 3 つの部屋がある。北には貴賓客や僧のための集会堂があり、通常の室（ナン、nang）と呼ばれている。これに接して、南側に便所があり、さらにこの南側にはガラス部屋（シェルカン、shel khang, ガラス・部屋）がある。ここは、冬の間、太陽が差し込むようにガラス張りにした大きな窓のある部屋で、トクダン・リンポチェが時々、この部屋を利用するという。部屋の正面には寝台があり、左手には絨毯が敷かれ、これらの前には長机が置かれている。部屋の右側には棚が造られ、中央にツェパメット（tshe dpag med, 無量寿）、左側にティンラスザンポ（'phrin las bzang po）、右側にパドメギャルツェン（padma'i ngyal mtshan）の像が安置されており、その右側にはいくつかの経典が納められている（図 3-10）。この部屋の内部の配置は玉座が置かれていないことを除いて、中央寝室、さらには第 4 層にあった西の寝室と基本的に同じである。

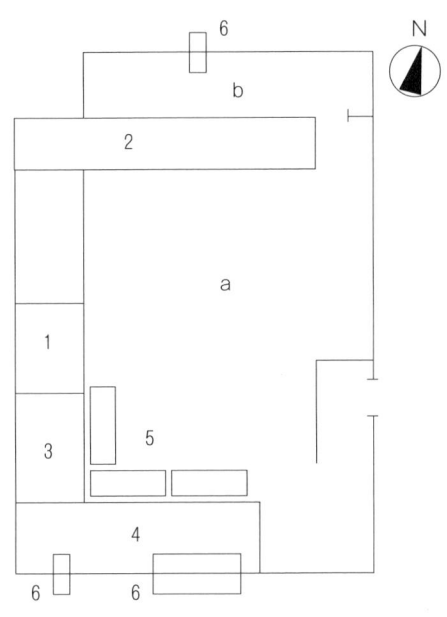

図 3-9 ラマユル僧院第 5 層（最上階）の中央寝室（ジムスチュンウス）
　　　　a：中央寝室　b：便所
　　　　1：玉座　2：棚（諸尊像・トルマ）　3：寝台　4：絨毯
　　　　5：長机　6：窓

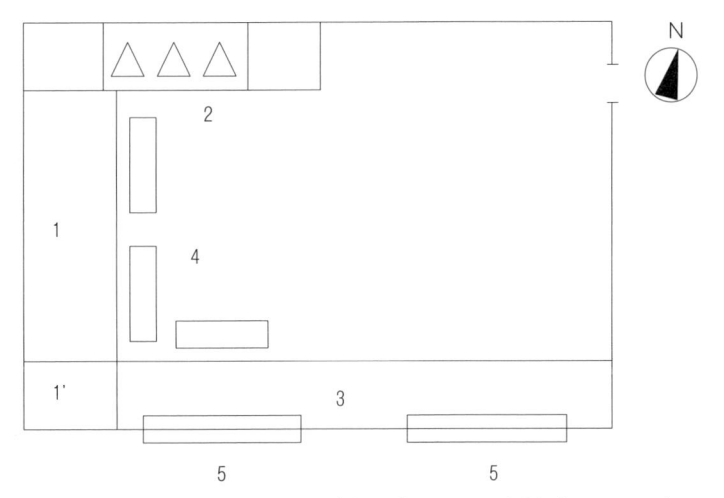

図 3-10 ラマユル僧院第 5 層（最上階）のガラス部屋（シェルカン）
　　　　1：寝台　1'：寝台　2：棚（諸尊像・経典）　3：絨毯
　　　　4：長机　5：窓

訪問者がリンポチェと謁見する際には、部屋の前にいる係の僧に断ってから入室し、リンポチェを前に三拝する。両手を合わせて、頭の上、喉の前、胸の前に置き、身・口・意に敬意を表すことを三度行ない、身体を床の上に伏せて、リンポチェに最高の敬意を表すのである。五体投地はしばしば僧院の集会堂の入口でも見られたことであったが、実際にリンポチェを前にパンディ師が行なったのを見て私は少し驚いた。リンポチェと親しい友人のように話をするパンディ師ではあったが、礼儀は厳格に守っていたのである。その後、吉兆の象徴としての白い布であるカタックと一緒に、金銭を包んでリンポチェに捧げる。リンポチェはこれを横に置いて、別のカタックを訪問者の首にかける。これは、リンポチェからもらったカタックなので、特別に幸運の印とされるのである。

なお、ディグン・スキャブゴン・チェツァンが、ラダックにやって来た時(1978-1980年)、ラマユル僧院に3カ月間滞在した。この際、トクダン・リンポチェは最上階の中央寝室とガラス部屋とをチェツァンのために空け渡し、自分の部屋として第4層の西の寝室を用いたという。もっとも、チェツァンがラダックを去った後に行なわれた1984年のラマユル・カプギャット祭礼の際、私とパンディ師でトクダン・リンポチェを訪ねた時には、彼は最上階の中央寝室の玉座に座っていた。さらに、集会堂の儀礼においても、また仮面舞踊の中庭においても、トクダン・リンポチェは玉座を占めていたのである。

瞑想者たちのコミュニティー

僧院と僧たちの居住する住居群の背後には小高い丘がある。この丘はアムゴン（a mgon）という名前で呼ばれている。実際には独立した丘というよりは、僧院の建つ尾根上のさらに上部にある岩峰である。この頂上には神（ラー、lha, 神々）を祀るためのラトー（lha tho）がある。ラトーはビャクシンの葉のついた枝を立てた石積みであり、ラーの居所とされる。このラトーは丘の名称をとって、アムゴンギラトー（a mgon gyi lha tho, アムゴン・の・ラトー）と呼ばれている。この丘の中腹にタントラ瞑想者たちの家屋群が造られている。この場所と瞑想者たちのコミュニティーは、ドップデ（sgrub sde, 瞑想者・集団）と呼ばれている（写真3-18）。

1984年に訪れた際には、住居は10軒程度であったのが、1989年時点では小さな集会堂や厨房もでき、その他、瞑想者個人の住居の数も増えていた。瞑想者個人の住居は、それぞれの個人名の後にツァムスカン（mtshams khan, 瞑想者・住居）をつけて呼ばれている。なお、瞑想者の住居は、僧の住居であるタシャク（grwa shag, 僧・住居）とは区別した名称が用いられる。また、1984年には見られなかったもので、1989年には旅行者の宿泊所としている家屋が1軒、旅行者のための便所とシャワー室が1軒、新しく造られていた。これらの家屋は一般名称としてのナン（nang, 部室）と呼ばれる。さらに、僧院から登ってくる小路が、瞑想者の住居群に入る場所に、1基の仏塔と舎利堂、さらには内部に大きな円

写真 3-18　僧の住居群の背後の丘の中腹に建てられた瞑想者たちの住居群（1989年）

図 3-11　瞑想者たちのコミュニティーにおける集会堂、厨房、住居等、施設の配置
（1989年。番号は表 3-2 に対応）

第1部　僧院の組織と祭礼

表3-2　瞑想者たちのコミュニティーにおける集会堂、厨房、住居等、施設の名称（1989年）

種　類	番号	名　　称	備　考
集会堂	1	ドゥカン（'du khang）	
厨房	2	タプツァン（thab tshang）	
寝室	3	ジムチュン（gzims chung）	キュンカ・リンポチェの住居。元来1階だけだったが、後に2階を旅行者用に造築
部屋	4	ナン（nang）	新築、旅行者用。右端は台所
	5	ナン（nang）	新築、旅行者用
	6	ナン（nang）	新築、旅行者用。1階はチリ人のツァムスカン
便所・浴室	7	サンチョット（gsang spyod） トゥスカン（khrus khang）	旅行者用
住居	8	トゥンドゥプのツァムスカン (don grub kyi mtshams khang)	
	9	ツェリンのツァムスカン (tshi ring gyi mtshams khang)	
	10	タシ・ギャムツォの住居 (bkra shis rgya mtsho'i shag)	タシ・ギャムツォは死亡し、現在は瞑想者ではない僧が住んでいる
	11	ソナム・クンガのツァムスカン (bsod nams kun dga'i mtshams khang)	ソナム・クンガはかつてランドルニマ4代目転生と住んでいたが、現在は不在
	12	フォトクサルのツァムスカン (phu mtho sa'i mtshams khang)	フォトクサルは村名だが、瞑想者のあだ名になっている
	13	パルダンのツァムスカン (dpal ldan gyi mtshams khang)	
	14	ラロックのツァムスカン (la log gyi mtshams khang)	ラロックは村名だが、瞑想者のあだ名になっている。彼は現在、アメリカ合衆国、ワシントン, D.C.にいる
	15	ダワ・ブリのツァムスカン (zla ba bu la'i mtshams khang)	
	16	ラントーのツァムスカン (glang to'i mtshams khang)	ラントーはスキルブチェン村の家の名前だが、瞑想者のあだ名になっている
	17	ゴンマタンスパのツァムスカン (gong ma stangs pa'i mtshams khang)	ゴンマタンスパはスキンディアン村の家の名前だが、瞑想者のあだ名になっている。彼は現在、病気のため不在
	18	ソナム・チョルベルのツァムスカン (bsod nams 'byor 'phel gyi mtsams khang)	キュンカ・リンポチェの死後、瞑想の指導者になっている。海外にも出かけることがある
	19	キュンカ・リンポチェの妃の部屋 (khyung kha rin po che'i gsang yum gyi nang)	
仏塔	C	チョルテン（mchod rten）	
マニ	M	マニドゥンチュル (ma ṇi dung 'phyur)	10億のマントラが印刷された回転式マニ
大旗	D	ダルチェン（dar chen）	
ツァカン	T	ツァカン（<ツァツァカン、stsa tsha khang）	火葬後の灰と土を混ぜて小さな仏塔形にしたものを納めるための舎利堂
蛇口	N	ナルカ（nalka（ウルドゥー語））	新設
ラトー	L	アムゴンギラトー (a mgon gyi lha tho)	丘の上にあるラー（神）を祀るための石積み

（注）番号は図3-11に対応。

筒形のマニが設置されているマニドゥンチュル（マントラ・10億）が建てられている（図3-11、表3-2）。

　瞑想者たちは、僧院の規則には縛られず、ここを生活の拠点とし、タントラの修行を行なっている。もちろん、僧院に行ってもよく、実際、祭礼の時には何人かが参加していた。彼らは髪を切らず、長く伸ばしたまま巻いて、頭の上に束ねている。また、髭を剃らずに長くたくわえた者もいる。彼らは瞑想の指導者のもとで、段階を踏みながら瞑想の修行を行なう。当初は、キュンカ・リンポチェ（khyung kha rin po che）を指導者として、このコミュニティーが形成されたのであるが、彼の死後、新たにチベットから亡命してやって来たソナム・チョルペル（bsod nams 'byor 'phel）が現在の指導者となっている。パンディ師の兄も瞑想者の1人であり、彼によれば、現在はゴンボに関する瞑想の修行が行なわれているという。瞑想の修行は、通常、温和な諸尊から始めることがよいとされている。忿怒尊など力のある諸尊だと、自分がそのように力があると思い込んでしまい、危険だからである。また、独学で修行を行なうのではなく、何人かの瞑想者たちが集まり、指導者のもとで、集団で学びながら、段階を経ながら瞑想の修行が進められるのである。さらに、通常の僧院における教育でも同様であるが、学ぼうとする者は、指導者を十分に見極めた上で選ばねばならない。誤った指導者を選べば、間違った方向に行ってしまうからである。

　なお、ここは僧院や村とは異なったコミュニティーではあるが、それらから隔絶しているわけではない。僧たちや村人たちも訪れる。とりわけ、村人たちは瞑想者が強い霊的力を持っていると信じているため、霊的原因によると考えられる病気になった時には、トゥス（浄化儀礼）やカブゴー（悪霊祓いの儀礼）などを依頼しにやって来るのである。もっとも、これら村人たちの依頼に応えるのが瞑想者たちの本来の目的ではない。彼らは瞑想を通して、空を体得するという最終目標に向かって修行を積み重ねているのである。

　ここからさらに遠く離れた山奥には、1人で瞑想に専念するための隠遁所がある。もっとも、そこに常駐している人はいない。そこで瞑想する際には、たとえば数週間というように期間を決めて、助手をたのみ、毎日、わずかの食事だけを差し入れてもらい、人とは話を交さず瞑想のみを行なう。これは単独で行なうと危険なため、必ず助手が必要とされる。また、高山の山腹や崖の中腹にある洞窟が用いられることもある。見上げるような崖にある、人1人が座れるほどの広さの洞窟は、かつてある高僧が瞑想して悟りを得た場所だとしばしば伝統的に語られる。実際、ラマユル僧院の集会堂にある洞窟も、ナローパが瞑想した場所であるとされ、僧院の歴史と深く結びついているのである。

　しかし、一般的に、瞑想者たちは1人で瞑想を行なう際でも、この住居群にある個人の住居をその場所としている。それぞれの住居は瞑想のために建てられたものであり、4m四方程度の広さしかない。また、丘の中腹に建てられているので、入口を入った階が夏のための住居となっており、下に続く階が冬の間の住居となっている。入口を入った小室に

は便所が設けられており、瞑想の間に外出することなく、使用できるようになっている。また、建物によっては、常時、下の階に住み、上の階は冬の間、太陽にあたることのできるように、三方を建物と壁で囲まれた屋上部分が造られているものもある。

　なお、タントラ瞑想の指導者であったキュンカ・リンポチェの住居だけはツァムスカンではあるが、ジムチュン（寝室）と敬称で呼ばれている。さらに、キュンカ・リンポチェイ・サンユニ・ナン（khyung kha rin po che'i gsang yum gyi nang, キュンカ・リンポチェの・妃〈敬語〉・の・家屋）がある。瞑想者は妻帯が許されているのである。また、ソナム・クンゲ・ツァムスカン（bsod nams kun dga'i mtshams khang）には、1984年のカブギャット祭礼で会ったランドルニマ4代目転生の小さなリンポチェが住んでいた。しかし、1989年には、彼はデラドゥンにある学校で学んでいる。そのため、ソナム・クンガはリンポチェの世話をすることがなくなり、トラックをリンポチェ名義の財産として購入し、スキルブチェン村で仕事をしている。さらに、ラロック・ツァムスカンの瞑想者であるラロックは、1989年時点で、アメリカ合衆国のワシントンD.C.に布教のため滞在している。また、旅行者のための家屋の下の階はチャンベツァムスカン（byams pa'i mtshams khang, チリ〈南米の〉・人の・瞑想者・住居）と呼ばれている。ここにはチリ出身でチベット仏教を信仰する者が住み込んで修行を行なっている。瞑想者たちのコミュニティーは、僧院の組織や規則に縛られないが故に、自由な雰囲気を感じさせ、開放的で、さらには国際的でさえあるということができるのである。

僧院とその附属施設の宇宙観

　僧院は尾根上の岩峰を中心としてその上に建てられており、仏塔群が附随する。僧院のすぐ近くには僧たちの居住施設が配置され、岩尾根の中腹から麓にはユル村の住居群があり、その下に畑が広がり、インダス河支流が流れる。また、僧院からさらに上に延びる小高い丘の中腹には、瞑想者たちの住居群があり、頂上にはラトーが立つ（写真3-19、3-20）。このラマユル僧院とその周辺に広がる附属施設を、その横断面と水平面で示す（図3-12）。

　僧院の最上階にリンポチェの部屋があり、その下層には貴賓室がある。さらにその下層階は、僧院の経済を支える種籾の貯蔵庫やカブギャット祭礼に使用される仮面堂や儀礼用の小部屋が配置される。その下層は祭礼のための儀礼やカンギュル朗唱に用いられる僧たちの集会堂があり、祖師やシャカムニ、さらには洞窟で瞑想するナローパが安置される。その奥にはディグン・カーギュ派の守護尊を祀るゴンカンが配置される。また、僧院の運営にたずさわるデバやゴンニエルの部屋、食糧貯蔵庫などが下層階に、祭礼や集会に際して茶や食事を用意するための厨房が別棟に置かれている。すなわち、僧院の建物そのものが、僧院の活動の機能を構造的に表現したものとなっている。さらに、時間的にはナローパや祖師によってたどられる仏教やディグン・カーギュ派、さらにはラマユル僧院そのも

写真3-19　ラマユル僧院、尾根の中腹にあるユル村とその下に広がる畑（1980年）

写真3-20　ユル村の住居群と畑、岩尾根の上に建つラマユル僧院と仏塔群（1980年）

のの歴史の連続性の上に位置づけられる。また、空間的には僧院の建物そのものが、リンポチェを中心、かつ最上階に位置づける僧院社会の垂直的階層構造を表象したものとなっているのである。

　僧たちの住居群とコミュニティーはその周囲にあり、岩尾根の麓にある村や畑とは平面的にも垂直的にも異なる空間を形成している。さらに、瞑想者たちの住居群はこれらとは離れて、さらに高い位置にある。僧院が岩峰を中心に、これを取り囲むように建設され、さらに最上階のリンポチェの部屋が頂上の上にあることは、仏教の宇宙観にあるメルー山を中心とする世界を思い起こさせる。メルー山の周囲には四大陸が浮かび、生きとし生けるものたちの世界となっており、メルー山の上空には地上を離れたラー（神々）が住む。

86　第1部　僧院の組織と祭礼

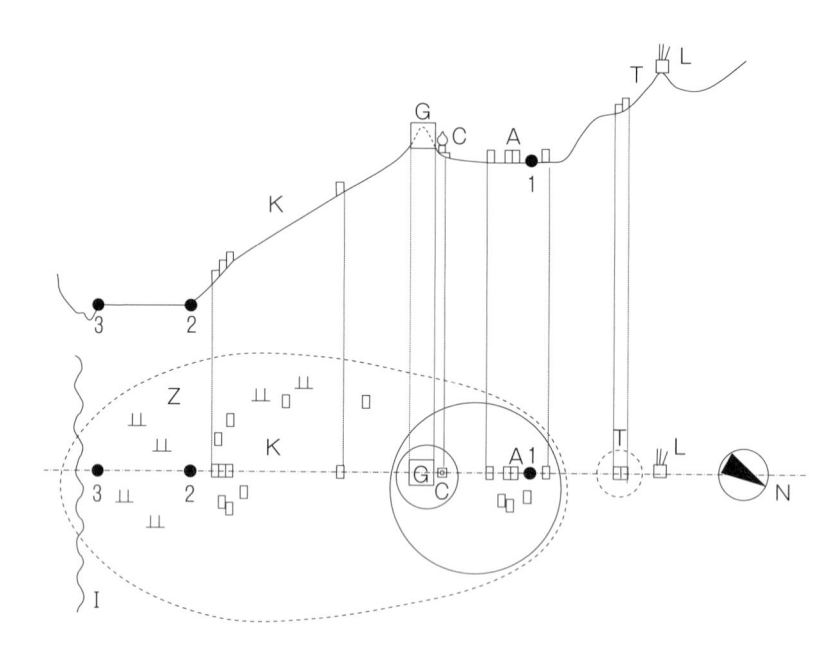

図3-12　ラマユル僧院、附属施設、村、瞑想者のコミュニティーの横断的、および平面的配置の模式図
　　　　G：僧院　C：仏塔群　A：僧の住居　K：村　T：瞑想者の住居　L：ラトー　Z：畑
　　　　I：インダス河支流
　　　　1：カプギャット祭礼時のチャムラ（舞踊中庭）
　　　　2：カプギャット祭礼時にトルマを火に投捨する場所
　　　　3：カンギュル祭礼時にデチョクのキルコルを流し、民俗舞踊が行なわれる場所

僧院はより神々に近いリンポチェを頂点とした僧たちの集団であり、その下方の外縁には村人たちの生活する現実世界が広がっていることになる。

　したがって、僧院を中心とするこの世界は、メルー山を中心とする宇宙であるマンダルと、その上に浮かぶ諸尊の宮殿であるキルコルの世界観の象徴的表現となっているのである。

　実際、このことはラダック王国時代の王宮（カル、mkhar）とも共通することである。現存する旧王宮はレーにおいても、またストックやティンモスガンにおいても、町や村々を見下ろす岩山の上に建てられている。もちろん、これには戦いにおける城塞としての機能という理由があることは当然である。しかし、同時に、王、貴族、平民という垂直的階層社会において、より神（ラー）に近い存在である王が、より天に近い、そして不死に近い高所に位置するというセパコロ（輪廻図）の世界観とも一致するのである。僧院におけるデバの部屋がデベカル（デバの王宮）と称されるのも、彼がまるで王のように僧院の経営における実権を握っているからに他ならない。また、リンポチェや高僧の部屋や住居がジムチュン、あるいはジムシャックなどと、村における大臣の家屋がジムスカン（gzims khang, 寝る〈敬称〉・家）と呼ばれるのと同様に、ジムス（gzims, 寝る）という敬語を用いて呼ばれることは、階層社会の言語的識別表現である。ラダック王国時代において、僧院は王朝や官僚からなる政治機構の中で、王国の政治に主体的に関与してきた[3]。僧院は王宮と同様、ラダックの階層社会の権力構造を直接反映しているのである。

　もっとも、ここで重要なことは、僧院と村という異なるコミュニティーの間に、交流があることである。カプギャット祭礼の時には、僧院の附属施設であり僧の住居群の中にあるチャムラ（舞踊中庭）に、村人たちがやって来る。儀礼最終日のトルマの投捨においては、僧院から村人たちがトルマを運び出し、村のはずれの広場で僧たちがマントラを唱える中、それを焚火の中に投じるのである。また、カンギュル祭礼においては、デチョク儀軌の最後に破壊されたキルコルは、勝利の旗や音楽隊に先導され行進する僧たちの一団によって運ばれ、村の下のインダス河支流に流される。そして、河畔の広場では村人たちと僧たちがともに民俗舞踊を享受するのである。また、祭礼の時のみならず、村人たちは日常的に仏塔群と僧院の周囲を巡り、あるいは僧院内の諸尊の前で、現実的利益と輪廻から自由になることを祈願する。すなわち、僧院と村という異なるコミュニティーは、一つの社会と世界とを共有しているということができるのである。

　なお、丘の上にあるラー（神）を祀るラトーは仏教的世界観の外側にあるように見える。もちろん、理論的には、これらのラーはセパコロ（輪廻図）や27種のラーの分類に見られるように、下級の神々として仏教の神格体系の中に組み込まれている。しかし、現実には、村人たちはこれらのラーを、新年にラトーのビャクシンを新しく代え、それを燃やした香で清めるという、仏教儀礼とは別の方法で祀っているのである。村のラー（yul lha, 村・神〈ラー〉）は村人たちの生活を護る地域固有の神であり、仏教の諸尊と併存しているのである。

　ここで、さらに興味深いことは、瞑想者たちのコミュニティーの存在である。彼らは僧院を離れ、さらに高い場所にいる。もし、僧院を中心とする仏教的宇宙観という解釈に基づくならば、彼らこそが現実世界から最も遠くにある、すなわち、サムサーラ（輪廻）の外にある存在であるということになるかもしれない。村人としての生活のみならず、僧院の組織や規則からも離れた瞬間、すでに彼らは輪廻から自由になるための一歩を踏み出したはずである。もし、未来に再びブッダが誕生することがあるとすれば、彼らの中からこそ生まれ出たとしても、驚くには当たらないだろう。

2　僧の1年間の生活と経済基盤

　パンディ師はまず、一般の僧たちの生活という視点から、その経済基盤について話してくれた。まず、僧院の収入は第1にパカシャス（pak ka shas, 固定した、永久の〈ウルドゥ

語〉・貸借契約）と呼ばれる永代貸借契約による貸借地料、第２にゴンペジン（dgon pa'i zhing, 僧院の・畑地）と呼ばれる僧院の所有する耕作地からの収益、第３に大麦粒の貸付契約（シャス、shas, 貸借契約）による利息収益、第４にシェマル（shas mar, 貸借契約・バター）と呼ばれる家畜の貸借料による収益からなる。

　第１のパカシャスとは、村人が僧院に土地を寄進し（ブルバ、'bul ba, 奉納する、提供する）、この土地を僧院が誰かと永代貸借契約を結ぶことにより、貸借料を得るというものである。貸借料は収穫量の30-35％である。たとえば、100カルの大麦の収量があるとすれば、30-35カルを僧院に支払うことになる。なお、１カル（khal；大麦粒で13-14kgに相当）とは、収穫した麦の束をまとめて一度に背中に背負う時の単位（クル、khur；これ自体は60-70kg）に含まれる麦粒の容量である。また、１カルの種を播く畑地の広さをも示す。１カルは５ボー（bo）、１ボーは４ブレ（bre）である。すなわち、１カルは20ブレとなる。１ブレはそれを量るための木製の容器１杯分である。なお、大麦の重量の換算は、インドの単位との比較から、１カルは７バティ、１バティは２シェルに相当し、１シェルは１kg未満なので、１カルは13-14kgとなる。パンディ師は、１カルは大麦粒約13kgに相当するという。なお、村人の中には１カルは14kgになるという者もいるという。したがって、木製の容器１杯分である大麦１ブレは650-700gとなる。

　たとえば、スキルブチェン村では３軒の家の畑地はすべて僧院からの永代借地である。僧の１人が２-３年の期限を決められ、この家から貸借地料をとる。もし、それが15カルであれば、これで150名の僧が何日間生活できるかを計算することができる。通常、僧１人が１日に生活するためには大麦粒１ブレが必要なので、15カル（300ブレ）であれば150人の僧の生活費２日分に相当する。これに基づき、寄進者のために２日間の儀礼を行なうこととなる。そして、担当の僧は儀礼を行なうための食事等すべてを手配して、２日間の儀礼を行なうのである。どのような儀礼を行なうかは、土地を寄進した村人が指定することができる。しかし、多くの場合、村人は儀礼の詳細については知らないので、僧にこういう儀礼がよいと言われ、それに従う。そして、このパカシャスは永遠に続くことになるのである。

　第２に、ゴンペジンは僧院所有の土地である。これは僧個人に配分され、自分で耕作しても、あるいは貸借契約を結んで貸借地料を得てもよい。貸借契約の場合、ラマユル僧院のあるユル村では、１カルの種を播く広さの畑地からその４倍程度の４カルの収穫量があるため、貸借料として収量の少ない高地の畑では２カル、収量の多い低地の畑では３カルを僧院に納めるという。したがって、この場合、貸借料は収穫量の50-75％ということになる。しかし、これは永代借地ではない。個人の僧に配分された土地は、タジン（grwa zhing＜grwa ba zhing, 僧・土地）と呼ばれる。なお、土地は限られているため、すべての僧には行き渡らない。それで、これを村人に貸付け、150カルの貸借料を僧たちに分配している。

かつては、もし、この僧院の土地を持っている1人の僧が死ぬと、土地を持っていない他の僧がリンポチェの所に行き、これを報告する。すると、彼がこの土地を継承することができた。これは早い者勝ちで、時に2-3名の僧が競争でリンポチェの所に行ったという。もっとも、この継承方式は30年前（1958頃）に終わった。

　第3の大麦粒の貸借契約は第1の永代貸借契約と同様、シャス（shas, 貸借契約）と呼ばれる。これは、裕福な村人が大麦100カルを僧院に寄進したものを、資本（マルツェナス、ma rtsa'i nas, 資本・大麦粒）とし、村人に貸付けて利息を得るものである。20-30年前までは村々では少数の家だけは自給自足でき、多くの家はそうではなかった。このため、春に食糧不足が起こり、大麦の種籾がなくなった。そこで、村人は僧院から種籾を借り、秋に利息（スケット、skyed, 利息；パル、'phar, 利息）とともに僧院に大麦粒を返すのである。利率は25％と決まっている。したがって、1カルを借りると1カル5ブレを僧院に返すことになる。この利率は、ズィマルンガ（bzhi ma lnga, 4・になる・5：4が5になる、すなわち25％の利率）と呼ばれる。

　この際、最初に僧院に大麦粒を寄進した者のために、この利息にあたる部分で寄進した者の希望に応じた儀礼が行なわれる。この管理・運営のため、2-3年の期間、1人の僧が任命され、彼が資本の大麦粒を人に貸付け、この利息を集めるのである。利率が25％であるから、100カルを僧院に寄進すれば、25カル分で何日間の儀礼が行なえるかを知ることができる。これは、定まった日における年間儀礼となり、永代続くことになる。また、この契約は寄進者と僧院との間でなされる。任命された僧は、市場や村人から大麦炒り粉、茶、バター、野菜、油、タマネギ等を購入し、儀礼を手配するのである。なお、この時、彼は儀礼そのものには参加せず、行事の管理にあたる。そして、彼の任期が終了すると、次の僧に資本の大麦粒を引き渡すのである。

　なお、1834年に当時勢力を伸ばしていたシーク王国下にあったジャム、ドグラ地方のグラブ・シン王と将軍ゾラワール・シンにより、ラダックは征服される。[4] このドグラ戦争により破壊されたラマユル僧院を復興したランドルニマ（rang grol nyi ma）は、僧たちに食糧を調達したかったが、量的に不足していた。そこで、彼は1,300カルの大麦粒を6つの村に貸付け、利息を得ることにしたという。6つの村とはドムカル、ハヌ、レド、タクマチック、カルブ、ヘナスクであり、これはユル・タクポ（yul drug po, 村・6）と呼ばれている。そして、1人の僧が100カルの管理を担当し（ギャパ、brgya pa, 100・持つ者）、利息の25カルを徴収するという制度を設けたのである。この際、僧は原資の100カルは徴収せず、利息分の25カルのみを徴収した。したがって、村人たちは25％の利息分を払い続けることになった。現在では、ある村々は資本の大麦粒を返還したため、実際には500-600カルが貸付けられているという。また、25カルの徴収量の内、担当の僧は5カルを自分で取り、20カルをラマユル僧院のものとしてチツェデバ（総経営責任者）に納めるのである。

第4のシェマルは家畜の貸借契約である。これは、村人が僧院に寄進したヤク、ディモ（ヤクの雌）、羊、山羊などを他の村人に貸付け、生産されたバターの一部を貸借料として僧院が受け取る制度である。伝統的には、ディモ1頭につき年間2kg、羊、山羊は雄、雌にかかわらず1頭につき年間400gのバターが貸借料となる。なお、実際には、ディモ1頭からは年間20-30kg、最良の山羊からは年間2kgのバターが生産されるという。また、時にはヤクの毛や羊毛も得ることがある。

　もし、多くの頭数の家畜を貸付けると、利益も多くなるので、寄進者の要望に応じて、年間1-2日の儀礼を行なうことになる。しかし、通常、利益は多くないので儀礼は行なわず、寄進者は僧院の管理に任せる。また、ラマユル僧院では、2名のデバが3年の期間任命される。彼らはこの家畜を人に貸付けるのではなく、自分たちで飼う。彼らは親類や友人とともにこの仕事を行なう。もし、他に人がいなければ、助手を雇わなければならない。そして、デバはシェマルのために何日間かの儀礼を手配する。

　家畜の貸付けの貸借契約はシメット（shi med, 死・ない）と呼ばれる条件により、借りた頭数と同じ頭数の家畜を返却することになっている。したがって、2人のデバは3年間に家畜の頭数を増やせば、その分だけ自分のものとなる。逆に、頭数が減少すれば、不足分を購入してもとの頭数を僧院に返却し、次のデバに引き継がなければならない。ただし、僧院が村人に家畜を貸付ける際には、バターによる貸借料は一定であり、家畜の頭数の増減、家畜に子が生まれたか否かは考慮されない。なお、家畜は子の有無によりバターの原料となる乳の生産の有無が決まる。

　さらに、ユル村出身以外の僧たちは、ラマユル僧院にいる時以外は、自分の出身の村で生活する。村々にはラマユル僧院の配下にある寺院がある。これは中心となるラマユル僧院を称するマゴン（ma dgon, 母・僧院）に対し、ゴンラック（dgon lag, 僧院・手〈枝〉）と呼ばれる。また、僧院の配下にある村々はユリゴンヨック（yu ru'i dgon gyog, ラマユル・僧院・配下）と総称される。ラマユル僧院の配下には、ティミスガン（ゲールク派と混合）、ニュルラ（ゲールク派と混合）、タル、ティア（ドゥクパ・カーギュ派と混合）、カラツェ、スキンディアン、ワンラ、（ラマ）ユル、タルチット、パンジラ、ヒンジュ、ウルツィ、フォトクサール、カンジ、ヘナスク、フォトラロック、カルブ、ムンディク、タクマチック、ウルビス、ドンカル（ドゥクパ・カーギュ派と混合）、スキルブチェン、レド、パチャリック、クックショ、アチナタン、ハヌー・ゴンマ、ハヌー・ヨグマ、ハヌー・タン、ビャマ、ダ、ガルコノ、ダルツィクス、ダダドの村々がある。これらの村にある僧院や寺院は小さなものであれば、土地と大麦粒のみを所有し、家畜は持っていない。さらに最も小さなものであれば、土地のみを所有している場合もある。

　僧たちは、年2回の祭礼（1回が18日間で計36日間）の時はラマユル僧院に集まるが、それ以外の時は村々にある寺院や僧院に戻る。これらの寺院や僧院においても、生活の糧を

表3-3 ラマユル僧院の僧の1年間の生活の経済基盤

経済基盤	生活可能日数	生活可能月数
ラマユル僧院		
土地貸借契約	20	1.0
大麦貸付契約	5	
家畜貸借契約	5	
村々の僧院	80	2.7
村の家々の儀軌	60	2.0
自給自足	190	6.3
合　計	360	12.0

得ることができるのである。さらに、村では、家々のために儀軌を行なう。その際、その日の食事はその家により供され、さらに少しの金銭を得ることもある。

　パンディ師は、僧の生活は、150名の僧が食事をするために、1人1日1ブレの大麦粒が必要であることに基づけば、1年の内、ラマユル僧院の収益によって1カ月間、村々の寺院の収益により2カ月と20日間、村の家々における儀軌の収益により2カ月間支えられているという。ラマユル僧院により支えられる1カ月間の内訳は、土地の永代貸借契約からの収益による20日間、大麦粒の貸付けによる利息からの5日間、家畜の貸借契約によるバターの収益からの5日間である。また、村々の寺院や僧院による収益はその規模により異なるが、最も大きなスキルブチェン僧院で2カ月と20日間の生活が可能である。なお、ここでの20日間というのは、伝統的にはなかったものであり、現在の村人による寄附によるものであるという。これらを合計すると、5カ月と20日間となる。したがって、全体として見ると、1年のうちの5-6カ月間は僧院による貸借契約や儀軌による収益で生活が支えられることになる。しかし、残りの6-7カ月間は、それぞれの僧が自分自身で生活しなければならないことになるのである（表3-3）。

　この6-7カ月間の自給自足のため、僧は商売をしたり、時には乞食をする。実際、パンディ師は政府の学校の教師をしているのである。また、乞食というのは、慣習として制度化されたもので、ソスニェムス（bsod snyoms）と呼ばれる。これは、村の家々で大麦や小麦の収穫後、それぞれの家が僧をはじめ、鍛治、楽士、チベット医などに収穫物の一部を供する慣習である。これは、すべての家々が行なわねばならないものとされている。パンディ師は、「僧とは人々に食糧をもらって生きる乞食なのだ」と言う。

　ソスニェムスの量は、僧1人が一度に運べる最大量であり、これは1回のみ許される。通常、一度に背負って運ぶ麦束の量は1クル（60-70kg）であり、これを脱穀して麦粒に換算すれば1カル（13-14kg）に相当する。なお、インダス河下流のドムカル村では、こ

の村の僧のみならず、スキルブチェン村をはじめとする他の村々から、僧や尼僧がソスニェムスにやって来る。この際、彼らは脱穀後の麦粒を好むという。この時は、村人の判断により、供する量が決められる。僧や尼僧は麦粒をもらう前に、祈りを少し唱えるのである。

　もっとも、村のすべての家々からそれぞれ1カルのソスニェムスを得ることができるのは寺院の管理者たちだけである。一般の僧たちは両手に入るくらい（1/2ブレ、約325-350g）しかもらうことができない。したがって、家が24軒あるカラツェ村では、ソスニェムスの総量は村の寺院の管理者で24カル、一般の僧たちで実際には1-2カルになるという。また、ユル村では収穫量の少ない高地の畑には管理者や特別な僧など数人しか行くことができない。しかし、収穫量の多い低地の畑にはすべての僧がソスニェムスに行くことができる。ただし、一般の僧のもらうことのできる量は少ない。

　かつて僧たちはどの村に行ってもよかったが、今日では僧たちの自給自足が可能となったため、一般の僧は自分の村でさえソスニェムスには行かず、その村の寺院の管理者だけが行くという。なお、この制度は村人個人の家に行くことはできず、麦を収穫している畑、もしくは脱穀している場所のどちらかにしか行くことができない。もし、畑に行けば、脱穀している場所には行くことができないことになる。さらに、もし、脱穀も終了していれば、たとえまだ麦粒をもらっていなくても、個人の家に直接行くことは恥ずべきことであるとされている。これは、本当の乞食になると考えられているからである。

　自給自足のためのその他の手段として、僧は自分の出身家から小さな畑をもらうこともある。僧は自分の出身家のある村に住んでいるからである。この畑地は、僧院により僧個人に配分される畑地と同様、タジン（grwa zhing, 僧・土地）と呼ばれる。もっとも、これは僧により異なる。ある僧は畑をもらうことはない。しかし、ある僧は、畑をくれるよう出身家に頼むこともある。ただし、自分の出身家の家族が困ることになるので、大きな畑ではなく、小さな畑をもらう。この畑は人に貸すことはなく、自分で耕作する。収穫量は少ない場合は大麦粒6-7カル、多い場合は14-15カル、平均的には9-10カルとなる。これで180-200日（3.0-6.7カ月）間生活することができる。

　さらに、ある僧はラマユル僧院からタジンを配分される。このタジンに関しては、通常、僧は自分では耕作せず、他の人に貸す。配分された畑地は自分の住んでいる村にあるとは限らず、遠くの村にある畑地を配分されるからである。貸借契約による収益は10-12カルになる。これは、200-240日（6.7-8.0カ月）間分の食糧となる。現在、僧院では110名の僧にタジンとして畑を与えている。もっとも、実際の僧の人数はこれを上回るが、土地が不足しているため110のタジンに留まっているという。なお、従来は土地の名義はすべてトクダン・リンポチェのものであったが、1人の所有できる土地の広さの上限がインドの法律で規制されることになったため、現在は名目上、各僧個人の名義となっている。しかし、これは本来、僧院の所有地であることに変わりはない。

なお、僧が自分の出身の村に住む際には、両親の家とは別の家屋に住む。カラツェ村では、ある僧は両親の家に住んでいる。しかし、他の村々では決して両親の家には住まないという。これは、ラダックでは1人の妻に複数の兄弟の夫が結婚するという一妻多夫婚がとられるため、僧が兄弟の1人としてこれに加わるのはよくないと考えられているからである。また、カラツェ村では両親とは別の家屋に住む場合も、村の中で他の家々に混ざって住んでいる。これとは対照的に、スキルブチェン村では、僧の住む家屋群は、僧院のすぐ下にあり、それよりさらに下に位置する村人たちの住む住居群とはまったく離れている。また、子供の僧は両親の家から、茶やバター等の食糧を持ってくる。なお、ペー（大麦こがし）は僧院で儀礼がある毎にすべての僧に支給されるので、これを取っておくことができる。子供の時から僧院で過ごしたパンディ師によると、これは食べ切れないほどたまるという。

さらに、村の寺院の管理者であれば、すべに述べたように、各家から1カルのソスニェムスを得ることができるため、カラツェ村では24カルの収入となり、これに加え、カラツェ村寺院所有の土地からの収益、家々における儀軌の収益を合わせて、年間の村での総収入として40-50カルを得ることができる。これは年間の消費量をはるかに超え、1人の僧にしては多すぎる収入である。しかも、彼は常に村の家々での儀軌に参加するため、村人により食事を賄われており、自分自身の収益を消費する必要がない。さらに、手芸品を作ることもできる。したがって、管理者に任命された僧は裕福になるのである。

すべての村々には、村の寺院の管理者として、ラマユル僧院から1-2名の僧が任命される。しかし、今日では、僧たちはほとんどが自給自足できるようになったため、村の寺院の管理者のなり手がない。カラツェ村では、私が滞在していたギャムツォ家の若い僧であるラマジが、村の寺院の管理者になっていた。彼は年は若いが、他の僧になり手がいなかったため、止むを得ずリンポチェが彼を任命したという。

また、時には僧が灌漑用水路を造り、大きな畑地を開き、これを1-2家に貸し、貸借契約を結んで借地料を取ることがある。たとえば、ラマユル僧院では、ユル村においてこのような事業を行なった。このようにして、僧は年間の生計を立てているのである。

パンディ師によれば、昔は僧のほうが村人よりも裕福であったという。彼らは一方で僧院を通して生活が支えられ、他方で村から多くの収益があったからである。特に、村の寺院の管理者になると、両方からの収益を合わせて、年間400-500カルを得ることができた。かつては、100カルもあれば、非常に裕福であったという。しかし、今日、僧院の僧たちは村人たちよりも裕福ではない。確かに、学力の向上した僧は昔よりも多い。しかし、村人は現在、軍隊に行き給料を得ることができる。これは通常の政府の公務員の給料よりもはるかに高い。たとえば、学校を卒業していない少年が軍隊に入ると、学校の先生よりも多くの給料を得ることができる。しかも軍隊に所属していれば、衣服は支給され、交通費

表3-4 ラダックにおけるディグン・カーギュ派の僧の人数とその変化（1950/1989年）

主僧院	区 分[*1]	人 数 1950年	人 数 1989年	増加率（%）
ラマユル（下手ラダック）	ティンモスガン	13	20	
	カラツェ／スキンディアン	8	14	
	ワンラ	10	14	
	カルブ	14	16	
	カンジ	5	9	
	ヘナスク	2	5	
	スキルブチェン	32-33	43	
	レド	8	9-10	
	タクマチック	12	7	
小 計		104-105	137-138	31.7
ピャン（中央ラダック）	シャラ	6-7	40	
	ピャン	28		
小 計		34-35	40	14.2-17.6
シャチュクル（上手ラダック・チャンタン）		58	60	
小 計		58	60	3.4
合 計		196-198	237-238	20.2-20.9

＊1 ラマユル（下手ラダック）の区分は、僧院の配下にある家々の村に基づく8区分（カンツァンギャット）に一部準じている。ここにその他の村の僧の推定人数（10名）を加算すれば、ラマユル僧院所属の僧は合計150名前後（1989年）となる。

は無料になる。ラダックは広い地域に少ない人口なので、多くの少年が軍人をはじめ公務員になることができる。その結果、1家に1-2名の公務員がいるという状況になっている。今日、ラダックの主都レーには観光客の増加に伴い、ホテルが建てられつつある。ホテルの所有者や建設業者の中には退役軍人がいる。彼らは80,000-90,000ルピー（日本円で80-90万円）の退職金をもらっているから、このような事業を行なうことが可能だというのである。

　以前、人々は僧に対して、今日軍隊に務めている人々に対していだくのと同じ感じをいだいていた。以前は僧が裕福であり、村人は今よりもずっと貧乏であった。しかし、現在、村人たちの生活水準は向上した。そして、軍人たちはそれよりもさらに裕福だからである。

　もっとも、ラダックにおけるディグン・カーギュ派の僧の人数は1950年と1989年を比較すると、インダス河下流域の下手ラダックにおけるラマユル僧院配下の村々においては、

104-105人から137-138人と31.7%の増加率を示している（表3-4）。また、中央ラダックにおけるピャン僧院所属の僧の人数は34-35人から40人と14.2-17.6%の増加率、インダス河上流域からチベット西部のチャンタンにかけての上手ラダックにおけるシャチクル僧院所属の僧の人数は、58人から60人と3.4%の増加率と増加はしているものの、それほど大きな増加率を示しているわけではない。その結果、ディグン・カーギュ派の僧の全体としての増加率は20.2-20.9%となる。1950年はインドの独立直後であり、僧の人数はそれ以前と大きく変化はしていないという。1989年に至る僧の人数の増加の理由は、パンディ師によれば、ラダックの人口そのものの増加にあるという。最近の改革により、僧院で教育が受けられるようになったというのも増加の要因ではあるが、それほど影響を与えているとは考えられないとのことである。実際、ラダックの人口統計は1961年の88,000人から1991年の163,000人と、30年間に、移入人口も含まれてはいるものの、85.2%という高い増加率を示しているのである。

　なお、この表に基づくと、ラマユル僧院所属の僧の人数は、現在137-138人となっている。もっとも、ここに含まれていない村の約10人を加算すると、150人前後となる。ピャン僧院所属の僧の人数は40人、シャチクル僧院所属の僧の人数は60人で、ラダック全体のディグン・カーギュ派の僧の数は、総計250人前後となる。

3　僧院の運営と改革

　僧院組織における役職の中で僧院の経済に直接関係するのはデバとチツェデバ（総経営責任者）の2名のデバであり、彼らはいわば財務大臣としての役割を負っている。そこで、このデバの役割に焦点をあて、経済面から見た僧院の運営と1980-1981年頃に行なわれたデバとチツェデバの役割の変更を伴った改革、さらに、この改革の背景について述べることにする。

デバとチツェデバ

　デバは僧院の土地と家畜の管理を行なう。彼らは親類とともに家畜の飼育を行ない、また家畜の頭数の増減に対処しなければならないため、裕福な家の出身者でなければならない。もし、3年間の任期の間に多くの家畜が死んでしまうと、彼らは家畜を購入して、もとの頭数を僧院に返し、次の者に引き継がなければならないからである。しかし、逆に、ラマユル僧院のように大きな僧院では多数の家畜を所有しており、この数が増加すると、デバはさらに裕福になる。彼らは僧院の財務を一手に引き受けており、僧院では高い地位を占めているのである。

　かつて、ラマユル僧院ではデバとチツェデバの2名で、ヤク15-20頭、ディモ（ヤクの雌）

20頭、雄牛5-6頭、ゾー（ヤクと雌牛の雑種雄）5-6頭、ゾモ（ヤクと雌牛の雑種雌）5-6頭、羊と山羊200頭、ロバ10頭、馬15-20頭を管理していた。ディモとゾモからのバターの生産量は1頭につき年間約30kgなので、すべてに子がいるとすれば計750kgとなる。また、山羊は1頭につき年間最大2kgのバターが生産されるので、50頭の雌山羊のすべてに子がいるとすれば計100kgとなる。したがって、家畜からのバターの生産量は合計最大850kgとなる。家畜は、夏の間、ラマユル僧院のあるユル村より標高の高いカンジ村に移され、高原で放牧されている。しかし、冬期はユル村に下り飼育される。

さらに、土地に関しては、永代貸借契約（パカシャス）によるデバの収益は300-400カルであった。また、僧院所有の畑地の耕作収益はユル村とカンジ村のみからでも700カルとなった。この畑地は2日間は村人が耕し、10日間はデバが耕すことになっていた。なお、ユル村からは小麦が収穫され、カルブ村、ハヌパタ村方面からは皮大麦（家畜の飼料にする大麦の種類）、他の地域の村々からは大麦が収穫された。さらに、貸付契約のための資本としての大麦粒は500カルあり、25％の利息分の内の徴収担当僧の取り分5％を差し引いた20％分の100カルがデバの収益となった。

チツェデバは永代貸借契約の貸借料として720カル、20カルの広さの僧院所有の畑地からの収穫量として80カル、さらに、1,000カルの大麦粒の貸付け料として20％の200カルの収益があった。なお、デバとチツェデバは貸借契約を結ぶ家々を異にし、混合することはない。これらの年間収益をそれぞれ合計すると、デバは大麦粒1,100-1,200カル（平均1,150カル）、バター410kg、チツェデバは大麦粒1,000カル、バター440kgとなる。

デバの任務は僧院の収入にかかわるものだけではなく、支出にかかわるものがある。パンディ師は、第1にリンポチェがラマユル僧院を訪れ滞在する間の茶と食事、馬やロバの飼い葉の手配をあげる。かつて、リンポチェは、12-13名の従者を連れ、15-20頭の馬やロバとともに、ラマユル僧院を訪れ、2-3カ月間滞在した。リンポチェはラダックのディグン・カーギュ派の主要な3僧院と、その配下にある村々の僧院を1年の間に巡回したのである。茶、米、野菜、調味料などの調達は、麦やバターなどとの交換や現金化による購入が必要となる。滞在期間中の消費量は1名につき大麦換算量5ブレとしても、195-315カルとなる。なお、リンポチェの他、政府の役人など賓客の訪問の際の接待もデバの任務となる。

任務の第2は、1カ月に9日間行なわれる定期的な儀礼（チョッパ、mchod pa, 奉献）の手配である。9日間のうち、2日間はデバの責任で、残りの7日間はチツェデバの責任で、僧たちの食事や儀礼の準備がなされる。20名の僧が参加するとし、1名につき大麦換算量1ブレとすると12カ月間の消費量はデバは24カル、チツェデバは84カルとなる。なお、食事以外にも、儀礼に用いるトルマやツォクスを作るため大麦炒り粉やバターが必要である。なお、月間9日の儀礼とは以下のものである。毎月3日目はパクモ（phag mo）、8日目は

スマンラー（sman bla）、14日目はジトー（zhi khro）、15日目はミトゥクパ（mi 'khrugs pa）とソブジョン（gso sbyong）、19日目はカプギャット（bka' brgyad）、23日目は3日目と同じパクモ、25日目はラマチョッパ（bla ma mchod pa）、29日目はゴンジュン・ソルカー（mgon gzhung gsol kha）、30日目はナスチュ（gnas bchu）と朝のソブジョンである。

　第3の任務は、村人たちの接待である。デバはローサル（新年）をはじめ、播種、灌漑、除雪などの日に、村人に茶、大麦酒、パパなどの食事を提供しなければならない。ラダックでは、チベット暦11月1日の新年に、村人たちはデバの所を祝賀の挨拶（ツェチャク、tshes phyag, 始まり〈夜明け〉の日・挨拶）のため訪問する。村人たちは最初に僧院の集会堂に入り、ディグン・カーギュ派の祖師であり、ラマユル僧院の主尊であるナルテン（nang rten, 内・聖なる：スキョパ・ジクテンゴンポを示す）に礼拝する。彼らは、タキ1枚とカプツェ1個を主尊に捧げ、同様にタキ1枚とカプツェ1個をデバに供する。デバは両手で包んで持つ程度の大きさのスゴルモ（sgor mo）と呼ばれる酒を飲むための銅製の容器1杯の大麦酒を、各家の代表に与えなければならない。さらに、デバは大麦炒り粉、砂糖、黒砂糖、ビスケット、アンズ等で作ったツォクスを大皿に用意し、これをナイフで切る。村人の1人はドンスポン（grong dpon pa, 家〈家々の〉・統率者；ラダック王国時代、村の働き手として王に仕えた）と呼ばれ、彼がそこにいる村人たちにツォクスの小片を分配する役目を負う。そして、村人たちは大麦酒を飲み、帰宅する。

　さらに、新年の3日目（ツェスパスム、tshes pa gsum, 始まりの日・3）には、デバは村人たちに再度、大麦酒を振る舞わねばならない。前回は僧院においてこれが行なわれたが、今回は村の広場において行なわれることになる。村人たちも彼ら自身で大麦酒を持って来る。そして、デバの持って来た大麦酒と一緒に、多くの酒を飲み新年を祝うのである。

　春に種を播き、畑を掘り起こす前に、デバと村の長であるカズダル、家々の統率者であるドンスポンは10-15名の村人たちとともに、占星術師を招き、最初に種を播くのはいつがよいかを占ってもらう。この際、デバはこれらすべての人々に茶、酒、食事を与えなければならない。よい日が決まると、人々は犂を曳かせるためのゾー（ヤクと雌牛の雑種雄）、種籾を持って畑にやって来る。この時、デバは大麦酒のみならず、パパや野菜の食事を村人たちに与える。このサカ（sa ka）と呼ばれる播種の儀式は、「日付を捕える」という意味で、実際には少しだけ畑を掘り起こす真似をするだけである。しかし、その後、村人たちが実際に播種と畑起こしをする時には、デバは大麦酒とパパを村人に与える。そして、村人はデバが管理し自分自身で耕作する僧院の畑（ゴンペジン）の播種と畑起こしを手助う。なお、今日ではすべての村人は来ない。友人たちが来るだけであるという。また、デバ自身が耕作する畑の収穫の際はデバ自身が行ない、必要に応じて人を雇う。この時には食事を提供しなければならない。

　サカの後、人々は再び占星術師を招き、水を灌漑用水路に取り込む日（チュピンペザッ

ク、chu phing pa'i zhag, 水・灌漑の・日付）はいつがよいかを占ってもらう。この時、デバは人々に大麦酒を与える。さらに、麦が30cmくらいの高さになった時、村人たちは今一度、用水路を掃除し灌漑を行なう（ユルラン、yur lan, 灌漑用水路・再度行なう）。この時、村人たちは大麦酒、デバはペーを持って来て、人々はそこで一緒に食べる。

これ以後、デバは通常、村人には何も与えなくてもよい。しかし、冬期に雪が降り、僧院の屋上に雪が積もると、村人たちが来て除雪（カチャパ、kha 'phyag pa, 雪・掃く〈掃除〉）を行なう。この時、デバはペーを村人に与え、ゴンニエル（財産管理者）は大麦酒を村人に与えることになっている。

大麦酒を作るためには大麦粒、パパを作るためには大麦粉、アンズの種油（スツィギマル、rtsi gu'i mar, アンズの種の油）が必要である。また、塩、砂糖、ビスケット等は購入しなければならない。上記の8回の行事において、30軒から各5名（計150名）の村人、大麦量に換算して1人当たり2ブレが消費されるとすると、年間120カルが必要となる。

第4と第5の任務は、ラマユルの二大祭礼であるカプギャット祭礼とカンギュル祭礼の手配である。デバはカプギャット祭礼の時、2日間、150名の僧に各僧2ブレのペーと2回の茶を供し、カンギュル祭礼の時は5日間にわたり、朝から晩まで150名の僧に茶と食事を提供した。これらの消費量はそれぞれ30カル、および75カルで、計105カルに相当する。また、チツェデバはカプギャット祭礼、およびカンギュル祭礼の時、それぞれ7日間、150名の僧に1人当たり1ブレのペーを提供した。これらの消費量はそれぞれの祭礼において52.5カル、計105カルの大麦粒に相当する。なお、各祭礼におけるこれ以外の日は、後述するように他の僧が分担して任務を行なった。

さらに、第6の任務として、チツェデバはコンシャクス儀軌の時、茶、トゥクパ、パパ等の食事を提供する。これは1日中行なわれる儀軌で、4回の茶の奉献（マンジャズィ、mang ja bzhi, 奉献・茶・4）、朝に1回のトゥクパ（thug pa, 汁物）、1回のパパ（pa pa, 大麦粉の練り粥）、夕方に1回のトゥクシン（thug sing, トゥクパ・薄い）、夕方に3個のドンキル（'don dkyir, パン）を出す。パパを作るための大麦粉に加え、茶葉、バター、塩、さらに、トゥクパやドンキルを作るための小麦も必要である。したがって、僧1名当たり3ブレの大麦粒と換算して、150名の僧の合計で22.5カルの大麦粒が必要となる。

第7の任務は、ラマユル僧院のゴンカン（護法尊堂）で日課として行なわれるソルカー（gsol kha）儀軌のための手配である。このソルカーは月間儀軌29日目に行なわれるゴンジュン・ソルカーと同じ儀軌であるが、その一部分のみを朗唱する簡略的なものである。また、日課儀礼として毎朝、チャプトル（chab gtor ma）が行なわれる。ここではトルマを作るためのペーも準備しなければならない。僧1人当たり1ブレの大麦粒が消費されるとして、10名の僧が365日間儀軌を行うためには182.5カルの大麦粒が必要となる。

さらに、土地の永代貸借契約や大麦粒の貸付契約のための土地や大麦粒の寄進者のため

の年間儀礼が必要である。300-400カルの永代貸借契約による収益は、理論的には150名の僧の40-53日分の儀礼に相当する。実際の儀礼が行なわれる日数は不明であるが、デバの支出が大きく収入を上回ることもある、さらにチツェデバの支出は少なく、収入が常に支出を大きく上回るとの状況を考慮すると、デバの300-400カルはこれら日課の儀礼と年間の儀礼に消費されていると推測することも可能である。なお、この際、チツェデバの永代貸借契約からの720カルの大麦粒の収益は、そのまま消費されずに残ることになる。日課の儀礼に関連して、デバはラマユル僧院の主尊であるナルテンに年間を通して毎日、2つの灯明（チョットメ、mchod me）を捧げる。これにはアンズの種油が用いられる。

これ以外に、第8の任務として、デバは家畜を飼育、放牧するために年間を通して4名の助手を雇用しなければならない。この際、デバは彼らの食糧を調達する。これは、1人1日1ブレの大麦粒の消費に換算すると、合計で大麦粒36.5カルが必要となる。

なお、これらの年間支出を合計すると、デバは大麦粒780.5-1000.5カル（平均890.5カル）、チツェデバは大麦粒211.5カルとなる。なお、これ以外にバターが消費され、茶、米、野菜、調味料等を購入しなければならない。デバは僧院の運営のための支出が大きく、収支決算は安定していない。これとは対照的に、チツェデバは支出が少ないため、その収益は常に大きい。このため、ある僧を3年間の任期でデバに任命すると、次の4年間はチツェデバに任命し、この間に以前の損失分を取り戻させることになっているのである。

運営組織の改革

ラマユル僧院の運営、とりわけデバとチツェデバの役割の変更は1980年から1981年になされた。もっとも、実質的に動き出すのには少し時間を要したようである。

パンディ師によると、従来の僧院の収入は、現在の僧院の運営のための支出には合わなくなってきていたという。大麦は以前は高値で売ることができた。しかし、現在の価値は低くなっている。このため、デバによっては、儀礼等の手配が予算的に困難になったのである。このため、デバとチツェデバの任務を合わせて2人で分担して行なうということ、さらに新たに4人のニェルパ（gnyer pa, 調達・者）という役職を2年間の任期（1989年から3年間の任期）で設け、従来のデバとチツェデバの主要な任務をニェルパ4人で分担して遂行することにした。4人のニェルパは、カンツァンギャット(khang tshan brgyad, 家・部分・8) と呼ばれるラマユル僧院の配下にある家々の村に基づく8区分（ティミスガン、スキンディアン／カラツェ、ワンラ、ラマユル、カルブ、カンジ／ヘナスク、スキルブチェン、レド）の、最初の4カンツァンからそれぞれ1名選ばれ、3年間の任期で務め、次に残りの4カンツァンからそれぞれ1名選ばれ、3年間の任期で務めることになる。彼らは永代貸借契約による貸借料を徴収し、これにより、僧院の日課、年間儀礼のみならず、カプギャット祭礼、カンギュル祭礼、コンシャクス儀軌を手配する。彼らの永代貸借契約による収益

は1,108カルとなる。また、デバの管理していた貸付契約のための種籾の量の半分の250カルを、ニェルパが管理することになった。利息の20%分の50カルがニェルパの収益となる。さらに、デバの管理していた家畜の約半数をニェルパが管理した。もっとも、デバは家畜を自分自身で飼育していたが、ニェルパはこれを人に貸し、貸借料を徴収するのである。したがって、その収益はディモ1頭につきバター2kg、羊・山羊は1頭につきバター0.4kgとかなり減少する。しかし、ニェルパにとって、家畜の増減による収益の不確定性は回避されることとなる。

さらに、ニェルパは当時、増加傾向にあった観光客からの収益の一部を収入に加えることができる。ラマユル僧院では、カプギャット祭礼の舞踊広場に面する楽屋として使用していた仮面堂に、夏の間パイプ製の簡易ベッドを並べ、宿泊所として提供していた。ラマユルはザンスカールとラダックを結ぶトレッキング・ルートの分岐点になっており、私も1980年にトレッキングでザンスカールから山越えをしてラダックに入った際には、ラマユルに出て、ここからは幹線道路を走るトラックに便乗し、主都のレーに到ったのである。宿泊料金は20ルピー（日本円で約200円）程度と安いが、現金収入として貴重なものである。

カプギャット祭礼において、ニェルパはチベット暦2月19日から29日のカプギャット儀軌、2月30日のラマチョッパ儀軌の12日間のすべてを手配する。150名の僧が参加し、1人1日1ブレの大麦粒の消費があるとすれば、合計90カル相当の大麦粒が必要となる。

また、カンギュル祭礼におけるニェルパをはじめとする他の僧の役割は以下のようなものである。カンギュル祭礼はチベット暦5月3日から9日の7日間、カンギュル朗唱が行なわれる。これらはニェルパがすべて手配する。この後、5月10日から17日はデチョク（チャクラサンヴァラ）儀軌が行なわれる。この期間の5月10日から12日の3日間はドゥムチョットチェンモ（sgrub mchod chen mo, 成し遂げる・奉献・大きい）と呼ばれる。ドゥムチョットとは数日間続く儀軌の一般名称であり、必ずしもデチョク儀軌を指すものではない。しかし、ラマユル僧院では、大きな儀礼はカプギャット以外にデチョクしかないので、これをドゥムチョットと呼ぶのである。ここで、トータンバ（会計責任者）は2年間の任期で、2名の僧をドゥムチョットチェンモ・ニェルパとして任命する。彼らは貸付契約のための300カル（利息20%分は60カル）の大麦の種籾の管理をまかされ、この期間の茶と食事を手配する。さらに、僧院は2名の僧に1,500ルピーを与え、これで3日間の儀礼の手配を行なわせる。すなわち、1日当たり、500ルピーで行事を手配することになる。

さらに、5月13日から15日の3日間はドゥムチョットチュンツェ（sgrub mchod chung tse, 成し遂げる・奉献・小さい）と呼ばれる。この期間の儀礼の手配のために、トータンバは別の2名の僧を2年間の任期でドゥムチョットチュンツェ・ニェルパとして任命する。彼らは200カル（利息20%分は40カル）の種籾の管理をまかされる。さらに、2名の僧に3日間の儀礼のために1,500ルピーを与える。前回同様、1日当たり500ルピーとなる。彼らはこ

れで、行事を手配することになる。

　デチョク儀軌の最後の5月16日と17日の2日間は、カラツェ村、パルケタン村、スキンディアン村、タクマチック村の4名のゴンニエル（財産管理者）が手配する。僧院からの補助はなく、それぞれが村から必要な食糧を持って来るのである。

　5月18日のコンシャクス儀軌はニェルパが手配する。この後、5月19日と20日のストンチョット儀軌のためには、トータンバが各日に2名ずつの僧を3年間の任期で任命する。かつては、2日間で225カル（利息20％分は45カル）の種籾でこれが賄えた。しかし、今日では大麦の価格の低下と他の食料品等の物価上昇により、これだけでは不可能となった。たとえば、35年前には2kgのバターが1ルピー（日本円で10円程度）で売られていたのが、今日では同じバターが300ルピー（日本円で3,000円）するのである。このため、僧院は2名の僧に1日当たり700ルピーを与える。彼らは、これで儀礼を手配することになる。

　したがって、カンギュル祭礼において、ニェルパはカンギュル朗唱の7日間とコンシャクス儀軌の1日を担当することになる。カンギュル朗唱において、1人1日1ブレの大麦粒が消費されるとして、150名の僧であれば、合計52.5カルが必要となる。コンシャクス儀軌においては、茶のほか、トゥクパ、パパ、トゥクシンなどの食事を含み、1人1日3ブレの大麦粒の消費に換算すると、22.5カルが必要となる。さらに、永代貸借契約による収益をすべて日課・年間儀礼に用いたとするとこの支出は1,108カルとなり、支出の合計は1,273カルとなる。

　以上のニェルパの収入と支出を、デバとチツェデバの1980/81年の改革以前と以後の収入と支出とともに項目別に示す（表3-5、3-6）。また、デバ、チツェデバ、ニェルパ以外の役員であるロボン、ウムザット、ゲスコス（チョーティン）、ゴンニエル、トータンバの収入を、1980/81年の改革以前と以後に分けて項目別に示す（表3-7）。なお、ロボン、ウムザット、ゲスコス（チョーティン）、ゴンニエル、トータンバは儀礼を手配する任務は負っておらず、彼らの収入は役員としてのそれぞれの任務に対する報酬である。

　さらに、表3-5、3-6に基づき、デバ、チツェデバ、ニェルパの改革以前の収入、支出、および収支決算（表3-8）、改革以後の収入、支出、および収支決算（表3-9）を示す。もちろん、これらの収支決算は大麦粒の量だけを指標としており、家畜の飼育、および貸借契約によるバターの収益と消費、あるいはその他の現金収入、生産物の換金額と支出等は含まれていない。それにもかかわらず、改革によるデバ、チツェデバ、ニェルパの役割の大きな変化の特徴を知ることは可能である。

　すなわち、表3-6と3-7に基づき、デバ、チツェデバ、ニェルパの改革以前と以後の大麦粒の収入の変化（図3-13）、家畜からのバターの収益の変化（図3-14）を示すと、デバとチツェデバの収入が減少しているのに対し、ニェルパの収入が増加していることが明らかになる。この原因は、すでに述べたように、収入項目の永代貸借契約がデバとチツェ

表3-5 ラマユル僧院のデバ、チツェデバ、ニェルパの管理下にある収入項目別の1980/81年以前と以後の年間収入（含推定値）

収入項目	デバ 1980/81以前	デバ 1980/81以後	チツェデバ 1980/81以前	チツェデバ 1980/81以後	ニェルパ 1980/81以後
1．永代貸借契約（パカシャス）	300-400	—	720	—	1,108
2．僧院所有の畑地の耕作、および貸借契約（ゴンペジン）	700	(350)	80	60	(350)
3．麦粒の貸付契約（シャス）	100 [500]	50 [250]	200 [1,000]	40 [200]	100 [500]
合　計（カル）(a)	1,100-1,200 (Av.1,150)	400	1,000	100	1,558
4．家畜の飼育、および貸借契約（シェマル）					
ディモ	360 [12]	120 [4]	240 [8]	120 [4]	16 [8]
ヤク	[4]	[3]	[11-16]	[1]	[2]
ウシ	—	105 [7]	—	—	—
ゾー	—	—	[5-6]	—	—
ゾモ	—	—	150 [5-6]	—	—
羊・山羊	50 [100]	20 [40]	100 [50]	20 [40]	24 [60]
ロバ	[4]	[2]	[6]	[1]	[2]
馬	—	—	[5-6]	—	—
合　計（kg）(a')	410	245	440	140	40

（注）シャスの [ ] は資本の麦粒。利息分は20％として算出（残りの5％は徴収担当僧の収入）。ただし、ゴンペジンの ( ) は推定値。チツェデバは1980/81年以後、ゴンペジンを貸借契約とする。この他に、僧個人名義のタジンの貸借契約から150カルの収益がある。家畜の数値はバターの年間最大生産量（kg）、[ ] は家畜の頭数。ニャルパのみ家畜を貸借契約とする。バター生産量は自分で飼育する場合はディモ1頭から30kg（貸借契約の場合は2kg）、羊・山羊からは雌山羊1頭から2kg（貸借契約の場合は全頭数につき1頭当たり0.4kg）。

表3-6 ラマユル僧院のデバ、チツェデバ、ニェルパの管理下にある支出項目別の1980/81年以前と以後の年間支出（含推定値）

支出項目	デバ 1980/81以前	デバ 1980/81以後	チツェデバ 1980/81以前	チツェデバ 1980/81以後	ニェルパ 1980/81以後
1．リンポチェ、政府役人接待	195-315	195-315	—	—	—
2．月間儀礼	24	24	84	84	—
3．ローサル等における村人の接待	120	120	—	—	—
4．カプギャット祭礼	30	—	52.5	—	90
5．カンギュル祭礼	75	—	52.5	—	52.5
6．コンシャクス儀軌	—	—	22.5	—	22.5
7．日課、年間儀礼	300-400	—	(720)	—	1,108
8．家畜飼育のための助手の雇用	36.5	36.5	—	—	—
合　計(b)	780.5-1000.5 (Av.890.5)	375.5-495.5 (Av.435.5)	211.5	84	1,273

（注）単位はカル（1カル≒大麦粒13kg）。

表3-7 ラマユル僧院のロボン、ウムザット、ゲスコス（チョーティン）、ゴンニエル、トータンバの収入項目別の年間収入

収入項目	ロボン 1980/81以前	ロボン 1980/81以後	ウムザット 1980/81以前	ウムザット 1980/81以後	ゲスコス（チョーティン） 1980/81以前	ゲスコス（チョーティン） 1980/81以後	ゴンニエル 1980/81以前	ゴンニエル 1980/81以後	トータンバ 1980/81以前	トータンバ 1980/81以後
1．永代貸借契約（パカシャス）	15-18	15-18	5	—	5	—	15	15	35	600Rs.
2．僧院所有の畑地の耕作、および貸借契約（ゴンペジン）	—	—	—	12	—	12	12	12	—	—
3．麦粒の貸付契約（シャス）	—	—	—	—	—	—	—	—	—	—
合　計	15-18 (Av. 16.5)	15-18 (Av. 16.5)	5	12	5	12	27	27	35	600Rs.
4．家畜の飼育、および貸借契約（シェマル）	—	—	—	—	—	—	—	—	—	—
合　計	—	0	0	0	0	0	0	0	0	0

表3-8 ラマユル僧院における1980/81年の改革以前のデバ、チツェデバ、ニェルパの収入、支出、収支決算

	収入 (a)	支出 (b)	収支決算 (a-b)
デバ	1,150	890.5	259.5
チツェデバ	1,000	211.5	788.5
ニェルパ	—	—	—
合　計	2,150	1,102	1,048

（注）単位はカル（1カル≒大麦粒1.3kg）。

表3-9 ラマユル僧院における1980/81年の改革以後のデバ、チツェデバ、ニェルパの収入、支出、収支決算

	収入 (a)	支出 (b)	収支決算 (a-b)
デバ	400	435.5	−35.5
チツェデバ	100	84	16
ニェルパ	1,558	1,273	285
合　計	2,058	1,792.5	265.5

（注）単位はカル（1カル≒大麦粒1.3kg）。

デバからニェルパに移り、僧院所有の畑地の耕作、貸借契約、麦粒の貸付契約の約半分が同様にニェルパの管理下に置かれ、さらに、家畜の半数もニェルパの管理下に移されたためである。ただし、ニェルパは家畜を自分で飼育、放牧することなく、貸借契約を行なっているため、バターの収量は少なく、全体としての収益は改革以前よりも減少していることが明らかとなる。

また、支出についても、同様に改革以前と以後を比較すると、デバとチツェデバの支出が減少しているのとは対照的に、ニェルパの支出が増加している（図3-15）。すなわち、デバとチツェデバの役割がニェルパに移行したことにより、デバとチツェデバの収入は減少したが、同時に支出も減少したということになる。逆に、新たに設けられたニェルパの収入は大きく増加したが、同時に支出も増加したことになるのである。

そこで、デバ、チツェデバ、ニェルパの収支決算の変化を改革以前と改革以後で比較する（図3-16）。改革以前のデバとチツェデバの収支決算はそれぞれ259.5カルと788.5カルの値を示しており、とりわけチツェデバの収支決算がきわめて大きい正の値を示すことが明らかとなる。これが、改革以後は、デバ、チツェデバの収支決算は、それぞれ−35.5カルおよび16カルと大きく減少し、とりわけ、デバの収支決算は負の値を示している。これとは対照的に、ニェルパの収支決算が285カルとなっていることが明らかとなる。さらに、ニェルパの収支決算の285カルの値は4名のニェルパの合計であり、1人当たりにすると、71.25カルとなり、それほど大きな値ではない。すなわち、改革以前のチツェデバ1人のきわめて突出した収益の値が、改革以後はデバ、チツェデバ、ニェルパに分散し、収支決算は0を中心として、それぞれほぼ釣合いのとれた状態になっていることが明らかとなる。

さらに、表3-8から、改革以前における僧院全体としての収入は2,150カル、支出は1,102カルで、収支決算は1,048カルであることが明らかとなる。ここで、以前、パンディ師が示した僧個人の生活という視点から算出した数字に基づくと、僧院に支えられる僧の生活は6カ月間ということから、150名の僧が1人1日1ブレの大麦を消費するとして180日間で1,350カルの僧院の支出となる。僧院の年間総収入が2,150カルなので、収支決算は800カルとなり、これは、表3-8に基づく収支決算1,048カルと比較的近い数値となる。この収支決算の数値（1カル≒大麦粒13kgとして、13,624kg、すなわち大麦約13トンに相当）が、僧院の儀礼を通した僧の生活費以外の、デバ、チツェデバの利益、および僧院の運営経費になっていたと考えることができる。

これに対して、改革以後の僧院全体としての収入は、表3-9から2,058カル、支出は1,792.5カルで、その収支決算は265.5カルとなっている。両者を比較すると、収入は、ほぼ同じであるが、支出が増え、その結果、収支決算が改革以前よりも782.5カル減少している。この差額分が、ニェルパにより日課・年間儀礼等に用いられたとすると、新たに150名の僧の104日（3.5カ月）間分の生活費を補うことになり、先の180日間を加えると、全

第3章　僧院の組織と運営　105

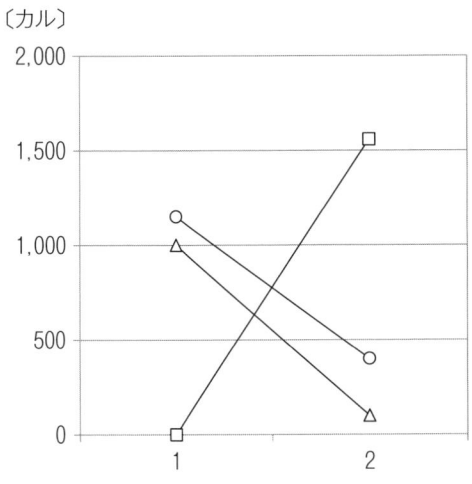

図3-13 ラマユル僧院におけるデバ、チツェデバ、ニェルパの1980/81年の改革以前と以後の収入（大麦〈カル〉）
(a) の変化
1：改革前　2：改革後
○─○：デバ　△─△：チツェデバ
□─□：ニェルパ

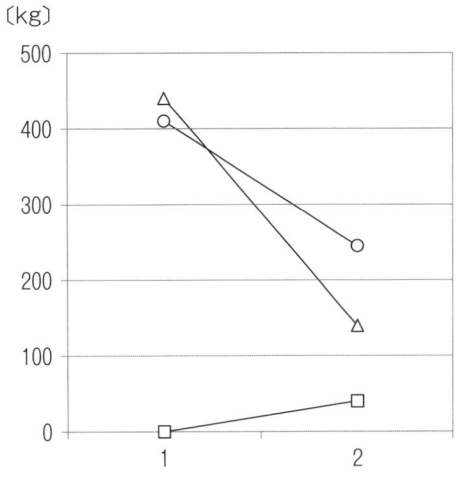

図3-14 ラマユル僧院におけるデバ、チツェデバ、ニェルパの1980/81年の改革以前と以後の収入（バター〈kg〉）
(a') の変化
1：改革前　2：改革後
○─○：デバ　△─△：チツェデバ
□─□：ニェルパ

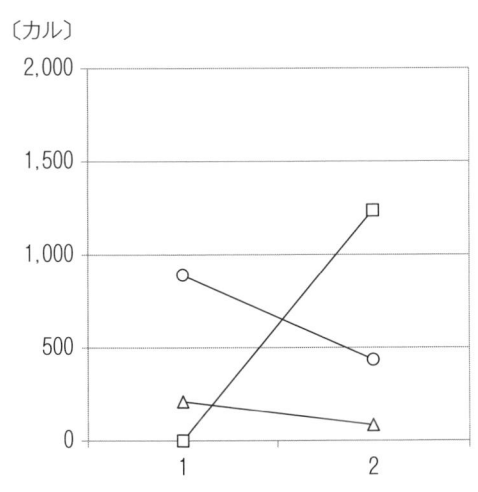

図3-15 ラマユル僧院におけるデバ、チツェデバ、ニェルパの1980/81年の改革以前と以後の支出（大麦〈カル〉）
(b) の変化
1：改革前　2：改革後
○─○：デバ　△─△：チツェデバ
□─□：ニェルパ

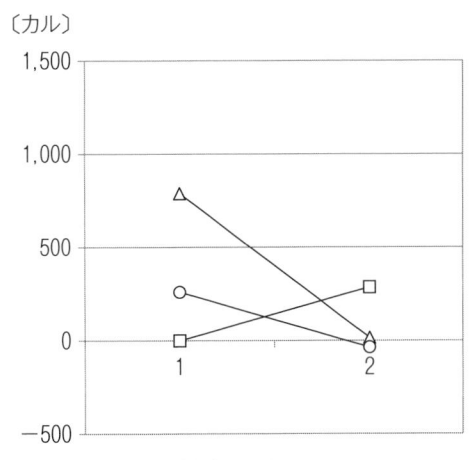

図3-16 ラマユル僧院におけるデバ、チツェデバ、ニェルパの1980/81年の改革以前と以後の収支決算（大麦〈カル〉）
(a-b) の変化
1：改革前　2：改革後
○─○：デバ　△─△：チツェデバ
□─□：ニェルパ

表3-10 ラマユル僧院の1950年における項目別年間収入および支出（概略）

収入項目	1950年	備考
1．永代貸借契約	139	
2．収穫（畑地の耕作）	1,050	
3．大麦粒の貸付契約	527.5 [2,110]	[ ]は資本の大麦粒
4．資本金	[500]	利息収益不明
合計（カル）	1,716.5	
支出項目		
1．リンポチェ接待	100	
2．月間儀礼	192	
3．ローサルにおける村人の接待	30	
4．カプギャット祭礼	30	
5．春・秋儀礼	150	
6．ゴンニエル給与	30	
7．播種	350	
8．家畜飼育のための助手の雇用	30	
合計（カル）	912	
その他の支出項目		
9．灯明（アンズ種油）	27	大麦粒ではない
10．ふくらし粉	15	同上
11．塩	14	同上
12．茶葉・バター	146	同上
13．政府の税金	270Rs. 50ps.	現金支出額
合計	202カル，270Rs. 50ps.	大麦粒ではない

(注) 単位はカル（1カル≒大麦粒13kg）。ただし、その他の支出項目の単位はカルであるが、重量は大麦粒とは異なる。1パイサ（paisa）＝1/100ルピー（Rupee）。

体で284日（9.5カ月）間の僧の生活が僧院により支えられることとなる。したがって、改革により、僧院内部においては、デバとチツェデバに集中していた利益を僧に再分配するための、僧院の運営と権限の変更がなされたことになるのである。

なお、後日、パンディ師とともにレーにあるトクダン・リンポチェ宅を訪れた際、ラマユル僧院における1950年の項目別年間収入と支出の記録を見る機会を得た。1950年はインド独立直後で、それまでの伝統的な僧院経営がまだ継続している時期であったという。この記録に基づくと、収入の合計は大麦粒1,716.5カル、支出は大麦粒912カル、およびその他の支出として灯明用のアンズの種油、ふくらし粉、塩、茶葉等、202カルである。また、支出には政府に収める税金も含まれている（表3-10）。1950年の収入は1980/81年の改革以前（表3-8）の2,150カルの数値と比較すると433.5カル少ない。したがって、1950年

から1980/81年の間に、収入は25％増加したということになる。また、大麦粒の支出は190カル少ない。もっとも、大麦粒以外の支出があり、実際には1950年時点では支出が収入を上回っていたという。

しかし、現在（1989年）では、収入が支出を上回っているという。この理由は、第1にレーにある僧院所有の土地をバザールの店に貸しており、これによる貸借料が収入に加わったこと、第2に近年増加した観光客からの僧院入場料が年間50,000ルピー（日本円で50万円）にのぼるからだという。現代の僧院の経営は、1974年のカシミール、ラダック地方の入域解禁以後の旅行者の増加と、地域の経済的変化によって支えられているということができるのである。

4　改革の意味

僧院の運営組織の制度改革は、少なくとも表面的には、デバの任務の軽減と僧院による収益の再分配の変化として現れている。これは、直接的には、パンディ師の言うように現在のラダックにおける経済的変化、すなわち大麦の価格の低落により、僧院の収入と支出との釣合いがとれなくなったことが原因となっている。しかし、この制度改革にはもう一つの意味が隠されている。それは、チベット難民によってもたらされたチベット仏教の国際化という大きな動向に伴う、僧院の新たな制度への移行である。これは、具体的にはディグン・カーギュ派の法主であるディグン・スキャブゴン・チェツァンと、ラダックのディグン・カーギュ派の委任統括者であり法主としての役割を持つに至っているトクダン・リンポチェとの間の、見えざる葛藤として捉えることが可能である。

ディグン・カーギュ派の法主チェツァンは、すでに述べたように、ディグン・カーギュ派の2人のチョルジェ（法主）のうちの1人である。ディグン・カーギュ派第37代玉座を占め、チェツァン・リンポチェの7代目転生である。彼は1946年にチベット、ラサの貴族ツァロン家に生まれ、祖父のダツァンダムドゥルツァロン（Dasang Damdul Tsarong, 1888-1959）はダライ・ラマ13世（1876-1933）の寵臣で、チベット軍の総司令官であった。また、父のドゥンドゥルナムギャルツァロン（1920-）はチベット政府の高官であって、ダライ・ラマ14世の亡命以後は、ダラムサラにおけるチベット亡命政府の要職にある。チェツァンは1950年にディグン・スキャブゴンの転生として認められ、中国占領下のチベットで艱難辛苦をともにするが、1975年にインドに脱出、両親のいたアメリカ合衆国に渡る。しかし、1978年にインドに戻ると、3年間の宗教的修行に専念する[5]。なお、チェツァンのインド国内の旅行にも同行したというパンディ師によると、この期間、ラダックのピャン僧院を訪れ、またラマユル僧院にも滞在した。ラマユル僧院では観光客の宿泊所から収益が得られないかと試みるが、困難であるとの結論に達し、ラダックを後にした。じつは、このチェ

ツァンが僧院の制度改革に深くかかわっていたのである。

　ラダックのピャン僧院を中心とする僧院の地所における、経済と観念についてのツァロン・パルジョルによる調査に基づくと、チェツァンは僧たちが村の家々での儀軌にたずさわることを良しとせず、僧院において若い僧の教育にあたることを目的として改革を行なったとされる。そして、現在の問題の背景にはトクダン・リンポチェの性格のみならず、権力の誤用があると指摘している。まず、従来、ディグン・カーギュ派の法主であるチェツァンによって任命された委任統括者の任期は3年であり、個人的な財産の所有はなかったとする。それにもかかわらず、現在の委任統括者は1957年以来20年間にわたりその地位に留まり、僧院に所属すべき土地を個人のものとし、また土地貸借契約に際しては現金と引きかえにその利率を小さなものとし、結果的に僧院の収入を減らしているという。とりわけ、彼が結婚し、子供もいるにもかかわらず僧でいることに対し、彼の名声は落ちたとされる。僧であるということは、聖なる人であり、純粋な僧である。彼が俗なる実在の世界に入ったことが、僧院の費用で個人の富を蓄積する理由になっている、と述べられているのである。

　すなわち、チェツァンの行なった改革は僧院における権力の誤用を正し、民主的運営を行なうための正当な行為であったということになる。しかし、客観的に見れば、また別の解釈が成り立つかもしれない。その背景として、第1にディグン・カーギュ派の法主であるチェツァンはあくまでチベット人であり、宗派の最高権力者ではあっても、政治的にラダックの人々を統治する権限はないはずである。チベットから亡命してきたからといって、ラダックにおけるディグン・カーギュ派の僧院とその配下にある村々が、そのまま彼の権限のもとに置かれるということにはならない。ラダック王国はラチェンデレクナムギャル王の治世、c.1679-1685年、モンゴル―チベット軍の攻撃を受け、当時ムガール帝国下にあったカシミールと連合し、これを撃退している。その後、チベットとラダックの間の国境が定められ、ラサ政府とラダック王国の間にティモスガンの交易協定が定められる。さらに、ドグラ戦争（1834）の後、チベットとラダックとの国境線が明確化され、大英帝国統治下の時代を経て、1940年の第2次世界大戦による国境封鎖時期に至るまで、これは継続されていた。すなわち、ラダック王国はその成立（c.900）以来ドグラ戦争（1834）に至るまで約1000年間、独立した王国であり、その後も経済的自立を保ち、政治的にもチベットの配下に入ったことはないのである。実際、ラダックの人々は、自分たちはラダック人であり、チベット人ではないと主張する。ラダックの人々は、ラダック人としての帰属意識を強く持っているのである。

　第2に、委任統括者であるトクダン・リンポチェは、いかに問題があるとはいえ、この3-4世代にわたりラダックのディグン・カーギュ派を治めてきたラダック人であり、ほとんどラダックの独立した法主とみなされている。僧のみならず、人々の彼に対する信仰

は簡単に変わるものではない。人々は僧院や宗派ではなくリンポチェである彼個人、より正確に言えば、彼個人の霊的力を信仰しているのである。

　チェツァンが1978年にラダックを訪れた時、トクダン・リンポチェはすでに自身の立場を十分に理解していたはずである。チェツァンはディグン・カーギュ派の法主であり、亡命後、ダライ・ラマ14世によりディグン・カーギュ派の最高責任者として認められている。すなわち、チェツァンはダライ・ラマ14世という最強の後ろ楯を持っていることになる。他方、トクダン・リンポチェは、ラダックのディグン・カーギュ派の統治をチェツァンに委任されているにすぎないのである。法主であるチェツァンがラダックに来た以上、代理は必要ないということになる。したがって、チェツァンが到着すると、トクダン・リンポチェは僧とともに僧院とその財産を彼に提供した。また、今まで彼が使用していた僧院のリンポチェ用の部屋をチェツァンのために空け渡したのである。そして、何よりも、彼自身、自分は結婚するので僧院を辞したいということを僧たちに諮ったのである。

　しかしこの時、僧たちは驚き、リンポチェとして僧院に留まってくれるよう懇願した。すなわち、彼は僧職にあり続けることに対し、僧たちからの支持を公式に得たことになるのである。したがって、このような背景や経緯を無視して、ディグン・カーギュ派の法主であるチェツァンが、すべての権限を持つからといって、彼の一存だけでトクダン・リンポチェを解任するということは困難であろう。

　なお、トクダン・リンポチェが金銭を受け取って僧たちの役職を個人的に免除していることを示す例として、次のような話が紹介されている。トクダン・リンポチェのかつて側近であった僧が、会議の場においてデバとして任命されようとした時、先例にあるように自分は4,000ルピー（日本円で4万円）を献じるのでデバの職を免除してほしいと要望した。これに対して、トクダン・リンポチェは驚き、自分は10,000ルピー（日本円で10万円）支払うので彼自身の職を離れたいと、突然のばかげた意見を述べたというのである[8]。しかし、私はこれはトクダン・リンポチェの本心ではないかと思っている。子供の時から転生として教育され、まるで自分がブッダであるかのように人々が自分を崇拝し、手を合わせる姿を目のあたりにしていると、いつかそのこと自体がばかばかしいことだと気がつくかもしれない。だから、彼が自分は1人の人間として生きたい、と考えたとしても何ら不思議ではないだろう。

　実際、権力者自身が社会規範を逸脱するということは、しばしば見受けられることである。ラダック王国衰退期における王ツェワンナムギャルⅡ世（1752-1782）は『ラダック王統史』によれば、頭に悪魔が侵入したと述べられ、音楽と舞踊を専業とする最下級のカーストに属するヴェーダ（モン）の女性と結婚したことが語られる。ヴェーダと王が結婚するということは、人々にとって最も忌わしい事であったに違いない。その結果、人々は兵士をもって王宮に押しかけ、ヴェーダの女性を投獄し、王はあらためて別の女性と結婚さ

せられ、ヘミス僧院に軟禁させられることになったのである[9]。

　転生も人間であり、また人間でありたいと思っていることは、ダライ・ラマ14世が、「私自身も一人の人間だと思っています。この世の中にはほんとにたくさんの生き物がいて、ほんとにたくさんの人間がいるわけなんですけれども、私自身もその中の1人の人間にすぎません」と語り[10]、もし今度生まれ変われるとすれば何になり、何をしたいかという質問に対して、「1人の僧として、瞑想をし、いささか物を考えたい」と控え目に述べることに見て取ることができよう[11]。実際のところ、ダライ・ラマ14世に対する国際的な支持と彼のカリスマ性は、彼が転生であるとか観音菩薩の化身であるということにではなく、彼自身の人間性によっているのである。

　私はここでトクダン・リンポチェやチェツァン個人について話をしているのではない。転生制度によって転生とされた人々と、彼ら自身の人間としての生き方について語っているのである。ある者は転生であることよりも、1人の人間として生きることを選ぶかもしれないし、またある者は、たとえばダライ・ラマ14世がチベットとチベット人の自由のためにその役割を果たすように、政治的役割を選ぶかもしれない。すなわち、彼らは転生であることと人間であること、僧であることと俗人であること、さらには政治的な力を行使することと日常生活の中に幸せを見つけ出すことの間で、大きな犠牲を引き受けながら葛藤していることを、私たちは理解しなくてはいけないのである。

　背景の第3は、現在のラダックはインド国の一部であり、そこではインド国内法が適用されるということである。チェツァンはディグン・カーギュ派の法主ではあっても、ラダックの僧院とその土地の所有権はトクダン・リンポチェの名義になっており、法的にはチェツァンに所有権は認められていないのである。さらに、インドの法律では、チベット難民は土地の購入と所有の権利を持たない。すなわち、チェツァンは僧院の最高権力者ではあっても、また、僧院とその財産を提供されたからといっても、それは法的根拠のない名目的なものにすぎないのである。このことは、土地の売買をはじめとする僧院の実質的な運営に関する法的権限は、彼にはないことを意味する。

　このような背景のもとに行なわれたのが制度の改革であった。改革はラマユル僧院においては、すべに述べたように、役員の任務の分担と僧院の収益の再分配の変更を伴うものであった。この際、会議の場において、改革に消極的なトクダン・リンポチェに対抗し、チェツァンは改革に対する賛否を僧たちの無記名投票により諮ったとされる。その結果、80％が賛成票を投じ、改革が決定したのである。さらに、その後（1981年頃）、ピャン僧院における改革が行なわれた。ここでは、さらに徹底した改革が行なわれた。すなわち、ディグン・カーギュ派の法主であるディグン・スキャブゴン・チェツァンを会長とし、委任統括者であるトクダン・リンポチェを副会長とする委員会が設けられ、僧と俗人からなる2名の書記が置かれた。委員は4名の僧院長、2名の卓越した僧、2名の裕福な俗人の

後援者から構成された。あらゆる業務の履行には署名が必要とされ、これは従来の委任統括者の権限を無効にするものであった。さらに僧院の動産資本である家畜が13,000ルピー、また麦粒が40,000ルピーで売却され、この収益金（合計53,000ルピー、日本円で53万円）はチェツァンと2人の委員の名義で銀行に預金された。そして、僧院の土地は収穫量の50％の利率で貸借されることとした。さらに、70カルの広さの畑地、広い林地、草地のほとんどはディグン・スキャブゴン・チェツァンに属すことになった[12]。

　この改革の真の意味は何であろうか。私は、これは新たな僧院経営方式——チベット難民による「多国籍型経営方式」と呼ぶことができる——のための、人材と資本の再編成であったと考える。すでに、チベット難民社会においては、各宗派の僧院はそこで教育した僧たちを海外に派遣し、国際支部を作り、一般市民を対象として布教活動を展開し、支援者からの寄附金により僧院を運営している。伝統的な僧院の土地や配下にある村々を持たないチベット難民の僧院にとり、これが行ない得る宗教・経済活動とならざるを得ないからである。もちろん、チベット難民に対する国際的な心情的あるいは政治的支持、さらには西洋の既存の宗教によって平安を見出し得なくなった西洋人たちの、チベット仏教に対する関心と信仰がその背景にあることは無論のことである。

　3年間のアメリカ合衆国滞在中、チェツァンはこのチベット仏教の状況を理解したはずである。そして、1978年に彼がインドに戻って来た時には、彼はすでに将来行なうべきことを決めていたはずである。そこで、ラダックにおいて、彼は僧たちが村の家々の儀礼にたずさわるのではなく、僧院に留まり、若い僧たちの教育に専念することを目的として改革を行なった。人材教育こそが多国籍型の僧院経営にとって最も重要なものになるからである。

　しかしながら、村と僧院との間の結びつきを中心にするラダックにおける僧院経営の方式——これは「地方型経営方式」と呼ぶことができる——において、この実行は不可能ではないにせよ困難である。たとえ教育されたにしても、その僧が村々の儀礼を行なわずに海外に派遣され、外国人の信者を獲得する意味がどこにあるのかということになるからである。人材の海外への派遣による宗教の提供と寄附という新たな経済・宗教的交換によって成り立つチベット難民による多国籍型の僧院経営方式とは対照的に、ラダックにおける僧院の地方型経営方式は、村と僧院との間の人材、資本、貸借契約、利息、儀礼などの経済・宗教的交換によって成り立っているからである（図3-17）。

　そこで、彼は新しい僧院をデラドゥンに建て、そこを拠点として、多国籍型経営方式を行なうことにし、そのために人材と資本の再編成を行なったと考えられるのである。このことに関して、パンディ師は、インドの法律によりラダックの僧院の財産はチェツァンのものではなく、彼自身の財産を得る必要があったため、彼らはデラドゥンに新しく僧院を建てた、とだけ語っている。新しい委員会の設置や、そこでの俗人の委員としての参加は、

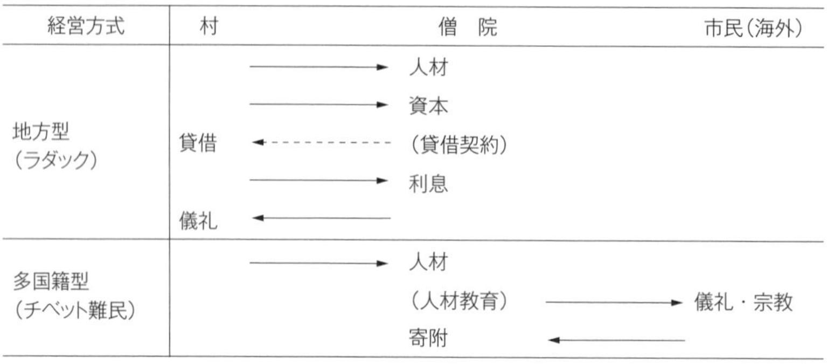

経営方式	村	僧院	市民(海外)
地方型 (ラダック)	貸借 ←------→	→ 人材 → 資本 (貸借契約) → 利息	
	儀礼 ←		
多国籍型 (チベット難民)	→	人材 (人材教育) 寄附	→ 儀礼・宗教 ←

図3-17 僧院の地方型経営方式および多国籍型経営方式における村、僧院、市民の間の経済・宗教的交換

　一見、西洋の民主主義的路線に基づいたもののように見えるかもしれない。しかし、絶対的権力者を頂点とする階層社会によって成り立っている宗派において、そもそも民主主義は可能なのであろうか。委員会組織はあっても、僧はもとより俗人においてさえ、誰もチェツァンに反対する者はいないだろう。先に述べた無記名投票においてさえ、最高権力者の法主と彼によって任命された委任統括者の2人を前にして、僧たちはどちらの意向に従うべきかを敏感に読み取っているにすぎないのである。委員会組織は、ここではいわば形式民主主義的装置である。すなわち、チェツァンはディグン・カーギュ派の最高権力者として、その権力を最大限発動したと考えられるのである。
　私は後日、チベット難民調査のため、2003年と2009年、デラドゥンを訪れたことがある。デラドゥンはラダックのレーの南400km、インドの首都ニューデリーの北200kmの、標高900mほどのヒマラヤ南麓にあるウッタラカンド州（旧ウッタルプラデシュ州の一部、旧ウタランチャル州）の町で、チベット難民のキャンプや僧院がある。この時、チェツァンの建てた僧院とディグン・カーギュ研究所（DKI）を訪問した（写真3-21）。ここで、研究所に併設されているカーギュ大学のラダック出身の学長に話を聞くことができた。彼はラマユル僧院の配下にある村の出身者で、パンディ師のかつての弟子でもあった。彼は現在の自分の地位と役割に誇りと自信を持っているようであり、精力的に仕事に取り組んでいた。彼によると、この研究所の歴史は1984年にチェツァン法主がここに土地を購入したことにより始まるとされる。これは、チェツァンがラダックを後にした数年後ということになる。この際、彼らは支援者からの寄附金なしに、自分たちのみで土地を購入したという。NPO団体としてのディグン・カーギュ研究所のもとに、ジャンチュブリン（Jangchubling）僧院と教育センターが建設されたのである。1985年に土地の聖化儀式が行なわれた後、建設が始まり、1992年には落成式が行なわれた。この時には、中国からの出国許可を得たチェツァンの弟のディグン・キャブゴン・チュンツァンのみならず、ダライ・ラマ14

写真 3-21 北インド、ウッタラカンド州、デラドゥンにあるディグン・カーギュ研究所（DKI）のもとにあるジャンチュブリン僧院と教育センター（2009年）

世が開所式を行なった。同じ1992年には、この近くに、ディグン・カーギュ・サムテンリン尼僧院が建設され、さらに2003年には、チベット・ヒマラヤ研究のためのソンツェン図書館が完成し、この時にもダライ・ラマ14世が開所式を行なった。この歴史的経緯は、ディグン・カーギュ派のホームページの記載とも一致する。[13]

　学長の話によると、当初、5-6名の僧でこの事業を始めたが、僧院建設後は、20-30名の僧となったという。さらに、現在は、ディグン研究所に120名の生徒、ディグン大学には100名の学生、尼僧院には80名の計300名の若い僧や尼僧が、儀軌とともに英語を学んでいる。教育は8年間の中等教育、3年間の儀軌、4-9年間の大学教育、3年間の宗教的修行期間から成る。その後、チェツァン法主は彼らを儀礼の指導者として海外に派遣する。ディグン・カーギュ派の国際支部は台湾に20カ所、アメリカ合衆国に30カ所、ドイツに10カ所、その他スイス、スウェーデン等を含め、総計100カ所ほどにのぼる。なお、2008年には日本にも事務所が開設されたという。またその他の者の中で、2年間にわたり70％以上の試験の成績を取った首席であり、豊富な知識を有し、性格のよい者がカンポ（mkhan po, 教師）としての資格を得る。さらに、300名の学生のうち、ラダック出身者は100名、モンゴル、ネパール、ブータン出身者は30名いる。ラダックから来る理由は、ここには学生寮があり食事が提供されるなどの支援が受けられること、また、ラダックには勉強するための大学がないことだという。ラダックの僧たちは、かつてはチベットに行き学んでいたが、現在それが不可能なので、ここに来て勉強するのである。

　僧院やカーギュ大学から少し離れた場所にあるソンツェン図書館は吐蕃王国の33代国王ソンツェンガンポの名前に由来し、立派な建物の前庭には馬に乗ったソンツェンガンポの

像が立ち、また建物の前にはダライ・ラマ14世により下賜された乗用車が、大きなガラスケースの中に展示されていた。研究面でも充実した設備を整え、僧院経営はまるで、新たなビジネス・モデルとして海外進出を果たした多国籍企業のように成功していた（写真3-22、3-23）。

　僧たちはここで学んだ後、宗教の専門家として外国の支部に行き、あるいはラダックに帰るという。ラダックに戻った僧はラダックの僧院で教育を行ない、再び僧たちをここに送り出すことになる。従来、ラマユル僧院には仏教哲学を教える教師はいなかった。当初、学校を開こうと何人かの教師が派遣されたが、皆、数カ月で帰ってしまった。ラマユル僧院は地方にあり不便なためである。しかし、1987年に学校が開始され、当初は年配の僧が教えた。また、1989年現在、前年の1988年から新たにカンポとなった25歳の僧が、12-20歳くらいの若い僧9-10人にゴンボカンで仏教哲学を教えている。なお、ユル村には1-5学年からなる政府の小学校があり、近くの村々から生徒がやって来る。ここでは、ヒンドゥー語とチベット語で授業がなされる。ここを卒業すると、僧になる者はレーの東にあるチベット難民居住地のチョグラムサルにある、6-17学年からなる仏教哲学学校（現在の名称は仏教学中央研究所）に行く。この学校は大学ではないが、インドのヴァラナシ・サンスクリット大学のもとに置かれている。このように、僧院で僧たちが生活できるようにし、そこで若い僧を教育すること、すなわち僧院を教育機関とするということが、改革の目的の一つであったとされるのである。

　もっとも、デラドゥンにあるディグン・カーギュ研究所により得られた収益が、ラダックの僧院に還流されるシステムがなければ、ラダックの僧院における経済状況は以前と変わるところはない。ラダックの人々と僧院は、新たな多国籍型経営を行うディグン・カーギュ研究所のために、一方的に人材を提供し続けることになるのであろうか。

　このような現状に基づけば、ラダックの僧院における制度改革とは、じつはラダックの僧院内部の改革にとどまらず、より大きな宗教の国際化というビジネス・モデルの枠組み作りのための一部にすぎなかったと考えられる。ラダックの僧院の改革は、チベットから

写真3-22　デラドゥンのディグン・カーギュ研究所のもとにあるソンツェン図書館（2009年）

亡命し、新たな経営戦略を実現しようとするディグン・カーギュ派全体の経営体制に、ラダックの僧院が呑み込まれる過程であったと解釈することができるのである。

じつは、このような状況は、ディグン・カーギュ派のみの事例ではない。ゲールク派をはじめとするチベット仏教各宗派は、国際化を伴う多国籍経営方式を展開している。これは、チベット難民社会における僧院にとっての新たな経営基盤の開拓という生存戦略なのである。同時に、これらの宗派に属するラダックの僧院も、またラダックの人々も、その影響を正面から受けることになる。この変化にいかに対応し、ラダックにとっての新しい僧院経営のシステムをいかに作り出していくのかということが、ラダックの僧院における緊急の課題となっているのである。

写真3-23　ソンツェン図書館の前に展示されたダライ・ラマ14世より下賜された乗用車（2009年）

ここで、私は再びパンディ師のことを思い起こさずにはいられない。彼は当然のことながら、このような現状をすべて知っていたはずであるにもかかわらず、私にはトクダン・リンポチェに関しても、またチェツァンに関しても、何一つとして悪口を言ったことはなかった。彼は僧でありながら、僧院における政治からは常に距離を置いていた。彼の2人の兄のうち1人は俗人であり、ラダックの歴史に関心を持つ郷土史家、またもう1人の兄はラマユル僧院の近くに居を置く瞑想者であった。パンディ師も、兄弟同様、本来的に学者であった。

私が2010年に、ラマユル・カンギュル祭礼の資料を分析していた際、デチョク（チャクラサンヴァラ）儀軌の目的としてさまざまなことがらが記されていたためよく理解できず、ラダックに調査に出かける山田孝子に、ついでにパンディ師にもう一度たずねてきてくれるよう頼んだことがあった。山田孝子によれば、パンディ師は儀軌の詳細についてはもはや関心がないかのように、「すべての儀礼はサムサーラ（輪廻）から自由になることが目的である」と語ったという。

実際、僧院の経済と運営の実情を見ると、僧とは聖人であり結婚することは実在の世界に入ってしまうことであると言われるまでもなく、僧院そのものがすでに現実世界であるサムサーラの只中にあることがわかる。かつて、ブッダはバラモン教の階層制と祭祀主義を離れ、ただ1人瞑想することで悟りに至った。パンディ師とのはじめての出会いから26

写真3-24 ラダックのレーで人々に仏教の講話を行なうパンディ師
（2009年）

年を経た2009年、私はレーの町で人々に説法するパンディ師を見て、このことを思い起こしたのである（写真3-24）。私は、パンディ師はおそらく、仏教の始まりにまで戻ったのかもしれない、と感じたのである。

註
1) Coleman 1994；金岡秀友、柳川啓一（監修）、菅沼晃、田丸德善（編集）1989.
2) Paldan 2008：8-9, 60-62；煎本 1986：435-436.
3) 煎本 1986a：446-449.
4) 煎本 1986a：411.
5) http://www.drikung.org/index.php/their-holiness/hh-kyabgon- chetsang 2011/02/01.
6) Paljor 1987：183-201.
7) 煎本 1986a：411, 423.
8) Paljor 1987：185-186.
9) 煎本 1986d：218.
10) 「ダライ・ラマ講演」東京・両国国技館、2005.04.09.
11) VHS「チベット2002 ── ダラムサラより ── 」2002、東京、自由工房.
12) Tsarong, Paljor 1987：199-200.
13) http://www.drikung.org/index.php/drikung-seat-in-exile, 2011/02/01.

第4章　カプギャット祭礼

1　ラダックに入る

　1984年3月19日、午前3時45分、ニューデリーのYMCAツーリストホテルにて起床、朝食後、タクシーで空港へと向かう。5時15分、搭乗手続きを済ませ、6時30分に飛行機は離陸、途中チャンディガルに降り、再び離陸すると飛行機は高度を急速に上げ、ヒマラヤ山脈を南から北へと一直線に横断するように進む。まだ雪に覆われたチベット高原の山々を右手東方眼下に見下ろし、やがて西に向きを90度変えると、ヒマラヤ山脈とその後方にあるトランス・ヒマラヤ山脈の間を西に流れるインダス河に沿って高度を下げて行く（写真4-1）。飛行機はレーの町の上空を低空で通り過ぎ、小さな岩尾根を翼が触れるかと思うほど窓の近くに見ながら越えると、今度は左に大きく旋回し向きを180度変え、両側を山脈の岩肌にはさまれたインダス河の渓谷の中を高度をさらに下げながら進み、最後に小高い丘の上に建つスピトゥック僧院の横をかすめるようにして越えると、その向こうに突然現れる滑走路に衝撃とともに着地し、急ブレーキをかけて止まる。

　飛行機が着陸する直前、再びレーの山々と空港周辺の建物が目に入る。どっと疲れが出て、このまま引き返したいという気持ちにおそわれる。来るべきではなかったという感じである。冬の3カ月間の調査の疲れが、体力的にはともかく、精神的にはまだとれてはいなかったのである。実際、日本を出発してからインドのラダックとザンスカールのトレッキングを終え、パキスタンのスカルド、カブル、さらに、再度冬のラダックと、すでに10カ月間を過ごしていた。そして、レーからスリナガルを経てデリーに出て、今一度、ラダックに入ることになったのである。

　しかし、ここまで来れば仕方がない。あとは精神力だけで残り1カ月間の調査をやり通すだけである。どうしても見たいと思っていたラマユル僧院のカプギャット祭礼が、この期間、チベット暦の2月10日から30日までの20日間に行なわれるのである。

　飛行機から降りると気温は摂氏マイナス1度であった。空港でジョルダン・ゲストハウスのマルタがいるのに気づく。彼女もデリーから今着いたばかりだという。同じ飛行機に乗っていたのに気づかずにいたのである。また、モラヴィア教会のラダック人牧師と彼の妻も同じ飛行機に乗っていた。世間は狭いものである。マルタは相変わらずステレオが欲しいという。以前、日本から来た僧侶が持って来てくれたものと同じ灰色をしたものがよいという。さらに、彼女は妹のタジンと夏に日本に来たいという。私が、タジンは結婚す

写真4-1 雪に覆われたチベット高原の山々

るのではないかと問うと、相手の男が結婚したくないと言い出したため、破談になったのだという。この男はでたらめなことを言う奴だとマルタは怒っている。

　レーの町に入り、ヤクテイル・ホテルで茶を飲んで一服し、今回同行してもらうことになっているラマユル僧院の僧侶であるコンチョック・パンディ師に渡す手紙を持ってバス発着所に行く。そこで、パンディ師のいるスキルブチェン村まで行く男に手紙を託す。バスは午前11時にレーを出発し、午後5時にはスキルブチェン村に着くとのことである。午後、ホテルで睡眠をとる。深い眠りの途中で目が覚めるが、自分がどこにいるのかわからなくなる。夕食後、寒いので寝袋の中に入って寝る。

　翌日の午後、レーの町に出ると、バザールでは多くの僧たちを中心に人々が行列になって進んでいる。レーの町の寺院で行なわれている悪霊払い儀式のため、麦こがしで作った三角形の大きなトルマと呼ばれる儀礼用の造形物を火中に投じ悪霊を払うのである。実際、今回の調査では、レーから遠く離れたラマユルの僧院で行なわれるこのトルマを用いた祭礼について、調査をしようとしているのである。その後、あまりに寒いのでチベットのセーターを買いに大通りのバザールに再び出かける。そこでパンディ師にばったりと出会う。彼は昨日私の出した手紙を見て、今朝、スキルブチェン村を出発し、午後4時にここレーに到着したところだという。部屋が寒すぎることを話し、彼にたのんでホテルでストーブを入れてもらうが、すでに風邪をひいていたらしく頭痛がひどく、薬を飲んで寝る。すでに何度もレーには来ており、高度順応に慣れてはいるものの、今まではスリナガル経由で数日間かけていたのを、今回は標高240mのデリーから数時間で標高3,600mのレーにまで来たため、高度障害が出ているのである。

　3月21日の午前中は、ホテルのガラス張りの温室で椅子に座ったまま眠る。昨夜の風邪はよくなるが、ズボンを2枚重ねではき、厚いセーターの上から羊毛製のラダック服であるゴンチェを着て丁度いい加減である。午後、バザールからホテルに帰る途中でパンディ師に再び会う。ホテルで今回の計画について話し合い、明日はレーでポロ（馬上球戯）があるので、明後日の23日にジープでラマユル僧院に出発することにする。このため、食糧等、買出しの準備が必要となり、明日行なうこととする。再びストーブを入れてもらい、夕食後寝る。出発までの4日間で高度順応もでき、体調も回復するはずである。

3月23日、ジープでインダス河に沿って下り、すでに氷のとけたザンスカール川との合流点を過ぎ、やがてカラツェ村に着く。人々はヤクと牛との雑種であるゾーに犂を引かせて畑を耕している。この美しい名前を持つカラツェ、あるいは時にカルスィと呼ばれる小さな村は、後に長期間住み込み、集中的調査を行なうことになる村である。午後、インダス河にかかるかつてのラダック王国の交易の関所であった橋をジープで渡り、対岸の急峻なつづら折りの道を峠の頂上までようやく登りつめると、ラマユル僧院である。パンディ師の兄もラマユル僧院の僧侶であるが、独立したタントラ瞑想者として小さなコミュニティーを作り、僧院を見下ろす丘の中腹に住んでいる。タントラ瞑想者は毎日の僧院の規律に縛られず、独自に修行を行なう者で、髪は切らずに長いまま巻いて頭の上に束ねている。今回、私たちは彼の家屋に同居させてもらうことになっており、荷物を置いた後、早速、僧院へと下りて行く。そこでは、僧侶たちがカプギャット祭礼の準備をしているのが目に入る。

2　カプギャット祭礼

　カプギャット祭礼とは主尊チェチョクヘールカを招請し、悪霊を駆逐するための儀礼である。じつは、ラマユル僧院で行なわれるカプギャット祭礼においては、カプギャットとゴンボに関する儀礼が同時並行的に進められるのである。カプギャット（bka' brgyad, 命令・8。ラサ方言ではカーゲーと発音）とはこの祭礼の名称となっているが、実際にはここで用いられるカプギャット・デシェック・ドゥスパ（bka' brgyad bde gshegs 'dus pa, カプギャット・よく逝った〈サンスクリットのシューンヤター、空に相当〉・概要）の儀軌に登場する主尊であるチェチョクヘールカ（che mchog he ru ka〈ヘールカはサンスクリットで血を飲む者〉）を中心とする、8方向に配置される従者たち（カーシュン、bka' srung, 命令・守護者）を意味するものである。

　カプギャットはこの儀礼においては、9個の口（面）と18の手（臂）を持ち、パドマトッティシェリ（padma kro ti shwa ri ; padma khro mo dbang mo）を妃として伴い、8方位に配置された随行する諸尊に囲まれ、中央に位置する主尊となっている（写真4-2）[1]。また、カプギャットは28の異なる化身を持つ。これらは白、黄、赤、緑の7尊ずつに4つに分けられる。さらに、それらは東、南、西、北の各方位に対応させられる。東の白い7尊は主尊のために平和的な仕事をし、南の黄色の7尊は少し強い仕事をし、西の赤い7尊は強い仕事をし、北の緑色の7尊は非常に強い仕事をするのである。強い仕事というのは後に明らかになるように、悪霊を駆逐するという仕事である。

　また、ゴンボは護法尊であり同時に統率者でもある、4本の手を持つ4手（臂）ゴンボ（ゴンボ・チャクズィパ、mgon po phyag bzhi pa）となっている（写真4-3）[2]。チベット語で

写真4-2 カプギャットの主尊、チェチョクヘールカ。ラマユル僧院壁画（田村仁撮影）

写真4-3 ゴンボ（マハーカーラ）・チャクズィパ。ピャン僧院壁画（田村仁撮影）

のゴンボは、サンスクリットではナータ（nātha）であるが、通常マハーカーラと称され、日本では密教における仏、法、僧の三宝を守り、戦闘をつかさどる尊としての大黒天に相当する。チベットにおける儀軌の中では、偉大な黒（ナクポチェンポ、nag po chen po）とも呼ばれている。

カプギャット祭礼における儀式次第は、最終日のトルマの投捨に至る一連の儀礼の過程である。したがって、祭礼そのものも、カプギャット・トルドック（bka' brgyad gtor bzlog、カプギャット・トルマの投捨）と呼ばれる。そこで、私はまず儀式全体の流れを、長年儀式を執り行なってきた経験ある僧の話に基づき、聞くことにした（表4-1）。

儀式は第1にスタゴン（sta gon）と呼ばれる準備から始まる。儀式が行なわれる僧院の部屋がきれいにされ、トルマ（gtor ma）、ニェチョルガ（nyer mchod lnga、麦こがしで作った悪霊、敵の象徴、ニャオ〈nya bo〉、ダオ〈dgra bo〉、ニェチョット〈nyer mchod〉、リンガ〈lnga〉とも呼ばれる）、スマンラック（sman rak、神々の飲む不老不死の甘美な飲料、甘露）が用意される。

第2にスゴンド（sngon 'gro）と呼ばれる開始のための儀礼が始まる。ここでは、ダクダンマ（bdag sdang ma）儀軌に始まり、ジンギ・シュタグマ（ji snyid su dag ma）経典が唱えられ、ブッダ（仏）、ダルマ（法）、サンガ（僧）への帰依と、利益の便宜が願われる。そして、スゴンド儀軌に進み、ここでは、まずカプギャットへの帰依が行なわれ、続いて、敷地霊であるジダックと護法尊であるチョスキョンに小さなトルマが捧げられ、内部にお

表4-1 ラマユル・カプギャット祭礼の日程

チベット暦	2月18日	19	20	21	22	23	24	25	26	27	28	29
太陽暦（1984）	3月20日	21	22	23	24	25	26	27	28	29	30	31
スタゴン（準備）												
スゴンド／ゴジ儀軌												
ドクパ儀軌												
舞踊1日目（試演）												
舞踊2日目（ゴンボ）												
舞踊3日目（カプギャット）												
舞踊トルマ投捨												
トルマ投捨（ゴンボ）												
トルマ投捨（カプギャット）												

けるシッディ（これはサンスクリットで、チベット語ではドゥッパ〈sgrub pa〉と呼ばれる儀式の執行）が外部に出ないよう、そして外部の邪魔が内部に入らないよう要請する。さらに、小さなトルマが邪魔や妨害する悪霊たちに捧げられ、今日から儀礼が終わるまでの間、自分たちの邪魔をしないよう要請される。

　なお、トルマ（gtor ma, ラダックではストルマとも発音する）は供物としての食物、あるいは諸尊や悪霊の依り代であり、それらの象徴となるものでもある。機能的には、ナントル（nang gtor, 内部の・トルマ）、チトル（phyi gtor, 外部の・トルマ）、ブルトル（'bul gtor, 捧げる・トルマ）に分類される。僧院内に諸尊の象徴として置かれているトルマがナントルであり、祭礼の前に作られ、祭礼の後、かつては僧院の管理者がもらって食べていたが、今日では美味ではないので食べないという。諸尊や悪霊たちに供物として捧げられるトルマがブルトルである。そして、祭礼の最後に僧院の外に持ち出され、火の中に投捨される大きなトルマがチトルである。さらに、仮面舞踊の際、用いられるトルマはチトルであるが、特にチャムトル（'chams gtor, 舞踊・トルマ）と呼ばれる。

　次に、僧たちはカプギャットを壮大な建物（gzhal yas khang, 計測無限の建物）の中に、目に見えるように浮かび上がらせる。さらに、邪魔や悪霊たちを、この建物の境界線から外に排除する。僧たちは、トルマ、ニェチョット、甘露はブッダのマントラによって祝福され、清められたと考える。これは、トルマチンギスラパ（gtor ma byin gyis bralb pa）と呼ばれ、トルマに活力が注入され輝かしいものとなったことを意味する。これらがカプギャットの儀礼を始めるための必須条件である。

　第3に、ゴジ（dngos gzhi）と呼ばれる儀礼が行なわれる。ゴジが開始されるに際し、僧たちはすべての生きとし生けるものは幸福であり、幸福の原因があるべきであり、同様に彼らは不幸と不幸の原因から切り離されねばならないと考える。

　ゴジの間、僧たちは、まず自分たちがチェチョクヘールカとパドマトッティシェリであると考えねばならない。前者は殿で後者は妃であり、両者を合わせてチェチョクヘールカ・

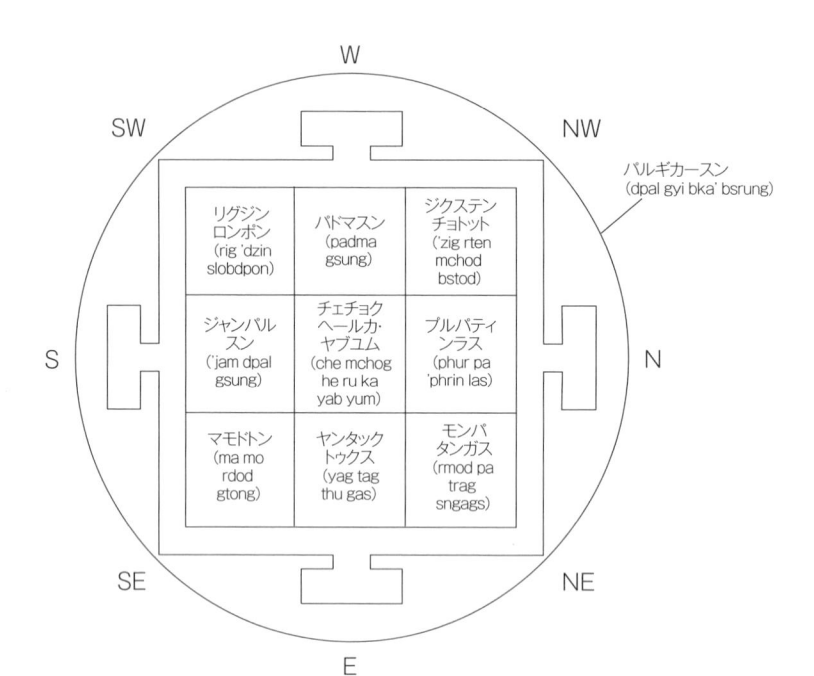

図 4-1 カブギャット主尊チェチョクヘールカを中心とする8種類の顕現とその建物

ヤブ（yab, 殿）ユム（yum, 妃）と呼ばれる。両者は抱き合った姿で表され、ヤブは9面と18手を持つ。

　カブギャットは自分自身を含めて9種類の主要な諸尊から成る。僧たちは先のチェチョクに加え、それぞれの建物とともに他の8種類の顕現を自分の前に浮かび上がらせる。中央の建物にはチェチョクヘールカ・ヤブユムがいる。東にはヤンタックトゥクス（yag tag thu gas）、南にはジャンパルスン（'jam dpal gsung）、西にはパドマスン（padma gsung）、北にはプルパティンラス（phur pa 'phrin las）がそれぞれの壮大な建物の中にいる。さらに、南東にはマモドトン（ma mo rdod gtong）、南西にはリグジンロンポン（rig 'dzin slob dpon）、北西にはジクステンチョトット（'zig rten mchod bstod）、北東にはモンパタンガス（rmod pa trag sngags）が、それぞれの壮大な建物とともにいる。これら9個の建物の外縁にはパルギカースン（dpal gyi bka' bsrung）の建物が周囲を囲み、それは全体として一つの大きな壮大な円形の建物となっている（図4-1）。この大きな建物とともに、これら9尊を目の前に浮かび上がらせるのである。これは、諸尊の視覚化と混合（lha skyed pa）と呼ばれる。

　実際のところ、カブギャットとは、主尊チェチョクの力（bka', 命令）を中心とするその周囲の8方向に配置される従者たちを意味するものである。しかし、中央のチェチョクヘールカと、外縁のパルギカースンを加えると総勢10尊を含むものとなっているのである。

儀礼の儀軌においては、本当のチェチョクをオミン・チュイン・ウスタ・メパナス（'og min chos dbyings dbus mtha' med pa nas）と呼ばれるチェチョクの壮大な建物のある本来の世界から招請し、僧たちにより視覚化された世界に混合する。さらに、その周囲の東、南、西、北、南東、南西、北西、北東という各方位に配置される諸尊についても同様に各々、順次混合していく過程が述べられる。このようにして、はじめに、僧たちはすべての諸尊を招請し、視覚化された世界に混合させ、諸尊を目の前に浮かび上がらせるのである。なお、上記の説明におけるチェチョクヘールカと諸尊の配置は、ニンマ派におけるパドマサムバヴァに由来する成就部（sgrub sde）の八教説を総合した内容を持つとされるハンツァピ財団蔵のデシェクドゥーパ（bde gshegs 'dus pa, 善逝集合）のマンダラにほぼ一致している[3]。

この後すぐに、僧たちは諸尊に着座を請う（ジュクスソルワ、bzhugs su gsol ba）。そして、僧たちは諸尊に向かい拝礼する（チャクツァルワ、phyag 'tshal ba）。そして、奉献が行なわれる（チョッパブルワ、mchod pa 'bul ba）。奉献の後、僧たちはそれぞれの尊に対してマントラを唱える（スンガスダワ、sngags bzla ba）。マントラは何度も復唱される。

同時に、ツォクス（tshogs, 麦こがしと大麦の醸造酒を混ぜて作った円錐形の供物）が捧げられる（ツォクスブルワ、tshogs 'bul ba）。ここでは、悪霊を駆逐するニャオダルワ（nya bo bsgral ba, 悪霊を殺す）の儀式が行なわれる。この儀式はゴジ儀軌と、後に加わるドクパ儀軌においてそれぞれ1回ずつ計2回行なわれる。悪霊の目、耳、鼻、口、身体、足に短剣を突き刺し、それらを破壊することにより、悪霊の魂をその身体から取り去り、ブッダの世界に置く。残された魂のない悪霊の身体は小さく切り刻まれて、カプギャットに捧げられる。カプギャットはこれを食べるのである。なお、悪霊の魂がブッダの世界に行くことから、カプギャットへの奉献は、悪霊にとっては良い事であるとされているのである。

カプギャットに、時を得て雨が降るように（チャトゥ・トゥス・ベパ、char chu tus su 'bebs pa, 雨水が・好機に・降る）有益な仕事を行ない、すべての人々が富裕であり、病気、悪霊の仕業、悪い事などの災難を受けないよう、そしてすべての良い事がこの世界に展開するよう、懇願する。さらに、ここで、師、転生、尊い僧であるリンポチェの長寿を願う。最後にもう一度、諸尊に感謝し、奉献、賞賛する（タンラギ・チョッパ、gtang rag gi mchot pa）。これが、スゴンドとゴジの儀礼の過程である。これらは4日間にわたって行なわれ、最初の日の夕方に準備（スタゴン）が始まり、後の3日間は終日、儀式が続けられる。

第4は、ドクパ（bzlog pa）儀軌の開始である。3日目の後、大きなトルマが作られる（チストルジンワ、phyi gtor bzhing ba）。このトルマが完成すると、その日からスゴンドとゴジに加え、ドクパ儀軌が読まれる。ドクパ儀軌による儀礼は悪霊、悪夢などを駆逐するためのもので、僧たちはこれをトルマの投捨される日までの7日間にわたって行なう。

このカプギャット祭礼は、チベット暦による2月19日に始まり、20、21、22日と続き、

大きなトルマが作られ、22日にはこのトルマのための準備（スタゴン）が行なわれる。23、24、25日にはすべての僧が僧院に集まり、ゴンボ堂とカプギャット堂（現在は僧院が改修されたため、カプギャット〈チェチョクヘールカ〉の儀礼は中央の集会堂において行なわれている）において、すべての儀軌が行なわれる。26、27、28日の3日間は、ほとんどの僧が僧院の中庭において演じられる舞踊（チャムス＜カルチャムス、gar 'chams）に参加する。なお、26日は舞踊の試演が行なわれる。

第5は、27、28日の2日間に行なわれる舞踊である。舞踊も儀礼もその考え方は同じである。舞踊の場面では、諸尊がそれぞれの仮面と衣装をつけ、道具を持って実際に登場し、僧たちは諸尊そのものとなり、身体を使って儀礼を演じるのである。また、2、3名の僧はこの間も室内において以前と同様、カプギャット儀軌とゴンボ儀軌を読み続けなければならない。なお、20日から29日に至る毎日、僧たちは朝の午前3時に僧院に集合する。そして、終日、儀礼が続けられる。儀礼は堂内で4回に分けて行なわれ、30分から1時間の休息が4回とられ、この間だけは僧たちも堂外に出ることができる。こうして毎日、午前3時から午後6時まで、10日間にわたって儀礼が続けられることになる。

第6に、最終日の2月29日、大きなトルマが投捨される。このため、僧たちは午前3時に起き、儀軌を素早く読まねばならない。そして、午後の2時から4時に、トルマが僧院から外へと持ち出され、火の中に投捨（トルギャック、gtor brgyag, トルマ・送る）される。なお、これに先がけて、僧たちはカプギャットに感謝して奉献し（タンラギ・チョッパ）、カプギャットに、もとの世界に戻るよう請願する（シェクソル、gshegs gsol）。なお、大きなトルマはカプギャットと混合してカプギャットとなり、そこに招かれ混合された悪霊たちはすでにカプギャットに食べられ、駆逐されたと考えられている。したがって、大きなトルマは、それが火の中に投じられる前に、カプギャットにもとの世界に戻ってもらうことにより、魂のないカプギャットの身体にすぎないものとなっている。そして、すでに殺された悪霊たちの死骸が残るだけのトルマが火の中に投捨されるのである。その後、目の前に視覚化されているカプギャットと僧の中のカプギャットにも、もとの世界に戻るよう請う。なお、ここでは、目の前に現れているカプギャットと同時に、僧自身もカプギャットと混合してカプギャットそのものとなっているのである。

最後に、この儀礼の善なる行為が生きとし生けるものに効果があるよう祈願し（スゴワ、bsugo ba）、すべての儀礼は終了するのである。

3　カプギャット祭礼の準備

トルマとマントラ

僧院の中庭で10名ほどの僧が2組に分かれて儀礼用の造形物であるトルマ（gtor ma）を

作っている。トルマは儀礼で招請する諸尊の座となるものであり、諸尊そのものの象徴でもある。台の上に木の棒を立て、そこにワラを束ねて固定し、トルマの基礎となるソックシス（sog dkris, ワラ・束。束のチベット語ラサ方言の発音はティスであるが、ラダック方言ではシスと発音する）を作る（写真4-4）。この上に、大麦の穀粒を炒った後、石臼でひいて粉にしたペーと呼ばれる麦こがし（phe；チベットではツァムパ、rtsampaと呼ばれる）をジョンパ（zhong pa）と呼ばれる木製の長方形の鉢に入れて水を加え、練り粉であるコラック（kho lag；チベットではパック、bagと呼ばれる）にしたものを粘土のように張りつけて形を作るのである（写真4-5）。

なお、麦こがしは普通、茶やバターを混ぜて練り粉にして食べるが、トルマを作る時には羊、山羊の血（タック、khrag）を加え、水で練る。また、トルマの基礎を作る時に、ズンス（gzungs, 真髄、マントラ、真言）の記された紙を束ねたワラの中に入れる。今、作られているトルマは護法尊であるゴンボ（mgon po）のためのものであり、したがって、ズンスもゴンボに関するものとなっている。

写真4-4 トルマの基礎を作る

ゴンボのためのマントラは、紙片の中央にフム（h'um）という文字が記されている。これはゴンボをはじめとする諸尊の種字（種子）である。種字とは諸尊の象徴であり、思考をすべて取り去った状態、すなわち心を空にした後、この種字がやって来て、種字から尊の姿が現れるのである。なお、フムの文字はカブギャットの種字ともなっている。この文字のまわりには、多くの悪霊の名前とそれらを追放するためのマントラが書かれている。さらに、この中央の円の周囲には、8個の山形をした五角形の図形の中に、ゴンボに随伴する諸尊に対応する8種類のマントラが記されている。そして、これらの外側には4重の円が描かれ、この間に8種類の諸尊のマントラが繰り返し記されており、そこには多くの種類の悪霊の名前とこれらを追放するということが書かれている。さらに、これらの外側には火の象徴である火焔の模様が全体を円く囲むように描かれている。これが1枚の薄いわら半紙のような紙に木版刷りされているのである（写真4-6）。

中央のゴンボのマントラ（ゴンボ・ズンス no.1）は、ゴンボの種字であるフムという文

126　第1部　僧院の組織と祭礼

写真 4-5　トルマを作るため、麦こがしの練り粉を作る

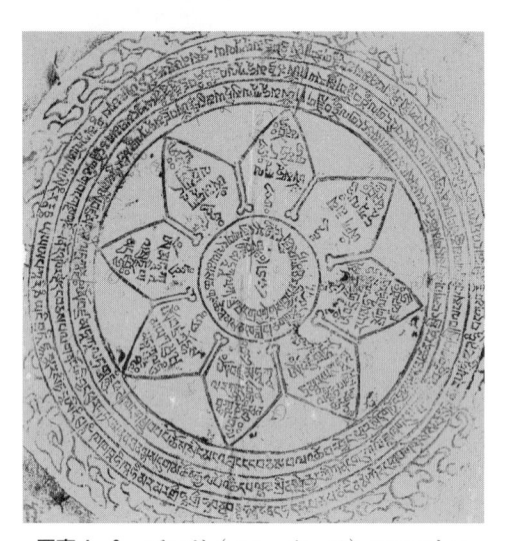

写真 4-6　ゴンボ（マハーカーラ）のマントラ

字に続いて、「オン・バザラ・マハーカーラ・カウワ」という文章で始まる（附録1）。オム（ༀ）はマントラの最初にくるもので、ブッダの象徴であり、吉兆を表す。バザラ（bdzra）は金剛、マハーカーラ（mahākāla）はゴンボ、カウワ（kawu wa）はマハーカーラの顕現であるカウワ尊の名称である。これに続き、さまざまな悪霊の種類が述べられる。すなわち、敵であるダ（dgra）、邪魔であるゲクス（bdegs）、特定の人物に対して害悪を与える魔女であるチャット（byad＜byad ma）、邪悪であるプル（phur＜phur pa）、干魃の前兆であるタンタス（than ltas）、悪夢であるミガン（rmi ngan）、中傷であるチュル（byur）、悪事が生じることであるシ（sri）、伝染病であるタルヤムス（tal yams）、人に取りついている大悪霊であるチャックチェ（chags che）の名前があげられ、最後に、これらすべて（thams cat）

を駆逐し（zlok cig）、こちらに向かって来る彼らの方向が変わるように（bsgyur cig）、と結ばれている。

この周囲にはフムで始まるゴンボの短いマントラが、サンスクリットのチベット語による音写表記で記されている（ゴンボ・ズンス no. 2-9）。さらに、その周囲にもマントラが記され（ゴンボ・ズンス no.10）、マハーカーラ（ゴンボ）で始まるサンスクリットに続き、宗教的、政治的繁栄のために、魔女、悪事を働く者、他人に邪悪を与える者、干魃の前兆、悪事が生じること、悪運ども（kag rigs）、毒（dug）、武器（tshon）、病気（nad）、伝染病（yams）、悪（ngan pa）のすべての敵を駆逐する、と記される。

さらに、別のマントラ（ゴンボ・ズンス no.11）には、最初にサンスクリットによるマハーカーラの名称に続いて、魔女のすべてを追い返す、私は偉大な瞑想者であり随行者の群団とともに、害悪を与える者、魔女、悪事を働く者、他人や人の家に害悪を与えるために土の中に呪い言葉の書かれた紙を埋めて邪悪を行なう魔術（gtad nan）、干魃、毒、武器、王（rgyal po〈rgyal po には、実際の人間の王国の王、護法尊の１つ、悪霊等の意味があるが、ここでは実際の人間の王〉）の、８種類の大変な悪霊の害を与える残酷（chad pa lha ma srin sde brgyad kyi gnod gdug）、年、月、日、刻における災い（lo zla zhag dus spar）、害を及ぼす悪運（kag）、人を苦しめる口（sri kha）、言葉の悪霊である人の口（mi kha）、口論（kha mchu）、などあらゆる悪（ngan rgu, ９個の悪）、すべての悩ましい敵（sdang b'i dgra）を駆逐し、その方向を変えるのだ、と述べられる。

また、別のマントラ（ゴンボ・ズンス no.12）は、ほとんどがサンスクリットのチベット語による表記で書かれ、最後の部分のみチベット語で宗教的、政治的繁栄を害する者、敵、悪魔すべてを駆逐する、と記されている。

カプギャットのためのマントラは別の紙に木版刷りされており、中央の六角形の空白部の周囲に６個の三角形が描かれ、それぞれの内部に種字の文字が記されている。その周囲は円で囲まれ、その外側には８個の三角形が描かれ、その内部には種字が記され、その外側は２重の円で囲まれ、その中にマントラが記されている。一番外側には火焔が全体を取り囲んで描かれている（写真４-７、附録２）。

種字はドック（ཟློག, bzlog）、フム（ཧཱུཾཿ, h'umh）、また、インドのランツァ文字でཕཊ྄と書かれたものもある（カプギャット、ズンス no.1-3）。これらの周囲のマントラ（カプギャット・ズンス no.4）は、サンスクリットが混じったチベット語で書かれている。そこには、害悪（gnod pa'i）、害を与える者（gnod byed）、災難（dam sri）、災難を起こす悪霊（'byung po）をひとまとめにして、ころがし、落とし、身体と心臓をばらばらにして、押しつけ、ひとまとめにして殺す、右側の男と左側の女の悩ましい敵、害悪、邪魔を駆逐する、と記されている。

さらに、カプギャットのためのマントラには、前後と中の一部がサンスクリットにより

128　第1部　僧院の組織と祭礼

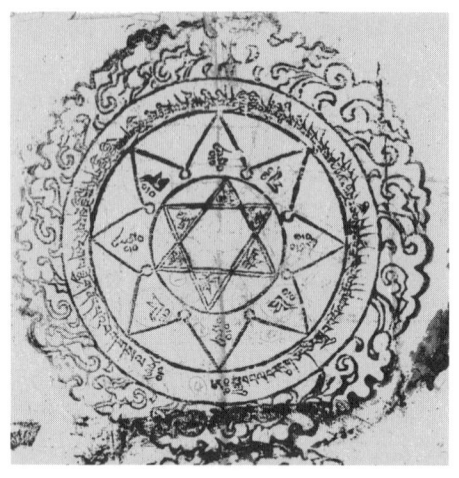

写真4-7　カブギャット（チェチョクヘールカ）の
　　　　　マントラ

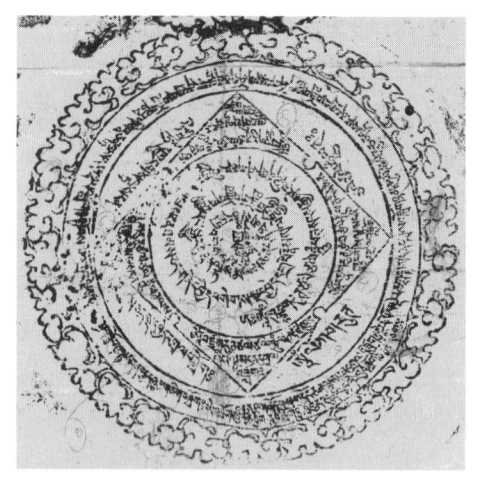

写真4-8　キュン（ガルーダ）のマントラ

構成された次のようなマントラがある（カブギャット・ズンス no. 5）。
　［オム、(ཨ)、金剛の偉大な男の忿怒（kro dha）、蓮の女の忿怒（kro nghi）、金剛の短剣、偉大な黒い姿の破壊者、行為の火（ram, 火の種字）、燃え上がる火、フム（h'um, ブッダの象徴）、パット（phat, 爆破、すべての害悪を殺し、爆破する）］、干魃と悪の前兆、争い事のすべての敵、邪魔を［ジョ（bhyo）］駆逐し、方向を変える、命（bla srog tshe）、幸運（bsod）、富裕（nor）、手（phyugs）、制御された力（dbang）、（幸運を意味する）風（rlung）、村（yul）、畑（zhing）、王宮（mkhar）、家屋（khang）（を欲しがる）敵の害悪の臓器を（駆逐し、方向を変える）［チョチョ（phyo phyo）ジョジョ（bhyo bhyo〈phyo phyo〉）パットパット（rbad rbad）ブットブット（sbud sbud）ヤヤ（ya ya）］（［　］内はサンスクリット）。
　さらに、サンスクリットでガルーダ、チベット語でキュン（khyung）と呼ばれる神話上の怪鳥である鷲のためのマントラもあり、トム（ཁྲོཾ, khrom）というキュンの種字（キュン・ズンス no. 1）を中心に円を描きながら記され、さらにその外側の円とその外側の四角形の間に4個のマントラ、その外側の円との間に4個のマントラ、そしてその外側の2重の円の間に1個のマントラが記されている（写真4-8、附録3）。
　中央の種字のまわりのマントラ（キュン・ズンス no. 2）には、［オム・ブッダ・ガルーダ・ツァル・ツァル・フム・パット］とブッダ（bungngha）のキュン（garu ṭa）がチベット語によるサンスクリットの音写で記される。これに続いて、ブッダ（sangs rgyas）のキュンが、すべての悪の前兆、すべての害悪、邪魔、悩ます者、敵を駆逐し、その方向を変える、干魃の前兆、悪夢のしるし、すべての敵、邪魔を駆逐し、その方向を変える、と記されている。
　その周囲に書かれた短いマントラには、サンスクリットによるガルーダの名称に続いて、

それぞれ金剛（rdo rje）のごとく強いキュンが悪の前兆の敵（ltas ngan dgra）を駆逐する（キュン・ズンス no.3）、あるいは、宝石（rin chen）のようなキュンが悪の前兆の敵を駆逐する（キュン・ズンス no.4）、あるいは、蓮（padma）のように強いキュンが悪の前兆の敵を駆逐する（キュン・ズンス no.5）、あるいは、行為（las）のキュンが悪の前兆の敵を駆逐する（キュン・ズンス no.6）、あるいは、宇宙（[lo ka], 'jig rten）のキュンがすべての悪の前兆、悩ます敵を駆逐する（キュン・ズンス no.7）、と記されている。

また、一番外側の円に描かれたマントラ（キュン・ズンス no.8）には、顔を持つ者（gdong can, キュンのこと）が悪の前兆の敵（ltas ngan dgra）を駆逐する、爪を持つ者（sder chags）がその爪によって悪の前兆の敵を駆逐する、嘴を持つ者（mchu can）がその嘴によって悪の前兆の敵を駆逐する、翼を持つ者（gshog cen）がその翼によって悪の前兆の敵を駆逐する、角を持つ者（rwa cen）がその角によって悪の前兆の敵を駆逐する、腹部で行く者（lto 'gro'i, 蛇のようにはうものの意味）がその腹部で悪の前兆の敵を駆逐する、81の悪の前兆の敵を駆逐する、360の（悪霊に起因する）不幸な出来事（yi 'brog）を駆逐する、720の突然の出来事（blo byur）を駆逐する、（こちらに向かって来る悪霊の）方向が変わるように、と記される。

私はマントラに登場するさまざまな種類の悪霊の説明を聞きながら、その種類の多さに驚かされた。しかし、これらはまだ序の口で、後に明らかになるように、さらに多くの悪霊がいるとのことであった。最初は真面目に説明していたパンディ師も「たくさん、たくさんの悪霊がいる」と言い、最後にはこらえ切れずに笑い出してしまった。敬虔な仏教僧であるパンディ師は、同時にこれらの悪霊を生む人々の生活と信仰とを、冷静に見通しているのである。

さらに、ここに登場する諸尊は仏教の枠組みの中に位置づけられながらも、仏教とはおよそ似つかわしくない忿怒尊であり、血や肉を食い、その力ゆえに悪霊を撃退することができるものたちである。カプギャット祭礼では、カプギャットとゴンボとがこれらの役割を担い、神話上の鷲であるキュンが彼らの助力者となる。儀礼、舞踊、トルマの投捨から構成されるカプギャット祭礼は、僧院と村人による悪霊祓いの儀式なのである。

村人による僧の招待

3月24日の午前中、僧院に行くと、僧たちがトルマを作っている。すでに形はでき上がっているが、その前面に色をつけたバターで模様を描いている。バターは先に小さな穴の開いた真鍮製の管の中に入れられ、後ろから木の棒で突いて押し出される。この道具はマルシュクス（mar skyugs, バター・取り出す）と呼ばれる。そして、細い糸状にされたバターで、美しい色とりどりの模様が描かれるのである。

午前10時に僧たちが村人の家を訪問するために出かけるので、私も同行する。これは、

ジュンデン（gzhung 'tren, 共同・給仕する）と呼ばれ、伝統的に祭礼の期間中、村のすべての家々が順番に僧たちを招待し、茶と軽い昼食を供し、僧たちは礼拝し、その家を祝福するという行事である。かつては、僧院の150名ほどの僧たち全員が、村のすべての家々に招待された。しかし最近では、僧院も忙しくなり僧たちの時間も限られてきたため、少数の僧だけしか訪問しなくなったという。本来であれば、ずっと昔から、村のほとんどすべての家が僧たちを招待しなければならないことになっており、現在でも、ある家が招待しないのであれば、その家主は先祖がやってきたことを自分がやらないということで、恥ずかしい思いをするという。

　6名の大人の僧たちと5歳から15歳くらいの子供の僧15名ほどが、僧院を下り、村の家に入る。この家が今日の招待先となっているのである。私たちは2階の応接間に入って座る。後から来た僧たちは部屋に入る際、頭を地につけて拝礼する。これはすでに数名以上の僧がいる場合、それが神聖なものになると考えられているため、このようにするのである。子供の僧は下の階で家主が用意した茶をやかんに入れて持ってくる。僧たちはふところから各自の椀を出し、机の上に置いて茶を注いでもらう。

　茶を飲む前に、僧たちはチャムチョット（ja mchod, 茶・奉献）と呼ばれる短い暗唱を唱える。これは、新しく作った茶の1杯目を飲む前に必ず行なわれるもので、ブッダやボディサットヴァに、どうぞ私の椀から茶をいただいてくださいと唱えるのである。全員が茶を飲むと、続いて別の僧が同様に暗唱し、再び僧たちは茶を飲むということが繰り返される。これは、僧院の集会堂において茶を飲む前や食事の際に必ず行なわれるもので、暗唱の最後には奉献するという意味の「チョッパ（mchod pa）」という句が詠まれる。

　11時になり、皿に盛られた麦こがしが出される。僧たちは、ふところから、小さな布や袋を取り出し、麦こがしを入れる。この場で、粉を茶の中に少し入れて食べる者もいる。茶にはバターが混ぜられているため、茶を飲んだ後の椀の底にバターが少し残る。ここに麦こがしを入れてバターと混ぜて食べるのである。また、茶を何杯も勧められた時に、麦こがしの粉を椀に入れると、もう結構ということにもなる。また、僧たちの中に麦こがしを持参した袋に入れる者がいるのは、この招待に出席できない僧が麦こがしだけをもらってきてくれるようにたのんでいるからだという。

　次に、大麦粉を煮て練って作ったパパ（pa pa）が出される。これは皿の上に円錐の形にして盛られ、その上にバターを1片のせたものである。バターはラダックの伝統では常に吉兆の印である。バターはさらに敬意の印ともなる。たとえば、2人の人物が互いに争い、後にこれが解決して友好を取り戻す時に、罪の自覚のあるほうが他方に大麦の醸造酒であるチャン（chang）を贈り、これにバターをつけ、敬意を表すのである。なお、バターをつけたパパは、ロボン（slob dpon）と呼ばれる僧院長のために用意されたものであり、彼が実際に招待された家に来ようが来まいが、最も上座の机の上に置かれることになってい

るのである。また、このパパにつけて食べるための酸乳と香辛料を混ぜたスープ状の液体が出され、僧は各々、自分の椀にこの液体を入れ、小さくちぎったパパの先に指でくぼみを作り、ここに香辛料の液体をすくうようにしてつけると、そのまま食べるのである。さらに、円板状に作られた、小麦粉を発酵させて焼いたパン（'don dkyir）が各人に配られる。

　次に、蓋の上にバターをつけてチャンが出される。また、大麦の炒ったままの粒がバターをつけた皿に盛られて出される。大麦の粒は僧たちに配られ、各人が手に持つ。祝福のための読経が始まり、僧たちはこの粒をそれぞれの前に振り撒く。部屋の床の上は、大麦の粒で散らかる。ここでの読経は、この家に恩恵を与えるためのもので、経典にはサムルン・パルチャット・ラムセル（bsam lhun bar chad lam sel）、ドルマ（sgrol ma）、シェルニン（sher snying）、ドクパ（bzlog pa）、ツェズンス（tshe gzungs）、ソナム・ドゥスパ（bsod nams bsdus pa）、タシチョッパ（bkra shis mchod pa）などが用いられる。このタシチョッパは常に読経の一番最後に行なわれる。この祈りには、空中に投げ上げるための大麦の粒が必要となる。チャンと大麦が持ってこられた後、最初に僧はチャンを指先につけ、それで大麦を清める。そして、大麦の粒を上方にまくのである。これは裕福の象徴であり、その時に僧たちは「タシ・シュック（栄光あれ）」と叫ぶ。そして、ブッダ、ボディサットヴァに祈るのである。

　やがて、家主が部屋に入ってくると、子供の僧が彼にチャンを注ぎ、蓋の上につけられていたバターを彼の椀につける。家主にチャンを供するのは、彼に感謝の意を表することを意味する。家主はチャンを飲み、頭を地につけて僧たちに拝礼する。やがて11時30分になり、僧たちは立ち上がり僧院へと帰る。

ゴンボとカプギャットのトルマ

　僧院に戻ると、僧たちは、ゴンボとカプギャットのトルマを手分けして作っている（写真4-9、4-10）。ゴンボのトルマはゴンボ・ヤブ（mgon po yab）、ゴンボ・ユム（mgon po yum）の2尊（写真4-11）、カプギャットのトルマはカプギャット（bka' brgyad）（写真4-12）とデブドゥン（sde bdun）、カルドット（bka' sdod）の3尊から成る。後者のカプギャット3尊が儀礼の最終日に火の中に投捨されるトルマである。トルマ前面の三角形の形はそれぞれの尊の象徴であり、白いバターを皿状に円くしたものの内側に赤や青の色をつけたバターを張りつけたカルギャン（dkar rgyan, 白い・装飾）と呼ばれる縁取りがされる。さらに、その内側、および上部に取りつけられた1つあるいは2つの菱形部分には、炎の模様がバターの細い糸で描かれ火焰を象徴する。これは後に見るように、堂内に安置されている内部のトルマについても同様である。また、これら以外に舞踊の時に投捨されるトルマ（'chams gtor, 舞踊・トルマ）も準備される。なお、これらのトルマの形状が三角形で赤色をしているのは、忿怒尊の強い力の象徴である。これは、静穏な諸尊のトルマが円く、白

写真 4-9　ゴンボのトルマにバター飾りをつける

写真 4-10　カプギャットのトルマを作る

写真 4-11　ゴンボのトルマ

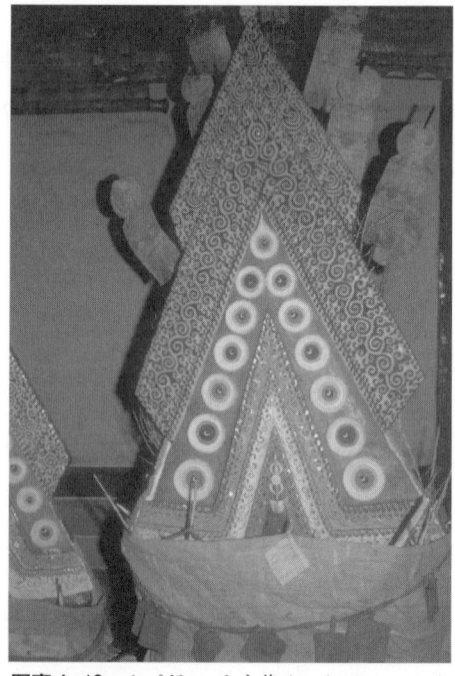

写真 4-12　カプギャット主尊チェチョクヘールカのトルマ

写真4-13 カルトルと、ハラ、マモ、ザ、タムチェンのカーシュンズィのトルマ

い色で作られることとは対照的である。

　ゴンボとカプギャットはそれぞれ、カルトル（dkar gtor, 白い・トルマ）を先頭に、ハラ（ha ra）、マモ（ma mo）、ザ（gza'）、タムチェン（dam can）の4尊を伴う（写真4-13）。カルトルは常に肯定的な力を持ち、ラー（lha, 天、神々）、ルー（klu, 地下の国や泉に住む霊で、蛇や魚の姿をとり、その正体は龍と考えられている。下半身はヘビ、上半身は人の形をしている。サンスクリットでナーガ）、サダック（sa bdag, 土地・所有者）、ジダック（gzhi bdag, 家屋の敷地、とりわけ台所のかまどの近くの場所・所有者）などの霊たちに捧げられるものである。トルマの投捨の際には、先頭に立つ人がこれを持ち、途中の霊たちが邪魔することを防ぐのである。これに続く4尊はカーシュンズィ（bka' srung bzhi）と総称され、常にひとまとめにして扱われる強い忿怒尊である。ハラは頭はチューシン（鯨のような姿で鼻の長い象のような頭を持つ海の怪獣）のようで、身体は人の姿をしている。マモは頭と身体は人の形であるが、目はなく額の中央に第3の目のみが開いている。口は閉じており、中央から1本の尖った歯だけが突き出ている。ザは頭は人のようであるが、頭の上には鳥の頭部がついている。舞踊の際に、ザは非常に素早く踊るという。タムチェンは大きな円い頭を持ち、上の歯だけが口の外に突き出している。これら4尊は、元来は悪霊であったが、パドマサムバヴァにより調伏され、護法尊となったものである。

　さらに、カプギャットやゴンボのトルマには三叉の矛（bka' bsrung）が立てられ、そこに鷲の姿をしたキュンが取りつけられている。キュンはこれらの尊の使者となり、口にくわえた蛇を両手で持ち、ルーを撲滅させると考えられている（写真4-14）。トルマの下部は緑、黄、赤の色の布で覆われ（gtor' khebs, トルマの・覆い）、さらにその下にはマントラが入れられた護符（srung ba）である袋状の布片が多数垂らされ、円形の囲み（srung 'khor,

写真 4-14　ゴンボ・ヤブのトルマに取りつけられたキュン(ガルーダ)

写真 4-15　ンガボン。背中にキュンがつけられている。右側はザランマ

写真 4-16　ミナック。ゴンボに付随して悪い奇跡を起こす悪霊の害を防ぐ。右側はカルトル

防ぐ・円）となっている。

　さらに、カプギャットおよびゴンボに附随するさまざまな形をした像が、大きなトルマを作る時と同様、木枠に巻いたワラの上に麦こがしの練り粉を粘土のように押しつけて作られる。ンガボン（rnga bong）と呼ばれる細長い胴体に 3 対の足を持つ動物はラクダであるという（写真 4-15）。背中には、キュンがつけられている。また、カプギャットに附随する守護者としてザランマ（za lam ma）の人形が作られる。ゴンボに附随する守護者としては、木の枝で 3 本の足と両手を作り、黒く塗った円い頭に両眼と口を白くつけたミナック（mi nag, 人・黒）と呼ばれる人形が作られる（写真 4-16）。これらは悪い奇跡を起こす悪霊の害を防ぐ役割を持つものである。

　ところで、僧院の集会堂には、諸尊の象徴である内部のトルマと呼ばれる一群のトルマが色とりどりに飾られ、下段には奉献のための供物が並べられている（写真 4-17、4-18、図 4-2）。これらは、儀礼において投捨するためのものではなく、儀礼に必要な諸尊の像として安置されているものである。向かって左から右に、ゴンボ（mgon po）、カプギャット（bka' brgyad）、ラマ（bla ma）、カルドット（bka' sdod）、デプドゥン（sde bdun）、アプチ（a phyi）の 6 尊である。

　ゴンボはチョスキョン（chos skyong, 仏法・守護）と呼ばれる護法尊である。カプギャットの主尊名はチェチョクヘールカであり、イーダム（yi dam）と呼ばれ、ラマユル僧院が属するディグン・カーギュ派の守護尊となっている。したがって、カプギャット祭礼はこの最も重要な 2 尊がかかわる儀礼となっているのである。ラマとは、ディグン・カーギュ派の創設者であるスキョパ・リンポチェ（skyob pa rin po che）、別名リンチェンパル（rin chen dpal）である。カルドットとデプドゥンはラダックではカンロ（mkha' 'gro）と呼ばれ、サンスクリットでダーキニーと呼ばれる女神である。アプチはシュンマ（srung ma）と呼ばれ、ディグン・カーギュ派のイーダムとしての守護尊でもある。また、忿怒尊であるゴンボ、カプギャット、カルドット、テプドゥンのトルマは三角形の尖った形をしており、その後背には菱形の 1 重もしくは 2 重の火焔がつけられ、強い力の象徴となっている。これとは対照的に、ラマとアプチのトルマはそれぞれ 4 つの大きなバター飾りが前面につけられ、その上部には火焔にかわって建物などが描かれた円い飾りものが立てられ、穏やかな印象を与えている。赤い三角形のトルマが忿怒尊を表すことは、投捨される外部のトルマと同じである。なお、投捨される外部のトルマにおいて、ゴンボに関しては内部のトルマのゴンボ（ヤブ）、カプギャットに関しては内部のトルマのカプギャット、デプドゥン、カルドットが対応していることになる。

　なお、ゴンボ堂にある内部のトルマの一群では、カプギャットとカンロが欠けるが、ゴンボをはじめ、ディグン・カーギュ派の守護尊である 2 尊のアプチ、すなわちジンザンチンチュック（bzhin bzang dbyings phyug）と馬に乗ったタルチッパ（rta lu 'chib pa）、さらに、

136　第1部　僧院の組織と祭礼

写真4-17 内部のトルマ。ゴンボ、カプギャット、ラマ、カルドット、デプドゥン、アプチの主要な6尊と、その前列に諸尊、補助のトルマが並べられる

写真4-18 諸尊への奉献のための供物一式

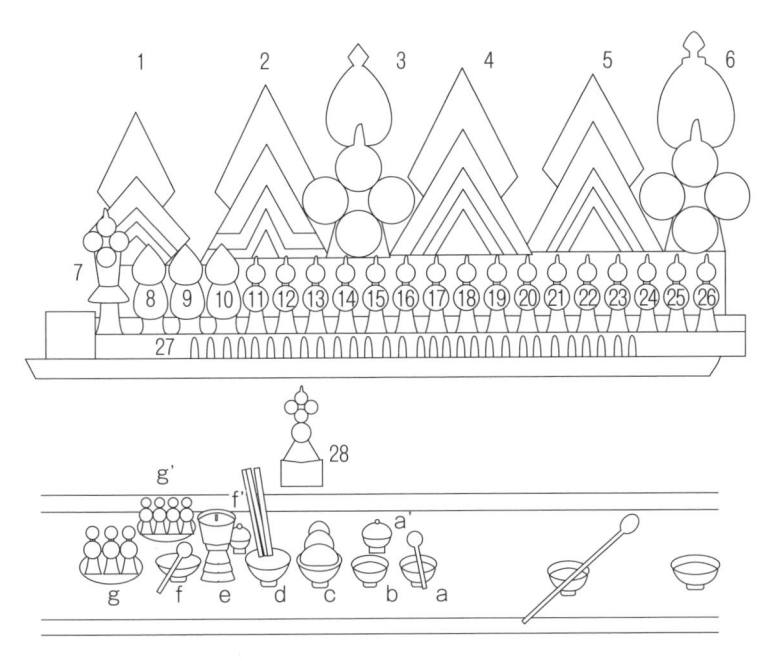

図4-2　カプギャット、ゴンボなど諸尊を象徴する内部のトルマと供物一式
　　　1：ゴンボ　2：カプギャット　3：ラマ　4：カルドット　5：デプドゥン　6：アプチ
　　　7：ドルジェ・ギャポ　8〜10：ママキ（人の命の容器）
　　　11〜14：カーシュンズィ（11：ハラ　12：ザ　13：マモ　14：タムチェン）　15：ツェリンマ
　　　16：ナムシャス　17：ズィンスキョン・ヤブ　18：ズィンスキョン・ユム　19：チョスキョン
　　　20：スムチューツァースム　21：ツァンスパ　22：パルラー　23：ソグラツァン
　　　24：チューペンルー　25：スマンモ　26：ナムギャルカルポ　27：トルソス（追加のトルマ）
　　　28：スタンスキョン
　　　a：チョヨン（飲料水）の杯　a'：血を入れた杯　b：ジャプシル（洗足水）の杯
　　　c：メトック（花）　d：ドゥクスポス（線香）　e：マルメ（灯明）
　　　f：ティチャク（香水）の杯　f'：ドゥルシの杯　g：ジャルザス（食物）
　　　g'：カーシュンブルトル

　デチョック・ヤブユム（bde mchog yab yum）、ライオンに乗った富の神であるナムシャス（rnam sras）、護法尊チョスキョンの7尊と、その前に並べられた21尊のドルマ（sgrol ma nyir gchig, ドルマ〈サンスクリットでターラ〉・21）から構成されている。このうち、デチョックは後の調査で見るように、ラマユル僧院で夏に砂マンダラを用いて行なわれるカンギュル祭礼において儀礼の対象となる主尊である。
　さらに、集会堂内の6尊のトルマの前には、小さなトルマが横1列に並べられている。一番左には比較的大きなドルジェ・ギャポ（rdo rje rgyal po）、その右に人の命の容器（tshe bum,［サンスクリットでカラーシャ］）とされる3体のママキ（ma ma ki）が置かれている。そして、4尊のカーシュン（bka' srung, 命令・守護者）と呼ばれるハラ、ザ、マモ、タムチェンがくる。ハラのトルマにはリンガと呼ばれる赤く塗られた小さな人の形をした悪霊

の象徴が棒の先につけられ、差し込まれている。一番左からここまでのトルマは赤く塗られている。この横には、ツェリンマ（tshe ring ma）が置かれるが、赤く塗られてはいない。さらに、赤く塗られたナムシャス（rnam sras）、ズィンスキョン・ヤブ（zding skyong yab）とユム（yum）、チョスキョン（chos skyong）、スムチューツァースム（sum cu rtsa gsum）、が続き、次に赤く塗られていないツァンスパ（tshangs pa）、パルラー（bar lha）がくる。そして、再び赤く塗られたソグラツァン（srog ra btsan）が置かれる。そして、最後に赤く塗られていないチューペンルー（chu phan klu）、スマンモ（sman mo）、ナムギャルカルポ（rnam rgyal dkar po）が置かれることになる。ここには、もとは悪霊であったのが調伏されて護法尊となった赤く塗られた忿怒尊やツァンをはじめ、赤く塗られていないラー（天）、人に危害を加えることもあるルーやスマンモという霊たちも含まれていることになる。これら小さなトルマの一群は、先の大きなトルマによって表される6尊にくらべると一段格の低い諸尊や霊たちということになる。さらに、その手前の列には練り粉を指で小さくちぎったテプチャット（mtheb chad, 親指・ちぎる）が置かれ、最前列には指の長さほどの小さなトルマが何の装飾もつけられずに立てて並べられている。これらは、トルソス（gtor gsos, トルマ・追加）と呼ばれ、補助のためのトルマとなっている。

　これらトルマの安置された台の前には低い机が置かれ、その上には拝礼や奉献という儀式に必要な道具と供物が並べられている。一番左端には小さな皿の上に上段と同じく4つの小さなトルマが、カーシュンとして置かれている。また、赤く塗られ、バターで飾られた護法尊スタンスキョン（bstan skyong）のトルマが置かれている。そして、その前には供物一式として、右から左に、飲料水を入れたチョヨン（mchod yon）、洗足のための水を入れたジャプシル（zhabs sil）、インドから持ってきたツァンパカ（tshram pa ka）と呼ばれる木に咲いた大きな乾いた花びらを差したメトック（me tog, 花）、杯の中にエンドウ豆と大麦の粒を混ぜたものを入れ線香を立てたドゥクスポス（bdug spos）、バターの灯明であるマルメ（mar me, バター・火；チョットメ、mchod me, 奉献・火）、香水を入れたティチャク（dri chag）の各杯が置かれ、一番左には、供物であるジャルザス（zhal zas, 口・食物）が皿の上に立てられている。この小さなトルマは、諸尊を表しているのではなく、奉献のためのブルトルである。また、皿の上の赤く塗られた4つの小さなブルトルはカーシュンブルトル（bka' srung 'bul gtor, 命令・守護者・捧げる・トルマ）と呼ばれ、4尊のカーシュンに供するための食物である。これら7種類の供物は尊に奉献するためのものである。なお、忿怒尊への奉献のために、飲料水に代わってその後ろに血を入れた杯（ra kta, 血）、香水に代わってチャンを入れたドゥルシ（bdud rtsri）の杯が置かれる。また、一番右端には水（chu）を入れた杯が追加して置かれている。水を入れた杯にはそれらを供えるための小さな匙(idim skyogs, つぎ込む・匙）がのせられる。なお、チョヨンは本来は飲料水であるが、忿怒尊には強い力の象徴として血が用いられるのである。

なお、これら最前列に並べられているさまざまな種類の供物は、古代インドにおいて客人を迎える時に行なわれていた作法に則ったものだという。諸尊を招請して迎えるための儀式においても、やってきた諸尊に飲料水を捧げ、湯水で洗足し、花を飾り、香を焚き、明りを灯し、香水を振りかけ、食事を差し出す過程を象徴的に表すものとなっているのである。なお、このうちの灯明と皿にのせた食事以外の5個の杯を、総称してチョヨン（mchod yon）、あるいはチョッパナンガ（mchot pa sha lnga, 奉献・種類・5）と呼び、供物の象徴として用いる。また、儀軌の朗唱において、諸尊を招請し、迎える場面で、僧たちは、パットコル・チャルギャ（pad kor phyag rgya, 蓮・円・手・姿勢）と呼ばれる両手の動きと形で、それぞれの供物を象徴する。すなわち、飲料水は両手を合わせホラ貝の形にし、洗足のための湯水は両手の手の平を上向きにして捧げる形にし、花は両手の指を花がぱっと開いたように開き、線香は両手の人指し指を立て、灯明は両手の親指を立て、香水は両手をそれぞれ円く輪にし、人指し指だけを前方に平行にして差し出し諸尊の心臓の中心に向け、食事は洗足のための湯水と同様に、両手の手の平を上向きにして捧げる形にするのである。諸尊の招請においては、これら一連の動作を朗唱とともに行ない、同時に諸尊を目の前に視覚化するのである。

　さらに、招請された諸尊のために音楽が奏でられる。ティルブ（dril bu）と呼ばれる鈴、シルニェン（sil snyan）と呼ばれるシンバル、ンガ（rnga）と呼ばれる太鼓、ギャリン（rgya gling）と呼ばれる縦笛、トゥン（dung）と呼ばれるホラ貝が、音楽の象徴として演奏されるのである。なお、長笛（ラクトゥン, rag dung）は僧院の屋上などで吹かれ、僧たちに儀式の開始や終了などを告げるために用いられる。

悪霊たちのトルマ
　ゴンボのトルマは台にのせられ、その下にはマンダラの代わりとして、白い円い板に米粒（'bras）が敷かれ、その上にエンドウ豆（sran ma）を並べた線をもって4方向に入口があり、内部に9個に区切った諸尊の建物が描かれたツォムブ（tshom bu, 集会）が描かれる。
　なお、サンスクリットのマンダラは、チベット語ではキルコル（dkyil 'khor, 中心・円）と呼ばれる。中心と円が境界に囲まれた王国の領地を表すように、諸尊はそれぞれの国の領地を有しており、キルコルは文字通り国、あるいは世界を意味するものである。そして、諸尊の違いに応じて多くの種類のキルコルがある。また、僧たちは小さなトルマを用いて簡略なマンダラを作ることができる。最も簡単なものは中心とそれを囲む8方位にトルマを置いただけのものであり、これは9尊を表現するツォムブとなる。なお、線で描かれたものはキルコルというが、大麦粒や麦こがし、米粒、インゲン豆などを用いて作られたものはツォムブと呼ばれるのである。
　ツォムブを四角く囲むように内側から順に、2列にトルチュン（gtor chung, トルマ・小さ

写真4-19 ゴンボのトルマの台の下に置かれたツォムブと、
トルチュン、ニャオ、テプスキュ、チャンブー

い)、1列にニャオ (nya bo)、1列にテプスキュ (mtheb skyu, 親指・穴)、1列にチャンブー (’changs bu) が並べて置かれ、その外側の床の上にはエンドウ豆が敷かれる (写真4-19)。

トルチュンは小さいトルマで、強い力の象徴として血が塗りつけられている。これは、後述するツァン (btsan) をはじめとする力の強い悪霊たちに与えられるものである。なお、カプギャット尊においてはトルチュンは用いられず、後に述べるテプスキュがツァンの食物として供えられる。また、エンドウ豆も強い力の象徴となっている。これは、静穏な諸尊の儀礼において大麦が平穏の象徴として用いられることと対照的になっている。

ニャオは悪い霊の象徴であり、内部には、マントラの書かれた紙を巻いて作られた小さな筒の端に血をつけたものが入れられている。マントラは「マハーカーラ (ゴンボ)、すべての邪魔たちを殺し、爆破せよ」、あるいは「マハーカーラ (ゴンボ)、敵、害悪、邪魔たちを消滅させ、吹き飛ばせ」と、チベット語混じりのサンスクリットで書かれている。

テプスキュは小さな円板状の練り粉の表面を親指でへこませて作ったもので、人、高価なもの、食物などを害するツァン (btsan)、テウラン (the’u rang)、スマンモ (sman mo) などの悪霊たちに与えるものである。ツァンは赤い色をしていると考えられており、ラダックの村々に広く流布している悪霊で、前から来るのを見ると人の姿をしているが、振り返って後ろから見ると内臓、肺、心臓が身体から出ており、それらを引きずって歩いているといわれる。人々が急に病気になったような時には、ツァンに出会ったからだとされる。もっとも、ツァン一族のツェタパ (rtse kra pa) は、ゲールク派でそう呼ばれているが、ディグン・カーギュ派ではチョスキョン・ツィマラ (chos skyong rtsi ma ra) と呼ばれ、高い霊力を持つ護法尊となっている。パドマサムバヴァが、ツァンを調伏し、仏法を守護する役割を与えることになったものである。

テウランは悪霊の一種であり、常に人に興味を持ち、人々の前に価値のある財産として現れることがある。それで、人々はこの財産を所有するが、時にそれが人々に悪いことを及ぼすことがある。これはテウランの仕業によるものとされる。テウランは特定の住み場所を持たず、いかなる場所にも現れる。また、姿もないが、時に人の姿で現れることもあるという。もっとも、これは本当の人ではない。また、普段ないような所に美しい花が咲いているなどの奇跡的なことをチョートゥル（cho 'phrul）と呼ぶが、人々がこれに引きつけられて用いると、後にこれが人々に害悪を与えることがある。テウランや他の悪霊たちが、この悪い奇跡を起こすと考えられているのである。

　スマンモはサダックやルーと近い女性の霊である。霊の名称はスマン（sman）であるが、人々は通常、女性形でスマンモ（sman mo）と呼んでいる。男が丘で寝ていると、美しい娘の姿で現れ、彼を遠くに連れ去り、数年間も帰ることができなくする。時に、彼は二度とは帰って来ない。もっとも、これらは村の人々に話として広く伝えられているだけで、実際の例はない。しかし、村人たちはこのことを信じている。

　なお、これらの悪霊たちの障害を取り除くには、村人や僧たちによるさまざまな個別の儀軌があるが、ここではカプギャット祭礼の一環としてテプスキューを与えられ、儀軌が行なわれることになるのである。

　一番外側に1列に並べられたチャンブーはトクマ・マブ・ンガギャ（'phrog ma ma bu lnga brgya, トクマ・母の・子供・500）に与えられるものである。トクマ（'phrog ma, 奪う・母）とは子供をさらう母親の悪霊の名称であり、全体の名前の意味は500人の子供を持つトクマということになる。チャンブーとは麦こがしで作った練り粉を手の平で強く握り、細長い形にし、指の腹でへこみをつけたものである。チャンブー1つが500人の子供を表している。

　チャンブーに関しては次のような話がある。悪霊の母であるトクマには500人の子供があり、彼らに食事を与えるために、彼女は常に人々の子供たちを殺していた。ブッダはトクマの子供の1人をさらい、彼女の食事のための椀の中に隠した。トクマはあらゆるところを探したが見つけることができず、悲しんでいた。ブッダは彼女に、どうしてそんなに不幸なのかとたずねた。彼女は1人の子供を失ったからだと答えた。そこで、ブッダは、あなたにはたくさんの子供がいるのに、たった1人の子供をなくしただけでどうしてそんなに悲しむのかとたずねた。彼女は、たった1人であっても私の子供を失ったから悲しいのだ、と答えた。ブッダは、人々もあなたと同じように、たった1人の子供でさえも大切なものなのだ、と子供の大切さを彼女に教えた。しかし、トクマはそれでは何をもって彼女の子供たちを育てたらよいのか、とブッダにたずねた。そこで、ブッダは彼女に、人の子供の代わりにチャンブーを与えた。トクマはさらに、あなたがいなくなった後、誰が私にチャンブーを与えてくれるのだろうか、とたずねた。そこで、ブッダは自分の弟子たち

があなたにチャンブーを与えるだろう、と答えた。それで、彼女は人間の子供たちを殺すのを止めることを承知したという。

　チャンブーはトクマの他、ギャルポ（rgyal po）、ゴンポ（'gong pho, 悪霊・男）、ゴンモ（'gong mo, 悪霊・女）、テウランなどの悪霊に対しても与えられる。ギャルポはツァンと同様、村の人々の間に広く流布している悪霊であり、危害を加えられると、人々は発狂し、夜にどこかに駆け出し、自分を制御できなくなるといわれている。ツァンには形態があるが、ギャルポについては何もいわれてはいない。なお、仮面舞踊の際、頭に3本の旗を立て、強く踊って登場するのがギャルポである。これは、1人のモンゴル王の霊が、死後、輪廻転生による再生をすることなく、当てもなくさまよい歩き、人々に危害を与えていたのを、パドマサムバヴァと出会い調伏され、仏法を守護することを誓い護法尊となったものである。

　なお、ギャルポには3種類の異なる意味がある。すなわち、悪霊としてのギャルポ以外に、実際の王の意味ともなり、また護法尊をも意味するのである。これに関してラダックには次のような話が残っている。昔、ラダック王国の王がインダス河下流の下手ラダックのダ地区に行った時のこと、ブロックパと呼ばれているここの住民が――彼らはダルドで字を知らず、仏教もあまり浸透していないため、ラダックの人々から軽蔑の対象とされていたのであるが――ダ地区の産物であるアンズを差し出し、「私たちは儀軌でギャルポが悪霊の仲間であることを知り大変怖れている。どうか、このアンズを食べて、何も危害を加えずに早く帰ってください」、と懇願したという。悪霊としてのギャルポと王のギャルポは言葉は同じだが、実際には異なるということを、ダの人たちは知らなかったという話になっているのである。

　また、ゴンポとゴンモは男と女の生霊であり、人に取りつくが、ゴンポが稀であるのに対し、ゴンモは一般的である。これは人の悪霊であるデ（'dre）のうち、死者の悪霊であるシンデ（gshin 'dre, 死・悪霊）ではなく、生きている人の悪霊であるソンデ（gson 'dre, 生・生霊）と同じものとされている。ソンデは他人の体の中に入り、その意識を乗っ取り、この人の口を借りてしゃべる。時には、あることをせよ、さもなければ高い所に連れて行ってそこから落とす、と脅迫することもあるといわれている。女のソンデであるゴンモは、2人の女が強く敵対している時、一方が他方の体に入る。入られたほうの女は自分の考えを失い、入った女の希望することをしゃべる。時に、「私（ゴンモ）はおまえ（入られた女）を殺す」「私はおまえの体を食べる」、などと言わせるのである。これが起こる状況としては、一方の女が成功を収め、他の女が強い嫉妬心を持っている時、この嫉妬心を持つ女がゴンモになるといわれている。あるいは、一方の女が彼女の娘を他方の女の息子と結婚させたいが、他方の女がこれを拒絶するような時、また、一方の女の夫が他方の女と関係を持った時にも起こる。さらに、2人の女が1人の男をめぐって結婚したいと思っている時

に、一方の女のみが結婚すると、他方の女はこれを妬みゴンモになるという。

　ゴンモはゴンモとなる女がそうなりたいと思ってなるのではなく、知らないうちになる。当人がゴンモになっていることを、1年間も知らないこともある。また、ゴンモに取りつかれた女がしゃべっている時に、ゴンモと考えられている女は普通に働いているともいわれる。時に、ゴンモに取りつかれた女は頭に混乱をきたし、ただ泣いているだけのこともある。そこで、人々が、彼女にしゃべれ、しゃべれといって、おまえは誰か、好きなものをやる、なぜ来たのかを言えと問い詰める。多くの場合、女はしゃべらないが、時に前述のようなことをしゃべる。また、女に取りついたゴンモが、取りつかれた女自身をその口を借りて罵ることがある。こうして、人々は、あの女が

写真4-20　ニャオが作られる

ゴンモだとわかる。しかし、普通、人々はゴンモと考えられる女には、このことを言わない。言うと良くないとされているのである。しかし、数カ月も数年間もこのようなことが続くと、噂がだんだんと広がり、当人にも知られることになる。そうすると、この女は、「そんなことを言っているのか。もし、私がそうすることができたとして、どうして本当に殺せるのか」と怒るという。

　また、夜に、ある場所でゴンモを見たという話もある。時には1人、または2-3人、さらには10-15人の女であるという。この女たちが外にいて、理解しにくい声が聞こえるので近くに行くと、誰もいない。また、ゴンモに石を投げたら当たり、逃げて行ったが、翌日、ゴンモと考えられている女の石の当たったところに傷があった、と人々は噂をすることもある。人々は、ゴンモになる女は遺伝すると考えている。そして、結婚対象からこの女の系統をはずす。これは祖母から母、そして娘へと、女だけを通して伝わる。したがって、たとえ、他の家の者と結婚しても、その女の娘はゴンモの素質があると考えられているのである。

　トゥンチュン（btsun byung, 僧・小さい）と呼ばれる小さな僧の人形は、ツァンに与えられるものである。さらに先に述べたニャオも小さな人の形をしたものとなっており（写真4-20）、これを10体作るのでニャオチュ（nya bo bchu, ニャオ・10）と総称して呼ばれる。

同様に、シンモ（srin mo）やセンモ（bsen mo）というルーやサダックに近いといわれる女の悪霊に対しては、ニャオと同様、10体のポメチュ（bud med bchu, 女・10）が作られる。

　小さな魚の形に作られた像は1対でニャチャ（nya cha, 魚・対）と呼ばれ、これが10対用意される。これを作る時には、練り粉に魚の胆汁（nya mkhris）が混ぜられる。これは、ルーの害悪を追い払うために用いられ、いわば危害を改善する力（gnyen po'e stobs, 治療の・力）であると考えられている。この魚の形はルーの形態に似せて作られる。

　さらに、儀礼で悪霊に対する武器として用いられるものとして、以下のものが作られる。これらは祭礼の最終日にトルマを投捨するのに先立って、僧院で行なわれる儀軌において使用されるものである。すなわち、墓場から持ってきた小石にマントラの書かれた紙片を巻きつけたドーゾル（rdo zor, 石・武器）、灯明台に墓場の土、家系の断絶した家の煤、多くの災難があった家の土などを入れたコンゾル（rkong zor, 灯明台・武器）、ツエルマ（tsher ma）と呼ばれる木の枝でギャランタン（rgya lan tang）と呼ばれる毒花を三角錐のトルマに刺したトルゾル（gtor zor, トルマ・武器）、麦こがしの練り粉で三角形のおにぎりのような形を作ったものに血を塗ったタクゾル（khrag zor, 血・武器）、木で作られた弓矢であるダゾル（mda' zor, 矢・武器）などである（写真4-21）。

　これら忿怒尊の武器、あるいは物質と呼ばれるものは、力の象徴である。彼らの敵は、墓場などの場所で食べ物を血にまみれて食べている強い悪霊たちである。これに立ち向かう忿怒尊も彼らと同様、血や肉を食べ、彼らよりも強力でなくてはならない。丁度、戦場で戦う勇者が血にまみれ、時に人の血を飲み、そのことによって人々は彼が非常に危険であることを知るのと同じである。忿怒尊はこのことを人々に示しているのである。これらの道具は丁度、武器のように敵に向かって投げつけられるものである。これらは、カプギャットにとって必要なものであり、その一部でありカプギャットとともになければならないのである。

　さらに、床にはミカザス（mi kha'i rdzas, 人・口の・物質）と呼ばれるミカという悪霊の食べ物が皿に入れられて置かれている（写真4-22）。ミカ（mi kha, 人・口）とは話し言葉のことで、もしある人に良いことがあれば、すべての人々がこの人は良いという。しかし、この言葉には妬みが込められているため、彼に害を与えるようになることがある。これをミカといい、悪霊の一種だと考えられているのである。1枚の皿の上には、少しずつ以下のようなものが置かれている。すなわち、羊や山羊の小さな肉片、タマネギ、野生のニンニク、大麦の醸造酒であるチャンを作った後に残った麦粒の乾いたもの、茶を入れたあとに残った茶葉の滓、炒った大麦の粒、アブラナの種、もとの住人がすべて死に絶えた家からとった煤などである。もっとも、このうち、チャンを作った後に残った麦粒と炒った大麦の粒は、ミカザスではないという。たとえば、チャンを作った後に残った麦粒は人形を作る時に練り粉に混ぜられ、僧院の用具の所有者であり、時に人に危害を加える悪霊であ

第4章　カプギャット祭礼　145

写真4-21　ゾル（武器）とニャオ、トゥンチュン、ニャチャなどの悪霊の像

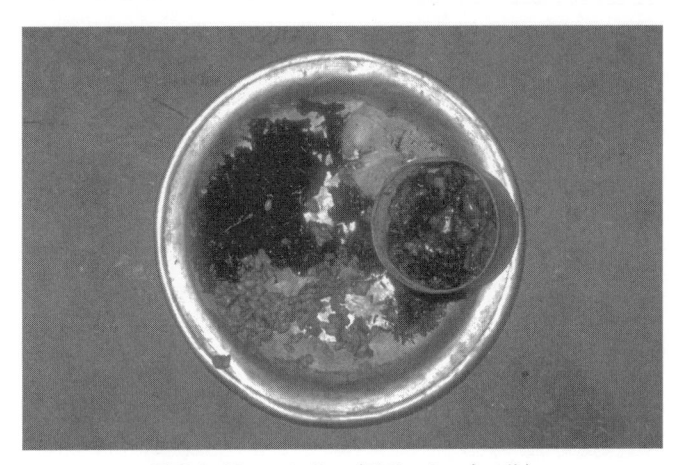

写真4-22　ミカザス（悪霊ミカの食べ物）

るコルダック（dkor bdag）に対して用いられる。また、炒った大麦の粒は、人々に危害を加え、痒みやおできの原因となるセンモ（bsen mo）という悪霊に対して使われるのである。

　さらに、悪霊を殺すためにさまざまな種類の武器が準備される。すなわち、アブラナの種のついた小枝であるユントゥン（yungs thun, アブラナ・武器）、草の茎であるツェトゥン（mtshe thun, 草・武器）、銅線の先を巻いたザンストゥン（zangs thun, 銅・武器）、杯に入れられた血であるタクトゥン（thrag thun, 血・武器）、トルマであるトルトゥン（gtor thun, トルマ・武器）、石であるドトゥン（rdo thun, 石・武器）、小さな模型の弓矢のダトゥン（mda' thun, 矢・武器）、小さな四角い鉄の破片のついた棒状のチャクトゥン（lcrags thun, 鉄・武器）、毒の草であるドゥクトゥン（dug thun, 毒・武器）、短剣であるディトゥン（gri thun, 短剣・武器）である（写真4-23）。これらの道具は堂内での儀軌に用いられるものである

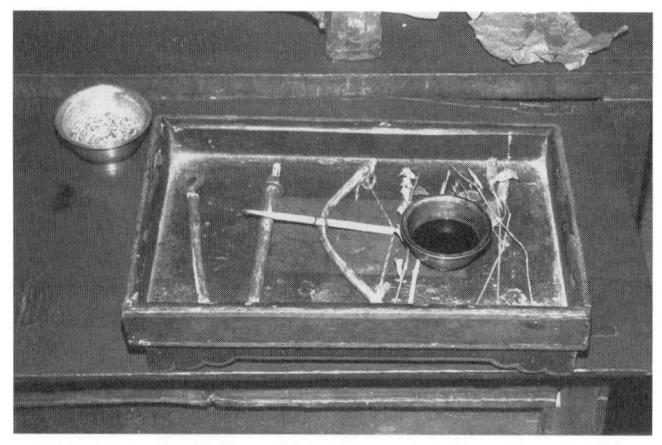

写真4-23 悪霊を殺すための武器

写真4-24 ゴンボのトルマへの奉献

が、同様の武器は仮面舞踊最終日のカプギャットの舞踊の場面において、タントラ瞑想者たちによってそれぞれ手にされ、悪霊の象徴であるダオを殺すのに用いられるものである。

　さらに儀軌に用いられる武器として、金剛杵（ドルジェ、rdo rje）、短剣（プルパ、phur pa）の他、梟（'ug pa）と烏（pho rog）の羽が用いられる。これはショクパ（gshog pa, 翼）と呼ばれ、この2枚の羽を交叉させると、悪霊の身体（ダズクス、dgra gzugs〈ニャオ、nya bo〉）と命（ショク、srog〈ラ、bla〉）は混合しているが、この2枚を離す（ライ、bla dbyi, 命・分離する）ことにより、悪霊の身体と命が分離され、死ぬことになるという。儀軌の過程でこれを行なうのである。また、供物の前には練り粉の台の上に木の枝を交叉させ、対にして立てたものが並べられる。これはそれぞれが2本の短剣の象徴であり、スツァン（rtsang）と呼ばれている。

午後5時30分にゴンボの投捨用のトルマが完成した。スゴンドやゴジの儀軌の朗唱はすでに3日前から始まっていたが、準備（スタゴン）が終わりトルマが完成するとともに、カプギャットの儀軌であるドゥッパが加えられ、悪霊を駆逐するための儀礼が本格的に開始されることになったのである。僧たちが朗唱を始め、儀軌の次第に沿って、1人の僧がシュッパ（shug pa）と呼ばれるビャクシンの葉を香炉にくべ、立ちのぼる香りの良い煙をトルマのまわりにかけて清める。次に、匙で血をすくい、ゴンボとその妃のトルマにかけて捧げる。この僧は口に白い布をつけている。この布自体は吉兆の布（カタック、kha btags）であるが、ここではカラス（kha ras, 口・塞ぐ）と呼ばれ、諸尊そのものであるトルマに人の不浄な息をかけないためのものとなっている（写真4-24）。僧たちは朗唱を続け、招請した諸尊を迎えるため、太鼓とシンバルで音楽を奏でる。茶が僧たちに注がれ、ゴンボに捧げられた食物であるツォクス（tshogs）が小さく切られ、配られる。次に、匙で甘露が各僧の手の平の上に少し注がれる。ツォクスは全部食べないで少しだけ食べ、食べたことの印とする。そしてツォクスの残り（ツォクラック、tshogs lhag, ツォクス・残り）が皿に集められ、外に捨てられ、常に残りものを食べるとされる下級の霊たちに与えられる。さらに、ゴンボへの奉献が行なわれ、僧に茶が注がれ、小休止がとられる。18時30分に長笛が吹かれ、朗唱が再開され、最後に長笛、縦笛が奏でられ、20時30分にこの日の儀式は終わったのである。

僧院に集う僧たち
　3月25日の朝4時頃、パンディ師の兄の家で寝ていると、僧がやって来て兄を誘って僧院に出かける様子である。タントラ瞑想者たちは、僧院を見下ろす山の中腹に小さな家々を建て、ここで僧院の日常の行事から離れて、チベットで経験を積んできたという僧を中心に、各自段階を踏みながら瞑想の修行を実践している。しかし、1年に一度の大きな僧院の祭礼であるカプギャット祭礼、および夏に行なわれるカンギュル祭礼の時には、僧院で行なわれる儀式に参加するのである。これは、パンディ師も同じで、彼はラマユル僧院に所属する僧ではあるが、普段は僧院の日常業務から離れ、スキルブチェン村で政府の学校の教師をし、またいわば学問僧として、ラダックにおけるディグン・カーギュ派のリンポチェの相談役ともなっているのである。
　実際のところ、ラマユル僧院には150名ほどの僧が所属するが、多くは自分の出身の村々に住み、あるいは別の場所で他の仕事についている。僧院の経済は、僧たちを1年中養う基盤を持ってはおらず、僧たちは半年間は自分で働いて生活を維持しなければならない。また、僧院内にある僧房のほかに、僧院の隣りには、それぞれの村出身の僧が住むための村ごとの僧房が建てられている。普段は村で生活している僧も、カプギャット祭礼とカンギュル祭礼の際には、それぞれ18日間、合計で36日間は僧院に集合し、祭礼に参加すると

いう規則になっているのである。

　午前9時頃に、私はパンディ師とともに僧院の集会堂に行く。そこでは、カプギャットとゴンボに関する儀軌が同時並行的に行なわれている。10年ほど前までは、カプギャットの儀式は集会堂の奥にある小さなカプギャット堂（bka' brgyad khang, カプギャット・堂）で行なわれていたのであるが、僧院の建物の改修がなされたため、現在は集会堂（ドゥカン、'du khang, 集会・堂）で行なわれている。ここは、毎日の読経のために僧たちが集まる僧院の中心に位置する最も大きな堂である。また、ゴンボの儀式は集会堂の隣りにある小さなゴンボ堂（mgon bo khang, ゴンボ・堂）で行なわれている。僧院には、ブッダやボディサットヴァ、祖師、そしてラマユル僧院の主尊であるナンステン（nang rten, 内部・神聖）が祀られる集会堂とは別に、宗派の守護尊や護法尊などの忿怒尊を祀るための部屋が附随して設けられているのである。

　その後、村の家から招待され、パンディ師とともに僧院のふもとにある村まで下りて行く。この家は、パンディ師の祖父のまた祖父の妻の妹が結婚して、スキルブチェン村からこのラマユル僧院のあるユル村に来たという家であり、パンディ師の遠縁にあたる。したがって、この招待は村人が祭礼の間、僧を順番に接待するジュンデンとは異なり、個人的な招待なのだという。家ではバター茶と小麦粉を発酵させて円板状に焼いたドンキル（'don dkyir）と呼ばれるパン、それにジョー（zho）と呼ばれるヨーグルトが出され、私たちはそれらを昼食とした。村の人々は僧に敬意を表しており、とりわけインドのヴァラナシ・サンスクリット大学でゲロン（dge slong, 学士）の学位を得たパンディ師は、彼の温厚な人柄もありラダックの中では人望が厚く、人々は彼をゲロン・パンディと尊敬の念を込めて呼ぶ。このような僧を家に招くこと自体が彼らにとって名誉なことであり、またブッダに関係するものが近くにいるだけで、彼ら自身が幸運になると考えられているのである。

　今日は朝から小雪が降っており、夕方には5cmほどの積雪となる。非常に寒いが、僧院も家々の屋根、そして、それらを取りまく周囲の山々も真っ白に雪化粧し、夕暮れの霧の中でそれらは静かで美しく、落ち着いた雰囲気を作り出していた。

　翌日の3月26日、午前10時にパンディ師と、スキルブチェン村出身の僧たちが住んでいる僧房を訪ねる。普段、僧院にはいない僧たちもカプギャット祭礼の時はここに集って来ている。この一室で、僧たちは、室内に飾って置いておくためのナントルのバター飾りを作っている。僧院では儀軌の朗唱が行なわれているが、僧たちは比較的自由に、それぞれの仕事をしているのである。このトルマの飾りつけは、前に見たゴンボやカプギャットの投捨用のトルマの飾りつけと同じで、バターに色粉（tshon, 色）を混ぜ、水の中に浮かせて、形をつくり、それをトルマの上部につける板の上にのせていくのである。板の形は火焰ではなく円いもので、この上に建物の形のバターを飾りつけているので、このトルマはアプチのものである。このバター飾りを作るには、尻尾の部分を切り落とし断面を円くし

第4章　カプギャット祭礼　149

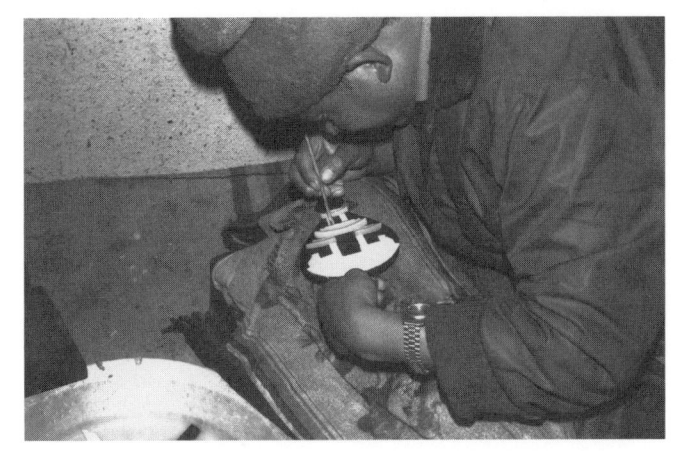

写真4-25　トルマの飾りつけを作る僧

写真4-26　トルマを作るためのパル（下部の物差しは20cm）

たダイコンを用い、木製の板（マルバン、mar bang, バター・合板）の上にのせたバターを押して薄く伸ばし、これに木の棒で作った定規（ティクシン、thig shing）を当て、木の小刀（シクトゥル、sig thur）の先端で切って形を整え、これをトルマにつける板の上に置き、小刀のうしろで押して貼りつけるのである（写真4-25）。

　色粉はレーのバザールの店から購入する。店主はこれをインドのデリーから仕入れており、これは昔から変わらないという。色粉を混ぜたバターは手の指先でこねられ、青、朱、黄、緑、赤のバターが作られ、皿に置かれている。さらに、バター飾りの色を調整するために、たとえば朱と黄のバターを混ぜ、黄に近い朱色のバターを作る。そして、これで建物の屋根を作るのである。バターを混ぜる時には、アンズの種をすりつぶして油を搾った残り滓（コルナック、gor nag）を少量の水に溶かした汁を手の指先につける。これは、手

写真4-27　トゥスの儀礼

にバターがこびりつかないようにするためである。また、バターは水の中に浮かせているが、こねる時は外に出し、少し温かくなると再び水中に入れるというように、温度を調節しながら作業を進める。

　また、バター飾りの細かい部分を作るには、水をつけた木製の板の上にバターをのせ、手でころがして長い紐状のものを作り、これをダイコンの切り口でたたいて薄い板状にし、この上に定規を当て木の小刀で切り、水の中に浮かせておく。これをトルマの上部の飾り板の上にのせ、小刀を動かしながら押さえて貼りつけるのである。また、定規のかわりに、先に木の棒（これも木の小刀と同じシクトゥルと呼ばれる）をつけたコンパス（ティクスコル、thig skor, 線・円）を使って長さを測ることもできる。木の小刀は竹製が堅くてよいが、他の木でもかまわないという。先端は尖っており、突き刺したり、切ることができ、また後端は斜めに切り落とされているため、刃の部分は切るために用いられ、また平らな部分はバターの表面をなめらかにしたり、押して板に貼りつけるために用いることができるのである。また、小さなトルマを多数作るためにはパル（par, 印刷）と呼ばれる板製の型が用いられる（写真4-26）。なお、経典を印刷するための木版も同じ言葉で呼ばれている。

　僧院では再び儀軌の朗唱が始まる。昨日、レーからトクダン・リンポチェが到着し、今日の朗唱では最も上座に座って参加している。

　昼頃、パンディ師の兄の家の前に、村の3人の女と2人の子供が来る。兄は求めに応じて右手に金剛杵と水さしを持ち、左手に持った鈴を鳴らしマントラを唱え、1人の女の頭と背中に水を注ぐ（写真4-27）。これは、病気を治すためのトゥス（khrus, 洗う）という儀礼である。人々は病気の原因の一つとして、目には見えないが、血液が不純（ディップ、sgrib）になったからだと考え、マントラを吹きかけることによって清められた水で体を洗うことにより、体を清純（ツァンマ、gtsrang ma）なものとし、これによって病気も治ると

考えている。瞑想を行なうタントラ修行者はとりわけ霊的力があると信じられており、人々は普段からよく頼みにやって来るのである。

　午後2時に僧院に行くと、ゴンボの儀軌は少しを残してほぼ終わっている。僧たちはチャムポンを中心に、舞踊の役割分担を決めている。また、昨年の舞踊の次第を記した書面（チャミック、'chams yig, 舞踊・手紙）を見ながら今年の原稿を作成している。この原稿をパンディ師が今夜、清書するのである。

　午後3時20分に集会堂前で、シュカンドゥン（rkang dung）と呼ばれる笛（ラッパ）が強い力で吹かれ、僧たちに儀軌の始まりを告げる。この笛は時に人の大腿骨で作られる。やがて、カプギャットの儀軌が始まり、リンポチェも座る。午後4時に小休止となる。5時にパンディ師と私は僧院を出て、1人の僧の家でバター茶とコラックを食べ、6時に兄の家に戻る。午後8時に夕食のトゥクパ（thug pa, 汁物）を食べ、9時にパンディ師は舞踊の次第を清書する。

4　舞　踊

　舞踊はゴジ、ドゥッパの儀軌の朗唱が続けられる中、チベット暦の2月26、27、28日の3日間にわたって行なわれる。これは、太陽暦の1984年においては、3月28、29、30日に相当した。また、カプギャット祭礼最終日の3月31日にはトルマを火の中に投捨する儀式が行なわれることになっている。また、3日間の舞踊の期間中、最初の日は舞踊の試演にあてられる。ここで、僧たちは仮面をつけないでいくつかの演目を練習する。また舞踊の心構えと配役が読み上げられる。この日は、村人たちも見学にやって来るが、その数は多くはない。これに続く2日目と3日目が舞踊の本番の日であり、この日には演舞が行なわれる中庭を囲むようにして、村人たちがあふれかえる。なお、2日目はゴンボに関する舞踊が行なわれ、3日目にはカプギャットの主尊であるチェチョクに関する舞踊と、悪霊の象徴であるニャオ（ダオ）を殺す儀礼が行なわれる。また、この最終場面では舞踊のためのトルマであるチャムトルが村人によって中庭から持ち出され、僧院の横に投捨される。しかし、僧院の中で儀軌に用いられたゴンボとカプギャットのチトルは、翌日の最終日になって初めて僧院から持ち出され、投捨されるのである。もっとも、最後に火の中に投捨されるのは、カプギャットのトルマのみである。

舞踊1日目（試演日）
　3月28日、朝7時55分にトクダン・リンポチェが舞踊が行なわれる僧院の中庭の玉座に着座する。これに続く座席は舞踊のための役員の席であり、儀軌を進行し音楽を演奏する僧たちが横1列に並ぶようにしつらえてある（図4-3）。一番左は高座となっており、こ

```
        ↑N
┌─┬─┐   ┌─┬─┬─┬─┬─┬─┬─┬──┐
│1│2│   │3│4│5│6│7│8│9│10│
└─┴─┘   └─┴─┴─┴─┴─┴─┴─┴──┘

     ┌──┬──┬──┐
     │11│12│13│
     └──┴──┴──┘
```

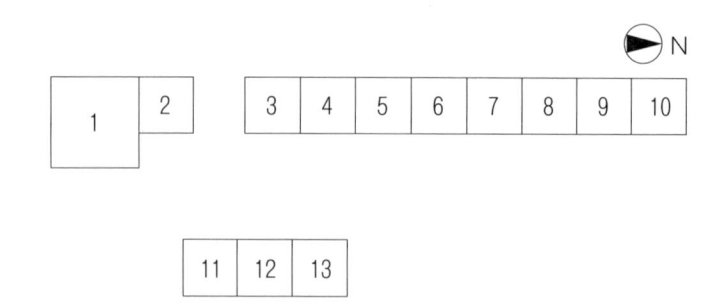

図 4-3 舞踊における音楽演奏者のための席（ラマユル僧院、1984.03.28／29／30）
　　　1：玉座（リンポチェ席）　2：ボルダン（小リンポチェ席）　3：僧院長席
　　　4：ウルガンマ席　5／6：退役ウムザット席　7／8：縦笛奏者席
　　　9／10：ホラ貝奏者席　11：招待客席　12：カルダン（舞踊長席）
　　　13：規律監督者席

こにはトクダン・リンポチェのための玉座（ジュクティ、bzhugs khri, 座・玉）が設けられ、その向かって右側には昨年発見された少年である小さなリンポチェ、転生バクラ・ランドルニマのための座が一段低く、しかしさらにそれに続く右側の座よりは厚く柔らかいじゅうたんの座（ボルダン、'bol gdan, 柔らかい・じゅうたん）が設けられる。この右側には、僧院長のための座（ロボン・ズクサ、slob dpon bzhuks sa, 僧院長・座）、ウムザットの頭であり、大型のシンバル（ブップチャル、sbub chal）を打つウルガンマの座（ウルガンマ・ズクサ、dbu rgan ma bzhuks sa, ウルガンマ・座）、太鼓（ンガ、rnga）を打つ退役ウムザットのための2席の座（ウムザットズルワ・ズクサ、dbu mdzad zur ba bzhugs sa, ウムザット・退役・座）、2席の縦笛奏者の座（ギャリンパ・ズクサ、rgya gling pa bzhugs sa, 縦笛・者・座）、2席のホラ貝の奏者の座（トゥンパ　ズクサ、dung pa bzhugs sa, ホラ貝・者・座）が設けられる。実際のところ、この席次は僧院の集会堂の読経における座席の配置、およびそれぞれの役割と同じである。集会堂では本尊像を正面に置き、その前に僧たちが縦に並んでいるのに対し、舞踊の会場では庭を正面にしてそれに向き合うように横1列に並んでいるのである。ここに着座する僧たちは、儀軌の朗唱と演奏によって儀礼全体を進行する役割を持つ。したがって、舞踊を演じる者が舞踊者という意味のチャムスパ（'chams pa, 舞踊・者）と呼ばれるのに対し、ここに着座する僧たちは、リンポチェも含めて演奏者という意味のヤンスパ（dbyangs pa, 音楽・者）と総称される。また、トクダン・リンポチェは舞踊が好きで、シンバルを演奏し、また自ら舞踊に加わるのである。

　さらに、この僧たちの列の前には横1列に3席が設けられている。中央は四角いじゅうたんが敷かれた舞踊長のための座（カルダン、kha gdan, 四角の・じゅうたん）となっている。向かってその左側にはドンポ・ズクサ（mgron po bzhugs sa, 招待客・席）と呼ばれる招待客の席、右側には僧院の規律監督者の座（ゲスコス・ズクサ、dge bskos bzhugs sa, 規

第4章　カプギャット祭礼　153

表4-2 ラマユル・カプギャット祭礼舞踊1日目（試演）の場面、場面名称、および対応する本番日の場面

1984.03.28（舞踊1日目）

時刻	場面	場面名称	本番日と場面
08:05	1	アツァリャの登場	2-1／3-1
08:15	2	太鼓舞踊（ンガチャムス）	3-2
09:50		休憩、昼食	
10:25	3	同等の舞踊（トゥンチャムス）	3-8
11:00		小休止（氷砂糖配られる）	
11:30		文書読み上げ（チャミックロクパ）	
11:35		小休止、舞踊の説明	
11:45	4	ゴンボの登場	2-2
12:35	5	アプチの登場	2-3
13:30	6	ザの登場	2-4
13:35		小休止	
13:40		ズルトン儀軌継続（ゴンボ、カプギャット）	
14:05	7	ナムシャスの登場	2-5
14:37	8	ズィンスキョン殿妃の登場	2-6
14:55	9	ギャルポ、チョスキョンの登場	2-7
15:26	10	最初の登場	2-8
16:20	11	中間の登場	2-9
17:00		休憩、茶	
17:15	12	最後の登場	2-10
17:57	13	黒い風の軽い嵐（ルンナックツモ）	2-11／3-12
18:01		終了	

律監督者・座）が置かれている。

　8時05分に舞踊が始まる。第1場面はアツァリャ（アツァラ）の登場（a tsarya'i〈a tsa ra'i〉'thon〈'don〉, アツァリャ〈アツァラ〉の・登場）である。アツァリャとは元来はインドの偉大な仏教学者を意味するものであるが、舞踊においては常にいたずら好きのおどけ者として登場する。これは、2日目、および3日目の舞踊においても、最初にくる場面となっている（表4-2）。

　第2場面はンガチャムス（rnga 'chams, 太鼓・舞踊）であり、太鼓を持った僧を先頭に26名の僧が続く。これは2日目にはなく、3日目の第2場面に演じられるものである。踊り手は登場する際に、1つの入場口から左右に分かれて庭に入場する。左に行くのは外側を行くツクスマ（tshugs ma〈tshugs 'chams pa〉）と呼ばれ、いったん登場した後、右にまわり、もう一度入場口に戻ったところで、残りの内側を行くデンチャムスパ（bden 'chams pa）が入場し、それぞれが左右に庭の中へと進んで行く。なお、最後に退場するのは、常にこ

のデンチャムスパたちとなる。ここでは、9歩ずつ繰り返される踊り方が行なわれるが、外側と内側の踊り手たちはそれぞれ異なる2種類の様式をとる。ンガチャムスはいくつかの部分に分かれており、それぞれの部分の合間に演者たちは休む。また、この場面では、3日目のニャオを殺す第9場面と同様、演者たちは諸尊の仮面をつけず、黒い帽子を冠ったタントラ瞑想者として舞踊を演じる。ただし、それぞれの配役は心の中で、自分がそれぞれの尊であると観想するのである。

また、ンガチャムスにおいては、白い砂を地面にまいてガワキルワ（dga' ba 'khyil ba, 喜び・渦巻き）と呼ばれる渦巻き模様が描かれる。これは外側から左まわりに大きく2回まわりながら中心に近づき、そこで反転すると、今度はそのまま中心から右まわりに入ってきた時の線の間を通りながら2回まわって外に出て、最後に少し左にまわって終わる模様である。これは、幸運の印とされているものである。僧たちは1列になって、この線に沿ってゆっくりと踊りながら進んで行く。したがって、ここでは進む方向がそれぞれ逆の連続した輪になって舞踊が演じられることになる。これが終わるとチャムポンが1人で踊り、全員が略式の（ドゥスパ、bsdus pa）舞踊を演じ、退場する。なお、本番では詳細な（ギャスパ、rgyas pa）舞踊が行なわれることになる。

9時50分に休憩に入る。チンダック（spyin bdag）と呼ばれる寄贈者によりバター茶が供される。この寄贈者は女のタントラ瞑想者でツァンスマ（mtshams ma, 瞑想・女）と呼ばれる者である。なお、男の瞑想者はツァンスパ（mtshams pa, 瞑想・男）と呼ばれている。彼女はリンポチェの前で頭を地面につけて拝礼し、リンポチェは感謝の印としてカタックを与える。そして、リンポチェの席の前の招待者の席に座る。その後、米、カレー、豆の煮込みからなる昼食が供される。50人くらいの村人が庭のまわりを取り囲んで見物している。明日と明後日はもっと多く集まるとのことである。

第3場面は10時25分に始まったトゥンチャムス（drung 'chams, 同等の・舞踊）である。これは3日目の第8場面に相当するが、3日目に行なわれるようなトルマやニャオが持ち出されることはなく、舞踊のみの練習となっている。実際には、トゥンチャムスはその前のカプギャットの主尊であるチェチョクの舞踊に続き、さらにその後には、8種類の武器を持った8人の黒い帽子を冠ったタントラ瞑想者がニャオを殺す舞踊が続くことになるものである。

11時00分に小休止がとられ、氷砂糖と乾燥アンズが大皿に盛られてリンポチェに捧げられる。そして、氷砂糖は舞踊を演じる僧たちに配られた。この舞踊の庭はチェチョクのブッダ的世界と考えられねばならず、舞踊の始めに吉兆の印として僧たちだけではなく、私を含めてリンポチェの前に座っている人々にも氷砂糖が配られたのである。そして、再び舞踊が始まり、トゥンチャムスの5部分が終了し、はじめに1人、次に2人ずつ、そして最後の1人が庭を大きく踊りまわりながら退場する。3日目の舞踊においては、これに続い

写真 4-28 舞踊配役の一覧表の読み上げ

て 8 人のタントラ瞑想者の舞踊が行なわれるが、練習においてこれは行なわれない。

　11時30分に大きな紙に書かれて巻かれた文書が僧院長に差し出され、読み上げられる。これはチャミックロクパ（'chams yig sgrog pa, 舞踊・読み上げる）と呼ばれ、はじめにブッダ、ディグン・カーギュ派の祖師、カプギャット祭礼の主尊であるチェチョクへの賛美、次に仮面舞踊が人々に恩恵を施し悪霊を追放するためのものであることが述べられ、最後に仮面舞踊の配役の一覧表が読み上げられるのである（写真4-28）。

　第4場面は11時45分に始まったゴンベゲルドン（mgon po'i sger 'don, ゴンボの・専用の・登場）であり、ゴンボと 8 人の従者からなる舞踊である。この第 4 場面から第12場面までは、2 日目の第 2 場面から第10場面に相当するもので、ゴンボをはじめ、アプチ、4 尊のカーシュン、ナムシャス、ズィンスキョン、ギャルポなど諸尊が登場する舞踊である。これらは 2 日目に行なわれ、カプギャットを中心とする 3 日目の舞踊においては行なわれない。

　第 5 場面はアプチゲルドン（a phyi'i sger 'don, アプチの・専用の・登場）で、アプチと 5 人の従者が登場する。第 6 場面はゼスゲルドン（gza'i sger 'don, ザ〈タンション〉の・専用の・登場）で、ザ、マモ、タムチェン、ハラの 4 尊のカーシュンズィ（bka' bsrung bzhi, 命令・守護者・4）が登場する舞踊である。

　午後、13時35分にこれらが終了し、小休止がとられる。そこでトゥッパが出され、食事がとられた。なお、この間も僧院内ではゴンボとカプギャット各尊の儀軌（ズルトン、zur bton, 専用の・儀軌）が続けられており、僧院の建物内からは縦笛の音が聞こえる。もっとも、これに参加しているのは数名の僧のみであり、他の僧たちは舞踊会場にいるのである。

　やがて、舞踊会場でシンバルと太鼓が鳴らされ、14時05分に第 7 場面のナムシャスキゲルドン（snam sras kyi sger 'don, ナムシャス・の・専用の・登場）が始まる。これは、ナムシャス（サンスクリットでヴァイシャルマナ）を主尊に、6 人のラー、ツァン、ルー、スマンモ、

ナムギャルが登場する舞踊である。2日目にはさらに2人のラー、ツァンスパが登場し、合計8名で行なわれることになる。第8場面はズィンスキョン・ヤブユムギトン（zhing skyon yab yum gyi 'thon, ズィンスキョン・殿・妃・の・登場）でズィンスキョンとその妃の2人で行なわれる舞踊である。続く第9場面は、ギャロンギトゥン（rgyal blon gyi 'thon＜rgyal po chos skyong gi 'thon, ギャルポ・チョスキョン・の・登場）で、ギャルポとチョスキョンの舞踊が3部分に分けて行なわれた。

15時26分に第10場面が始まる。これは、ドンタンポ（'don tang po, 登場・最初）と呼ばれ、ゴンボ（マハーカーラ）と25名の従者すべてが登場する舞踊である。主尊のゴンボは4本の手を持つゴンボチャクズィーパであり、舞踊は4部分に分けて行なわれる。そして、16時20分に、第11場面としてドンパルパ（'don bar pa, 登場・中間）が5部分に分けて行なわれた。これが終了した17時に、どら（銅鑼）（カルワ、'khar ba）とホラ貝（トゥン、dung）が鳴らされ、僧たちが呼ばれ、バター茶が供される。なお、どらだけが鳴らされる場合には、昼食のための集合の合図となる。そして、17時15分に再び音楽が鳴り、第12場面であるドンタマ（'don tha ma, 登場・最後）が始まる。ここでも、ゴンボとその従者たちが4部分に分けて舞踊を行なう。そして、17時55分に踊り手は退場し、第12場面が終了した。第10場面から第12場面まではゴンボとその従者たちが登場するひと続きの舞踊であり、第10場面は招請した諸尊に着座を願うズクソル（bzhugs gsol）、第11場面は挨拶し迎えるチャクツァル（phyag 'tsal）、第12場面は奉献するチョットブル（mchod 'bul）が行なわれるのである。なお、2日目の舞踊では、第11場面と第12場面の小休止の間に2人のアチャリャが登場し、喜劇を演じ、観客の村人たちの笑いをさそうのであるが、1日目は舞踊の試演日なので、これは行なわれなかった。

17時57分に第13場面として、ルンナックツモ（rlung nag 'tshub mo, 風・黒・軽い嵐）がゴンボとその従者たちによって行なわれた。これは仮面舞踊の最後に行なわれ主尊をはじめすべての諸尊が登場し、そして退場するものである。2日目と3日目にも行なわれるとのことであった。もっとも、実際には3日目の最後にのみ行なわれていた。こうして、18時01分に今日の舞踊はすべて終了した。

18時03分に僧たちは僧院から明日の舞踊に使用される諸尊の仮面を運び出し、舞踊会場の庭に面する堂の内部に置いて準備する。これは、バクズワ（'bag zhu ba, 仮面・要求する〈尊敬語〉）と呼ばれ、2日目に使用した仮面を僧院に戻す時にも同じ言葉が用いられる。先頭から、4人の長笛（ラクトゥン）、4人の縦笛（ギャリン）、1人の線香（スポス、spos）、2人の香炉（スポスポル、spos phor）を持った僧たちが楽器を奏でながら先導し、その後に赤い布に包まれた仮面を持った僧が続くのである。19時50分に、僧院から長笛の音が聞こえる。祭礼の期間中は常に夜に鳴らされ、リンポチェが僧院に滞在していることを知らせるのである。

舞踊 2 日目

　今日 3 月29日は、いよいよ仮面舞踊の本番 1 日目である。朝 4 時から仮面を置いてある堂で儀軌が始まる。仮面は昨日僧院からここに持ち込まれたものに加え、今朝運び込まれたものが準備されている。この儀軌はソルカーであるが、特に仮面舞踊の前に行なわれるため、バクソル（'bag gsol＜'bag gsol kha, 仮面・祝福）と呼ばれている。ここでは、仏、法、僧への帰依に始まり、善業の蓄積を目的とするソルカー儀軌が行なわれる。仮面舞踊が行なわれる会場は僧院のすぐ横にある中庭で、ここはチャムラ（'chams rwa, 舞踊・中庭）と呼ばれ、ここに面して南側には、舞踊の当日に使用される仮面を置いておく堂（バカン、'bag khang, 仮面・堂）がある。この堂の内部には八仏（デシェクギャットパ, bde gshegs brgyad pa, よく逝った〈サンスクリットでシューンヤター〉・8・者）が安置されている。仮面堂の入口は西端にあり、僧たちは仮面堂の中で出演の準備を行ない、この入口を登場と退場に用いるのである（図 4 - 4）。

　中庭の西側にはリンポチェをはじめ音楽を演奏し、儀軌を進行する僧たちが 1 列になり、中庭に向かい座るための屋根つきの席が 1 段設けられている。また、この 2 階には小さな寝室（ズィムチュン、gzim chung, 寝る〈尊敬語〉・小さい）があり、リンポチェなど高位の人物の休息のための部屋となっている。なお、その裏側にはリンポチェのためのサンチョット（gsang spyod, 便所〈尊敬語〉；デチョット、bde spyod, あるいは、チャグラ、chag ra ともいう）が設けられている。

　中庭の東側には高い柱につけられた旗であるダルチェン（dar chen, 旗・偉大な）が立てられている。これは、他の僧院においては、しばしば中庭の中央に立てられ、舞踊の際は、この周囲をまわるようにして舞踊が演じられるが、ここラマユル僧院では中庭は何もない空間になっており、その東にダルチェンが位置している。また、仮面堂の東側には小さな 2 つの仏塔（チョルテン、mchod rten）があり、ダルチェンと小仏塔の東側の小道の真ん中には大きな仏塔が建てられている。また中庭の北側は、小道がその上を通っている石壁になっている。この石壁の前に、ヤクの尾の毛（ヤクギシュンマ、gyag gi rnga ma, ヤク・の・尾の毛）を先端につけたチャルダル（phyar dar, 掛けられた・旗）が 7 本立てられている。舞踊が行なわれる広場はこれらの建物に囲まれた中庭になっているのである。

　午前 6 時になっても儀軌は続いており、さまざまな霊に与えるためのトルマが屋根の上に置かれ、またアプチ、ゴンボには供物としてのトルマが捧げられる。6 時30分にアツァリャが出演の準備を始める。

　6 時54分になると、第 1 場面はアツァリャの登場である。アツァリャは儀軌においては 2 人の仕事をする猿（las mkhan spre'u pho mo gnyis, 仕事人・猿・男・女・2）と記される。最初に演奏者（ヤンスパ）が席につく。そして、堂内でシュクパ（shug pa, 笛の吹き口のところに入れて出す口笛の音）と骨製の笛が吹き鳴らされる。これは準備ができたという合図

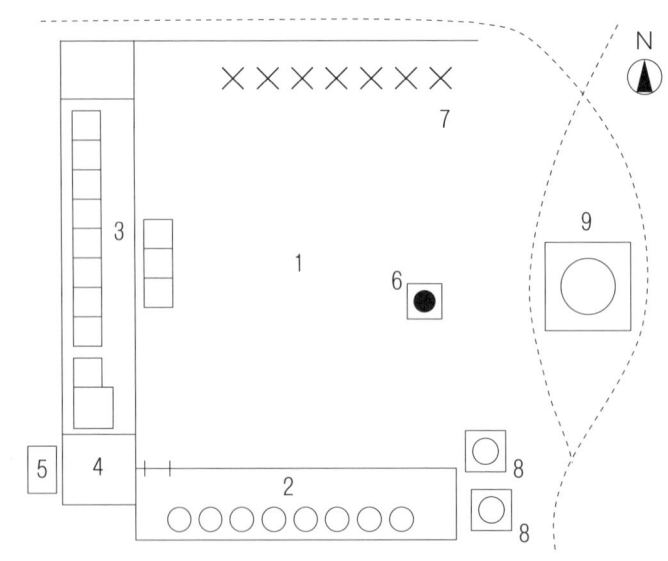

図4-4 舞踊中庭（チャムラ）とそれを囲む建築物の配置
1：中庭　2：仮面堂　3：演奏者席　4：2階寝室　5：便所
6：ダルチェン　7：チャルダル　8：小仏塔　9：大仏塔

である。そして、演奏者がシンバルと太鼓を鳴らし、登場口が開かれる。2名のアツァリァが僧衣の上に汚れた衣服を着て白髪で登場し踊る。そして、相談する仕草で第9場面の渦巻き模様を描くための白い砂を演奏者席の前の庭の端に置き、7時04分に退場する。演奏者たちは再び仮面堂に入り、儀軌が朗唱される（表4-3）。

　午前7時35分に第2場面のゴンベゲルドンが始まる。堂内で口笛のシュクパと骨製の笛が吹き鳴らされ、登場口が開かれると、長笛、縦笛、線香、香炉を持った先導隊が入場する。そして、演奏者はシンバルを弱く2拍、強く2拍、弱く3拍、強く2拍、打ち鳴らす。この舞踊は、タクトゥン・ロルワ（khrag 'thung rol ba）と呼ばれる。主尊のゴンボは4つの手を持つゴンボであるゴンボ・チャクズィーパ（mgon po phyag bzhi pa, ゴンボ・腕・4・者）であり、主尊と8人の随行者たちが登場するものである。最初に登場したゴンボはひときわ大きな黒色の仮面をつけ、右手に刀（ラルディ、ral gri）、左手に頭蓋骨の杯（トッパ、tod pa）を持つ。この頭蓋骨は本物であり、内側は赤く塗られ血を象徴している。ゴンボはラマユル僧院に2人いるうちの1人のチャムポンが演じている。8人の従者はゴンボの妃と化身の諸尊である。4人は内まわりに、残りの4人は外まわりに登場する。2番目は内まわりに登場するゴンボの妃であるトゥクユム（tugs yum, 意・妃）で、赤い仮面をつけ、右手に刀、左手に弓（ジュー、gzhu）を持つ（写真4-29）。

　3番目はツァンティカ（tsandri ka〈sk.〉）で、緑の仮面、右手に刀を持ち、左手にはトルタック（tod khrag, 頭蓋骨・血）と呼ばれる持ち手のついた木製の頭蓋骨に赤い血が盛ら

表 4-3 ラマユル・カプギャット祭礼舞踊 2 日目（ゴンボ）の場面、場面名称、登場尊名、舞踊名称（1場面内における破線より上は登場口より左側に登場、破線より下は右側に登場）

1984.03.29（舞踊 2 日目）

時刻	場面	場面名称（登場尊名）	舞踊名称
06:54	1	アツァリャの登場	ドルジェ・チェットパ
07:35	2	ゴンボの登場 　1．ゴンボ 　2．トゥクユム 　3．ツァンティカ 　4．レマティ 　5．ペンヤブ 　6．センドンマ 　7．チャースム 　8．チャーニス 　9．チャータン 　　（7/8/9 はゴンボ チャロック タンチェン）	タクトゥン・ロルワ
08:25		家畜の浄化儀礼	
08:52	3	アプチの登場 　1．アプチ 　2．ツェリンマ 　3．イシェカンロ 　4．タムツィカンロ 　5．シャザカンロ 　6．ワンギカンロ	アプチゲスカル
09:47	4	ザの登場（カーシュンズィの登場） 　1．ザ、あるいはタンション 　2．マモ 　3．タムチェン 　4．ハラ 　　（1/2/3/4 はカーシュンズィ）	メルンキルワ
10:14	5	ナムシャスの登場 　1．ナムシャス 　2．パルララー 　3．ソグラツァン 　4．チューペンルー 　5．スマンモ 　6．ナムギャルカルポ 　7．タンラー 　8．ツァンスパ	タムツィックドルジェ
10:55	6	ズィンスキョン殿妃の登場 　1．ズィンヤブ 　2．ズィンユム	ドルジェチェットパ
11:15		小休止（昼食）	
11:38	7	ギャルポ・チョスキョンの登場 　1．ギャルポ 　2．チョスキョン	テクスパグスカル
12:24	8	最初の登場 　1．ゴンボ 　　（着座の要請〈ズクソル〉）	ラムドス
13:20		小休止	
13:48	9	中間の登場 　1．ゴンボ 　　（歓迎〈チャクツァル〉）	ドゥトゴン・トスガル
14:17		ガワキルワ	
15:20		ベーダ、アツァリャ	
15:55	10	最後の登場 　1．ゴンボ 　　（奉献〈チョットブル〉）	タムツィクドルジェ
17:07		終了	

写真4-29　舞踊2日目第2場面のトゥクユム

れた杯を持つ。4番目はレマティ（re ma hi〈sk.〉）で、茶色の仮面、右手に木製の刀、左手に大きな杯（ルンゼット、lhung bzed）を持つ。5番目はゴンボの化身であるペンヤブ（beng yab, ペン・殿）で、黒い仮面、右手に棒（ベルカ、ber ka）、左手にトルタックを持つ。さらに、外まわりに登場するのが、6番目のセンドンマ（seng gdon ma, 獅子・頭・持つ者）で、鼻の突き出た緑色のライオンの仮面をつけ、右手に刀、左手にトルタックを持つ（写真4-30）。

7番目、8番目、9番目はいずれも鳥の顔をしたゴンボの化身で、チャースム（bya gsum, 鳥・3番目）、チャーニス（bya gnyis, 鳥・2番目）、チャータン（bya tang, 鳥・1番目）と呼ばれ、大きな嘴のついた緑色の仮面、右手に外刃が半円型をした持ち手のついた小刀（ティク、gri gug）、左手にトルタックを持つ。彼らは全員で輪になって踊り、ゴンボが退場すると、1人ずつ踊りながら退場する。最後の2組は2人ずつが一緒に踊るが、さらに、最後の1組は残った1人だけが踊り退場する。こうして、8時24分に第2場面が終了する。

8時25分に舞踊の中庭に2頭のヤク、1頭の白馬、3頭の白い羊が連れてこられる（写真4-31）。これらの家畜は僧院の所有物である。家畜の肩に美しい布が掛けられ、吉兆の象徴である白いカタックが置かれる。そしてビャクシンを燃やした煙がかけられる。さらに、家畜に赤い汁がかけられる。これは浄化儀礼（サンス、bsangs, 浄化）であり、僧院の財産が祓い清められ、それらが増加し、また、狼などの野生動物の害を受けないようにすることが目的であるとされる。2人いるアツァリァのうち1人はおどけて馬に乗り、観衆の笑いをさそう。麦こがしが供され、仮面堂の中から「キキソソラー」という悪霊に対する勝利の呼び声が発せられ、8時45分に家畜は退場する。

なお、家畜の浄化の儀式についてはカブギャットの儀軌には記されてはいないので、僧院独自の儀式であると考えられる。もっとも、これらは家畜の浄化儀礼であるとされるが、家畜に血の象徴と考えられる赤い汁をかけるということからみると、仏教伝来以前から行なわれ、また今でも一部の地域で行なわれている、神々への動物供犠の象徴ではないかとも考えられる。あるいは、これらの儀礼が、家畜を屠殺することなく放してやるという放

第4章 カプギャット祭礼　161

写真4-30　舞踊2日目第2場面のセンドンマ

写真4-31　舞踊2日目第2場面と第3場面の間に行なわれた
　　　　　家畜の浄化儀礼

生の儀式である可能性もある。

　第3場面は、8時52分に始まったアプチゲルドン（a phyi'i sger 'don, アプチ・専門の・登場）である。まず、シンバルが初めに長く、そして続いて弱く打ち鳴らされ、そして2人の長笛、2人の縦笛、2人の香炉を持つ先導隊が入場し、シンバルが強く2拍、弱く3拍、強く1拍打ち鳴らされると、白い仮面をつけたアプチが入場する（写真4-32）。ここでの舞踊はアプチゲスカル（a phyi 'i dgyes gar, アプチ・の・喜び・舞踊）と呼ばれる。アプチは右手には真鍮製の鏡（メロン、me long・鏡）を持ち、左手には望むものをかなえられる宝石（イズィン・ノルブ、yid bzhin nor bu, 望みをかなえる・宝石）を持っている。アプチは女尊であり、すべてのものを見通す力があるので、その象徴として鏡を持ち、また、人々

写真 4-32 舞踊 2 日目第 3 場面のアプチと従者たち

の望むものをかなえる力があるため、左手に持った頭蓋骨には金色と赤色の炎に囲まれた、円い蕾のような宝石をのせているのである。

　9時04分にアプチの5人の従者が続いて登場する。登場口を出て左側に進む内まわりの2番目はツェリンマ（tshe ring ma）であり、アプチと同様、静穏な顔の尊で、銀色の仮面をつけ、右手に不変の象徴であるドルジェ（rdo rje, 金剛杵）を持ち、左手にはプンパ（bum pa, 瓶）を持つ。このプンパは命の瓶（ツェブン、tshe bum, 命・瓶）と呼ばれ、この中に命が蓄えられており、ここから命が出てきて、人々の長寿が得られると考えられているのである。3番目はイシェカンロ（yi shes mkha'gro）であり、黄色い静穏な顔で、右手に宝石、左手にトルタックを持つ。4番目は赤い顔で忿怒相をしたタムツィカンロ（tam tshig mkha''gro）であり、右手に黒いマングース（ニェウレ、ne'u le, マングース〈ジャコウネコ科の哺乳動物〉）、左手に頭蓋骨の杯を持つ。このマングースは後に登場するナムシャスが持つものでもある。3番目と4番目の尊は、人々の裕福への望みをかなえるとされているものである。

　登場口を出て右側に進む外まわりの踊り手は、5番目のシャザカンロ（sha za mkha' 'gro, 肉・食う・カンロ）で、赤い顔の忿怒相で、右手に長い刀、左手にはトルタックを持っている（写真4-33）。6番目はワンギカンロ（dbang gi mkha' 'gro, 制御の・カンロ）で、青い顔の忿怒相であり、右手に銅の刀、左手に頭蓋骨の杯を持つ（写真4-34）。5番目と6番

写真4-33 舞踊2日目第3場面のシャザカンロ　　**写真4-34** 舞踊2日目第3場面のワンギカンロ

目は、より力の強い尊であるとされる。この場面は9時42分に終わる。

　9時47分に音楽が始まり、48分に第4場面、ゼスゲルドン（gza'i sger 'don, ザの・専用の・登場）の諸尊が登場する。ここでの舞踊はメルンキルワ（me rlung 'khyil ba）と呼ばれる。ここでは、ザ（gza'）、あるいはタンション（drang srong）とも呼ばれる尊をはじめとする4人の守護尊（カーシュンズィ、bka' bsrung bzhi, 命令・守護者・4）の舞踊が行なわれる。したがって、これはカーシュンズィ・ゲルドン（bka' bsrung bzhi sger 'don, 命令・守護者・4・専用の・登場）とも呼ばれている。左側に登場するのは、1番目のザであり、茶色の忿怒相の仮面をつけ、衣服の前面には黒い顔に大きく見開いた両眼と口とが描かれている（写真4-35）。右手には月と太陽をかたどったニルダ（nyi zla）を持ち、左手には小刀（gri）を持つ。あとの3尊はザの随行者であり、2番目のマモ（ma mo）は茶色の仮面をつけるが、額に1眼のみを有し、1本の歯が出ている。右手には人の心臓を象徴する三角錐の木であるミスニュン（mi snyung, 人・心臓）を持ち、左手にはトルタックを持つ。3番目はタムチェン（tam can）で、茶色の仮面をつけ、平たい帽子の上に戦旗を意味する1本の赤い旗（ルダル、ru dar）を立てている。右手には金剛杵、左手には槍につけられた旗（ドゥンダル、mdung dar, 槍・布）を持つ。右側に進んで登場するのは、ハラ（ha ra）であり、伝説上の海の怪物であるチューシンの顔をしており、朱色の仮面の鼻は象の鼻のように長

く突き出し、頭の上には2本の角があり、頭の両側から長い髪を垂らす。右手には三角錐のトルマを持ち、左手には木製の三角錐をしたトゥントル (tun gtor, 時期・トルマ) と呼ばれるトルマを持つ (写真4-36)。この場面は10時06分に終わる。

　第5場面は10時14分に始まったナムシャスキゲルドン (rnam sras kyi sger 'don, ナムシャス・の・専用の・登場) であり、舞踊はタムツィックドルジェ (tam tshig rdo rje) と呼ばれている。これは、1番目の主尊のナムシャスとそれに続く7人の従者たちによる舞踊である。口笛と骨製の笛が吹き鳴らされ、登場口が開く。ナムシャスを含め最初の6人が左側に登場し、残り2名が右側に登場する (写真4-37)。ナムシャスはサンスクリットでヴァイシュラヴァナ (Vaiśravaṇa)、日本では四天王のうち北を守る多聞天とされ、富をもたらす護法尊である。金色の仮面に金色の衣装をまとい、右手には5色の旗幟 (ギャルツァン、rgyal mtshan, 勝利・印) を持ち、左手にはマングースを持つ。左側へと登場する従者は2番目のパルララー (bar lha lha) で、銀色の仮面の頭部に、小さな赤い勝利旗を立て、右手に矢に結びつけられた旗 (ダダール、mda' dar, 矢・旗)、左手に槍につけた旗であるドゥンダルを持つ (写真4-38)。3番目は赤い顔に赤い衣装をつけたソグラツァン (srog ra btsan) で、右手には赤く塗られた三角錐のトルマ (gtor ma gru gsum dmar po, トルマ・三角形・赤い)、左手にはツァンジャク (bcan zhags, ツァン・縄) と呼ばれる赤い縄を持つ。4番目はチューペンルー (chu phan klu) で、右手に蛇 (ドゥル、sbrul)、左手にはドゥンダルを持つ。5番目はスマンモ (sman mo) で、金色の仮面をつけ、右手に矢、左手に草の数珠 (シェルテン、shel 'phreng) を持つ。6番目はナムギャルカルポ (rnam rgyal dkar po, ナムギャル・白い・者) で、金色の顔で、右手に矢、左手にドゥンダルを持つ (写真4-39)。残り2人の従者は右側に登場し、7番目のタンラー (tang lha) は青黒色の仮面をつけ、右手に刀、左手に弓 (ジュー、gzhu) を持つ。最後の8番目のツァンスパ (tshangs pa) は右手に草の刀、左手に太陽光線の縄 (ジャクスパ、zhags pa) を持って踊る。ここに登場する従者たちは、ラー、ツァン、ルー、スマンモなどの諸霊である。10時54分に全員が退場し、この場面は終了する。

　第6場面は10時55分に始まったズィンスキョン・ヤブユムギトン (zhing skyong yab yum gyi 'thon, ズィンスキョン・殿・妃・の・登場) である (写真4-40)。これは、ズィンスキョンの舞踊なので、ズィンスキョン・ゲルドン (zhing skyong sger 'don, ズィンスキョン・専用の・登場) と呼ばれる。口笛と骨製の笛が吹き鳴らされ、演奏者は太鼓、シンバルを打ち鳴らし、登場口が開かれる。舞踊はドルジェチェットパ (rdo rje phed pa) である。殿のズィンヤブは緑色の仮面で、右手に槍につけた旗であるドゥンダル、左手には頭蓋骨の中に入った3つの三角形のトルマ (トッペ・ナントゥ・トルマ・ズルスム・スンパ、tog pa'e nang du gtor ma zur gsum gsum pa, 頭蓋骨・中に・トルマ・三角形・3) を持つ。妃のズィンユムは赤い仮面で、右手にドゥンダル、左手に人間の心臓であるミスニュンを持つ。なお、

第4章　カプギャット祭礼　165

写真4-35　舞踊2日目第4場面のザ

写真4-36　舞踊2日目第4場面のカーシュンズィ（ザ、マモ、タムチェン、ハラ）

写真4-37 舞踊2日目第5場面のナムシャスと従者たち

写真4-38 舞踊2日目第5場面のパルララー

写真4-39 舞踊2日目第5場面のナムギャルカルボ

写真4-40　舞踊2日目第6場面のズィンスキョン・ヤブユム

ズィンスキョン（zhing skyong, 王国・守護者）はゴンボの化身ではなく、独立した尊格である。殿妃は向かい合い、対になって身体をねじるようにして平行に移動しながら踊る。11時10分に退場する。

　ここで、11時15分、小休止がとられ、昼食として、バター、砂糖を混ぜた麦こがしの練り粉を小さな玉にしたものとバター茶が配られる。

　第7場面は11時38分に始まるギャロンギトン（rgyâl blon gyi 'thon＜rgyal po chos skyong gi 'thon, ギャルポ・チョスキョン・の・登場）である。前場面と同様、口笛と骨製の笛、そして、シンバルと太鼓が鳴らされる。舞踊はテクスパグスカル（dregs pa dgu bskar）である。ギャルポは黒色の仮面に笠を冠り、その上に3本の赤い勝利旗を立て、金色の衣装をつけている。右手にはダスタ（dgra sta, 敵・斧）と呼ばれる斧を持ち、左手にはジャクスパ（zhags pa）と呼ばれる縄を持つ。チョスキョンは赤い仮面をつけ、黒い毛で覆われた帽子を冠り、その上には4本の赤い戦勝旗を立て、赤い衣装をまとい、胸には鏡をかけている。右手にはドゥンタル、左手には刀を持つ。ギャルポとチョスキョンは元来は悪霊であったが、パドマサムバヴァの前で誓いを立て、護法尊となったものである。チョスキョンはツァンと同族であるが、それよりも格が上であるとされる。両者は対になって向かい合って踊り、12時07分に退場する。

　12時10分に音楽が始まり、演奏者により儀軌の朗唱が行なわれる。ここでは、ソルカー

168　第1部　僧院の組織と祭礼

写真4-42　舞踊2日目第8場面のゴンボの従者、ペンヤブ

写真4-43　舞踊2日目第8場面のゴンボの従者、チャー

の一部であるワンギャガルウシ・ドルジェドンなどの儀軌が、次の場面のために朗唱されるのである。

　第8場面はドンタンポ（'don tang po, 登場・最初）である。堂内で骨製の笛が吹かれ、12時24分にシンバルが打ち鳴らされ、長笛、縦笛、香炉を持った先導隊が登場する。アツァリャは長い棒の先に三鈷がつけられ、そこからヤクの尾の毛が垂らされたチャルダル（phyar dar, 掛けられた・旗）と呼ばれる旗棒を持つ。これは、中庭の北側の壁に沿って立てられた7本のチャルダルと同じものである。続いて、大きな黒緑の仮面をつけたゴンボが登場する。ゴンボは第2場面と同じく、従者とともに登場する（写真4-41［口絵4］、4-42、4-43）。さらに、第3場面のアプチとその従者たちをはじめ（写真4-44）、第4場面のカーシュンズィ（写真4-45）、第5場面のナムシャスの従者たち（写真4-46）、第6

写真4-44　舞踊2日目第8場面のアプチの従者、ツェリンマ、イシェカンロ、タムツィカンロ

写真4-45　舞踊2日目第8場面のカーシュンズィ

写真4-46　舞踊2日目第8場面のナムシャスの従者、スマンモとチューペンルー

170　第1部　僧院の組織と祭礼

写真4-47　舞踊2日目第8場面の演奏者席のヤンスパ

場面のズィンスキョン、第7場面のギャルポとチョスキョンも登場する。もっとも、衣装は以前登場した時とは異なっている。チャムポンが演じるゴンボの舞踊はラムドス（lam 'gros）と呼ばれる。踊っては止まり、ソルカーの儀軌が朗唱される。舞踊が終わる前に再び先導隊が登場し、それに率いられるようにゴンボも堂内へと退場する。これは堂内に歓迎されて入るということを意味している。こうして、13時19分に全員が退場し、演奏者席のヤンスパは小休止となり、バター茶が配られる（写真4-47）。

　13時48分に口笛と骨製の笛が鳴らされ、音楽が始まる。第9場面のドンバルパ（'don bar pa, 登場・中間）である。アツァリャが旗棒を持ち、長笛、縦笛、香炉を持つ先導隊が入場し、ゴンボが登場する。舞踊はドゥトゴン・トスガル（bdud mgon khros gar）と呼ばれる。すでに登場したすべての諸尊と随行者たちがゴンボに続き、舞踊の庭に勢揃いする。14時00分に彼らはその場に立ち、僧たちは儀軌の朗唱をする。14時07分に舞踊が始まり、14時13分にはトルマが屋根の上に持ち出され、そこから外に捨てられる。なお、儀軌によれば、これはゴンボのトルマと記されているが、ゴンボなど主尊たちのナントルを持ち出したとは考えにくく、また投捨用のゴンボのチトルは舞踊3日目が終了した翌日の3月31日に僧院から持ち出されて投捨されているので、ここでは、ゴンボの儀式に附随するトルマが屋根に置かれたものと思われる。なお、屋根に置くとは、役割を終えたトルマを外に出して、鳥などに供するものである。14時14分になり、朗唱は続けられている。

　14時17分にアツァリャは、先頭のゴンボに続くゴンボの妃であるトゥクユムの後について歩きながら、地面に白い砂（カルツィ、dkar rtsi, 白・物質）で喜びの象徴とされるガワキルワと呼ばれる渦巻き模様を描き始める（図4-5）。白い砂は、今日の最初の場面で2人のアツァリャが登場した時、彼らが演奏者席の前の庭の上に置いておいたものである。そして、この後を、すべての諸尊と随行者たちが1列になってたどり、渦巻きになって踊

第4章 カプギャット祭礼　171

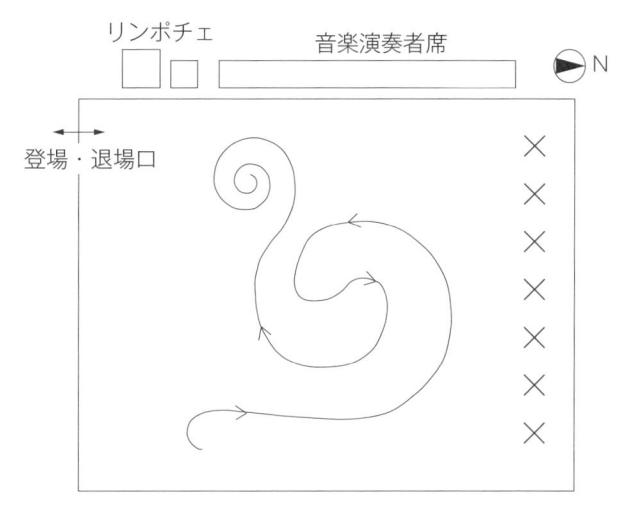

図 4-5　ガワキルワと呼ばれる、幸運の印とされる喜びの渦巻き模様
（舞踊2日目、1984.03.29）

写真 4-48　舞踊2日目第9場面のガワキルワ

り進んで行く（写真4-48）。彼らは中心から反転し、今度は外側へと渦巻き模様に沿って踊りながら出て来る。そして、14時28分にアツァリャはこれを描き終えた。14時35分に全員は立ち止まって、演奏者席で朗唱が始まる。ここでは、カーシュンズィ（bka' bsrung bzhi）とカプジュク（khyab 'jug）のトルマが持ち出され屋根の上に置かれる。そして、14時36分に先導隊が彼らを迎えに出て、諸尊は2人ずつ踊りながら、14時58分に全員退場した。

なお、仮面舞踊の祭礼において、ガワキルワを描くことは、今までに、あるいはこの後、私が見たザンスカールのドゥッパ・カーギュ派に属するサニ僧院、ラダックのゲールク派に属するリキール僧院、スピトゥック僧院、ストック僧院、サキャ派に属するマトー僧院においては見られなかった。ガワキルワを私が再び見ることになるのは、ラマユル僧院のさらに西のインダス河下流にあるダルドの人々の住むダ・ハヌ地方においてであった。ここでは、仏教儀礼とは異なる村の最大の祭礼であるシュブラ祭礼の際、男たちと女たちが2列になって向かい合いさまざまな歌を歌った後、1列になって渦巻き状に舞踊の中心に進み、そこから再度列の間を外側に向かって進み出て、最後に混合する舞踊においてであった。また、東チベットのアムド地方における村の祭礼においても見ることができた。ガワキルワはラダックではディグン・カーギュ派に特徴的な、民間信仰を取り入れた舞踊であるかもしれない。

15時20分になり、ベーダ（モン）の太鼓が響くと、アツァリャがおどけながらベーダを庭の中に連れてきて、その太鼓に合わせて踊る。なお、ベーダ（be da）とは本来は乞食の意味である。しかし、ラダックでは村に住んでいるベーダはモン（mon）と呼ばれ、下級のカーストに属し、音楽を専業としている人々のことである。彼らは、新年に人々の家を訪れ、音楽に合わせて女が歌い踊り、また結婚式や今回のような僧院での祭礼に呼ばれて、太鼓、縦笛で音楽を演奏する。第9場面と第10場面の間に小休止があるため、アツァリャが登場し、ベーダの音楽に合わせて踊り、人々の楽しみとするのである。

この時の踊りは村人たちが結婚式の時に行なう踊りで、村人たちの真似をしておどけて踊っている。踊りの前に、彼らは両手を合わせ身体全体を地面につける五体投地（チャックブルワ、phyag 'bul ba, ひれ伏した・奉献）で、リンポチェの席に向かって拝礼する。小さな子供のアツァリャは退場し、次に大人の僧が演じるアツァリャが登場し、2人のアツァリャが後ろ向きで互いに尻をぶつけ合っておどける。また、ベーダの縦笛を取り上げ、吹いて観衆の村人たちを笑わせる。15時26分にベーダの太鼓の演奏は終わるが、山羊が迷って中庭に入ってくる。アツァリャは縦笛をブーと吹いて山羊を追いかけ回し、庭の外に追い出す。そして2人で会話する。村人たちは笑う。15時30分にアツァリャはペニスの形をした棒を持って、観客に向かっていたずらしておどける（写真4-49）。ベーダの太鼓の演奏が再び始まると、2人のアツァリャはこれに合わせてペニス棒を持って踊る。

アツァリャの演技は続き、1人は女の真似をして観客の笑いをさそう。15時44分に1人

写真 4-49 舞踊 2 日目第 9 場面と第10場面の間のアツァリャの演技

が他のアツァリャの口にペニス棒を入れる真似をし、村人たちは笑いに興じる。15時45分にアツァリャはベーダを追い出し、自分で太鼓をたたく。これに合わせてもう 1 人のアツァリャは片手にペニス棒、片手に縦笛を持って踊る。やがて、ベーダが自分で太鼓の撥をヤナギの枝を削って新しく作り、これを持ってきて太鼓を打ち鳴らす。太鼓は 2 つあるが、今やベーダとアツァリャはそれぞれ 1 つずつの太鼓をたたくことになる。アツァリャを演じる僧は上手に太鼓のリズムをたたき出す。もともとベーダの出身なのかもしれない。この太鼓の演奏に合わせてもう 1 人のアツァリャは踊り続ける。太鼓をたたいていたアツァリャは急に演奏を止め、庭の真ん中に飛び出し、踊っていたアツァリャが投げ出した縦笛とペニス棒を取り上げ、それを持って踊っていたアツァリャを追いかけるようにして踊り、そのまま15時50分に退場する。この小休止の間、村人たちは笑いに興じ、また女たちは水筒に入れてきた大麦の醸造酒であるチャンを飲み、麦こがしで作った練り粉であるコラックを食べている。

　最後の舞踊場面である第10場面のドンタマ（'don tha ma, 登場・最後：ドンスムパ、'don gsum pa, 登場・3 回目）が15時55分に始まる。これは第 8、9、10と続く一連の舞踊の最後の場面である。口笛が鳴らされ、演奏者が儀軌の朗唱を行なう。この 1 節が終わるとカンリン（rkang gling：シュカンドゥン、rkang dung, 骨製の笛）が吹き鳴らされる。ナムシャス（rnam sras）、ゲスニェンズィ（dge bsnyen bzhi）、タンチュンニス（thang btsun gnyis）、ラー・ツァン（lha btsan）、タムチェン（tam can）のトルマが屋根の上に置かれる。これらのトルマは、ナントルの前列に並べられていた小さな諸尊のトルマであろう。

　そして登場口が開かれると再び、大きな黒緑色の仮面をつけたゴンボが、棒につけた旗を先頭にした長笛、縦笛、香炉を持った先導隊とともに登場する。その後から、諸尊と従者たちが続いて登場する。先導隊は棒につけた旗を中心に庭の中央で止まり、残りの諸尊と

写真4-51　小さなリンポチェから祝福をもらう村人たち

従者たち、全員で26名がすべて登場する（写真4-50［口絵5］）。16時08分に先導隊のみ退場し、朗唱が始まる。16時15分に諸尊と従者たちはその場で少し舞い、再び動きを止め、16時16分に朗唱が行なわれる。ここでの舞踊はタムツィクドルジェ（dam tshig rdo rje）である。

　16時22分に再びシンバルが打ち合わされ、舞踊が始まる。16時23分に再び舞踊が止まり、朗唱が行なわれる。16時26分に再度、舞踊が行なわれる。16時28分に朗唱が再度始まり、16時39分にこれが終わると舞踊が行なわれる。16時42分に朗唱が行なわれ、16時43分に舞踊が始められるが、16時44分に止まる。ギャルポとチョスキョンのトルマが持ち出され、屋根の上に置かれる。そして、先導隊が諸尊を迎えるために再び入ってきて、庭の中央に進む。舞踊が中庭をまわりながら行なわれる。16時46分に先導隊が退場し、もう1周舞踊が行なわれて、登場者たちは庭の中央に退場口の方を向いて並び、退場の態勢になる。リンポチェの座る演奏者席の音楽に合わせて、ゴンボが1人で舞い踊り退場する。このようにして、諸尊は順次退場し、17時07分に最後の1人が舞って退場すると、舞踊は終了した。17時08分に音楽の演奏も終わる。

　17時11分に僧たちが各々赤い布で包んだ諸尊の仮面を両手で捧げるようにして持ち、4本の長笛、4本の縦笛、1本の線香を持つ僧たちに先導されて仮面堂より出てくる。これらの仮面は、僧院に戻されるのである。この儀式は仮面を明日の舞踊のために僧院から持ち出す儀式と同様、バクジュワと呼ばれるものである。17時20分にバクラ・ランドルニマの転生とされる少年のリンポチェが席を立ち、僧院に帰る。村人たちは、仮面を持って僧院に向かう僧の列を両側からはさむようにして拝礼し、また、その後を行く小さなリンポチェから祝福をもらうために群がって取り囲み、両手を合わせ頭を差し出す。リンポチェは村人たちの頭をその手で触れ、祝福を与えるのである（写真4-51）。17時30分に今度は、僧たちが明日の舞踊のために用いられる仮面を僧院から持ち出し、先導されて1列になっ

て仮面堂へと向かう。ここでも、村人たちはこの列を取り囲み、諸尊の仮面から祝福を受けるのである。

　この最後の第8、9、10場面においてはそれぞれ、諸尊に対する着座の要請（ズクソル、bzhugs gsol）、歓迎（チャクツァル、phyag 'tshal, phyag 'tshal）、奉献（チョットブル、mchod 'bul）が行なわれた。こうして、この舞踊の中庭において、儀軌で朗唱される過程にしたがって、諸尊が招請され、迎えられ、そして、供物を捧げられた。儀軌の中では、僧たちは観想によって目の前に諸尊を浮かび上がらせる。しかし、仮面舞踊の場面においては、誰の目にも見える形で諸尊が登場し、諸尊そのものとなった僧たちの実演により、村人たちにもそれを具体的に示すことになるのである。

　さらに、この仮面舞踊に登場する諸尊は、僧院の中に安置されていた内部のトルマの諸尊である。すなわち、主要な諸尊であるゴンボ（マハーカーラ）、アプチ、カンロが第2場面、第3場面で登場し、明日登場する主尊のカプギャット（チェチョク）は3日目の第7場面、第8場面で登場することになる。また、その前列に並べられていたザ、マモ、タムチェン、ハラの4つのカーシュンズィは2日目の第4場面、ナムシャスとラー、ツァン、ルー、ナムギャルカルポ等は第5場面、ズィンスキョン・ヤブユムは第6場面、ギャルポとチョスキョンは第7場面で登場し、これらすべてが第8、9、10場面で勢揃いし、奉献を受けることになるのである。

　このことは、村人にとってのみならず、僧にとっても、とりわけ儀軌にまだ未熟な子供や若い僧にとって、儀軌に記される諸尊の具体的な姿を目にすることを意味する。それにより、諸尊の姿や動きという具体的なイメージと、内部のトルマ、儀軌に記され朗唱される諸尊とが1つに結びつけられ、儀礼の内容と意味をより具体的に学ぶことができるのである。さらに、仮面をつけ、諸尊そのものを観想して舞踊を行なうことにより、儀軌に述べられるように、諸尊が僧にとけ込み、僧は諸尊そのものとなって儀礼を実践することになる。したがって、仮面舞踊は観客に見せるための演技にとどまらず、僧にとっては儀礼の修得と実践の過程そのものなのである。

　こうして、カプギャット祭礼の仮面舞踊の2日目は終了した。

舞踊3日目

　3月30日、仮面舞踊の3日目である。朝4時30分、僧院から音楽が響き、僧院に保管されていた貴重な仮面が運び出され、仮面堂に入る。もっとも、その他の仮面はすでに昨日の夕方には仮面堂に運び込まれ、そこで保管されている。これは、昨日2日目の29日においても同様で、前日の28日に多くの仮面が仮面堂に運び入れられていたが、29日朝になって、ギャルポ、チョスキョン、アプチの仮面が持ち込まれたのである。

　第1場面は午前7時のアツァリャの登場により開始される。このため、演奏者が席につ

表4-4　ラマユル・カプギャット祭礼3日目（カプギャット）の場面、場面名称、登場尊名、舞踊名称

1984.03.30（舞踊3日目）

時刻	場面	場面名称（登場尊名）	舞踊名称
07:00	1	アツァリャの登場	
07:29	2	太鼓の舞踊（ンガチャムス）	1. ラムドス 2. チクドゥンメロンマ 3. ドゥルツィスマンチョット 4. ロポンパドマ
07:41		セルケム	5. スムドゥンドルジェウズック 6. ズィルドゥンギャスコル 7. ンガドゥンンガドス 8. ジャムスムチョンスム 9. チャクドックドルチェン 10. ドルジェキャンドス 11. メトプントス 12. チャクドックドルチェン 13. ナツォックドルジェ 14. ギャツォチューリス 15. トルシャクスドス 16. スムドゥンパンレン 17. ニルドゥンパンレン 18. ガワキルワドス 19. ツィクドゥンダルマ 20. ドルジェチェスドゥス
09:45 10:30 10:40		休息、チョジュンを作る チョジュンスノルワ チョジュンリンパスムダン	
10:40	3	舞踊トルマの破壊（チャムトル・チュンワ）	
11:16	4	ザム2尊の登場	
11:49	5	鹿の登場（グスコルワニス）	
12:11	6	雄牛の登場（ニスドスパニス）	
12:31	7	チェチョクの登場	
13:10		小休止、リンポチェ演説	
13:55	8	同等の舞踊（トゥンチャムス）	
15:25	9	8種類の武器の登場 　1番目のゾル（短剣の武器） 　2番目のゾル（アブラナの種の武器） 　3番目のゾル（ツェパット草の武器） 　4番目のゾル（銅の武器） 　5番目のゾル（毒の武器） 　6番目のゾル（血の武器） 　7番目のゾル（矢の武器） 　8番目のゾル（小刀の武器）	ゾルチャムス マモジスコル
16:56		休息	
17:04	10	翁・媼（アポ・アピ）	
17:25	11	殺す舞踊（ダルチャムス）	ニャシャランスムダップ
18:41	12	黒い風の軽い嵐（ルンナックツモ）	
18:47		舞踊終了	
18:52		舞踊トルマの投捨	

き、仮面堂内から口笛と骨製の笛が吹き鳴らされ、登場口が開かれる。アツァリャは2人並んで登場し、そこでおどける演技が行なわれる（表4-4）。

演奏者のシンバルが強い1拍と弱い4拍、そして強い1拍で打ち鳴らされ、7時29分に第2場面のンガチャムス（rnga 'chams, 太鼓・舞踊）が始まった。先導隊が入場し、同時にベーダが太鼓を打ち鳴らし、タントラ瞑想者であるゾル（zor）が登場する。最初のゾルが踊りながら中庭をひと回りし、登場口近くまで戻ると、これに続き、7時36分には25人のゾルが登場し、全員が並び、やがて輪になって踊る（写真4-52）。彼らは右手に柄のついた大きな太鼓の撥（ンガチャク、rnga lcag, 太鼓・手）を持ち、左手には太鼓（rnga）を持つ。この太鼓を持っての舞踊であるために、この場面は太鼓の舞踊（ンガチャムス）と呼ばれるのである。

写真4-52 舞踊3日目第2場面のチャムポンが演じるゾル

ただし、最初のタムディン（rta mgrin）と3番目のシャスンパ（sha gsumpa）と呼ばれる踊り手だけは左右の手にシンバル（ブッチャル、sbub chal）を持っている。ンガチャムスにおける舞踊は1番目にラムドス（lam 'gros）、2番目にチクドゥンメロンマ（chig brdung me long ma）、3番目にドゥルツィスマンチョット（bdud rtsi sman mchod）、4番目にロボンパドマ（slod dpon padma）である。

7時41分に庭の中央、リンポチェと演奏者席の前に東に向かって机が置かれ、チベット仏教の祖師であるパドマサムバヴァを迎える儀式であるセルケム（gser skyems）の準備が始まる。音楽の演奏なしで静かに舞踊が行なわれた後、7時46分にアツァリャが机の上に水、花、線香、香水などの入った杯と、灯明、供物のトルマを並べる。7時50分に、演奏者席にいた僧たちが席を立ち、中庭の机の西側に来て、儀軌を読む。8時07分にシンバルが打ち鳴らされ、演奏者はいったん席に戻る。その後、再び演奏者は庭に出て儀軌を読む。諸尊を迎え、金酒を奉献するという意味のセルケムが始まり、供物が捧げられる（写真4-53）。すべてのゾルたちはこの机を取り囲んで立つ。この時、パドマサムバヴァは東の方から本当にここにやって来ているのだといわれる。8時14分にセルケムが終わり、机が取り除かれると、ゾルたちは庭の中で円く輪になる。8時17分に演奏者の僧たちはもとの席

写真 4-53 舞踊 3 日目第 2 場面のセルケムの儀式

写真 4-54 舞踊 3 日目第 2 場面のゾル

につく。すなわち、演奏者は二度、中庭に出て席につくということになる。

　ゾルの先頭は舞踊長（チャムポン）が務める。彼はスキルブチェン出身の顔の円い、大柄の僧である。ゾルたちは演奏なしで、自分たちが持つ柄のついた太鼓のポンポンという音だけで、中庭を右まわりにゆっくりと踊りながら回る。8 時30分に 4 人の僧が出て来て、中庭の中央に立ち、朗唱する。この間、セルケムの助手をしたアツァリャは、おどけながら観客たちを笑わせている。8 時34分に 4 人の僧は退場するが、チャムポンの舞踊は続く（写真 4-54）。8 時40分に舞踊は一段落して止まるが、8 時41分には再び舞踊が始まる。8 時44分には、ゾルたちはくるくるとその場で速く回転しながら踊った後、一段落する。9 時07分になると、ゾルたちは顔を上に向けて、その場で身体を大きくくねらせるようにしてくるりと回りながら、チャムポンを先頭に全体はゆっくりと右まわりに輪になって庭

を回る。9時11分に舞踊は一段落する。しかし、9時12分には再び始まり、9時16分に一段落する。この間の舞踊は、5番目のスムドゥンドルジェウズック（gsum brdung rdo rje'i bus 'dzug）、6番目のズィルドゥンギャスコル（bzhi brdung brgyad bskor）、7番目のンガドゥンンガドス（lnga brdung lnga 'gros）、8番目のジャムスムチョンスム（'jam gsum 'chong gsum）、9番目のチャクドックドルチェン（lcags sgrogs 'gros chen）、10番目のドルジェキャンドス（rdo rje rkyang 'gros）、11番目のメトプンドス（me dpung 'gros）、12番目のチャクドックドルチュン（lcags sgrogs 'gros chung）、13番目のナツォックドルジェ（sna tshogs rdo rje）、14番目のギャツォチューリス（rgya mtsho chu ris）、15番目のトルシャクスドス（gtor bshags 'gros）、16番目のスムドゥンパンレン（sum bdung spang len）、17番目のニルドゥンパンレン（nyis brdung spang len）である。

これに続き、次に18番目のガワキルワドス（dga' ba 'khyil ba'i 'gros）が行なわれる（写真4-55）。2人のアツァリャが白い砂を持って来てチャムポンの後に続き、白い線で幸運の印とされる喜びの渦巻き模様であるガワキルワを描いていく（図4-6）。この渦巻き模様に沿って左まわりで中心へと進み、そこから反転すると、今度は外側へと右まわりで出て来る。中央付近では中心へ進む者たちと外へ出て来る者たちがひとかたまりになりながら、それぞれ逆方向に進み、やがてそのかたまりが解けたような状態で、一筋の線になって列は外側へと進み出て来るのである。このガワキルワは第2日目の第9場面のドンパルパで行なわれたものと同様であるが、渦巻き模様が2重ではなく3重となっている点が異なる。

次にゾルたちはこの渦巻き模様の外側に立ち、今度は4人ずつ、それぞれがくるくると回りながら、この模様に沿って中心に進み、そこから外へと出てくる。チャムポンは鼓を打ち鳴らす。こうして、舞踊は9時24分に一段落する。

9時27分に先導隊が舞踊者たちを迎えに登場するが音楽は演奏されず、ゾルの太鼓と小さなシンバルのみが打ち鳴らされている。9時29分に先導隊の長笛が鳴り、同時に演奏者席でも音楽が鳴り、舞踊が始まる。全員が退場口の方に向かって並び、2人ずつが1組となって舞い踊り、退場して行く。最後の1組だけは、各人がそれぞれ1人ずつくるくると舞い踊り、9時45分に最後の1人が退場し、19番目のツィクドゥンダルマ（chig brdung da ru ma）と20番目のドルジェチェスドゥス（rdo rje phyed bsdus）の舞踊が終わり、この場面は終了した。

休息がとられ、僧たちにバター茶が配られ、米を煮たものに砂糖と油を混ぜた食事が供される。この間、10時30分に僧が中庭の地面の上に色粉と炭の黒い粉でチョジュンスノルワ（chos 'byung bsnol ba、三角形・交叉）という2つの三角形が上下に重なり合った印を描く（写真4-56、図4-7）。1つの三角形は、中心は黒で、内側から黒、緑、朱、赤の線で描かれた三角形によりなる。これが上下反対に重なった星形の図形となっている。その外側には赤色で炎の模様が描かれる。これは、仏教の涅槃（nirvāṇa）、あるいは空を意味し、

180　第1部　僧院の組織と祭礼

写真4-55　舞踊3日目第2場面のガワキルワドスの舞踊

図4-6　ガワキルワと呼ばれる、幸運の印とされる喜びの渦巻き模様（舞踊3日目、1984.03.30）

第4章　カブギャット祭礼　181

写真4-56　舞踊3日目第2場面と第3場面の間に描かれるチョジュンスノルワ

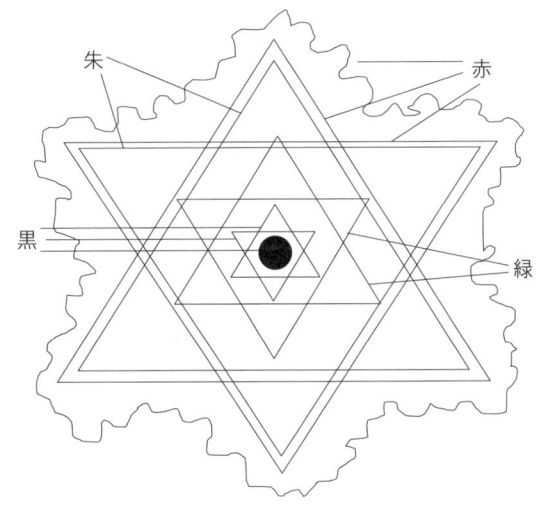

図4-7　涅槃、空の象徴であるチョジュンスノルワ。この上に、主尊チェチョクヘールカの象徴であるチャムトルを置く

周囲の火焰は外部からの防御の象徴である。次の場面で、この上にチャムトルをのせた台が置かれることになるのである。さらに10時40分になると、もう1種類のチョジュンリンパスムダン（chos 'byung rim pa gsum ldan, 三角形・周囲・三重・壁）が地面に描かれる（写真4-57、図4-8）。これは、内側が朱黒で、それを赤、緑、朱、黒で3重の壁になった三角形が囲んでいる。これは死の大王であるヤマの監獄を象徴している。次の場面で、この上にダオが置かれることになる。

　同時に、第3場面のチャムトル・チュンワ（'chams gtor phyung ba, 舞踊・トルマ・破壊す

182　第1部　僧院の組織と祭礼

写真4-57　舞踊3日目第2場面と第3場面の間に描かれるチョジュンリンパスムダン

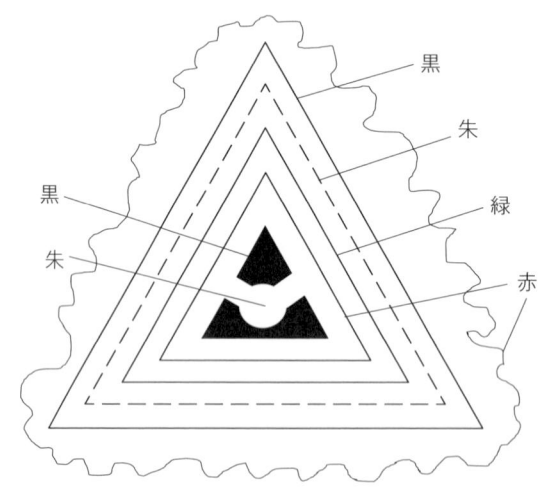

図4-8　死の大王ヤマの監獄の象徴であるチョジュンリンパスムダン。この上に悪霊の象徴であるダオを置く

る）が10時40分に始まる。演奏者たちは堂内に入り、そこで待機する。口笛と骨製の笛が吹き鳴らされると、彼らは太鼓とシンバルを打ち鳴らす。そして、チャムポンが先頭で線香を持参、これに続いて2本の長笛、2本の小さな長笛、2本の縦笛、さらに2本の縦笛、2個の香炉、さらに2個の香炉、2本の骨製の笛、1個のチャムトル（これはアツァリャが持つ）が2列になって登場し、会場をまわる。これに、演奏者席の僧院長をはじめ、太鼓、シンバルを持ったすべての演奏者たちが続く。先に地面に描いたチョジュンスノルワの上に3本脚の椅子を置き、チャムトルをその上にのせる（写真4-58）。このまわりで、

写真 4-58 舞踊 3 日目第 3 場面でチャムトルが持ち込まれる

シンバルを持った僧が少し踊る。アツァリャはチャムトルを置いた後、列の 1 番前で勝利の旗のついた棒を持って立つ。10時54分にシンバルは退場し、続いて全員、無言で退場する。太鼓と僧院長はもとの演奏者席に戻る。

11時08分に仮面堂内で儀軌が行なわれ、太鼓が打ち鳴らされる。中庭にいるアツァリャは金銭を寄附してくれた村人に礼を言っている。太鼓と長笛の音が11時11分に終わる。同時に、演奏者席で太鼓とシンバルが打ち鳴らされ、4 方位の守護者とされるゴマズィ（sgo ma bzhi, 扉・者・4）と呼ばれる 4 人の動物（狼、虎、猪、梟）の仮面をつけた尊が、板の上にのせた悪霊の象徴であるダオ（dgra bo, 敵・形；サンスクリットでリンガ、linga, 印〈チベット語でスタックス、rtags, 印〉）を持って登場する。彼らはそれぞれが鉄の鎖、縄、鉄鉤、鈴を持ち、ダオには青い布が被せられている。これを、先に地面に描いた三角形のチョジュンリンパスムダンの上に置く。この時、ダオの頭は南西に、足はその反対方向の北東に向けられる。チョジュンリンパスムダンは死の大王ヤマの監獄の形であり、この先端が南西に向いているからである（写真 4-59）。

動物の仮面をつけた 4 人は、そこにいたアツァリャの手足を持って、ひきずりながら退場する。じつは、本来であれば、動物の仮面をつけた 4 人が登場した時に、アツァリャは隠れなければならなかったのを、今年のアツァリャの演者が経験不足のため、その場にいたままだったのを、動物の仮面をつけた 4 人がアツァリャをからかって、仮面堂の中にひ

写真 4-59　舞踊 3 日目第 3 場面でゴマズィがダオをチョジュンリンパスムダンの上に置く

写真 4-60　舞踊 3 日目第 4 場面でダオをはさんで踊る 2 人のザム

写真 4-61　舞踊 3 日目第 5 場面のシャワ

きずって行ったのである。なお、4人の仮面のうち、狼はカプギャットの使者であり、後にダオを切り刻む役をすることになる。

　第4場面は11時16分に始まったザムニスギトン（'dzam gnyis gyi 'thon, ザム・2・の・登場）である。頭の上に太い1本の赤い角の生えた赤い仮面をつけ、2人の忿怒尊であるザム（'dzam）が登場し、それぞれがその場でくるくると回りながら、中庭を右まわりと左まわりに進み、ダオの所に行き、そこで反転してもとに戻ると、再度向きを変えてダオの所に行く。右手には斧、左手には本物の頭蓋骨で作った杯を持つ。演奏者席で朗唱が始まり、2人のザムはダオを真ん中にはさんで、その両側で近づいたり離れたりしながら、中庭いっぱいに踊る（写真4-60）。なお、ザムは主尊チェチョクの妃であるともいわれている。11時46分にザムは退場し、この場面は終わる。アツァリャは観客が多くなって中庭にまであふれてくるため、会場整理をしている。

　11時49分に口笛が吹かれ、演奏者席で朗唱が始まり、第5場面であるシャワトン（sha ba'i 'thon, 鹿の・登場）が開始される。儀軌ではこの場面はグスコルワニス（dgu bskor ba gnyis, 9・回る・2）とのみ記されている。しかし、実際に登場するのは鹿（シャワ、sha ba）である（写真4-61）。角のある鹿の仮面をつけた2人の踊り手が登場し、その場でくるくる回転しながら、前場面と同様にダオをはさんで踊る。その場で回転する際に、顔を上に向け上半身を1回転ねじるようにして踊る。この踊り方はシャワの舞踊の特徴であり、仮面舞踊について話す時、僧たちも、主尊である忿怒尊の力強い舞踊、笠を冠ったタントラ瞑想者たちの静かで内に秘めた迫力ある舞踊、アツァリャのおどけた演技とともに、特徴ある鹿の舞踊として指摘されるものである。また、仮面は鼻と口の突き出た鹿の顔そのものを描写しており、頭には2本の角があるため、鹿であることが村人にもわかりやすく、これが登場すると、子供たちは「シャワ（鹿）だ、シャワ（鹿）だ」と言い合い、人気のある演者となっているのである。

　実際のところ、2頭の鹿は僧院の屋根の正面に飾られている法輪の両側に意匠化されており、サールナートでブッダが初めて説法を行なった時、最初に説法を聞きに来たとして、仏法の象徴となっているものである。もっとも、ここでは、鹿は主尊チェチョクの従者とされており、右手に槍につけた旗であるドゥンダル、左手には本当の頭蓋骨で作った杯であるトッパを持つ。こうして、舞踊を終えると、12時08分に2人の鹿は退場し、この場面は終了する。なお、第4場面のザムも、第5場面の鹿も、ダオのまわりで舞踊を行なうが、ダオそのものに触れることはない。また、この場面では鹿は2人であるが、後の場面では3人の鹿が登場することになる。中庭に強い風が吹き、ダオに被せた布が飛びそうになるのを、アツァリャが石を置いて止める。

　第6場面は12時11分に始まるマヘトン（ma he 'thon, 雄牛・登場）である。口笛と骨製の縦笛が吹き鳴らされ、入場口が開くと、緑色で角のある仮面をつけた2人の雄牛が鹿の時

と同様、並んで登場し、くるくると回りながら中庭を大きくまわり踊る。雄牛は主尊チェチョクの従者であり、右手に刀、左手に本当の頭蓋骨でできた杯であるトッパを持つ。なお、この場面では雄牛は 2 人であるが、後の場面では 3 人の雄牛が登場することになる。12時16分、雄牛は退場する。なお、この場面は、儀軌ではニスドスパニス（nyis 'gros pa gnyis, 並んで・2）と記されている。しかし、実際に登場するのは雄牛（あるいはヤク）（マヘ、mahe）となっている。

　第 7 場面は12時31分に始まるチェチョギトン（che mchog gi 'thon, チェチョク・の・登場）である。口笛が吹かれ、演奏者席で朗唱が始まり、シンバルが打ち鳴らされると、長笛、縦笛、香炉を持った先導隊が入場し、アツァリャが勝利の旗をつけた棒を持ち庭に立つ。12時33分に茶色の大きな仮面をつけ、右手に先が曲がった幅の広い長い刀（カトー、ka to）を持ち、左手には本物の頭蓋骨の杯であるトッパを持ち、カプギャットの主尊であるチェチョク（che mchog）が単独で登場する。同時にベーダの太鼓が打ち鳴らされ、チェチョクは右側に進み、庭の東端まで行くと、反転して同じ道を入場口まで戻り、今度は演奏者席の前を北に向かって進み反転すると、そこから再び入場口まで戻る。途中で中庭の東端に立っていた先導隊はダオの横を通って演奏者席の前に置かれているチャムトルの正面に進み、ここで止まる。主尊は 1 人で回転しながら庭をまわる。12時44分に先導隊は退場するが主尊は舞踊を続けている。12時51分にチェチョクは退場し、演奏者席では儀軌の朗唱が始まる。

　小休止の間、13時10分にトクダン・リンポチェがマイクを使って演説を始めた。これは、カラツェ村出身の政府観光局の案内センターの係官が、カプギャット祭礼の意味を村人たちに説明してくれるよう、リンポチェに要請したのに応えたものである。当時、ラダックに観光客はほとんどいなかったが、将来の観光客の増加と観光案内の必要性を見込んでのことかもしれない。実際、1991年まではそうではなかったのが、2009年にラダックを訪れた時、このラマユル僧院のカプギャット祭礼は、観光客のために本来の祭礼日程を変更し、夏の期間に行なわれるようになっていたのである。

　リンポチェは第 1 に、ディグン・カーギュ派の来歴について述べ、第 2 に、この仮面舞踊は通常の舞踊ではなく、諸尊の舞踊であることを述べた。したがって、人々は信仰と信頼をもってこれを観るべきであると語った。そうすれば、バルド（bar do, 中有、死から輪廻転生による再生までの中間の状態）にある時、人は輪廻から解放されるという。人が死ぬと、すべてのタンパリッゲラー（tam pa rigs brgya'e lha, 神聖な・系統・100の・ラー）が私たちの所に来て、解脱の地に連れて行くため私たちを歓迎する。この時、もし、私たちが生前悪い事をしていれば、タンパリッゲラーを怖れる原因となり、彼らと一緒に行こうと思わないことになる。その結果、私たちは動物や地獄や餓鬼という悪い場所に再生することになるのである。したがって、もし私たちがこれらの仮面を何度も見ていれば、彼らを

怖れる必要がなくなり、彼らが諸尊であると認識し、彼らに対して祈りを捧げることができるのである。タンパリッゲラーの中にはこの仮面舞踊に見られるように、狼、虎、猪、梟などの頭を持つ者たちがいるからである。タンパリッゲラーは私たちと同様の身体を持っているといわれているが、私たちは実際には知らない。僧院の壁画に描かれているだけである。さらに、リンポチェは第3に、ラマユル僧院の状況について語った。すなわち、僧院の建物、瞑想者のためのセンター、僧のための学校の発展に、すべての人々が助力してくれたことを感謝すると表明し、さらに、将来も私たちはあなた方に頼るので、どうか僧院のこのような発展に協力してほしいと語った。リンポチェの講話は35分間続き、13時45分に終わった。

なお、後に、パンディ師にカプギャットの儀軌を解読してもらった際、カプギャット祭礼の由来が記されていた。それによると、現在のディグン・カーギュ派であるディグン派（'bri gung pa）は、聖人リンチェン・プンツォク（rin chen phun tshogs）の時代から、ニンマ派（rnying ma pa）とカーギュ派（bka' brgyud pa）と混合した。その時からこのカプギャット祭礼が始まったと述べられている。また、パンディ師によると、リンチェン・プンツォクは、ザンドクパリ（zangs mdog dpal ri）と呼ばれる天上の世界に行き、そこでグル・リンポチェ（パドマサムバヴァ）と多くの諸尊たちが舞踊しているのを見た。これを再現したのが、カプギャットの仮面舞踊であるという。

また、村人がどのように仮面舞踊を見ているかについて、パンディ師は次のように語ってくれた。すなわち、第1に、彼らは単に仮面舞踊を見にくるだけで、儀軌については関心がないという。第2に、ある者は、仮面舞踊を見にくる理由として、死後、舞踊に登場する諸尊を見ることになるが、あらかじめこの仮面舞踊において彼らを見ておけば、怖がらなくてもすむと考えているという。そうすれば、怖がって逃げることなく、諸尊に連れられて、次の人生では輪廻におけるより良い場に再生することができると考えているからである。

実際、この理由はリンポチェの演説にあった説明と近いものである。しかし、違いは、リンポチェが輪廻転生からの解脱、すなわち仏教の究極の目標である涅槃（ニルバーナ、サンスクリットでnirvāṇa）を説いていたのに対し、村人たちの望みは輪廻の中のより良い場所への再生、動物や地獄や餓鬼にではなく人間や阿修羅や天、より現実的には人間そのものに生まれかわることを望んでいることにある。この点が、仏教の哲学的教義と村人たちの日々の生活に根差した、ささやかでより現実的な希望との間の相違である。

さらに、第3として、ある村人はトルマを投捨することについての理解もあるという。彼らは、これが悪霊、具体的には戦争、病気、不作、家畜の死などを回避する目的があると考えている。このことも、後に明らかになるように、正しい理解である。しかし、トルマの投捨に至る仏教的儀軌の過程、あるいはトルマの投捨に先立って悪霊の象徴であるダ

オを殺すことが、我欲（エゴ）を滅することであるとする仏教的解釈には関心がない。この点も、僧院における僧たちと村における人々との認識の相違であろう。

　第8場面のトゥンチャムス（trung 'chams, 同等の・舞踊：トゥクチャムス、drug 'chams, 6・舞踊）は13時55分に始まった。仮面堂内で口笛が吹き鳴らされ、演奏者席でカプギャット儀軌の前の部分であるラルチャンの朗唱が始まる。堂内で骨製の笛が吹き鳴らされ、登場口が開くと、長笛、縦笛、香炉を持った先導隊が入場する。演奏者席でシンバルが強い1拍、中くらいの1拍、弱い3拍、強い1拍、中くらいの1拍、弱い2拍と打ち鳴らされ、前場面と同様、チェチョクが大きな茶色の仮面をつけ、右手に大きな刀、左手に頭蓋骨の杯を持ち登場する。同時に、ベーダの太鼓が打ち鳴らされる。主尊チェチョクを演じるのは、第2場面のンガチャムスで先頭のゾルを演じたチャムポンとは別の、2人のうちのもう1人の新しいチャムポンである。この場面は、ザムを除くチェチョクと8人の化身を含むすべての従者たちが登場するものである（写真4-62）。14時02分に登場した従者たちはすべて右手にプルパ（phur pa, 短剣）、左手に頭蓋骨の杯であるトッパを持つ。

　14時15分に舞踊が止まり、正面に向かって立つチェチョクに、アツァリャが短剣を両手に捧げて渡し、チェチョクの持っていた大きな刀を持って行く。そして、チェチョクはここで儀軌の朗唱を行なう。14時21分に少し踊り、すぐ止むと、再び朗唱が続けられる。14時23分に舞踊が始まり、それが終わると再度、朗唱が行なわれる。なお、儀軌の次第によれば、チェチョクに短剣を渡すのは、第3場面で登場した狼（チャンキ、spyang ki）の頭を持つ者の役割である。狼は、鷲の姿をしたキュンと同様、チェチョクの使者である。これはチャンゴ（spyang mgo, 狼・頭）と称され、身体は人で頭部は狼である。この使者はパルギ・ポニャ（dpal gyi pho nya, パル〈チェチョク〉・の・使者）と呼ばれている。

　パルとはすべてのブッダの最初の者であり、チェチョクとして顕現しているのである。パルはクントゥ・ザンポ（kun tu bzang po）と呼ばれ、丁度、空のような何もない空間であり、ここからチェチョクが出現したと考えられているのである。なお、すべてのブッダの最初の者という意味は、この世界には過去から未来に何百万ものブッダがおり、1,000人をひとまとめとして、最初のブッダが出現して仏教が広まり、やがてそれが消滅し、このようにして二度目、三度目、四度目のブッダが出現し、ブッダ・シャカムニは四度目の1,000ブッダであると考えられているが、このすべてのブッダの最初のブッダという意味である。

　チェチョクはダオの前に立ち、そこで踊る。14時42分に舞踊が少し止み、朗唱が行なわれる。14時44分に再び舞踊が始まり、14時55分に止まる。ここで、再びアツァリャがチェチョクの前に行き、大きな刀を渡し、短剣を返してもらう（写真4-63）。14時56分に先導隊が迎えに出てきて諸尊による舞踊が始まり（写真4-64）、15時07分に踊りながら全員退場する。

第4章 カプギャット祭礼 189

写真4-62 舞踊3日目第8場面のチェチョクと諸尊

写真4-63 舞踊3日目第8場面の大きな刀を持つチェチョク

写真4-64 舞踊3日目第8場面におけるマへの舞踊

写真4-65　舞踊3日目第9場面でスタク・パクスの上に置かれた8種類の武器

　15時15分に、チャムトルとダオの間の地面に赤い布が敷かれる。これは虎の皮(スタク・パクス、stag lpags, 虎・皮)と呼ばれ、実際には赤い布であるが、虎の皮を象徴しており、強い力を表すものである。次の場面で、この上に8種類の武器が置かれるのである。これで、中庭の中央には、東側にある演奏者席に向かい、涅槃の象徴であるチョジュンスノルワの上に舞踊のトルマであるチャムトルが置かれ、その手前に赤い布であるスタク・パクス、そして、その手前に、死の大王ヤマの監獄の象徴であるチョジュンリンパスムダンの上に置かれた悪霊の象徴であるダオが配置されたことになる。

　15時25分に朗唱が始まり、15時31分に音楽の演奏が始まる。第9場面のゾルギャットキトン (zor brgyad kyi 'thon, 武器・8・の・登場) である。ここでは、第2場面で登場したタントラ瞑想者が、ゾル (zor, 武器) と呼ばれる8種類の武器でダオを攻撃するのである。タントラ瞑想者はツァンスパ、あるいは黒い笠を冠っているのでジャナック (zhwa nag, 帽子・黒) とも呼ばれ、またここでは武器を持っているのでゾルとも称されているのである。したがって、ここでの舞踊はゾルチャムス (zor 'chams, 武器・舞踊) と呼ばれている。

　仮面堂内で口笛が吹き鳴らされ、演奏者席でシンバルが打ち鳴らされる。15時34分に先導隊が入場し、アツァリャが勝利の旗をつけた柱を持って先頭に立つ。僧が、8種類の武器を赤い布の上に並べる (写真4-65)。15時36分に1番目のゾル (zor dang po, ゾル・最初) が登場する。ベーダは太鼓を打ち鳴らす。このリーダーとなる最初のゾルは、トクダン・リンポチェが演じている (写真4-66)。ゾルは仮面を被らず、黒の笠を冠り、その上には主尊の顔がつけられ、周囲にはいくつかの白い小さな頭骨が置かれている。最初のゾルは右手に短剣を持ち、左手にはギャタムティグ (rgya khram gri gug)、もしくはチャクスキュー (lcags kyu) と呼ばれる武器を持つ。これは鉄製で、柄の先端には円形に曲がった刃を持

第4章　カプギャット祭礼　191

つ刀と金剛杵がついたものである。

　最初のゾルがまわりながら中庭を踊り、登場口の所まで来ると、2番目のゾル（zor gnys pa, ゾル・2番目）が登場する。このようにして、次々と、3番目のゾル（zor gsum pa, ゾル・3番目）、4番目のゾル（zor bzhi pa, ゾル・4番目）、5番目のゾル（zor lnga pa, ゾル・5番目）、6番目のゾル（zor drug pa, ゾル・6番目）、7番目のゾル（zor bdum pa, ゾル）、8番目のゾル（zor brgrad pa, ゾル・8番目）が登場する。最初のゾル以外は、すべて右手に剣、左手には頭蓋骨の杯を持つ。

　16時00分に舞踊が止まり、儀軌が朗唱される。最初のゾルの左手にあった武器が頭蓋骨の杯にとりかえられ、また右手の短剣が彼自身の短剣にとりかえられる。16時09分に音楽が始まり、舞踊が行なわれる。こ

写真4-66　舞踊3日目第9場面でゾルのリーダーを演じるリンポチェ

こでの舞踊は、マモジスコル（ma mo bzhi skor）と呼ばれる。16時12分にアツァリャがダオに被せてあった布をとる。最初のゾルはダオの所に行き、2人の僧がゾルとダオの間を白い布で遮るのを、手を伸ばしてその布の向こう側にあるダオの上に短剣を突き刺す（写真4-67）。次に2番目のゾルがアブラナの種の武器であるユントゥン（yungs thun, アブラナの種・武器）をダオにかざす。アブラナの種は強い力があると考えられており、悪霊を追い払うのに用いられるのである。このようにして、3番目のゾルが力の強い草であるツェパット（mtshe pad）の武器であるツェトゥン（mtshe thun, ツェパット草・武器）、4番目のゾルが銅の武器であるザンストゥン（zangs tun, 銅・武器）、5番目のゾルが毒の武器であるトゥクトゥン（dug thun, 毒・武器）を象徴する黒い粉、6番目のゾルが血の武器であるタクトゥン（khrg thun, 血・武器）を象徴する赤い粉、7番目のゾルが矢の武器であるダゾル（mda' zor, 矢・武器）、8番目のゾルが小刀の武器であるティトゥン（gri thun, 小刀・武器）をそれぞれダオに向かって振り下ろす。なお、儀軌では7番目にトルゾル（gtor zor, トルマ・武器）が入っているが、舞踊においてトルゾルは用いられていない。おそらく、彼はここで朗唱だけしたのであろう。こうして、8種類の武器により悪霊の象徴であるダオを攻撃した後、16時56分に全員退場する。ダオは8種類の武器によって攻撃され、短剣が刺され、矢が刺され、毒で黒く染まり、血で赤く染まっている（写真4-68）。ここで、

写真4-67　舞踊3日目第9場面で最初に短剣をダオに突き刺すリンポチェの演じるゾルのリーダー

写真4-68　舞踊3日目第9場面で殺されたダオ

休息がとられ、バター茶が配られる。

　17時04分に第10場面のアポ・アピ（a po a pi, 翁・媼）が始まる。この場面は舞踊ではなく、アツァリャとアポ（下手ラダックでは翁をアポと言うが、ラダック全域ではガポ、rgad po と言う）、アピ（下手ラダックでは媼をアピと言うが、ラダック全域ではガモ、rgad mo と言う）が登場し、武器により攻撃されたダオを囲み、こっけいな演技を行ない、観客を笑わせるものである。

　登場した翁と媼の仮面を被った役者が、殺されたダオを見て驚く様子をする。ダオは前述したようにリンガとも呼ばれ、また、ニャオ（nya bo）、あるいはダズクス（dgra gzugs）とも呼ばれ、悪霊の象徴であり、麦こがしの練り粉で小さな人形の形に作られているものである。そして、彼らは小麦粉を焼いたタキ（ta kyi, チャパティ。下手ラダックではタキと言うが、上手ラダックではタイ、ta yi と言う。なお、ヒンディー語ではチャパティと言う）を手で作る真似をし、また縦笛の中にペニス棒を入れて、棒を上下に動かし、ソルジャ（gsol ja, 茶〈尊敬語〉<ja, 茶。一般的にバター茶を示す）を作る時の仕草を真似し、これをダオにやる。人々は笑いに興じる。しかし、ダオが死んでいる様子なので、次にチベット医学の医師であるアムチ（am ci〈am chi〉, チベット医師）を呼びに行くため、2人のアツァリャが縄を持ち、馬のつもりでこれに乗って行く。アムチがやって来てダオの前に座り、診断するが、すでに死んでいると見て、途中で逃げ出してしまう（写真4-69）。観衆はこれを見て笑う。この間、僧たちは茶を飲んで休息をとっている。こうして、17時15分に喜劇は終了する。

　17時25分に第11場面のダルチャムス（bsgral 'chams, 殺す・舞踊）が開始される。堂内で口笛と骨製の笛が同時に吹き鳴らされ、演奏者席では太鼓とシンバルが打ち鳴らされる。シンバルは強い1拍、弱い4拍、強い1拍と続く。香炉などを持った先導隊が入場し、17時28分に主尊チェチョクが左側に登場する。同時に、ベーダの太鼓が打ち鳴らされる。チェチョクはスキルブチェン村出身のチャムポンが演じている。彼は舞踊が上手で人気があるため、すでに5-6年間この役を演じているという。チェチョクは右手に大きな刀であるカトー、左手に頭蓋骨の杯を持ち、その場で右に左に回転しながら中庭の北側で踊り、再び登場口近くにまで戻ると、ここですべての従者たちが第8場面のトゥンチャムスと同じ仮面をつけ登場する。従者の諸尊たちは右手に短剣、左手に頭蓋骨の杯を持つ。勝利の旗をつけた棒を持ったアツァリャを先頭に、先導隊が庭の中央で演奏者席に向かい立ち、そのまわりで主尊と従者たちが舞踊する。17時39分に、先導隊のみ退場し、中庭の諸尊は全員で輪になり、舞踊が行なわれる。17時40分に舞踊が止み、朗唱が行なわれる。この時、チェチョクの使者である狼の面をつけたチャンゴがチェチョクの右手の大きな刀をとり、短剣を渡す。少し舞踊が行なわれ、17時44分に止まり、朗唱が行なわれる。17時45分に音楽が演奏され、再び舞踊が始まる。

写真 4-69 舞踊3日目第10場面でアムチがアポ・アピ、アツァリャとともにダオを診断する

写真 4-70 舞踊3日目第11場面でチャンゴ(狼)がダオをラルディ(刀)で細かく切る

　17時49分に舞踊が止まり、朗唱が行なわれる。この時、チャンゴは、今度はチェチョクの短剣をとり、細身の通常の刀であるラルディを渡す。チェチョクは、この刀でダオを切る。そして、そのまわりで踊る。

　18時04分に舞踊が止まり、朗唱が行なわれる。この時、チャンゴがチェチョクの刀をとり、短剣を渡す。18時05分に今度はチャンゴが、その刀でダオを小さく切り刻む（写真4-70）。なお、儀軌においては、狼だけではなく、チェチョクの4化身（トゥルペチャクニェンジー、sprul pa'i phyag brnyan bzhi、あるいは4方向の扉を守護する者としてのゴマズィ〈sgo ma bzhi, 扉・者・4〉）と呼ばれる、東を守る狼（チャンキ、spyang ki）、南を守る虎（スタック、stag）、西を守る猪（パック、phag）、北を守る梟（ウクパ、'ug pa）がダオを切ることに

写真4-71 舞踊3日目第11場面で諸尊がその肉を食べるためダオのまわりに集まる。アツァリャはダオの破片を諸尊の頭蓋骨の杯の中に入れる

なっているのであるが、舞踊では狼だけがこれを行なっている。そして、18時07分に、チェチョクをはじめ、すべての諸尊たちがそのまわりに集まり、頭蓋骨の杯を短剣でカタカタいわせながら、ダオの切り刻んだ破片（ニャシャ、nya sha＜nya bo'i sha、ニャオ〈ダオ、悪霊〉・肉）を、アツァリャにより、その中に入れてもらう（写真4-71）。そして、18時08分に、左手にこのニャシャを持ち、右手は腰に当ててまわり、ニャシャランスムダップ（nya sha lan gsum brdab、ニャオ〈ダオ〉・肉・3回・下方）と呼ばれる悪霊の破片を持って3回地面に向かって振り下ろす動きをする舞踊が行なわれる。同時に、狼の面をつけたチャンゴは、残りのダオの破片を観衆の中に投げ入れる。村人たちは歓声をあげ、これを拾い合う。

18時11分に音楽が止み、舞踊も休む。演奏者席では儀軌の朗唱が行なわれる。18時12分に再び音楽が鳴り、舞踊が始まる。先ほどの第9場面でマモジクソル舞踊を行なった踊り手たちは、この第11場面では仮面をつけ、すべて中央のチャムトルのまわりに集まり、先ほどのダオの破片をトルマに捧げる。このトルマはカプギャットの主尊チェチョクであり、殺した悪霊であるダオの肉を供物として食べるのである。この時、朗唱が行なわれ、彼らは再び中庭に輪となって広がり、舞踊が行なわれる。18時20分に舞踊が止まり、先導隊が迎えのため入場する。狼の面をつけたチャンゴが主尊チェチョクに大きな刀であるカトーを渡し、短剣を戻してもらう。18時40分に退場のため2列に並び、諸尊は踊りながら退場し、18時40分にこの場面が終了する。

写真 4-72 村人によるチャムトルの投捨

　18時41分に再び堂内で口笛と骨製の笛が吹き鳴らされ、演奏者席では音楽が演奏され、仮面舞踊最後の第12場面であるルンナックツモ（rlung nag 'tshub mo, 風・黒・軽い嵐）が始まる。香炉などを持った先導隊に続き、主尊チェチョクを先頭にすべての諸尊が登場する。庭を左側から右まわりに1回まわり、主尊は中央に立つ。そしてそのまま退場する。他の諸尊も3-4人ずつが、2-3回まわっては退場して行く。最後のシャワ（鹿）は中庭をまわって踊りながら一巡し、退場する。こうして、18時47分に全員が退場し、舞踊は終わる。

　18時52分にチャムトルを投捨するために縦笛が吹かれ、トルマのまわりに演奏者であるヤンスパも、舞踊者であるチャムスパも、すべての僧が集まって立ち、リンポチェが朗唱を始める。太鼓とシンバルが打ち鳴らされる。19時02分にトルマはアツァリャによって、庭の外に運び出される。村人2人がそれを持ち、僧院の横の道に投げ捨てる（写真4-72）。村人たちはピュー、ピューと口笛を吹く。2人の村人は捨てたトルマから地面に7本の線をもと来た道の上に描き、その上に石を置いて戻って来る。これでチャムトルの投捨は終了したのである。

　なお、儀軌によると、このチャムトルの投捨は、チベットのトルン（spro lung）という名前の村の僧院で考案されたという。また、祝福されたトルマの中に、敵と悪霊たちを招き入れるのは儀軌に従って行なわなければならず、その血、肉、骨は神々の飲む甘露の大海であると考えられねばならないという。そして、これらを1つずつ段階的に諸尊に捧げるのである。また、これを行なう時は、宇宙ほどの大きさの、青黒い三角形の建物を考え、最初に、ドッパカルギャット、リンズィン、そしてヤントゥンというカプギャットの化身が、忿怒の殿と妃として、この宇宙を満たしていると考えるのである。そして、これら諸尊がそれぞれの武器を持ち、それぞれの色をして、天にそびえ立っていると考える。それ

から、私たちは悪霊たちに打ち勝たねばならず、この目的のために、これら諸尊は悪霊たちを手に持ち、ある者は彼らの脈道を切り離し、彼らの骨と関節と心臓と肺をばらばらにし、ある者は骨を砕き、ある者は彼らの肉を食い、また、ある者は彼らの血を飲むのである。このようにして、敵の世界を制覇するのである。

5　トルマの投捨

僧院屋上での儀礼

　3月31日、今日はカプギャット祭礼の最終日でゴンボとカプギャットのトルマの投捨（トルギャック, gtor brgyag, トルマ・送る）が行なわれることになっている。午前4時から僧院ではゴンボとカプギャットの儀軌がそれぞれ行なわれている。私は10時30分にカプギャットの儀軌が行なわれている集会堂に行く。丁度、ダオを殺す儀式が行なわれているところで、ダオに小さな矢を刺し、刀を刺して、それから助手の僧がダオを細かく切り刻み、カプギャットのトルマに奉献している。これは昨日、仮面舞踊の第9場面と第11場面で、演じられていたものである。しかし、僧院内における儀式においては、儀軌の朗唱により僧たちはこの場面を観想し、助手の僧だけが、その過程で、実際に目に見える形でこれを行なっているのである。

　11時00分に小休止し、11時05分に再び儀軌の朗唱が始まる。11時10分にラバルトルマ（rab 'bar gtor mo, 非常に強い・炎・トルマ）と呼ばれるトルマを集会堂の外に持って出て、僧院の屋上の手すりの上に置く。これは、高さが15cmほどの小さなもので、三角柱を2段に重ね、その上に小さな三角錐をのせたトルマであり、その全体は赤く塗られている。このトルマは敵、害悪、邪魔などの悪霊に投げられるものである。11時15分に小休止がとられ、11時20分に朗唱が再開される。11時40分にツォクスを細かく切ったものが僧たちに配られ、さらに匙で甘露が手の平に注がれる。そして、僧たちが食べ残したツォクスが小さな皿に集められ、悪霊たちの食物として窓の外に捨てられる。11時45分に小休止がとられ、11時55分に再び儀軌が始まり、11時58分に供物としての小さなトルマが、カプギャットに捧げられる。

　午後になり、集会堂に僧たちが集まり、楽器を持ち、あるいはタントラ瞑想者であるゾルの衣装をつけ、僧院の屋上で行なわれる儀軌の準備を行なっている。14時07分にはすでに屋上に村人たちが20人くらい集まっている。彼らは、タクナック（drag nag, 強い・黒）と呼ばれ、村長によって手はずをされ、後でトルマを僧院の外に運び出す役割を担っているのである。

　14時21分にゾルたちが屋上に上がり、朗唱が始まる。真ん中に小さな机が置かれ、その上には水さしと容器、7つの供物が並べられ、セルケムの準備がされている。また、机の

198 第1部 僧院の組織と祭礼

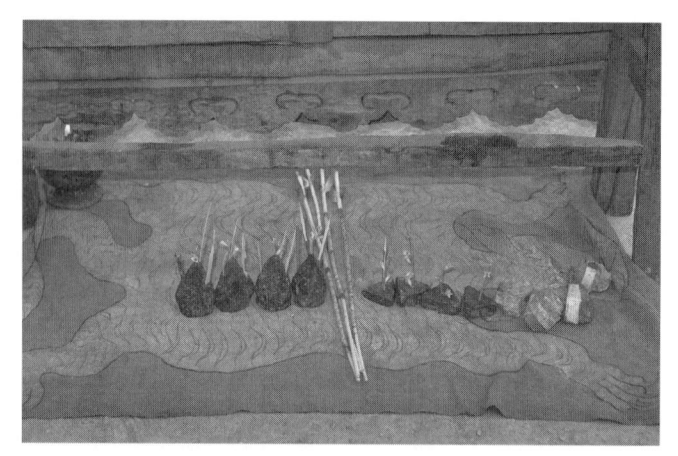

写真4-73 僧院の屋上に準備された儀礼用武器

写真4-74 僧院の屋上における儀式

写真4-75 僧院の屋上において、ダゾルを射る

後ろ側の地面には、儀軌に用いられる各種の武器が置かれる（写真4-73）。机の正面は実際には北向きであるが、本来はパドマサムバヴァのやってくる方角である東向きであると見立てられている。机の後ろ側に助手の僧が立ち、楽器を持った僧たちとゾルたちは机を取り囲むように、机に向かって左側から右側に、2人の長骨製の縦笛、2人の長笛、2人の縦笛、1人の線香、2人の香炉、2人の太鼓を持った僧に続き、2人の太鼓を持ったゾル、僧院長、1人のシンバルを持ったゾルと2人の太鼓を持ったゾルが立つ。

朗唱が始まり、14時24分に助手が小さなトルマを屋上の南側に捨てる。14時25分に4方向の扉の守護者であるゴマズィの役割の4人のゾルが右手に短剣、左手に頭蓋骨の杯を持って踊る。14時30分にセルケム儀式が行なわれ、ゾルが杯を持ち、これを助手の僧が南（見立て西）側に流す。14時32分に舞踊が行なわれ、ゾルの1人が杯の中の水を南側に、もう1人が西（見立て北）側に流す。14時42分にゾルはそれぞれ右手に、毒の花のさし込まれた小さな三角錐のトルマの武器であるトルゾル（gtor zor, トルマ・武器）を持ち、左手に頭蓋骨の杯を持って少し踊り、14時46分にこれらのトルゾルをそれぞれ4方向に投げる（写真4-74）。

なお、この間、階下の集会堂に置かれていた投捨用のゴンボのトルマが、村人たちによって14時45分に持ち出され、投捨された。これは、今行なわれている儀軌の後、僧院の外に持ち出され、火の中に投捨されるカプギャットのトルマとは別に、僧院の外に持ち出され投捨される。つまり、カプギャットのトルマとゴンボのトルマの投捨が同時並行的に進められているのである。

屋上では、続いて、灯明台の武器であるコンゾル（灯明台・武器）が4人のゾルにより持たれ、舞踊の後、14時47分に4方向に投げられる。さらに、石の武器であるドゾル（rdo zor, 石・武器）、14時48分に血の武器であるタクゾル（khrag zor, 血・武器）、14時53分に矢の武器であるダゾル（mda' zor, 矢・武器）が同様にして4方向に射られる（写真4-75）。これら5つの武器はカプギャット尊の武器であり、カプギャット祭礼の初めに僧院の中で準備されていたものである。また、舞踊の場面においては各種の武器はそこに置かれている悪霊の象徴であるダオを殺すために用いられたが、ここでは、周囲にいる悪霊たちに対して用いられている。こうして、14時55分に儀式が終わり、ゾルたちに麦こがしが供せられる。14時59分に彼らは退場し、村人たちが道具を持って階下に降りる。

村人と僧によるトルマの投捨

15時04分に集会堂ではカプギャットのトルマの出発の準備が行なわれる。トルマを火の中に投捨する場所までの道の途中でトルマに奉献するための供物などが皿の中に入れられ、その一つである火をつける棒切れにバターが塗られている。そして、15時20分にタクナックの役割の村人たちがトルマを僧院から運び出す。先頭のカルトルに続き、カーシュンズィ

写真4-76 カルトルに続き、カーシュンズィ(ハラ、ザ、マモ、タムチェン)、ンガボン、ザランマ、カプギャットのトルマを持つタクナックの役割の村人たち

と呼ばれるハラ、ザ、マモ、タムチェンの各尊のトルマ、そして、ラクダであるンガボン、人の形をしたザランマが持たれる。その後にデプドゥン、主尊カプギャット(チェチョクヘールカ)、そしてカルドットの3尊が続く(写真4-76)。7人の尊であるデプドゥンとカルドットは、ラダック語でカンロ(サンスクリットでダーキニー)と呼ばれる女尊である。

　先頭のカルトル(dkar gtor, 白・トルマ)は白いトルマという意味で、常に肯定的な力を持ち、ラー、ルー、サダック、ジダックなど諸霊に供され、道中の邪魔を防ぐためのものである。カーシュンズィは仮面舞踊にも登場した4人の忿怒尊で、常にひとまとめに扱われており、元来は悪霊であったものが調伏されて護法尊となったものである。ラクダはその意味は不明であるが、キュンを背中につけていることから、諸尊を守護するものと考えられる。ザランマはダンディン・ユムの化身でありカプギャットに伴い、ゴンボに伴う4人の黒い顔をした人形であるミナック(mi nag, 人・黒)と同様、悪霊が起こす悪い奇跡——たとえばあるはずのない場所に美しい花が咲き、それを取ることによって邪悪な結果がもたらされる——を防ぐ役割を持つ。これらトルマの一群はカプギャット祭礼の初めに作られていたものであり、この祭礼最終日に村人に抱えられて、隊列となって僧院を下り、村のはずれへと向かうのである。

　15時25分に僧院の下にある村の中ほどの広場で止まり、トルマが地面に置かれる(写真4-77、4-78、4-79)。そして、持って来た皿の中に敷かれていたエンドウ豆が投げられる。ここで、グッズクス('gug zhugs, 招待する・座る〈入る〉)と呼ばれる儀式が行なわれる。これは、悪霊を招待し——より適切な言葉でいえば強引に招待し——トルマの中に混合するためのものである。じつは、すでに僧院において、トルマの中に招請したカプギャット尊がもとの世界に戻るよう要請した後、僧たちはカプギャット尊に奉献し、同時に、グッズクスを行なっている。しかし、ここで再度、行なうのである。

　15時40分に、まず最初に悪霊が招待され、同時に、ワンポメトック(dbang po'i me tog,

第4章　カプギャット祭礼　201

写真 4-77　道中、トルマが地面に置かれグッズクスの儀式が行なわれる

写真 4-78　道に置かれたカルトルとカーシュンズィ

写真 4-79　道に置かれたンガボンとザランマ

写真4-80 ワンポメトックのカプギャットへの奉献

力のある・花)がカプギャットに捧げられた(写真4-80)。ワンポメトックとは、眼、耳、鼻、舌、身の5感覚器官と意からなる6識、すなわち身体と意識の象徴である。そして、これらを大麦こがしの練り粉でそれらの器官だけを1個所にまとめて、丁度タコの頭のような形状に作ったものである。続いて、2番目の招待として悪霊が招き入れられると同時に、カプギャットにマンラック(sman rak, 甘露・血)が捧げられた。実際には、血の象徴として茶が用いられた。そして、15時44分、3番目に、悪霊の招待と同時に、2本の棒切れの先につけられた火(スパルバル、dpal 'bar, 光栄な・輝き)がカプギャットに捧げられた。棒切れの先には糸や布切れが巻かれており、これに油などが染み込ませてある。先ほどバターを塗っていたのはこの棒切れである。これに火がつけられ、それが消えると、この棒がカプギャットのトルマに立てられ奉献された。これは、この灯火により、道筋を照らすという意味がある。

　こうして、グッズクスにより、多くの悪霊たちがトルマの中に入り混合した。また、すでにトルマのまわりには殺された多くの悪霊たちの死骸が置かれている。これらは祭礼の初めに準備されていた小さな人の形をした悪霊の象徴であるニャオであり、また、ルーの正体である魚の形をしたニャチャである。邪悪な霊と同じ形をとることで、より容易にこの世にいる霊たちがそこに集められ、そしてカプギャットに殺され、食べられた後、トルマとともに燃やされるのである。

　道を照らす灯火の輝きが奉献されるやいなや、人々は出発した(写真4-81)。カルトルを先頭にカプギャットのトルマを持った村人たちの隊列が小道を下り、村のはずれの小さな広場に到着する。トルマが地面に置かれ、僧によりマントラ(ズンス)が唱えられ、焚き火が準備される。役割を終えたカルトルとカーシュンズィは近くの石の上に置かれる。また、ンガボンは地面の上に横に倒され、その役目を終える。そして、15時50分、村人た

ちがトルマを抱え、喚声とともにそれを火の中に投じた（写真4-82）。長笛が吹き鳴らされ、カプギャットのトルマの投捨は終わったのである。

トルマが燃やされると、その後、焚き火のまわりに多くの村人たちが群がり、壊れたトルマやダオの破片をわれ先にと取り合う。今や、人々はこの破片を手に入れ、喜びに満ちた顔で笑い合う（写真4-83）。これらは悪霊の死骸ではあるが、ブッダによって祝福されているので、吉兆なものとなっている。人々がこれを家に置いておくと、それはなおも悪霊を防ぐことができると信じられているのである。このことは、レーでのニンマ派のドスモチェにおいて悪霊祓いに用いられた糸で作られた網の破片が悪霊を防ぐ、時に彼らの家にいるネズミの害を防ぐ目的に用いられるのと同じである。また、ストック村では人々はトルマの破片を畑を耕やす時、土に混ぜて凶作を防ぐ。

写真4-81 カプギャットのトルマを広場へと運ぶタクナックの役割の村人たち

ゾルたちは残りの儀式を行なうため太鼓とシンバルを打ち鳴らす。16時07分、地面の上に置かれたひとにぎりの藁に火がつけられ、水を入れた皿がその上に逆さに被せられ、火が消される。5人のタントラ瞑想者であるゾルはその前でマントラを唱え、最後に手をパンとたたく。そして、小指に唾をつけ、両頬と鼻の頭につけられていた黒い炭をこすり取る。村人は地面に逆さにされた皿の上と、そこから村と僧院へと続く小道の上に7個の小さな石を並べて置く。

これは、トルマを燃やすことによって悪霊は追放されたが、まだきわめて残酷な悪霊が残っているかも知れず、これを撃退するための儀式である。皿と石は大きな山の象徴である。この残酷な悪霊たちを山の下に押さえつけることにより、彼らが天上界に昇ることを阻止するのである。火は水によって消された。これと同じように、悪霊たちはこの山とマントラによって殺されるのである。7つの石は7つの山であり、悪霊たちはこれを越えて、この世界に戻ってくることはできないのである。

また、ゾルたちが顔に塗られた黒い色をこすり取ったことは、すべての仕事を終えたことの象徴である。そもそも、黒い色をつけるということは、強い力を行使することの象徴である。本来であれば、顔全体と衣服もすべて黒でなければならない。両頬と鼻の頭につ

204　第1部　僧院の組織と祭礼

写真4-82　トルマが焚き火の中に投捨される

写真4-83　トルマの破片を取る村人たち

写真 4-84 ゾル（左側）にチャンを捧げて迎える村人

けられた黒い色は、この象徴にすぎないのである。

　僧たちが僧院へと戻る道には、村の人々がチャンと麦こがしを持って出向かえる（写真4-84）。これはすべての悪霊が私たちによって駆逐され、これで私たちは皆幸せになったという吉兆の印である。16時30分に僧たちは僧院に着く。彼らが門を入る時、門の上に金剛杵で麦こがしの白い粉とバターがつけられ、トム（ཁྲོམ, khrom）の字が描かれる。これはゴンボやカプギャットの使者である神話上の怪鳥である鷲、キュン（ガルーダ）のマントラの種字である。ここに文字が描かれることによって、悪霊たちは僧院に入ることができなくなるのである。16時40分に僧たちは集会堂に入り、着がえをすませると、そのまま解散し、ラマユルのカプギャット祭礼はすべて終了したのである。

6　カプギャット祭礼における仏教的論理と生態学的意味

　私は、さまざまな悪霊たちとこれを駆逐する怒れる神々、さらには悪霊を殺すためのさまざまな道具立てから、カプギャット祭礼が普段考えていた仏教のイメージとは大きく異なっていることに驚いた。もちろん、チベット仏教は仏教であり、僧院の集会堂の奥の正面にはブッダ（仏）やボディサットヴァ（菩薩）の像やタンカ（絵巻）が、宗祖のそれらとともに安置されており、日々の祈りや儀礼を始める際に、最初に行なう最も重要な帰依の対象となっている。しかし、これら高位の尊格は、カプギャット祭礼のような悪霊を追い払う儀礼のための対象とはなっていないのである。

　これは、もともと人々が自然の神々を恐れ、動物を供犠していたのを、仏教がそれらの神々を仏法のもとに調伏させ、護法尊や守護尊として取り込み、その忿怒尊としての力を以て悪霊を追放するという儀式の論理体系とその次第を作り上げてきたからであろう。

チベットにおける仏教の初期の伝播は、ソンツェンガンポ王により629年に建てられた吐蕃王国が、ティソンデツェンの治世の761年に仏教を国教化し、パドマサムバヴァをインドから招請し仏教を取り入れたことにより始まる。この初期の伝播におけるパドマサムバヴァの伝統を現在でもニンマ派、さらにはカーギュ派は強く受け継いでいる。パドマサムバヴァは、怒れる神々を調伏し、護法尊として仏教の体系の中に取り入れることにより、ボン教、あるいはボン教以前のシャマニズムの仏教化を図ったのである。

　仏教は、人々が直接、神々に供犠することを止め、儀礼の中で象徴的にそれを演じ、悪霊を駆逐し、人々の生活を幸せにするという同じ目的を達成することを可能としたのである。さらに、かつてはシャマンがそれらの神々を憑依し、代弁していたのを、儀礼の過程の中で僧が諸尊を観想し、諸尊そのものとなって、儀礼を遂行することにより、恐れる神々を仏法のもとに制御することを可能としたのである。

　そして、全体の儀式は仏、法、僧への帰依に始まり、殺した悪霊の魂はブッダの世界に持って行かれることにより悪霊のためになるのだ、という仏教的論理により儀礼が正当化されている。さらに、儀礼の最後には、あらゆる儀礼においてそうであるように、この儀礼による功徳が生きとし生けるもののためになるように祈られる。したがって、儀礼全体は、ブッダやボディサットヴァが人々をあわれみ、楽を与え、苦を取り除くという慈悲の実践そのものとなっているのである。

　さらに、パンディ師はトルマを燃やすことについて、次のように説明する。すなわち、トルマとともにカプギャットに食べられた悪霊のたくさんの死骸がある。これら悪霊の魂をブッダの世界に送るために、トルマを悪霊の死骸とともに燃やさねばならないのだ、と。ここでは、悪霊の魂がブッダの世界に送られるということが重要なのである。そのことによって、悪霊の象徴であるダオを切り刻むことが単に敵を殺すことではなく、実際には悪霊の魂をブッダの世界に送ることを意味することになるからである。

　また、悪霊の象徴である練り粉で作られた人の形をしたダオをさまざまな武器で殺し、体を切り刻むことは、悪霊を殺すことであると同時に、僧にとっては自分の心の内にある我欲（エゴ）をダオの中に移し入れ、それを自ずから破壊することを意味するものであると教示される。このことは、私が見たゲールク派における仮面舞踊と悪霊祓いの儀式に関して、特にゲールク派の僧であり、ラダックの文化アカデミーを主宰するゲロン・パルダン師が強調する点であった。彼らはそのように考えながら儀礼を遂行し、儀礼は仏法の実践そのものとなっているのである。もっとも、1984年時点において、ディグン・カーギュ派のパンディ師はこのような解釈については述べてはいなかった。

　しかし、1988年にカラツェ村で行なわれたグルジワ（gu ru zhi ba）儀軌において、悪霊の象徴であるツォクスを切り、パドマサムバヴァに捧げることの意味をたずねたところ、これは自分の思考の中にある悪を外に出して切るということだという。そして、チベット

仏教の儀軌では敵を殺し、それを諸尊に奉献するとされるが、その深い意味は自分の中の悪を殺すことである。さらに、諸尊は一瞬たりとも怒りを持ってはいないが、儀軌ではこのように考えるという。さらに、2009年になってパンディ師は会話の中で、仮面舞踊におけるダオについても、同様の考えを語るに至っている。したがって、悪霊を殺すことは我欲を破壊することであるとするのは、ゲールク派、ディグン・カーギュ派を問わず、広く仏教的解釈になっているということができよう。

　また、私が1989年にゲロン・パルダン師に再度、仮面舞踊におけるダオの意味についてたずねたところ、ダオはエゴを外に出し、これを切って殺すという瞑想の一環として使用されるものであり、ここでは、仏教哲学の枠組みにおいて、エゴは単にその儀礼を行なう1人のエゴではなく一般化された人々のエゴであり、これをダオに集めて切って殺すという点が重要だという。仮面舞踊における足の運びはエゴを踏みつける動作であり、両手の動きは縄でエゴを縛る動作であるというように、その一挙手、一挙動に意味がある。仮面舞踊は、舞踊を行なう僧にとっても、またそれを観る人々にとっても瞑想であり、本来、秘密であるべきものであり、決して娯楽のためのものではないのである。

　ところで、カプギャットのトルマが焚き火の中に投捨されるため運ばれる途中で行なわれた、最後の奉献であるグッズクスの意味について、これを実際に行なっていた僧にたずねたところ、次のように語った。すなわち、道中、止まって奉献する際、トルマそのものに奉献するという意味はない。なぜならば、カプギャットはすでにトルマの中にはおらず、カプギャットのすべての諸尊は、その近くのどこかの空間にいるからである。彼らは、私たちの目の前の空間の中にいるのである。さらに、僧たちも、彼ら自身がカプギャットであると考えている。すなわち、彼ら自身も、また彼らの前にも諸尊がいることになる。諸尊は悪霊を追放するために、丁度、助手のように、私たちと一緒に来るのである。彼らは丁度、多くの兵士のように、悪霊を駆逐するのである。私たちすべての者が悪霊を追放するのである。したがって、道中での奉献の際も、彼らは私たちと一緒にいる。私たちが奉献する時、私たちはトルマに奉献していることしか目に見えない。しかし、実際には、私たちはカプギャットの諸尊に奉献しているのだ。グッズクスにより、悪霊や敵やあらゆる悪いものはトルマの中に招き入れられる。そして、そこでトルマと混合するのである。そして私たちはそれを村のはずれにまで持って行き、トルマとともに燃やすのである。

　私は、グッズクスと同時に行なわれるワンポメトックのカプギャットへの奉献は、ブッダへの帰依という仏教的論理により説明されるが、その背景にはじつは人間自身の奉献という意味があったのではないかと考えている。これまでのカプギャットやゴンボへの奉献が、殺した悪霊たちであったこととは対照的に、ここでの供物は悪霊ではないからである。悪霊は奉献とは別に招かれ、すでにトルマの中に入っているのである。したがって、人間の身体と意識を象徴するワンポメトックや、血を象徴するマンラックは、人間自身の象徴

なのである。

　この一見、突拍子もない解釈には、その根拠がないわけではない。私自身の観察に基づけば、インドはもとより、チベットのアムド地方における村々の祭礼において、人々は動物を殺し、その心臓、血、肉を神々に供犠するのみならず、自分自身の頬と背中に長い針を刺し、さらに、小刀で自分の頭皮をたたいて切り、血を出し、それを神々——この祭礼において、山の神はシャマンに憑依しているのであるが——に捧げ、顔を赤い血に染めて踊る。怒れる神々は豊穣と引きかえに、人間の血を要求するのである[4]。これはシベリアのシャマニズムにおいて、森の動物の霊が、狩猟民に対し、人間が狩る——すなわち森の神が彼らに与える——動物の肉と引きかえに、人間の血と肉を要求するのと同様である[5]。したがって、これは人間自身の神々への供犠、あるいはその演技と言ってよいかもしれない。

　シャマンは憑依の役割を僧の儀軌と観想にゆずり、動物の供犠は、赤く塗られたツォクスを切り、それを忿怒尊に捧げるという、仏教の象徴的儀礼に置き換えられたのである。そして、最も強烈な人間自身の供犠は、入念に仕上げられた儀式の次第の中に、最終場面における奉献として、その片鱗を留めるに至ったのではないだろうか。

　もちろん、シャマニズムは現在すべて仏教化したわけではない。ラダックの村々ではラバ（lha ba）、ラモ（lha mo）と呼ばれるシャマンが人々の要請に応えて神々を憑依し、悪霊を追放し、病気を治療している[6]。また、村の祭礼においても、ダ・ハヌ地方では家畜を殺して供犠し、シャマンが神を祭礼に招請し、人々の踊りの後、悪霊が追放されるのである。さらに、ストック、マトー、シェーというラダックの村々の僧院の祭礼においてさえ、専門の村人、もしくは僧に、神（ラー、lha）が憑依し、仮面舞踊の場に登場して、恐れおののく人々の望みに応え、豊穣、吉凶を予言するのである。ここでの神々はパドマサムバヴァに調伏され、護法尊となってチベットからやって来たといわれるにもかかわらず、いまだ荒ぶる神の性格を失ってはいないのである。

　そもそも調伏とは政治的な問題であって、人間の本来の心とは無縁である。日々の現実の生活において、人々は高度な仏教の哲学ではなく、シャマニズム的実践に問題の解決を求めているのである。仏教は哲学的にはきわめて論理的であるにもかかわらず、村人たちの信仰は、良い霊を迎え、悪い霊を追放するという超自然的な力の論理に基づいているのである。そして、このために、日常生活においても、僧によりさまざまな儀礼を行使してもらうのである。カプギャット祭礼も、この論理の一環として理解されているのではないだろうか。すなわち、登場する諸尊を目の前にし、さらにそれらの仮面、あるいはリンポチェに近づき触れることが良い力を得ることであり、悪霊を破壊し、トルマを投捨することが悪い力を追放することであると認識されているのである。仏教とシャマニズムはせめぎ合い、現在もその動態の中にあるということができるのである[7]。

　さらに、グッズクスに関する僧の話において、自分たちの目の前の空間にいるカプギャッ

トが、丁度、助手、あるいは兵士のように自分たちとともに悪霊を駆逐するのだと語られていることは重要である。なぜならば、そこでの主体はあくまで自分たち人間であり、忿怒尊であっても、仏法のもとでは助手としての役割しか持ち得ないという明確な認識を表明しているからである。村人たちが、かつて、そして現在も、この怒れる神々を自分たちの上位に位置づけ、恐れおののくこととは対照的に、僧たちは目的のためには護法尊の力を借りるが、精神的には彼らをブッダの下位に置き、彼らを制御しているのである。実際、後に述べるラダックのマトー僧院において、僧に憑依し人々の前に出現する護法尊に対してさえも、パンディ師は笑って、彼らはブッダやボディサットヴァに比べれば、とても比較の対象になるような尊格ではなく、元来ツァンにしかすぎない下級の霊であるという。仏教はブッダやボディサットヴァに示されるように、人間が生きることの意味について、より普遍的に、人間の心の問題として位置づけ、その道筋を示しているのである。

　それにもかかわらず、ラダック仏教におけるカプギャット祭礼は僧院と村人たちの間の異なる解釈のせめぎ合いの中で、仏教がその仏教的世界観の中にシャマニズムという民間の信仰を取り込み、その実践的力を利用することによって、本来それが民間信仰に基づいて作られた仏教的儀礼であるが故に、超自然的力の制御という論理を共有し、村人たちに現実的な生活を遂行するための力を与えるという生態学的意味を持っているのである。カプギャット祭礼の舞踊において、村人たちは僧たちの演じる諸尊の世界とダオの破壊の儀礼を共有し、祭りの最終日には村人たちが持つトルマが、僧の一団とともに僧院を出て火の中に投捨され、悪霊たちが駆逐されるのである。カプギャット祭礼は、民間信仰を取り込んだ仏教儀礼を僧院の僧たちと村の人々が共同して行なう壮大な祭礼なのである。

　カプギャット祭礼が終了し、私は僧院から急な山肌を登り、パンディ師の兄のいる瞑想者たちの住居へと向かった。振り返ると、仕事を終えた僧たちも後からゆっくりと登って来る。丘の中腹に建てられたブッダの象徴である小さな仏塔は、はるか下を流れるインダス河の急峻な渓谷と、はるか彼方に望む白い雪を頂いた山々の荒々しい大自然の中で、この世界にささやかな人間の秩序を打ち立てようとするかのごとく、陽の光の中に白く不動のまま輝いていた。

註
1)　田村（写真）・頼富（解説）1986：no.48.
2)　田村（写真）・頼富（解説）1986：no.46.
3)　田中（編）2000：no.12.
4)　Irimoto 2011；2012：3-4.
5)　Hamayon 1994：114.
6)　山田 2009：301-395.
7)　Irimoto 2010d.

第5章　カンギュル祭礼

1　再びラマユル僧院に入る

　私が再びラマユル僧院に入ったのは1989年の7月であった。じつは前回の第3次ラダック調査（1983年6月-1984年4月）以後、第4次ラダック調査（1988年8-10月）、第5次ラダック調査（1988年12月-1989年1月）、そして今回の第6次ラダック調査（1989年5-8月）と、ラダックの人々の日々の生活を知るため、カラツェ村を中心とする村々での調査が続けられていたのである。カラツェ村は、ラマユル僧院から東に半日の距離に位置する美しい村で、村の寺院や僧はラマユル僧院に所属していた。パンディ師はここで政府の小学校の教師を務め、彼の紹介で私は村人の家に住み込み、生業をはじめ社会や信仰について、人々のさまざまな日々の営みの中で観察し、学んでいた。そして、7月6日から20日までラマユル僧院で行なわれるというカンギュル祭礼に、パンディ師とともに参加することにしたのである。

　当初、私たちは7月9日にカラツェ村を出発しラマユル僧院に入る予定であった。しかし、予定のバスが来ず、翌日の朝、行くことにした。じつは、7月7日の夜にラダックの主都レーでムスリム（イスラーム教徒）と仏教徒の間に乱闘があり、夜間外出禁止令が出されていたのである。このため、7月8日にはレー発、カラツェ経由スキルブチェン村行きのバスが運行中止となった。さらに、7月9日もカラツェより西に行くバスは出ていないという状況だったのである。

　ムスリムと仏教徒との間の乱闘は、15日ほど前に、レーの映画館でムスリムの青年が仏教徒の少女をバカにする言葉を言ったことに始まったという。このため、この少女と一緒にいた仏教徒の青年とムスリムとの間で喧嘩となり、4-5人のムスリムの少年たちがこの仏教徒の少年を袋叩きにしたのである。そして、7月6日にレーの通りで再びムスリムの青年と仏教徒の青年との間で喧嘩が起こり、ここでもムスリムが仏教徒を殴ったという。このため、7月7日に仏教徒の青年たちはレーのバザールの大通りでデモ行進を行なった。しかし、ここでも再びムスリムのグループと衝突し、両者の間で乱闘となり、投石の応酬があった。このムスリムの中にはラダック在住のムスリムだけでなく、スリナガルから来たカシミールのムスリムも加わっていたとのことであった。このため、警官が出て、ムスリムの青年を逮捕し、警察署に留置した。しかし、今度はこれに抗議したムスリムたちがレーのバザールにあるモスクに集合し、そのまま警察署に押しかけ、この青年を解放させ

た。さらに、警察署からバザールの大通り
をデモ行進し、バザールにある仏教寺院に
手製の爆弾を投げ込みこれを破裂させ、投
石が繰り返された。

　このため、7月7日に夜間外出禁止令が
レー市内に出されるに至ったのである。こ
れ以上の衝突は現在のところ見られていな
い。もっとも、パンディ師によると、7月
7日にレーのムスリムが野菜を売る商店街
から煙が上がっているのが見られ、焼き討
ちにあったらしいとのことであった。また、
レーに滞在している観光客が安全に脱出で
きるよう、警察のバスがレー市内と空港と
の間を往復するとのラジオニュースが流れ
た。なお、この騒乱は2、3日中に鎮静化
するとの見通しであるという。このため、
レーからはるか離れた下手ラダックにいる
私たちは、この時、事態をそれほど深刻に

写真5-1　ラマユルの峠の上からつづら折りの道を見下ろす

は考えてはいなかった。しかし、後に明らかになるように事態はさらに悪化し、私がラダッ
クを離れる8月中旬には、軍隊が出動するというきわめて危険な状態にまでなったのであ
る。

　このような状況ではあったが、ともかく私たちはラマユル僧院に行くことにし、7月10
日の朝、カラツェ村の下にある道路に出てバスを待つことにした。やがて、スリナガル行
きの貸切りバスが来たのでこれをつかまえ、満員であったのを1人50ルピーを支払い、無
理に運転席の横に同乗させてもらうことにした。標高2,910mのカラツェ村からインダス
河を渡り、急なつづら折りの峠道をゆっくり登り、峠の頂上でバスを降りると、そこから
は歩いて、パンディ師の兄のいる瞑想者たちの家々のある丘にまでたどり着いた。ここの
標高は3,440mであった（写真5-1）。眼下には、ラマユル僧院が岩山を背景にして陽の
光を受け、以前と変わらず、静かに、そしてしっかりと建っていた。

2　ラマユル・カンギュル祭礼

カンギュル祭礼

　ラマユル僧院のカンギュル祭礼とは、毎年、ラマユル僧院で行なわれる二大祭礼の一つ

表5-1 ラマユル・カンギュル祭礼の日程

チベット暦	5月3日	4	5	6	7	8	9	10	11	12	13	14	15	16	17	18	19	20
太陽暦（1989）	7月6日	7	8	9	10	11	12	13	14	15	16	17	18	19	20	21	22	23
ダルジン（開始）	⊢─┤																	
カンギュル朗唱		⊢────────┤																
キルコルの製作						⊢- - - - -┤												
デチョク儀軌							⊢─────────────┤											
キルコルの破壊														┤				
コンシャクス儀軌															⊢─┤			
ストンチョット儀軌																	⊢───┤	

である。一つは前回すでに見たカプギャット祭礼であり、もう一つが今回のカンギュル祭礼である。これは、ユリカンギュル（yu ru'i bka' 'gyur, ユル〈ラマユル僧院〉・の・カンギュル）と呼ばれており、チベット暦の5月3日から9日の7日間にわたり、カンギュルの朗唱が行なわれるものである。カンギュルとは、チベット語訳大蔵経のうち、ブッダの教えを直接伝える仏説部であり、サンスクリットのスートラ（sūtra）に相当する。なお、大蔵経のうち、仏説の解釈に関する文献はテンギュル（bstan 'gyur, 論疏部）と呼ばれている。これらは、ラダックの各僧院に収められており、ラマユル僧院にはカンギュルのナルタン版とラサ版とが所蔵されている。カンギュルは大部であるため、僧たちが分担して朗唱を行ない、全体としてそのすべてを一度だけ朗唱することになるのである。なお、1965年頃からカンギュル朗唱の日数が決められ、その期間内で唱えるため、参加する僧の数が多くないと、全部を読み切れないことになるという[1]。

もっとも、ラマユル僧院におけるカンギュル祭礼は、カンギュルの朗唱だけではない。これに続いて、チベット暦の5月10日から17日には、色粉で描いたキルコル（dkyil 'khor, 中心・周囲；日本語では砂マンダラとも称される）を用いたデチョク（bde mchog, サンスクリットではサンヴァラ、saṃvara, ラマユルではチャクラサンヴァラ〈ヘールカ〉と称される）を主尊とする儀軌が行なわれる。さらに、5月18日には、罪業を清めるためのコンシャクス（bskong bshags）儀軌、19日と20日には、長寿を願い、同時にすでに蓄積されている罪業を清めるためのストンチョット（stong mchod）儀軌が行なわれるのである。なお、チベット暦の5月3日から20日は、1989年の太陽暦では7月6日から23日に相当した。ラマユル・カンギュル祭礼は、名称は最初に行なわれるカンギュルの朗唱に由来している。しかし、実際にはこれらの儀式全体をまとめてこう呼んでいるのである（表5-1）。

カンギュルの朗唱

カンギュル祭礼の初日である7月6日の夕方には、4-5日間にわたる儀式が行なわれる前には必ず行なわれる短い開始の儀軌（ダルジン、gral 'dzhin, 列座・保持する）がなされる。その後、翌7月7日から12日の朝まで、毎日、1日中カンギュルの朗唱（カンギュル・

表5-2　ラマユル僧院における1989年7月11日のカンギュル朗唱とキルコルの製作

時　刻	0500　0600　0700　0800　0900　1000　1100　1200　1300　1400　1500　1600　1700　1800　1900　2000　2100
集会	第1回集会　　第2回集会　　第3回集会　　　　　　　　第4回集会
ダクダンマ儀軌	┠─┨　　　┠─┨　　　　　　　　　　　　　　　　┠─┨
カンギュル朗唱	┠S/K┨　　┠T┨　　　　　　　　　　　　　　　　┠P┨
チャプトル儀軌	┠─┨
キルコル製作	┠┨S　S　S　　　　　　　　　　　　　　P

（注）┠┄┄┨：茶／食事　S：茶　K：ペー（麦こがし）、コラック　T：トゥクパ　P：パパ

ドクパ、bka' 'gyur sgrog pa, カンギュル・朗唱）が続けられるのである。

　私たちがラマユル僧院に着いた翌日の7月11日、朝5時22分に僧院の屋上でどら（銅鑼、カルワ、'khar ba）が鳴るのが聞こえた。1人の大人の僧が鳴らしているもので、初めはどらの端を打ち、チーン、チーンという音を出し、次にどらの真ん中を打ち、ボーン、ボーンという音を出す。続いて、2人の子供の僧がホラ貝（トゥン、dung）をブーと三度吹き鳴らす。これは、起床と集会の合図である。

　5時35分に合図が終わり、私とパンディ師は僧院の集会堂に行く。5時50分には、ロボン（僧院長）、ウムザット（儀礼責任者）など大人4人を含む計17名の僧が着座し、各人に茶が注がれ、朗唱が始まる。最初に、ダクダンマ（bdag sdang ma）儀軌によりブッダ（仏）、ダルマ（法）、サンガ（僧）への帰依がなされ、さらに別の経典の中のブッダ（仏）とボディサットバ（菩薩）を讃える一節が唱えられる（表5-2）。

　6時07分にカンギュルのそれぞれの頁が各人に1枚ずつ配られ、子供の僧たちもそれを両手に持ち朗唱する。そして、各人に配られたカンギュルの頁が読み終えられると回収され、再び頁が配られるということが繰り返される。6時26分には、助手がビャクシンを燃やした容器を持って列座の間の通路を歩き、線香のようなツンとする香りの煙が堂内に立ち込める。これは、この場を浄化するためのものである。子供の僧たちは、椀にペー（phe, 麦こがし）を入れてこれを手でこね、コラック（kho lag）を作り食べている。6時45分に年寄りの僧が子供を助手にして、各人に再度麦こがしを配る。これは、ここで食べるためのものではなく、袋に入れてそれぞれが自分たちの部屋に持ち帰るためのものである。もっとも、これを茶に入れ、この場で食べている者も見られる。同時に、最後に配られたカンギュルの頁が回収される。ある者はまだ朗唱の途中である。そして、読み終えた分は集められ、集会堂の奥の正面に積まれる。6時54分に、僧が布で机を拭いてゆく。子供たちはすでに椀と麦こがしの入った袋をしまい、またカンギュルの頁もすべて回収され、机の上はきれいに片づけられている。

　6時56分にチャプトル（chab gtor, 御水〈敬語〉・奉献：チュートル、chu gtor, 水・奉献）の儀礼の用意が始まる。チャプトルとは水を容器に注ぎながら、ブッダから悪霊に至るまでのすべての諸尊、諸霊の名を次々と唱え、招請し、小さな球状のトルマを捧げてゆくと

写真5-2 ラマユル僧院の厨房で子供の僧たちがトゥクパの料理を作る

いう、日課として行なわれている儀軌である。6時57分には僧がチャプトルに用いられる鈴を袋から出して各人に配る。そして6時58分にチャプトルが始まり、招請された諸尊や諸霊を迎えるため鈴が鳴らされる。子供の僧たちは思い切り大きな音を出して鈴を鳴らしている。僧院長の向かいの席に座る僧は水を容器に注いで、迎えた諸尊や諸霊にトルマを捧げる。7時10分、儀軌の朗唱は続けられているが、チャプトルはほとんど終わり、鈴が回収される。容器も水を切って片づけられる。そして、7時14分に僧たちは退室し、堂内は休息となる。

　8時00分に階下の別棟にある厨房では、子供の僧たちがトゥクパ（thug pa）を作っている。これは野菜や乾燥チーズの入ったスープに、小麦粉をこねたものを入れて煮た料理である。ここでは、こねた小麦粉を太いヒモ状に伸ばし、これを手で小さくちぎったものをスープの中に入れるので、ブルトゥク（'brul thug, 落ちる・トゥクパ）と呼ばれるものが作られている（写真5-2）。

　8時24分に僧院の屋上で二度目の集会の合図のどらが鳴らされる。今回はどらだけなので、茶ではなく食事が供される合図となっている。8時43分に集会堂内に僧たちが着座し、8時45分にはトゥクパが配られる。再びカンギュルの頁が各人に配布され、9時06分に僧院長がカンギュルの朗唱を始める。僧たちも椀に配られたトゥクパを食べ、さらに2人の少年僧により次々とトゥクパが追加配給される（写真5-3［口絵6］、図5-1）。

　9時50分には、カンギュルの朗唱がまだ続けられているが、堂内の奥の正面左寄りの所に幕が四角形に張られる。これは、13日から始まるデチョク儀軌に用いられるキルコルの製作の準備だという。今日から2日間で、色のついた粉でキルコルが作られるのである。そして、9時51分にカンギュルの朗唱は終了する。一部の僧たちはまだ朗唱を続けている。

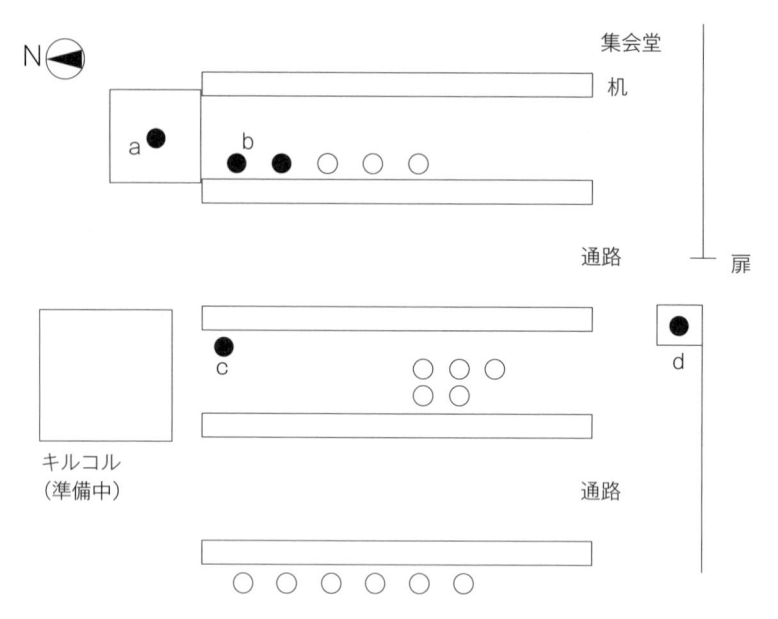

図5-1　集会堂内に着座しカンギュルを朗唱する僧（1989.07.11, 09：49）
●：大人の僧（5名）　○：子供の僧（14名）
a：ロポン（僧院長）　b/c：ウムザット（儀礼責任者）
d：ゲスコス（規律監督者）

しかし、他の僧たちは退席し、休息となる。

キルコルの製作準備

　第3回目の集会の合図は10時40分に行なわれた。今回は、パンディ師がどらを打って僧たちを召集した。集会堂に僧たちが着座すると、10時51分に儀軌の朗唱が始まる。僧たちに茶が注がれ、僧たちは茶を飲む。10時58分にキルコルを製作するためのデチョクの儀軌が始まる。11時05分に僧院長は孔雀の羽で水を自分の前方に振りかけ鈴を鳴らし、場を浄化する。11時07分に助手の僧がスプーンの水を僧院長の手に注ぐ。鈴が鳴らされ、少年の僧たちもいっせいに朗唱を行なう。手鼓、シンバル、縦笛、太鼓の音楽が奏でられ、11時09分に休息、茶が飲まれる。

　そして、すぐに儀軌は再開され、前回同様、僧院長が孔雀の羽で前方に水を振りかけ、音楽が奏でられる。キルコルの台が用意され、水平に置かれる。11時24分に招請された諸尊を迎えるため、音楽が奏でられ、手の形で、それぞれ表現された印により飲料水、洗足水、花、線香、灯明、香水が諸尊に奉献される。僧院長の手にスプーンの水が注がれる。これが繰り返され、頭蓋骨の杯に入った茶、またはチャンが手につけられ、手の平を開い

た印により奉献される。音楽が奏でられ、孔雀の羽で前方に水が振りかけられ、11時44分に再び音楽が奏でられる。これは、デチョクに関する諸尊を1人ずつ招請し、迎える儀式である。

12時05分に、キルコルを製作する板をのせるための台の置かれた大きな机の前で、僧院長が中心になり他の僧たちが助手となって、大麦粒が鉢に盛られ、拝礼が行なわれる。これは、諸尊へのマンダル（宇宙）の奉献であり、机のまわりを順次左まわりに進みながら、台の4方向からそれぞれ同様に奉献が行なわれる（写真5-4）。この間、他の僧たちは朗唱を続けている。12時20分に休息がとられ、茶が飲まれる。

儀軌は12時26分に再開される。キルコルをのせるための台のまわりにビャクシンを燃やした煙がくゆらされ、僧院長は机の上に大麦粒を投げてまき、悪霊を追い払い、この場を浄化する。これは儀礼に際して行なわれる場の神聖化である。そして、真ん中に穴の穿たれた9個の三角形の石が机の中央に置かれる。これは、宇宙の中心にあるとされるメルー山とその周囲の4方向に配置される4大陸、そしてそれぞれの中間にある4亜大陸を表し、仏教の宇宙観における世界全体の表象となっているものである。

茶がまかれ、赤い布をつけた短剣（プルパ、phur pa）の先にミルクがつけられ、中心に置かれた石の穴と、そこから順次左まわりに4大陸、そして4亜大陸の合計9個の石の穴に、それぞれ短剣が突き刺される（写真5-5）。この時、突き刺した短剣を、手に持ったドルジェ（rdo rje, 金剛杵）で石の穴にたたき込む作法がなされる。この配置された石の上に台が置かれる。そして、12時42分にはキルコルの下図がうすく描かれている板が、この台の上にのせられる。これらの儀式は、宇宙の始まりが混沌としたミルクの大海を攪拌してメルー山と大陸が浮かび上がるという創世神話と、また同時に、女性を象徴する赤と男性を象徴する白からの生命の誕生という観念に基づく身体生成の儀礼であると考えられる。そして、短剣によりしっかりと固定されたこの宇宙の上に、神々の世界であるキルコルが作られるのである。

12時50分に儀礼が再開され、板の上に大麦粒が置かれ、僧院長が孔雀の羽で水を振りかける（写真5-6）。この大麦粒も世界の中心のメルー山とその周囲の4大陸と4亜大陸を表すように、9個の小さな塊に分けられ盛られる。13時00分に僧院長は席に戻り、儀軌が続けられる。各人に鉢巻きのための布が配られ、音楽が奏でられる。そして、鉢巻きが回収される。この鉢巻きは、後の儀軌でも用いられるものであり、眼の前に招請された諸尊が視覚化されれば、その片方を垂らして示すためのものである。13時15分に僧院長に頭蓋骨の杯が渡され、僧院長はそれを右手に金剛杵とともに持ち、その中の茶、またはチャンを左手の指につけ、ぱっと手の平を開いた形をとって諸尊に奉献し、マントラを唱え、左手に持った鈴を鳴らして諸尊を迎える。

13時24分に僧院長は席を立ち、キルコルを描くための板の前に立つ。13時25分に板の上

写真5-4 キルコルをのせるための台の前で、諸尊へのマンダル（宇宙）の奉献が行なわれる

写真5-5 メルー山を中心にした4大陸と4亜大陸からなる世界を象徴する9個の三角形の石に打ち込まれたプルパ

写真5-6 キルコルが描かれる板の上に大麦粒が置かれ、孔雀の羽で水が振りかけられる

写真 5-7 キルコルの製作の準備にとりかかる僧たち

に置かれた大麦粒が中央に集められ、水が孔雀の羽で板の 4 方向に振りかけられる。13時30分に板を縦断するように糸が張られ、同時に大麦粒は取り除かれる。糸は真ん中で木製の短剣にひと巻きされ、張られる。ここでは、キルコルの下図の度量にしたがって、中心の確認が行なわれる。13時38分に僧院長は席に戻り、キルコルの製作に用いる色粉を横に置き、孔雀の羽で水を振りかけ、朗唱が続けられる。13時40分に僧院長は再び席を立ち、キルコルの中心部分の木の短剣と糸を取りはずし、そこに下から緑、青、赤、黄、白の色粉を少しずつ置き、ブッダの象徴である小さな仏塔の形を描く。これは後にキルコルの色分けで用いられるように、五仏を象徴するものと考えられる。13時43分に僧院長は席に戻り、儀軌は終了する。4 名の若い僧たちが板を窓の近くに置かれた低い机の上に運ぶ。ここでキルコルの製作が行なわれるのである（写真 5-7）。他の僧たちは退室する。

16時20分に第 4 回目の集合の合図のどらが打たれる。厨房では、食事のパパが準備されている。パパ（pa pa）はザン（zan）の敬称であり、大麦粉を湯の中に入れて煮たものである。これは、各人の食事として円錐形に盛られ、食べる時には手で少しちぎり、親指でくぼみを作り、ここにセリ科の植物の葉を石臼ですりつぶして香辛料としたものを加えたダルバ（dar ba, 酸乳）をくみ取り、食すものである（写真 5-8、5-9）。

16時50分に僧院長に続き次々と僧たちが集会堂に入る。この際、扉の前で儀礼の助手を務めた規律監督者であるゲスコスが瓶を持って各人の手の平に水を注ぎ、僧たちはこの水で手を洗う。パパが長方形の木製の盆にのせられて堂内に運び込まれる。17時00分にパパと酸乳が配られ、僧たちは食事をとる（写真 5-10）。17時13分に、食べ終わった僧院長をはじめ大人の僧たちが配られたカンギュルの朗唱を始める。子供の僧たちはまだ食事中であるが、やがて全員で朗唱が行なわれる。

彼らとは別に、堂内では 5-6 人の青年僧たちがすでに14時00分からキルコルの製作を

写真 5-8　厨房で料理長と少年の僧たちがパパの料理を作る

写真 5-9　作られたパパ（中央）と石臼の中の酸乳（左側）

写真 5-10　集会堂内でパパと酸乳が配られ食事がとられる

写真 5-11 デチョク（チャクラサンヴァラ）のキルコルの見本

続けている。すでに中心部分はでき上がりつつある。また、製作すべき主尊デチョク（チャクラサンヴァラ）のキルコルの見本を時々、参照しながら作業が進められている（写真5-11）。堂内でカンギュルの朗唱が始まると、彼らはパパと酸乳を持って外で食事をするために退室する。18時45分にカンギュルの朗唱が終わり、僧たちは退室する。

　7月12日は、午前5時25分に僧院で集会の合図のどらとホラ貝が鳴らされ、その後、カンギュルの朗唱が行なわれる。午前中ですべてのカンギュルの朗唱が終了し、午後からは、デチョクの儀軌に入ることになるのである。

3　カンギュル朗唱の意味

カンギュルとその朗唱

　チベットでは7世紀、ソンツェンガンポ（Srong btsan sgam po, 581-649）王の時、初めて仏典がもたらされると同時に翻訳が開始され、17世紀に至るまで継続された。その間、8世紀にはインドの学僧シャーンタラクシタ（Śāntarakṣita, 寂護）、カマラシーラ（Kamalaśīla, 蓮華戒）、パドマサムバヴァ（Padmasaṃbhava, 蓮華生）、11世紀にはアティーシャ（Atiśa）などがチベットに入り、多くのサンスクリット仏典をもたらした。そして、ティソンデツェン（Khri srong lde btsan, 742-797）王による仏教国家の成立とともに、サンスクリッ

ト仏典のチベット語翻訳が国家的事業として本格的に始められたのである。チベット語訳大蔵経は14世紀のチムジャムペヤン（mchims 'jam pa'i dbyangs）の「旧ナルタン版大蔵経（ナルタン古版）」の編纂を経て、プトン・リンチェンドゥプ（bu ston rin chen grub）らによる増補、改訂により編纂されたものが写本大蔵経の原本となっている。[2]

ラダックにおいては、18世紀のナルタン（snar thang）新版、デルゲ（sde dge）版、ダライ・ラマ13世により開版されたラサ（lha sa）版が見出され、ラマユル僧院にもナルタン新版とラサ版が所蔵されていることが確認されている。[3]このチベット大蔵経の仏説部であるカンギュルの朗唱は、僧院、さらには村の家々で僧が行なう年中行事となっているのである。

ラマユル僧院におけるカンギュルの朗唱はすでに見たように、チベット暦5月3日に始まるカンギュル祭礼の最初の部分である、5月3日から9日（太陽暦では7月6日から12日）の7日間にわたって行なわれる。また、パンディ師の出身村にある、ラマユル僧院配下のスキルブチェン僧院では、毎年、チベット暦1月20日から30日にカンギュルの朗唱が行なわれる。さらに、3月15日から25日にはスキルブチェン僧院からすべての僧がアチナタン村に行き、ここでカンギュルの朗唱が行なわれる。なお、アチナタン村とスキルブチェン村とは少し離れてはいるが、一つの村のように考えられている。

アチナタン村では、1年交代でカンギュルの朗唱と、ブム（'bum, 10万：カンギュルの一部を成す経典で「大般若経」〈十万頌般若〉）の朗唱、および、ストンチョット（stong mchod）儀軌が行なわれる。さらに、スキルブチェン村においても、僧たちは4月1日から8日に、順次、村の各地区を移動しながらブムの朗唱を行なう。なお、ストンチョット儀軌とは、後に詳しく述べるように、ラマユルのカンギュル祭礼で最後に行われるものであり、長寿を願い罪業を祓い清めるための儀軌である。そして、スキルブチェン僧院の僧たちは5月3日から20日にはラマユル僧院に来てカンギュル祭礼に参加する。その後、彼らはスキルブチェン僧院に戻ると、5月22日から26日に、最も奥にある堂で60巻のブムの朗唱とストンチョット儀軌を行なう。

また、カラツェ村では村の寺院の僧が村人の家に出向き、カンギュルの朗唱が行なわれる。ここでは、2月9日、あるいは10日に始まり、各家ごとに2-3日かけて4巻のカンギュルが読まれ、これが5月15日頃まで続けられる。このように、僧院と村々において、カンギュル、もしくはブムの朗唱が重要な年中行事として行なわれているのである。

経典とマントラの力

カンギュルの朗唱はその内容を理解するというよりは、朗唱を行なうこと自体に意味があるようである。パンディ師によれば、僧の多くは経典を読んでもその内容を理解してはいないという。実際、子供の時から僧院に入り、チベット語の読み書きを習得するのは、

僧院や村の家々で儀軌を行ない、経典を読むことができるようにするのが目的である。とりわけ、チベット本土との連絡が絶たれてからは、僧たちには十分な教育がなされてはいない。このため、前回ラマユル僧院を訪れた1984年には、僧院にタントラ瞑想者たちのためのセンターや僧のための学校が作られ、チベットから亡命してきた高僧を招き、仏教教義に関する教育が始められていたのである。しかし、村人たちにとっては、日々の生活に追われ、仏教教義を十分に学ぶための時間的余裕はない。このため、カンギュルやブムの朗唱は僧が村人たちのために行ない、村人たちにとっては、そのこと自体が意味を持っているのである。

マトー村で夏に行なわれるブムスコル（'bum 'khor, ブム・回転）という儀式では、ホラ貝の合図で僧院から旗を先頭に、太鼓と笛を演じるモンの楽士、そして笛、太鼓、シンバルを奏でる僧をはじめとする僧たちが村に下り、村人たちは大般若経を背負い、隊列を組んで畑のまわりをまわる。この儀式において人々は、農作物に虫がつかないよう、また雨、水、豊作が得られるよう願う。したがって、ここでは経典そのものに力があると考えられていることになる。

もっとも、日常生活において人々は経典そのものではなく、それらの真髄を凝縮したマントラ（真言）を唱え続ける。マントラは観音（チェンレンズィ、spyan ras gzigs dbang phyug, サンスクリットでアヴァロキテシュヴァラ、avalokiteśvara）の真言であるオム・マニ・パドメ・フム（ༀ་མ་ཎི་པད་མེ་ཧཱུྃ། [om ma ṇi pad me h'um]、オム〈身口意の浄化〉・宝石・蓮華〈宝石と蓮華は観音の慈悲の力と智慧の象徴〉・フム〈種字、自己を高めるための帰依を動機づける〉）の真言となっている。観音は慈悲を与えるボディサットバ（菩薩）であり、またダライ・ラマはこの観音菩薩の現れであると信じられているのである。四手観音はチベットの観音の標準様式となっており、両手で宝石を持ち、右手には数珠、左手には蓮華を掲げる。また、ラダックではこれ以外に十一面四手観音も多く見られ、さらに、カシミール様式の十一面二十四手観音、四手観音立像も見られ、人々の信仰の対象となっている。

人々は数珠を手に持ち、マントラを1回唱えるごとに珠を1つずつ繰り、108個の珠を繰り終えると、数珠につけられている短い紐に通してある10個の金輪のうちの1つを、その目印として端に移動させる。こうして10個の金輪が全部移動すると、1,080回マントラを唱えたことになる。次に、この10個の金輪を再びもとに戻し、同時に、もう1本の短い紐に通してある10個の金輪のうちの1つを移動させる。同様に、この10個の金輪が全部移動させられると、10,800回のマントラを唱えた印となる。これを僧院に持って行き、祝福を受ける印として納めるのである。

また、老人たちは男も女もマニコル（ma ṇi 'khor, 宝石・回転＜ma ṇi lag skor, 宝石・手・回転）と呼ばれる手で持つための棒のついた金属製の円筒を回す。円筒につけられた分銅の回転の力で円筒が回るのである。さらに、机の上に置いて軸を上から指で回すマニテプ

写真5-12 マニテプスコルを回す女

写真5-13 ラマユル僧院で製作中のマニドゥンチュル。マニコルの中にはマントラの刷られた紙が張られる

スコル（ma ni mtheb skor, 宝石・親指・回転）と呼ばれるマニコルもある（写真5-12）。これらマニコルの外側あるいは内側の円筒にはオム・マニ・パドメ・フムという観音のマントラが刻まれ、その内側にもその他の真言が納められている。そして、これを1回まわせば、これらのマントラをすべて唱えたのと同じ効果があると信じられている。こうして彼らは、歩いている時も、座っている時も、人と話をしている時も、マニコルを回し続けるのである。

また、寺院の建物の周囲の塀や壁にはたくさんのマニコルが取りつけられており、人々はこれらのマニコルを手で回しながら、周囲をめぐる。実際、レーの町の中にある寺院では本堂のまわりの壁に取りつけられたマニコルを回しながら、丁度、日本の念願成就のた

めの御百度のように、その周囲をまわり続けているたくさんの人々が見られるのである。
　さらに、寺院や道の途中、さらには町の要所にはもっと大きなマニコルが屋根のついた建物の中に作られ、人々は、取っ手を持って、これを回しながら周回する。ラマユル僧院でも、新たにこの大きなマニコルを作る準備をしており、マニコルの内側には、1億個のマントラが印刷された紙が張りつけられ、マニドゥンチュル（ma ṇi dung 'phyur, 宝石・1億）と呼ばれる（写真5-13）。したがって、人々がこの大きなマニコルを1回まわせば、それだけで、1億回マントラを唱えたのと同じ効果が得られることになるのである。
　さらに、パンディ師によれば、スキルブチェン僧院の最奥にある堂には、水の力で回転するマニコルが設置されているという。マニコルの下には水が流れており、そこにマニコルの中心から下に伸びる棒の先に水車が取りつけられているので、水の力によってマニコルが回転することになる。そして、大きなマニコルの外側にはたくさんの小さなマニコルが何段にもわたって取りつけられており、大きなマニコルに取りつけられた分銅の紐が小さなマニコルの下の突起棒に触れることにより、これらも回転する仕掛けになっている。このマニコルはマニチューコル（ma ṇi chu 'khor, 宝石・水・回転）と言い、この堂そのものの名称ともなっているのである。
　なお、マニコルの回転や人々が寺院や仏塔をめぐる時の方向は、右まわりでなくてはならない。この理由は定かではないが、仏教にとって良い回転の方向であるとされている。もし、逆に左まわりに行くことがあれば、その行為により今まで積んだ善業が減少してしまうと考えられており、人々は仏教に反するものとしてきびしく戒める。
　もっとも、かつて仏教と敵対していたボン教では、これらの向きは左まわりとされている。私がかつて訪れたネパールの首都カドマンドゥの近郊にあるボン教の僧院で、案内の僧が集会堂の壁に取りつけられた時計を示すので、見てみると文字盤が逆に刻まれている。通常であれば、一番上の12時から右側に1から数字が刻まれるのが、左側から刻まれている。さらによく見ると、時計の針も左まわりに動いている。私が驚いていると、ボン教ではすべてが左まわりなのだと説明されたのである。時刻がわかりにくいのではないかと思ったが、慣れれば同じことなのであろう。もっとも、方向が逆であるとはいえ、回転が重要であることは仏教と変わりがない。
　また、ラダックでは人々が集って、集団でマントラを唱える儀式が行なわれている。スキルブチェン僧院では、チベット暦10月3日から15日にわたり、すべての僧がマントラを休むことなく唱え続ける。たとえば、30人の僧がいると、これを9人ずつの3グループと残りの3人に分ける。3人は午前10時、12時、午後6時、9時、12時、翌朝の4時の3昼夜にわたり儀軌を行なうという役割を受け持つ。同時に、昼間はすべての僧が僧院に集い、マントラの朗唱が行なわれる。夜間は、先に分けた9人ずつの3グループが、それぞれ午後11時から午前1時、午前1時から3時、午前3時から5時の時間帯に、それぞれマント

ラを唱える。こうしてマントラは休むことなく唱え続けられるのである。

　このように、ラダックの人々は僧も村人も、ブッダの象徴であるカンギュルやブムやマントラを唱え続け、マニコルを回し、寺院や仏塔のまわりをまわり続けるのである。この一見機械的で、強迫観念にとらわれているのではないかとさえ思える行動を、外側だけから理解するのは難しいかもしれない。しかし、彼らは回転という身体を使った活動、マントラを唱えるという言葉を発する活動、そしてそのマントラの中にブッダを意識するという、まさにブッダの象徴である身口意の一致という瞑想を実践しているのである。彼らにとっては、この活動こそが過去の罪業を清め、来世の幸福をもたらすための力となっている。それは、世界をまわし続けることで、そして自分自身をまわし続けることで、あたかもこの現実世界をブッダの世界に近づけようとするかのような、たゆまぬ努力であるように思える。同時に、この善業を無限に蓄積しようとする行動の背景には、後述するように、彼らの死と生の世界観が存在しているのである。

　ところで、ラマユル・カンギュル祭礼における僧たちの集会活動時間は、1989年7月11日から22日の12日間の合計56回の集会において、合計6,421分（107.0時間。特別集会と村での祭礼を加算すれば6,772分〈112.8時間〉）であった（表5-3）。この間、毎日4－5回の集会が行なわれ、カンギュル朗唱、さらには後述するようにデチョク儀軌、ストンチョット儀軌（ナムギャルマ儀軌）等が行なわれた。

　集会活動時間の日毎の累加時間をグラフにすると、ほぼ直線を示していることが明らかとなる（図5-2）。特別集会と村での祭礼時間を加算したものは、この直線の上部にこれらの数値が加算されたものとして示され、これに伴い通常の儀礼活動時間はわずかに減少していることが認められる。しかし、全体を通して見ると、通常の集会活動時間は儀軌の種類や集会の回数にかかわらず、毎日ほぼ一定であることがわかる。

　また、表5-3より、1日当たりの平均集会活動時間を求めると、535.0分（8.91時間。特別集会と村での祭礼時間を加算すれば564.3分〈9.40時間〉）となる。すなわち、僧たちはラマユル・カンギュル祭礼の期間中、毎日平均8.91時間（特別集会と村での祭礼時間を加算すれば9.40時間）、儀礼活動を行なっていたということになる。そして、カンギュルの朗唱においては7日間、デチョク儀軌においては8日間、これらが毎日反復されたのである。

　さらに、集会堂における活動は儀礼活動だけではない。各集会においては、茶と食事が供せられた。また、一部の僧たちはこれら茶や食事を準備する活動にもたずさわっていたことになる。集会堂では儀礼活動を一時中断して、あるいは同時に、茶や食事をとる活動が行なわれていた。すなわち、集会堂における活動は僧たちの日常生活そのものであるということができよう。日常生活そのものが、反復と回転の中に組み込まれているのである。

表5-3 ラマユル・カンギュル祭礼における集会開始・終了時刻、集会活動時間（1989.07.11-22日）

儀軌の種類	月・日	回	開始時刻	終了時刻	時間(分)	合計時間(分)(a)	合計時間(時)(a×1/60)	備考
カンギュル朗唱	7・11	1	0535	0714	99	514	8.56	
		2	0824	0951	87			
		3	1040	1343	183			
		4	1620	1845	145			
カンギュル朗唱・デチョク儀軌	7・12	1	0525	(0730)	125	599	9.98	第1回集会から第3回集会まではカンギュル朗唱、第4回集会ではデチョク儀軌が行なわれた。
		2	(0830)	(1115)	165			
		3	1241	(1400)	79			
		4	1515	1905	230			
デチョク儀軌	7・13	1	0525	0722	117	533	8.88	
		2	0851	1054	123			
		3	1110	1250	100			
		4	1534	1718	104			
		5	1810	1939	89			
	7・14	1	0530	0730	120	500	8.33	
		2	0853	1045	112			
		3	1107	(1250)	103			
		4	1615	(1730)	75			
		5	1800	(1930)	90			
	7・15	1	0525	0716	111	541	9.01	
		2	0824	1038	134			
		3	1105	1257	112			
		4	1543	1705	82			
		5	1732	1914	102			
	7・16	1	0530	(0730)	120	537	8.95	
		2	0905	1120	135			
		3	1213	1409	116			
		4	1609	1715	66			
		5	1740	1920	100			
	7・17	1	0530	0757	147	650	10.8	
		2	0910	1205	175			
		3	1236	1416	100			
		4	1541	1730	109			
		5	1746	1945	119			
	7・18	1	0530	0730	120	584 (+E 640)	9.13 (10.6)	Eの特別集会では懺悔と罪の浄化の儀軌が行なわれた。第5回集会にはリンポチェが臨席した。
		E	0754	0850	56			
		2	0854	1100	126			
		3	1200	1410	130			
		4	1510	1631	81			
		5	1733	1940	127			
	7・19	1	0530	0720	110	566	9.43	第1回集会にはリンポチェ臨席、マンジャ（M1）が行なわれた。第2回集会ではマンジャ（M2）が行なわれた。
		2	0840	1054	134			
		3	1126	1410	164			
		4	1442	1530	48			
		5	1700	1850	110			
	7・20	1	0530	0730	120	423 (+P 612)	7.05 (10.2)	Pは僧院の外での行進と村での祭礼。
		2	0910	1100	110			
		3	1237	1439	122			
		P	1452	1801	189			
		4	1929	2040	71			
ジトー儀軌・コンシャクス儀軌	7・21	1	0530	0726	116	517	8.61	
		2	0929	1113	104			
		3	1153	1359	126			
		4	1616	1730	74			
		5	1754	1931	97			

228　第1部　僧院の組織と祭礼

儀軌の種類	月・日	集会			集会活動時間			備考
		回	開始時刻	終了時刻	時間(分)	合計時間(分)(a)	合計時間(時)(a×1/60)	
ストンチョット儀軌（ナムギャルマ儀軌）	7・22	1 E 2 3 4	0530 0920 1106 1351 1620	0740 1106 1235 1537 1832	130 106 89 106 132	457 (＋E 563)	7.61 (9.38)	Eの特別集会では会議が行なわれた。
12日間の合計時間(b)	—	—	—	—	—	6,421 (6,772)	107.0 (112.8)	（ ）内はE, Pを加算した合計時間
平均時間／日(b×1/12)	—	—	—	—	—	535.0 (564.3)	8.91 (9.40)	（ ）内はE, Pを加算した平均時間／日

(注) 12日間の集会合計数は56回（Eの特別集会、Pの行進と村での祭礼を加算すると59回）。集会開始・終了時刻における（ ）は推定値。マンジャ（茶の奉献）におけるM1はラルー家によるもの、M2はパンディ師によるものを示す。

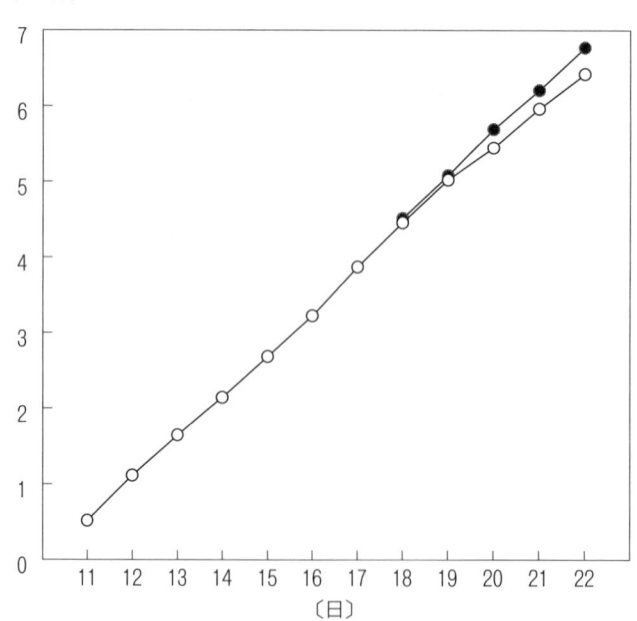

図5-2　ラマユル・カンギュル祭礼における1日の集会活動
　　　時間の12日間における累加時間（1989.07.11-22）
　　　○—○：集会活動時間
　　　●—●：E、Pを加算した集会活動時間

4　カンギュル祭礼の背後にある死生観

輪廻図

　ラマユル僧院の集会堂の入口の横の壁には、セパコロ（srid pa 'khor lo, 実在・輪；輪廻図）と呼ばれる絵が描かれている（写真5-14、図5-3）。セパ（srid pa）は状態、可能性、実在を意味し、コロ（'khor lo）は周期、円を意味する。また、生物が生死の過程を繰り返すという輪廻の観念そのものはコルワ（'khor ba；サムサーラ、saṃsāra〈サンスクリット〉）と呼ばれる。また、セパコロは「六道輪廻図」、「生死輪廻図」[4]、あるいは「生命の輪」（Wheel of Life）[5] 等と訳され、仏教的死生観の描写である。

　ラダックの人々は生と死に関して、生前における、また時にはそれ以前の人生における行為の善悪により、再生する場所（gnas, 場所；趣）が決定されると考えている。実在の輪は6種類の「場所」に分類されており、輪廻図として描写される。それぞれの場所には以下の実在の状態が配置される。すなわち、(1)ラー（lha, 天）、(2)ラマイン（lha ma yin, ラー・ではない；阿修羅）、(3)ミ（mi, 人）、(4)トゥンド（tud 'gro, 畜生）、(5)イダックス（yi dwags, 餓鬼）、(6)ミャルワ（dmyal ba, 地獄）である。配置は上方がより良い実在の状態（写真5-15、5-16、5-17）であり、下方がより苦痛を伴う状態（写真5-18、5-19、5-20）である。最上部に位置づけられるラーは上級の実在であり、逆に最下部に位置づけられるミャルワは最下級の実在である。地獄には八大地獄があり、また餓鬼は常に食物に飢えており、何かを食べようと手にするとそれが火に変わり、食べることができないでいる。畜生とは動物のことである。人とは僧や王、村人たち人間であり、また、阿修羅はメルー山の山腹にある不死なる甘露の果実を取ろうとして、その上にいる天（ラー）と不断の戦いを続けている。輪廻図の周囲には12の縁起が描かれている。

　さらに、輪の中心には、迷いの原因であるパック（phag, 豚）、ドゥル（sbrul, 蛇）、チャ（bya, 鳥）が描かれ、それぞれティムック（gti mug, 無知；痴）、コント（khong khro）またはズェルダン（zhe sdang, 怒り、または憎悪；瞋）、ドチャクス（'dod chags, 欲望；貪）を象徴する。その周囲には白と黒の業の原因が描かれ、これらが苦痛の原因となり、輪廻を回転させていると考えられている（写真5-21）。

　さらに、セパコロは死の主であるシンジェ（gshin rje, 無常大鬼）の口にくわえられている。これは、輪廻するすべての実在は、死から逃れることができないものであることを象徴する。なお、ダチョンパ（dgra bcom pa, 應供）、チャンチュプセムパ（byang chub sems dpa', 菩薩）、サンゲス（sangs rgyas, 仏）がこの輪の外にあり、輪廻の束縛から自由である[6]。なお、後述するように輪廻図に描かれるブッダは真理の道、満月は真理の停止を象徴する。

230　第1部　僧院の組織と祭礼

写真5-14　ラマユル僧院集会堂入口横に描かれたセパコロ（輪廻図）

図5-3　セパコロ（輪廻図）の模式図
［輪廻からの解脱］S：ブッダ(真理の道)　Z：満月(真理の停止)　　　［無常］G：シンジェ(無常大鬼)
［6つの場所］L：ラー（天）　A：ラマイン（阿修羅）　M：ミ(人)　T：トゥンド（畜生）
　Y：イダックス（餓鬼）　D：ミャルワ（地獄）
［迷い（P）の原因］a：パック（豚；無知）　b：ドゥル（蛇；怒り）　c：チャ（鳥；欲望）
［業（Q）の原因］q'：善業　q"：悪業
［縁起の12の連鎖］1：盲目の女（知無）　2：壺を作る人（つながり）　3：窓から外をのぞく猿（意識）　4：舟をこぐ男（名前と形）　5：富裕に見える家（源）　6：抱き合う男女（接触）　7：目を矢で射られた男（感覚）　8：酔った男（渇望）　9：果物を取る男（捕える）　10：妊婦（実在）　11：子供の出産（誕生）　12：火葬のため運ばれる死体（加齢と死）

写真 5-15　輪廻図上部に描かれたラー（天）

写真 5-16　ラマイン（阿修羅）

写真 5-17　ミ（人）

27種類のラー

　ラー（lha, 神）とはメルー山の上域に居住し、彼らの直下に居住する阿修羅と不断の戦争を行なう下級の神々である。しかし、一方では諸仏や諸菩薩も上位のラーであると見なされ[7]、他方では仏教がその伝播の過程において接触した種々の国民的、地域固有の神々がラーという範疇に含まれる[8]。この地域固有の神々は仏教体系に統合されたが、神々の数があまりに多く、かつ人々によく親しまれていたため、その後、すべてが放棄されることになった。しかし、今日でもそれら神々の多くが人々により崇拝され、供物を捧げられている。地域的神々はこの上なく幸福な状態を享受していると考えられており、「今日は私（ラー）にとって幸福な日である」と表現される[9]。

　私はパンディ師から、ゾット（mdzod）と呼ばれる典籍に詳しく記されているセパコロの内容について、さらに聞くことができた。セパコロにおいて、最上級の実在として位置づけられるラーは27種類に分類される。また彼らの住む世界（khams）は、(1)欲界（'dod

写真5-18 輪廻図下部に描かれたトゥンド（畜生）

写真5-19 イダックス（餓鬼）

写真5-20 ミャルワ（地獄）

写真5-21 セパコロ中心部の豚、鳥、蛇とその周囲の苦痛の原因となる惑いと業

khams)、(2)色界（gzugs khams）、(3)無色界（gzugs med khams）の3種類に分類される。ドットカムスは欲望の世界であり、ズクカムスは虹のように形態のみある世界であり、ズクメットカムスはこの形態さえなく、意識のみがある世界である。これらは、『マハーヴュットパッテイ（Mahāvyut patti, 翻訳名義大集）』[10]における「欲界」、「色界」、「無色界」の3界に対応するものである。

　欲界には、はじめの6種類のラーが含まれるが、セパコロにおけるラー以外の5種類の実在もこの世界に属する。倶舎論[11]によると「欲界」は、六天衆、鬼、傍生、八大地獄（等活、黒縄、衆合、号叫、大叫、炎熱、大熱、無間）、四洲（南贍部洲・東勝身洲・西牛貨洲・北倶盧洲）の20の処から成る。また、はじめの2種類のラーはメルー山の上域に住み、ラマイン（阿修羅）と不断の戦争を行なうが、3種類目以後のラーは、闘争から自由になり、地上を離れ空中に住んでいるとされる。色界には、17種類のラーが属する。このうち、高位の5種類のラーは、純粋な場所の種類（gnas gtsang ma'i ris）と呼ばれて他と区別される。17処の「色界」は、初静慮、第二静慮、第三静慮に各々3地があり、第四静慮には8地ある[12]。これらは、『マハーヴュットパッティ』の初禅地名（3084）、二禅地名（3089）、三禅地名（3093）、四禅地名（3097）に対応する。なお、ラダック資料の純粋な場所の種類は、浄梵地名（3101）に対応する。無色界には、最高位に位置づけられる4種類のラーが含まれる。さらに、これら4種類のラーにはスケチェットキラー（skye mched kyi lha）という修飾語がつく。すなわち、これらは形態も所属する場所もなく、いかなる場所にも生成するという意味である。これら3界における27種類のラーの名称は表5-4の通りである。

　なお、大王の4種類のラーに関して、諸天に生まれるとは諸天の中に生まれるとの意味であり、四天王の住処に在る者たちが四天王である[13]。なお、四天王は、天界の最下層にあり、4色、4方向に配置される護法尊である。すなわち、(1)dhṛitarāshṭra（白色・東）、(2)virūḍhaka（緑色・西）、(3)virūpāksha（赤色・南）、(4)vaiṣravana（黄色・北）である。なお、これらの尊名は、「持国天」、「増長天」、「広目天」、「多聞天」[14]に対応する。また、33[15]のラーとは富のラー8（nor lha brgyad）、強い者11（drag po gcig）、太陽12（nyi ma cu nyis）、タスカルの息子2（the skar gyi bu gzhon mu gnyis）から構成される。なお、ワッデル（Waddell, L. A.）[16]は、これらは32のヴェーダ神であるとし、11のルドラ（Rudra）、8のアーディトヤ（Āditya）が含まれると記す。同様に、『倶舎論の原典解明』[17]においては、8の婆薮（Vasu）、2のアシュヴィン（Aśvin）、11の魯達羅（Rudra）、12の阿提覩耶（Āditya）が33天であるとされ、『國譯一切経印度撰述部』の脚注[18]には、正法念処経二十五に基づいて33天の漢名があげられている。

　これらラダックにおける資料と、『マハーヴュットパッティ』、『阿毘達磨倶舎論（西蔵訳）』、『阿毘達磨倶舎論（漢訳）』とを対照させると表5-5の通りである。もちろん、ラダック資料も本来、仏典のチベット語訳語の統一のために9世紀のはじめに作られた基本

表5-4 欲界、色界、無色界におけるラーの名称

1．欲望のラー、6種類（'dod lha rigs trug）	
SK L01	大王の4種類のラー（rgyal chen ris bzhi'i lha）
SK L02	33のラー（sum cu rtsa gsum gyi lha）
SK L03	闘争から自由になったラー（'thab bral gyi lha）
SK L04	喜びを得たラー（dga' ldan gyi lha）
SK L05	奇蹟を好むラー（'phrul dga'i lha）
SK L06	他の（ラーの）奇蹟の権利を有するラー（gzhan 'phrul dbang byed kyi lha）
2．形態のある世界の場所、17種類（zu khams na ris cu dun）	
SK L07	純粋（ブラフマン）な種類のラー（tshangs ris kyi lha）
SK L08	純粋（ブラフマン）なラー、（近い周辺の？）ラー（tshangs lha nye phan gyi lha）
SK L09	純粋な者（ブラフマン）、（すべての円の？）ラー（tshangs pa kun 'khor gyi lha〈＝tshangs tshen gyi lha〉）
SK L10	澄んだラー（sang ba'i lha）
SK L11	光の澄んだラー（'od snang gi lha）
SK L12	限界なく澄んだラー（tshat med snang ba'i lha）
SK L13	あらゆるところで澄んだラー（kun tu snang ba'i lha）
SK L14	善のラー（dge ba'i lha）
SK L15	小さな善のラー（chung dge'i lha）
SK L16	限界なく善のラー（tshad med dge ba'i lha）
SK L17	限界なく偉大な（善の）ラー（tshad med che ba'i lha）
SK L18	結果の偉大なラー（'bras bu che ba'i lha）
SK L19	（これ以後のラーよりも）偉大ではないラー（mi che ba'i lha）
SK L20	苦悩のないラー（mi gdung ba'i lha）
SK L21	最も偉大な見るラー（gya nom snang ba'i lha）
SK L22	最も純粋な見るラー（shin tu mthong ba'i lha）
SK L23	最高位のラー（'og min gyi lha）
3．形態がなく、境界なく生成する4種類（gzugs med skye mched mu bzhi）	
SK L24	無限の空間に境界なく生成するラー（namkha' mtha' yas skye mched kyi lha）
SK L25	無限の意識を持ち、境界なく生成するラー（rnam skes mtha' yas skye mched kyi lha）
SK L26	どんな小さなものもない、境界なく生成するラー（cung zad med pa'i skye mched kyi lha）
SK L27	感覚がなく、感覚がないということさえない、境界なく生成するラー（'du shes med 'du shes med min skye mched kyi lha）

表5-5 ラダック資料と『マハーヴュットパッティ（翻訳名義大集）』、『阿毘達磨倶舎論（西蔵訳）』、『阿毘達磨倶舎論（漢訳）』との対照

ラダック資料	『マハーヴュットパッティ』	『阿毘達磨倶舎論（西蔵訳）』	『阿毘達磨倶舎論（漢訳）』
SK L01	3078（3）四天王種	四大王天	四天王衆天
SK L02	3079（4）三十三天、小刀利天	三十三天	三十三天
SK L03	3080（5）焔摩天	夜摩天	夜摩天
SK L04	3081（6）貝喜天、兜率天	覩史多天	覩史多天
SK L05	3082（7）化楽天	楽変化天	楽変化天
SK L06	3083（8）他化自在天	他化自在天	他化自在天
SK L07	3085（1）梵種、梵種天	―	―
SK L08	3086（2）梵眷、梵衆天	梵衆	梵衆天
SK L09	3087（3）梵輔天	梵輔	梵輔天
	3088（4）大梵、大梵天	大梵	大梵天
SK L10	―	―	―
SK L11	3090（1）少光天（？）	少光	少光天
SK L12	3091（2）無量光天	無量光	無量光天
SK L13	3092（3）光明、光音天（？）	極光浄	極光浄天
SK L14	―	―	―
SK L15	3094（1）小善、小浄天	小浄	小浄天
SK L16	3095（2）無量善、無量浄天	無量浄	無量浄天
SK L17	3096（3）廣善、徧浄天	遍浄	遍浄天
	3098（1）無雲天	無雲	無雲天
	3099（2）福増、福生天	福生	福生天
SK L18	3100（3）廣果天	廣果	廣果天
SK L19	3102（1）不廣、無想天	―	―
SK L20	3103（2）無煩天、無熱天	無煩	無煩天
	―	無熱	無熱天
SK L21	3104（3）善現	善現	善現天
SK L22	3105（4）善現、善見天	善見	善見天
SK L23	3106（5）色究竟、非下	色究竟	色究竟天
SK L24	3110（1）空無邊處天	空無邊處	空無邊處
SK L25	3111（2）識無邊處天	識無邊處	識無邊處
SK L26	3112（3）無所有處天	無所有處	無所有處
SK L27	3113（4）非想非非想處、非有想非無想處天	非想非非想處	非想非非想處

（注）『マハーヴュットパッティ　翻訳名義大集』218-221頁。『阿毘達磨倶舎論（西蔵訳）』は bstan 'gyur mngon pa'i bstan bcos 北京版125b-127a、デルゲ版108b-109bに基づく（『倶舎論の原典解明　世間品』昭和30年、1-15頁）。『阿毘達磨倶舎論（漢訳）』は、「阿毘達磨倶舎論、巻の第八、分別世品第三の一」（『國譯一切経印度撰述部』昭和51年、340-343頁）に基づく。また、倶舎論梵文は Abhidharmakóśabhāṣya of Vasubandhu（Utkal University, Orissa, Vol. VIII）, Pradhan, P.（ed.）Patna: K. P. Jayaswal Research Institute, 1967に記載される。なお、天界の分類と名称については、中村元・奈良康明・佐藤良純（『ブッダの世界』東京、学習研究社、昭和55年、384頁、表5-52）にまとめられている。

訳語集『マハーヴュットパッティ』に基づいており、ラーの分類や名称は一致するはずである。実際、「欲界」に属するlhaは『マハーヴュットパッティ』、3076(1)、3077(2)を除き、すべてラダック資料と対応する。「色界」に属するlhaは第10、11、13、14種類の対応が不明である他は同定可能であり、初禅地名、二禅地名、三禅地名、四禅地名、浄梵地名に順次含まれる。「無色界」に属するlhaは、すべて対応が明らかである。なお、『マハーヴュットパッティ』における3086(2)、3087(3)、3090(1)、3092(2)の対応関係には疑問が残り、さらに、3098(1)、3099(2)、3107(6)、3108(7)の対応関係は不明である。なお、ワッデルは[19]、3界を各々、Devaloka(6)、Lower Brahmaloka(16)、Arūpa(4)と分類し、同時にBrahmalokaに18の瞑想を数え、この最後にあたる'og min(第23種類の「最高位のラー」に相当)を、Ādi-buddhaとして、3界を越える最頂点に位置づけている。

ラダック資料ではSK L20に関して『マハーヴュットパッティ』と同様、「無煩、無熱」と同一のラーであり、『倶舎論』(西蔵訳、漢訳)にある「無熱」は独立していない。さらに、SK L09でも「梵輔」と「大梵」を同一のものとしている。また、ラダック資料には『マハーヴュットパッティ(翻訳名義大集)』、『倶舎論』に含まれる「無雲3098(1)」、「福生3099(2)」を欠いている。なお、ラダック資料のSK L07、SK L10、SK L14、SK L19はそれぞれ初禅、二禅、三禅、および四禅の中の浄梵地名を区切るための総称のように見受けられる。結果的には、ラダックのフィールド資料は「欲界」の6種類のラー、「無色界」の4種類のラーは他の文献資料と一致するが、「色界」の対応関係に関しては不整合が見られる[20]。

このように、セパコロに登場するラーを検討すると、護法尊としての四天王や、33のヴェーダ神との関連が認められるものがある一方で、特に色界、無色界におけるラーの性格は、瞑想の種類を示すように考えられる。本来、ヒンドゥー教でも仏教でも、インドにおける天界は、そこに住む神々が人間的欲望を十二分に満足させうる世界であり、生天のために善業をなすという民間信仰として信じられていた。しかし、後に生天の観念は仏教教理の体系の中に「施論」、「戒論」、「生天論」として位置づけられ、「次第説法」として定型的に説かれることになったのである[21]。

しかし、ラダックの僧は、これらラーはあくまでも輪廻の中にあるため死から逃れることはできず、その善業の蓄積を消費した後、地獄に再生する運命にあると考えている。実際、パンディ師によれば、最高位のラーである「感覚がなく、感覚がないということさえない、境界なく生成するラー」はヒンドゥー哲学においては最高の到達点とされ、ブッダそのものと考えられているという。しかし、仏教哲学においては、これさえ輪廻の中にあり、再びこの世に生まれ変わらねばならないものとして考えられており、これが仏教哲学がヒンドゥー哲学を批判した主なる論点であるという。したがって、仏教哲学では、ラーをも超えた存在としてブッダを捉え、ブッダを、セパコロから自由になり真理を体得した

覚者として位置づけるのである。

輪廻からの解脱

　セパコロの外にあるものとして、應供（ダチョンパ、drga bcom pa；サンスクリットでアラハト、arhat）、菩薩（チャンチュプセムパ、byang chub sems dpa'；サンスクリットでボディサットヴァ、bodhisattva）、仏（サンゲス、sangs rgyas；サンスクリットでブッダ、buddha）があるとされる。應供はヒーナヤーナ（hīnayāna, 小乗；上座部）における最高の到達点とされる。しかし、マハーヤーナ（mahāyanā, 大乗）においては、自己の悟りに留まらず、普遍的な慈悲の心をブッダ（覚者）の状態を達成するための究極の目標に置いている。このため、應供の次の段階にある菩薩は完全な悟りへの道の途中にあるが、単に自己の自由を求めるのではなく輪廻に留まり、衆生の救済を行なうものとされているのである。

　私は、後に、ゲールク派の学僧であるゲロン・パルダン師に輪廻図についてたずねた。そして、輪廻から自由になるためには、瞑想の段階を示しているようにも見える最高位のラーからブッダに至るという方法がとられるのかと問うてみた。しかし、パルダン師はそうではないと答えた。悟りに至るには、セパコロのいかなる場所からでも可能だという。もっとも、地獄や餓鬼や動物はその苦痛と身体的限界ゆえに可能性は限られてくる。また阿修羅も不断の戦いに明け暮れているため困難である。さらに、ラーでさえ、死が訪れる時には7日前（ラーにとっての7日間は人間にとっての数千年間に相当する）に他のラーは去り、そのラーは自らの死を知る。そして、ラーは瘦せ衰え、骨だけになり、みじめで悲惨な死をとげることになると考えられている。実際、僧は経典の一つであるトゥンシャクス（ltung bshags）に記されるように、ラーへの再生を望まない旨、暗唱する。したがって、輪廻から自由になるためには、人が最もその機会にめぐまれているのである。輪廻からの解脱にとって最も近い「場所」はあくまでも「人」であり、ここからいかなる段階をも経ずに、直接、悟りに至ることが可能であるという。

　一方、村人はラーユル（lha yul, ラーの村〈国〉）を、ラダックの現実と対極の理想郷として描いている。すなわち、そこでは長寿が得られ、食物、衣服に不足せず、王、貴族、平民の区別がなくすべての人々が平等である。人々は善業により、ここに再生することができると信じている。セパコロにおけるラーは人間的欲望を満足させ得る実在である。しかし、ラーは生の有限性と地獄への再生の運命ゆえに、必ずしも村人が再生を望む対象とはなってはいない。

　ラーの場所は、インドで輪廻図が作られた時には、おそらく王族たちの教化のために設定されたのかもしれない。しかし、本来の仏教哲学や民衆教化という観点から見れば、その役割はもはや失われているようにも思える。したがって、セパコロにおけるラーへの再生を望まないという点において、村人と僧とは一致する。もっとも、僧は悟りに至るため

に、セパコロへの再生を否定するのであり、村人の多くは後述するように、地獄や餓鬼や畜生の場所からの回避ゆえに、人（可能であれば仏）以外への再生を望まないのである。

迷いと業

さらに、ゲロン・パルダン師によれば、苦痛の原因には迷いと業（ラス、las）という２つの種類があるという。輪廻図の中心に描かれている３種の動物は迷いによる原因を表し、その周囲の白と黒の部分は業による原因を表す。そして、６つの場所の外側を囲む円の上には、相互に依存した縁起の12の連鎖が上から右まわりに人や猿などの姿によって描かれている。すなわち、1．無知（盲目の女）、2．つながり（壺を作る人）、3．意識（窓から外をのぞく猿）、4．名前と形（舟をこぐ男）、5．源（富裕に見える家）、6．接触（抱き合う男女）、7．感覚（目を矢で射られた男）、8．渇望（酔った男）、9．捕える（果物を取る男）、10．実在（妊婦）、11．誕生（子供の出産）、12．加齢と死（火葬のため運ばれる死体）である。なお、これらはサンスクリットから漢語（日本語）に訳された仏教用語では、「無明」、「行」、「識」、「名色」、「六処」、「触」、「受」、「愛」、「取」、「有」、「生」、「老死」の12因縁と呼ばれる。

また、ダライ・ラマ14世によると、仏教教義では現象は相互に依存しながら生起しており、この縁起ということと、現象の本質は空であるということの間には深いつながりがあるとされる。このことはすでに述べたように、ナーガールジュナにより諸存在が縁起しているものであるがゆえに、空であると哲学的に理論づけられた大乗仏教の本質である。実際、輪廻図の外側にはブッダと満月が描かれており、それぞれは「真理の道」と「真理の停止」とを象徴する（写真5-14、図5-3）。この２つの真理が迷いや業に起因する苦痛から自由になる道を示し、空として輪廻の外にあるということになるのである。

僧の説法と村人の認識

それでは、僧たちはこのセパコロを実際にどのように人々に教え、また村人たちはそれをどのように受け取っているのだろうか。パンディ師はまず、デバチェン（bde ba can, 幸福・〈たくさん〉所有している；サンスクリットでスカーワティ、sukhāvatī）という言葉について説明する。これはブッダの世界であり、ここでは食物であろうと、衣服であろうと、望むものすべてが意のままに得られるという。もし、歌を聞きたければすぐに歌が聞こえ、また、聞きたくなければ、すぐに静けさが得られる。あるいは、もし、ブッダの説法が聞きたければ、即座にそれが現れる。僧は村人に、ここに生まれれば不死であると教える。マントラを繰り返し唱えるべきであり、マニコルを回し続けていれば、デバチェンに生まれて良いことがある、と説教する。

なお、デバチェンとはインドにおいて大乗仏教が展開する過程で成立する他土仏信仰に

基づいている。これは紀元前5世紀頃インドに現れた釈尊の滅後、年月が経過するにつれ、生きた仏を目のあたりにし、教えを受けたいという人々の気持ちにより、後の世界で成仏し現在も教えを説いているという仏の許に往生したい、という信仰である。これらの仏とは東方妙喜世界（Abhirati）の阿閦如来（Akṣobhya; mi bskyod pa）と西方極楽世界（Sukhāvatī）の阿弥陀如来（Lokeśvararāja〈Amitābha〉; snang ba mtha' yas）であり、人々はこの世界に往生したいと考えたのである。したがって、人々はデバチェンは幸福な状態であると考えている。そして、彼らは次の人生においては、このブッダの世界に生まれたいと願っている。このデバチェンは、もちろん輪廻の外側にある悟りの世界を意味している。しかし、村人にとっては、それは限りなく幸福な世界として認識されているのである。

さらに、僧は人々に、もし罪となる行為を行なえば地獄に生まれかわるかもしれないと教える。罪となる行為というのは、ゲロン・パルダン師によれば、ブッダの教えとして毎日唱えられる、以下の8つの誓いを破る行為であるという。それらは、1．殺さない、2．盗まない、3．性的欲望にふけらない、4．嘘をつかない、5．酔わせるものをとらない、6．歌や踊りを行なわない、7．午後に食事をとらない、8．高価な座席や寝台を使わない、という項目からなり、健康に良くない行為を行なわず、功徳を積み、心を完全に制御するというものである。これらは僧に課せられる誓いである。

また、パンディ師によれば、チベットのドゥンジェン・リンポチェの最近記した宗教に関する著作に、16種類の人々の宗教（ミチョス、mi chos）と、10種類の神々（僧）の宗教（ラーチョス、lha chos）に関する助言がまとめられているという。これにしたがうと、人々（村人）が守ることは、1．ブッダ（仏）、ダルマ（法）、サンガ（僧）の3水準を尊敬し、信頼すること、2．宗教を実践すること、3．両親に感謝を持ち続けること、4．学者を尊敬すること、5．年配者や高位の人々に仕えること、6．親類や友人と良い関係を保つこと、7．村人や隣人を助けること、8．正直で謙虚であること、9．礼儀正しくすること、10．持てる財産や食物に満足すること、11．助けてくれた人々を忘れないこと、12．借りを期限までに返すこと、13．すべての人々を同じように待遇すること、14．よこしまな者にも等しくすること、15．多くをしゃべらず、丁寧に話すこと、16．いかなる困難にも勇気と忍耐を持つこと、とされる。

また、僧が守ることは、1．盗まないこと、2．殺さないこと、3．性的行為を行なわないこと、4．嘘をつかないこと、5．かげ口を言って人々を仲たがいさせないこと、6．厳しい言葉を用いないこと、7．無益なことを話さないこと、8．貪欲でないこと、9．他人に対して害を与える心を持たないこと、10．仏教（再生、縁起、仏・法・僧への信頼等）を信じないことがないこと、とされている。これらは、本来、6世紀、チベットのソンツェンガンポ王により導入されたものである。とりわけ、僧を対象とするラーチョスは、生きとし生けるものの幸せのために瞑想や宗教の実践を行なうことが助言されている。また、

ミチョスより高度であるとされるラーチョスにより、人は輪廻から自由になることができると考えられているのである。

これらは、いわば村人や僧における社会規範であり、これに反する行為が罪とされているのである。そして、罪を犯せばそれが業となり、再生における場所が決まるのである。地獄には8種類の地獄があり、罪の軽い場合はそれほど深刻ではない地獄に生まれるが、重い罪を犯せばさらに深刻な地獄に生まれることになるのである。僧はこれら地獄の様子について人々に言及する。したがって、村人は地獄についての知識を持っている。そこで、パンディ師は、人々がマニコルを回す時には、彼らは地獄に生まれないようにと考えているかもしれないという。あるいは、人々はこれらのことを考えることさえなく、この行為自体が善い行ないであると信じ、単にマニコルを回しているかもしれないという。

もちろん、パンディ師によれば、これらの解釈は一般論であり、実際には能力に応じてさまざまな人がいる。たとえば、ある人は、自分は盲目でなく生まれたいとか、苦しみのないように生まれたい、と考えるかもしれない。また、時に、彼らはブッダの状態になりたいと願うかもしれない。しかし、普通、彼らは他人に慈悲を与えようというマハーヤーナ的な考えではなく、自己を中心としたヒーナヤーナ的な考えでマニコルを回すという行為を行なっている。もっとも、彼らの願いは、たとえばカラツェ村の富裕な家であるダクシャスパのような家や、良いカースト（職業）に生まれたいというように、具体的には考えない。それよりも、より一般的な願いを込めている。すなわち、村人たちは来世に関して、1．健康的に良い状態で「人」に生まれたい、2．不死なる幸福の世界としてのデバチェンに生まれたい、という肯定的な願いと、3．畜生（動物）や地獄には生まれたくない、という否定的な願いを併せ持っているのである。

実際、マニコルを回しながら唱えるマントラはオム・マニ・パドメ・フムという観音のマントラである。輪廻図の6つの場所にはそれぞれ、小さく観音（もしくは仏）が描かれている。これは六趣救済を旨とする六字観音を表すものである[27]。そして、マントラの6文字は、身、口、意と6つの過失を浄化し、さらに輪廻の6つの場所への再生を閉ざすのである[28]。

実際、デバチェンへの道筋を示すため、僧は葬儀の最初に、死後できるだけ早く死者の魂に語りかける。死から再生への中間状態であるバルド（bar do, 中有）において、死者の魂は忿怒尊を含む諸尊に迎えられる。そして、諸尊に導かれてブッダの世界に行く。しかし、この時、怖れて逃げ出すと、再び輪廻に入ることになる。したがって、このようなことのないよう、前回、カプギャット祭礼の仮面舞踊においてリンポチェが人々に説明したように、舞踊に登場する忿怒尊の恐ろしい形相に慣れておく必要があることになる。

ところで、輪廻転生を繰り返す死者の魂の実体とは何であろうか。ダライ・ラマ14世によると、プラサンギカ派の立場をとればそれは「ただの私」であり、ヨーガ行派の立場を

とればそれは意識の流れ、すなわち「心的意識」となり、最もすぐれた説明である高度なヨーガ・タントラ（無上瑜伽タントラ）の見方に基づくと、それは「光明」である。この光明（オエセル、'od gsal）とは、タントラでは、粗大なレベル、微細なレベル、きわめて微細なレベルの3つのレベルの意識のうちの、あらゆる粗大なレベルの心が生まれてきた源であるところの、「きわめて微細な意識」のことを意味する。心の粗大なレベルとは感覚的知覚のことであり、微細なレベルとは欲望や憎悪といった否定的感情、すなわち6つの根本煩悩も含まれる「指標となる80の思念」と呼ばれるものである。[29]

　このうち、最初の33の思念は死の解体プロセスの第1の段階である白色出現（顕明）の本質を指し示し、40の思念は解体の第2の段階である赤色増大（顕明増輝）の本質を指し示し、残りの7の指標は解体の第3の段階である死の成就とか黒色の近似的成就（顕明近得）と呼ばれているものである。近似的成就とは、現実の光明体験がすぐそこに迫っているからこう呼ばれている。すなわち、解体には、白色出現、赤色増大、黒色の近似的成就という3つの段階がまずあって、最後に光明という第4の段階が来ることになる。これら解体の4つの段階はまた、空、極空、大空、一切空という4つの段階として言及される。ここで、空というのは、どのレベルにも、それ以前の体験のより粗大なレベルの形跡がないということを意味している。これら4つの段階に、地、水、火、風という元素の一連の解体後に起こる、さらに新たな一連の解体プロセスが含まれるのである。そして、最後のきわめて微細な意識は、本来の自己とか意識とかいわれるもので、それがそのまま来世まで続いて行くのである。この意識は、すでに完全に肉体から独立しているので、自由に動くこともできる。[30]

　さらに、ダライ・ラマ14世は、死のプロセスとは正反対の誕生のプロセスについても語る。すなわち、きわめて微細な心はプラーナ（風）もしくは気息と一体化したきわめて微細な肉体というものを持つ。このきわめて微細な心が、次の体の中に入って行くまさにその時、これまでの死から再生に至るバルド（中有）という中間状態にあったバルド体という物理的集合体も消滅する。バルド体の死の瞬間と人間としての受胎の瞬間は同じ一つの瞬間であり、この瞬間にも「逆過程の光明体験」がなされる。それは、光明体験から出発して、黒色の近似的成就という微細な心を体験し、次いで赤色増大を経た後、自己出現へと至り、最後に誕生に至るのである。[31]

　また、『カーラチャクラ（時輪）』のテキストでは、「生命を支える風」と呼ばれるきわめて微細な風について述べられているが、それは明るく輝く5色の光を本質としており、さらにこれら5色の光は5つの元素の性質を帯びている。そして、生命を支える風というきわめて微細な光のエネルギーから、体の中に微細なレベルのエネルギーや元素が生まれ、さらにそこから、より粗大なレベルのエネルギーや元素が生まれてくるのである。すなわち、粗大なもの、微細なものといった意識のすべてのレベルが、種子の形をとって刻印さ

れているのである。このきわめて微細な心のことは、サキャ派のテキストの中にも述べられているが、それは光明心そのもののことで、そこには潜在的な形の仏性から生まれるすべての性質と、そうした性質を表すものとしての仏道の一切の特色や姿と、多様な特色という形をとって現れる日常的レベルの循環的存在の特色の一切とが含まれているのである。[32]

　もちろん、これらの説明は仏教哲学とタントラの体験に基づく理論であり、一般の村人たちが十分に理解しているとは言い難い。しかし彼らが、本来の自己とか意識は死後も連続しており、輪廻転生を繰り返す、と確信していることだけは確かである。こうして、人々は、オム・マニ・パドメ・フムの6字マントラを唱え、マントラの入ったマニコルを回し続けるのである。

註

1) 山田孝子 2010 私信.
2) 菅沼ほか編 1989：81、102-103.
3) 頼富 1982a：63-64.
4) インド・チベット研究会 1983.
5) Waddell 1978：102, 109.
6) 煎本 1989b：305-324.
7) Das 1981［1902］：1331.
8) Jäschke 1980［1981］：598.
9) Jäschke 1980［1981］：598-599.
10) 榊 1916.
11) 西 1976：341；山口・舟橋 1955：314.
12) 西 1976：819.
13) 山口・舟橋 1955：5-6.
14) Waddell 1978：83-84.
15) 頼富 1983b：158.
16) Waddell 1978：85, 367.
17) 山口・舟橋 1955：6.
18) 西 1976：342.
19) Waddell 1978：84-86.
20) 煎本 1989.
21) 中村・奈良・佐藤 1980：382.
22) Paldan 1976：75-76.
23) 頼富 1982b：204.
24) ヴァレーラ, F. J., J. W. ヘイワード（編）1995：269.
25) 田中 1987：41-42.
26) Paldan 1976：80.
27) 頼富 1982b：203.
28) Paldan 1976：43.

29) ヴァレーラ, F. J., J. W. ヘイワード（編）1995：205-207.
30) ヴァレーラ, F. J., J. W. ヘイワード（編）1995：208.
31) ヴァレーラ, F. J., J. W. ヘイワード（編）1995：211.
32) ヴァレーラ, F. J., J. W. ヘイワード（編）1995：212-213.

第6章　デチョク儀軌

1　デチョク（チャクラサンヴァラ）とキルコル（マンダラ）

　ラマユルのカンギュル祭礼においては、すでに見たように、チベット暦5月3日に僧が集まり9日の朝までカンギュルの朗唱が行なわれる。この間、7日と8日にはデチョク儀軌のためのキルコルの製作が並行して行なわれ、9日の午後にはデチョク儀軌が始まる。かつては150人ほどの僧がラマユル僧院に集合した。しかし、今日では、3日から随時、集まり始め、9日には100人程度が集合するという。すべての僧が集合しなくなった理由は、現在では政府の法律のもと、僧院の規則は効果を持たなくなったためである。

　デチョク儀軌はチベット暦5月9日（1989年の太陽暦では7月12日）の夕方から、5月18日、もしくは19日（1989年は、チベット暦5月17日、太陽暦で7月20日）まで毎日、終日儀軌が続けられる。僧たちは、集会堂に集まり、連日儀軌を朗唱し、儀礼を執り行なう。ここで用いられる典籍はデチョク（bde mchog）である。

　最終日には、すべての僧が正装し、デチョク儀軌に用いられたキルコルを掃き、その色粉を容器に入れる。これは、キルコルシャクパ（dkyil 'khor shag pa, キルコル・破壊する）と呼ばれる。そして、彼らは僧院を出て行列して村に下りる。村のはずれにある泉と小川のほとりで、キルコルの色粉が泉と小川に流される。川下では村人たちが水をとり、祝福を受ける。また、泉ではチャプトル儀軌が行なわれる。その後、村人たちは僧たちを迎え、踊る。これは村人たちの民俗舞踊であり、カプギャット祭礼の時に僧院で行なわれた宗教的な仮面舞踊ではない。

　なお、この後、5月18日（太陽暦で7月21日）にコンシャクス儀軌、19日と20日（太陽暦で7月22日、23日）にストンチョット儀軌が僧院で行なわれる。これらの儀軌は本来、キルコルを用いたデチョク儀軌とは関係のないものである。もちろん、一度にいくつかの儀軌を続けて行なうことはよくある。もっとも、デチョク儀軌は長いので、通常はグルジワ儀軌とともに行なうことが多い。しかし、ラマユル僧院では、おそらく昔、ある僧がコンシャス儀軌やストンチョット儀軌を行ないたかったからそのようにし、それ以来続けられている伝統だという。なお、ストンチョット儀軌は村人の要請により、村の寺院でも行なわれる儀礼であり、ナムギャルマ（rnam rgyal ma）を主尊とし、長寿を願い、過去の悪業を清めるためのものである。これらに関しては、後に詳細に述べることにする。

　7月12日の午前中はカンギュルの朗唱と並行して、キルコルの製作が続けられていた（表

246　第1部　僧院の組織と祭礼

表6-1　ラマユル僧院における1989年7月12日のカンギュル朗唱、キルコルの製作、デチョク儀軌

時　刻	0500 0600 0700 0800 0900 1000 1100 1200 1300 1400 1500 1600 1700 1800 1900 2000 2100
集　会	第1回集会　　第2回集会　　第3回集会　　第4回集会
カンギュル朗唱	
キルコル製作	
デチョク儀軌	S　P　S (0)(1)(2)-(3)-(4)(5)(6)

(注)(0)～(6)デチョク儀軌の構成部分　(0)：準備　(1)：ダクスケット　(2)：プムスケット
　　(3)：ドゥンスケット　(4)：ワン　(5)：ツォクス　(6)：シェクソル
　　├──┤：茶／食事　S：茶　P：パパ　……：推定活動時間

写真6-1　白い石をすりつぶして粉を作る

写真6-3　完成したキルコル

6-1)。石をすりつぶして作った粉に彩色し、これを小さな漏斗状の管に入れ、4人の僧が4方から落としながら図柄を描いてゆくのである（写真6-1、6-2［口絵7］）。キルコルは特定の主尊を中心とする諸尊から構成させる世界であり、ここでは、主尊デチョクを中心とする建物全体が描かれる。また、従者や諸尊たちも表現される。さらに、水、木、階段、扉なども描かれる。儀軌においては、多くの諸尊がこの建物に招請され、儀軌が終了すると、彼らは帰る。したがって、残ったキルコルは、単なる色粉にしかすぎず、これを集めて小川に流すのである。キルコルを製作するのは、ラマユル僧院の他、スキルブチェン、ピャン、あるいはゲールク派に属するスピトゥク僧院など大きな僧院でのみ行なわれている。キルコルは14時34分に完成し（写真6-3）、もとの台の上にのせられ、幕がかけられた。

写真6-4 ラマユル僧院のタンカに描かれたデチョク（チャクラサンヴァラ）は、パクモ（ヴァジュラヴァーラーヒー）を伴いヤブユム（殿妃）となっている

　デチョクはヘールカ（heruka）の1種であり、インドで8世紀以降発展した後期密教における無上瑜伽タントラの母タントラに属するサンヴァローダヤ・タントラ（Saṃvarodaya tantra）、アビダーナウッタラ・タントラ（Abhidhānottara tantra）などサンヴァラ系の密教聖典における守護尊である。四面十二手のものがチャクラサンヴァラ（cakrasaṃvara）と称されることが多い。[1] さらに、デチョクはパクモ（phag mo, サンスクリットでヴァジュラヴァーラーヒー、vajravārāhī）を伴い、両尊は殿妃（ヤブユム、yab yum）となっている（写真6-4）。このデチョク儀軌は来世に向けて善業を積むために行なわれるものである。したがって、前回のラマユル・カプギャット祭礼が仮面舞踊とトルマの投捨を通して、悪霊を追放することを目的としていたのに対し、今回のラマユル・カンギュル祭礼はカンギュルの朗唱、デチョク儀軌、そして後に述べるストンチョット儀軌などを通して、輪廻からの解脱のため、あるいは少なくとも来世、人に生まれかわることができるよう、この世で功徳を積むことを目的としているのである。

　ところで、サンヴァラ・マンダラは62尊系と14尊系の2種がある。62尊系では方形の中は、内側から大楽輪、意密輪、口密輪、身密輪、三昧耶輪の5層からなる構造を持つ。これらは、それぞれ宝生（rin chen 'byung ldan）、阿閦（mi bskyod pa）、阿弥陀（snang ba mtha'

写真6-5 ラダック、チデ僧院壁画のサンヴァラ・マンダラ。大楽輪中央の主尊デチョク（サンヴァラ）とパクモ（ヴァジュラヴァーラーヒー）殿妃（田村仁撮影）

yas)、毘盧遮那（大日）(rnam par snang mdsad)、不空成就(don yod grub pa)の五仏と関係づけられる。なお、14尊系では身、口、意の三密輪が省略されるが、この形式はより原初的形態に近いという。中心の大楽輪には主尊デチョクとパクモが殿妃尊として描かれ、その周囲の8弁の蓮華には4方向に、ダーキニー（ḍākiṇī：カンロマ、mkha' 'gro ma)、ラーマー（lāmā：ラマ、la ma)、カンダローハー（khaṇḍ arohā：ドゥムスケスマ、dum skyes ma)、ルーピニー（rūpiṇī：ズクツァンマ、gzugs can ma)の4尊が左回りに配置され、それらの間の四隅には頭蓋骨の杯が描かれる。その外側の三密輪はそれぞれ、仏の身色に対応し、青、赤、白となる。また、三密輪の外側の三昧耶輪の四門には東から左回りに、カーカースヤー(kākāsyā, 烏頭女)、ウルカースヤー(ulūkāsyā, 梟頭女)、シュヴァーナースヤー(śvanāsyā, 狗頭女)、シューカラースヤー(śūkarāsyā, 猪頭女)の4女神が描かれる。また、四隅にはヤマダーヒー(yamādahī)、ヤマドゥーティー(yamadūti)、ヤマダンシュトリー(yamadaṃṣṭrī)、ヤママタニー(yamamathanī)のヤマの4侍女、ダーキニーが描かれる。さらに、マンダラ内部は阿閦を中尊とする五仏の身色にしたがい、白（東）、黄（南）、赤（西）、緑（北）に塗り分けられる。なお、瑜伽タントラでは毘盧遮那（大日）を中尊とする五仏の身

写真 6-6 一面二手のデチョク・ヤブユム。アルチ寺院新堂奥壁の壁画右側。上段左から2番目。周囲に4ダーキニー、4瓶を配置する(田村仁撮影)

色にしたがい、青(東)、黄(南)、赤(西)、緑(北)に塗り分けられている[2]。

　ラダックにおけるドゥクパ・カーギュ派に属するシェー寺院のサンヴァラ・マンダラは、中央に四面十二手のサンヴァラが、ヴァジュラヴァーラーヒーを伴い右足を伸ばした姿勢で立ち、その周囲の蓮華の8弁には、4方向にダーキニー、ラーマー、カンダローハー、ルーピニー、四隅には頭蓋骨の杯をのせた聖瓶が描かれている。三密輪の外縁は緑、赤、白に塗り分けられ、その外側の方形の四方には四門護女、四隅にはヤマの系統をひく4女神が配置されている[3]。

　また、チデ僧院におけるサンヴァラ・マンダラも、諸尊の配置は同様であり、さらに三密輪内の諸尊の色も内側からそれぞれ緑、赤、白に塗り分けられ、中央にはデチョク(チャクラサンヴァラ)が殿妃で描かれている(写真6-5)[4]。これらは、62尊系のサンヴァラ・マンダラとなっているが、マンダラ内部の色の塗り分けは一般的な無上瑜伽タントラのマンダラとは異なり、毘盧遮那(大日)を中尊とする瑜伽タントラである金剛界マンダラの形

式をとっている。さらに、ラダックのアルチ寺院には一面二手のデチョク・ヤブユムも見られる（写真6-6）。[5]

　儀軌のために製作されるキルコルは色粉で諸尊の姿そのものを描くことが困難なため、諸尊の持物を描くことにより、それらを表現している。中央のヴァジュラ（金剛杵）はデチョクの象徴である。その周囲の蓮華の8弁には4方向にダーキニー、ラーマー、カンダローハー、ルーピニー、四隅には頭蓋骨の杯をのせた聖瓶が描かれる。三密輪はなく、またその外側の方形の内側にも何も描かれてはいない。三密輪が見られないことから、これは14尊系のサンヴァラ・マンダラと考えられるが、さらにその外側の三昧耶輪にも、四門護女や4女神が描かれていないので、実際には大楽輪中央のデチョク殿妃とその周囲4尊からなる6尊のみが具体的に描かれていることとなっている。また、マンダラ内部の色の塗り分けは、ドゥクパ・カーギュ派に属するシェー寺院やチデ僧院と同様に、青（東）、黄（南）、赤（西）、緑（北）となっており、無上瑜伽タントラの色の塗り分け、すなわち東を白とすることとは異なっている。サンヴァラ系マンダラでも、構成や色の塗り分けは、宗派や使用される儀軌により異なるのであろう。パンディ師によれば、ディグン・カーギュ派ではこのような色の配置が従来より用いられているという。

　なお、パンディ師は、デチョク（チャクラサンヴァラ）はカーラチャクラと似ているという。カーラチャクラとは8世紀以後のインドにおける後期密教を代表する聖典である『秘密集会タントラ』を中心とする父タントラと、9世紀頃から、ヒンドゥー教の影響を受け『ヘーヴァジュラ』、『サンヴァラ』などを中心として成立した母タントラを統合した、不二タントラとされる『カーラチャクラ・タントラ』の主尊名である。カーラチャクラ・タントラは、11世紀頃にインドで盛んになり、13世紀初頭にイスラーム教国によりインド仏教が滅亡するまで続くインド密教の最終到達点であるとされる。カーラチャクラ・タントラは父タントラにおける宇宙の生成論と母タントラにおける身体論とを相似的に関係づけ、それぞれの要素に諸尊を配置することによって、身口意具足時論マンダラとして表現したものである。したがって、この母タントラの身体論とサンヴァラ・マンダラの中心にある大楽輪との構成が、カーラチャクラ・タントラに対応しているということになるのである。[6]

2　デチョク儀軌の実践

　デチョク儀軌は7月12日の午後から本格的に始まり、20日にキルコルが破壊され、色粉が泉に流されるまで毎日続けられた。7月12日の14時34分にキルコルが完成した後、15時15分に集会堂に僧が集合し、儀軌が始まった。儀軌に用いられる瓶と孔雀の羽にアブラナの種が振りまかれ、ビャクシンの煙がたかれて悪霊が追放され、その場が神聖化される。瓶に孔雀の羽が差され、香水が入れられ、糸がつけられる。15時29分にキルコルを覆って

いた幕があげられ、僧院長はキルコルのまわりを右まわりに2回まわり、キルコルの描かれている板の四隅とその間の8カ所に水をつけて清める。色粉を入れていた空になった鉢が戻される。これらは後述するように、デチョク儀軌が始まる前の準備である。

15時35分には手鼓、シンバル、縦笛、太鼓の演奏とともに、儀軌に用いられる道具と供物一式がキルコルの前に並べられる。上段には、デチョクのトルマを中心に、鈴、宝冠、孔雀の羽が差された瓶が両側に置かれ、下段には長い柄のついた金剛杵、紐、布、頭蓋骨の杯（頭蓋骨を形どった金属製の杯）と、前面には飲料水、洗足水、花、線香、灯明、香水、食物が左から右に並べられ祭壇が作られた（写真6-7、6-8）。

デチョク儀軌は儀礼の過程にしたがって、準備に続き、その後の6つの部分から構成される。準備はティンゲズィンギワンスクル（ting nge 'dzin gyi dbang bskur, 集中〈サンスクリットでシャマタと言い、冷静で意識を集中した状態〉・の・開始・与える）と呼ばれ、ドルジェ・チャン（rdo rje 'chang, ヴァジュラダナ〈サンスクリット〉）に入門の力を付与してくれることを請うものである。そして、サチョク（sa chog, 場・治療法；神聖化）に入り、悪霊を追い払い、キルコルを神聖化し、準備を完了する。これらは、7月11日と12日の15時35分までにすでに行なわれた。また、毎日、デチョク儀軌を始める前に行なわれるものでもある。

儀軌の第1部のダクスケット（bdag bskyed, 自身・視覚化）においては、自分自身がデチョクになると考え、奉献が行なわれる。第2部のプムスケット（bum bskyed, 瓶・視覚化）においては、瓶の中にデチョクをはじめとする従者たちからなる多くの諸尊を視覚化し、奉献が行なわれる。ここでは、自分と生きとし生ける実在である衆生への恵みを諸尊に請う。瓶の中に視覚化された諸尊は水の中に溶け込み、この水は聖なる甘露となる。これは人々に与えられるものであり、儀礼の後、人々は手の平に注がれた甘露を飲む。第3部のドゥンスケット（mdun bskyed, 前面・視覚化）では、キルコルにデチョクをはじめとする諸尊の建物と諸尊を視覚化する。そして、第2部と同様、衆生への恵みを諸尊に要請する。なお、第1部のダクスケットは自分自身がブッダ（覚者）となり、悟りの境地を得ることが目的であるのに対し、第2部のプムスケットと第3部のドゥンスケットでは、衆生への諸尊の恵みを願うのである。

第4部のワン（dbang, 入会儀礼；灌頂）では、宝冠を用いて灌頂が行なわれる。灌頂とは、インドで王位継承の際、王冠に四海の水を注いだ伝統に由来し、これを宗教的に行なうことにより、僧として人々のためにすべてのことを行なう権限が与えられるという入会儀礼である。第5部のツォクス（tshogs, 集会；供物）では、デチョクと従者たち、そしてすべてのブッダとボディサットバに供物が捧げられる。最後の第6部のシェクソル（gshegs gsol, 去る・捧げる）は、諸尊に感謝し、求めに応じて再び来てくれることを要請し、諸尊を送別するものである。

なお、儀軌に用いられる典籍はデチョク（bde mchog）と総称されるが、実際には以下

252 第1部 僧院の組織と祭礼

写真6-7 キルコルの前面に儀軌のための道具と供物一式が並べられる

写真6-8 デチョクを象徴するトルマ

写真6-9 デチョク儀軌1枚目表に描かれたデチョク・ヤブユム

の3種類の儀軌から構成されていた。

1. skyob pa rinpoche'i brab chos las, ting ngi 'dzin gyi dbang bskur tang brgyud 'debs bdzugs so（スキョパ・リンポチェ〈救援する・宝物〉・深い仏教の教え・から、瞑想する〈こと〉・の・教えを与える・と・継承する・植える・〈ここに〉座します）「スキョパ・リンポチェ〈ディグン・カーギュ派創設者〉の深い教えからの入門の瞑想の系統の祈り」

2. 'bacom ldan 'das dbal 'khor lo sdom pa lhan skyes lha lda'i sgrab thabs tan gnyis mchog shol cos byab bzhugs so,（チャクラサンヴァラ〈釈尊・良いものがたくさん・法輪・律〉・生まれつきの智慧・神々の群れ・神の〈瞑想において〉入る方法・事・2・指導してくれる・という・こと・〈ここに〉座します）「生来のバガヴァン・チャクラサンヴァラの5尊の祝福される2つの目的を達成する方法」

3. dpal 'khor lo sdom pa dril lugs lhan skyes lha lnga'i dkyil 'khor la 'juks pa'i sa chog bzhugs so（一番良い・法律・律・まるめる・生まれつきの智慧・五仏・の・キルコル〈マンダラ〉・に・入る・の・土地・良い場所・〈ここに〉座します）「サチョク〈場の神聖化〉〈準備儀礼〉」

このうち、108頁（表、裏を1頁として数える）からなる主要部分である2番目の典籍に、上で述べた儀礼の過程の6部分が含まれている。僧たちはこれを順次朗唱することにより、儀礼を進めていくのである。なお、この典籍の1枚目には、デチョク殿妃の絵がラクパリラー・チョクコロスゴム（lhag pali lha mtshog 'khor lo sngom, 神の・中の・神・一番良い・

写真6-10　デチョク儀軌2枚目表に描かれた静穏態のデチョク

写真6-11　ディグン・カーギュ派宗祖、創始者である主パトナシュリ（スキョパ・ジクテンゴンポ；スキョパ・リンポチェ）

写真6-12　デチョク儀軌108枚目に描かれたゴンボ

法輪・律）という名称とともに描かれている（写真6-9）。さらに、2枚目にはデチョクの静穏態がデチェンチョクネスティルブーパ（bde chen mchog brnyes dril bu pa, 元気・大きい・一番良い・得る・鈴・者）という名称で描かれている（写真6-10）。なお、2枚目の右側にはニャメットゴンポ（nanyam med mgon po, 比類なき・主；ディグン・カーギュ派の祖師であり、創始者である主パトナシュリ；スキョパ・ジクテンゴンポ、skyob pa 'jig rten mgon po を示す）（写真6-11）、最終頁の108枚目の中央にはイェーシェス・ゴンポ・チャクズィパ（yeshes mgon po phyag bzhi pa, 智慧・主・四手・者）が守護尊として描かれている（写真6-12）。

　タントラ瞑想者であるパンディ師の兄によれば、瞑想する時は、自分自身がデチョクになる第1部のダクスケットのみを行ない、第2部と第3部は必要ないという。このことか

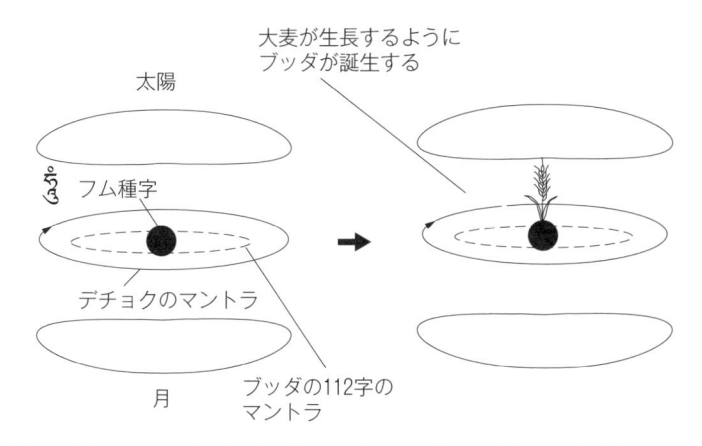

図 6-1 太陽（慈悲、女）と月（智慧、男）の間のフム種字（心）から大麦が生長するように、ブッダが誕生する

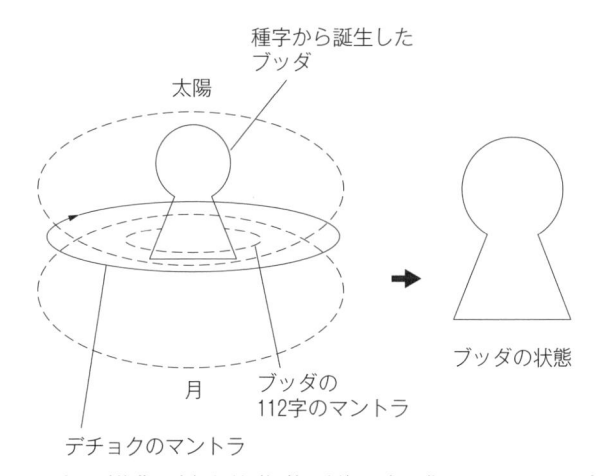

図 6-2 太陽（慈悲、女）と月（智慧、男）の合一化からブッダが誕生し、自分自身がブッダとなる

ら、第2部のプムスケットと第3部のドゥンスケットは人々のために行なう儀式であると考えてよい。さらに、私はどのようにして自分自身がデチョクになるよう瞑想するのかを尋ねてみた。そこでは、まず、太陽と月とを想像する。太陽は慈悲、月は智慧である。さらに、太陽は女、月は男を象徴する。そして、この両者の間に自分自身のセムス（sems, 心、意：citta〈サンスクリット〉）を入れる。

なお、パンディ師によれば、セムスとは考えるという文脈で用いられ、身体と区別して、思考などの働きをし、その宿る場所は心臓である。これは、形を知るという文脈で用いられるナムシェス（rnam shes, 識、知覚；vijñāna〈サンスクリット〉）とは区別されるものである。

そして、次に、フム（ཧཱུྃ h'um）という文字を思い浮かべる。フムとセムスとは、分けることのできない一つのものである。フムはデチョク（チャクラサンヴァラ）の心でありその神髄であり、それを象徴する種字である。そして、マントラを唱える。このマントラは16母音の2倍の32字と、40子音の2倍の80字の合計112字から構成されており、ブッダの身体の112の象徴であり、ブッダの美を表現する。そして、このマントラは中心に思い浮かべた種字のまわりをまるく囲み、そこにとどまる。さらに、次に唱えるデチョクのマントラは、その周囲をさらに取り囲み、円を描いてまわる。

そして、ちょうど種子から大麦が生長するように、フムの種字から、ブッダが誕生する。ちょうど男と女が交わって子供ができるように、太陽と月が交わって、すなわち慈悲と智慧とから、ブッダの状態が生まれるのである。その時、自分自身がブッダ、ここではデチョク（チャクラサンヴァラ）になる。これを実際に図で示せば図6-1のようなイメージになる。

ダライ・ラマ14世によれば、アヌッタラヨガタントラ（無上瑜伽タントラ）に関連した性的イメージや他のイメージには、多くの誤解があるのだがと前置きした上で、こうした性的イメージを重視する本当の理由は、オエセル（'od gsal）と言われる光明－完全に正統な形で生ずるのはただ一つの場合、すなわち死の瞬間だけなのであるが－が粗大な形で生ずる普通の場合ではオーガスムによるものが最も強烈であり、これを活用することにあるという[7]。

したがって、デチョク儀軌の主要な典籍の1枚目の中央に描かれた抱擁するデチョク殿妃は男と女、月と太陽、智慧と慈悲という二元的対立項とその合一を象徴している。瞑想を通して、これら二元的対立が解消され、生命、宇宙、心の原点、すなわち空にまで回帰し、こここそがブッダの状態であることを直覚的に感得する。そして、不可分である自分の心と、ブッダの心の神髄としての種字から生長する、宇宙そのものとしてのブッダと自分とを、一つのものとして体験する。その時、自分自身が宇宙でありブッダそのものになる。このイメージを、先の図6-1のイメージに続けて描くとすれば、図6-2のようなイメージになる。こうして、僧たちは連日、デチョク儀軌を繰り返し、実践し続けることになるのである。

デチョク儀軌6部（7月12日）

7月12日にキルコルを中心とする祭壇が完成し、場が神聖化された後、15時50分に儀軌が始まり、19時05分まで続けられた。この日は一連の儀軌は比較的簡単に行なわれた。もっとも、7月13日以後は、1日中かけて一連のデチョク儀軌が毎日繰り返されることになったのである（表6-2）。

儀軌の第1部、ダクスケットの部分が進められ、音楽が奏でられる。各僧は口の中でマ

第6章　デチョク儀軌　257

表6-2　ラマユル僧院における1989年7月13-19日のデチョク儀軌

時　刻	0500 0600 0700 0800 0900 1000 1100 1200 1300 1400 1500 1600 1700 1800 1900 2000 2100
1989.07.13	
集　会	第1回集会　　第2回集会　第3回集会　　　　第4回集会　　第5回集会
カンギュル収納	S　S
デチョク儀軌	T　SSSS/KSSSS　　　　　P　　　SS　K/S (1) (2) (3)　　　　(3)　(4)　　(5)(6)
チャプトル儀軌	S/K
1989.07.14	
集　会	第1回集会　　第2回集会　第3回集会　　　　第4回集会　第5回集会
デチョク儀軌	S　　　T
チャプトル儀軌	
1989.07.15	
集　会	第1回集会　　第2回集会　第3回集会　　　　第4回集会　第5回集会
デチョク儀軌	S/K S/K　T SSSS/K　SS　　　　P 　(1)　　　(2)　　(3)　　　　(4)　(5)(6)
チャプトル儀軌	
ソルチョット儀軌	S K
1989.07.16	
集　会	第1回集会…　　第2回集会　　第3回集会　　第4回集会　第5回集会
デチョク儀軌	(1)…　　(1) (2)　　(3)　　　　(4)　(4)(5)(6)
ソルチョット儀軌	
1989.07.17	
集　会	第1回集会　　　第2回集会　　第3回集会　　第4回集会　第5回集会
デチョク儀軌	(1)　　　(2)　　(3)　　S 　　　　　　　　　　　(4)　(5)(6)
1989.07.18	
集　会	第1回集会 特別集会 第2回集会　　第3回集会　　第4回集会　　第5回集会
デチョク儀軌	(1)　　　(2)　　(3)　R 　　　　　　　　　　　(4)　(5)(6)
リンポチェ臨席	
1989.07.19	
集　会	第1回集会　　第2回集会　　第3回集会　第4回集会　　第5回集会
デチョク儀軌	(1)　　(2)　　(3)　(4)　(5)(6)
リンポチェ臨席	
マンジャ（茶の奉献）	M1　　　M2

(注)├──┤：茶／食事　S：茶　K：ペー（麦こがし），コラック　T：トゥクパ　P：パパ　R：米飯
├┄┄┄┤：マンジャ（茶の奉献）　M1：ラルー家のマンジャ　M2：パンディ師のマンジャ
□┄┄┄□：リンポチェ臨席　(1)～(6)：デチョク儀軌の各部分
┈┈┈┈：推定活動時間

258　第1部　僧院の組織と祭礼

写真6-13　デチョク儀軌第1部のダクスケット。頭蓋骨の杯から酒（茶）を左手につけてデチョクに捧げる

写真6-14　パパを食べる子供の僧たち

写真6-15　料理長が茶葉を天秤にかけ僧たちに呈示する

ントラを唱え、諸尊が招請される。僧院長は、頭蓋骨の杯に入った酒（茶）を左手につけ、手を開いて諸尊に捧げる（写真6-13）。そして、人指し指と小指だけを伸ばし、両腕を胸の前で交叉させ、デチョクと自分とを一体化する。16時25分に鈴が鳴らされ、休息となる。

第2部のプムスケットは16時26分に始まる。孔雀の羽で水がまかれ、手鼓、シンバル、縦笛、太鼓が奏でられる。各僧は口の中でマントラを唱える。16時31分、僧院長は祭壇に置かれていた数珠紐を助手に渡す。ここで休息がとられ、この間に助手が数珠紐を祭壇に置かれた瓶と僧院長の間に張り渡す。16時36分、儀軌が再開され、孔雀の羽で水が振りかけられ、音楽が奏でられる。16時45分、スプーンの水が僧院長の手につけられる。16時48分、僧院長は数珠を持つ。その後、16時52分には助手が数珠と紐を回収する。

休息がとられ、16時54分に食事であるパパと酸乳が集会堂に運び込まれる。食事前の唱えが行なわれ、僧たちは食事をとる（写真6-14）。

第3部のドゥンスケットが17時05分に始まる。大人の僧はすでに食事を終わっているが、子供の僧たちはまだパパを食べている。僧院長の朗唱に続き、孔雀の羽で水がまかれ、音楽が奏でられ、マントラが唱えられる。17時22分、小さな布が配られ、各僧はひざの上に広げる。布は迎えられた諸尊に捧げられる花の象徴である。17時27分、マントラと共に、頭蓋骨の杯が各僧に配られ、その中の酒（茶）が左手の指につけられ、手を開いて諸尊に捧げられる。17時29分に助手が頭蓋骨の杯を回収し、鈴が鳴らされる。各僧は口の中でマントラを唱える。

17時30分に料理長が厨房から集会堂にやって来て、茶葉を天秤にかけ僧たちの前に呈示する。これは規定の量の茶葉を使用していることを示すための公式の演出である（写真6-15）。17時34分に茶が配られ休息がとられる。

17時37分、儀軌が再開され、マントラが唱えられ、音楽が奏でられる。17時49分、僧たちは集会堂の外に出る。先頭のゲスコス（規律監督者）は指揮棒を持つ。ここに、諸尊を迎え、捧げるための供物一式が小さな机の上に並べられる（写真6-16）。孔雀の羽で水が振りまかれ、スプーンの水が僧院長の手につけられ、音楽が奏でられる。ジャルザス（供物の食物）に水が振りかけられ、助手が諸尊に供するため屋上に持って行く（写真6-17）。そして、音楽が奏でられる。17時57分に助手が貝に入った水を杯に注ぎ足し、僧院長に渡す。これらは諸尊を招請、迎えるための儀式である。

18時に僧たちは一列になって堂内に入る。音楽が奏でられる中、僧院長をはじめとする3人の僧がキルコルのまわりを左まわりに回り、諸尊をキルコルに迎える。

第4部のワンが小休止の後、18時03分に始まる。僧たちは着座し、僧院長は孔雀の羽で瓶の水を鉢に振りかけ、この上に大麦粒を盛る。僧たちは聖なる甘露をもらい、飲む（写真6-18）。18時06分、ハチマキ（ミダル、mig dar）が配られ、僧たちはこれを頭に巻き、朗唱を続ける。諸尊を視覚化し一体となれば、このハチマキの片方が垂らされる。僧院長

260　第1部　僧院の組織と祭礼

写真6-16　デチョク儀軌第3部のドゥンスケットのため、集会堂の外に設けられた供物の一式

写真6-17　助手がジャルザス（供物の食物）を持って屋上に行く

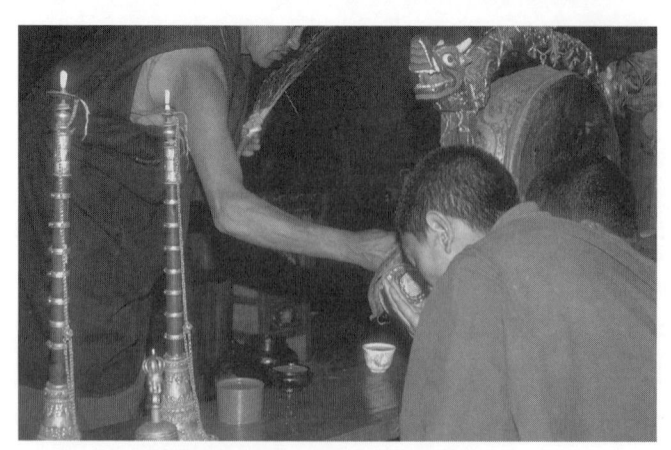

写真6-18　瓶の聖なる甘露をもらう僧

写真 6-20 頭蓋骨の杯に入った水が僧たちに配られる

は小さな布片を自分の胸、腹につけ、両手を合わせる。助手がビャクシンの煙をたき、小さな布片を僧たちに配る。僧たちはハチマキをとる。

　18時17分、孔雀の羽で水が振りまかれる。僧たちは小さな布を手に持ち、腕を交叉する。僧院長は小さな布片を右手に持ったまま、孔雀の羽が差された瓶を自分の頭につける。そして水を少し口につける。18時19分、もう一つの瓶から孔雀の羽をとり、これで先の瓶に水をつける。

　次に、右手に小さな布片を持ち、左手に鈴を持つ。僧院長は宝冠を頭につけ、布片を振り回す。そして孔雀の羽で水を宝冠につける。18時21分、右手に布片、左手に鈴を持ち、布片を振り回す。そして、金剛杵をとり、これを頭に触れさせる。孔雀の羽の水を振りかける。指を交叉し、腕を交叉する。18時22分、右手に布片、左手に鈴を持ち、布片を振り回す。そして鈴を頭に触れさせる。手で迎える印を結び、孔雀の羽の水を鈴につける。指を交叉し、腕を交叉させる。布片を右手に持ち、鈴を左手に持つ。3個の金剛杵が上部についた鈴をとり、頭に触れさせる。手で迎える印を結ぶ。

　18時25分に数珠紐を首にかける。先端に金剛杵のついた杖をかかえるようにして身体につける。左手で頭蓋骨の杯を持ち、右手で手鼓を鳴らす（写真6-19［口絵8］）。18時28分に布片を振り回す。瓶の水を少し口につける。助手は水をつけて加入儀礼に用いられた一つずつの道具を僧院長の横の机の上から祭壇に戻す。

　18時29分に布片が振り回される。18時30分、僧たちはハチマキをする。頭蓋骨の杯に入った水が僧たちに配られる（写真6-20）。18時31分、僧たちはハチマキをとり、布片を振り回す。18時33分、ペー（phe. 麦こがし）が僧たちに配られる。ハチマキがとられ、布片が振り回される。18時34分、ハチマキがされ、布片が振り回される。18時35分、ハチマキがとられ、布片が振り回される。鈴が鳴らされる。右手の金剛杵に孔雀の羽で水がつけられ

写真 6-21 デチョク儀軌第5部のツォクスの奉献のため、3人の僧が僧院長の前にツォクスを置き声明を唱える

る。18時38分に小休止がとられる。18時39分、再び孔雀の羽で水が振りかけられ、ハチマキが回収される。鈴が鳴らされ、音楽が奏でられる。18時46分、パパと水が僧たちに配られ、小休止となる。

なお、赤い布片が振り回されるのは、それぞれの諸尊に捧げる花の象徴である。また、ハチマキをとるのは、諸尊が目前に視覚化されている印である。こうして、僧院長のみならず、すべての僧たちに入会儀礼がなされることになるのである。

デチョク儀軌第5部のツォクスの奉献が18時47分に始まる。3人の僧が僧院長の前にツォクスを置き、歌うように声明を唱える（写真6-21）。18時55分、ツォクスの先が切られ、これに水がつけられる。これを諸尊に奉献するため、外に持ち出され、音楽が奏でられる。18時56分にツォクスの残りが僧たちに配られる。

デチョク儀軌最終部分である第6部のシェクソルが19時に始まり、儀軌の朗唱が行なわれ、各僧はマントラを唱え、19時05分に儀軌は終了した。

デチョク儀軌6部（7月13日）

7月13日の朝5時に僧院の屋上でどらが打たれる。5時25分にホラ貝が吹かれ、僧たちが集合する。私が6時に集会堂に行った時には、すでに静かに読経が唱えられ、茶が配られていた。助手の僧がビャクシンの煙をたき、堂内を清める。6時13分に休息がとられる。そして、6時14分に法具が僧たちに配られる。集合している僧は大人が8名、少年2名、子供が18名の計28名である。

6時29分、手鼓、鈴、縦笛、ホラ貝、太鼓が演奏されて、カンギュル経典がもとの場所に納められる。なお、カンギュルの朗唱そのものは昨日、7月12日にすでに終了している。

6時30分に孔雀の羽で水が振りまかれ、音楽が奏でられる。今日はホラ貝が加わっている。短い経典の朗唱が終わり、7時01分、僧院長の向かいに座る僧は、チャプトルの準備を行なう。2つの金属製の円板を紐で結びつけた鈴が配られ、チャプトルが始められる。7時02分に大麦こがしと茶が配られ、僧たちはこれを食す。7時18分、チャプトルが終了し、7時22分に僧たちは退室する。このチャプトル儀軌は日課として行なわれるものであり、デチョク儀軌ではない。僧たちは次の集会の合図まで、集会堂の前で手もちぶさたでいる。

8時51分、僧院の屋上でどらが打たれる。子供たちは集会堂の中にかけ込む。9時、集会堂前で僧たちが順次、差し出された瓶から注がれる水で手を洗い堂内に入る。9時01分にトゥクパが運び込まれ配られる。僧たちは、木製、もしくは陶器の椀（碗）にトゥクパを入れてもらい、汁を飲み、麺は楊枝やスプーンを使って食べる。この間、ゴンカン（護法尊堂）では日課の儀軌が行なわれている。

9時30分、キルコルのまわりの幕があげられ、デチョク儀軌第1部が始まる。僧院長の向かいに座る僧が儀礼責任者で、彼が最初に儀軌を唱える。9時41分、手の印で諸尊への奉献が行なわれる。キルコルの前の段に並べられている杯に、水が少しずつ注がれる。そして音楽が奏でられる。この間、料理長が厨房からやって来て、バターの塊を天秤にかけ、僧たちの前に呈示する。

9時46分に僧院長は頭蓋骨の杯を右手に、鈴を左手に持ち、左手のくすり指を、杯の中の水に少しひたし、手をぱっと広げて奉献し、マントラを唱える。9時50分、頭蓋骨の杯がキルコルの前の段の上に戻される。鈴が鳴らされ、孔雀の羽で水が振りまかれる。瓶の中に茶色の液体が入れられ（サフランを入れた水）、祭壇に戻される。そして、音楽が奏でられる。

10時にジョンペ、ジョンペと次々に声に出し、各自、口の中でマントラを唱える。10時03分に茶が配られる。この間に、助手が次の第2部のプムスケットの準備のため、祭壇の上段の孔雀の羽が差し込まれた瓶の上に置かれた金剛杵から、瓶の口の部分を貝（トゥンチョス、dung chos）のついた紐で3重に巻いて、その紐（ズンスタック、gzungs thag）を堂内の2本の柱の間に渡し、僧院長の右横の机の上にまで張り渡す。10時05分にはゆっくりと声明が唱えられ、10時20分に終了する。休息がとられ、茶が飲まれる。

デチョク儀軌第2部は、10時21分に始まった。孔雀の羽で水を前方に振りまき、場を清め、朗唱とともに両手を差し出し諸尊を迎える。10時29分に小休止がとられ茶が飲まれる。10時30分、儀軌が再開され、音楽が奏でられる。10時33分、祭壇の下段に置かれた貝に入った水、花、大麦粒を、中段に置かれた供物一式に、それぞれ注ぎ足す（図6-3）。これは、各尊を迎え供物を捧げることにより、供物一式の中に入っている水、花、線香などが減るはずだと考え、これらを補給するために行なわれるものである。音楽が奏でられる。10時40分、助手は頭蓋骨の杯に入った水をスプーンで少し取り、僧院長の手につける。10時41

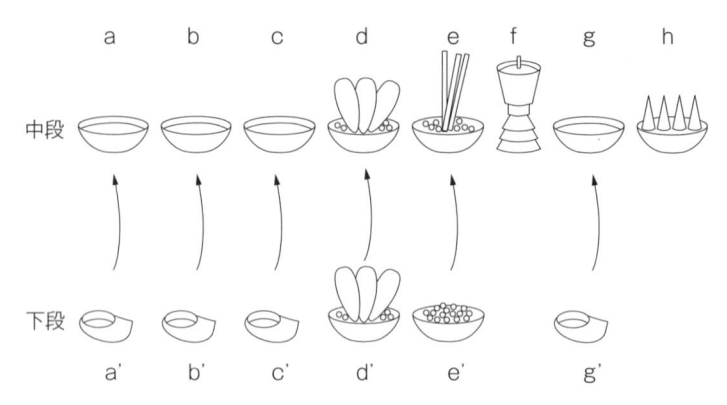

図6-3　キルコルの前の祭壇中段の供物一式と下段の補給用供物
　　　a：飲料水　b：酒(茶)　c：洗足水　d：花　e：線香　f：灯明
　　　g：香水　h：食物
　　　a'〜c'/g'：貝に入った補給用の供物
　　　d'：補給用の花　e'：補給用の大麦粒

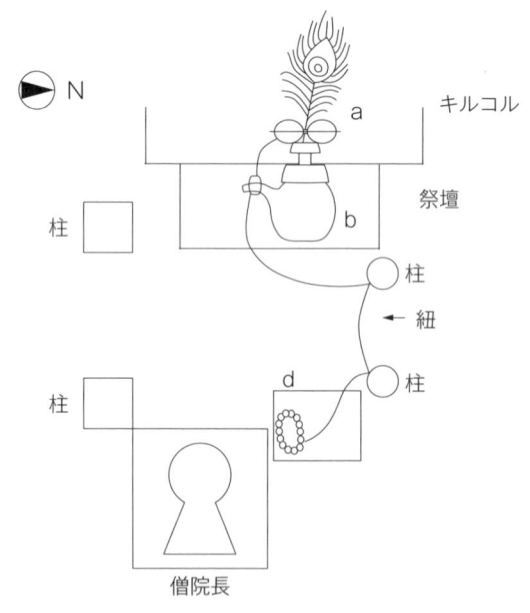

図6-4　デチョク儀軌第2部プムスケットにおいて、瓶と数珠、金剛杵が
　　　紐で結ばれる。僧院長は数珠を持ち、金剛杵を胸に入れる
　　　a：孔雀の羽　b：瓶　c：金剛杵　d：数珠

分に小休止がとられ、茶が飲まれる。

　すぐに続けて、10時41分に儀軌は再開され、鈴が鳴らされる。10時43分、僧院長は祭壇の上段に置かれている瓶から張り渡された紐の端に、長い赤い数珠（ラクティルラルニャム、lag mthil lhar mnyam）を結びつける（図6-4）。僧たちは諸尊のマントラを次々と唱え、子供の僧は、時に大声でこれらのマントラを唱え続ける。ここでは、僧院長の内部でマントラが光となり、これが僧院長の胸から紐を伝わって瓶の中に視覚化された諸尊に当たり、光が放たれると観想される。そして、その光が水を聖なる甘露とし、諸尊もその水の中に溶け込むのである。

　10時51分、瓶の紐がはずされ、張り渡されていた紐が回収される。10時52分に休息がとられ、茶と大麦こがしが配られる。僧たちは布を広げて、ここに大麦こがしを入れてもらう。10時53分、キルコルの周囲の幕が閉じられ、典籍も閉じられる。茶を飲む前にチョスチョット（chos spyod）の典籍の一部が唱えられる。各僧の1杯目の茶は口をつける前に、ブッダ、ボディサットヴァに捧げられるのである。10時54分に助手が瓶を持ってまわり、僧たちの手に水を注ぐ。実際には、瓶の注ぎ口を手の平に触れさせる程度である。パンディ師によれば、この儀式は昔はなかったという。1962年か63年にチベットから亡命した僧が来て以来の伝統になったという。同様に、堂に入る時にも水を手につける。これも昔はなかったという。

　11時10分、第3回集会の合図のどらが打たれ、11時20分にキルコルを覆っていた周囲の幕が開かれ、デチョク儀軌第3部ドゥンスケットが始まる（図6-5）。11時36分、朗唱とともに手を差し出し、諸尊を迎える。11時38分、孔雀の羽で水を振りかける。祭壇の下段の水をスプーンですくい、中段の水に注ぐ。11時40分、音楽が奏でられ、朗唱が続けられる。11時43分に小休止がとられ茶が飲まれる。11時45分、音楽が奏でられる。11時47分、祭壇の下段から大麦粒を取り、中段の大麦粒に加え、下段の水をスプーンですくい中段の水（香水）に注ぎ加える。線香に火をつけて立てる。これらはそれぞれの諸尊を迎え、供物を捧げるために供物を補給するための儀式である。11時49分、音楽が奏でられ、助手が布片を配り、11時51分に休息がとられる。すぐに儀軌は再開され、儀軌が朗唱される。11時54分に休息がとられ茶が飲まれる。

　再びすぐに儀軌が再開され、12時02分に音楽が奏でられる。12時04分、各僧は先に配られた布片を、組んだ足の上に広げる。これを手に取り、ひらひらとゆっくり振り回し、再びしまう。この布片は諸尊に奉献する花の象徴である。12時05分、助手は頭蓋骨の杯を僧院長に渡す。僧院長はこれを右手に持ち、左手には鈴を持つ。この間に、布片が回収される。僧院長はくすり指で頭蓋骨の杯の水をつけ、ぱっと手を開く。僧たちはオム、アー、フムとマントラを唱え続ける。ここでは、ディグン・カーギュ派の祖師たちや諸尊に奉献が行なわれているのである。なお、頭蓋骨の杯の中には酒が入っているが、儀軌にしたが

266　第1部　僧院の組織と祭礼

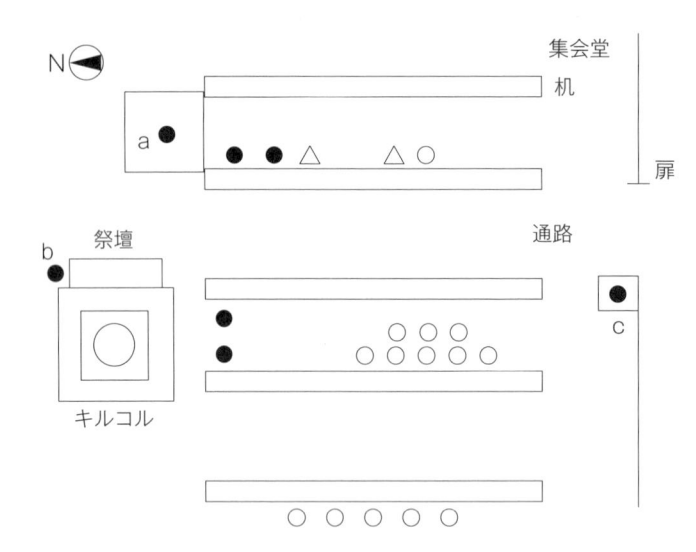

図6-5　集会堂内に着座し、デチョク儀軌を行なう僧（1989.07.13, 11:30）
　　　●：大人の僧（7名）　△：少年の僧（2名）　○：子供の僧（14名）
　　　a：ロボン（僧院長）　b：助手　c：ゲスコス（規律監督者）

いこれは甘露と考えられている。12時09分、助手が僧院長から頭蓋骨の杯を受け取り、祭壇に戻し、ふたをする。12時10分に休息がとられ茶が飲まれる。

　12時11分、儀軌が再開され、鈴が鳴らされる。12時12分、助手が僧院長の右横に置かれた小さな台の上に、祭壇の上段に並べられていた孔雀の羽の差し込まれた瓶、2個の金剛杵のついた鈴、鈴、金剛杵、宝冠、そしてもう1つの孔雀の羽の差し込まれた瓶を並べて置く。また、助手は大麦粒の盛られた小さな皿に水をかけて、祭壇の下段に置く。12時13分に、僧たちはマントラを大きな声を出して唱える。12時20分、朗唱が始まり、同時に子供の僧たちは、ダーキーニーオムペ、ラメーオムペ、カンダラオムペと大きな声で唱える。ここでは、デチョクのキルコルの中心に位置する主尊デチョクとその周囲を取り囲むダーキニー、ラーマー、カンダローハー、ルーピニーの4女神それぞれのマントラが次々と唱えられている。なお、パンディ師によれば、これらは伝統的に大きな声で唱えられることになっているという。もっとも、今日では子供の僧たちはこれを冗談めかして大声を出すので、よくはないという。12時21分に茶が配られ、小休止がとられる。

　すぐに再び朗唱が始まり、12時22分、孔雀の羽で水が振りかけられる。ア、イ、ウ、エ、オ、カ、カ、ガ……と唱えられ、鈴が鳴らされる。12時25分、ザーンフム・バム・ホーとマントラが唱えられ、指を交叉させる。ここでは招請した諸尊を頭上に観想し、自分自身に溶け込ませるのである。さらに、僧院長はデチョクに王の7種類の所有物（ギャリッドナドゥン、rgyal srid sna bdun, 王・種類・7）である輪、宝石、女王、官僚、象、馬、将軍を手の印で結び、奉献する。助手は祭壇の下段の水を中段の水に注ぎ加え、大麦粒を線香

と花のところに入れられている大麦粒に加える。12時26分に音楽が奏でられ、12時28分に朗唱が続けられ、鈴が鳴らされ、シンバルが打ち鳴らされる。

　12時30分に休息がとられ、茶が配られる。12時31分、声明がゆっくりと歌のように唱えられる。僧院長は楽符を見ながらリズムをとって導く。僧院長の向かいに座る僧は、典籍と楽符の両方を見ながら唱える。これはデチョク儀軌ではなく、茶を飲む前に行なわれるチョスチョットの儀式である。最初の茶をブッダ、ボディサットヴァに捧げるため、重要な部分をゆっくりと唱えるのである。声明が終わり、普通の朗唱になる。12時43分に唱えが続けられる中、茶が飲まれる。12時50分、唱えが終了する。助手が瓶を持ってまわり、僧の手の平に水を注ぐ。その後、僧たちは退室する。

　第4集会は、15時34分にどらの合図で始まった。それまで、集会堂の外で待っていた子供の僧たちは入室する。ここでは、デチョク儀軌第3部ドゥンスケットの続きが行なわれるのである。15時43分には、僧院長を先頭に大人の僧たちは、入口で瓶から注がれる水で手を洗い堂内に入る。15時44分、全員が立って列を組み、外に出る準備をする。外には小さな机が置かれ、諸尊を迎え、奉献するための供物一式である飲料水、洗足水、花、線香、灯明、香水、食物、さらに孔雀の羽を差した瓶が並べられ、その前にはもう1つの食物（供物としてのトルマ）、貝に入った水が置かれる。

　15時46分、僧たちが外に出て朗唱が始まる。3名の僧は指を交叉している。15時50分に音楽が奏でられる。15時52分、助手がスプーンに水をすくい、僧院長に持って行く。僧院長は右手の指に水をつけ、口につける。助手は右手にスプーン、左手に供物の食物を持つ。この間、僧たちはカ、カ、ガーと唱えを続ける。15時53分に声明が唱えられ、鈴が鳴らされる。15時57分に助手が、スプーンと供物としてのトルマを持って屋上に行き、すぐに空の容器を持って帰ってくる。16時01分に声明が終わり、音楽が奏でられる。16時03分、助手が貝に入った水を持ち、それを先頭の僧と、その次の音楽隊（先導隊）の先頭に立つシンバルを持つ僧、そして最後尾の僧院長を除く僧たちの手の平に注ぎ、僧たちはそれを飲む。音楽が奏でられ、その後、シンバルを持つ僧と僧院長の手の平にも水が注がれ、貝をもとの小さな机の上に戻す。16時05分、最後尾の3人の僧は奉献のために地面にしゃがみ、鈴を鳴らして唱える。助手は机をしまい、音楽が奏でられ、隊列は堂内へと戻る（図6-6）。

　集会堂内では、音楽隊を先頭に僧たちは1列のまま左まわりに1周し、音楽隊が止まった後、最後尾の3人の僧たちだけがキルコルの周囲を左まわりに3回まわる（図6-7）。僧院長はキルコルの4方向でそれぞれ立ち止まり、朗唱を行ない、16時10分に儀軌が終了する。この第3部ドゥンスケットでは、音楽隊に先導され、外で迎えられた諸尊が堂内に入り、キルコルに座することになる。諸尊が音楽隊に先導されて入場するのは、以前見たカプギャット祭礼において、諸尊が舞踊のために音楽隊に先導されて中庭に入場する儀式と同じである。

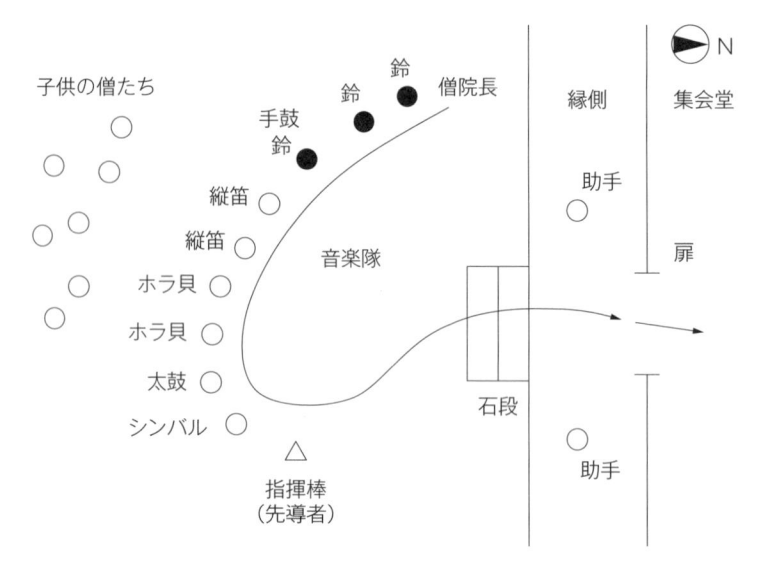

図6-6 デチョク儀軌第3部ドゥンスケットにおいて、音楽隊を先頭に集会堂の前庭から中に入る

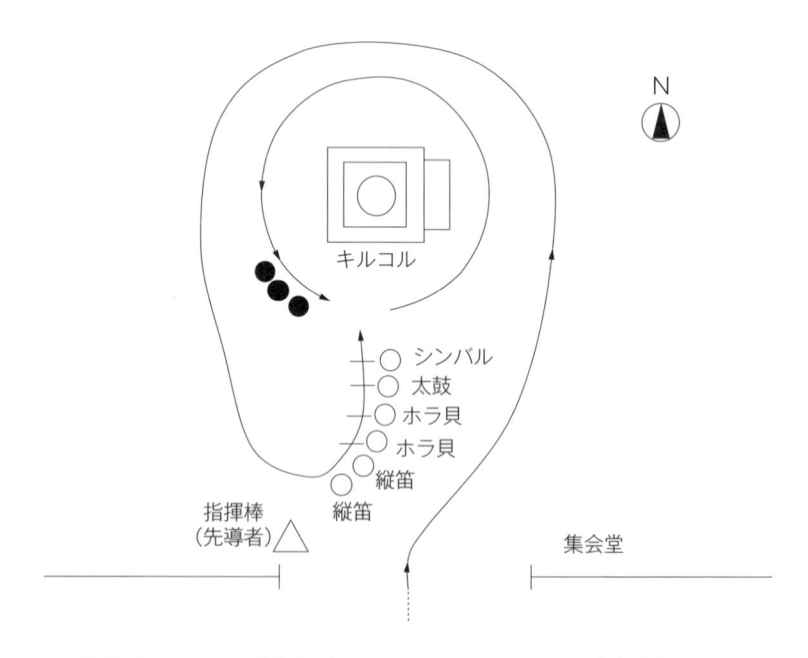

図6-7 デチョク儀軌第3部ドゥンスケットにおいて、音楽隊を先頭に僧たちは集会堂の中に入り、キルコルのまわりをまわる

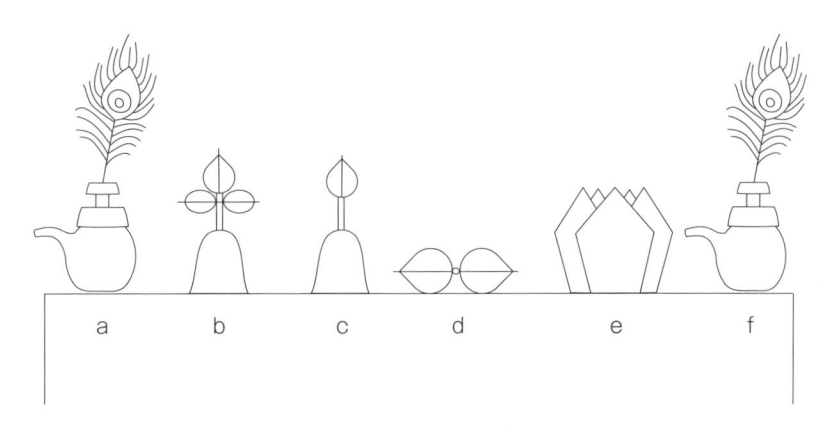

図6-8 デチョク儀軌第4部ワンに用いられる道具
　　　a：瓶と孔雀の羽　b：2個の金剛杵のついた鈴
　　　c：1個の金剛杵のついた鈴　d：金剛杵　e：宝冠　f：瓶と孔雀の羽

　16時12分、パパと酸乳とが僧たちに配られ、食事が行なわれる。16時23分に食後の唱えがされる。なお、このパパは第4回集会の始まる前に僧たちが厨房で作っておいたものである。
　第4部ワンは16時23分に始まった。16時24分にハチマキにする布が僧たちに配られる。これは、頭につけている時は諸尊が見えていないという印であり、片方をはずして垂らした時は見えているという象徴となるものである。助手が孔雀の羽が差し込まれている瓶の水を僧たちの手に注ぎ、16時25分にデチョク儀軌の朗唱が始まる。僧院長の向かいに座る僧が容器の上に大麦粒を盛る。他の僧たちは中指2本を立てる印を結び、唱えが続く。助手が、大麦粒の盛られた容器をキルコルの前の台の中段の左端に置く。人々はハチマキをする。
　僧院長の右側には、祭壇の上段にあった孔雀の羽の差し込まれた瓶、2個の金剛杵のついた鈴、鈴、金剛杵、宝冠、もう1つの孔雀の羽の差し込まれた瓶が小さな机の上に並べられている（図6-8）。16時37分に鈴が鳴らされ、貝に入った水が僧院長の手の平に注がれる。16時39分に鈴が鳴らされ、音楽が奏でられる。助手は燃えたビャクシンの入った容器を振りながら歩き、煙を堂内に立ち込めさせる。16時40分に儀軌が唱え続けられる中、僧たちはハチマキをとる。16時41分に布片が振りまわされる。この布片は招請された諸尊へ花を捧げる象徴である。
　16時42分、僧院長は孔雀の羽で水を右端の瓶につける。16時43分に声明が唱えられ、助手は孔雀の羽の差し込まれた瓶を持って僧院長の前に立つ。鈴が鳴らされ、布片が振りまわされる。16時47分、この瓶が僧院長に渡される。僧院長は瓶を頭のまわりにつける。同時に僧たちは鈴を鳴らし、布片が振りまわされる。孔雀の羽で水をつけるのは浄化のため

であり、この道具を頭に触れさせるのがワン（入会儀礼）である。このため、1番目に、右端に置かれた孔雀の羽の差し込まれた瓶を、頭に触れさせたのである。このようにして、僧院長の横の小さな机の上に並べられた道具が1つずつ浄化され、ワンが行なわれる。これにより、入会儀礼は僧院長のみならず、すべての僧に与えられるのである。

　2番目に、16時48分、僧院長は助手が持って来た左端の瓶の孔雀の羽を取り、宝冠に水を振りかける。16時49分に助手がこの宝冠を持ち僧院長の前に立ち、これを僧院長に渡す。僧院長は宝冠を自分の頭のまわりに触れさせる。その後、宝冠は助手に返される。3番目に、16時50分、助手が左端の瓶の孔雀の羽を僧院長に渡し、僧院長はこれで小さな机の上に置かれた金剛杵に水をつける。鈴が鳴らされ、布片が振りまわされる。16時52分、助手はこの金剛杵を僧院長に渡す。僧院長はこれを自分の頭の上に触れさせる。その後、これを助手に返す。鈴が鳴らされる。この間、助手は先の宝冠をもとあった祭壇の上段に置く。

　4番目は、鈴である。この鈴は上部に1個の金剛杵がついており、通常用いられる金剛鈴である。助手が左端の瓶の孔雀の羽を僧院長に渡し、僧院長はこれで鈴に水をつける。16時53分、助手がこの鈴を持ち、僧院長の前に立つ。助手がこれを僧院長に渡す。僧院長はこれを頭の上に触れさせ、鈴を振って鳴らすと助手に返す。助手はこれを、もとあった祭壇の上段に戻す。そして布片が振りまわされる。

　5番目は、上部に金剛杵の半分が縦に、1個の金剛杵が水平につけられた鈴である。16時54分、助手が左端の瓶の孔雀の羽を僧院長に渡す。僧院長はこれで水を机の上に置かれた鈴に振りかける。助手がこの鈴を持って僧院長の前に立つ。これとは別の鈴が鳴らされ、僧院長は布片を振りまわす。助手は鈴を僧院長に渡す。僧院長はこれを持ち、自分の頭に触れさせた後、助手に返す。同時に他の僧たちは鈴を鳴らし、布片を振りまわす。

　16時56分、助手は赤いビーズ状のもののついた長い数珠を持ち、これを僧院長に渡す。僧院長はこれを繰る。さらに、先端に金剛杵のついた長い杖を僧院長に渡す。これは、デチョクの持つ道具の一つであり、カタム（kha tam）と呼ばれる。これらは、プムスケットの際に用いられた道具である。僧院長は首に長い数珠をかけて左手に垂らし、同時に左手に金剛杵と、次に助手により渡された頭蓋骨の杯を持ち、右手に手鼓を持ってこれをカタカタと鳴らす。

　17時に、助手がこれらをもとの祭壇の中段に戻す。布片が振りまわされる。17時01分に鈴が鳴らされる。助手が、僧院長の横の机の上の右端に置かれていた孔雀の羽の差し込まれた瓶を、僧院長に渡す。僧院長はこれを頭にかざして助手に返す。助手はこれを、祭壇の上段に戻す。17時02分に助手は、頭蓋骨の杯とスプーンを持って僧たちの間をまわり、スプーンで水を僧たちの手の平に注ぐ。17時03分、助手はこの頭蓋骨の杯を祭壇の中段に戻す。

　17時04分、僧たちはハチマキをし、布片を振りまわす。助手は僧院長の横の机の上の、

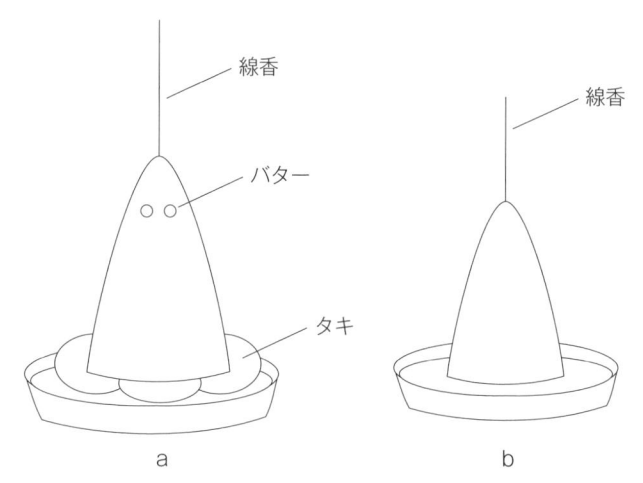

図 6-9　デチョク儀軌第 5 部ツォクスに用いられるツォクス
　　　　a：主尊デチョクに奉献されるツォクス
　　　　b：カンロマ（ダーキニー）に奉献されるツォクス

　左端に置かれていた孔雀の羽の差し込まれた瓶を祭壇の上段に戻す。朗唱が続けられる中、17時05分、僧たちは布片を振りまわす。17時08分に布片が再び振りまわされる。17時10分に再度、布片が振りまわされ、頭のハチマキがはずされる。17時11分、鈴が鳴らされる。助手が皿の中のもの（詳細不明）を僧院長に渡し、孔雀の羽でこれに水が振りかけられる。17時14分に鈴が鳴らされ、僧院長は左手に持っているものに水をつける。17時15分に休息がとられ、17時16分に再度、朗唱が始まるとともに、キルコルの周囲の幕が閉じられる。助手が瓶（孔雀の羽の差し込まれている瓶とは別のもの）の水を僧たちの手の平に触れさせながらまわる。17時17分に儀軌は終了する。僧たちは口の中でオム・マニ・パドメ・フムと暗唱を続ける。楽器がしまわれる。17時18分、僧たちは、先に配られたパパを持って退室した。

　デチョク儀軌第 5 部のツォクスは18時10分に始まった。僧院の屋上で、今回の第 5 回目集会の合図のどらとホラ貝が鳴らされた。18時22分、僧たちは、集会堂の入口で僧院長を先頭に瓶から注がれる水で手を洗い、入室する。

　18時24分にキルコルの幕があげられ、線香、灯明に火が入れられると、すぐに朗唱が始まる。18時28分、祭壇の下段の下にもう一段机をしつらえ、この最下段の机の上に皿の上にのせた 2 つのツォクスを置く（図 6-9）。1 つは大きな皿の上に小麦粉を焼いたタキを敷き、その上に大麦こがしの練り粉で作った円錐形のツォクスを置いたものである。このツォクスには吉兆の印であるバターが 2 カ所つけられ、先端には線香が立てられている。これは主尊デチョクに奉献されるツォクスである。もう 1 つは小さな皿の上に、小さなツォクスが置かれたものである。先端には線香が立てられている。これは、カンロマ（ダーキ

ニー）に奉献されるもので、カンロメツォクス（mkha' 'gro ma'i tsogs, カンロマ・の・ツォクス）と呼ばれている。助手は大きなツォクスに線香の煙をかけ、水を振りかける。18時34分に休息がとられ茶が飲まれる。18時36分に朗唱が行なわれ、18時47分に休息がとられ茶が飲まれる。

　18時48分、儀軌が始まり、助手が水のついた孔雀の羽を僧院長に渡す。僧院長はこれをくるっとまわして、前方にぱっと水を振りまく。助手は、この孔雀の羽と瓶をもとの祭壇に戻す。18時49分に、ア、イ、ウ、エ、オ、カ、ガ、ナ、……と唱えられ、音楽が奏でられる。18時51分にゆっくりと声明が唱えられ、助手がツォクスの先端に立てられた線香に火をつける。そして別の線香で大きなツォクスのまわりに煙をまわす。18時56分に音楽が奏でられ、19時00分に鈴が鳴らされる。

　そして、19時02分に助手がツォクスの先端を斜めに切り、この上部をキルコルの置かれている台の上にのせる。残りの下半分のツォクスは小さく切られ、僧たちにその1片ずつが配られる。もう1人の助手は頭蓋骨の杯とスプーンとを持ち、まず僧院長から始まり僧たちの手の平にスプーンで水を注ぐ。同時に19時03分に音楽が奏でられる。19時05分に再び音楽が奏でられ、19時06分に助手は頭蓋骨の杯とスプーン、ツォクスののっていた皿をもとに戻す。19時07分に音楽が奏でられる。助手は瓶の水を僧たちの手の平につけてまわる。

　19時08分、助手と2人の子供の僧がカンロマに捧げるための小さなツォクスと水の入ったスプーンを持ち、小さな声で歌うように唱える。これに続いて、19時09分に僧たちが唱える。子供の僧はツォクスとスプーンを持ったまま僧院長の前にしゃがみ込む。19時13分に僧院長は水を手につける。助手がツォクスを切る。先のデチョクに捧げるツォクスは上半分を斜めに切ったが、カンロマに捧げる小さなツォクスは先端を切らずに4つに分けて切り、1つは祭壇の下段に置き、1つは僧院長に、2つは子供の僧に与える。もっとも、儀軌によれば、2人の子供は僧院長をはじめとして、すべての僧にツォクスの1片を与えると述べられる。助手は上半分のツォクスと水の入ったスプーンを持ち、僧院長の前に立つ。僧院長はスプーンの水を手につける。助手は残ったスプーンの水をツォクスにかけ、これを持って外に出る。音楽が奏でられる。

　19時17分、最後の第6部シェクソルが始まる。助手は水を祭壇の中段に並べられている供物一式の水に注ぐ。また、大麦粒を花と線香の入っている杯に加える。音楽が奏でられ、19時19分に朗唱がされ、鈴が鳴らされる。19時20分、鈴が鳴らされシンバルが打たれる。19時23分に音楽が奏でられ、19時24分に朗唱が行なわれる。楽器と法具が片づけられ、19時26分に朗唱が終了する。

　この間、料理長が集会堂に入ってきて、三拝する。ペーを皿一杯に盛っている。朗唱が終了すると、ペーを子供の僧が持ち、料理長が大きなさじで僧院長をはじめ僧たちに配る。19時27分にキルコルの幕が閉じられる。茶が僧たちに配られる。僧たちは、袋にペーを入

写真 6-22 僧院の屋上で夕刻を告げる長笛と縦笛が吹かれる

れてもらう。19時30分、僧たちは各々、マントラを唱えている。これは食事前のブッダ、ボディサットヴァへの奉献の唱えである。僧たちはペーを茶に入れたり、先ほどのツォクスの小さな片を食べている。茶が注ぎ足される。一部の子供の僧はすでに退室している。

祭壇の周囲を覆っている幕の中で灯明の小さな明りだけがぽっと灯っている。室内はすでに暗く、僧たちは黒いシルエットになっている。窓の外だけがほのかに明るく、そこから見える対岸の岩肌が白っぽくくすんだ茶色になって浮かび上がる。やがて、僧院の屋上から、夕刻と、日課であるソルカー儀軌の始まりを告げる長笛（ラクトゥン）と縦笛（ギャリン）との低く、力強い音だけがラマユルの谷の闇の中を渡ってゆく（写真6-22）。

デチョク儀軌（7月15日）

7月14日以後も、デチョク儀軌は毎日繰り返し行なわれた。7月15日には、私はカメラとテープレコーダーを持って儀礼に参加し、儀軌の進行に合わせて典籍のページを記録しながら儀軌の進行を観察した。5時00分にどらが打たれ、5時25分にホラ貝が吹き鳴らされて第1回集会が始まった。本来、3度目のホラ貝が鳴るまでに僧たちは集会堂に入らねばならない。それ以後は入室は禁止されているのである。もっとも、ラダックにおいては、この規律はチベット本土のように厳格には守られていないという。第1回集会では、デチョク儀軌第1部ダクスケットにおいて、諸尊が招請され、奉献が行なわれ、自分自身が諸尊になるのである。また、この集会では朝の茶とペーが配られる。

僧たちは集会堂に入ると三拝し、その後、着座し、朗唱が始まる（図6-10）。最初の朗唱はダクダンマであり、僧たちは典籍を見ずに暗唱する。ゲスコス（規律監督者）が扉の内側の高い椅子に座る。また、2人のゴンニエル（財産管理者）が、儀軌の助手を務めるため集会堂の奥の祭壇の前に立つ（写真6-23）。5時52分にデチョク儀軌の最初の部分が

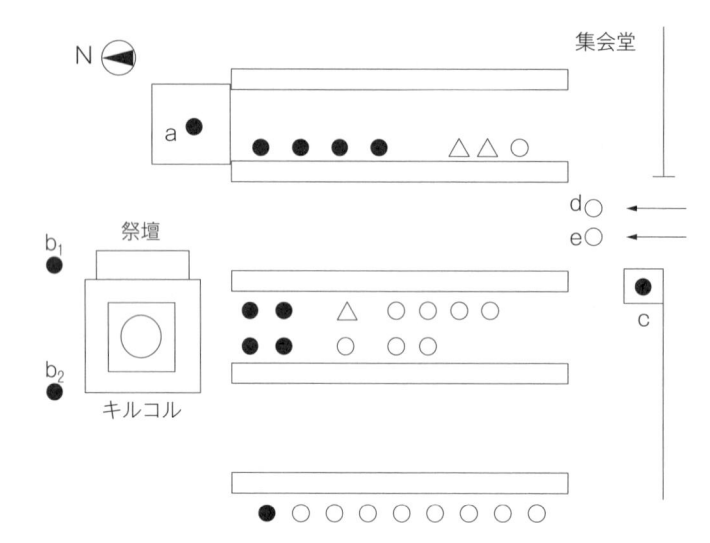

図6-10 集会堂に着座し、デチョク儀軌を行なう僧（1989.07.15, 05：52）
●：大人の僧（13名）　△：少年の僧（3名）　○：子供の僧（18名）
a：ロボン（僧院長）　b₁/b₂：助手　c：ゲスコス（規律監督者）
d：茶を配給する僧　e：ペーを配給する僧

唱えられ、法具が配られる。5時58分にいったん休みがとられ、茶が配られる。ここで、最初の茶をブッダ、ボディサットヴァに捧げるためのチョスチョットが暗唱される。6時07分にペーが配られ、暗唱が行なわれ、鈴が鳴らされる。

　6時09分、儀軌が再開される。6時10分に助手が孔雀の羽を僧院長に渡し、僧院長はこれで水を前に振りかける。煙がたかれ、この場が清められる。6時12分に助手がスプーンで水を僧院長の手につける。6時14分に鈴が鳴らされ、6時15分に音楽が奏でられる。6時17分に演奏が終わり、茶が飲まれ、追加の茶が注がれる。6時18分に唱えが始まり、6時19分に音楽が奏でられる。助手がペーを持ってリンポチェのための玉座の前に置く。これはリンポチェが実際には臨席していないにもかかわらず、リンポチェに最初に捧げることを意味するものである。

　6時22分から朗唱が続き、6時31分にはマントラが唱えられ始め、4方向を示すため腕が上げられ、指が鳴らされた。これは6時33分までに4回行なわれた。6時35分に小休止がとられ茶が飲まれた。6時36分、唱えが再開し、6時36分に終わり、後は各自、口の中でマントラが暗唱された。6時39分に少年僧2人が僧院長から始まり各僧にペーを配る。

　6時41分に唱えが再開され、金剛杵を持ち、鈴が鳴らされる。6つの手の印で招請された諸尊に奉献が行なわれる。6時43分に手鼓が鳴らされ、音楽が奏でられる。諸尊が招請された後の歓迎の音楽は鈴をはじめ、シンバル、太鼓、縦笛、ホラ貝の楽器が用いられる。

写真6-23 デチョク儀軌第1部ダクスケットが始まる

　6時45分に音楽が終わり、手で楽器の印が結ばれ、オムンハカとマントラが唱えられながら指が鳴らされる。なお、手鼓が鳴らされて音楽が奏でられる個所からマントラが唱えられる個所の朗唱は、3回繰り返される。6時47分に休息がとられ、茶が配られる。各自、茶にペーを入れてコラックとして食べるため、椀の中でこねる。6時50分、朗唱が再開され、6時56分に終了する。各自、マントラを唱えながら、典籍を閉じる。

　続いて、チャプトル儀軌が始まる。チャプトル（chab gtor, 水〈敬語〉・トルマ）はチュートル（chu gtor, 水・トルマ）という意味であるが、通常は水の敬語であるチャプを用いてチャプトル、もしくは単にトルマ（gtor ma）と呼ばれる。儀軌に用いられる典籍の名称はトルマギャルツァ（gtor ma brgya rtsa）である。チャプトル儀軌は、平たい盆状の容器の上に横に板を渡し、この上に5つの杯を置き、この中にトリル（gtor ril, トルマ・球）と呼ばれる大麦こがしの粉で作った小さな球状のトルマ（供物）を入れ、さらにこれらの杯を水で満たす。この供物を輪廻から自由になった諸尊とまだ輪廻の中にいる諸尊に捧げるのである。儀軌を朗唱しながら諸尊から悪霊に至るまで、招かれた神々にトルマを奉献する。それぞれの客人への奉献ごとに杯の中のトルマと水が容器の中に捨てられ、手鼓が鳴らされる。これが繰り返されるのである。

　ラマユル僧院ではチャプトル儀軌は朝の日課になっている。子供の僧たちは出て行く。チャプトル儀軌が進行する中で、助手はデチョク儀軌のためのキルコルの幕を閉じる。7時09分、最後に円錐形のトルマが真ん中の杯に立てられ、他の杯には小さな球状のトルマが入れられ、水が注がれる。横にいる僧が、大きな瓶から小さな瓶に水を補充する（写真6-24）。7時10分に鈴が置かれ、助手がこれを回収する。7時15分に最後のトルマが捨てられる。杯が伏せられ、指が鳴らされ、チャプトル儀軌は終了する。助手はチャプトル儀軌に用いられた容器を持って出る。7時16分に各自マントラを唱え、その後、退室し、第

276　第1部　僧院の組織と祭礼

写真6-24　第1回集会におけるチャプトル儀軌

1回集会は終了した。
　第2回集会の合図のどらが8時24分に打ち鳴らされ、僧たちは次々と集会堂の前に集まる。この集会ではデチョク儀軌第2部プムスケットが行なわれ、瓶の中に諸尊を視覚化し、甘露に溶け込ませるのである。また、この第2回集会では、トゥクパの食事が供されることになっているため、子供の僧たちは楽しみに入室を待っている。集会堂内では、3人の子供の僧がゾラック（zo lag）と呼ばれるトゥクパを入れた大鍋を持ち、僧たちにトゥクパを配給する。1人が茶椀に3-4杯おかわりをしてトゥクパを食べる。
　9時01分、デチョク儀軌第2部のプムスケットが開始される。9時11分には、招請された諸尊に手の印で供物が捧げられる。さらに僧は指を交叉し、諸尊を自分自身に溶け込ませ、次に腕を交叉し、自分自身が諸尊になったことが示される。9時15分、音楽が奏でられ、その後朗唱が始まる。9時19分、助手が僧院長に頭蓋骨の杯を渡し、僧院長はこの中の甘露を左指につけ手を開いて祖師、ブッダ、ボディサットヴァに捧げる。9時23分に奉献が終わり、僧院長は腕を交叉し、鈴を鳴らす。同時に全員が鈴を鳴らす。9時25分に朗唱が休止し、茶が注がれる。9時25分、ゆっくりした声明が唱えられ、最初の茶をブッダ、ボディサットヴァに捧げるためのチョスチョットが朗唱される。9時38分、これが終わり、茶が飲まれる。
　9時39分、再びデチョク儀軌に戻り、朗唱が始まる。金剛杵と鈴が持たれ、奉献の手の印が結ばれ、音楽が奏でられる。演奏が終わると、子供の僧たちは大きな声でオムソハカとマントラを唱える。僧院長は赤い数珠を左手に取り、数を数えながらマントラを唱える。9時45分、朗唱が始まり、その後、再びマントラがオムシハーベと大きな声で唱えられる。このマントラはデチョク儀軌に登場する諸尊のマントラである。大人の僧は静かにマントラを唱えているが、子供たちは大声を出している。

写真 6-25 僧院長は孔雀の羽で水を前に振りかけ、清める

　9時50分にもとの朗唱に戻り、9時51分に助手が祭壇の上に置かれた孔雀の羽の差し込まれた瓶と僧院長の間に紐を張る。子供の僧たちは、大声でダーキーニオムペ、カンダラオムペとデチョクの従者たちである諸尊のマントラを唱えている。僧院長たちの唱えるマントラが僧院長の胸から紐を伝わって瓶に入り、そこに諸尊を視覚化し、諸尊は瓶の中の甘露に溶け込むのである。9時52分にもとの朗唱に戻り、僧院長は赤い数珠を助手に返す。

　9時53分、助手が孔雀の羽を僧院長に渡す。僧院長はこれで水を前に振りかけ、清める（写真6-25）。朗唱が続き、9時58分に手で楽器の印を結び、マントラが唱えられる。堂内ではゲスコス（規律監督者）が手に短い鞭を持って、子供の僧たちが熱心に儀軌を朗唱しているかどうかを見て回っている。子供の僧たちは金剛杵や鈴は持たず、儀軌を目で追い、朗唱できるところは朗唱している。また、マントラの部分のみは大きな声で唱えることを繰り返す。9時59分に僧院長は腕を交叉させ、手で円を作る。手をたたき、指を鳴らし、手で奉献の印が結ばれ、諸尊が迎えられる。10時01分に再び助手が僧院長に孔雀の羽を渡し、僧院長はこれで水を振る。10時02分、僧院長は金剛杵、鈴を持ち、音楽が奏でられる。10時04分に音楽が終わり、茶が飲まれる。

　10時05分、朗唱が再開される。助手が小さな貝の中の水を供物の水の杯に注ぎ足し、大麦粒も補給する（写真6-26）。これは、諸尊を招請するたびごとに供物を捧げているので、置かれている杯の中の供物も減っているとする考えによるものである。儀軌の朗唱と音楽が続けられる。10時12分にペーが僧たちに配給される。助手が水を僧院長の手につける。10時13分に小休止がとられる。

　10時14分、朗唱が再開され、鈴が鳴らされながら唱えが続く。助手が赤い数珠を僧院長に渡す。子供の僧たちは大声でマントラを唱える。茶が配られる中、10時19分になっても、子供たちは、ダーキニーフンベー、ラメーフンベー、カンドレーフンベーと、主尊デチョ

写真 6-26 助手が祭壇の供物を補給する

クの従者であるダーキニーのマントラを唱え続ける。10時23分、助手が紐の先端を右側の孔雀の羽の差し込まれた瓶から左側にあるもう1つの孔雀の羽の差し込まれた瓶に移しかえる。助手はこの瓶を持って、祭壇の横に立ち、孔雀の羽で水を祭壇に振りかける。10時26分、助手がキルコルの幕を閉じ、第2部プムスケットは終了した。

10時26分に儀軌が終了すると、別の典籍の一部が暗唱される。すでにデチョク儀軌の典籍は閉じられている。助手は法具を片づけて、布がかけられる。10時34分には、助手は儀軌に用いられたものとは別の瓶で水を僧たちの手につけてまわる。香の煙がたかれ、場が浄化される。10時37分、各自マントラを口の中で唱えながら集会は終了する。そして、10時38分に僧たちは退室した。

11時05分、僧院の屋上でどらが打たれ、第3回集会が開始される。ここでは、デチョク儀軌第3部のドゥンスケットにより、諸尊がキルコルの上に招請されるのである。また、この儀軌の一部には諸尊を迎え、音楽隊を先頭にキルコルまで先導するため、集会堂の外で行われる儀式も含まれる。キルコルの幕が開かれ、朗唱が始まる。11時21分に助手は僧たちの座する前の机の上をふいてまわる。11時27分に唱えが続く中、16女神が手の印で表され、奉献される。両手の指を交叉させ、諸尊と自分とが溶け合う印とし、次に両腕を交叉し、自分自身が諸尊となる。再び、16女神が手の印で結ばれ、奉献される。11時31分に小休止がとられる。11時32分、茶の奉献のためゆっくりと声明が唱えられ、チョスチョット儀軌が朗唱される。11時41分に唱えは終わり、茶が飲まれる。

11時42分にデチョク儀軌に戻り、朗唱が始まる。孔雀の羽で水が振りまかれ、場が清められる。僧院長をはじめ、僧たちは金剛杵と鈴を持ち、手の印で諸尊への奉献を行なう。11時43分、音楽が奏でられる。助手は祭壇の供物に水と大麦粉を補給する。11時45分、音楽が終わり、唱えとなる。僧たちは金剛杵と鈴を持った手を動かし、指を鳴らす。手の形

写真 6-27 金剛杵と鈴を持ち諸尊への奉献が行なわれる

での諸尊への奉献が繰り返される（写真6-27）。11時50分に音楽が奏でられ、11時51分に小休止がとられ、茶が飲まれる。

　11時52分、儀軌が再開され、金剛杵と鈴を持った手の印で諸尊への奉献が行なわれる。11時53分に美しく装飾された四角い形の布が配られる。これは諸尊への奉献のための衣装である。11時54分に音楽が奏でられる。11時56分に音楽が終わり、唱えが始まる。ゆっくりとした唱えの中、振り回すための布片が配られる。これは諸尊への奉献のための花である。12時02分、もとの調子の朗唱に戻る。12時03分、16女神の印が手で作られ、奉献される。片手の人指し指ともう片手の小指を交叉させ、諸尊と溶け合う。12時06分に小休止がとられ茶が飲まれる。すぐに儀軌は再開され、僧たちは金剛杵と鈴を持った手を動かし、唱えが続けられる。僧たちは両腕を交叉させ、自分自身が諸尊となる。12時10分に音楽が奏でられる。12時12分に音楽が終わり、金剛杵と鈴を持った手がゆっくりと動かされる。12時13分に四角い布（衣装）が諸尊に捧げられる（写真6-28）。

　12時14分、助手は頭蓋骨の杯を僧院長に渡し、僧院長はこれを右手で持ち、左手でその中の甘露を諸尊に捧げる。この間、助手は四角い布（衣装）を回収する。僧たちはオム、アー、フムとマントラを唱え続ける。12時18分、鈴が鳴らされ、マントラは終わる。12時19分、朗唱が始まり、鈴が鳴らされる。12時20分、助手はスプーンで、頭蓋骨の杯から甘露と水を別の杯に補充する。12時22分、子供の僧たちはマントラをオム、シー、ハと大声で唱える。12時27分には続けてダーキーニフンベ、ラメーフンベ、カンダレフンベと女神のマントラを唱える。12時29分に再び朗唱が始まる。助手は孔雀の羽を僧院長に渡し、僧院長はこれで水を前に振りかける。助手がトルマを持ち、扉の所に行き、その内側に置く。12時30分、僧たちは金剛杵と鈴を持ち、両手で印を結ぶ。12時32分に鈴が鳴らされ、再び両手で印が作られる。

写真 6-28 装飾された布（衣装）が諸尊に奉献される

写真 6-29 両手の形で印が作られ、主尊デチョクに王の7種類の所有物が奉献される

　この両手の形による印はパットコルチャルギャ（pad gor phyag rgya, パドマ〈蓮〉・輪・手・印：ムドラ mudra〈サンスクリット〉）と呼ばれ、ここでは主尊デチョクにギャルリッドナドゥン（rgyal srid sna bdun, 王・〈の所有物〉・の・7）と呼ばれる王の7種類の所有物である輪、宝石、女王、官僚、象、馬、将軍が手の形で作った印で奉献される（写真6-29）。助手は水と大麦粒を祭壇に置かれた供物に補給する。音楽が奏でられる。12時35分に音楽が止み、唱えとともに鈴が鳴らされる。助手は僧院長に孔雀の羽を渡し、僧院長はこれで水を前に振りかける。

　12時39分、音楽が奏でられる。デチョク儀軌第3部ドゥンスケットのこの部分から後は、すでに7月12日、13日に見たように、集会堂の外で行なわれるが、今回は堂内で行なわれ

写真 6-30 僧院の屋上で合図のどら（銅鑼）が打たれる

た。助手はスプーンを持ったまま立ち、音楽が終了し、朗唱が行なわれる。僧たちは金剛杵と鈴を持ち、手で印を結ぶ。助手はスプーンに入った水を僧院長の手の平につける。僧院長はこれを飲む。12時41分、鈴が鳴らされ、音楽が奏でられる。12時44分に音楽が終わり、すぐに鈴とシンバルのみの演奏となる。助手が貝に入った水を僧たちの手の平につける。これは、外で行列を組んで行なわれる際と同様である。この水は下位から上位へと配られ、僧院長は最後となる。花の象徴である布片を頭にのせ、諸尊に捧げられる。12時47分、第3部ドゥンスケット儀軌は終了する。12時48分、別の典籍が唱えられ、キルコルの幕が閉じられる。12時52分にこの朗唱は終了する。12時53分、別の典籍の朗唱が再開され、助手は瓶の水を僧たちの手の平につけてまわる。12時55分に終了し、典籍が閉じられ、子供の僧たちはオムマニ、オムマニと唱えている。僧たちも各自、口の中でマントラを唱え、12時56分、再び全員で朗唱し、12時57分に第3回集会は終了し、僧たちは退室した。

　第4回集会は、15時43分に僧院の屋上で打たれた合図のどらにより告げられる。第4回集会では、デチョク儀軌第4部のワンにより、入会儀式が行なわれる。また、この集会では食事のパパが供されることになっている。

　なお、集会の合図に用いられるどらは金属製の1枚の円い板で、これにつけられた紐が左手で持たれ、右手に持った木の撥で打たれる（写真6-30）。僧は最初にどらの縁を一度カーンと高い音で打ち、これを15秒おきくらいに10回繰り返す。その後、1-2秒おきに30回目ほどまで打ち、間隔を徐々に短くしながら、60回目くらいまで打つと、再び2-3秒おきに一度ずつ4回打つ。その後、今度はどらの真ん中を最初にボーンと低く鳴り響くような音で打つ。10秒ほどあけて連続してボーン、ボーンと二度打ち、さらに10秒ほどあけて一度打ち、そこから5秒おきくらいに11回目くらいまで打ち、その後、2-3秒おきくらいに16回目くらいまで打ち、だんだん間隔を短くしながら1秒おきくらいで20回目くら

写真6-31　第4回集会第4部ワンの中で、主尊デチョクにマンダルを奉献するマンダルブルワの儀式を行なう僧

いまで打ち、そこからは40回目まで連打される。最後に大きく一度ボーンと打ち、5秒ほどあけてボーン、ボーンと連打し、さらに5秒ほどあけてボーンと打つ。すべて打ち終わるのに7分間ほどかかり、15時50分に終了した。

15時51分、料理を担当する僧たちが、厨房で作ったパパを集会堂に運び込む。僧たちも堂内に入る。15時59分、パパとダルバと呼ばれる酸乳と香草を混ぜた汁が僧たちに配られる。16時08分、食事前の仏、法、僧への帰依と食事への感謝が唱えられ、各僧によりブッダをはじめとする諸尊にチョッパ（mchod pa）と呼ばれるパパの1片が奉献され、さらに悪霊たちにもチャンブー（'changs bu）と呼ばれるパパを手の平で細長い形に握った小片が与えられる。

16時11分、儀軌の朗唱が始まり、瓶の孔雀の羽で水が大麦粒にかけられ、大きな皿に大麦粒が盛られ、円板状の容器の上に麦の粒がのせられる。朗唱が続けられる中、16時14分に助手はこの大麦粒の盛られた容器をキルコル前の祭壇の中段に置く。朗唱はこの間、儀軌の2個所の部分をそれぞれ3回繰り返して行なわれる。なお、ここで大麦粒を容器に盛る儀式はマンダルブルワ（maṇḍal 'bul ba, 宇宙〈マンダル〉・生起する）と呼ばれ、このマンダルをチョットペマンダル（mchod pa'i maṇḍal, 奉献・の・宇宙）と呼ぶ。これは、主尊デチョクに宇宙を象徴するマンダルを奉献するための儀礼である（写真6-31）。

マンダルは宇宙、あるいは世界であり、諸尊の居住する建物であるキルコルとは区別される。キルコルはブッダの世界であり建物であるとされており、ラダックではマンダル、あるいはマンダラとは呼ばない。また、この儀式はデチョク儀軌のみならず、ラマチョッパ儀軌、ジトー儀軌、ミトゥクパ儀軌、スマンラー儀軌、スゲンナス儀軌においても、その一部に含まれている。さらに、大麦粒は、かつてラダックにおいて食糧があまりなかっ

第6章　デチョク儀軌　283

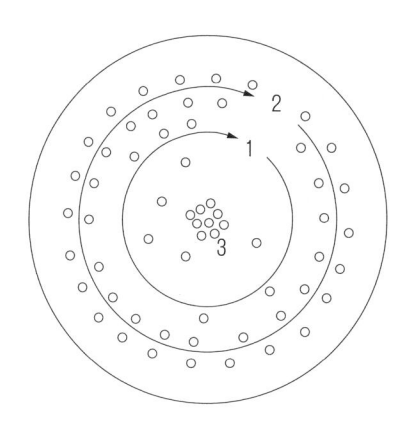

図6-11　マンダルブルワにおける金の基底、鉄壁、メルー山の生成
　1：セルギサズィ（金の基底）
　2：チャクリ（鉄壁）
　3：リーラブ（メルー山）

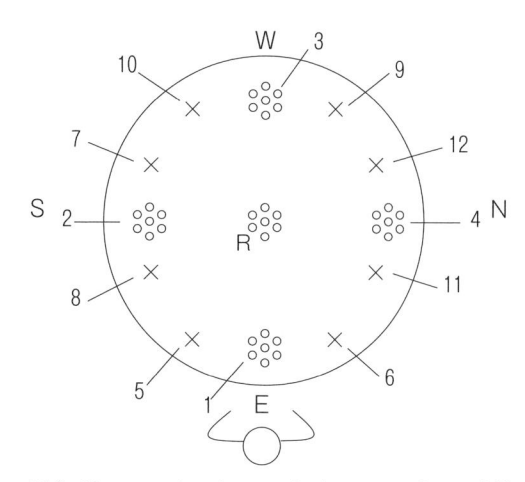

図6-12　マンダルブルワにおけるメルー山、四大陸、八亜大陸の生起
　R：リーラブ（メルー山）　1～4：四大陸
　（1：ルスパクスポ　2：ザンブリング
　3：バランチョット　4：ダミスニャン）
　5～12：八亜大陸（5：ルス　6：ルスパクス　7：ンガヤブ　8：ンガヤブジャン　9：ヨルダン　10：ラムチョッド　11：ダミスニャン　12：ダミスニャンギダ）

たため、人々がノルブナス（norbu nas, 貴重な・大麦粒）と呼んでいたように貴重なものとされており、これがさまざまな供物の象徴として用いられるのである。

なお、ここでは、マンダルブルワは容器に大麦粒を盛り、簡略的に行なわれた。しかし、本来であれば、この儀式はもう少し複雑な過程からなる。すなわち、まず容器の表面に右から左に大麦粒をまわして散らし、これをセルギサズィ（gser gyi sa gzhi, 金・の・基底）とする。さらに、その周囲に大麦粒を置き、チャクリ（lcags ri, 鉄・壁）とする。そして、容器の中央に大麦粒を積み、メルー山（ri rab, 須弥山）の象徴とする（図6-11）。

この儀礼を行なう僧は、マンダルの東側に位置する。次に、手前から右まわりの順序で、東南西北の四方向の場所に大麦粒を少しずつ積み、それぞれを東の大陸であるルスパクスポ（lus 'phags po, 身体・成長する〈背の高い〉・とともに）、南の大陸であるザンブリング（'dzam bu gling, ザンブ〈木の名称〉・大陸）、西の大陸であるバランチョット（ba lang spyod, 雌牛・享受する）、北の大陸であるダミスニャン（sgra mi snyan, 声・ない・愉快な）とする（図6-12）。このメルー山を中心とし、鉄壁に囲まれた大海（rgya mtso）に浮かぶ四大陸はリンズィリーラブダンチャスパ（gling bzhi ri rab dang bcas pa, 大陸・4・メルー山・と・ともに）と呼ばれ、太陽と月と一緒になり一つの世界を形成している。そして、宇宙にはこのよう

な世界がいくつもあるとされるのである。

　東の大陸には背の高い人々が住む。南の大陸にはザンブという木が生えている。なお、この木はおそらくヤシ科のヤシかシュロではないかと思われる。西の大陸には、願望を満たす乳牛がおり、人々はこの牛から何でも好きなものを得て、生活を享受している。また、北の大陸には数日間の寿命しかない人々が住んでおり、空からおまえたちは数日の間に死ぬだろうという不快な声が聞こえている。さらに、東、西、北の大陸はきわめて豊かであり、そのため宗教はない。しかし、南の大陸は貧しいため宗教があり、ブッダはこの大陸で説法を行なうのである。

　なお、パンディ師によれば、この仏教の宇宙観に関しては、チクニエン（dbyig gnyen：サンスクリットでバスバンドゥ、vasubandhu）の著したゴンパゾット（mngon pa mdzod, 知る・宝物：サンスクリットでアビダルマコシャ、abhidharmakośa）の第3章に記載されているという。実際、これらは、輪廻図（セパコロ）に関してすでに述べた『マハーヴュットパッティ（翻訳名義大集）』あるいは『阿毘達磨倶舎論（西蔵訳）』に基づく須弥山を中心とする四洲である東勝身洲・南瞻部洲・西牛貨洲・北俱盧洲からなる仏教の宇宙観に対応している。

　さらに、マンダルブルワの儀礼では、四大陸の両側に二つずつ亜大陸を、大麦粒を積んで置いてゆく。すなわち、正面の東の大陸の左と右にはそれぞれルス（lus, 身体）とルスパクス（lus 'phags, 身体・成長する）の亜大陸を置き、南の大陸の左右にはンガヤブ（rnga yab, ハエを追い払う道具である払子）とンガヤブジャン（rnga yab gzhan, 払子・その他）の亜大陸を置き、西の大陸の左右には、ヨルダン（gyo ldan, 動作・それが持つ）とラムチョッド（lam mchog 'gro, 道・最良・行く）の亜大陸が置かれ、北の大陸の左右にはダミスニャン（sgra mi snyan, 声・ない・愉快な）とダミスニャンギダ（sgra mi snyan gyi zla, 声・ない・愉快な・の・競争的）の亜大陸が置かれる。

　このメルー山と四大陸、八亜大陸からなるマンダルは、デチョク儀軌のための主尊デチョクを中心とするキルコルを製作した時、その基底に石で置かれた宇宙である。この宇宙の上に諸尊の建物であるキルコルが製作されたことになるのである。

　次に、四大陸に関係する4種類の供物として、大麦粒がそれぞれの大陸の内側に置かれる。すなわち、東の大陸には、リンポチェリオ（rin po che'i ri bo, 宝石・の・山）、南の大陸にはパサムギシング（dpag bsam gyi shing, 願望の充足する・木）、西の大陸にはドジョエバ（'dod 'jo yi ba, 願望の充足する・雌牛）、北の大陸にはマルモスペロトック（ma rmos pa'i lo tog, 耕作しない・作物〈トウモロコシ〉）である。次に、それらの間に大麦粒が、王の7種類の所有物の内、4種類を象徴するものとして、それぞれ、東南、西南、西北、東北の位置に置かれる。すなわち、東南にコロリンポチェ（'khor lo rin po che, 輪・貴い）、西南にノルブリンポチェ（nor bu rin po che, 宝石・貴い）、西北にツンモリンポチェ（btsun mo rin po che, 女王・貴い）、東北にロンポリンポチェ（blon po rin po che, 大臣・貴い）である（図6-13）。

次に、王の7種類の所有物の内、残りの3種類が東から南、西の方角に奉献される。すなわち、東にランポリンポチェ（glang po rin po che, 象・貴い）、南にスタチョリンポチェ（rta mchog rin po che, 馬・貴い）、西にマクポンリンポチェ（dmag dpon rin po che, 将軍・貴い）である。これに続いて、北にデルチェンポエブムパ（gter chen po yi bum pa, 宝物・偉大・な・瓶〈瓶〉）が奉献される。ただし、これは王の7種類の所有物には含まれていない。さらに、これら4種類の供物の間に、8女神の内、4女神の奉献が大麦粒を積んで行なわれる。8女神の奉献はチョッペラモギャット（mchod pa'i lha mo brgyad, 奉献・の・女神・8）と呼ばれる。なお、これはデチョク儀軌の他の部分で朗唱される16女神の奉献とは異なるものである。すなわち、東南にゲパマ（sgeg pa ma, 姿勢〈をとる〉・女神）、西南にテンワマ（phreng ba ma, 数珠〈を持つ〉・女神）、西北にルマ（glu ma, 歌〈を歌う〉・女神）、東北にガルマ（gar ma, 踊り〈を踊る〉・女神）である（図6-14）。

次に、8女神の内の残りの4女神の奉献が東から、南、西、北へと大麦粒を置いてゆくことにより行なわれる。すなわち、東にメトックマ（me tog ma, 花〈を持つ〉・女神）、南にドックポマ（bdug spos ma, 香〈を持つ〉・女神）、西にナンサルマ（snang gsal ma, 灯明〈を持つ〉・女神）、北にティチャプマ（tri chab ma, 香水〈を持つ〉・女神）である。そして、中心の左側に太陽（ニマ、nyi ma, 太陽）、右側に月（ダワ、zal ba, 月）が大麦粒で置かれる。最後に、中心にリンポチェドゥクス（rin po che'i gdugs, 貴い・傘）とチョグラナムバルギャルワギャルツェン（phyogs las rnam par rgyal ba'i rgyal mtsen）と呼ばれる勝利の旗の象徴として大麦粒が置かれる。ここでは1回だけ置かれるが、傘と勝利の旗の2つを奉献することが唱えられる（図6-15）。

こうして、マンダルブルワの儀礼において、宇宙と貴い供物とが諸尊に奉献される。大麦粒はこれらの象徴として用いられる。しかし、奉献する時は、他の奉献でもそうであるように、広大な宇宙と貴い供物とを頭の中で想像して、これを捧げる。仏教儀礼に用いられる供物は大麦粒や乾いた花やわずかの水であるが、頭の中でこれらは儀軌において朗唱されるように、溢れんばかりの美味な食べ物、美しい花や音楽、香ばしい水となるのだといって、パンディ師は笑う。なお、マンダルブルワは簡略的に行なう時は、手の印だけで行なってもよい。この手の形そのものもまた、マンダルと呼ばれるのである。すなわち、チベット仏教の特徴は、豊富な象徴を用いることであり、儀軌の実践を通してこの象徴の向こう側に、現実世界を超えた観念世界を作り上げることなのである。

主尊へのマンダルの奉献が終わると、そのままデチョク儀軌第4部ワンが進められ、僧は頭にハチマキをして朗唱が続く。16時25分に助手が貝の水を僧院長の手の平に注ぐ。音楽が奏でられ、香がたかれる。16時27分に音楽が終わり、唱えが続く。16時28分に僧院長は孔雀の羽で瓶に水をつけて瓶を清める。16時29分、僧院長は清められた瓶を助手から受け取る。16時30分、僧院長はその瓶を自分の頭の上にかざし、最初のワンを行なう（写真

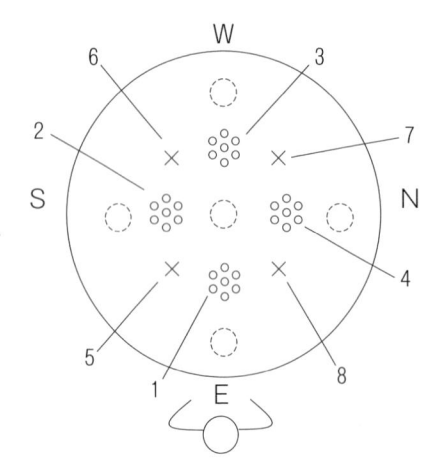

図 6-13 マンダルブルワにおける四大陸に関係する供物と、王の7種類の所有物（内4種類）の奉献
1〜4：四大陸に関係する供物（1：リンポチェリオ　2：パサムギシング　3：ドジョエバ　4：マルモスペロトック）　5〜8：王の7種類の所有物の内4種類（5：コロリンポチェ　6：ノルブリンポチェ　7：ツンモリンポチェ　8：ロンポリンポチェ）

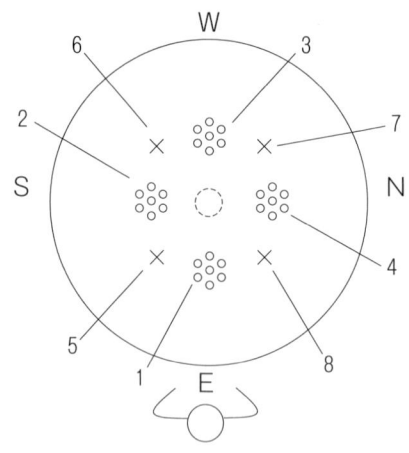

図 6-14 マンダルブルワにおける王の7種類の所有物（内3種類）と8女神（内4女神）の奉献
1〜3：王の7種類の所有物（内3種類）（1：ランポリンポチェ　2：スタチョリンポチェ　3：マクポンリンポチェ）4：デルチェンポエプムパ　5〜8：8女神（内4女神）（5：ゲパマ　6：テンワマ　7：ルマ　8：ガルマ）

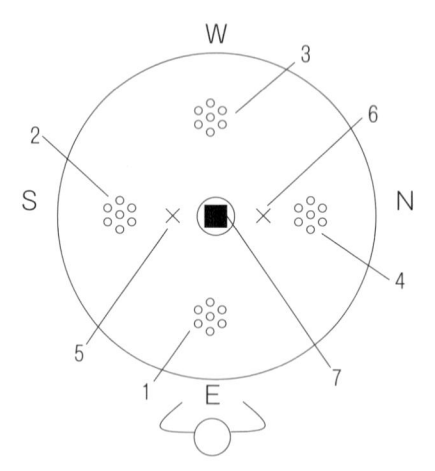

図 6-15 マンダルブルワにおける8女神（内4女神）、月、太陽、傘、勝利の旗の奉献
1〜4：8女神（内4女神）（1：メトックマ　2：ドックポマ　3：ナンサルマ　4：ティチャプマ）　5：太陽　6：月　7：傘、および勝利の旗

6-32)。16時32分、僧院長は孔雀の羽の水で清められた宝冠を助手から受け取る。そのまま、僧院長はその宝冠を自分の頭の上にかざし、2番目のワンを行なう。唱えが続く中、16時34分、僧院長は清められた金剛杵を助手から受け取る。そして、16時39分、僧院長はその金剛杵を自分の頭の上にかざし、3番目のワンを行なう（写真6-33）。16時41分、僧院長は両手を交叉し、諸尊と溶け合い、胸に鈴を当てる（写真6-34）。16時40分、孔雀の羽の水で金剛杵の1個ついた鈴を清め、助手がこれを持って僧院長の前に立つ。16時42分、僧院長はこれを受け取り、その後、頭の上にかざし、4番目のワンを行なう。続けて、僧院長は5番目のワンのための2個の金剛杵のついた鈴を孔雀の羽の水で清める。僧院長は両手を交叉させ、諸尊と溶け合う。16時44分に助手が3つの金剛杵のついた鈴を持ち、これを受け取った僧院長はこれを自分の頭の上にかざし、5番目のワンを行なう。

16時45分、僧院長は赤い数珠と先端に金剛杵のついた杖を持ち、さらに助手から渡された頭蓋骨の杯を持ち、朗唱する（写真6-35、6-36）。16時47分、右手に手鼓を持ち、鳴らす（写真6-37）。16時49分、再び孔雀の羽の差し込まれた瓶を助手から渡され、自分の頭にかざす（写真6-38）。そして、16時51分、助手は頭蓋骨の杯の中の甘露をスプーンで僧たちの手の平に注いで配る（写真6-39）。これは、諸尊への奉献が終わったことを意味し、僧たちに甘露を与えるものである。

16時52分、僧院長をはじめとする僧たちはハチマキを頭につける。諸尊が観想され、16時53分には僧院長や僧たちは自分自身が諸尊となり、ハチマキの片側がはずされ垂らされる（写真6-40）。17時に鈴が鳴らされ、助手は皿に入った5個の大麦こがしの粉で作られ真ん中に赤い色のつけられた小さな円板状のもの（供物）を僧院長に渡す。僧院長はこれを左手の上にのせ、孔雀の羽で水をつけて清める。17時03分に鈴が鳴らされ、17時04分に僧院長は両手を合わせて胸の前、さらに頭の前にあげて唱え、これを机の上に置く。典籍が閉じられ、助手が瓶の水を僧たちの手につける。17時05分に第4回集会の儀軌は終了した。

第5回集会は、17時32分にどらの合図で始まった。ここではデチョク儀軌第5部ツォクスと第6部シェクソルが行なわれることになっている。17時40分、僧たちは扉のところで瓶から注がれる水で手を洗い堂内に入る。キルコルの幕が開かれる。17時43分にはデチョク儀軌が開かれ、朗唱が始まるが、すぐにソルチョット儀軌に移り、茶をブッダ、ボディサットヴァに奉献するための唱えの個所が読まれる。17時58分に茶が持ち込まれ、僧たちに注ぎ配られる。同時に唱えは中断されるが、すぐに再開され、ソルチョット儀軌の朗唱が続く。18時07分に唱えは終了し、茶が飲まれる。そして、再び朗唱が続けられる。18時12分には、すでに2つのツォクスが助手により、キルコル前の祭壇に置かれている。1つは主尊デチョクに奉献される大きなツォクスで、他の1つはカンロマ（ダーキニー）に奉献される小さなツォクスである。朗唱は18時21分に小休止となり、茶が飲まれる。すぐに

288　第1部　僧院の組織と祭礼

写真6-32　僧院長は瓶を右手で持ち上げ、自分の頭にかざし、1番目のワンを行なう

写真6-33　僧院長は金剛杵を自分の頭の上にかざし、3番目のワンを行なう

写真6-34　僧院長は両手を交叉し、諸尊と溶け合う

第6章　デチョク儀軌　289

写真6-35　僧院長は赤い数珠と、先端に金剛杵のついた杖を持つ

写真6-36　僧院長は頭蓋骨の杯を持ち朗唱する

写真6-37　僧院長は手鼓を鳴らす

写真 6-38　助手は僧院長に孔雀の羽の差し込まれた瓶を渡す

写真 6-39　助手は頭蓋骨の杯から、スプーンで甘露を僧たちの手の平に注いで配る

写真 6-40　僧院長はハチマキの片側を垂らし、自分自身が諸尊となったことを示す

唱えは再開され、続けられる。18時28分にペーが集会堂に持ち込まれ、18時30分に僧院長をはじめに、僧たちに配給される。ソルチョット儀軌の朗唱はここで終了となるが、この間、静かにペーが配られてゆく（写真6-41）。

　18時33分、デチョク儀軌の朗唱が再開される。18時34分、音楽が演奏され、それが終わると再び唱えが続く。18時36分に鈴が鳴らされる。18時38分には、朗唱が続けられる中、ペーを持ってきた少年の僧が空の皿を持って集会堂を出て行く。18時39分、助手がデチョクに奉献されるツォクスの上の部分を斜めに切り落とす（写真6-42）。この部分はキルコルの台にのせてデチョクに奉献される。残りの下の部分は縦に小さく切られる。18時40分に、この細かく切られたツォクスと頭蓋骨の杯に入った甘露とが、僧たちに配られる（写真6-43）。

　18時42分、カンロマに奉献するツォクスの儀式が始まる。18時43分には、鈴とシンバルのみが奏でられる中、マントラが唱えられる。2人の子供の僧が小さなツォクスを持ち、僧院長の前で声明を唱える。この間、助手は先ほど配った大きなツォクスを切ったものの残りを集めている。僧たちは普通、このツォクスは全部食べない。僧院長がゆっくりと朗唱する中、2人の子供の僧は僧院長の前でひざまずいている。18時51分、助手が線香をつけ、ツォクスが4つに分けられる。1つはカンロマとなっている僧院長に、2つは2人の子供の僧に、最後の1つは集会堂に安置されている主尊であるディグン・カーギュ派の祖師であり創始者、スキョパ・リンポチェ（ニャメットゴンポ・パトナシュリ）に捧げられる。その後、助手が以前に僧から集めたツォクスの片を持って、集会堂の外に置くため退室する。これでツォクスの儀式は終了した。

　引き続いて、18時53分、デチョク儀軌第6部シェクソルが始まり、この部分の典籍が朗唱される。助手は、祭壇の供物に水、大麦粒を補充する。僧たちは手の印で諸尊に供物を捧げる。18時54分に音楽が奏でられ、これが終わると唱えが始まり、鈴が鳴らされる。18時57分に、鈴とシンバルのみが演奏され、鈴を振りながら僧たちはそれぞれマントラを唱える。18時59分、鈴とシンバルの演奏が終わり、マントラだけが鈴を鳴らしながら続けられる。19時01分にすべての楽器で音楽が奏でられる。19時02分に音楽が終わり、朗唱が続く中、助手は法具を片付け始める。僧たちも典籍をしまい始め、キルコルの幕が閉じられる。

　19時06分に全員でマントラが唱えられ、19時13分に助手は瓶から水を僧たちの手に注ぐ。僧たちは各自、オム・マニ・パドメ・フムとマントラを唱え、再び全員でマントラを唱える。第5回集会は終了し、19時14分に僧たちは退室した。こうして、7月15日のデチョク儀軌はすべて終了したのである。

写真6-41 第5回集会において、ペーが僧たちに配給される

写真6-42 デチョク儀軌第4部ツォクスにおいて、大きなツォクスの先端が切り落とされ、デチョクに奉献される

写真6-43 細かく切られたツォクスの残りの部分と甘露とが、僧たちに配られる

反復されるデチョク儀軌

　7月12日の午後に始まったデチョク儀軌は、7月20日まで9日間にわたり毎日同様に繰り返された。7月11日にはカンギュル朗唱と並行して、デチョク儀軌の準備のためキルコルが製作され（表5-1、5-2）、7月12日にはカンギュル朗唱が終了し、キルコルが完成した後、午後からデチョク儀軌が開始された（表6-1）。そして、7月13日は、すでに終了したカンギュル（チベット大蔵経仏説部）の収納が行なわれ、デチョク儀軌が1日中かけて行なわれた。この後、7月14日から19日までは終日デチョク儀軌が続けられる（表6-2）。そして、デチョク儀軌最終日の7月20日にも、儀軌は続けられるが、僧たちは音楽隊を先頭に僧院を出て村まで行進して下り、キルコルを作っていた色粉を泉に流し、村人たちに迎えられ、民俗舞踊に臨むのである。

　7月13日から19日までのデチョク儀軌においては、毎日、僧院で5回の集会が行なわれた。すでに7月13日、および15日の儀礼の進行については詳細に記述した通りである。7月16日から19日までも同様であった。もっとも、7月18日の午後と19日の朝の儀軌にはリンポチェが臨席し、さらに19日には村人や僧によるマンジャ（mang ja, 多い・茶）と呼ばれる茶の奉献が、儀礼を行なっている僧たちのために行なわれた。これらについてはあらためて後述する。

　集会は一般的に、朝5時に起床のためのどらが僧院の屋上で打たれ、5時30分にホラ貝が吹かれて合図とされる。集会はツォクスツォクスパ（tshoks tshoks pa, 集会・集まる）と一般的に呼ばれる。特に朝の集会は、ジョクツォクス（zhog tshogs, 朝・集会）と呼ばれている。五度の集会は、それぞれツォクティンタンポ（tshogs thing tang po, 集会・1回目）、ツォクティンニスパ（tsogs thing gnyis pa, 集会・2回目）、ツォクティンスムパ（tshogs thing gsum pa, 集会・3回目）、ツォクティンズィパ（tshogs thing bzhi pa, 集会・4度目）、ツォクティンンガパ（tshogs thing lnga pa, 集会・5回目）と呼ぶことができる。しかし、朝のジョクツォクスという名称を除いては、他の集会に特別な名前はつけられていない。

　また、儀軌の進行と並行しながら、朝の5時30分から7時30分くらいまでの、第1回集会においては、まず茶が入れられ、その後、麦こがしであるペーが配られる。僧たちは茶にペーを入れて練り、コラックを作り朝食とする。そして、9時くらいから11時くらいまでの第2回集会においては、最初にトゥクパが配給される。トゥクパは小麦粉を練って小片にして煮た汁物であり、僧たちは各自の木製や陶器製の小さな茶碗（碗）に入れて食べる。さらに、ここでは、茶とペーも配られる。12時から14時くらいまでの間に行なわれる第3回集会では、茶が供せられる。15時から17時くらいまでの間に行なわれる第4回集会では、パパが配給される。パパは大麦粉を熱湯の中で煮て円錐形にしたものである。僧たちはこれを指でちぎって、乳酸と香草を入れた汁をつけて食べる。17時30分から19時30分くらいまでの間に行なわれる第5回集会では、茶とペーが配給される。

なお、茶には朝の最初の茶を除き、バターが入っており、ぺーと混ぜてコラックを作って食べると、たいへんおいしい。特に新しく挽いたぺーと、牛とヤクの雑種であるゾモの乳から作られた乳脂肪分の多く含まれているバターが使用されていれば、たいへん香ばしく美味である。また、パパも慣れると、温かく口触りも柔らかい。村の食事では、このパパの上部にくぼみを作り、そこにアンズの種からとった油を入れる。乳酸だけではなくこの油をつけて食べると、塩でうすく味つけされているパパとよく調和して、アンズの甘い香りと酸っぱい味が口の中に広がる。もっとも、僧院では、このアンズの油は用いられてはいなかった。なお、ここで配給されるぺーやパパはその場では全部食べずに持ち帰り、各自が僧房での食事に用いている。このように、僧院の集会堂は儀軌と並行しながら、厨房から運ばれてくる茶と食事が供される場となっているのである。そして、最後の集会が終わると、僧院の屋上では長笛と縦笛が吹き鳴らされ、夕刻を告げ、就寝の合図とされる。僧院における儀礼活動は、僧の日常生活そのものなのである。

　デチョク儀軌における6部分はそれぞれの集会に対応し実践されている。すなわち、第1回集会では第1部のダクスケット、第2回集会では第2部のプムスケット、第3回集会では第3部のドゥンスケット、第4回集会では第4部のワン、そして第5回集会では第5部のツォクスと第6部のシェクソルが行なわれている。もちろん、時間により、必要な部分のみを朗唱し儀軌を迅速に進めるなど調整される。たとえば、デチョク儀軌の最初の日の7月12日は、午前中と午後の1部でカンギュルの朗唱が行なわれていたため、午後3時すぎに始まった第4回集会において、デチョク儀軌のすべての部分が、4時間弱で行なわれた。また、7月13日は、第1回集会においてカンギュル経典の収納のみならず、チャプトル儀軌が行なわれたため、第2回集会において、第1部と第2部が行なわれた。また、この日は第3部は第3回集会では終了せず、第4回集会の前半部分に続きが行なわれた。同様に、7月16日には、第2回集会において第1回集会で終了しなかった第1部を、その前半部に行ない、続けて第2部が行なわれている。さらに、第5回集会においても、第4回集会で終了しなかった第4部がその前半部に行なわれ、続けて第5部と第6部が行なわれた。さらに、後述するデチョク儀軌最終日の7月20日は、午後から僧院の外での行進と村での祭礼が予定されていたため、第1回集会から第3回集会までで、デチョク儀軌第1部から第6部までのすべての部分が急いで行なわれることになる。このように、時間的調整を計りながら、デチョク儀軌が終日かけて、最初から最後までとり行なわれ、これが9日間にわたり反復されたのである。

　また、ここで行なわれる儀軌はデチョク儀軌だけではない。表にはすべて記してはいないが、第1回集会においてはすでに述べたチャプトル儀軌が、第5回集会においてはソルチョット儀軌が行なわれている。これらの儀軌は僧院において日課として毎日とり行なわれる儀軌である。なお、ソルチョット儀軌にはタンニンゴンチックランタブス(bstan snying dgons gcig lhan thabs) という典籍が用いられる。カンギュル朗唱の際は、これらの儀軌を担当するようあらかじめ決められている僧が、カンギュル朗唱と並行してこれらの儀軌を行なう。しかし、デチョク儀軌においては、これらの儀軌はデチョク儀軌の途中に入れられ、すべての僧により行なわれた。

　第1回集会の最初には、すでに述べたダクダンマ（bdag sdang ma）が読まれる。これはブッダ、ボディサットヴァ、祖師への礼讃と帰依の唱えであり、通常、典籍を見ることなく暗唱される。また、すべての典籍を唱えるのではなく、その一部が唱えられる。たとえば、7月16日の朝の集会では、僧たちは立って、ダクダンマの最後の部分のみを唱え、三拝した。拝礼（チャクブルワ、phyag 'bul ba, 伏礼）は両手を合わせて、頭、口、胸に当てて、身、口、意からの仏、法、僧への帰依を表し、その場でしゃがみ、頭を地面につけて拝礼する。これを三度繰り返すのである。なお、三拝は集会堂に入る時にも行なわれる。また、この日は、その前にギュンチャクスムパ（rgyun chags gsum pa）という僧の規律に関する典籍が唱えられた。さらに、ダクダンマの後、シェルニン（sher snying, 大般若経・真髄）が朗唱された。シェルニンはカンギュルの一部である12巻のブム（'bum, 10万：シェラプキパロルトゥチェンパ〈shes rab kyi pha rol tu phyin pa, 智慧・の・彼岸・へ・行った〉：大般若経）を短くしたものである。なお、このブムは空についての経典であり、ユム（yum, 母〈敬語〉）とも呼ばれる。パンディ師によれば、すべてのブッダは空から来るので、空はその基礎となり、それは丁度、母と同じようなものであるから、こう呼ばれているのだという。

　さらに、すでに述べたように、茶を飲む前には必ず、チョスチョット（chos spyod）の一部が唱えられ、それぞれの僧は、口をつける前に、茶椀から、茶をブッダ、ボディサットヴァに捧げる。たとえば、7月16日の第1回集会における茶を飲む前には、チョスチョットの中のナモグル（na mo gu ru, 伏礼・師）が唱えられた。また、パパなどの食事をとる時には、コンチョクジステンギド（dkon mchog rjis dran gyi mdo）という短い典籍を唱え、仏、法、僧に対し、その恵みにより私たちはこの食事をとります、と述べ、食物の1片が捧げられる。この唱えは途中で止め、食事を行ない、食後に再びその続きを唱えのである。この時、ブッダや諸尊に捧げる食物の1片はチョッパ（mchod pa）と呼ばれ、またコラックを手で握り指の形のついた片はチャンブー（'changs bu）と呼ばれ、悪霊たちに与えられるものである。

　また、7月16日の第2回集会においては、シェチャマ（shes bya ma）、ゴンポパ（mgon po pa）というディグン・カーギュ派におけるミラレパの弟子であり、最高位の法主であるゴンポパ（スキョパ・ジクステンゴンポ）を礼讃する典籍が唱えられた。さらに、7月18日には、後述するように、第2回集会の前に特別の集会が行なわれ、108項目からなる僧の規律を破ったことを修復するための儀軌が唱えられた。これは、同日午後にリンポチェ

がラマユル僧院にやって来ることに先立って行なわれたものである。

儀軌を反復することは、カンギュルを朗唱し、マントラを繰り返し唱えることと同様、実践者が内的世界に同一化することを可能とする心理的状態を作り出し、瞑想をより効果的にする働きがある。同時に、反復することは善業を蓄積することにもなる。したがって、ここでは反復が重要な意味をもつことになる。そこで、本書においても、変異を含みながら反復される儀軌の過程を忠実に記載したのである。

なお、どの典籍のどの部分を唱えるかは、儀軌を先導する儀礼責任者（ウムザット）が決める。このようにして、デチョク儀軌とその他の典籍を必要に応じて組み合わせながら、連日、儀軌が反復されたのである。

3 リンポチェの臨席と茶の奉献

7月18日にはラダックにおけるディグン・カーギュ派のチョルジェ（法主、委任統括者）であるトクダン・リンポチェが、レーからラマユル僧院を訪れ、カンギュル祭礼に臨席する予定となっていた。このため、第1回集会の後、第2回集会の前に特別集会が開かれ、僧に課せられている108の戒律を破ったことを修復させるための儀軌が行なわれた。これは、ラダックにおけるディグン・カーギュ派の最高位であり、トゥルク（転生）であるトクダン・リンポチェを迎えるにあたり、僧たち自身を浄化するためであったと考えられる（表6-2）。

さらに、第4回集会においては、通常、食事としてパパが配給されるのであるが、この日は米飯を出すので、各僧に対して皿を持参するよう告げられた。米の食事とは、インドで見られるように、ジャガイモや野菜をカレー粉と香辛料で煮た汁を、炊いた米とともに出すものである。ラダックにおいては、大麦、小麦、乳製品が主食であり、米の食事は特別のご馳走となっているのである。

この間、リンポチェを迎える準備が僧院で進められる。僧院の建物の壁に、石灰を溶かした白い水がかけられ、美しく装飾された。また、僧院の屋上で歓迎の音楽を演奏するために、7-8名の僧が指名され、その準備が行なわれた。

17時にリンポチェの乗った白い自動車が、僧院から少し離れた場所に到着する。ここから僧院までは細い道を歩いて来なければならない。今回はトクダン・リンポチェはチベットから亡命して来たヨンゼン・リンポチェとともに訪れていた。僧院の屋上では長笛とシンバルにより、トクロル（thog rol, 屋上・音楽）と呼ばれる歓迎の音楽が奏でられた。僧たちは僧院の外に出て1列に並び、セルテン（gser phreng, 金・列）と呼ばれる最高の歓迎を表し、リンポチェを迎える。地面にはサカルタンワ（sa dkar btang ba, 土・白い・置く）と呼ばれる吉兆の模様が描かれ、リンポチェを歓迎する。僧は香の煙をたてた容器を持ち、

写真6-44　僧たちは僧院の外に出て、リンポチェを迎える

リンポチェを先導して僧院に入る（写真6-44）。また、村人たちも僧院に続く道に並び、拝礼してリンポチェを迎える。リンポチェは僧院にある自分の部屋で休んだ後、17時33分から19時40分まで行なわれた第5回集会に臨席した。リンポチェは集会堂の奥の中央に位置する玉座に座り、デチョク儀軌をとり行なった。

　村人たちは挨拶のため、カタック（kha btags）と呼ばれる吉兆の白い帯状の布と紙幣とをリンポチェに献じる。リンポチェは手を村人の頭に触れて祝福を与え、返礼のカタックを村人の首にかける。私とパンディ師もリンポチェの部屋を訪れ、挨拶した。パンディ師は部屋に入ると、その場でリンポチェに向かって両腕を上げて手を合わせ、頭の上と口と胸の前に置き、頭を床につけて五体投地を行ない、仏、法、僧への帰依を表わすとともに、リンポチェへの最高の敬礼を示した。そして、カタックをリンポチェに献じた。その後、2人は信頼し合った友人のように打ちとけて親しく話しをした。私は以前カプギャット祭礼に参加していたこともあり、今回もこの僧院でさまざまなことを学ぶようにとの言葉を頂いた。

　翌日の7月19日には、リンポチェは朝の第1回目集会に臨席した。ここでは、マンジャ（mang ja＜mang po ja, 多くの〈僧たちのための〉・茶）が行なわれた。これは希望する人が後援者となり、茶を僧たちに奉献する儀式である。さらに、茶でなくても、他の物資を奉献することも一般的にマンジャと呼ばれる。もっとも、金銭を献じることは、これらと区別してゲット（'gyed, 与える）と呼ばれる。朝の第1回集会においては、カラツェ村のラルー家がマンジャを行なった。ラルー家はカラツェ村でも裕福な家である。また、第2回集会においては、パンディ師がマンジャを行なった。この僧院に所属し、また儀軌に参加している僧であるパンディ師自身が、他の僧たちにマンジャを行なうということは異例ではあった。しかし、この僧院で学んでいる私のことも考え、協力してくれている僧たちに感

写真 6-45　茶の中にバターを加えて攪拌する

写真 6-46　茶の奉献の儀式（マンジャ）に用いられる茶瓶の注ぎ口には、吉兆の印として扇形に折られた紙がつけられている

謝の意を表するという配慮も働いたのだと思った。

　パンディ師はすでに昨日から、小さな額の紙幣を両替により準備していた。これは、僧一人ひとりに金銭を奉献するためである。8時40分に第2回集会の合図のどらが鳴り、私たちは僧院に行く。9時05分にデバ（経営責任者）の部屋に行き、リンポチェにマンジャに臨席してくれるよう取りつぎをたのんだ。しかし、リンポチェはすでにレーに帰る予定があるため、臨席はできないとのことであった。もっとも、チベットから来ているヨンゼン・リンポチェは臨席できるとのことであった。9時22分にトクダン・リンポチェは僧院を出て、自動車でレーに向かった。屋上から見ていると、道の途中に村人たちが見送りのため並び、リンポチェの乗る車を止め、挨拶している。

私は9時30分にパンディ師とともに、厨房に行った。ここでは茶が作られている最中であった。これはパンディ師の提供した茶葉とバターで作られているものである。また、湯を沸かすための燃料としての薪もパンディ師の提供したものである。バター茶は、湯の中で茶葉を煮て、煮出した茶を木の筒に入れ、これにバターを加え、棒を上下に動かし、攪拌して作られる（写真6-45）。

　パンディ師はさらにカタックも用意した。集会堂では第2回集会が開かれ、プムスケットが進行中で、丁度、紐が張り渡され、僧たちはマントラを唱えているところであった。パンディ師は堂内に入り、三拝し、線香を持って立つ。厨房から子供の僧が茶を運んで来る。茶の入れられた3つの銅製の茶瓶の注ぎ口には扇形に折られた紙が差し込まれ、吉兆の印となっている（写真6-46）。そして、茶は子供の僧により次々と座っている僧たちに配られる。マントラの朗唱は続けられており、儀軌は茶を配るのと関係なく進行する（写真6-47）。

　9時55分にカタックを持ったデバを先頭に、このマンジャの後援者としてパンディ師が続き、デバは僧の一人ひとりにカタックと紙幣とを配る（写真6-48）。10時05分、全員に紙幣が配られると、パンディ師は集会堂を出て、階下の別棟にある厨房に行く。ここで、料理長をはじめ、そこで働いている料理担当の僧たちに紙幣が配られる。なお、バターはパンディ師がレーのバザールで購入して持って来たものである。しかし、茶葉は僧院の担当者から購入するので、ここで代金が支払われた。この後、パンディ師は集会堂に戻り、儀軌に参加し、僧院からの感謝の印としてカタックをもらった。こうして、10時54分に第2回集会とマンジャの儀式は終了した。

　ところで、パンディ師がこのマンジャのために購入したバター、茶、薪の費用は203ルピー、カタックの費用は35ルピー、僧たちに献じた金銭は560ルピーで、合計は798ルピーであった（表6-3）。1989年当時、1インドルピーが日本円で約10円だったので、合計金額は日本円で7,980円に相当する。今日では（2010年現在）、人件費や物価はラダックでは約5倍となっているため、この額は日本円で約4万円となる。当時の人件費が、1人1日当たり50ルピー（500円）、高度な技術を要するものであれば150ルピー（1,500円）が相場であったので、798ルピーは1-2週間程度の賃金に相当するものである。この額は当時も現在も、ラダックの人々、とりわけ現金収入の手段の限られている村人にとっては、かなりの額であり、よほど裕福な家でなければ支出は難しい。マンジャは、支援者と僧院との間の互恵性を作動させるための、社会・経済の機構となっているのである。

　なお、僧たちに献じられた金銭の額は、僧院における僧の地位にしたがったものであった。リンポチェには最も多い50ルピーが献じられ、役職にある者にはその種類により、10ルピーから20ルピーが献じられ、一般の僧には子供の僧も含めて1人5ルピーが配られていた。これは、僧院という階層社会を反映するものであった。私は、かつてチベット語を

写真6-47 儀軌が進行する中、僧たちに茶が奉献される

写真6-48 カタックを持ったデパを先頭に、マンジャの後援者が続き、カタックと紙幣が僧に配られる

習っていた日本の東京外国語大学アジア・アフリカ言語文化研究所で、チベットから亡命し、チベット語の教師をしていたゲシェー（博士）である僧が、日本の習慣通りに、所属していた東京外国語大学の関係者にお歳暮を送り、さらには、所長や副所長などの役職により、贈り物の価格に微妙な差をつけていたことに、関係者一同、感心させられたと聞かされたことを思い出した。僧院のみならず、チベット社会において、人々はそれぞれの社会的地位を的確に察知し、それに基づいた行動をとることに習熟しているのである。

表6-3 マンジャ（茶の奉献）における奉献品目と価格（単位：ルピー。1989.07.19）

種　類	奉献品目	単価(Rs.)	数　量	価格(Rs.)
バター、茶等	バター（市販用）*1	32	4	128
	バター（地元産）*2	25	1	25
	茶葉	25	1	25
	薪	25	1	25
	小　計			203
カタック	タシカタック*3	5	4	20
	カタック*4	1	15	15
	小　計			35
金　銭	トクダン・リンポチェ	50	1	50
	ヨンゼン・リンポチェ	20	1	20
	ロボン（僧院長）	15	1	15
	カンポ（教師）	15	1	15
	ウムザット（儀礼責任者） ゲスコス（規律監督者） トータンバ（会計責任者） デバ（経営責任者） マチャン（料理長） チャクゾット（会計係）	10	6	60
	一般僧	5	80	400
	小　計			560
	合　計			798

*1　インド国内産のバターで、バタルティキ（ba thar kri ki）と呼ばれる。
*2　ラダック産のディモから作られたバターで、マル（mar）と呼ばれる。
*3　上等のカタックでタシカタック（bkra shis kha btags）と呼ばれる。4枚の内、1枚はすでにトクダン・リンポチェに献じられた。1枚5ルピー。
*4　通常のカタックで、新しいものであれば1枚2ルピーであるが、ここで用いられたものは再利用品で、1枚1ルピーで僧院から購入した。なお、1989年当時、1ルピー（Rupee）は日本円で約10円。

4　デチョク儀軌最終日の僧と村人による祭礼

　すでに述べたように、7月11日にデチョク儀軌のためのキルコルの製作が始まり、12日に完成した。そして、その日の午後にはデチョク儀軌が開始され、19日までの8日間にわたって続けられた。そして、最終日の9日目、7月20日に至った。7月20日は僧院でのデチョク儀軌の後、僧たちは隊列を組んで村に下り、キルコルに用いた石の色粉を泉に流し、村人たちの民俗舞踊に同席することになっている（表6-4）。

302　第1部　僧院の組織と祭礼

表6-4　ラマユル僧院におけるデチョク儀軌最終日、1989年7月20日の行進と村での祭礼

時　刻	0500　0600　0700　0800　0900　1000　1100　1200　1300　1400　1500　1600　1700　1800　1900　2000　2100
1989.07.20	
集　会	第1回集会　　　　第2回集会　　　第3回集会　　村での祭礼　　　　第4回集会
デチョク儀軌	(1)　　T S K (2)　　　P (3)(4)(5)(6)　　　　　　　　　S/K
行　進	
ルートル儀軌	
民俗舞踊	

(注)├──┤：茶／食事　S：茶　K：ペー（麦こがし）、コラック　T：トゥクパ　P：パパ　(1)〜(6)：
　　デチョク儀軌の各部分

写真6-49　でき上がったトゥクパ

　朝5時に僧院の屋上で起床の合図のどらが打たれ、5時30分にホラ貝の合図で第1回集会が始まった。第1回集会が終わると、厨房では担当の僧たちが、第2回集会で配給されるトゥクパを作る。小麦粉を水で練り、練り粉を小さくちぎり、それを野菜とともに大きな鍋で煮るのである（写真6-49）。

　9時10分に第2回集会が始まると、すぐにトゥクパが配られる。9時41分に朗唱が始まり、キルコルの前の祭壇の瓶から僧院長のところまで紐が張られ、プムスケットが行なわれる。9時57分にマントラが大きな声で唱えられ、10時04分にはプムスケットが終了する。今日は、午後には僧院の外で行進が行なわれるため、僧たちも47名といつもよりは多く出席している（図6-16）。10時22分に茶が配られ、人々は茶を飲む。10時49分に麦こがしが配られる。11時に休息となる。

　今日は天気は晴れており、気圧は749ヘクトパスカル（高度換算3,480m）である。イン

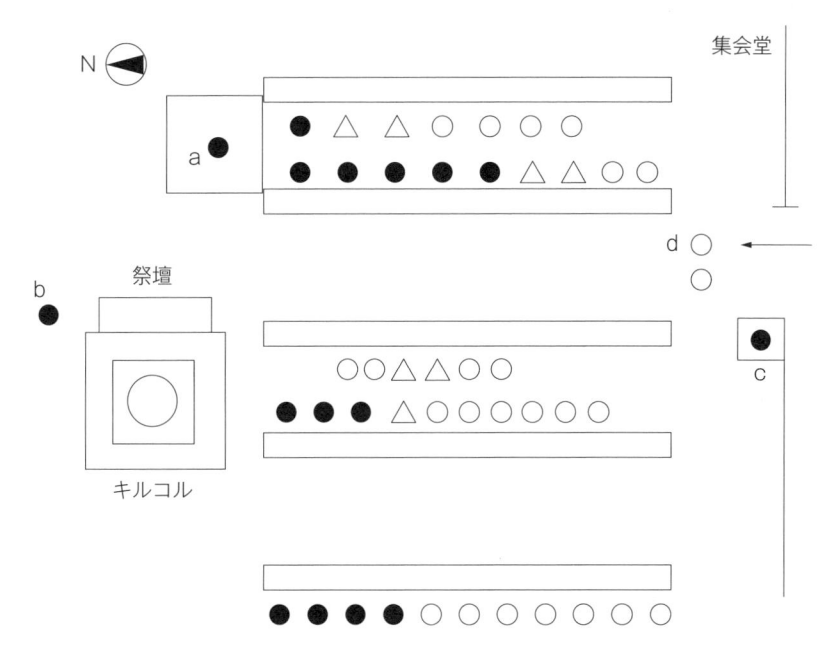

図6-16 集会堂に着座し、デチョク儀軌を行なう僧（1989.07.20, 09:57）
●：大人の僧（15名）　△：少年の僧（7名）　○：子供の僧（25名）
a：ロボン（僧院長）　b：助手　c：ゲスコス（規律監督者）　d：茶を配給する僧

　ダス河支流の対岸には、ザンスカールの山並みが白い雲にそびえ、僧院ではマントラを刷った旗が青い空になびき、仏塔群は7月というのにまだ白い雪の残る山々を背景に陽の光の中に輝き、不動である。村人たちも気忙しく僧院の周囲を行き来する。
　12時に縦笛が吹き鳴らされる。これは、隊列を組む時の衣装や道具を持って集合するようにとの合図である。その後、12時37分にどらが打たれ、第3回集合の合図とされた。12時48分、集会堂では村への行進に必要な帽子や衣装が子供の僧たちに与えられた。この正装は、デチョク儀軌第3部ドゥンスケットにおける集会堂の外での儀礼に用いられたものである。さらに、これ以後も、村への行進において必要なものである。儀軌が始まり、12時55分には集会堂の前に僧たちが正装して並ぶ。これは諸尊を迎え、キルコルまで先導するためのものである、今まで見てきたドゥンスケット儀軌の進行と同様である。しかし、この日は、午後からの行進に備え、僧たちはすでに正装している。また、村人たちも僧院にやって来て、この様子をまわりで見物している（写真6-50）。13時19分に僧の行列は集会堂内に入り、諸尊をキルコルに迎える。第4部ドゥンスケットが終了し、13時26分、パパの食事がされる。
　13時37分、デチョク儀軌第4部ワンが始まる。大麦粒を用いたマンダルブルワが行なわ

304　第1部　僧院の組織と祭礼

写真6-50　ドゥンスケットにおける集会堂の外での儀軌

れ、宇宙を象徴するマンダルがデチョクに奉献される。13時40分に入会儀礼に必要な孔雀の羽の差し込まれた瓶、宝冠、金剛杵、鈴、3つの金剛杵のついた鈴が、それぞれ水を振りかけられて浄化され、僧院長の頭の上にかかげられる。

　14時06分、そのまま、デチョク儀軌第5部ツォクスが始まり、14時10分にデチョクに奉献される大きなツォクスの先端が切り落とされる。さらに、2人の子供の僧はカンロマに奉献されるツォクスを持って僧院長の前で声明を唱える。そして、14時19分にツォクスは終了した。この日は、午後から村への行進があるため、デチョク儀軌は急いで行なわれている。この後の第6部を含め、第3部ドゥンスケット、第4部ワン、第5部ツォクス、第6部シェクソルが第3回集会においてすべて行なわれるのである。

　14時22分に僧たちは再び集会堂の外へ出る。これはデチョク儀軌第6部シェクソルにおける諸尊への送別である。14時28分に集会堂内に戻り、キルコルの前で朗唱が行なわれる（写真6-51）。そして、14時34分、僧院長が羽でキルコルを作っていた色粉を掃き集める（写真6-52）。美しく描かれていたキルコルは消え、今や砂のかたまりとなっている。これがキルコルシャクパ（dkyil 'khor shag pa, キルコル・破壊する）と呼ばれる儀式である。すでに諸尊が去った後のキルコルは形骸であり、ただの色粉にすぎない。もっとも、これは諸尊が居たため聖なるものと考えられ、集められ川に流されるのである。

　キルコルのまわりには、子供の僧をはじめ、他の僧たちが集まり、この様子を見守っている。掃き集められた色粉は瓶に入れられ、また一部は僧たちが紙に包んで持って行く（写真6-53）。そして、色粉の入れられた瓶には宝冠がかぶせられる。こうして、14時39分にキルコルの破壊が終了した。僧たちは、いよいよ行進の準備に入るのである。この行進は、前回見たカプギャット祭礼における悪霊を破壊するための行進とは異なり、儀礼の功徳を人々と分かち合うための村への行進である。

写真6-51 キルコルの前で朗唱する僧院長

写真6-52 キルコルを作っていた色粉が羽で掃き集められる

　僧たちは集会堂の中で隊列を整え、14時52分に僧院を出て村へと出発した（写真6-54）。僧院の外では村人が手を合わせて僧たちに敬意を表す。そして僧の一団は僧院を後にし、村へと下りて行く。僧たちは1列になって、岩山をゆっくりと進む（写真6-55［口絵9］）。僧院の麓にある村では、人々が手を合わせて僧の一団を迎える。僧たちは音楽を奏でながら、村の中を進んで行く（写真6-56）。

　15時12分に泉のある草地に到着する。シンバルとホラ貝が鳴らされ、ルートル（klu gtor, ルー・トルマ）儀軌が始まる（写真6-57）。ルートル儀軌では、水の霊であるルーに供物としての小さな球状のトルマとミルクとが捧げられる。ルー（klu）は蛇や竜や水の中に棲む魚たちの姿をとって現れ、僧院の壁画には下半身が蛇で上半身が人の姿をした女神として描かれる。手に持った宝石に象徴されるように、富をもたらし、また雨をもたらすもの

306　第1部　僧院の組織と祭礼

写真6-53　色粉は瓶に入れられ、一部は紙に包まれる

写真6-54　デチョク儀軌が終わり、キルコルが破壊されると、僧たちは村へと行進を開始する。キルコルを作っていた色粉は瓶の中に入れられて持たれる

第 6 章　デチョク儀軌　307

写真 6 -56　音楽を奏でながら進む僧たちを迎える村人

写真 6 -57　泉のそばの木の下でルートル儀軌が行なわれる

写真6-58 ラマユル僧院の集会堂の入口に女神として描かれたルー

と考えられている（写真6-58）。もっとも、儀軌においてはルーの王をはじめ、さまざまな種類のルーが登場し、カプギャット祭礼にも見られたように、おできなど病気の原因となる災いをもたらす悪霊ともなる神なのである。そして、大きなヤナギの木の根元にあるルーの棲む泉の中に、瓶に入ったキルコルの色粉が注がれる。

15時35分、ルートル儀軌が終了し、再び行進をして、15時37分に川のほとりにある広場に着く。そして、川に残りのキルコルの色粉が流される。水の霊であり、地下の神々であるルーに、この聖なる色粉が捧げられ、水に棲む魚たちに祝福を与えながら、色粉はヒマラヤの山中を流れるインダスの河の流れの中へと戻された。こうして、来世のために善業を積むことを目的として行なわれたデチョク儀軌は終了したのである。

村のはずれにある広場には、正面にリンポチェの座るための席が設けられている。本来であれば、ここにはトクダン・リンポチェが座ることになっている。しかし、トクダン・リンポチェは、レーに戻ったため、チベットから来たヨンゼン・リンポチェが座ることになった（写真6-59）。その横にはデバと村のカズダル（カンサル）の座る席がある。このカズダルの先祖は僧院のチャクゾット（phag mdzot, トクダン・リンポチェの会計係）だったので、現在に至るまで、デバと同席することになっているのである。また、リンポチェ席から向かって右側は村人たちの座で、左側は僧たちの座となっている。大人の僧たちは、僧院長を先頭に1列になって広場を囲んで座り、その後には、子供の僧、少年の僧たちが、それぞれ並んで座る。僧たちの座の背後には、茶葉を煮出すための大鍋が火にかけられ、少年の僧たちがバター茶を作っている。村人たちの座には4つの大きな大麦酒（チャン）の満たされた容器が地面に並べられ、これを背にして村の男たちが、敷かれた絨毯の上に並んで座る。その外側には村の子供たちが集って見物する。他方、村の女たちは大人も子供も一緒になって、少し離れた場所にひとかたまりになって座る。これら村人と僧たちに囲まれた広場の中央が、民俗舞踊の行なわれる場所となる（図6-17）。

15時45分、モンの音楽が始まる。村人は村人どうしで大麦酒を配る。女たちは、トルコ石を散りばめたペラックと呼ばれる頭飾りをつけ、ロクパと呼ばれる山羊の毛皮の肩掛け

第6章　デチョク儀軌　309

写真6-59　川のほとりにある広場に設けられた、リンポチェの席

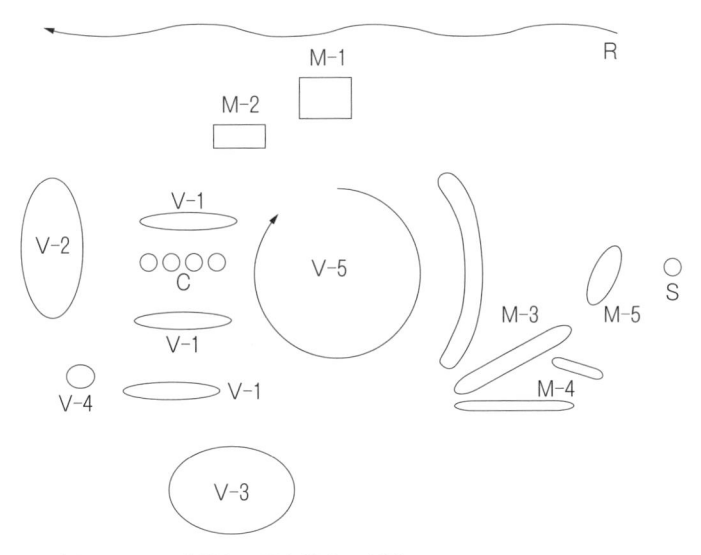

図6-17　舞踊のための広場と、僧と村人の配置
　　　　R：インダス河支流　S：茶を作る鍋　C：大麦酒の容器
　　　　Mは僧(全員で約50名。M-1：リンポチェ席　M-2：デバとガズダル〈カンサル〉の席　M-3：僧院長を先頭とする大人の僧たち
　　　　M-4：子供の僧たち　M-5：少年の僧たち)
　　　　Vは村人(全員で約100名。V-1：大麦酒の容器を背にして座る村の男たち〈大人10名〉　V-2：村の男たち〈子供19名〉　V-3：村の女たち〈大人20名、子供50名〉　V-4：モン〈楽士、2名〉)　V-5：民俗舞踊の場

写真 6-60　村の女たちが民俗舞踊を踊る

写真 6-61　僧たちは座って談笑しながら民俗舞踊を見る

を羽織った正装で登場し、リンポチェの前で拝礼する。子供たちは、川の対岸から野生のバラの花を摘んで来て、リンポチェに捧げる。人々が水をかけ合うようにして騒ぎはしゃいでいる。若い女性がひそかにデバと、村の畑の灌漑の管理者である2人のチュルポンの背後に忍び寄り、彼らに水をかけた。こうすると、山腹からたくさんの水が湧き出し、また多くの雨が降るのだと人々は言う。ユル村は常に水不足に悩まされているのである。

　16時40分に女たちの民俗舞踊が始まる。モンの音楽に合わせ、10人くらいずつの女たちが次々と踊る（写真6-60）。村人たちの明るく静かな歌と舞いは、モンの奏でる縦笛と太鼓の乾いた音楽に乗って、乾燥して砂と岩とがむき出しになったラダックの谷間にとけ込み、正装して1列になった村人たちは、ゆっくりと広場の中央へと舞いの輪を広げていく。男たちは座って大麦酒を飲み、僧たちも座ってこれを見ている（写真6-61）。パンディ師

写真 6-62 若い女たちがラダックの現代的な歌と踊りを行なう

の親戚であるという男の年寄りが先頭になって、10人くらいずつの若い女たちを従え、踊りの輪を作る。17時10分には、若い女たちは現代的なラダックの歌と踊りを行なう（写真6-62）。これが次々と繰り返され、男も4人で踊り、これに女10人くらいが続いて、一緒に踊る。村の女たちも座ってこれを見物し、楽しんでいる。こうして、約2時間続いた広場での饗宴は17時45分に終了し、僧たちは席を立ち、僧院に帰るための行進の用意をし、17時50分に広場を後にした。

なお、僧院に戻ってからの第4回集会では、デチョク儀軌の最後の部分と、すべての儀軌が終了した後に行なわれるドルドック（sgrol zlog；典籍はドルマ、sgrol maと、ドクパ、zlog pa）と、スゴモ（bsngo smon；典籍はチョルチョット、chos spyod）が行なわれ、この儀礼の功徳がすべての生きとし生けるものに捧げられるよう、祈られたのである。

5　デチョク儀軌実践の意味

　私はこのラダックにおける儀礼がある特徴をもつことに気づいていた。それは儀礼が僧による諸尊との同一化の場であると同時に、その後にはかならず、この儀礼によって得た恵みをこの世に生きるすべてのものに与えることが祈られることであった。僧たちは村人たちの幸せのために、そして地球上のすべての人々の幸せのために、これらの儀礼を行なっ

たのである。村人たちとの交流の場は、この喜びをお互いに表現する場であった。

　これは私にとって意外であった。僧院というものが、そもそも、この厳しい環境に対応するものとしての生態的、社会的制度であることを知っていたからである。この極度の乾燥地帯において、山からの雪どけ水によって耕作することのできる土地は限られていた。村々は、わずかの扇状地にへばりつくようにしてつくられ、村の外はどこまでも広がる岩と石ころからなる砂漠であった。限られた大麦と小麦の耕作地は多くの人々を養うことはできず、長兄が家を継ぐと、弟たちは僧になるか村の外に出かけて交易にたずさわるしかなかった。一妻多夫の婚姻制度は家に残った弟たちが兄の妻と一緒に暮らすというものであり、弟が結婚して新しい世帯をもたないことにより、耕作地の分割を防ぎ、同時に、出生率を、1人の女性から産まれる子供たちの数を上まわらないよう制限するという、生態学的機構であった。[8]

　したがって、両親によって選ばれた幼い子どもは僧院に行き、そこで残りの一生を過ごすことになっていた。僧たちは普通、結婚することはなかった。小高い丘の頂上や岩壁の中腹に、まるで巨大な鳥の巣のようにつくられた僧院は、村とはまったくの別世界を形成していた。一つの僧院に数十人から数百人もいる僧たちは、そこで自分たちの生活を営んでいた。そこでは、もちろん、日々の生活に精一杯の村人たちにはできない読み書きを学び、その知識と体験を通して、精神的な力と特権を持ったことも事実である。しかし、生態学的な視点からみると、僧院は人口調節のための施設であり、僧たちは生物学的な意味での再生産という生物としての最低限の権利さえ奪われ、死ぬまでの間、ただ生きていることだけを認められた、いわば社会から切り捨てられた人々であった。

　人々の敬虔な宗教への帰依と、平和な村々のたたずまいを一皮むいてみるならば、そこには生存のためのすさまじいまでの戦略があり、僧は自分の意思とは関係なく、このための犠牲を一身に引き受けさせられた者たちであった。このような現実にある僧たちが、人々をうらみ社会に反抗することなく、逆にすべての人間に恵みを与えることを、その全精神の力をかけて祈るという事実に私は驚いたのである。

　神とは一体、何であろうか。私は狩猟採集民における神々が、動物や植物をはじめとする自然のあらゆる事物であることをみてきた。動物を殺すという狩猟行為そのものが、神みずからが自分の肉体を人間に与えるものとして考えられ、人間はこれに対する返礼を行ない、神をふたたび神の世界へと送る儀礼を行なってきた。ここでは動物そのものが神であり、神と人間との間の互恵的な関係と初原的同一性との観念が、彼らの文化の中核をなしているものであった。[9]

　また、シベリアの遊牧民においては、トナカイを犠牲獣として神に捧げることにより、トナカイの繁殖と人間生活の繁栄とを願う儀礼が行なわれていた。彼らはカナダ・インディアンが狩猟対象としていた同じ生物学的種に属するトナカイを、牧畜の対象としてい

た。ここでは、トナカイはもはや神ではなく、人間の財として考えられていた。神は大地や川の霊、あるいはトナカイを所有し管理する霊であり、トナカイはこれらの神々への捧げ物として供犠されたのである[10]。

　狩猟民において、動物がいわばみずから供犠するという、動物から人間への方向の供犠がみられることとは対照的に、遊牧民においては人間から神の方向への供犠がみられるのである[11]。すなわち、人間とトナカイとの間の互恵性の認識は、狩猟民に見られた人間とトナカイの間の直接交換の体系から、遊牧民に見られる神を介した間接交換の体系へと移行し、さらには、トナカイそのものが神への供犠に用いられることになるのである[12]。そこでは、狩猟民における神々と人間との間の対等な関係から、遊牧民における神と人間との間の垂直的な関係への供犠のパラダイムにおける変換がみられる。神と人間とは峻別され、神は聖なるものとして位置づけられる。

　しかし、同時に、彼らは火や川や大地の神々を認めていることも事実である。また、財として供犠されたトナカイの霊が不死であり、ふたたびこの地上に新たな肉体をもって生まれてくることも信じている。私はシベリアの遊牧民がトナカイの骨を地中深く埋めるのをみた。骨の特別な取り扱いは、北方狩猟民に共通する動物の霊の不死の観念に基づいているはずである。狩猟と遊牧という生態的な変化にもかかわらず、彼らの世界観は重なり合い、継続しているのである。

　ラダックにおいては、人間と神との関係はより複雑な様相を示していた。そこでは、ブッダを頂点とするさまざまな尊格が登場すると同時に、この体系に組み込まれなかったその地に固有の神々が村人たちによって信じられていた。この神々は動物の霊をはじめとする自然の事物や人間活動に伴うと考えられる霊的な力であり、人々はブッダとともにこれらの神々をも認めていた。

　したがって、あらゆる事物に霊が宿るという観念——すでに19世紀にタイラーによりアニミズムと称された観念ではあるが——は決して進化的に古い宗教形態ではなく、過去から現在に至るまで人類に普遍的にみられるものであった。しかし、同時に、人間はさまざまな神々を分化させ、壮大な神々の神殿を造り上げてきたことも事実である。人間による世界の認識が世界観であるならば[13]、神々を創造したのもまた人間であった。

　ラダックの僧たちは、彼らによって創造された諸尊と同一化する。僧によって作られた諸尊の座であるキルコルに招請された諸尊は、僧と向かい合って座る。同時に、この尊と同じ尊が僧の頭上の中空に僧と同じ方向を向いて浮かぶ。その尊は徐々に僧の頭の頂きから僧の身体の中へと溶け込んでいく。そして、尊と僧とは一体となるのである。自然の事物のすべてに霊が宿るというアニミズムの本質が、自然と人間との間の初原的同一性にあるとすれば、諸尊と人間との同一化もこの初原的同一性の儀礼的な実践にほかならない。人類は本来的な自然との同一性を、こんなにも遠回りをして、再び手に入れたのである。

人間の善なるところをもってつくりあげられた神々は、人間の頭脳の外に映し出される。人間はそれと同一化することにより、今度は自分自身を善なるものとするのである。人間自身が創造したものにより、人間自身が創造されるのである。そのことにより、この儀礼から得た力は、人類すべての幸福へと向けられる。ここには、疑いなく、それを人間性と呼んでよいかもしれないような、人類に対する普遍的な慈しみが生み出されている。この慈しみはすべての怒りや悲しみを超越した神そのものである。この神は善そのものであり、愛の純粋な結晶である。しかも、そこでは人間自身が神になるのである。神は人間自身の中にある。人間の大脳の神経生理学的な活動には、人間の現実を超越する能力が具わっている。それこそが、まさに人間の自然そのものと呼び得るものかもしれない。

この過酷なヒマラヤの山中から、おそらく最も困難な人生のひとつを送る人々により、地球上のすべての人々に向けられて慈しみが発信されていたのである。私の頭の中に、都会で忙しく働き、あるいはテレビを見て笑っている私たち日本人の姿がよぎった。私が気づかなかった時からもう何百年にもわたって、彼らの祈りが、はるか遠く離れた私たちにも向けられていたことを知った。

このラダックにいる間にも、私の頭の中には今までに行なってきた人類学の旅があった。日本の海人や、カナダのインディアンがいた。ひとつずつの旅で物事が明らかになると同時に、新たな疑問が生まれてきた。その疑問に導かれて、私はヒマラヤへのこの細い小道を一歩ずつたどって来たのである。

気がつくと、村人によって広場に敷かれた絨毯の上で、僧とともに村人たちの明るい歌声とゆったりとした静かな舞いをみている私自身を、私はそこにみたのである。

註

1) 頼富 1982b：146, 199；田中 1987：96.
2) 田中 1987：123, 219-222.
3) 田村（写真）・頼富（解説）1986：no.11.
4) 田村（写真）・頼富（解説）1986：no.12.
5) 田村（写真）・頼富（解説）1986：no.33, 34.
6) 田中 1994：21, 165；田中 1987：106, 233；His Holiness the Dalai Lama, 1999 (*orig.* 1985).
7) ヴァレーラ，F. J., J. W. ヘイワード（編）1995：111-112.
8) 煎本 1996：166-167.
9) 煎本 2010b.
10) 煎本 2007c.
11) Irimoto 1994；Sharp 1994.
12) 煎本 2007b：12.
13) 山田 1994：8.

第7章　ジトー儀軌、コンシャクス儀軌、ストンチョット儀軌

1　ジトー儀軌とコンシャクス儀軌

　デチョク儀軌が終わると、ラマユル・カンギュル祭礼の主要部分は終了したことになる。しかし、ラマユル僧院ではデチョク儀軌の後、伝統的にジトー儀軌とコンシャクス儀軌、そしてストンチョット儀軌を続けて行なうことになっている。このため、7月21日（チベット暦5月18日）には前二者、7月22日、23日（チベット暦5月19日、20日）には後者が行なわれた。ジトー儀軌とコンシャクス儀軌は、すでに蓄積されている罪業を浄化することを目的としており、これら二つの儀礼は同時に行なわれることを常としている。さらに、これらは全体として一般的にヤンザップ（yang zab）と呼ばれる儀軌に含まれている。このヤンザップ儀軌はヤンザップ・ソルデップ（yang zab gsol 'debs）、ヤンザップ・ツァスムラチャン（yang zab rtsa gsum las byang）、ヤンザップ・ジトー（yang zab zhi thro；通称ジトー）、ヤンザップ・コンシャクス（yang zab bskong bshags；通称コンシャクス）という儀軌から構成されている。ヤンザップ儀軌はヤンザップ（yang zab）を主尊とし、善業を積み、ブッダになることを目的とするものである。

　また、ジトー儀軌とコンシャクス儀軌は僧院や村の寺院において毎年定期的に行なわれる儀礼でもある。スキルブチェン僧院では、チベット暦1月5日から15日にこれらが行なわれ、その後、カンギュル朗唱が行なわれる。また、4月8日から9日にはスキルブチェン僧院内にあるカル堂でジトー儀軌とコンシャクス儀軌が行なわれ、4月11日から17日の5－6日間はスキルブチェン僧院にて、ジトー儀軌とコンシャクス儀軌が行なわれる。さらに、9月15日に僧たちはアチナタンに行き、アチネ寺院でジトー儀軌とコンシャクス儀軌を行なう。また、村で行なわれる場合にはカンギュルやブムの朗唱が村人の家において行なわれるのとは対照的に、ジトー儀軌とコンシャクス儀軌は村の寺院で行なわれる。たとえば、カラツェ村では毎年チベット暦1月に3－4軒の家が共同でこの儀礼を手配し、村の寺院で行なう。

　なお、後に詳しく述べるストンチョット儀軌は、ナムギャルマ（rnam rgyal ma＜rnam par rgyal ma）を主尊とし、長寿を願い、すでに蓄積された罪業を浄化することを目的とする。これは、僧院や村の寺院で行なわれ、スキルブチェン僧院では、チベット暦3月15日から25日にアチナタンに出かけ、1年交代でカンギュル朗唱、そしてブム朗唱とストンチョット儀軌が行なわれる。さらに、5月22日から26日にはスキルブチェン僧院のマニチュスコ

316　第1部　僧院の組織と祭礼

表7-1　ラマユル僧院におけるジトー儀軌とコンシャクス儀軌（1989.07.21）

時　刻	0500 0600 0700 0800 0900 1000 1100 1200 1300 1400 1500 1600 1700 1800 1900 2000 2100
集　会	第1回集会　　　第2回集会　第3回集会　　第4回集会　第5回集会
ラマチョットパ儀軌	S SSS　　　　　　T/S ├HHH┤K　　　├───┤
チャブトル儀軌	├H┤
ヤンザップ・ソルデップ儀軌	S S ├H┤
ヤンザップ・ツァスムラチャン儀軌	S　　　　P　S ├H┤　├─┤H├─┤
ジトー儀軌	
コンシャクス儀軌	SS ├HH┤
カーシュン儀軌	
ドルドック・スゴモ儀軌	├H┤

（注）├──┤：茶／食事　S：茶　K：ペー（麦こがし）、コラック　T：トゥクパ　P：パパ
　　　ジトー儀軌とコンシャクス儀軌は、ヤンザップ・ソルデップ儀軌とヤンザップ・ツァスムラチャン儀軌とともに全体でヤンザップ儀軌を構成する。カーシュン儀軌はヤンザップ儀軌とは異なるものであるが、ヤンザップ・ツァスムラチャン儀軌の途中に挿入されるのを常としている。

ル堂にて、ブム朗唱とストンチョット儀軌が行なわれる。また、僧院において定期的に行なわれる儀礼の予定以外に、しばしばスキルブチェンの村においては、ブム朗唱とストンチョット儀軌が9-10軒の家でそれぞれ行なわれる。この際、ストンチョット儀軌の一つは僧院で行なわれる。

　このように、ジトー儀軌、コンシャクス儀軌、さらにはストンチョット儀軌は僧院で定期的に行なわれ、また村人の求めに応じて村の寺院や家々で行なわれる儀礼である。ラマユル僧院では、これらをカンギュル祭礼の際にまとめて執り行なうということになっているのである。

　さて、7月21日、ラマユル僧院において、今までと同様、朝5時に起床の合図のどらが僧院の屋上で打たれ、5時30分に第1回集会の合図のホラ貝が吹き鳴らされる。5時50分には僧たちは拝礼して着座（グンチャクスムパ、rgyun chags gsum pa、彼ら・着座）する（表7-1）。そして、日課のシェルニン（sher snying）と儀軌の準備のためのティンゲズィンギワンスクル（ting nge 'dzin gyi dbang dskur）が唱えられる。助手が法具を僧たちに配り、6時には料理長が厨房から集会堂に来て、三拝して入り、計りにかけたバターを見せる。6時01分に音楽が奏でられ、茶が配られる。朝の集会で最初に給される茶は、普通、ソルタン（gsol tang）と呼ばれるバターも塩も入っていない茶である。時には茶も入っていない白湯（チュスコル、chu skol）の場合もある。

　6時06分にラマチョッパ（bla ma mchod pa）儀軌が始まる。これは、ドルジェ・チャン（rdo rje 'chang、サンスクリットでヴァジュラダラ）への奉献の儀礼である。朗唱と招請、歓

迎に続き、供物が捧げられる。6時46分に、大麦粒を用いたマンダルの奉献（マンダルブルワ）が行なわれた。

　6時51分、茶を飲む前にそれをブッダ、ボディサットヴァに捧げるためのチョルチョット（chos spyod）が唱えられ、休息がとられる。すぐに、ラマチョッパ儀軌が再開され、鈴が鳴らされる。ここで儀軌はいったん中断され、7時01分に諸尊、諸霊に水とともにトルマを捧げるチャプトル（chab gtor, 水〈敬語〉・トルマ）儀軌が行なわれる。これは毎朝、日課として行なわれる儀軌であり、トルマギャルツァ（gtor ma brgya rtsa）と題される典籍に基づいて行なわれる。料理長が入って来て、ペーの入った皿を机に置き、三拝する。そして、子供の僧が皿を持ち、料理長がスプーンでペーを各僧に配る。7時22分にチャプトル儀軌が終わる。バター茶が配られ、僧たちはこれにペーを入れて、コラックを作り食事とする。終了の唱えがされ、7時26分に僧たちは退室した。

　第2回集会は、9時29分にどらの合図があり、9時40分に僧院長を先頭に僧たちは集会堂内に入る。9時45分にトゥクパが配られ食事がとられる。堂内ではコンシャクス儀軌のための祭壇と供物の準備が終了している。この準備のために、第2回集会の開始が少し遅れたとのことであった。なお、コンシャクス儀軌はラマチョットパ儀軌の間に入れられて行なわれる。チョルチョットが唱えられ、茶が配られる。茶が飲まれる間も、チョルチョットが唱え続けられる。なお、チョルチョットはその一部が唱えられるのである。10時30分、堂内を子供の僧が掃除し、助手はコンシャクス儀軌の準備のため、祭壇に線香の煙をくゆらせ、花のつけられた棒であおぎ、長いスプーンと水、線香を供物として置く。10時46分にチョルチョットの唱えが終了し、各僧はオム・マニ・パドメ・フムとマントラを唱える。

　10時55分、鈴が鳴らされ、ラマチョッパ儀軌が再開される。ラマチョッパ儀軌における祖師への供物として、マンダルをはじめ、飲料水、洗足水、花、線香、灯明、香水、食物の7種類の供物が7組奉献される（写真7－1、図7－1）。朗唱と音楽の演奏が続き、11時11分に儀軌は終了する。11時12分にチョルチョットの一節が唱えられて僧たちは退室した。なお、この一節はカーギュトラマと呼ばれ、儀軌が終了し退室する前に常に唱えられ、カーギュ派の発展を願うためのもので、カーギュ派独自の伝統である。

　第3回集会は、どらとホラ貝の合図で、11時53分に始まった。ここでは、ヤンザップ儀軌の内、ヤンザップ・ソルデップ儀軌、ヤンザップ・ツァスムラチャン儀軌、およびヤンザップ・ジトー儀軌の一部が執り行なわれた。堂内にはジトー儀軌と、後に行なわれるコンシャクス儀軌のための祭壇がすでに用意されている。祭壇は四角形の壇が7段に積み重ねられた形になっており、上の2段にはジトー儀軌のための諸尊のトルマ、供物、法具が置かれ、下の5段にはコンシャクス儀軌のための供物が並べられている（写真7－2［口絵10］、図7－2）。

　コンシャクス儀軌のための下の5段には、上から頭蓋骨の形をした小さな金属製の容器

318　第1部　僧院の組織と祭礼

写真7-1　ラマチョッパ儀軌におけるマンダルと7組の7種類の供物

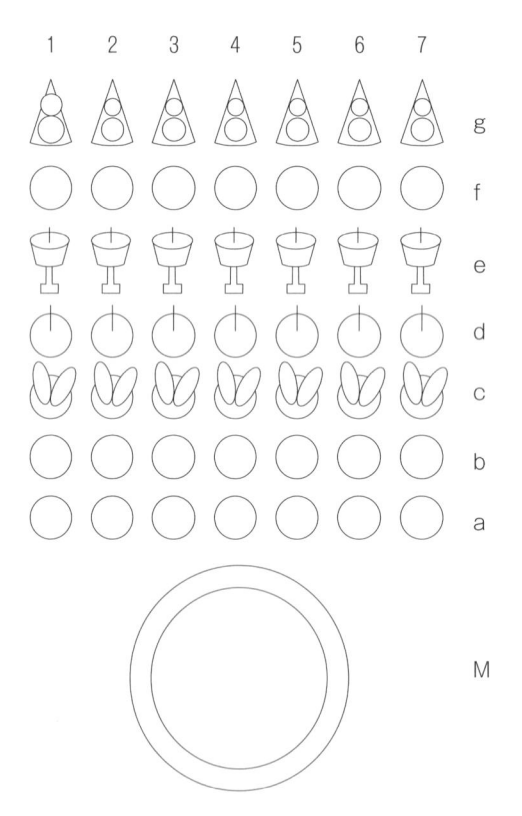

図7-1　ラマチョッパ儀軌における祖師への供物
　　　　M：マンダル　a-g：7種類の供物（a：飲料水
　　　　b：洗足水　c：花　d：線香　e：灯明　f：香水
　　　　g：ジャルザス〈食物〉）　1-7：7組の供物

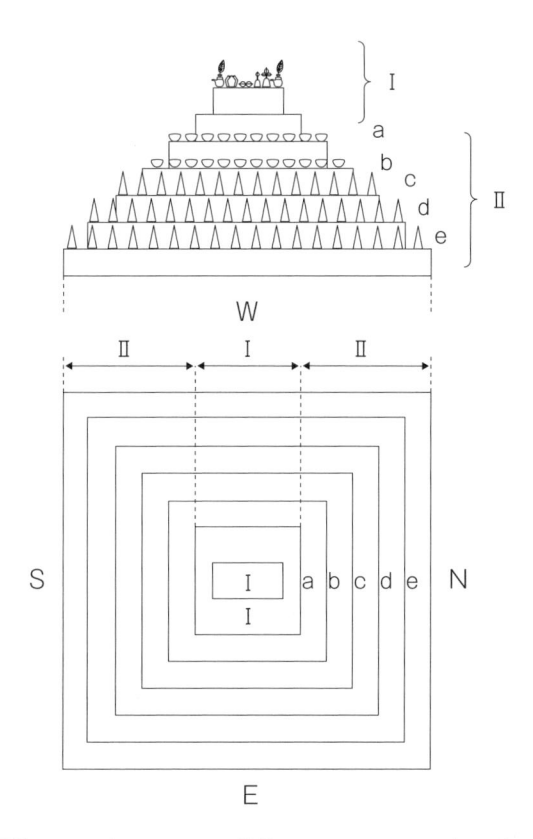

第7章　ジトー儀軌、コンシャクス儀軌、ストンチョット儀軌　319

図7-2　ジトー儀軌、およびコンシャクス儀軌のためのキルコル（上は側面図、下は平面図）
　　　　I：ジトー儀軌　II：コンシャクス儀軌
　　　　a：甘露（酒）　b：血（茶）　c：パストル　d：ツォクス　e：ジャルザス

に入った甘露（ドゥルツィ）と血（ラクタ）が並べられ、さらにパストル（pad gtor）、ツォクス（tshogs）、食物であるジャルザス（zhal zas）が、各段の周囲に100個ずつ並べられる。また、祭壇の最上段には四隅に傘（ドゥクス、gdugs）、3段目には勝利の旗（ギャルツァン、rgyal mthsan）、4段目にはチューブル（chu 'bur）と呼ばれるのぼりが立てられている。この祭壇はこれ自体が諸尊の建物としてのキルコル（dgyil 'khor, 中心・円）である。

　ジトー儀軌のための最上段には、プムスケットに必要な瓶、さらにワンに必要な法具である孔雀の羽の差し込まれた主要な瓶（ツォブム、gtso bum）、宝冠（リンガ、rigs lnga）、金剛杵（ドルジェ、rdo rje）、上に1個の金剛杵のつけられた鈴（ドルジェティルブ、rgo rje dril bu）、上に2個の金剛杵のつけられた鈴、補助の瓶（ラスブム、las bum）が並べられている（写真7-3、7-4、7-5、7-6）。上から2段目にはジトー儀軌の主尊ジトー（zhi khro）の他、スカンワ（bskang ba）、スタンスキョン（bstan skyong, 教義・守護者）、カーシュン（bka' srung, 命令・守護者）などの護法尊のトルマと、供物としてのドゥルツィ（bdud

320　第1部　僧院の組織と祭礼

写真7-3　ジトー儀軌のための主尊ジトーのトルマと供物（正面、東から）

写真7-4　ジトー儀軌のために並べられたダクドゥン（南から）

rtsi, 甘露〈実際には大麦酒〉）とラクタ（ra kta, 血〈実際にはバター、塩の入っていない茶〉）が置かれる。さらに、その手前には2列に7種類の供物であるチョッパナンガ（mchod pa sna lnga, 奉献・5〈5とあるのは灯明と食物を除いて杯が5つあるから〉）が並べられる。この2列になった組は、ダクドゥン（bdag mdun）と呼ばれ、後列が自分自身が諸尊になるダクスケット（bdag skyed, 自身・視覚化）の際の供物であり、前列がキルコル上に諸尊を視覚化するドゥンスケット（mdun skyed）の際の供物となっている。この供物は右から左に、招請された諸尊に奉献するための飲料水、洗足水、花、線香、灯明、香水、食物である（図7-3）。なお、この供物は祭壇の前面である東の方向だけではなく、南（ロー、lho）、西（ヌブ、nub）、北（チャング、byang）にもそれぞれ右から左に1列ずつ並べられる。

　集会堂では、12時22分にヤンザップ・ソルデップ儀軌の朗唱が始まった。12時24分には

第 7 章　ジトー儀軌、コンシャクス儀軌、ストンチョット儀軌　321

写真 7 - 5　ジトー儀軌のためのプムスケット、およびワンのための宝冠、金剛杵の 1 個ついた鈴、金剛杵の 2 個ついた鈴

写真 7 - 6　ジトー儀軌のプムスケット、およびワンのための貝と尊の絵がのせられ、孔雀の羽が差し込まれた瓶

　唱えと並行して、茶が注がれる。そして、12時39分に朗唱が終わり、ソルデップは終了した。茶が飲まれ、休息がとられる。12時40分、ヤンザップ・ツァスムラチャン儀軌が始まり、僧たちは金剛と鈴を持ち、小太鼓、鈴、縦笛、太鼓、シンバルの演奏がされ、招請された諸尊への奉献が手の印で行なわれる。12時46分に小休止がとられ、再び儀軌が続けられる。12時48分、助手が 2 段目の後列にある 7 種の供物のうちの灯明に火をつける。音楽と朗唱が続き、12時56分に助手が 2 段目後列にあるトルマに水を振りかける。こうしてダクスケットが終わり、12時59分に各僧はマントラを唱えて小休止となる。13時01分に助手が小さな貝と金剛杵を瓶にのせ、もう一方の瓶の注ぎ口まで紐を張り、プムスケットが行なわれる。全員でマントラが唱えられる。紐が金剛杵に巻き取られ、貝の中の水が前列の右端にある杯に注がれる。

322　第1部　僧院の組織と祭礼

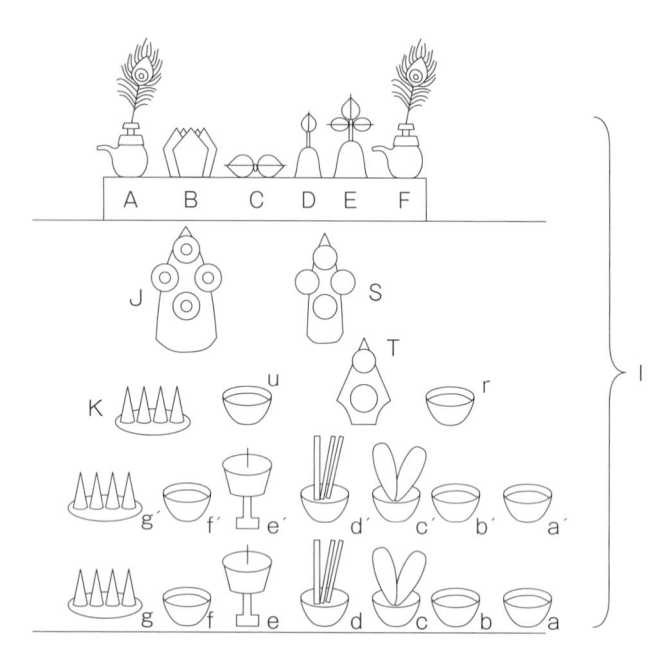

図7-3　ジトー儀軌のための祭壇（図7-2のIに相当）
　　　J：ジトー　S：スカンワ　K：カーシュン　T：スタンスキョン　u：ドゥルツェ　r：ラクタ
　　　A-F：ワンのための法具（A：ツォブム　B：リンガ　C：ドルジェ　D：ドルジェティルブ〈1個付〉　E：ドルジェティルブ〈3個付〉　F：ラスブム）　a-g：チョッパスガルガ（ドゥンスケット用）　a'-g'：チョッパスガルガ（ダクスケット用）　a/a'：飲料水　b/b'：洗足水　c/c'：花　d/d'：線香　e/e'：灯明　f/f'：香水　g/g'：食物

　13時03分、続けてジトー儀軌の典籍が朗唱される。13時06分に手の印で奉献がされ、音楽が奏でられる。13時07分に終了し、朗唱とともに休息がとられ、茶が注がれて飲まれる。すぐに朗唱が再開され、音楽が奏でられ、13時11分に招請された諸尊への奉献が手の印で行なわれる。これが繰り返された後、13時23分に小休止となり、各自、マントラを唱える。13時27分、助手が貝と金剛杵をとりはずし、孔雀の羽で水を祭壇に振りかける。13時28分に小休止となる。13時29分、ジトー儀軌のダクスケットは再開され、13時32分に典籍の最初の頁に戻り、朗唱と音楽が続く。そして、13時58分に儀軌の朗唱は終了し、マントラが唱えられ、13時59分に僧たちは退室する。
　第4回集会はどらの合図で16時16分に始まった。集会堂に入った僧たちは16時31分に配られたパパの食事をとり、ブッダ、ボディサットヴァへの奉献の暗唱が行なわれた。16時43分にヤンザップ・ジトー儀軌が始まり、手の印で、王の7種類の所有物の奉献、16種類の女神の奉献が行なわれた。16時58分には布片が配られこれが振りまわされ、16時59分にはハチマキがされた。儀軌が繰り返され、音楽が奏でられ、17時04分にはハチマキがとられた。これらは自分の前に諸尊を視覚化し、同一化するドゥンスケットである。

17時06分に声明が唱えられ、鈴が鳴らされて、ワン（入会儀礼）が始まる。ジトー儀軌におけるワンは実際の法具ではなくカードを用いて行なわれ、デチョク儀軌におけるワンに比較して短いという。17時09分に聖水が僧たちの手の平に注がれ、口をつけられる。布片をまわし、カードを配ることが繰り返され、17時13分にジトー儀軌は終了した。

17時14分、前に途中で中断していたヤンザップ・ツァスムラチャンが再開された。ここではツォクスが行なわれる。朗唱と鈴、音楽の演奏が続き、17時19分にツォクスが切られる。ここで、ヤンザップ・ラチャン儀軌はいったん中断され、カーシュン儀軌が行なわれる。これは、ハラ（ha ra）、マモ（ma mo）、ザ（gza'）、タムチェン（dam can）の4尊であるカーシュンズィ（bka' srung bzhi, 命令・守護者・4）に、皿の上に立てられた4つの小さな赤いトルマ（カーシュンブルトル, bka' srung 'bul gtor, カーシュン・捧げる・トルマ）が奉献されるもので、ヤンザップ・ツァスムラチャン儀軌のこの個所で、常に挿入される儀礼となっているものである。儀軌の朗唱とともにシンバル、鈴に加え、手鼓、縦笛が奏でられ、17時23分に終了する。

その後、ヤンザップ・ツァスムラチャン儀軌に戻り、助手はツォクスの1片を祭壇の上段にのせて、奉献する。鈴と朗唱が続き、17時30分に終了し、僧たちはマントラを唱え退室した。

第5回集会は、どらとホラ貝の合図で17時54分に始まった。この集会ではコンシャクス儀軌が行なわれる。儀軌の典籍が朗唱され、18時03分、助手は孔雀の羽の差し込まれた瓶の水を僧たちの手の平に注ぐ。僧たちはこれを口につけ、残りを頭につける。さらに、助手は水を祭壇の周囲の供物に振りかけて清める。18時05分に音楽が奏でられる。奉献のための灯明（チョットメ、mchod me, 捧げる・火）が集会堂の扉の左側に100個並べられ、奉献される。この灯明は集会の始まる前に、子供の僧たちが準備していたものである（写真7-7）。

18時07分に全員が起立し、ゆっくりと声明を唱える。そしてひざまずき、両手を合わせ、額を床につけて三拝する。18時19分に朗唱が終わり、各自、マントラを唱える。18時24分、再び朗唱が始まり、鈴が鳴らされ、金剛杵と鈴を持った両手で印が結ばれ、音楽が奏でられる。これが繰り返され、18時40分に音楽が終わり、茶が飲まれる。これらの儀軌はストンスンマ（stong gsum ma, 千・3・持つ者）と呼ばれ、コンシャクス儀軌の最初の部分にある諸尊への奉献である。

18時41分に儀軌が再開され、僧院長は長い持ち手のついたスプーン（ベスキョス、be skyods）で瓶の水を諸尊に捧げる。水はただの水でもよいし、サフランを入れてカタックで濾した水（クルグムチュー、kur gum gyi chu, サフラン・の・水）でもよい。なお、これは聖水ではない。

18時46分、朗唱が続き、音楽が奏でられ、小さなツォクス、ジャルザスが捧げられる。助手は前回の集会で捧げられた大きなツォクスの残りの部分を細かく切り、僧たちに配る。

写真7-7 コンシャクス儀軌に用いられる奉献のための灯明が準備される

　さらにスプーンで水が配られる。18時54分に残ったツォクスが僧たちから集められ、小休止がとられる。
　18時55分に儀軌が再開されると、茶が僧たちに配られる。僧院長は灯明を持ち、朗唱が行なわれる。この灯明が助手に渡され、多くの灯明が灯されている所に置いて、奉献される。19時02分に朗唱とともに鈴が鳴らされ、コンシャクス儀軌は終了する。
　19時04分、中断していたヤンザップ・ツァスムラチャン儀軌の残りの部分が再開される。朗唱が始まると茶が配られ、音楽、鈴が鳴らされる。助手はカーシュンズィに奉献されたブルトルを持ち、外に置いてくる。さらに、スタンスキョンのトルマも外に置かれる。鈴が鳴らされ、音楽が奏でられ、19時12分に儀軌は終了した。
　ジトー儀軌とコンシャクス儀軌が終了し、19時15分にドルドック（sgrol zlog）とスゴンモ（bsngo smon＜bsngo ba smon lam）と呼ばれる儀軌の朗唱が行なわれた。ドルドックとは、ドルマ（sgrol ma）典籍とドクパ（zlog pa, 手をたたく）典籍を短縮して呼ばれた儀軌の名称で、手を3拍たたくものである。また、スゴンモはチョルチョット（chos spyod）儀軌の一部に含まれる。これらは、昨日も行なわれたように、普通、儀軌の終了した夕方に行なわれるものである。スゴンモは、これまでの儀軌の功徳がすべての生きとし生けるものに捧げられることを願うものである。こうして19時22分にすべて終了し、僧たちは各自、オム・マニ・パドメ・フムのマントラを唱え、19時31分に退室した。
　このように、ジトー儀軌とコンシャクス儀軌を含むヤンザップ儀軌は時間的に分断され、組み合わされ、さらにその他の儀軌も加えられて継続されながら、諸尊への拝礼と奉献を通して、過去の悪業を清め、善業を積蓄し、衆生が輪廻から自由であるブッダの状態になることを請願するものなのである。

2　ストンチョット儀軌の構成

　カンギュル祭礼における最後の儀軌として7月22日にストンチョット儀軌が行なわれた。ストンチョット（stong mchod, 千・奉献）儀軌はナムギャルマ（rnam rgyal ma）を主尊とし、このマントラを千回唱え、各種の供物を千個ずつ奉献し、過去の罪業を清め、長寿を願うための儀礼である。実は、私はすでに1988年9月11日にカラツェ村の寺院で村のスカンブル家が手配し、ラマユル僧院に所属する7名の僧により執り行なわれたストンチョット儀軌を見ていた。本来、この儀軌はカラツェ村で行なわれるのは稀である。また、スキルブチェン村では毎年春に9-10家でそれぞれ行なわれ、頻繁に行なわれるということもできるが、他の儀軌に比較すれば稀である。実際、カラツェ村では十分な道具が準備できず、たとえば後述するように、4色の色のついたカタックのかわりに布を天井にかけて間に合わせた。それにもかかわらず、カラツェ村で行なわれた理由は、当日が日食（ニズィン、nyi 'zhin, 太陽・捕える）という特別な日に当たっており、儀礼の効果が通常の日の10兆倍になると信じられていたからであり、スカンブル家の人々が罪業を払い、長寿や繁栄を願うことを希望したからであった。

　主尊ナムギャルマが長寿を祈る儀礼の対象になるのは、この女神が特別な、命の三神（ツェラーナムスム、tse lha rnam gsum, 命・ラー〈神〉・3）の一つであることによる。この三神はツェパメット（tshe dpag med, 命・無限；amitāyus〈サンスクリット〉；無量寿）、ドルカル（sgrol dkar＜sgrol ma dkar po, ドルマ・白；sita tārā〈サンスクリット〉；白ターラ）、ナムギャルマ（rnam rgyal ma＜gtsug tor rnam par rgyal ma；ウシュニシャヴィジャヤ、uṣṇīṣavijayā〈サンスクリット〉；仏頂尊勝）からなり、一つのタンカに描かれることもある。なお、病気で命が長くもつようにするためには、ツェパメットに祈り、他に祈るのは一般的ではない（写真7-8、7-9）。

　また、ナムギャルマ自身が、長寿の特質を備えている。仏教の考え方によると、人々は一度はブッダになれるとされ、同時に、すべてのブッダは一度は人間であった。したがって、ブッダは長い世代を経験していることになる。ナムギャルマが普通の人間であった時、各段階において何度も祈り続け、そしてブッダになったのである。このため、彼女は長寿の専門家と考えられており、人々が彼女に祈れば、長寿や幸運や繁栄が得られると信じられているのである。もっとも、人々がこの儀礼を行なうのは、来世でより良い場所に生まれるために功徳を積むという理由からである。また、時に、人々は現実の生活がより成功することを願って行なうともいわれる。

　私は、カラツェ村でストンチョット儀軌が行なわれた際、ナムギャルマの典籍である「最良の不死の甘露を与える者であるナムギャルマ（ウシュニシャヴィジャヤ）の九尊の儀軌

写真7-8　ラマユル僧院のタンカに描かれた三面八手のナムギャルマ尊

写真7-9　カラツェ村寺院のナムギャルマ像（塑像）

表7-2　ストンチョット儀軌（ナムギャルマ儀軌）の構成

	儀軌の構成	典　籍
1	準備（mchod gzhis 'grig pa）	
2	帰依の朗唱（skyabs 'gro）	ダクダンマ（bdag sdang ma）
3	奉献の7腕（yan lag bdum pa） 　1）拝礼（phyg 'thal ba'i yan lag） 　2）奉献（mchod pa 'bul ba'i yan lag） 　3）懺悔（bshags pa'i yan lag） 　4）他者の功績を喜ぶ（rjes su yi rang ba'i yan lag） 　5）仏法の教えを請う（chos 'khor bskor bar bskul ba'i yan lag） 　6）ブッダが世を去らないことを請う（mya ngan las mi 'da' bar bskul ba'i yan lag） 　7）衆生に功徳を捧げる（bsngo ba'i yan lag）	ジャムパルマ（'jam dpal ma） （ジスニェットスタクマ〈ji snyed su dag ma〉）
4	ナムギャルマ儀軌 　1）祖師への朗唱（bla brgyud gsol 'debs） 　2）ナムギャルマ（九尊）の招請（spyan drang ba） 　3）5種類の奉献（mchod pa sna lnga） 　4）マントラの朗唱（長寿の祈願）（sngags drang ba） 　5）チャプトル（チュートル）（chab gtor〈chu gtor〉） 　6）ナムギャルマ（九尊）の見送り（gshegs gsol） 　7）吉兆の歌の朗唱（bkra shis mchod pa） 　8）追加儀軌（sgrol zlog）	ナムギャルメチョガ（rnam rgyal ma'i cho ga） チャースム（cha gsum） ドルマ（sgrol ma）、ドクパ（zlog pa）
5	衆生に功徳を捧げる（bsngo ba smon lam）	3、7）と同じ

写真7-10 ストンチョット儀軌のためにラマユル僧院の集会堂に作られた祭壇（1989.07.22）

写真7-11 祭壇の上段に主尊ナムギャルマのトルマが置かれる

(gtsug tor rnam par rgyal ma lha dgyu'i cho ga 'chi med bdud rtsi mchog ster zhis bya ba bzhugs so)」（通称ナムギャルメチョガ、rnam rgyal ma'i cho ga, ナムギャルマの・儀軌）の内容についてパンディ師から教えを受けていた。このため、まず、儀軌全体の構成を述べ、その後で、ラマユル僧院における実際の儀軌の進行に合わせて、その内容について述べることにする。このことにより、外側から見た儀礼の記録のみならず、儀軌を進める僧たちの内側の世界から儀礼を見ることができると考えたからである。

　ナムギャルマを主尊とするストンチョット儀軌は、1．準備、2．帰依の朗唱、3．奉献の7腕、4．ナムギャルマ儀軌、5．衆生に功徳を捧げる、という5段階から構成される（表7-2）。このうち、1から3までは、すべての儀軌に際して最初に行なわれるものであ

写真7-12 ラマユル僧院集会堂入口に描かれた白色の東の王、ユルコルチュン(持国天)。琵琶を持ち、音楽によって生きる天空を統治する

写真7-13 ラマユル僧院集会堂入口に描かれた緑色の西の王、パスケスポ(増長天)。剣を持ち、信仰を守護する

る。準備においては、道具が用意され、トルマが作られる。祭壇の上段には儀軌における主尊のトルマが置かれる(写真7-10、7-11)。ここでは、ナムギャルマのトルマ(ナムギャルメトルマ、rnam rgyal ma'i gtor ma)となる。この主要なトルマは一般的にマートル(ma gtor, 母〈主〉・トルマ)と呼ばれる。これは主尊そのものの象徴である。儀礼の後、これは祝福されており、聖なるものなので、典籍においては食べるべきであると記されている。したがって、これが外に持ち出されることはない。もっとも、今日、人々はこれをあまり食べることをしない。このトルマはペーの練り粉だけで作られており、美味ではないからである。さらに、ギャルチェン四尊(ギャルチェンズィ、rgyal chen bzhi, ギャルチェン・4)のトルマが準備された。ギャルチェンズィはすでに述べた27種類のラー(lha, 神)のうち、第1のグループである欲望(欲界)のラー6種類の第1番目の大王の4種類のラー(rgal chen ris bzhi'i lha)である。天界の最下位にあり、4色をとり4方向に配置される護法尊である。祭壇上段の中央に置かれる仏塔(チョルテン、mchod rten)の4方向に1つずつ立てられる。四尊の名称はそれぞれ、東(白)のユルコルチュン(yul 'khor srung; dhṛitarāshṭra〈サンスクリット〉:持国天)、西(緑)のパスケスポ('phags skyes po; virūḍhaka〈サンスクリット〉;

第7章 ジトー儀軌、コンシャクス儀軌、ストンチョット儀軌　329

写真 7-14 ラマユル僧院集会堂入口に描かれた赤色の南の王、ミミザン（広目天）。右手に仏塔、左手に蛇を持つ

写真 7-15 ラマユル僧院集会堂入口に描かれた黄色の北の王、ナムシャス（多聞天）。右手に富を降らせる旗、左手に宝石を口から吐くマングースを持つ富の神

増長天）、南（赤）のミミザン（mig mi bzang; virūpāksha〈サンスクリット〉；広目天）、北（黄）のナムシャス（ナムトシャス）（rnam thos sras; vaiśravaṇa〈サンスクリット〉；多聞天）である（写真7-12、7-13、7-14、7-15）。これらのトルマは、ギャルチェン四神への供物としてのブルトルである。儀礼の後、外に持ち出され、どこでもよいが清潔な場所に置かれる。

　次に、千個の供物としてのトルマであるジャルザス（zhal zas, 口・食物）が準備され、祭壇の四方の段に並べられる。ラマユル僧院では4段に並べられており、またカラツェ寺院では5段に並べられていた。これは、諸尊に奉献するための食物である。これもマートルと同様、聖なるものと考えられており、儀礼後、人々はこれを食べる。もっとも、美味ではないので、現在はあまり食べないという。

　また、千個の杯に入れた線香が用意され、祭壇の四方の下段に並べられる（写真7-16、7-17）。さらに、千個の灯明が準備される。これは祭壇から離れた場所に、まとめて置かれる。なお、以前のコンシャクス儀軌の祭壇においては、各段に100個の供物が置かれた。しかし、ストンチョット儀軌においては、千個のジャルザスが4-5段にわたって置かれることになる。また線香については、ラマユル僧院におけるストンチョット儀軌の祭壇の

写真7-16 カラツェ村の寺院に作られたストンチョット儀軌の祭壇（1988.09.11）

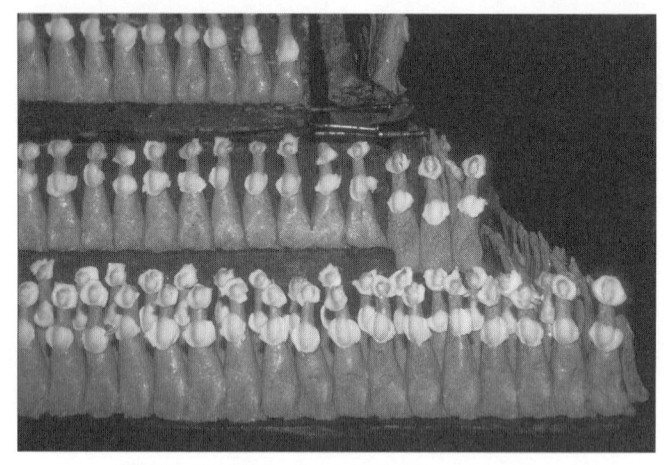

写真7-17 祭壇に並べられた千個のジャルザス

　最下段には2段に重ねた杯に大麦粒が入れられ、そこに線香が立てられた。これも千個あるべきだが、実際にはなかった。また、カラツェ村の寺院においては、最下段に線香と一緒に花が杯に入れられていた。
　さらに、ナムギャルマ儀軌の一部に含まれるチャプトル儀軌のため、小さな球状のトルマであるトリル（gtor ril、トルマ・球）が千個準備される（写真7-18）。また、チャスム（cha gsum）と呼ばれる3個のやや大きなトルマ、1個のやや大きな球状のトルマ、そしてバターをのせた平たいトルマ（ゴムスキュー、gom skyu）が用意される。このバターは後に、ナムギャルマのトルマの上に置かれる供物であり、バターは3個のチャスムと呼ばれるトルマに塗って、チャプトルの最後に、やや大きな球状のトルマとともに奉献される。チャ

第7章　ジトー儀軌、コンシャクス儀軌、ストンチョット儀軌　331

写真7-18　ナムギャルマ儀軌におけるチャプトル儀軌に用いられる、千個の小さな球状のトルマであるトリル（ラマユル僧院、1989.07.22）

写真7-19　グルジワ儀軌のため、ツォクスを作る僧たち（カラツェ村寺院、1988.09.11）

スムは奉献するためのトルマ（ブルトル）であり、それぞれ多くの神々を含む三つの神々の集団を表す。

　なお、カラツェ村の寺院で1988年に行なわれたストンチョット儀軌においては、グルジワ（gu ru zhi ba）儀軌が同時に行なわれた。グルとは、ここではグルリンポチェと呼ばれているパドマサムバヴァを意味する。グルジワ儀軌は善業を積むことを目的として行なわれ、必ずしもナムギャルマ儀軌と組み合わせて行なう必要はない。ここで用いられる供物は、ツォクス（tshogs, 集会：供物）と呼ばれ、カプギャット儀軌をはじめとする忿怒尊を主尊とする儀軌において、すでに見られたものである。通常、ツォクスは１つだけ作られ

るが、この時は200個くらいのツォクスが用意された（写真7-19）。ツォクスは供物ではあるが、ジャルザスとは作る材料が異なる。ツォクスは、大麦こがし（ペー）を大麦酒（チャン）や酸乳（ダルバ）で練り、さらに、アンズなどの果実の種や干乾チーズを砕いたものが入れられる。また、時にバターを混ぜて作ることもある。このため美味であり、儀礼の後、人々はこれを食べ、また各家に分配される。さらに、ツォクス以外に、菓子も捧げられ、後に人々に分配される。この場合、菓子はツォクザス（tshogs rdzas, ツォクス・材料）と呼ばれる。

　多くのツォクスを供える際には、円錐形のツォクスの下端をナイフで切り取ったうえで、残りの円錐形の部分が祭壇に置かれる。ツォクスを切ることは、リンガチョットパ（ling ga bcod pa, リンガ・切る）と呼ばれる。リンガは仏法に害を与える悪霊の象徴であり、これを切って殺すことを意味する。カプギャット祭礼の仮面舞踊の際には、この行為はリンガタルワ（ling ga dral ba, リンガ・引き裂く）と呼ばれる。さらに、儀軌の最後には、1つの大きなツォクス（ツォクチェン、tshogs chen, ツォクス・大きい）の上部が斜めにナイフでばっさりと切り落とされ、この切り落とされた部分が忿怒尊に奉献され、残りは縦に細かく切って、僧たちに分配される。

　ツォクスを切ることは、儀軌においては、「悪霊、敵、邪悪はここに来る。同情なくそれを殺す、肉、血、骨。顕現した忿怒尊にツォクスを捧げる」と記される。パドマサムバヴァは忿怒尊として現れ、悪霊はツォクスに集められ、切って殺されるのである。典籍において「殺す」の節が読まれると、僧はナイフでツォクスの上端を切り落とす。これは悪霊の死体の象徴となり、これを忿怒尊に捧げるのである。なお、すでにカプギャット祭礼において述べたところであるが、悪霊を殺すということは、仏教においては、自分の思考の中にある邪悪を外に出して、これを滅することを意味する。

　ストンチョット儀軌の準備に戻ると、祭壇の上段には、すでに述べたナムギャルマのマートルが置かれ、その前面には右から左に飲料水（チョヨン、mchod yon）、洗足水（ジャブシル、zhabs sil）、花（メトック、me tog）、線香（トッグスポス、btug spos）、灯明（マルメ、mar me）、香水（ディチャブ、dri chab）、食物（ジャルザス、zhal zas）の7種の供物を並べたチョッパナンガ（mchod pa sna lnga, 捧げる・種類・5）が置かれる。なお、この7種類の供物が古代インドで客人を迎える時の儀式に由来していることについては、すでにカプギャット祭礼のところで述べた通りである。さらに、同じ上段の上に前（東）から右まわりにもう1組のチョッパナンガが円く並べられる（写真7-20）。さらに、その最後の東北の位置にはツァムジンギメトック（mtshams 'dzin gyi me tog, 東北・の・花）と呼ばれる花が置かれる。ここで、前面に1列に並べられたチョッパナンガは、儀軌において自分自身が尊と同一化するダクスケットのためのものであり、右まわりに上段の周囲に並べられたチョッパナンガは、尊を前面に視覚化するドゥンスケットに用いられるものである（図7-4）。

第7章　ジトー儀軌、コンシャクス儀軌、ストンチョット儀軌　333

写真7-20　祭壇の上段の上に右まわりに並べられたチョッパナンガ

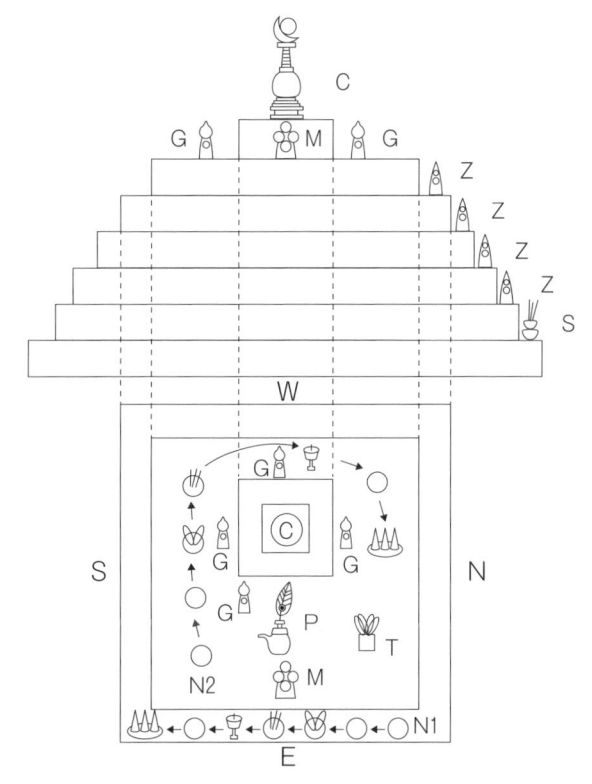

図7-4　ストンチョット儀軌（ナムギャルマ儀軌）の祭壇
　　　　M：マートル（ナムギャルメトルマ）　G：ギャルチェン四神　C：仏塔（ナムギャルメチョルテン）
　　　　P：瓶　T：東北の花　N1：チョッパナンガ（ダクスケット用）　N2：チョッパナンガ（ドゥンスケット用）　Z：ジャルザス（供物の食物）　S：スポス（線香）　E：東　S：南　W：西　N：北

写真7-21 ラマユル僧院集会堂におけるストンチョット儀軌の祭壇の天井に張り渡された4色のカタック。天井からナムギャルマのタンカが吊り下げられている

　祭壇の上段中央には仏塔が置かれる。これはナムギャルメチョルテン（rnam rgyal ma'i mchod rten, ナムギャルマ・の・仏塔）と呼ばれる。仏塔（チョルテン、mchod rten; stūpa〈サンスクリット〉）はブッダの象徴であり、ブッダの誕生、悟り、説法、奇蹟、帰還、僧団の再統合、帰依者によるブッダの長寿のための祈り、涅槃、を表す8種類の仏塔がある。ここで用いられるナムギャルマの仏塔は、7番目の長寿の祈りの仏塔となっている。また、仏塔をのせた台の下に瓶が置かれる。時にこれは台の下ではなく、その前に置かれることもある。実際、ラマユル僧院ではそのようにされていた。もっとも、典籍では、台の下に瓶を置くと記されている。この瓶の中にはサフランを入れた水（ブムチュ、bum chu）が入れられている。これは、儀軌の後、聖水となり、僧たちはこれを飲み、また頭につけるのである。なお、上段に置かれた主な瓶とは別に、補助の瓶が祭壇の下に置かれる。
　また、仏塔や主尊のトルマの置かれた祭壇の上段には、大麦粒が敷かれる。これは、諸尊が座るための絨毯を表現している。食物は、人々によって価値あるものと考えられているため、これを諸尊の座として用いるのである。したがって、この大麦粒は供物ではない。もし、大麦粒を供物として用いる場合には、皿の上に2-3粒置かれる。
　また、祭壇の天井に4色の吉兆の印であるカタックが張り渡される。東（前面）には白（カルポ、dkar po）、南には黄（セルポ、ser po）、西には赤（マルポ、dmar po）、北には緑（ジャンク、ljang khu）が用いられる（写真7-21）。なお、ラマユル僧院集会堂における祭壇の天井に張り渡されたカタックが東南西北の方向と正確に合っていないのは、カタックを結ぶための柱の位置が限られていたためである。また、カラツェ村の寺院における祭壇の天井に張られた色のついた布は、カタックがないための間に合わせである。

さらに、千個の傘（ドゥクス、gdugs）、千個の勝利の旗（ギャルツァン、rgyal mtshan）を合わせたチェレ（lce le）と呼ばれる天井飾りが吊り下げられる。また、ラマユル僧院ではナムギャルマのタンカが祭壇の上部に吊り下げられた。

このように、ストンチョット儀軌における祭壇は、デチョク儀軌におけるキルコルやジトー、コンシャクス儀軌における祭壇と同様、諸尊の座であり、キルコルなのである。そして、ストンチョット儀軌においては、その名称が示すように、マントラ（ンガクス、sngags）を千回、祭壇のまわりの巡回（スコルワスコルワ、skor ba bskor ba）を千回、供物としての食物（ジャルザス）を千回、灯明（チョトメ）を千回、チャプトルを千回、線香（スポス）を千回、チェレを千回、奉献するのである。また、諸尊を招請するたびに7種類の供物であるチョッパナンガを捧げる。また、胸から出た女神を一人ずつ捧げ、戻ってくることを指を鳴らして表現する。

3　ストンチョット儀軌の進行と内容

ラマユル僧院では、1989年7月22日にストンチョット儀軌が行なわれた。4回の集会は第1回集会の最後に行なわれた日課のチャプトル儀軌を除いて、すべてストンチョット儀軌のためのものであった。また、第4回集会の中で行なわれたチャプトル儀軌はストンチョット儀軌の一部に含まれるものであった（表7-3）。なお、第2回集会の前には僧たちによる会議が行なわれ、カラツェ村のラルー家と村の僧との間に生じた問題について話し合いが持たれた。この事実を踏まえれば、7月19日にラルー家が茶の奉献であるマンジャを行なったことも、この問題の解決を図るためのラルー家の意向に基づいたものであったと考えられよう。マンジャは単に支援者と僧院との間の互恵性を作動させるための社会・経済機構というだけではなく、そこで形成された互恵的関係を通した政治的意図があるということができる。

ストンチョット儀軌の進行と内容は、実際の儀軌の観察と、ナムギャルマ儀軌の典籍の内容から明らかにされた（表7-4）。また、儀軌の内容と先に述べたストンチョット儀軌

表7-3　ラマユル僧院における1989年7月22日のストンチョット儀軌（ナムギャルマ儀軌）

時　刻	0500 0600 0700 0800 0900 1000 1100 1200 1300 1400 1500 1600 1700 1800 1900 2000 2100
集　会	第1回集会　　　特別集会　第2回集会　第3回集会　　第4回集会
会　議	
ストンチョット儀軌	S　S　SS/K　　　　　SS/KS　　SSSS/K　P　S K
チャプトル儀軌	H

（注）├─────┤：茶／食事　S：茶　K：ペー、コラック　T：トゥクパ　P：パパ
　　会議はラルー家の問題に関する議論。第1回集会におけるチャプトル儀軌は日課の儀軌。第4回集会におけるチャプトル儀軌はストンチョット儀軌（ナムギャルマ儀軌）の一部に含まれる儀軌。

表7-4　ラマユル僧院におけるストンチョット儀軌の進行と内容（1989.07.22）

集　会	時刻	儀軌の進行	儀軌の内容	儀軌の構成 （表7-2との対応関係）
第1回集会	0530 0600	I. 準備と開始	(1)準備と開始	1　準備 2　帰依の朗唱 3　奉献の7腕 4　ナムギャルマ儀軌 　1）祖師への朗唱
	0610	II. ナムギャルマの招請とダクスケット	(2)ナムギャルマの招請 (3)ナムギャルマへの奉献 (4)ブッダ、ボディサットヴァへの請願 (5)ナムギャルマが自分の中に溶け込む（ダクスケット）	3　　2）ナムギャルマ（九尊）の招請 　3）5種類の奉献 　3）-7）
	0625	III. ナムギャルマによる衆生の救済	(6)ブッダ、ボディサットヴァへの祝福 (7)光がブルム字の中に吸収される (8)光が出て衆生を救済する (9)光がブルム字に戻ってくる	
	0630	IV. ナムギャルマの説明、招請とダクスケット	(10)ナムギャルマの説明 (11)ナムギャルマの招請 (12)自分の前のナムギャルマに奉献 (13)ナムギャルマが自分の中に溶け込む（ダクスケット）	4　　2）ナムギャルマ（九尊）の招請 　3）5種類の奉献
	0643	V. 五仏の招請と浄化	(14)五仏の招請 (15)五仏によるナムギャルマ（自分自身）の浄化 (16)ナムギャルマ（自分自身）への奉献 (17)マントラの朗唱	4　　3）5種類の奉献 　4）マントラの朗唱
	0715	チャプトル儀軌（日課）		
	0740	退室		
第2回集会	1106	VI. ナムギャルマの招請とドゥンスケット	(18)ナムギャルマの招請（ドゥンスケット） (19)ナムギャルマへの奉献 (20)ナムギャルマへの賛美 (21)ナムギャルマへの奉献 (22)ナムギャルマへの祝福 (23)ナムギャルマへの奉献	4　　2）ナムギャルマ（九尊）の招請 　3）5種類の奉献 　3）5種類の奉献 　3）5種類の奉献
	1132	VII. マントラの朗唱	(24)マントラの朗唱と奉献	4　　4）マントラの朗唱
	1235	退室		
第3回集会	1351	VII. マントラの朗唱	(24)マントラの朗唱と奉献	4　　4）マントラの朗唱
	1537	退室		
第4回集会	1620	VII. マントラの朗唱	(24)マントラの朗唱と奉献	4　　4）マントラの朗唱
	1705	VIII. チャプトル	(25)チャプトル、諸尊、諸神の招請 (26)諸尊、諸神への奉献 (27)ギャルチェン四神へのトルマの奉献 (28)チャスムトルマの奉献	4　　5）チャプトル 　5）チャプトル 　5）チャプトル
	1745	IX. ナムギャルマの見送り	(29)ナムギャルマとの分離 (30)ナムギャルマへの奉献 (31)ナムギャルマへの賛美 (32)ナムギャルマへの追加請願 (33)許しを請う (34)ナムギャルマにブッダの世界に戻ることを請う	4　　6）ナムギャルマ（九尊）の見送り 4　　6）ナムギャルマ（九尊）の見送り
	1803	X. 吉兆の歌	(35)吉兆の歌の朗唱	4　　7）吉兆の歌の朗唱
	1811	XI. 追加儀軌	(36)追加儀軌	4　　8）追加儀軌 5　衆生に功徳を捧げる
	1832	退室		

の構成（表7-2）の対応関係から、儀軌の内容が全体の流れとしては儀軌の構成に沿ったものであること、さらに儀軌の内容はより複雑な瞑想の手順を踏んでいることが明らかとなった。なお、表7-4における儀軌の内容については、典籍における手順の記載内容に基づいて(1)から(36)に分類し、さらに、それらを包括する内容をⅠからⅩⅠとしてまとめ、それを儀礼の進行の順序とした。したがって、儀軌の構成は、これらを一般化した儀礼の骨格の概要を示すものとなっている。以下に儀礼の進行と内容について詳細に見ていくことにする。

儀軌の準備と開始

第1回集会は、ホラ貝の合図とともに5時30分に開かれた。ナムギャルマ儀軌の典籍には、すでに述べた祭壇における仏具の配置が述べられており、これに従って祭壇がすでに作られている。仏塔の周囲にドゥンスケット用のチョッパナンガが右まわりに並べられ、瓶の中には25種類の薬が他の儀軌の時と同様に入れられる。なお、もし、場所がなければ仏塔の周囲のチョッパナンガは別の場所に置いてもよいと記されている。さらに、ダクスケット用のチョッパナンガは祭壇の前面に並べられなければならない。なお、ナムギャルマ儀軌においては、主尊ナムギャルマのマートルとギャルチェン四神のブルトルの他にトルマはない。

6時00分に儀軌が開始されると、他の儀軌の場合と同様、ダクダンマ典籍に基づき仏、法、僧への帰依であるスキャブド（skyabs 'gro）が暗唱される。また、ここでは、この儀礼自体を、生きとし生けるものすべてのために行なうということ（セムスケット、sems skyed）を心に刻むのである。これは儀礼を行なう時の基本理念である。次に、ジャムパルマ（'jam dpal ma）典籍に基づき奉献の7腕（yan lag bdun pa, 腕・7）が朗唱される。なお、ジャムパルマ典籍はジスニェットスタクマ（ji snyed su dag ma）とも呼ばれる。7腕（種類）とは、第1に拝礼、第2に自分たちの持っているものすべてを捧げるということ、第3に罪業の懺悔、第4に他人の功績を喜んで享受すること、第5にブッダ、ボディサットヴァに仏法の教えを請うこと、第6にブッダ、ボディサットヴァが滅することなくこの世に留まることの請願、そして第7に、この儀礼によって得られた自分の功徳を生きとし生けるものである衆生に捧げることであり、これらが唱えられるのである。なお、パンディ師によれば、衆生に功徳を捧げるということは実践を意味するという。

そして、ナムギャルマ儀軌が始まり、最初に祖師の系統に対する帰依の朗唱が行なわれる。チベット仏教においては、祖師たちは現在の師にまで繋がる系統樹をなしており、ブッダの教えを受け継いできた尊格であり、ブッダそのものであると考えられているのである。

ナムギャルマの招請とダクスケット

儀軌の進行の第Ⅱ段階は、ナムギャルマの招請である。典籍では、「自分自身が瞬時にナムギャルマになる」と始まる。これはナムギャルマを視覚化するという意味で、ここでのナムギャルマは視覚化された魂のない形態としてのダムチクパ（dam tshig pa）である。これに対して、本物の諸尊はイェシェスパ（ye shes pa）と呼ばれ、これがブッダの世界にいる諸尊である。儀軌では、初めに形態を視覚化し、次に諸尊をブッダの世界から招請し、目の前に視覚化する。この目の前の諸尊がイェシェスパである。そして、この諸尊を、自分自身に溶け込ませる。この時点で、ダムチクパがイェシェスパになる。なお、このダクスケット（自分自身が諸尊になる）の過程は儀軌の進行の第Ⅱと第Ⅳにおいて行なわれる。

ナムギャルマをダムチクパとして自分自身に視覚化した後、心の中心にア（ཨ, a）の字を思い浮かべる。この字は空（stong nyid＜stong pa nyid；śūnyatā〈サンスクリット〉）の象徴である。なお、同じア字でも、オン・ア・フム（ブッダの身体、話、心：身口意）の場合のアはブッダの説法を象徴する。次に、アの字は瞬時に月になる。この月は自分自身の心の内にある。そして、月の上に白いブルム（བྷྲཱུཾ, bhr'um）の字がくる。このブルム字はナムギャルマの真髄であり、種である。この字から、光明が外の世界であるブッダ、ボディサットヴァの国に放たれる。この光明は伝達者の役割を持つ。そして、ブッダの国から、ナムギャルマ九尊（ナムギャルマを含む）が、ブッダ、ボディサットヴァとともに、ここに招請されてやって来る。そして、鈴が鳴らされる。拝礼が行なわれる。ナムギャルマが

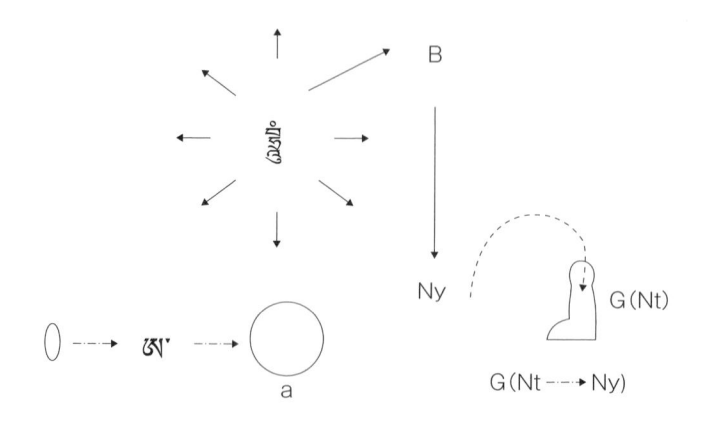

図7-5　ナムギャルマ儀軌におけるダクスケット
〔〕：空　--▶：変化　——▶：光明　---▶：吸収　a：月
G：僧　B：ブッダの世界
Ny：ナムギャルマ（イェシェスパ）
Nt：ナムギャルマ（ダムチクパ）

三面八手を持ち、無限の知識を有し、最良の命を与えてくれる、というナムギャルマの特徴が述べられ、ナムギャルマが賛美され、ナムギャルマに拝礼します、という節が朗唱される。

そして、儀軌の内容の(3)のナムギャルマへの奉献に進む。ダクスケットのために前面に1列に配置された5種類（灯明とザルザスを加えると7種類）の供物であるチョッパナンガが奉献され、音楽が奏でられる。これはブッダの世界から招請され、自分の目の前に視覚化されている諸尊への奉献である。奉献は繰り返し3-4回、ナムギャルマに対して行なわれる。続いて、朗唱が行なわれる。これは、10方向にいるすべてのブッダ、ボディサットヴァに自分の罪業を浄化し、衆生の利益を請う唱えである。ここは、奉献の7腕の、3）懺悔から、7）衆生に功徳を捧げる、の項目に対応するものである。すなわち、自分の数限りない罪を容赦し、今後自分は罪を行なわないので、どうかこの世から去ることなく人々のために留まってほしい、そして私はあなたのもとに帰依します、とブッダ、ボディサットヴァに請願するのである。そして、ナムギャルマ、ブッダたちを含む九尊が自分の身体の中に溶け込むと考える。これがダクスケットである（図7-5）。

ナムギャルマによる衆生の救済

儀軌の進行は第IIIの段階に移る。ここで再度、すべての現象は空になると考える。この空の中にパム（པཾ, pam）の字がくる。この種字は瞬時に花になる。花の上のア（ཨ, a）字は月になる。ここでは花と月だけがあることになる。月の上にブルムの字がくる。そして、ブルム字は宝石の山になる。宝石の山の上には階段のある玉座がある。玉座の上には花がある。花の上には仏塔がある。仏塔のプムパ（bum pa, 仏塔頭部の球状になっている部分；字の綴りは同じであるが瓶ではない）の中に8弁の花がある。この花の上に満月がある。この満月の上にブルム字のある金剛杵（ドルジェ、rdo rje; vajra〈サンスクリット〉）がある。このブルム字から光明が10方向に放たれる。この光明はブッダ、ボディサットヴァに望むものすべてを捧げる。ブッダ、ボディサットヴァは非常に喜ぶ。なお、この光明はブッダ、ボディサットヴァを祝福するためのものであり、前回のように招請するためのものではない。

今や、このブッダ、ボディサットヴァの祝福が光明の形となってここに戻ってくる。そして、光明は金剛杵のブルム字の中に吸収される。再度、このブルム字から光明が放たれ、下界にある衆生の住む輪廻世界に行く。そこで、光明は彼らに触れる。すると、彼らの苦しみはすべて消し去られる。そして、この光明は生きとし生けるものすべてを、不死の世界であるナムギャルマの世界に連れて行く。そして、光明は金剛杵のブルム字に戻ってくる。

ここまでが、ブッダ、ボディサットヴァへの祝福とナムギャルマによる衆生の救済であ

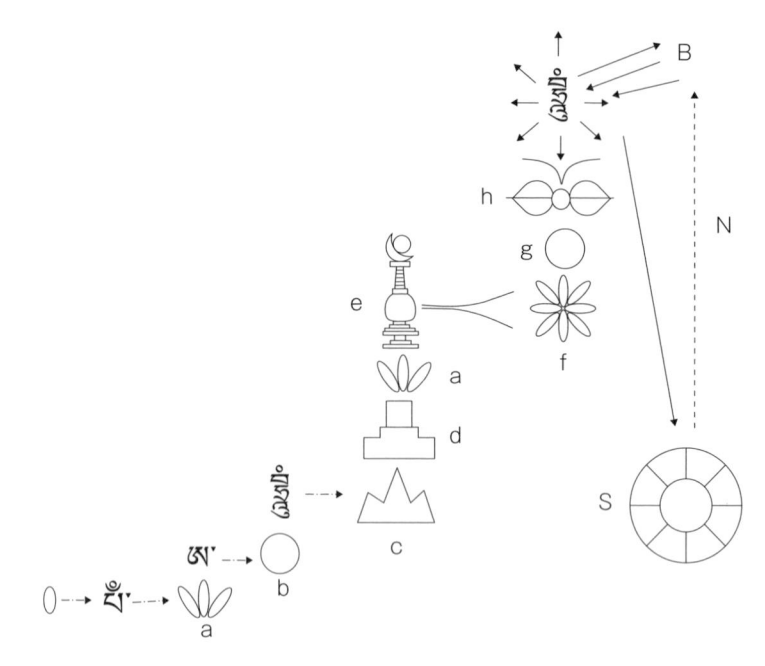

図7-6 ナムギャルマ儀軌におけるブッダへの祝福と衆生の救済
　　　　（）：空　---→：変化　──→：光明　--→：衆生の救済　〈：拡大
　　　a：花　b：月　c：宝石の山　d：玉座　e：仏塔　f：8弁の花
　　　g：満月　h：金剛杵　S：輪廻にある衆生　B：ブッダの世界
　　　N：ナムギャルマ

る（図7-6）。なお、この図からわかるように、儀軌の内容は祭壇の構成と基本的に一致している。祭壇の段は宝石の山であり、その上の台座は玉座であり、その上に仏塔が置かれている。その仏塔の中の8弁の花とその上の満月、そしてその上の金剛杵のブルムの種字こそがナムギャルマそのものの象徴となっているのである。

ナムギャルマの説明、招請とダクスケット

　僧たちに茶が配られる。しかし、儀軌の朗唱はすぐに再開され、第Ⅳ段階へと進む。ここでは、再びダクスケットが行なわれる。第Ⅲ段階で光明が戻ってくると、自分自身がナムギャルマになる。このナムギャルマは以前のダクスケットの過程と同様、形態だけのタムチクパである。そして、ここでナムギャルマの特徴が説明される。

　すなわち、ナムギャルマは三面（ジャルスム、口・3）である。中央の顔は白、右側の顔は黄（金）、左側の顔は青である。ナムギャルマは八手（チャク　ギャット、phyag brgyad, 手・8）である。右側の手はそれぞれ、金剛杵（ドルジェ、rdo rje）、蓮の上に座すオパメット（od dpag med; amitābha〈サンスクリット〉；無量光）、矢（ダ、mda'）を持ち、チョクチン

第 7 章　ジトー儀軌、コンシャクス儀軌、ストンチョット儀軌　341

ギチャルギャ（mchog sbyin gyi phyag rgya；ヴァラダムドラ：与願印）と呼ばれる親指と人指し指を触れて手の平を外側に向けた印を結び下に垂らしている。左側の手はそれぞれ、ニャムジャクギチャルギャ（mnyam bzhag gi phyag rgya；ダヤナムドラ：定印）と呼ばれる手の平を上にした印の上に、不死の甘露の入った飾り瓶、胸の前でディクズップ（sdigs mdzub；カラナムドラ：忿怒印）と呼ばれる小指と人指し指を立てた印で、綱（ザクスパ、zhags pa）、弓（ジュー、gzhu）を持ち、チャプチンギチャルギャ（skyabs sbyin gyi phyag rgya；アバヤムドラ：施無畏印）と呼ばれる手の平を外側に向けた印を結び上にあげている。また、ナムギャルマは、ドルジェギルトゥン（rdo rje skyil krung；ヴァジュラサナ）と呼ばれる両足を組んで座る姿勢をとる。ナムギャルマの右側にはチェンレンズィ（spyan ras gzigs；avalokiteśvara〈サンスクリット〉；観音）、左側にはチャクドル（phyag rdor<phyag na rdo rje；vajarapāṇi；金剛手）が立つ。

　次に、四忿怒尊（トゥォズィ、gro bo bzhi, 忿怒・4）は、東側のミヨワ（mi gyo ba）、南側のトルギャル（'tod rgyal）、西側のチュクスゴンチャン（dbyug sngon can）、北側のストスポチェ（stobs po che）である。なお、前述した祭壇中央の、仏塔の4方向に立つブルトルを捧げるギャルチェン四尊はラー（神）であり、上記の四忿怒尊とは異なるものである。

　さらに、主尊ナムギャルマの上方には、二神がたくさんの雲の中に座っている。身体の半分は雲の中にあり、上半身だけが見える。この二神は、瓶（プムパ、bum pa）を持ち、水を主尊にかけて洗っている。この二神は、ナスツァンメリスキラー（gnas gtsang ma'i ris kyi lha, 場所・純粋・の・種類・の・ラー）と呼ばれる。なお、この種類のラー（神）は、すでに述べた27種類のラーの3種類のうちの、2種類目の色界（gzugs khams, 形態のある世界の場所）にある、17種類の中の高位の5種類のラーを指す純粋な場所の種類（gnas gtsang ma'i ris, 場所・純粋・の・種類）に属するものである。彼らはすでに輪廻から自由になっており、ちょうどボディサットヴァのようなものなので、純粋な場所の種類のラーと呼ばれるのである。

　さて、すべてのナムギャルマ九尊には、頭の上に白いオム（ༀ, om）の字がある。喉の上に赤いア（ཨཿ, a'h）の字がある。心臓の上には青いフム（ཧཱུྃ, h'um）の字がある。なお、このオム、ア、フムは身、口、意を象徴するものである。さらに額の上には黄色のタム（ཏྲཾ, tram）の種字がある。臍の上には赤いシ（ཏྲིཿ, tri'h）の種字がある。両腿の上には1つずつアム（ཨཾ, am）とア（ཨཿ, ah）の種字がある。

　なお、仏塔の中央で蓮の上に座し、胸の中央に金剛杵を持ち、不死の甘露瓶を手にのせたナムギャルマ、両脇に立つ観音と金剛手、上方から水を注ぐ二神、下方の四忿怒尊の記述は、タンカにも描かれる絵画と一致している。先に、儀軌の記述と祭壇の構成とが一致していることについてはすでに指摘したところである。このことは、さらにタンカの描写にも見られるということになる。チベット仏教の儀軌は単に頭の中の想像ではなく、目前

にある儀軌の道具立てにより、具体的に視覚化されているのである。

次に、ナムギャルマ九尊の招請がなされる。主尊ナムギャルマの心臓の中心にあるブルム字から光明が放たれ、ブッダ、ボディサットヴァの世界に行く。この光がナムギャルマと八尊を再度招請する。ここで朗唱が行なわれ、ブッダの世界からここに来てくれるよう請願される。そして目前に招請されたナムギャルマに、7種類の奉献であるチョッパナンガがなされる。

奉献が終わるやいなや、すべての諸尊は溶けてそれぞれの身体に入る。それぞれの身体とは、僧が心に描いた形態だけの諸尊であるタムチクパを意味する。招請されて目前に視覚化された本物の諸尊であるイェシェスパが、僧のタムチクパに溶け込むという意味である。すなわち、ここで僧自身が、本物の諸尊になるのである。この時、ザー、フム、バム、ホー（ཛཿཧཱུྃབྃཧོཿ, dzaḥ, h'um, bam, hoḥ., 招請する・頭上に留まる・入って一つになる・偉大なる幸せ）のマントラが唱えられる。なお、マントラのザー（dzaḥ）とは、四守護尊が鉄の鎖、鈴、綱、鉤などで悪霊を連れてくる時に用いられるマントラと同じである。しかし、その際の意味と、この儀軌において用いられる意味とは異なる。ここでは、目前の諸尊を招き、自分の頭の上に留まらせ、頭頂部から自分の身体の中に溶け込ませて、僧と諸尊とが不可分になるという意味である。ここまでが、2度目のダクスケットである。

五仏の招請と浄化

僧たちは茶を飲み小休止し、すぐに続けて第Ⅴ段階に進む。ここでは五仏によるナムギャルマ（自分自身）に対する浄化と奉献とが行なわれる。光明が再度放たれ、五仏のもとへ行く。この五仏とは、ミスキョットパ（mi skyod pa; akṣobhya〈サンスクリット〉；阿閦）、ナムパルナンザット（rnam par snang mdzad; vairocana〈サンスクリット〉；大日）、リンチェンチュンダン（rin chen 'byung ldan; ratnasambhava〈サンスクリット〉；宝生）、オパメット（od dpag med; amitābha〈サンスクリット〉；無量光）、トンユドッパ（don yod grub pa; amoghasiddhi〈サンスクリット〉；不空成就）である。この五仏はギャルワリクスンガ（rgyal ba rigs lnga, 勝者となった〈最高の、ブッダ・種類・5〉）と呼ばれ、儀軌には常に登場するブッダで、他のブッダを浄化する力があるとされる。次に、招請された五仏はナムギャルマとなった僧自身の上に水を注ぐ。この水は心を満たし、すべての不浄が消し去られる。そして、水が頭の上からあふれ出す。ナムギャルマ（自分自身）の頭上にはこれら五仏と、四忿怒尊がいる。さらにその上方には水を注いでいる二神がいる。

ここで、再度7種類の奉献が行なわれる。なお、ここでは、理論的にはナムギャルマである自分自身に奉献するということになる。そして、ナムギャルマを賛美する節が朗唱される。次にマントラが唱えられる。マントラの朗唱の際には、次のように考える。すなわち、心臓の中心に金剛杵があり、金剛杵の真ん中の球状の中心には、白く輝くブルム（བྲཱུྃ,

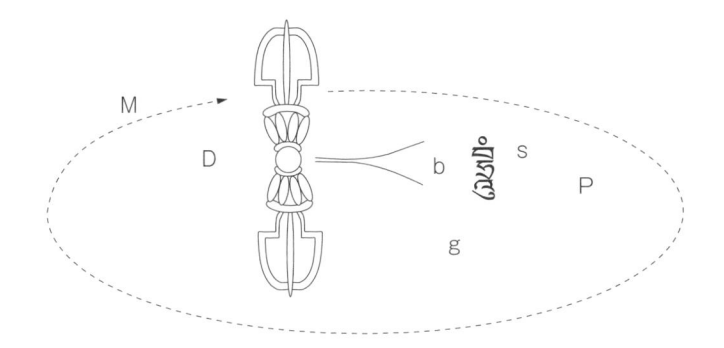

第7章　ジトー儀軌、コンシャクス儀軌、ストンチョット儀軌　343

図7-7　ナムギャルマ（自分自身）のまわりを回転するマントラ
　　　　D：金剛杵　M：マントラ　g：師　P：両親（父／母）
　　　　b：兄弟姉妹　s：衆生　なお、金剛杵はナムギャルマとなっ
　　　　た自分自身の心臓の中心にあると考える

写真7-22　金剛杵（ドルジェ）と鈴（ディルブ）

bhr'um）の字がある。この種字の前面には師、右側には父と母である両親、左側には兄弟と姉妹、そして背面には召使とすべての衆生がいる。この4つの外側をマントラが数珠のように回転する（図7-7、写真7-22）。

このように考えながらマントラを21回唱える。マントラは、「私は欲界、色界、無色界の三界のブッダを賞賛します、ショーダヤ、ショーダヤ、ビショーダヤ、ビショーダヤ(浄化、浄化、まことの浄化、まことの浄化）、オムアミタアユダラソーハー（不死の命を与える者である〈ナムギャルマ〉）」と唱える。これが、自分自身がナムギャルマとなるダクスケットである。

ここまでが五仏による浄化、奉献とマントラの朗唱である。ここが、儀軌の大きな切れ

目となる。これ以後の第Ⅵ段階のドゥンスケットは、次の第2回集会で行なわれる。なお、今までの儀軌の進行において、招請された諸尊には、鈴と音楽が奏でられ、奉献の際には、助手が祭壇正面のチョッパナンガの灯明に火をつけ、上段に置く。また、僧たちは手の印で7種類の供物を捧げる。さらに、最後のマントラを唱える前には、僧たちにより大麦の粒が前面に振りまかれた。それ以外は朗唱が続き、外側からだけでは僧の内側の世界を知ることは容易ではない。

　7時14分に休息がとられ茶が配られる。僧たちはペーを茶に入れてコラックを作り食べる。7時15分に日課のチャプトルが始まり、7時35分に終了する。このチャプトルは、後の第4回集会において行なわれるナムギャルマ儀軌の一部としてのチャプトルとは異なるものである。7時40分、僧たちはオム・マニ・パドメ・フムのマントラを唱えて退室した。

ナムギャルマの招請とドゥンスケット

　第2回集会の合図のどらが9時45分に鳴らされた。しかし、9時20分から僧たちはゴンボ堂において、カラツェ村のラルー家と村の僧の間で起こった問題について会議を行なっており、これは11時06分に至るまで続けられた。このため、第2回集会で配られるトゥクパの食事はそこでとられた。また、子供の僧たちは集会堂前の中庭でトゥクパを食べることになった。

　11時06分に再度、どらが打たれ、ホラ貝が吹き鳴らされ、第2回集会が開始された。ここでは、目前に招請された諸尊に請願を行なうドゥンスケットが行なわれるのである。

　11時24分に儀軌の朗唱が始まり、音楽、鈴が奏でられ、茶が配られる。儀軌では、まず最初に、すべての現象は空になるということが朗唱される。そして、前述の儀軌の進行の第Ⅲ段階(6)から(9)のブッダ、ボディサットバへの祝福から、第Ⅳ段階(10)から(16)までのナムギャルマの招請と奉献までが繰り返される。ただし、前回のダクスケットで自分自身はすでに諸尊になっているので、今回は自分自身が諸尊になる部分は朗唱されない。儀軌には「ドゥンスケットするように」と述べられ、また、「自分自身が諸尊になるとある部分は言ってはいけない」と記されている。ドゥンスケットでは、招請した諸尊を自分に溶け込ませないで、前面に視覚化するのである。

　もっとも、実際に行なわれた儀軌の朗唱においては、第Ⅲ段階と第Ⅳ段階の奉献の前までの部分はとばし、第Ⅵ段階の(19)ナムギャルマへの奉献へと続いた。

　朗唱とともに、7種類の供物の奉献が行なわれる。この7種類の供物は現実には杯に入れられたわずかの水や食物である。しかし、頭の中ではそれらは宇宙全体に広がるほどの大きさで、人々の望むありとあらゆるものとなり、きわめて力強いものとなる。そして、ドゥンスケットのために、祭壇上段の仏塔のまわりに円く並べられた7種類の供物を2度捧げる。奉献の後、ナムギャルマ九尊を賛美する朗唱が行なわれる。そして、3-4度、

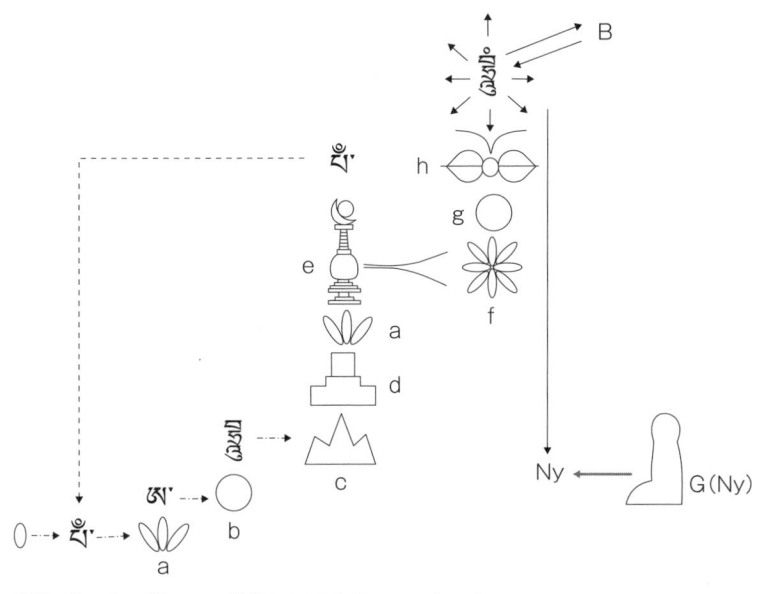

第 7 章　ジトー儀軌、コンシャクス儀軌、ストンチョット儀軌　345

図 7-8　ナムギャルマ儀軌におけるドゥンスケット
　〇：空　--→：変化　—→：光明　--→：繰り返し
　—→：マントラ　a：花　b：月　c：宝石の山　d：玉座
　e：仏塔　f：8弁の花　g：満月　h：金剛杵
　B：ブッダの世界　G：僧　Ny：ナムギャルマ（イェシェスパ）

奉献と祝福が行なわれ、マントラの朗唱が繰り返される。ここまでが第VI段階のナムギャルマの招請と奉献である。なお、ここで招請され、目前に視覚化されているナムギャルマは本物の諸尊、すなわちイェシェスパである。すなわち、ドゥンスケットにおいてはすでに諸尊となっている僧が、さらに目前にいる諸尊に奉献を行ない、マントラを唱えるのである（図7-8）。

マントラの朗唱

　第VII段階に進み、再度、ナムギャルマ九尊に奉献が行なわれる。これからは、第2回集会の残りと第3回集会、そして第4回集会の途中まで主要なマントラが唱えられ、奉献が繰り返される。マントラは千回唱えられる。マントラを唱える時には、ナムギャルマ九尊に拝礼し、ナムギャルマの身体から甘露が出てプムパを満たすと考える。そして、マントラを10回唱えるごとに、1回の奉献が行なわれる。こうして800回のマントラを唱える。そして、最後に200回のマントラを唱える際には、僧たちは祭壇のまわりをまわる。なお、マントラは各自が千回唱えるのではなく、全員の合計が千回となるようにする。たとえば、10人の僧が各自10回唱えれば、100回マントラが唱えられたことになる。さらに、これを10回繰り返せば、合計で千回のマントラが唱えられたことになるのである。今回は13-14人

写真7-23 ストンチョット儀軌における千個の灯明の奉献

の僧により、10回ずつマントラが唱えられることが、合計8度行なわれ、結果として千回を越えるマントラが唱えられた。

　主要なマントラは、「私はすべてのブッダ、ボディサットヴァに拝礼します。私たちの罪業を清めてください、10層のすべてのブッダ、ボディサットヴァを祝福します。私たちの所に来てください。そして生きとし生けるものすべてを浄化してください」と唱えられる。また、ナムギャルマには、「不死の命の祝福を、すべての葛藤や混乱した心が打ちこわされるように」と祈願される。

　11時56分、集会堂の扉を入って左側の隅に置かれた4個の灯明に、火が灯された（写真7-23）。12時01分には2頁にわたる儀軌のマントラの部分を何度も繰り返しながらマントラが唱えられ、奉献が行なわれた。12時11分、料理長がペーを持って堂内に入り三拝の後、少年の僧とともにペーを僧たちに配る。僧たちは、時々、茶を飲みながらマントラの朗唱を続ける。12時15分には2度目のマントラが唱えられる。100回のマントラの朗唱ごとに、手の印で7種類の奉献がされる。こうして、各自10回ずつのマントラを唱えることが2度繰り返された。そして、12時35分に第2回集会は終了し、僧たちは退室した。

　第3回集会は、13時51分にどらの合図とともに始まった。14時15分には、第2回集会ですでに始まっていた第VII段階のマントラの朗唱が続けられた。前回までに2度のマントラ朗唱が行なわれたので、今回は3度目となる。朗唱が続けられる中、茶が運ばれてくる。

第7章　ジトー儀軌、コンシャクス儀軌、ストンチョット儀軌　347

14時33分に両手で金剛杵と鈴が持たれ、手の印で7種類の奉献が行なわれ、14時34分に音楽が奏でられた。14時36分、3度目のマントラの朗唱が終わり、小休止がとられた。14時41分、4度目のマントラの朗唱が始まり、助手が大麦の粒を僧たちに配る。14時42分、大麦の粒が前面に振りまかれる。12時49分には手の印で7種類の奉献がなされ、14時50分に音楽が奏でられる。助手は祭壇の横に置いてある香炉に線香を立てる。14時51分、手の印で供物の奉献がなされ、鈴が鳴らされる。14時52分に唱えが終わり、僧たちに茶が注がれる。

　5度目のマントラの朗唱が14時53分に始まる。助手が、線香の立てられた香炉を机の端に置く。15時02分に両手で金剛杵と鈴が持たれ、手の印で7種の奉献がなされ、音楽が奏でられる。音楽が終わり、ゆっくりした唱えとともに鈴が鳴らされ、15時04分に小休止がとられる。6度目のマントラの朗唱が15時05分に始まる。15時14分に両手で金剛杵と鈴を持ち、手の印で7種類の奉献がなされ、15時15分に音楽が奏でられ、ゆっくりした唱えとともに鈴が鳴らされ終了する。15時17分に茶が飲まれ小休止がとられる。7度目のマントラの朗唱が15時18分に始められる。大麦の粒を入れた容器がウムザット（儀礼責任者）の机の上に置かれ、ウムザットは大麦の粒を前面に振りまく。15時27分、金剛杵と鈴を両手に持ち、7種類の奉献が手の印でなされる。音楽が奏でられ、15時28分に音楽が終わると、ゆっくりした唱えとともに両手に金剛杵と鈴を持ち、鈴が鳴らされる。15時29分に小休止がとられ、茶が飲まれる。

　15時31分、料理長と少年僧が大きな皿にペーを入れて集会堂に入って来て、僧たち1人ずつに配る。15時34分、この集会で7度目のマントラの朗唱が終わる。なお、7種類の奉献の供物は、祭壇に並べられたチョッパナンガであるが、朗唱においては、両手の印（パットコルチャルギャ、pad kor phyag rgya）でそれぞれ、水の入ったホラ貝の形（飲料水）、手で捧げる形（洗足水）、両手の指を外に開く形（花）、人指し指を2本立てる形（線香）、親指を2本立てる形（灯明）、人指し指を前に突き出す形（香水）、そして2番目と同様、手で捧げる形（食物）で表現される。さらに、音楽は、ティルブ（鈴）、シルニェン（シンバル）、ンガ（太鼓）、ギャリン（縦笛）、トゥン（ホラ貝）が用いられる。

　最後に、観音を賛美する典籍であるスキョンギスマゴスクムドックドカル（skyon gyis ma gos sku mdog dkar）の1節と、カーギュットラマ（bka' brgyud bla ma）が唱えられる。儀軌が終了し、退室する前にこれらを10-20秒間唱えるのはラマユル僧院の伝統である。15時37分に僧たちは退室し、第3回集会は終了した。

　第4回集会は16時20分に始まった。ここでは、儀軌の第VII段階のマントラの朗唱が引き続き行なわれ、その後、第VIII段階のチャプトル儀軌、そして第IX段階のナムギャルマの送別、第X段階の吉兆の歌、そして第XI段階の追加儀軌が行なわれる。16時31分にパパと酸乳が僧たちに配られる。食事前のブッダへの奉献のコンチョクジステンギドの典

表7-5 ストンチョット儀軌におけるマントラ朗唱の時間（分）と集会

マントラ朗唱（度）	開始時刻	終了時刻	時間（分）	集　会
1	12：01	12：14	13	
2	12：15	12：31	16	第2回
3	14：15	14：36	21	
4	14：41	14：52	11	
5	14：53	15：04	11	第3回
6	15：05	15：17	12	
7	15：18	15：29	11	
8	16：44	16：59	15	第4回
合計	—	—	110	—

(注) 1度のマントラ朗唱で13-14人の僧が各人10回ずつマントラを唱えて、130-140回になる。これを8度繰り返すと、1,040-1,120回になり、1,000回を越えるマントラが唱えられたことになる。

写真7-24 ストンチョット儀軌において、祭壇を中心に堂内をマントラを唱えながら周回する僧（カラツェ村寺院、1988.09.11）

籍が唱えられ、仏、法、僧への帰依と食事の奉献が行なわれる。16時43分に食事が終わり、典籍の残りの部分が唱えられる。

　16時44分、ナムギャルマ儀軌が始まり、8度目のマントラの朗唱が行なわれる。ウムザットは手を合わせ、大麦の粒を前に振りまく。他の僧たちはマントラを唱え続ける。16時57分、金剛杵と鈴を両手に持ち、7種類の奉献が行なわれる。16時58分に音楽が奏でられ、ゆっくりとした唱えが行なわれ、鈴が鳴らされ、小休止となる。これで、8度にわたるマントラの朗唱が終わり、合計で千回のマントラが朗唱されたことになる。儀軌の第VII段

階は終了した。なお、マントラ朗唱の合計時間は110分であった。また、マントラを1回唱えるのに1.37分（110×1/80）かかっているので、もし1人で千回マントラを唱えるとすれば、1,370分（22.8時間）かかることになる（表7-5）。

なお、ナムギャルマ儀軌におけるマントラは、他のマントラと比べて非常に長い。また、千回のマントラ朗唱のうち、最後の200回は、祭壇を中心として堂内を僧たちがまわることになっている。また、スキルブチェン僧院では、僧がマントラを朗唱しているのみで、堂内をまわるのは村人たちである。もっとも、1988年にカラツェ村の寺院でストンチョット儀軌が行なわれた際には、5-6名の僧が、祭壇の置かれている堂内を金剛杵と鈴を両手に持ち、マントラを唱えながら周回した（写真7-24）。

チャプトル儀軌

17時02分に助手が儀軌の第7段階にあたるチャプトル儀軌の準備を始める。17時05分、チャプトルが始まる。チャプトル儀軌におけるマントラが繰り返され、シンバル、太鼓、鈴のみで、小さな球状のトルマと水とが捧げられてゆく。チャプトル儀軌には、千個の小さな球状のトルマ（トリル、gtor ril、トルマ・球）と、3個の円錐形のトルマであるチャスム（cha gsum）、1個のやや大きな球状のトルマが準備される。広い容器の上に板を渡し、この上に5個の杯を並べて置く。1人の僧が儀軌を朗唱し、横にいるもう1人の僧が、球状のトルマを1回に1つの杯に10個ずつ入れ、ここに瓶で水を注ぐ。全員で朗唱が行なわれ、鈴が鳴らされ、水をトルマと一緒に容器に移し、太鼓が打ち鳴らされる。1回で50個のトルマが用いられ、これが20回繰り返されて、全部で千個のトルマが奉献されるのである。

チャプトル儀軌においては、まず、すべての現象が空になると考える。空の中に大きな容器が現れる。捧げられるトルマは丁度、大海のように大きく、ブッダ、ボディサットヴァの食物となる。ブッダ、ボディサットヴァをはじめ、輪廻の中にある生きとし生けるものすべては、この食物の招待者である。輪廻から自由になったブッダ、ボディサットヴァに喜ばれねばならない。マハーカーラなどの護法尊、そして輪廻の中にある衆生にも喜ばれねばならない。罪業は浄化され、すべてのものはブッダになる、と考える。

17時20分に、チャプトル儀軌はチャスムのトルマを残すのみとなる。ここで、ギャルチェン四尊のトルマが四尊に奉献され、助手によりこれらが皿の上にのせられ、外に出された。カラツェ村の寺院でも、ギャルチェン四尊のトルマは奉献された後、外に持ち出され清潔な場所に置かれた（写真7-25）。なお、儀軌によれば、すべてのチャプトルが終了する直前に、ギャルチェン四尊にトルマを奉献するとある。この四尊へのブルトルは実際には小さなトルマであるが、これが非常に大きな供物になると考え、これを捧げる。ギャルチェン四尊のトルマが外に出されると、音楽が奏でられ、17時24分に休息がとられた。なお、

写真7-25　ギャルチェン四神のトルマが寺院の外に置かれる
（カラツェ村の寺院、1988.09.11）

写真7-26　天秤にかけられたバターを呈示する料理長

チャスムはまだ残されたままである。チャスムはすでに準備のところで述べたように、それぞれが諸尊のグループである3つのトルマの奉献である。

さらに、儀軌によれば、この時に他の儀軌と同様に、チャスムトルマの奉献を行なう、と記されている。他の儀軌とはチャスム（cha gsum）という典籍による儀軌であり、この典籍自体はナムギャルマの儀軌の典籍には含まれておらず、ミトゥクパという典籍の中にある。休息中に、助手はこの典籍を探しに行く。誰かがこれを持ち出していたため、手元になかったからである。

17時34分にチャスムの典籍が来たので、ウムザットは儀軌を開始した。17時35分、音楽が奏でられ、手の印で7種類の奉献が行なわれる。17時40分に料理長が集会堂に来て、天

秤にかけられたバターを僧たちの前に呈示する。これは規定の量のバターを用いてバター茶が作られていることを、事前に僧たちの目の前に見せて証明するためのものである。僧たちは冗談を言って料理長を笑わせている（写真7-26）。儀軌は続けられ、手の印で7種類の奉献がなされ、音楽が奏でられる。17時42分に鈴が鳴らされ、鈴とシンバルが奏でられる。チャスムの3個のトルマが捧げられ、やや大きな球状のトルマが最後に捧げられ、朗唱が行なわれる。17時44分にチャスム儀軌は終了し、休息となる。ここで、第VIII段階のチャプトルは終了した。

ナムギャルマの送別

ストンチョット儀軌第IX段階のナムギャルマの送別は、第4回集会のチャプトル儀軌に続いて、17時45分に始まった。17時46分に音楽が奏でられる。音楽が終わると、17時47分、手の印で7種類の奉献がなされ、17時49分に再び音楽が演奏される。儀軌においては、招請された諸尊を分離するように考えねばならない。さらに、諸尊はすぐには去らないで、前面に視覚化される。すなわち、ドゥンスケットにより招請された諸尊が自分の前面におり、この諸尊への奉献が終わって、次にダクスケットの時から残っている、自分の中に溶け込んでいた諸尊を自分と分離して前面に視覚化するのである。そして、この両者に奉献が行なわれる。この結果、前面には、少なくとも論理的には同じ2組の諸尊がいるということになる。これら諸尊は、本物の諸尊としてのイェシェスパである。そして、この両者に奉献が行なわれるのである（図7-9）。

　奉献は1つずつ賛美の朗唱とともに行なわれ、最後に再度、「あなたは悪霊を打ち負かす、あなたはたくさんのものを人々に与える」と、ナムギャルマへの賛美の朗唱が行なわれる。その後、再度、ナムギャルマに「私たちに不死の祝福を与えてください」と、追加の請願の朗唱がなされる。さらに、この儀軌において間違いがあれば、それらについて許してください、と容赦の請願がされる。この間、僧たちは鈴のみを鳴らし、朗唱が続けられる。最後に、ナムギャルマに、生きとし生けるものすべてに幸福を与えてくれるよう、そしてどうかあなた自身のブッダの世界に戻り、必要な時には再び来てくれるよう、送別の請願がなされる。この際、前面にいる諸尊が一度にブッダの世界に帰るように考えねばならない。そして、鈴が鳴らされ、シンバルが打たれ、ナムギャルマの送別は18時02分に終わり、休息がとられた。

　また、この儀軌では招請された諸尊にブッダの世界に戻ることが請願された。しかし、他の儀軌において、諸尊の像、あるいはタンカに描かれた諸尊の絵があるような場合、諸尊に去るようには言わないで、ここに永遠に留まってほしいと願うことがある。したがって、儀軌の最後には2つの異なった過程があることになる。

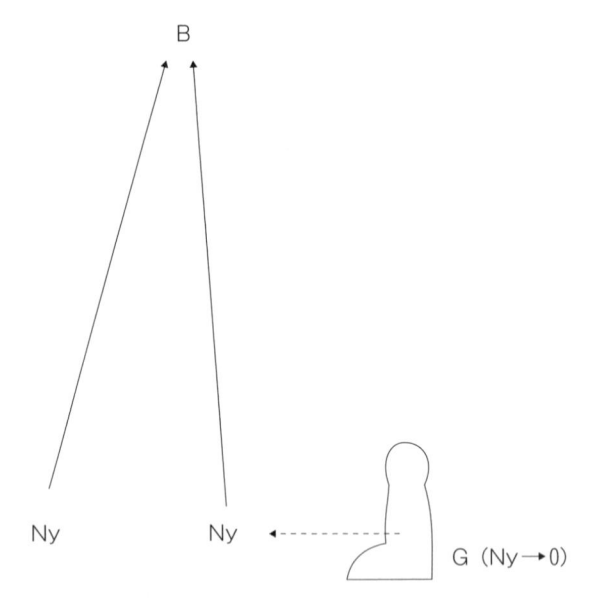

図7-9　ナムギャルマの送別
　　　--▶：分離　──▶：帰還　B：ブッダの世界
　　　Ny：ナムギャルマ（イェシェスパ）
　　　G：僧　0：空

吉兆の歌

　続けて、18時03分には第X段階の吉兆の歌が朗唱される。これは歌とあるが、実際には儀軌の節の朗唱である。これは賞賛あるいは享楽のためのものである。儀軌を朗唱しながら、大麦の粒を前面に振りまく。ただし、奉献は行なわない。なお、この吉兆の歌は、ナムギャルマの送別の前に行なうこともある。

　吉兆の歌の内容は、「過去のブッダから現在のブッダ、そして、未来のブッダへと続く系統のすべてのブッダ、彼らは最良の徳を持つ。この徳の力により、すべての悪霊、邪魔は滅せられるべきである。すべての徳は増加して月のようになるべきである。このようになってこそ、私たちは幸せを享受する吉兆に恵まれるべきである」というものである。すなわち、吉兆の歌は諸尊の離別に際して、諸尊を賞賛し、喜びを表現するものである。

　18時04分に大麦の粒が僧たちに配られ、鈴が鳴らされ、これが吉兆の印として振りまかれる。18時07分に音楽が奏でられる。この間、料理長は、天秤にかけた茶葉を持って集会堂に入って来て、僧たちの前にこれを呈示した。そして吉兆の歌は18時08分に終了した。

　18時11分に第XI段階の追加儀礼が始まった。ここでは、スムルンパルチョットラムセル（bsam lhun bar chod lam sel）儀軌が暗唱された。この目的は功徳を積むことにある。また、通常、ドルマ（sgrol ma）儀軌とドクパ（zlog pa）儀軌を合わせてドルドック（sgrol

第7章　ジトー儀軌、コンシャクス儀軌、ストンチョット儀軌　　353

写真7-27　ストンチョット儀軌における奉献が終わり、満足し、安堵する村人

zlog）と呼ばれている儀軌が暗唱される。18時26分にこれが終了すると、僧たちは各自マントラを唱える。18時28分に、ペーが皿に入れられ運ばれてくる。これは大きなスプーンで、僧たち一人ひとりに配られる。

　最後にスゴンワ（bsngo ba＜bsngo ba smon lam）が唱えられる。また、前記の追加儀礼は、時間があれば行なわれるものであり、必ずしも必要なものではない。しかし、スゴンワは儀軌の最後に必要なものである。これは、儀軌が最初に始められる時にも唱えられ、奉献の7腕の7番目と同じものである。すなわち、この儀軌によって得られた功徳が、生きとし生けるものすべてに捧げられることを望む、ということが暗唱されるのである。18時32分に朗唱が終わり、すべての儀軌は完了した。

　なお、儀軌のすべてが終わった後、瓶の水が人々に注ぎ配られる。瓶は祭壇の中央のナムギャルマを象徴する仏塔の下、もしくは前に置かれるもので、サフランや薬などが入った水は儀軌の過程でナムギャルマから甘露がしたたり落ち、不死の聖水となっている。人々は瓶から手の平に少し注がれたこの水を口につけて飲み、また頭につける。そして最後に、法具などが集められ後片付けがされる。

　カラツェ村の寺院で行なわれたストンチョット儀軌において、長かった千回の奉献の儀式が終わり、村人がこれによって得た功徳に満足し、疲れ切った中に見せた安堵の笑顔を、私は忘れることができない（写真7-27）。

4 ジトー儀軌、コンシャクス儀軌、ストンチョット儀軌の特徴と カンギュル祭礼実践の意義

儀軌の特徴とカンギュル祭礼

ジトー儀軌、コンシャクス儀軌、ストンチョット儀軌の第1の特徴は、ラマユル・カンギュル祭礼において行なわれるカンギュル朗唱およびデチョク儀軌と同様、罪業の浄化と善業の蓄積を目的としていることである。したがって、カンギュル朗唱を中心に、これら儀軌によって構成されるカンギュル祭礼は、全体として、来世、より良い場所に生まれかわり、最終的には輪廻から自由になる、すなわちブッダになるという仏教本来の目的に沿ったものとなっている。これは、同じラマユル僧院で行なわれるカブギャット祭礼が悪霊の追放を目的とすることとは対照的である。

これらの儀軌の第2の特徴は、これらが村々の寺院や家々でも僧を招いて行なわれる年周期儀礼であるという点にある。これは、カンギュル朗唱あるいはブム朗唱と同様である。たとえば、ラマユル僧院の教区にあるカラツェ村ではチベット暦1月にジトー・コンシャクス儀軌が村の寺院で行なわれ、2月から5月にかけてはカンギュル朗唱が村の家々で順番に行なわれる。7月にはストンチョット儀軌も村の寺院で行なわれた。これらは村の各家が出資者となり、自分たちのために行なわれたものである（表7-6）。

また、ラマユル僧院の配下にあるスキルブチェン僧院では、1月にジトー・コンシャクス儀軌とカンギュル朗唱が行なわれる。2月には僧たちはラマユル僧院に行き、そこでカブギャット祭礼に参加する。3月には僧たちはアチナタン村でカンギュル朗唱を行ない、4月にはスキルブチェン村でブム朗唱が行なわれる。その後、スキルブチェン僧院に戻った僧たちは、ジトー・コンシャクス儀軌を僧院で行なう。この後、アチナタン村でのカンギュル朗唱が、4月になって行なわれることがある。また、アチナタン村では1年毎にカンギュル朗唱とブム朗唱が交互に行なわれることになっており、ブム朗唱が行なわれる際には、ストンチョット儀軌も同時に行なわれる。5月には、スキルブチェン僧院の僧たちは、ラマユル僧院のカンギュル祭礼において、カンギュル朗唱、デチョク儀軌、ジトー・コンシャクス儀軌、ストンチョット儀軌を行なう。その後、スキルブチェン僧院において、ブム朗唱とストンチョット儀軌が行なわれる。9月にはアチナタン村の寺院で、ジトー・コンシャクス儀軌が行なわれ、その後、スキルブチェン僧院に戻った僧たちにより、マントラの朗唱であるマネ（マニ）朗唱が行なわれるのである。

このように、カンギュル朗唱とジトー儀軌、コンシャクス儀軌、ストンチョット儀軌は僧院のみならず、村々でも広く行なわれる儀礼である。しかし、村においては、村人が主体となり儀礼が行なわれることに対し、僧院でこれらが行なわれる場合、僧院が主体となっ

表7-6 ラマユル僧院とスキルブチェン僧院における年周期祭礼、村々における年周期儀礼、および大麦・小麦耕作の年周期

月(チベット暦)	ラマユル僧院	カラツェ村	スキルブチェン僧院	スキルブチェン村	アチナタン村	大麦・小麦耕作の年周期
1		ジトー・コンシャクス儀軌(寺院)	ジトー・コンシャクス儀軌(1月5-15日)カンギュル朗唱(1月20-30日)	(-1月5日)		
2	カブギャット祭礼(2月10-30日)	カンギュル朗唱(2月9/10日-)				鋤耕、播種、平準化、水路造り
3			ミトゥッパ、デチョク、パクモ儀軌(3月3-10日)		カンギュル朗唱[ブム朗唱/ストンチョット儀軌](3月15-25日)	灌漑
4			ジトー・コンシャクス儀軌(4月8-9、11-17日)	ブム朗唱(4月1-8日)	カンギュル朗唱[ブム朗唱/ストンチョット儀軌](4月17-5月3日)	灌漑
5	カンギュル祭礼(カンギュル朗唱、デチョク儀軌、ジトー・コンシャクス、ストンチョット儀軌)(5月3-20日)	(-5月15日)	ブム朗唱/ストンチョット儀軌(5月22-26日)			灌漑
6	托鉢(ソスニェン)	ソルカー儀軌(寺院)(6月-)	托鉢(ソスニェン)			大麦収穫(5月末-6月)小麦収穫(6月中旬)大麦脱穀(6月末-7月)
7		ストンチョット儀軌(寺院)(7月30日)				小麦脱穀(7月初-7月末)
8		(-8月15日、26日)	スカンワ儀軌			
9		スカンワ儀軌(寺院)(9月)		スカンワ儀軌(9月3-10日)スカンソル・ツァントゥン儀軌(9月11-15日)	ジトー・コンシャクス儀軌(寺院)(9月15日)スカンソル・ツァントゥン儀軌(9月16-30日)	鋤耕
10			マネ朗唱(10月3-15日)スカンソル儀軌(10月1-2日)	スカンソル儀軌(10月16日-)		
11						
12						

て儀礼が執行される。さらに、僧院での儀礼は、村における各家のための私的な儀礼ではなく、教区にある村々のための公共の儀礼となっている。

したがって、ラマユル僧院におけるカンギュル祭礼は、大きな僧院でしか行なうことのできないキルコル製作を伴うデチョク儀軌に、カンギュル朗唱を組み合わせ、さらにこれらと同じ目的を持つジトー儀軌、コンシャクス儀軌、ストンチョット儀軌を加えたものであり、村人たち一般に対して行なわれる公共儀礼であるということができる。

第3の特徴は、これら儀軌の行なわれる時期が、村人と僧たちの生計活動の年周期と関連していることである。下手ラダックでは、チベット暦の9月に収穫の終わった畑に鋤入れし、翌年の2月に再度の鋤入れと播種、畑の平準化、水路造りが行なわれる。3月から5月には畑への灌漑が行なわれ、5月末から6月に大麦の収穫が行なわれる。さらに、これより15日ほど遅れ、6月中旬に小麦の収穫が行なわれる。そして、6月末から7月に大麦の脱穀、7月初めから7月末には小麦の脱穀が行なわれる。したがって、大麦、小麦耕作の農繁期は、2月の播種の時期、および6月と7月の収穫、脱穀の時期となる。

このため、農閑期となる2月の播種の後、ラマユル僧院でカプギャット祭礼が行なわれ、また、収穫前の5月にカンギュル祭礼が行なわれるのである。同様に、スキルブチェン僧院では、1月、4月、5月、10月という農閑期に、カンギュル朗唱、ジトー・コンシャクス儀軌、マネ朗唱が行なわれる。

そして、大麦、小麦の収穫、脱穀の時期である6月と7月は、ラマユル僧院と同様、僧院での行事はない。この時期、僧たちは村々の畑をまわり、村人から大麦、小麦の布施を受ける。6月から8月は、僧たちにとっては、ソスニェンをはじめとする各個人の生計活動のための期間となっている。すなわち、収穫、脱穀の時期は、村人にとっての農繁期であるのみならず、僧たちにとっても多忙な生産活動にたずさわる時期となるのである。

カプギャット祭礼が新年に向けて行なわれる悪霊払いの儀礼であるのに対し、カンギュル祭礼は収穫前に行なわれる善業を積むための儀礼である。もっとも、長寿や繁栄を願うとされるストンチョット儀軌を含む後者は、村人にとっては生活一般のみならず、収穫に向けての豊作を祈願するという意味があるかもしれない。また、僧のソスニェンを前に、僧と村人の双方が、後述するような、村と僧院との間の社会的、生態的互恵関係を再確認するという意味があるかもしれない。

なお、従来チベット暦2月に行なわれていたカプギャット祭礼は、10年ほど前からチベット暦5月のカンギュル祭礼と同じ時期に行なわれるようになった。これは、まだ厳しい寒さの続く2月には観光客が少ないため、祭礼の時期を観光シーズンである初夏の5月(太陽暦では6-7月頃)に変更した結果である。パンディ師によれば、祭礼の時期は本来決まっているわけではなく、時期の設定は便宜的なものであるという。観光収入という僧院にとっての新たな生存のための資源が、祭礼の時期を決める誘因の一つになったのである。

ラマユル僧院における祭礼実践の意義

　ジトー儀軌、コンシャクス儀軌、ストンチョット儀軌を含むカンギュル祭礼、さらにはカプギャット祭礼がラマユル僧院で行なわれることには、次のような意義が認められる。第一に、ラマユル僧院が祭礼の実行を通して、配下の僧院および教区の村々を統合し、僧院と村々との相互依存関係の維持、強化を図ることである。これは、ラダックという過酷な自然環境の中で、僧院と村々とが相互補完的な一つの集団として生存するための社会的、生態的生存戦略に基づくものと考えられる。人口の配転により形成される僧院と村々という二つの異なる社会からなる一つの集団の生存は、儀軌の実践を通した超自然的力の行使と、村の生産物の交換という互恵関係の上に成り立っている。僧院における祭礼は、この関係を維持するための基盤となる、僧たちと村人たちとの間の初原的同一性を再確認する場となっているのである。

　ここで興味深いことは、僧院で行なわれるカプギャット祭礼とカンギュル祭礼の性格が異なることである。すなわち、カプギャット祭礼は村々で行なわれる伝統的、民俗的悪霊払いの行事が、チベット仏教の儀軌として取り込まれ、仏教的論理のもとに再構成されたものである。これに対し、カンギュル祭礼は輪廻からの解脱に向けての善業の蓄積という仏教儀礼を、その性格としている。その結果、カプギャット祭礼が村々の民俗的儀礼を取り込むという、いわば村々から僧院への求心的な方向性を持つこととは対照的に、カンギュル祭礼は仏教儀礼が村々へ拡散するという、いわば僧院から村々への放射的な方向性を持つことになる（表7-7）。

　もっとも、儀礼の性格とその方向性は異なるにもかかわらず、僧院は村々と共有するこれらの儀礼を、僧院が主体となって公共の祭礼として実践する。カプギャット祭礼においては、配下にある僧院の僧たち、そして教区である下手ラダックの村々の人々が、ラマユル僧院に集まる。そして、仮面舞踊とトルマの投捨が、僧たちと村人たちの協力活動のもとに行なわれる。また、カンギュル祭礼においても、配下の僧院の僧たちがラマユル僧院に集まる。もっとも、この際、村人たちはカンギュル朗唱に参加することもあるが、多くは集まらない。しかし、ここでは逆に、僧たちが破壊されたキルコルの聖なる砂を持って村への行進を行ない、村人たちの民俗舞踊と宴の場に加わるのである。したがって、カプギャット祭礼とカンギュル祭礼における僧と村人たちの移動の方向は、先に述べた求心的、放射的という儀礼の性格に由来する方向性と一致することになる（図7-10）。

　すなわち、ラマユル僧院において、毎年定期的に行なわれる二大祭礼である、ユリ・カプギャット（ラマユル僧院のカプギャット祭礼）と、ユリ・カンギュル（ラマユル僧院のカンギュル祭礼）は、僧たちと村人たちの移動と集合、そして初原的同一性の場の共有により、人々の結合の強化を可能とする。同時に、僧院は祭礼の主体となることにより、配下の僧院、そして教区の村々を社会的に統合することになる。さらに、ラマユル僧院の配下にあ

358　第1部　僧院の組織と祭礼

表7-7　ラマユル僧院におけるカプギャット祭礼とカンギュル祭礼の目的、性格、方向性

祭礼名	時期(チベット暦)	目的	性格	方向性
カプギャット祭礼	2月10-30日	悪霊の追放	民俗的儀礼	求心的
カンギュル祭礼	5月3-20日	罪業の浄化、善業の蓄積、輪廻からの解脱	仏教儀礼	放射的

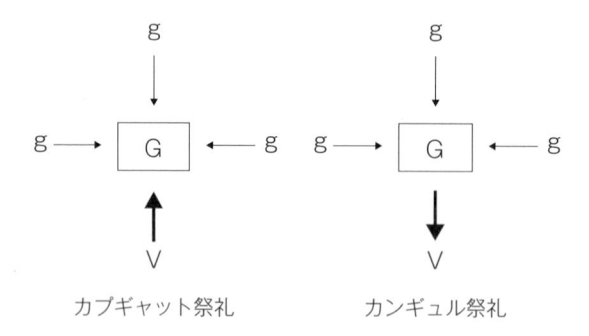

図7-10　ラマユル僧院におけるカプギャット祭礼とカンギュル祭礼における、僧と村人たちの移動の方向
G：ラマユル僧院　g：配下の僧院、寺院　V：村

るスキルブチェン僧院はその教区にある村々を統合するのみならず、これら全体がラマユル僧院のもとに統合されるという二重構造になっているのである。

　カンギュル祭礼において、ジトー儀軌、コンシャクス儀軌、ストンチョット儀軌が同時に行なわれることについて、パンディ師は、昔の僧がこのようにしたので、その伝統が今も続いているのだと説明した。おそらくかつての高僧は、単に彼の好みからさまざまな儀軌を寄せ集めたのではなく、村々でも私的に行なわれる同じ目的を持つ儀軌を組み合わせ、村人たち全員のために、僧院が行使する公共の儀礼として、カンギュル祭礼に、より強い超自然的かつ政治的力を持たせたのであろう。

　また、ラダック王国時代にあっては、王国の統治のもとに僧院は教区の村々を経済的基盤としており、教区の村々を統合することには、僧院の政治的、経済的意図があったと考えられる。すなわち、僧院の祭礼は社会的、生態的戦略のもとに、僧院と村々との統合を図り、さらにラダック王国時代にあっては王国の統治機構の一環としての政治的、経済的役割を担っていたと解釈することができるのである。

　僧院における祭礼の第二の意義は、人々に対する仏教の教化にある。カプギャット祭礼の仮面舞踊に、死後のバルド（中有）で出会うことになる忿怒尊を登場させ、また、悪霊

の象徴であり、利己心（エゴ）の象徴でもあるダオを儀礼的に殺し、切り刻み、忿怒尊たちがこれを食べる演出を行なうことにより、人々に善悪と輪廻転生観を教える。同様に、カンギュル祭礼において、人々は罪業の浄化と善業の蓄積により、より良い輪廻の場所に生まれかわり、ブッダの世界へと近づくことを教えられる。すなわち、祭礼を通して、僧院は人々に仏教的世界観に基づいた社会規範を教示することになるのである。

　また、僧たちにとっても、祭礼はチベット仏教の実践的意味を持つ。カプギャット祭礼における仮面舞踊は儀軌の一環であり、僧たちにとっては自己の演じる視覚化された諸尊との同一化と、ダオの儀礼的殺害を通して、自己の利己心を撲滅するという仏教教理の実践となる。また、カンギュル祭礼におけるカンギュル朗唱は、僧自身にとっての罪業の浄化と善業の蓄積である。ストンチョット儀軌における祭壇は仏教的宇宙観と、その上に配置される諸尊の座であるキルコルによって構成され、マントラと供物の奉献が反復され、僧は人格変換により、招請された諸尊と同一化するという瞑想方法の修練を行なう。そして、儀礼を行なうことは、その成果を生きとし生けるものに捧げるという、衆生への奉仕と慈悲の実践そのものとなる。

　僧院は祭礼を通して、輪廻転生観に基づいた社会規範を人々に教え、輪廻からの解脱という仏教本来の目標を人々に示し、さらに僧たちにチベット仏教の実践教育を行なう。すなわち、僧院における祭礼の実践は、集団の社会的結合と統合を通して、人々に生き方とその目標を教示するという、人々のための実践的意義を持つのである。

註
1）　煎本 1989b.
2）　田中（編）2001：165（no.73）.

第2部
ラーの登場する祭礼と僧院

［扉使用写真］
レーにあるラダック王国の王宮と市街(1988年)

第8章 マトー・ナグラン祭礼とラー

　ラマユル・カンギュル祭礼の最終日の7月23日、私とパンディ師はラマユル僧院を後にし、山の上を走るスリナガルとレーを結ぶ幹線道路に出て車を拾い、カラツェ村に向かった。すでに7月にデリーからレーに入っている山田孝子と息子の太郎が、今日カラツェ村に来ることになっていたからである。昼頃、私とパンディ師はカラツェ村に着き、滞在先のギャムツォ家で休んでいると、孝子と太郎がレーから到着した。現在小学3年生で8歳の太郎は、昨年の1988年にも調査に同行し、レーに滞在したことがあったので、ラダックに来るのは今回が二度目であった。しかし、村に入るのは今回が初めてである。孝子はここで10月まで調査することになっていた。また、私はレーに出て、ゲールク派の学僧であるゲロン・パルダン師とともにストック、マトー、シェー等の僧院における祭礼について調査を行なうことにしていた。そして、その後の8月上旬に再びカラツェ村に太郎を迎えに行き、レーに戻り、飛行機でデリーに下りる予定であった。

　7月27日、私は一人でバスに乗りレーに向かった。レーまでは約5時間を要した。途中のサスポール村で、道路沿いの塀に「カシミール人は出て行け」との落書が目についた。また、その先のバズゴー村でも「パキスタンの手先はラダックから出て行け」との落書があり、レーに入ると、「我々はラダックのためにユニオン・テリトリー（連邦直轄領）を要求する」とのスローガンが掲げられていた。7月はじめの仏教徒とムスリム（muslim〈アラビア語〉：イスラーム教徒）の青年との間の喧嘩に始まった抗争は、すでに大きな政治問題にまで発展していたのである。

　私はレーに滞在中、昼間はゲロン・パルダン師とともに近くの村々を訪れ、僧院の祭礼に関する情報資料を収集していた。すでに1983-84年に、私は彼とゲールク派のスピトゥック僧院、リキール僧院の仮面舞踊とトルマの投捨に関する祭礼を見ていた。また、ストック村にあるスピトゥック僧院の末寺であるグルプック僧院、マトー村にありサキャ派に属するマトー僧院における仮面舞踊とトルマの投捨儀礼も見ていた。なお、これらの祭礼については、後の2009年にも再度調査が行なわれることになった。これらの儀礼における主尊はそれぞれの宗派により異なり、また、マトー僧院やグルプック僧院、さらにはシェー村における祭礼では、僧や村人に憑依したラー（神）が登場するという特徴が見られた。以下の章では、これらマトー・ナグラン祭礼、ストック・グルツェチュー祭礼、シェー・シュブラ祭礼について記載、分析を行なうことにする。

マトー・ナグラン祭礼について、私は1984年に実際に観察し、ゲロン・パルダン師から仮面舞踊の式次第についての情報を得ていた。今回、1989年の調査においては、ゲロン・パルダン師とともに、マトー僧院の僧であったジャムヤン・ギャルツァン氏を訪れ、特にラーに焦点を当て、マトー・ナグラン祭礼の歴史とラーの登場についての話を聞いたのである。ジャムヤン・ギャルツァン氏はマトー僧院の僧であったが、結婚して僧籍を離れた。なお、サキャ派では法主は結婚し、その地位は父系により継承されるが、一般の僧は結婚しないのである。彼は、現在、レーにある仏教学中央研究所の上級講師を務めており、私はすでに1984年にゲロン・パルダン師から彼を紹介されていた。また、ゲロン・パルダン師とジャムヤン・ギャルツァン氏は、それぞれゲールク派とサキャ派というように所属する宗派は異なるものの、彼らはともにラダック文化としての仏教という広い視野を共有し、親しい友人の間柄でもあった。したがって、マトー・ナグラン祭礼についての話も、ジャムヤン・ギャルツァン氏が一方的に話すのではなく、私の質問に対し、ジャムヤン・ギャルツァン氏が答え、また、ゲロン・パルダン師が補足し、さらに私たちは検討を加えながら、できるだけ正確な情報を得るよう努めたのである。

1 歴史的背景

マトー僧院（mang spro dgon pa, 一層大きい・幸せ・僧院）におけるナグラン（nag rang, 黒い・自身；チャグラン lcags rang, 鉄・自身）と呼ばれる祭礼には、次のような歴史的背景がある。13世紀のチベットにサキャ派のトゥンパ・ドルジェ・スパルザン（trung pa rdo rje dpal bzang）という偉大な師がいた。彼はカム（khams；東チベットのカム地方）のカワカルポ（kha ba dkar po）という地に招請され、そこに赴いた。当時、この地にはスプンドゥン（spun bdun, 兄弟・7）と呼ばれる七兄弟のラー（地方神、霊）がおり、家畜や人々に危害を加えていた。この師は非常に力があったので、これらのラーを調伏し、護法尊とした。彼がチベットのサキャに再び帰った時、これらの七兄弟もともに従ってやって来た。なお、サキャはチベットの地名であるが、ここにはコン・コンチョック・ギャルポにより1091年に創建されたサキャ僧院があり、宗派の名称ともなっている。

その後、師はラダックに来たが、この時、七兄弟も一緒にやって来たのである。師は七兄弟のラーのうち、二神をチャンタンのギャーに、二神を上手ラダックのマトーに、二神をストックに、そして残りの一神を下手ラダックのスキルブチェンに守護尊として任命した。そして、師はラダック王、ドゥクパ・ブムデ（1400-1440）の保護のもと、1415年、マトーに僧院を建て、ラダックにおけるサキャ派を創設したのである。

なお、当初チベットに仏教が伝えられた時、チベットにはタンマ十二女神（bstan ma bcu gnyis, タンマ・12）、ツェリンチェット五女神（tshe ring dchet lnga, 寿命・長い・姉妹・5）、

七兄弟（spun bdun, 兄弟・7）、ペーカル（pe dkar, ペーカル；pe har, ペーハル）などの非常に力のある悪霊たちがいた。そこで、パドマサムバヴァが彼の霊力により、これらの悪霊を調伏し、彼らは仏法を守護することを約束し、護法尊として任命されたのである。トゥンパ・ドルジェは、パドマサムバヴァより後の師であり、すでにパドマサムバヴァにより祝福されていた七兄弟に食物を奉献したという。

トゥンパ・ドルジェがマトー村にサキャ派の僧院を創設した時、彼は村のタンコップ（thang khob）という場所に二神のラーのために、ラトー（lha tho）を造った。ラトーはポブラン（ポタン）（pho brang, 宮殿；住居）とも呼ばれるようにラーの住み家であり、石積みの上に緑の葉のついたビャクシンの枝を束ねて立てたものである。しかし、この二神のラーは非常に強く、恐ろしいものであったため、常に人々に危害を加えた。人々が、このラトーの側を通ると、家畜や人間が死んだり、重病になったりしたのである。このため、ラトーは僧院の近くのニラブック（nyi la bug）という場所に移された。しかし、ここでも、ラーは人々に危害を加えた。そこで、再度、師はラトーをパニ（pa ni）と呼ばれる谷の奥に移した。しかし、ここでも、ラーは人々に害悪を加えた。人々が山のほうに行くと、人間や家畜に危害が及んだのである。

その後、ラーが一人の僧に憑依し、僧はトランス（忘我）状態になった。そこで、人々は憑依したラーに、なぜあなたは人々にいつも危害を加えるのかとたずねた。ラーは、もしおまえたちがラトーの場所を山の頂きや山の反対側のような人々の近づくことのできない場所に移せば、私は人々に害を及ぼさないだろう、と答えた。それで、人々はようやく最後に、現在ラトーの建っている場所にラトーを移したのである。この場所の名前はロン（rong, 峡谷）という。ここに、人々は2つのラトーを造り、二神のラーを護法尊として任命した。これ以来、ラーは誰にも危害を与えることはなくなったのである。なお、ジャムヤン・ナムギャル王（1560-1590）の治世、バルティスタンとラダックとの間に戦争が起こり、マトー僧院は破壊された。しかし、その後、新たにやって来たサキャ派の僧チョスキトスにより修復され、今日に至るのである。

二神のラーは、それぞれ、ラメ・ラー（bla ma'i lha, 僧の・ラー）、および、ギャペ・ラー（rgyal po'i lha, 王の・ラー）と呼ばれる。また、これらはそれぞれツァン（btsan, 悪霊のツァン）、およびギャポ（rgyal po, 王）とも呼ばれ、ツァンは赤色、ギャポは白色で表現され、両者はロンツァン・カルマル（rong btsan dkar dmar, 峡谷・ツァン・白・赤）と総称される。ラメ・ラーに関しては、祭礼の終了後、ラトーに戻る際に、ヘミス僧院が、馬、従者、食事、衣服を用意し、ギャペ・ラーに関してはストック王宮がこれらを用意することになっている。この際、ストック村の村人たちが従者として加わる。この慣習は、ラダック王国の時代、センゲ・ナムギャル王（c.1590-1635；1569-1594）とヘミス僧院のタックツァン僧とが王国を統治していた時からの伝統であり、今日も継続しているのである。

2　祭礼の次第

祭礼の準備

　チベット暦 1 月14日と15日にマトー・ナグラン祭礼が行なわれる。この 2 日間にラダックの人々は仮面舞踊とラーの登場を見るため祭礼に集まる。もっとも、僧院での儀礼は 1 月 7 日に始まっている。
　これに先立ち、ラバとなる僧が選ばれる。彼らは 5 年間（なお、話を聞いた同じジャムヤン・ギャルツァン氏は 4 年間とも記している）、この役割につく。5 年毎に 1 名のみが交代し、その翌年には、もう 1 名が交代する。したがって、2 人の僧のうち、1 人は先任のラバでもう 1 人は新任のラバということになる。新任の僧が選ばれると、彼は 1 年間、瞑想を行なう。そして、祭礼の 2 カ月前には、新任の僧と先任の僧の両者はともに瞑想に入る。なお、後述するように、選抜の日はチベット暦10月15日なので、実際にラバとして登場する 1 年前には選抜が行なわれているということになる。瞑想はケードル（kye rdor；ヘーヴァジュラ、hevajra〈サンスクリット〉）に関するものであり、同名の儀軌が用いられる。ケードルはタントラ系無上瑜伽タントラの主尊であり、サキャ派の主要な守護尊として、ヤブユム（殿妃）の形態をとり、両手には頭蓋骨の杯を持つ。また瞑想にはこの他、護法尊（チョスキョン、chos skyong；ダルマパーラ、dharmapāla〈サンスクリット〉）の儀軌も用いられる。これらの儀軌は 1 年間の瞑想においても、祭礼前の 2 カ月間の瞑想においても同じである。
　僧の選抜はチベット暦10月15日に行なわれる。10月 7 日から15日にはマトー僧院において、チョスキョン（マハーカーラを含むダルマパーラ）に100回の奉献を行なうためのスカンソル・ギャツァ（bskang gsol brgya rtsa）儀軌が行なわれる。この最終日に僧の選抜がなされるのである。選抜はタグリル（rtags sgril）と呼ばれる方法で行なわれる。このため、まず 3 名の僧の名前が僧の先任順位に従って選ばれる。すべての僧は古参順に順位が決められており、各人はその番号を持っている。この名簿はツァンツォ（mtshan tho）と呼ばれる。なお、最初に名前が出されるこの 3 名は、すでにラバになった経験を持つ者を除いた僧たちの中から、先任順位に従って選ばれるのである。その後、それぞれの名前を書いた紙は、それぞれ大麦こがしの練り粉の中に入れられる。この時、3 個の練り粉の球が同じ重さになるようにするため、計量器にかけられる。それらは、托鉢（ルゥンズェット、lhung bzed；ブッダが手に持っている托鉢）の中に入れられ、くるくると回される。そして、1 つが托鉢からこぼれ落ちると、これを開けて、中の名前が確かめられる。選抜された僧は、この時から師につき、瞑想の方法を習い、1 年間の瞑想に入るのである。
　なお、すでに述べたように、はじめの 3 名の僧は先任順位により選ばれる。しかし、もしある僧が 3 回の選抜において、連続して選ばれなかった場合、それ以後、彼はこの選抜

の候補者からはずされる。これは、彼がダルマパーラやヘーヴァジュラに受け入れられなかったと判断されるためである。彼が何か悪事を行なったためであると解釈され、その結果、彼はもはやラバをやる必要がなくなるのである。

瞑想は僧の個室で行なわれる。瞑想中に時にラーが来る。すなわち、ラーが僧に憑依することがある。ラーが憑依することは、ラー・スキョチェス（lha skyod byes, ラー・来る〈敬語〉）、あるいは、ラー・ペプチェス（lha phebs byes, ラー・来る〈敬語〉）と呼ばれる。なお、スキョット、あるいはペプは来る（ヨンチェス、yong byes）の敬語である。また、これらの反対語はラー・ヨルチェス（lha yol byes, ラー・行く）と呼ばれ、ラーが憑依していた人の身体から出ることをいう。ヨルチェスは普通の言葉で敬語表現は用いられていない。

なお、瞑想中の食事に制限は設けられていない。これは、スートラ（経典）に結びついた儀礼においては、タマネギなどを食べることが禁止されることとは異なる点である。彼らは、食事として、主として乾燥チーズの入った美味なトゥクパをとり、さらに、乾燥肉、米、コラック（ペーをバター茶で練ったもの）、ドンキル（小麦粉を発酵させて焼いたパン）などもとる。これらの食事の支出は村人たちによって賄われる。実際には、収穫時に村人たちから大麦粒がすでに集められており、また僧院もこの支出の目的のために畑を持っているのである。

祭礼前の1月7日から13日までは僧院においてヘーヴァジュラの儀軌が行なわれているが、1月10日から、憑依した僧は個室の屋上に登る。そして、祭礼の期間、彼らは観衆の前で、僧院の屋上に立ち、その手すりの上を走るのである。なお、1月10日から祭礼日の前日までのラバの活動について、ジャムヤン・ギャルツァンは次のように記している。[2)]1月10日にそれぞれの個室で瞑想している僧にラーが憑依すると、彼らは最初に僧院の集会堂を訪れ、次に護法尊（マハーカーラ）を祀る護法尊堂（ゴンカン、mgon khang）を訪れる。その後、人々に会うことが許され、彼らの問いに答える。さらに、もう一つの護法尊堂に行き、縁側に設けられた椅子に座る。そして、人々の前で来年にラダックで起こるであろう出来事を予言する。次に彼らは人々の中から4名の村人を選ぶ。この村人はラトーのビャクシンを新しく代えるために、下手ラダックのスキルブチェン村から7束のビャクシンの枝を持って来る役割を担うのである。選ばれた4人の村人に対し祝福が与えられ、護符としての結び紐が授けられた後、彼らはスキルブチェン村に送り出される。そして、ラバはトランス状態を終える。

翌11日にもラバは憑依し、集会堂と護法尊堂を訪れた後、高僧と政治的高官に会う。ラーは来たるべき国政についての予言を行なうので、ラダックの政治家はマトーのラーに信頼を置いているのである。もし、祭礼の日にラーが頭かぶりに赤い布をつけていれば、国家的な戦争や飢饉や疫病が起こる、と人々に警告を与えていることを意味する。ラバは高官

に、古い衣装と他の物品などを与え、高官はこれを護符として受け取り、これと交換に新しい衣装や物品をラーに捧げる。12日と13日にも、ラバは前日と同様にトランス状態に入り、人々の個別の問いに対し答える。

　すなわち、ラバは祭礼日の1月14日と15日の2日間の前の、1月10日から13日の4日間にも人々の質問に答えることになるのである。

祭礼1日目

　祭礼1日目の1月14日、ラーは非常に恐ろしい。人々は彼らが空を飛ぶことができると考えている。この日のラーの名前はマトーのロンツァン (mang spro'i rong btsan, マトーの・峡谷・ツァン) である。最初にラバ (lha ba, ラー・者；ラーの憑依者〈男〉) となる2人の僧は、サキャ派の師であるトゥンパ・ドルジェ・スパルザンの黄色の僧衣と線香を持って人々の前に登場する。これは、彼らが師の配下にあり、命令に服従することを意味している。この時、彼らはまだ憑依しておらず、師の教えを守らねばならない。その後、彼らは護法尊堂に入る。そこで彼らは衣装を着け、再び人々の前に登場する。

　この一度目の登場において彼らの上半身は裸である。下半身には僧が普段着ている僧衣 (シャンタップ、gsham thab) が着けられる。また、人々から捧げられるカタックを垂れ掛けておくための、かぎのついた帯が腰に締められる。帯には前後に2本の小刀 (カンジャル、khan sbyar) がつけられている。また皮製の長靴 (タッパ、bkrad pa) が履かれる。右手には刀 (ラルディ、ral gri)、左手には旗のついた槍 (ドゥン、mdung) を持つ。護法尊堂から出てくると、彼らはまず僧院の屋上にかけ登る。そして、そこから恐ろしい顔で人々を見下ろし、睨みつける。この時、人々は2人のラバを見上げて、「キ、キ、ソ、ソ、ラー、ギャル、ロー」(kyi kyi swo swo lha rgyal lo, キ、キ、ソ、ソ〈呼び声〉・ラー・勝利・願わくは；ラーに勝利あれ！) と叫ぶ。

　その後、ラバは舞踊中庭を二度回る。そして、素早く護法尊堂に戻る。彼らはそこで衣装を着替え、再び中庭に登場する。この二度目の登場において、彼らは頭にツァンジャ (btsan zhwa) と呼ばれる三眼の描かれた赤色の帽子を被る。これはツァンの象徴である。上半身はストレー (stod sle) と呼ばれる上衣を着い、全身にチャムゴス ('cham gos) と呼ばれる外套を着ける。そして、腰には前掛け (パンケップ、bang khebs) を着ける。両手首には目の図案のある絹製のドゥブ (gdub bu) と呼ばれるバンドが着けられる。さらに、胸にはトゥクサル・メロン (thugs gsal me long, 心〈意〉・明晰な・鏡) と呼ばれる鏡が掛けられる。これは、ラーの心の象徴である。なお、トゥクサルのトゥクとは、身・口・意 (スック・スン・トゥク、sku gsung thugs) の「意」を意味している。また、右手には刀、左手には槍を持ち、脚には長靴を履く。

　この時、中庭では僧たちによる仮面舞踊が進行中である。そして、2人のラバは他の僧

たちと一緒になって舞踊を行なう。二度目に登場したラバが衣装を替え、美しく着飾っているのは、この仮面舞踊に加わるためである。彼らは仮面舞踊のシャワ（鹿）とともに踊るのである。さらに、もし、ある僧が舞踊の足の運びを間違うと、ラバは刀で彼らを打つこともある。また、舞踊者が進んで行く前を誰かが横切ると、ラバは刀で打つ。ゲロン・パルダン師によると、1988年にラバが舞踊を行なっている最中に、警官がその前にいたため、ラバは警官をこっぴどく叩いたという。また、ある観光客が遠くからでも写真を撮ろうものなら、ラバは彼らの所にとんで行き、刀で彼らを叩く。ラバは写真を撮られることを嫌うからである。さらに、ある者が僧院の樹木や建物を傷つけたことがあれば、ラバは彼らを恐ろしい形相で睨みつけ、彼らを刀で打つ。ラーは僧院の守護者である。それで、人々は祭礼初日のラバを非常に恐れているのである。

　2人のラバは憑依したまま、舞踊中庭から走って僧院の屋根にかけ登り、また僧院の部屋にかけ入る。観衆からは、屋上にいたラバが次の瞬間には中庭に面する部屋の窓に現れるように見える。彼らは異なる場所から場所に素早く出現するのである。ラバのふるまいに規則はない。彼らは僧院の屋根に登り、その手すりの上を走る。そして刀や槍を振り回す。また、彼らは刀で自分の舌を切り、血を出す。時に、多くの血が出ると、彼らはそれを口から空中に吹き出すのである。

　もし、村人や招待者たちが将来に対する予言などをたずねるのであれば、走っているラバに近づき、カタックを素早く捧げ、たずねなければならない。そうすれば、ラーは託宣を授けるのである。時に、赤ん坊をラバの所に連れて行き、赤ん坊の名前をつけてもらうこともある。そうして、ラバは刀を赤ん坊や人々に触れさせて、祝福を授けるのである。

　時に、ラバは再度、護法尊堂に入り衣装を替えることもある。これは必ずしも行なわれる必要はない。しかし、ラバが自分で護法尊堂にとんで入り、部屋の中の箱を開けて衣装を替えるのである。したがって、これは毎年行なわれるわけではない。この三度目の衣装は、頭にラルパ（ral pa）と呼ばれるヤクの毛で作った赤く染めた帽子を着ける。この時、もし、赤い帽子（ラルパ・マルポ、ral pa dmar po, ヤクの毛製帽子・赤）を被ると、その年は悪い年であるとの予言になる。悪い年とは、戦争や疫病のある年である。これとは異なり、黒い帽子（ラルパ・ナクポ、ral pa nag po, ヤクの毛製帽子・黒）を被れば、その年は普段通りの年であり、悪いことは起こらないとの予言を意味することになる。また、上衣はストレーを着け、下半身には虎の皮（スタックパック、stag dpags）、あるいはユキヒョウの皮（ズィグパック、gzig dpags）が着けられる。右手には刀、左手には槍を持ち、両脚には長靴が履かれる。これは一度目、および二度目の登場の際と同様である。

　ラバの登場する間、僧院の後援者たちは中庭で、ラーに新しい帽子、衣装、刀などを捧げる。この際、ラバは新しい衣装に着替え、新しい装飾品を着け、刀を提供者の頭の上に触れて、祝福を与えるのである。

最後に、僧に憑依していたラーが身体から離れる。この時、新任のラバは舞踊中庭のまわりにある屋根の上に座っており、先任のラバがゆっくりと中庭に入る。そこで、モン（楽士）は太鼓を速いリズムで打つ。そうすると、ラバは中庭で走り回り、跳び上がる。そして、最後にラバは後ろ向きに倒れ、同時に、あらかじめ待機していた数名の僧が彼を後ろから支え、集会堂（ドゥカン、'du khang）に担ぎ入れる。次に、新任のラバが舞踊中庭に下りて来て、速い太鼓の音楽とともに中庭をかけ回り、そこで飛び跳ねる。そして、彼も後ろ向きに倒れ、僧たちは彼を担ぎ、集会堂の中に運び入れるのである。

なお、ラーが憑依している間、モン（楽士）はラルガ（lha rnga）と呼ばれる特別な調子の音楽を笛と太鼓で奏でる。これは、マトーにおいても、ストックにおいても同様である。さらに、ラバはモンを祝福し、ラーが身体から離れる前に聖なる結び紐（スンドゥット、gsung mdud, 祝福・結び目）をモンに与える。また、ラバは太鼓の上に立ち、刀をモンに触れて祝福する。この際、モンは太鼓を注意深く支えなければならないのである。

祭礼2日目

祭礼2日目の1月15日のラーの名前はゴンボグル（mgon po gur, ゴンボ・師；グルギゴンボ、gur gyi mgon po, 師の・ゴンボ；マハーカーラ、mahākāla〈サンスクリット〉）である。このラーは祭礼1日目にラバに憑依するラーであるロンツァンとは異なるものである。ゴンボ（マハーカーラ）は75の形態をとる護法尊（チョスキョン、chos skyong, 仏法・守護；ダルマパーラ、dharmapāla〈サンスクリット〉）である。このうち、サキャ派では主としてゴンボグルが儀軌において重視される。なお、カーギュ派では主として四手ゴンボ、ゲールク派では六手ゴンボ、ニンマ派では烏面ゴンボが重視される。なお、ゲールク派では富の守護尊としての白面ゴンボ、さらには四面ゴンボも用いられる。

2日目の午後、ラバとなる2人の僧は準備のための部屋に入り、身体を水で洗う。彼らは半ズボンを履き、それぞれ椅子に座る。そして、絵師が彼らの身体を黒く塗る。1人の絵師は1人の僧の前面を、もう1人の絵師は同じ僧の背面を担当する。したがって、2人の僧のために、4人の絵師が仕事を行なうのである。絵師は素早く、僧の身体の両面にゴンボの顔を赤や黄の色彩を用いて描く。ほとんど顔を描き終えようとする瞬間、ラバとなる僧は震え始める。ゴンボの霊が来ようとしているからである。また、描かれた絵に悪いところがあると、ラバは不愉快であることを示すために、その部分を震わせる。彼らはその部分を見ることなく、感覚だけで絵の誤りを知るのである。

絵が描き終えられると、ラバたちは黒い布で9重に目隠しをされる。したがって、彼らは自分たち自身の目で何も見ることはできない。しかし、人々は、ラバが身体の前面と背面に描かれたゴンボの目を通して、物を見ることができると考えている。衣装として、頭にはヤク毛製帽子であるラルパが着けられる。もっとも、これは1日目のものとは異なり、

もっと大きく長いもので、さまざまな色の布で作られ、カタックのついたものである。また、両腕の付け根にはそれぞれ、ガウ (ga'u；護符の入った小さな金属製の箱) がつけられる。下半身には、虎皮、もしくはユキヒョウ皮が着けられる。また、目隠しのための布 (ミグダル、mig dar, 目・布) が顔に巻かれる。上半身には裸身の上にゴンボの顔 (ジャルバク、zhal 'bag, 口・仮面；トージャル、khro zhal, 恐ろしい口) が描かれている。脚には前日と同様、長靴を履く。右手には刀が持たれ、左手には木の棒 (ガンティ、ganti〈本来、サンスクリット〉) と呼ばれる撥を持つ。これは木製の金剛杵 (ドルジェ、rdo rje；ヴァジュラ、vajra〈サンスクリット〉) の象徴である。ゴンボは大きな金剛杵を手に持つからである。なお、僧院では撥は僧たちの集合の合図にドラムを打つ時に用いられる。時にこの撥で人を打つこともあるが、打たれた人はこれは大変悪いことであると考えられているのである。

　2日目のラーは、1日目と比較すれば、それほど恐ろしいものではない。人々はラバの近くに行き、将来の予言をたずね、ラバはこれに答える。病人は治療の方法について聞き、またある人々は赤ん坊の名前をつけてもらう。人々が何かをラーにたずねる際には、カタックを捧げる。それで2人のラバは腰に多くのカタックを垂らすことになる。腰に締められた帯にはカタックを掛けるためのかぎがついており、ここに多くのカタックが吊り下げられるのである。

　2人のラバは僧院の外に出てさまざまな場所をまわり、この場所で人々はラバにいろいろなことをたずねる。この場所は、第1にカル (ギ) ラトー (mkhar gyi lha tho, 王宮・の・ラトー)、第2にズルカン (zur khang, 大臣・家屋)、第3にチャングマ・チャン (ギ) ラトー (lcang ma can gyi lha tho, 柳・のある・の・ラトー)、第4にバルング (sba lung, 隠された・渓谷) である。第1のカルラトーはかつて王宮のあった場所のラトーであり、ここのラーはツェ・ラー (rtse lha, 頂き・ラー) と呼ばれる。第2のズルカンはかつての大臣の家の屋上にあるラトーである。第3のチャングマ・チャンラトーはそのように名づけられている場所のラトーである。第4のバルングは泉の近くにある場所であり、ここでラバは見えない者に対して何か忠告を与えるのである。それで、人々はここに見えない渓谷があり、何か人間のようなものが住んでいると考えている。なお、これらの場所はラバが止まり、人々が質問をするだけの場所である。ラバはこれらのラトーに奉献するのではない。なお、後述するように第1のカルラトーは村人によれば、ヘミス僧院のラーのラトーであり、また第2のズルカンはグルゴンという名前のラーを祀る小堂である。

　僧院の外を回った後、2人のラバは僧院の中庭に戻り、その後、集会堂に入る。ここでラーはラバから出て、ラバはトランス状態からもとの僧に戻る。他の僧たちが彼らを支え、素早く水で身体に描かれたコンポの面を洗い落とす。これは、急いで行なわねばならない。さもないと、2人のラバは非常な苦痛に震えるからである。

　なお、1日目と2日目のラーは異なる役割を持つ。1日目のラーはロンツァンであり低

級な霊である。2日目のラーはゴンボ（マハーカーラ）である。これはアヴァロキテシュヴァラ（観音）であるボディサットヴァ（菩薩）の忿怒形なので、位の高い尊格になる。僧院では主として高位の護法尊であるゴンボの儀軌を行なう。これらの護法尊はブッダの教えを守護し、悪霊による破壊、さらに、人々のエゴ（利己心）から仏法を守るのである。このために、僧院はゴンボを2日目に招請するのである。僧院がこれらのラーの登場する祭礼の体系を作り、これは僧院の規則となっているのである。

ラーの帰還

祭礼後のチベット暦2月8日に、二神のラーを峡谷の奥にある2基のラトーに帰還させる儀式が行なわれる。ラーはここで、次の年まで1年間住むことになる。この儀式に特別な名称はない。人々は単に「彼らは峡谷の奥に行く」と言うだけである。この際、すでに述べたように、ヘミス僧院はラメ・ラーのために、馬、従者、食事などを手配し、ストック王宮がもう一神のギャペ・ラーのための手配を行なうのである。

10人から15人の村人たちは馬に乗って出発する。2人のラバも馬に乗る。途中、彼らはドンコラック・ドンサ（mdon kho lag mdon sa, コラック〈食事〉・食べる・場所）と呼ばれる場所で休息のため馬を下り、食事と茶をとる。この場所にラトーはなく、ヤク、山羊、野生の羊の角が積み重ねられているだけである。したがって、ここにラーは住んではいない。また、ここでとる食事は特別なものではない。茶、大麦酒、コラック、ドンキルなどを少々とるだけである。しかし、ここで2人の僧は身体を震わせ始め、ラーに憑依される。そして、彼らは馬に跨がると、非常に速い速度でラトーのある峡谷の奥に向かって走り出すのである。彼らはとても速く走るため、人々は誰も追いつくことができない。

人々がラトーのある場所に到着すると、彼らはラトーの頂きに立てられているビャクシンを新しいものに代える。また、ラトーが傷んでいればその個所を修繕する。そして、最後に、2人のラバは彼らの頭をラトーに触れる。それで、トランス状態は終わる。これはラーが自分の住み家であるラトーに戻ったことを意味するのである。

3　仮面舞踊とラー

マトー・ナグラン祭礼では、ラーの登場と並行して仮面舞踊が行なわれる。私は1984年、さらに25年後の2009年に実際に祭礼を観察しており、これらを比較しながら、仮面舞踊とラーの登場について述べることにする。

祭礼前日のマトー僧院とラー

2009年、私はラダックに入り、祭礼前日の3月9日（チベット暦1月13日）からマトー

僧院を訪れた（写真8-1）。ここで、マトー村出身の2人の現役の僧が祭礼に先立って行なわれるラバの瞑想について話をしてくれた。1人の僧はタンパ・ヤルペル氏（40歳）で、名前はリンポチェにつけてもらったもので、仏法を守り、仏法が栄えるという意味である。なお、現在は義務ではないが、20年くらい前までは、家族の中の1人は

写真8-1　マトー僧院（2009年）

必ず僧になるべきであるとされ、これはブッダへの最高の奉献であると考えられていたという。このため、彼は7歳の時にマトー僧院の僧となり、10歳の時に南インドのカルナタカに行き、チベット難民居住地に建てられたサキャ派のセチェン・ドガチューリン僧院に行き、法主サキャ・ティーツェン・リンポチェのもとで7年間学び、ゲロン（学士）の学位を得た。その後、北インドのデラドゥンにあるサキャ・センター（サキャ・ティーツェン・リンポチェにより1964年に創設）に行き、13年間滞在し、仏教哲学を勉強した、その後、1997年にラダックのマトー僧院に戻ったという。

　もう1人の僧はツェリン・ドルジェ（60歳）で、名前はバクラ・リンポチェによって与えられた。バクラ・リンポチェはゲールク派のリンポチェであるが、マトー村の旧王家の出身である。この僧は小さい時に病気になり、両親がバクラ・リンポチェの所に連れて行ったところ、僧になるように忠告されたので僧になった。そうしたところ、彼は健康になったという。彼は8歳の時にマトー僧院の僧となり、その後、北インドのデラドゥンにあるサキャ・センターで学び、ロディン・カン・リンポチェのもとで、ゲロン（学士）の称号を得た。

　タンパ・ヤルペル氏はまず、マトー・ナダラン祭礼の目的について次のように語る。第1は、時を得た降雨があるように願うことである。なぜならば、農耕は時を得た降雪と降水に依存しているからである。第2は疫病、飢饉、戦争のような災害を防ぐことである。チベット仏教では世界に多くの霊がいると考えられており、1つは白い力、他は悪い力を持つとされる。この悪い霊はドゥットと呼ばれ、ニュンモンス・ドゥット、プンポ・ドゥット、チダギ・ドゥット、ラーイ・ドゥットの4種類である。これらの悪霊を追い払うことが目的である。そして仮面舞踊はチョスキョン（護法尊；ダルマパーラ〈サンスクリット〉；マトー僧院ではクルギゴンボをチョスキョンとする）とイーダム（守護尊；サキャ派ではヘーヴァジュラをイーダムとする）の舞踊である。

374　第2部　ラーの登場する祭礼と僧院

写真 8-2　ケードルジェ（ヘーヴァジュラ）。八面十六手四足のヘーヴァジュラと妃のナイラートミヤー（nairātmyā）（田村仁撮影）

　儀礼は仮面舞踊のある祭礼日の前7日目から始まっている（儀礼は3月3日に始まり、9日まで続く。また、仮面舞踊は10日と11日の本祭礼1日目と2日目にある）。この期間、毎日、朝の4時から、イーダムとチョスキョンの儀軌が行なわれる。ここでは、諸尊を礼賛し、人々のために仮面舞踊に顕現するように要請する。そうすれば、人々は仮面舞踊によって祝福されるからである。この儀軌は、さらに祭礼日にも行なわれる。なお、この儀軌においては、マントラの力により悪霊を捕え、トルマの中に入れ、穏やかになるべきであることを告げる。そして、毎日、カケス、烏、小鳥（チャーチュ、bya byi'u）、黒犬（キナクポ、khyi nag po, 犬・黒・者；黒犬は白い心を持つとされる）、黒い人（ミナクポ、mi nag po, 人・黒・者；人間は良い霊と悪い霊を持ち、悪い霊はドゥットであり、この象徴が木で作られた黒い人形とされる）に、小さなトルマ（チョッパ）が捧げられる。彼らはゴンボの配下の仲間たちである。

　また、ラーとなる僧は1年前に選ばれる。サキャ派の主要な護法尊は二手ゴンボ（mgon po phyag gnyis, ゴンボ・手・2：マハーカーラ〈サンスクリット〉）であり、宗派の主要な瞑

想のための守護尊はケードル（ケードルジェ；kye rdor＜kye rdo rje, ケー〈注意を引くための言葉〉・金剛；ヘーヴァジュラ、hevajra〈サンスクリット〉）である（写真8-2）[3]。選抜の9日前からゴンボの儀軌が行なわれ、選抜後1年間、この僧はケードルジェだけの瞑想に集中する。この間、この僧は自分の部屋だけにこもり、僧院からの1人の僧が担当者として彼に食事を与えるのである。そして、祭礼の2カ月前からは、ラバとなる僧は毎日、ラーであるロンツァン・カルマルに奉献するための、セルケム儀軌を行なうのである。

　ツェリン・ドルジェ氏は、この瞑想の期間中の僧の生活について、さらに詳細な説明をした。彼らは瞑想でケードルジェのマントラを毎日300回から400回繰り返し唱え、9カ月で10万回のマントラを終了する。その後の2カ月間は、さらにきびしい日課が割り当てられる。9カ月間、彼らは朝4時に起き、6時までの2時間は、ケードルジェのマントラを唱える。そして、6時から10時まで、トルマの奉献の儀軌が行なわれる。10時に朝食がとられる。また、12時から13時の間に昼食がとられる。その後、13時から17時までは、再びマントラが唱えられ、ケードルジェを礼賛する典籍が読まれる。18時から19時までは、ティムチョル（'phrim bcol, 仕事・要請）儀軌が行なわれる。これはすべての願いがかなえられるよう、ケードルジェと二手ゴンボに助力を要請するためのトルマの奉献である。19時から21時までは拝礼が行なわれる。そして、21時から22時までは、再びケードルジェのマントラが唱えられる。彼らは夕食はとらない。1日に朝食と昼食の2回の食事だけである。

　その後の2カ月間は朝食と夕食をとるが、昼食はとらない。この期間は、特にティムチョル儀軌に専念する。これは8種類のチョスキョン（護法尊）に捧げられる。さらに二神のラーであるロンツァン・カルマル（ツァンとギャルポ）にも捧げられる。この期間が終わると、祭礼までは1カ月を残すのみとなる。この間に、彼らはゴンボにセルケム儀軌を行なう。これで瞑想の期間は終了するのである。

　私は僧たちから話を聞いた後、今日、ラーが登場するまでの間、僧院のまわりと内部を見て回ることにした。僧院は丘の頂上に建っているが、そのすぐ下に洞窟がある。ここは、マトー僧院を最初に創設したトゥンパ・ドルジェ・スパルザンが瞑想した場所であると伝えられている。洞窟の中には小さな白い仏塔があり、この上にたくさんのカタックが掛けられている。また、その前には灯明が灯り、村人たちが礼拝に訪れている（写真8-3）。仏塔の周辺には葬儀の後の灰で作った小さなツァツァが多く納められていた（写真8-4）。

　僧院の2階にある台所ではマトー村の2家族が、儀礼の始まった3月3日から毎日交代でやって来て、僧たちや招待者たちのための食事を作っている。食料は僧院が用意するが、村人たちもバターなどを寄附する。また、別の村人は中庭を掃除している。僧院の古い集会堂（ドゥカン）は中庭に面した北側にある。正面奥には玉座が置かれ、その上には現在、北インドのデラドゥンのマンドュワラにおり、このマトー僧院長であるチベット人のロディン・ケンポ・リンポチェの写真が飾られている。その背後のガラスケースの棚の中に

写真 8-3 カタックの掛けられた洞窟内の仏塔の前で祈る村人（2009年）

写真 8-4 洞窟内の仏塔周辺に置かれたツァツァ（2009年）

は、中央にチェンレンズィ・チャクストン（spyan ras gzigs phyag stong；千手観音）が安置され、向かって左にブッダと両脇弟子、右にチャンバ（byams pa；マイトレヤ〈maitreya〉〈サンスクリット〉；弥勒）が納められている。また、この棚の前にはサキャ派の法主サキャ・テンジンの写真、その横にはダライ・ラマ14世の写真が飾られている（写真 8-5、8-6）。

さらに、集会堂の向かって左手奥には、チェンレンズィ（spyan ras gzigs; avalokiteśvara, アヴァロキテシュヴァラ〈サンスクリット〉；観音）を中心に、向かって左に、ジャンパル（'jam dpal；マンジュシュリ、mañjuśrī〈サンスクリット〉；文殊）、右にチャクドル（phyag rdor, ヴァジュラパニ、vajrapāṇi〈サンスクリット〉；金剛手）の三尊からなるリクスム・ゴンポ（rigs gsum

写真8-5　マトー僧院の古い集会堂（ドゥカン）（2009年）

写真8-6　古い集会堂の玉座とそこに置かれたロディン・ケンポ・リンポチェの写真。ガラスケース内にはブッダと2人の弟子、千手観音、弥勒像が安置される（2009年）

mgon po）像が安置される。

　三尊像の横には、今回の祭礼のための儀軌に直接関係するトルマ（内部のトルマ）が左から、四面ゴンボ、千のゴンボ、二手ゴンボ、マクソル・ギャルモ女神と並べられている。その前の段にはゴンボの従者たちのトルマが置かれる。また、ゴンボに奉献されるトルマ（チョッパ）が三尊像の前に並べられている。これらは置く場所がないため三尊像の前に並べられているもので、ゴンボのためのものであり、三尊像とは関係がない（写真8-7）。

　なお、1984年時点では、集会堂奥のガラスケース内には、修復、彩色される以前の千手観音、弥勒、ブッダ・シャカムニ、リクスム・ゴンポ像が安置されており、この前面に並

写真 8-7 四面ゴンボ、千のゴンボ、二手ゴンボ、マクソル・ギャルモ女神からなる内部のトルマ（2009年）

写真 8-8 集会堂に安置される千手観音、弥勒、ブッダ・シャカムニと内部のトルマ（1984年）

べ方の順序に違いが見られるものの、同様の内部のトルマが置かれていた（写真8-8、8-9）。

　この古い集会堂は20世紀初頭に再建されたものであるが、中は狭く、1列5-6名の僧の座席が2列のみ設けられている。子供の僧はその後ろに座り、全員で30名ほどしか座れない。なお、マトー僧院には50名ほどの僧がいる。また、1970年には、新しい集会堂が中庭に面した東側にできた。そして、祭礼の間は、古い集会堂が儀軌を行なうために用いられ、新しい集会堂は仮面舞踊のための楽屋として使用される。新しい集会堂には、正面にブータンの仏師が製作した、ブッダ・シャカムニの大塑像が安置される。

　僧院の3階には護法尊を祀る護法尊堂がある。これは、16世紀に建てられたもので、内

部には、僧が儀軌を行なうための座席と机があり、ヘーヴァジュラ・タントラの守護尊であるグルギゴンボ、四面ゴンボ、ラモ（シュリ・デヴィ）の黄銅製の像、ラーであるロンツァン・カルマルの塑像が安置される。なお、ロンツァン・カルマルの像は祭礼の時だけ開帳される。また、仮面舞踊に用いられる仮面、ラーが頭に被る三眼のついた赤い帽子であるツァンジャ（btsan zhwa, ツァン・帽子）が4つ置かれている。ラーは、この中から被る帽子を選ぶ（写真8-10、8-11）。なお、ツァンジャに描かれた三眼のうちの中央の一眼は智慧の象徴としての第三の目であり、ラーはこれを通して見ることができると考えられている。もっとも、パンディ師によれば、仏教的論理からいえば、元来低級な悪霊であるツァンが第三の目を持つことは考えられないという。また、ゴンボのトルマ（内部のトルマ）が4つあり、この名称と配列の順序は集会堂に置かれたものと同じである。

写真8-9 観音、文殊、金剛手からなるリクスム・ゴンボ像（1984年）

　堂の外の廊下には、ラーが被るための三眼のついた赤い帽子がさらに2つと、槍などの持物が壁に並べられている（写真8-12）。また、窓際には多くの灯明をのせた四角い台が置かれており、村人たちが、灯明の油をこれに注いで奉献している。なお、灯明の油だけを奉献するための部屋（マルメカン、mar me khang, バター・灯・部屋）が中庭の東南端に造られており、ここには、僧院を訪れた村人たちが置いていった、大豆油の入ったプラスチック製容器がたくさん並べられている。かつて、灯明はディモ（ヤクの雌）やゾモ（ヤクと牛の雑種の雌）からとられた乳から作られたバターが使われていた。しかし、現在では、市販の大豆油が用いられる。

　この他、3階には経典を納めた経堂（カンギュルラカン・サルチェンモ、bka' 'gyur lha khang gsar chen mo, カンギュル・神〈尊〉・部屋・新しい・大きい）があり、部屋の中央にはブッダの悟りを象徴する仏塔が置かれている（写真8-13）。さらに、2階にはサキャ派のロディン・カンポ・リンポチェの写真とともに、ツェパメット（tse dpag med；アミターユス、ami-tāyus〈サンスクリット〉；無量寿）をはじめとする諸尊の安置された部屋、21ターラ尊、緑ターラの安置されたドルマ・ラカン（sgrol ma lha khang, ドルマ〈ターラ〉・神〈尊〉・堂）

380 第2部 ラーの登場する祭礼と僧院

写真8-10 護法尊堂（ゴンカン）に置かれた4つのツァンジャ（2009年）

写真8-11 ロンツァン・カルマルの被る三眼のついたツァンジャと呼ばれる赤い帽子（2009年）

写真8-12 ラーの被るツァンジャと槍（2009年）

写真 8-13 経堂に安置されたブッダの悟りを象徴する仏塔（2009年）

写真 8-14 ドルマ・ラカンの21ターラ尊（2009年）

などがある（写真 8-14）。

　また、僧院 1 階の西側には、祭礼 2 日目にラバとなる僧が来て身体にゴンボの顔が描かれるための部屋がある。ここは諸仏や古い仮面等が並べられた資料室ともなっている。また、この部屋には角と体じゅうにカタックを掛けられたヤクの剥製が置かれている（写真 8-15）。ロンツァン・カルマルは時にヤクに入り、人々を助けに来るという。すなわち、ヤクはロンツァン・カルマルの乗り物となるのである。

　さらに、中庭に面して西側には新しく建てられたサキャ・パンディット図書館（sa skya pa[ndi]d dpe mdzod khang, サキャ・パンディット・図書館）がある。なお、この図書館の名称は入口にヒンディー語、チベット語、英語で書かれている。ここには、カンギュルと仏教哲学、歴史に関する刊行物が右側の棚に並べられている。棚の前面には、ダライ・ラマ

写真 8-15　カタックを掛けられたヤクの剥製（2009年）

14世を中心にしたサキャ・コンマの家族の写真が飾られている。部屋の正面にはサキャ派の法主であるサキャ・コンマの玉座と写真、その横の机の上にはサキャ・コンマとロディン・カンポ・リンポチェの写真が飾られ、その前面にはダライ・ラマ14世とともに写ったサキャ・コンマの写真も置かれている。なお、サキャ・コンマはチベットのティーソンデツェン王以前からの貴族であるコン家族の後裔であり、マンジュシュリ（文殊）の化身であるとされている。正面左側には、ガラス棚の中に、ブッダ・シャカムニを中心に、両横にそれぞれ2体、上部に1体、下部に11体の小さなブッダ像が安置されている。部屋の左側には、玉座とその上にロディン・カンポ・リンポチェの写真が置かれ、壁にはサキャ派の宗祖を描いた6枚のタンカが掛けられている。村人たちは、正面の玉座とブッダの像に向かってしゃがんで拝礼し、また玉座に頭をつけて拝礼する（写真8-16）。

また、祭礼の期間中、村人たちは僧院内の各部屋を、両手を合わせ拝礼しながら巡る。彼らは普段は僧院にあまりやって来ないのだが、祭礼の時には訪れ、灯明を捧げ、食事を作り、また舞踊中庭の掃除を行なうなど、祭礼に積極的に参加している。さらに、マトー・ナグラン祭礼は、ラーが登場することで人々の信仰と関心を集めており、祭礼の期間中、ラダック各地から老若男女を問わず、多くの人々が訪れる。また、外国からの観光客も、この時期が2月から3月という冬期のため多くはないが、1984年には数名であったのが、2009年には15名前後が来ていた。

14時46分に、集会堂でスカンソル（bskang gsol, 実現する・要求）儀軌がチョスキョンとイーダムに対して行なわれ、朗唱とともに奉献がなされる。主尊はゴンボである。狭い集会堂内には13人の大人の僧と10人の子供の僧が座っている。15時06分に休息がとられ、助手の僧が菓子とバター茶を僧たちに配り、さらに、金銭とともにミルクの入った紅茶、ビ

スケットを配給する。子供の僧たちは菓子を紅茶と一緒に食べている。15時17分、再度、朗唱が始まり、太鼓、シンバル、笛が演奏される。助手の僧が皿を持ってまわり、僧たちはビスケットの1片をその中に入れる。これは杯に入れられた茶とともに、すべてのブッダ、ボディサットヴァ、そして他の霊たちへの供物として、僧院の屋上に置かれるもの（プット、phud）である。村人たちが、次から次へと

写真8-16 パンディット図書館に置かれたサキャ派法主サキャ・コンマの玉座と、拝礼する村人たち（2009年）

集会堂に入って来て、手を頭の上で合わせ、しゃがみ、頭を床につけて拝礼する。その後、右まわりで集会堂の中を回り、出て行く。15時40分、再度、子供の僧たちも含め、すべての僧たちに、1人10ルピーずつの紙幣が配られ、儀軌は終了する。

15時50分には、ラバとなる2人の僧は護法尊堂で衣装を着けている。ラバはラヤル（lha gyar, ラー・借りる；人々はルーヤル〈klu gyar, ルー・借りる〉と発音するが、本来、ラーは上空の霊であり、ルーは地下の霊なので、両者は異なるものである）とも呼ばれる。この2人の僧の頭と手に水が振りかけられ、トゥス（浄化儀礼）が行なわれる。さらに、彼らはケードルジェ（ヘーヴァジュラ）とゴンボに悪業の許しを乞う。その後、外に出て、リザン（ril zan, 球・大麦こがしの練り粉）で自分の身体をこすり、穢れをこれに移して息を吹きかけ、投げ捨てる。こうして自分自身を浄化した後、ケードルジェとゴンボに祈願し、ラーが憑依するのである。

16時14分、人々が外で待つ中、集会堂では再び僧たちの読経が始まる。16時46分に、モン（楽士）の音楽が始まる（写真8-17）。若い僧が数人、線香を持って中庭を走り、再び堂内に入る。16時48分、2人のラバが集会堂から現れ、手に持った杯の水をまき、中庭の柱のまわりを右まわりに1回走り、階段を昇って僧院の2階に入る。16時50分、ラバは僧院の屋上に現れ、待機していた別の僧に刀を持たされ、すぐに見えなくなる。人々は両手を合わせ祈っている。モンのラーを迎えるための音楽が続く。

16時57分、2人のラバは中庭に面した西側の2階のガラス張りの貴賓室に現れ、縁側に出て、右手に持った刀で手すりをこすり、刀を研ぐ動作を行なう。左手には旗のついた槍を持つ。16時59分に下に降り、新しく建てられたサキャ・パンディット図書館に入る。17時に中庭を走り抜けて、集会堂の前に立ち、刀を顔の前に横にかざし、刀で自分の舌を切

写真 8-17 僧院の舞踏中庭で始まるモン（楽士）の笛と太鼓による演奏（2009年）

写真 8-18 僧院屋上のラバを見上げる村人たち（2009年）

る真似をする。僧がラバの身体にカタックを結びつける。ラバは、「ウワー、ウワー」と叫び、少しふらつきながら集会堂内に入る。17時05分に2人のラバは集会堂から再度、登場し、僧院の建物内に入る。17時09分に彼らは僧院の屋上に姿を現し、そこで刀を振りかざし、それを両手に持ち自分の舌を切る真似をする。そして、右手に刀、左手に槍を持ち、屋上の手すりの上を走る。中庭の周囲にいる村人たちは2人のラバを見上げる（写真8-18）。

　ラバは17時10分に屋上の向こう側に姿を消し、17時11分には再び下に現れ、走って中庭を横断し、僧院の東門の外に出る。17時13分に再び僧院の中庭に戻り、そのまま集会堂内に入る。17時14分に1人のラバは、再度、集会堂の前に現れ、刀を石段の縁でこすって研ぎ、舌を出し、刀で自分の舌を切る真似をする。そして、中庭の柱のまわりを走って回り、

第 8 章　マトー・ナグラン祭礼とラー　385

写真 8-19　マトー僧院の 2 階の縁側の手すりの上を刀と槍を持って走る 2 人のラバ（1984年）

写真 8-20　ラーが去り、気絶して僧たちに抱え上げられるラバ（1984年）

右手の刀を自分の肩に置き、左手で槍を持ってゆっくりと歩き、そのまま、17時17分に気絶し、他の僧たちに抱え上げられて集会堂内に運び込まれる。17時18分に2人目のラバが中庭に登場し、柱のまわりを、右手に刀、左手に槍を持って、ゆっくりと威嚇するように回り、その後、全速力で走って回る。「ウワー、ウワー」と叫び、集会堂の前の石段の縁で刀を研ぎ、自分の舌を切ろうとするのを、2人の村人が必死で押さえて止める。ラバは再度、中庭をゆっくり回り、その後、速く走る。止まって立つラバの足元に村人たちが跪く。ラバは再度、柱のまわりをゆっくりと回り、その後、走って回ると、そのまま気絶する。待機していた3-4人の僧たちが、気絶したラバを全員で抱え上げてそのまま集会堂内に運び込む。終了の合図の笛が吹かれ、村人たちはいっせいに立って帰る。こうして、ラーの登場は17時22分に終了した。

　なお、1984年においては、本祭礼の2日前の2月14日にマトー僧院を訪れた。15時10分に儀礼開始の長笛が吹き鳴らされ、15時20分に集会合図の縦笛が吹き鳴らされた。15時32分にホラ貝が吹かれ、16時には集会堂内でカンソル儀軌が始まった。16時30分に集会堂の扉が開かれ、中から2人のラバが飛び出して来た。2人は集会堂入口の左右に立ち、両手を上げ、声を張り上げて叫ぶ。上半身は裸で腰には僧衣を巻きつけている。頭には何も被ってはいない。2人は僧院の中にかけ入ると階段をかけ登り、しばらくすると屋上に現れた。背中を観衆のほうに向け、屋上にいる僧からラーの衣装を着けてもらう。腰の後ろには片方のあいた四角い金具の先端に刃のついた小刀を差し、右手には刀を持つ。そして人々のほうを向くと、刀を口に当て、舌を切るしぐさをする。人々は「オー」と声を上げる。その後、2階の縁側に下りてくると、その手すりの上を走り、貴賓室に入る。ここで、人々から質問を受け予言を授ける。その後、再度、集会堂に入り、そこから出て入口の前に立ち、観衆に向かって刀と槍を振りかざし叫ぶ。そして中庭を走り回ると、そこで気絶し、うしろ向きに倒れると、待機していた僧たちに抱え上げられ集会堂内へと運び込まれた（写真8-19、8-20）。

　このように、本祭礼前のラーの登場と演出、そして村人たちへの託宣は、1984年と2009年で変化はないと考えてよい。

仮面舞踊とラー（祭礼1日目）

　2009年3月10日（チベット暦1月14日）は、マトー・ナグランの本祭礼1日目であった。この日は、ラーであるロンツァン・カルマルが2人のラバに憑依し、仮面舞踊の進行と並行しながら、村人たちの前に登場するのである。私は朝8時にレーを出発し、マトー僧院に向かった。この日は、ラダックじゅうから多くの観客が訪れるため、僧院のある丘に続く道の麓には警官が立ち、自動車は通行止めになる。もっとも、私が到着したのは8時42分と早かったため、まだ道は開いており、僧院のすぐ下まで車で登ることができた。ここ

第8章 マトー・ナグラン祭礼とラー　387

写真8-21　祭礼1日目、仮面舞踊第1場面のアビ・メメ（祖父・祖母）（2009年）

写真8-22　祭礼1日目、仮面舞踊第1場面のアビ・メメ（祖父・祖母）（1984年）

には5-6軒の露店が店を出し、茶や菓子を販売していた。僧院の屋上では、僧が長笛と縦笛を吹き鳴らし、儀礼の開始を告げる。10時頃になると、村人たちが僧院に登ってきてその中の部屋を巡り、拝礼をしている。10時30分になり、人々は、仮面舞踊が行なわれる僧院の中庭を囲み、地面に座って席を取り始める。集会堂では儀軌が行なわれており、縦笛と太鼓の音が聞こえる。

　10時48分になると、中庭の南側、リンポチェ席である玉座と僧たちの演奏者席の前で、地面に座るモンによる太鼓の演奏が始まる。しかし、モンの演奏が続くのみで、まだ仮面舞踊は始まらない。11時40分になると、すでに400-500人ほどの人々が集まり、狭い僧院の庭は人々でいっぱいになる。11時45分にモンの音楽が止み、11時47分に僧たちの一団が

388　第2部　ラーの登場する祭礼と僧院

表8-1　マトー・ナグラン祭礼における舞踊場面、およびラーの登場とダオを殺す儀礼
（1984年、および2009年、チベット暦1月14日、15日）

場面番号	1984年 2月16日（祭礼1日目）場面	ラー	ダオ	進行順序	時刻	2月17日（祭礼2日目）ラー	ダオ	2009年 3月10日（祭礼1日目）時刻	ラー	ダオ	3月11日（祭礼2日目）時刻	ラー	ダオ
1	アビ・メメ（a bi me me）				—			11：53			12：19		
2	ジャナック（zhwa nag）				—			12：02			—		
3	ブメット（bud med）				—			12：27			12：25		
4	ハトゥックズィ（ha phrug bzhi）ケスパ（skyes pa）／マクスポン（dmag dpon）			②	14：08			12：34			12：33		
5	ゲロン（dge slong）				—			12：44			12：44		
6	ンガクスパ（sngags pa）			①	14：04			12：59			12：52		
7	ゴンボ（mgon po）												
7a	ラスキゴンボ（las kyi mgon po）バータタ（ba taṭa）ブートラ（pu tra）シングモ・ラルチクマ（sring mo ral gcig ma）			③	14：16			13：17			13：09		
7b	ゴンボジャルズィパ（mgon po zhal bzhi pa）グルギゴンボ（gur gyi mgon po）ナクポノチン（nag po gnod sbyin）ラモ（lha mo）			⑤	14：31			13：40			13：30		
	休　息			—	—			13：52			—		
8	トゥルダック（dur bdag）		+		—			15：20		+	13：44		+
9	シャワ（shwa ba）			④	14：25			15：35			13：57		
10	チャムスコル・チェンモ（'chams 'khor chen mo）			⑥	14：43								
10a	チャムスコル・チェンモ	+	+					15：45	+	+	14：05		
10b	シャワ	+	+					16：18	+	+	14：23		
10c	ラスキゴンボ	+						16：21	+		—		
							+				16：47	+	

（注）祭礼1日目のラーはロンツァン・カルマルであり、2日目のラーはゴンボ（マハーカーラ）の形態をとる。

　リンポチェの僧衣をかかげて入場する。そして、その僧衣をリンポチェ席に置く。マトー僧院にはリンポチェが在住していないため、僧衣のみを玉座に置いて、リンポチェ臨席の象徴とするのである。
　11時52分に、僧によりシンバルが打ち鳴らされ、仮面舞踊が開始される。第1場面は、茶色の仮面を着けた2人のアビ・メメ（a bi me me, 祖母・祖父）の舞踊である。彼らは、主要な舞踊が始まる前の前座として登場する。アビ・メメは、中庭で少し踊り回った後、11時56分に退場した。彼らの衣装は1984年と比較して新しくなっているものの、場面と舞踊に変化は見られない（写真8-21、8-22）。なお、これ以後の場面の順序と登場する諸尊に関しても、1984年と2009年で一致している（表8-1）。ただし、後述するように、祭礼2日目におけるラーの登場、およびラーに対する人々の態度には大きな変化が見られることになる。
　第2場面は、12時02分に始まるジャナック（zhwa nag, 帽子・黒）の舞踊である（写真8

第8章　マトー・ナグラン祭礼とラー　389

写真8-23　祭礼1日目、仮面舞踊第2場面のジャナック（黒帽）
（2009年）

写真8-24　祭礼1日目、仮面舞踊第2場面のジャナック（黒帽）
（1984年）

-23、8-24）。線香を持つ僧1名、香炉を持つ僧2名、縦笛を吹く僧3名、瓶と杯を持つ僧1名に先導されて、7名のジャナックが登場する。ジャナックは火焰の形の装飾のつけられた黒い帽子を被る。

　彼らの由来は次のような伝説に基づいている。すなわち、9-10世紀、吐蕃王国のランダルマ王（glang dar ma）はそれまでの国教であった仏教を排し、寺院などを破壊した。この時、ラルンパルギドルジェ（lha lung dpal gyi rdo rje）という僧がいた。彼はチベット全土が悪い王により破壊されたことを聞き、何かをしなければならないと考えた。そして、彼はラサに行き王を殺さねばならないと考え、黒い帽子と衣装を着け、衣装の内側に弓矢をしのばせ、炭で黒く塗った馬にまたがり王のもとへと向かった。その時、王はポタラ宮

写真8-25 祭礼1日目、仮面舞踊第3場面のプメット
（女とハトゥック）（2009年）

写真8-26 祭礼1日目、仮面舞踊第3場面のプメット（女）（1984年）

（po ta la）の近くにおり、柱の近くで読書をしていた。ドルジェはそこで舞踊を行なった。王はそれを見てすばらしいと思った。ドルジェは踊りながら柱の陰に入ると、弓に矢をつがえ、王を射たのである。そして、彼は馬にまたがり逃げた。キチュー河（skyi chu）を渡る時、彼は河の中で黒い帽子と衣装を脱ぎ捨てた。また、馬も水で黒い炭を洗い流され白馬となった。人々は河の対岸で王を殺した者を捕えようと待ち構えていた。しかし、彼らは、白馬に乗り黒い帽子も衣装も着けていない者が来るのを見ただけであり、王を殺した者を捕えることはできなかった。これ以来、僧院における舞踊においては、ジャナック（黒帽）の舞踊が、その始まりとして演じられるようになったのである。

　7名のジャナックは、右手に短剣、左手に頭蓋骨の杯を持つ。先導した僧は、最初のジャ

第 8 章　マトー・ナグラン祭礼とラー　391

写真 8-27　祭礼 1 日目、仮面舞踊第 4 場面のケスパ（霊力のある者、マクスポン〈戦争の指揮官〉）（2009年）

写真 8-28　祭礼 1 日目、仮面舞踊第 4 場面のケスパ（霊力のある者、マクスポン〈戦争の指揮官〉）（1984年）

ナックに杯を渡し、これに瓶の中の金酒を注ぐ。ジャナックは、この酒を中庭の中央にある柱の正面に注ぎ、諸尊への奉献と招請の祈願としてセルケム儀軌を行なう。杯が僧に戻され、僧は杯と瓶とを柱の基台の上に置く。そして、12時21分、ジャナックは退場した。

　第 3 場面は、12時27分に始まるプメット（bud med, 女）の舞踊である（写真 8-25、8-26）。ヘーヴァジュラ・タントラの護法尊であるグルギゴンボ（gur gyi mgon po）は、彼の従者として、100人の女、100人のンガクスパ（タントラ修行者）、100人のケスパ（特別な霊力を持つ男）を有するとされており、この中の100人の女がプメットに相当する。なお、彼らすべてが、グルギゴンボの家族であるとされる。2 人のプメットは右手に撥、左手に柄のついた太鼓を持ち、白い面で登場する。さらに、4 名のハトゥック (ha phrug bzhi, ハトゥッ

392　第2部　ラーの登場する祭礼と僧院

写真8-29　祭礼1日目、仮面舞踊第5場面のゲロン（学僧）（2009年）

写真8-30　祭礼1日目、仮面舞踊第5場面のゲロン（学僧）（1984年）

ク・4）がそれぞれ茶、青、黄、緑の仮面で随伴する。彼らは、女たちの子供たちであるとされる。12時32分にプメットたちは退場する。

　第4場面は12時34分に始まるケスパ（skyes pa, 霊力のある・人）の舞踊である。彼らはゴンボの従者である100人の男であるケスパを表す。彼らは頭に旗を立て、右手に刀、左手に盾を持ち、青、朱、赤の仮面をつけた3名で登場する。このため、彼らは戦争の指揮官であるマクスポン（dmag dpon）とも呼ばれている（写真8-27、8-28）。同時に、彼らはブッダの法（ダルマ）をも象徴している。彼らは、12時40分に退場する。

　第5場面は、12時44分に始まるゲロン（dge slong, 学僧）の舞踊である。金色の帽子（セコラ、se ko ra, 金・帽子）を被り、右手に錫杖、左手に托鉢を持った5人の学僧が登場す

写真 8-31 祭礼 1 日目、仮面舞踊第 6 場面のンガクスパ
（タントラ修行者）（2009年）

写真 8-32 祭礼 1 日目、仮面舞踊第 6 場面のンガクスパ
（タントラ修行者）（1984年）

る。彼らはゴンボの従者である100人のゲロンを表している。彼らは中庭の柱のまわりをゆっくり踊ってまわり、12時50分に退場する（写真 8-29、8-30）。

　第 6 場面は、12時59分に始まるンガクスパ（sngags pa, タントラ修行・者）の舞踊である。先端に金剛杵のついた黒い帽子を被り、右手に短剣、左手に頭蓋骨の杯を持った 5 名のタントラ修行者が登場する。彼らは、グルギゴンボの100人の従者であるンガクスパであり、タントラにより悪霊を殺す力を持つ。柱のまわりをゆっくりまわって踊り、13時05分に退場する（写真 8-31、8-32）。

　第 7 場面は、13時17分に始まるゴンボ（mgon po）の舞踊である。この場面は、ゴンボとその従者たちによる舞踊であるが、 2 つの場面からなり、前半部の第 7 a 場面は、ラス

写真8-33 祭礼1日目、仮面舞踊第7場面前半部（第7a場面）のラスキゴンボとその従者のバータタ、ブートラ、シングモ・ラルチクマ（2009年）

写真8-34 祭礼1日目、仮面舞踊第7場面前半部（第7a場面）のラスキゴンボとその従者のバータタ、ブートラ、シングモ・ラルチクマ（1984年）

キゴンボ（las kyi mgon po, 行為・の・ゴンボ；ラサ方言ではレキゴンボ）と、その従者のバータタ（ba ta ta；本来はサンスクリットで召し使い）、ブートラ（pu tra；本来はサンスクリットで息子）、シングモ・ラルチクマ（sring mo ral gcig ma, 妹・髪の毛・1本・者）が登場する。1984年にはこの4名が登場したが、2009年には、線香、太鼓、シンバル、縦笛を持った僧の一団に先導されて、右手に刀、左手に頭蓋骨の杯を持った6名の緑色の仮面のゴンボが登場した。人数は異なるが、その内容は同じと思われる（写真8-33、8-34）。なお、ラスキゴンボは、首領であるグルギゴンボの家族であり、後の第10場面において、悪霊の象徴であるダオを殺す役割を持つ。13時26分に彼らは退場する。

　第7場面後半部の第7b場面は13時40分に始まり、四面ゴンボ（ゴンボジャルズィパ、mgon

写真 8-35　祭礼 1 日目、仮面舞踊第 7 場面後半部（第 7 b 場面）の
　　　　　四面ゴンボ、グルギゴンボ、ナクポノチン、ラモ（2009年）

写真 8-36　祭礼 1 日目、仮面舞踊第 7 場面後半部（第 7 b 場面）の
　　　　　四面ゴンボ、グルギゴンボ、ナクポノチン、ラモ（1984年）

po zhal bzhi pa, ゴンボ・口・4 ・者)、グルギゴンボ（gur gyi mgon po；ゴンボグル、mgon po gur)、ナクポノチン（nag po gnod sbyin, 黒・ノチン)、ラモ（＜パルダン・ラモ、dpal ldan lha mo；シュリデヴィ〈サンスクリット〉）が登場する（写真 8-35、8-36)。主尊のグルギゴンボはサキャ派における主要な護法尊である。なお、四面ゴンボはチベットへの仏教伝播の際、僧とともにガヤ（ブッダガヤ）からチベットに来たと伝えられている。ナクポノチンは、ゴンボやラモではないが、グルギゴンボの家族の一員であり、従者である。これに関しては、サキャイ・カンソー（sa skya'i bskang gso）という典籍に述べられているという。また、パルダン・ラモはインドのシュリデヴィ（カーリ）に由来し、チベットのラサの守護女神とされる。彼らは中庭の柱のまわりで舞踊を行ない、13時49分に退場する。

写真 8-37 舞踊中庭を見下ろす僧院の屋根に鈴なりになる観衆（2009年）

　13時52分に休息となる。演奏者席にいた僧たちは全員、集会堂に入る。中庭を囲んで座っている人々はそのまま座って待っている。僧院の階上の縁側や屋上にも、人々が鈴なりになっている（写真8-37）。後方では人々が押し合って立っているが、すでに人でいっぱいになっている僧院の中庭に、外から次々と人が入って来るため、押し合いが続き、倒れ、押しくずれる。そのたびに人々の悲鳴があがり、警官は警棒を振り上げて、人々が押し合うのを制止しようとする。倒れた1人はそのまま気絶し、運ばれる。この混雑は、1984年から25年を経た2009年まで変わらない。もっとも、村人たちの服装はまったく変化していることも事実である。1984年には、男たちや女たちは、縁の反った山高帽やトルコ石のちりばめられたペラックを頭に被り、ゴンチェと呼ばれる自家製の羊毛織りの衣服を着け、女たちは裏返した山羊の毛皮製のロクパと呼ばれる伝統的な防寒具を肩から斜めに背中に掛けていた。しかし、現在では、多くの人々は商店で購入した既製のズボンやセーターという現代的な衣服に、スカーフや毛糸の帽子を頭に被っているのである。

　このような押し合いが1時間以上も続き、15時09分にようやく僧たちが中庭に出て来て、仮面舞踊の再開の準備が始まる。15時19分に太鼓が打たれ、第8場面のトゥルダック（dur bdag, 墓地・主；トゥルトット、dur khrod）が始まる。トゥルダックは火葬場に住み、ここを守護するとされる骸骨である。2人のトゥルダックが登場し、人々に話しかけたり、脅したり、滑稽な演技で人々を笑わせるのである。彼らは赤い布で作られた悪霊の象徴であるダオを紐に結びつけ、2人で紐の両端を持って、これを振りまわして地面にたたきつける（写真8-38、8-39）。

　そして、トゥルダックは最後に、紐を空中に大きくまわし、ダオを観衆の中に投げ込む。人々は悲鳴をあげ、笑い転げる。彼らの道化師としての演出は、ラマユル・カプギャット

写真8-38　紐につけた悪霊の象徴であるダオを振り回す2人のトゥルダック（2009年）

写真8-39　2人のトゥルダックが、紐に結びつけられた悪霊の象徴であるダオを振り回す（1984年）

祭礼の仮面舞踊に登場するアツァリャと同様である。もっとも、アツァリャが、ほとんどすべての場面に登場し、仮面舞踊の進行役になっていたことと比較すると、トゥルダックの役割はダオに関するものに限定されている。なお、ここで用いられるダオは悪霊の象徴であり、村人の前でこれをたたきつけて殺し、捨て去ることを演出するためのものである。演技が終わり、15時34分に2人のトゥルダックは退場する。

第9場面は、15時35分に始まるシャワ（shwa ba, 鹿）の舞踊である。鹿はブッダの法、とりわけタントラの守護者であるとされている。角のある鹿の仮面をつけた2人の踊り手が登場し、回りながら速い舞いを行なう（写真8-40、8-41）。彼らは15時39分、退場する。

最後の第10場面は、15時45分に始まるチャムスコル・チェンモ（'chams 'khor chen mo,

写真 8-40 祭礼1日目、仮面舞踊第9場面のシャワ（鹿）（2009年）

写真 8-41 祭礼1日目、仮面舞踊第9場面のシャワ（鹿）（1984年）

写真 8-42 祭礼1日目、仮面舞踊第10場面のチャムスコル・チェンモ（大舞踊輪）に先立ち登場して、舞踊中庭を走り回る2人のラバ（1984年）

写真8-44 祭礼1日目、仮面舞踊第10場面のチャムスコル・チェンモにおいて、ダオを儀礼的に殺すラスキゴンボ（1984年）

写真8-45 ラバを世話する僧と、ラバの首にカタックを巻く村人（1984年）

仮面舞踊・円・大きい；大舞踊輪）と呼ばれる舞踊であり、トゥルダックを除く全員が登場して輪になって踊る。これに先立ち、ロンツァン・カルマルの憑依した2人のラバが護法尊堂を出て、上半身裸で下には僧衣を着け登場する（写真8-42）。彼らはいったん集会堂に入り、衣装を着け、ロンツァン・カルマルの帽子を被り、胸には金属製の鏡を下げ、僧院2階の縁側に登場し、その手すりの上を走る。その後、すでに進行中の中庭の舞踊に加わり、諸尊と一緒になって踊る（写真8-43［口絵11］）。

舞踊はいったん止まり、立ち並ぶ諸尊の前で、柱の前の地面に敷かれた布の上に置かれたダオを、その前に座ったラスキゴンボが短剣で突き刺し、儀礼的に殺す（写真8-44）。ラバはこの間、諸尊と一緒に立っているが、刀を横にして持ち、それで自分の舌を切るし

400　第2部　ラーの登場する祭礼と僧院

写真8-46　ラスキゴンボと踊る2人のラバ（1984年）

ぐさをする。時に、ラバは水を飲み、「アー」と叫び、中庭を行ったり来たりする。村人たちはラスキゴンボとラバに奉献を行ない、ラバの首にカタックを巻く（写真8-45）。

　16時18分に、2頭のシャワ（鹿）と、ダオの前で座って再び儀礼を続けるラスキゴンボを残し、他の諸尊は退場する。2人のラバはシャワと一緒になって、中庭の柱のまわりを踊りながらまわる。舞踊のリズムが遅くなり、ラーは「アー」「アー」と叫びながら、シャワと踊り続ける。そして16時20分、ラバは集会堂内に入り、シャワは退場する。再び、ラバは衣装と帽子をとり、上半身裸で刀と槍を持ち、胸に鏡を下げて再び中庭に登場し、緑色の仮面をつけたラスキゴンボとともに舞踊を行なう（写真8-46）。16時30分にゴンボが退場し、舞踊は終了する。

　同時に、ラバは中庭から僧院の2階にかけ登る（写真8-47）。中庭の演奏者席の僧たちは退場し、座っていた人々も立ち上がる。16時34分、ラバが僧院南側の屋上に姿を現し、「ワー」と叫びながら刀と槍を振りまわす。そして、ラバは屋上から姿を消すと、2階から縁側を走り、別館2階の貴賓室に入ると、中庭に面した縁側に現れる。そのまま、堂内に入り、そこにいる人々からカタックを掛けてもらう。ここで、人々はラバに急いで質問をし、予言をもらい、吉凶を占ってもらう（図8-1）。

　16時42分、2人のラバは貴賓室を出て、中庭の南側にあるサキャ・パンディット図書館に入る。彼らはすぐにそこを出て、中庭を走り抜け、新しい集会堂に入る。16時46分、ラバは集会堂から出て、2階の縁側から僧院の建物に入り、16時49分には、再度、屋上に姿を現し、刀を振りまわす。16時52分に2階の縁側に建物の中から現れ、いったん引っ込むと、2階の手すりの上を走り、集会堂の2階の縁側に出る。ここで、人々を見下ろしながら立ち、右手で持った刀で自分の舌を切るしぐさを行なう。

　16時55分に下の階の集会堂に入り、再び僧院の建物の2階に出て、また下に下りる。16

第8章　マトー・ナグラン祭礼とラー　401

写真8-47　僧院2階縁側の手すりの上を走る2人のラバ（1984年）

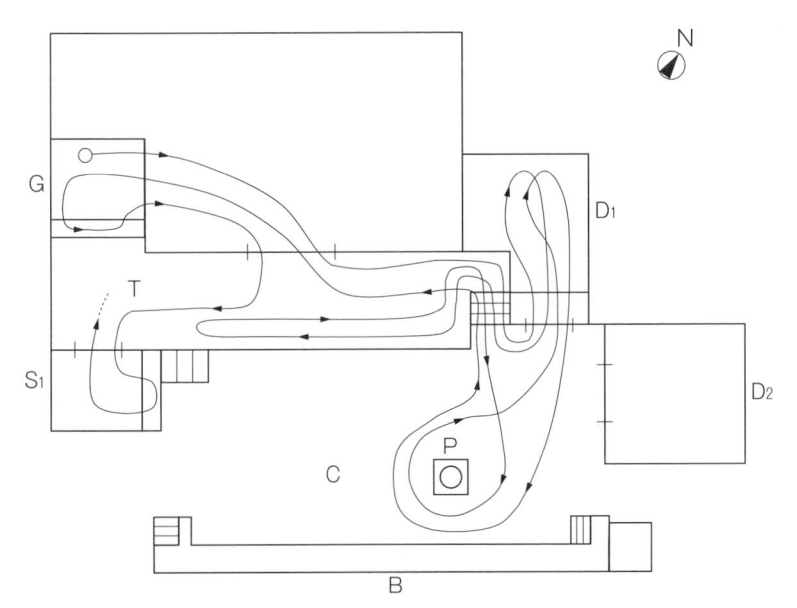

図8-1　マトー・ナグラン祭礼1日目のラバ（ロンツァン・カルマル）の走行軌跡（図8-2に続く）。護法尊堂より集会堂、2階縁側を走り、舞踊後、僧院屋上から貴賓室に至る（2009.03.10、チベット暦1月14日）
　　　G：護法尊堂　D₁：集会堂　D₂：新集会堂　S₁：貴賓室（2階）
　　　C：舞踊中庭　P：大旗　T：僧院2階縁側　B：舞踊中庭回廊
　　　○：ラーが憑依し出発する地点

402　第2部　ラーの登場する祭礼と僧院

写真8-48　中庭の回廊の屋上を刀と槍を持ち走る2人のラバ（1984年）

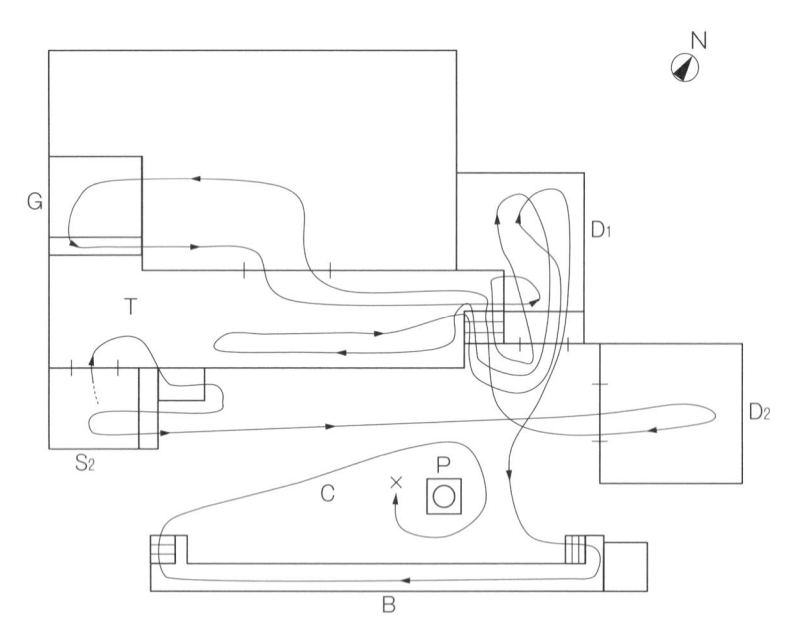

図8-2　マトー・ナグラン祭礼1日目のラバ（ロンツァン・カルマル）の走行軌跡（図8-1より続く）。貴賓室を出て1階のサキャ・パンディット図書館、新集会堂を経て僧院屋上に至り、集会堂2階縁側から集会堂に下り、僧院2階縁側、集会堂より舞踊中庭の縁側を走り、舞踊中庭に至る（2009.03.10、チベット暦1月14日）
G：護法尊堂　D₁：集会堂　D₂：新集会堂　S₂：サキャ・パンディット図書館（1階）　C：舞踊中庭　P：大旗　T：僧院2階縁側　B：舞踊中庭回廊　×：ラーが去り、ラバが気絶する地点

時57分に集会堂に入り、再びその入口に姿を現し、刀を振る。そして、中庭の南側を囲むように作られている回廊の屋上を、刀と槍を持ったまま走る（写真8-48）。16時59分、1人のラバが中庭に下り、柱のまわりを、刀を肩に担ぐようなかっこうで周囲を睥睨しながらゆっくりと右まわりに回る。そして、17時02分に、気絶し、僧たちに担がれて集会堂に運び込まれる。回廊の屋上にいたもう1人のラバも中庭に下り、柱のまわりを人々を睥睨するようにゆっくりと回る。そして、中庭の地面に座って音楽を演奏するモンの太鼓に足をかけ、彼らを祝福する。ラバは多くの人々からカタックを捧げられ、上半身は結びつけられたカタックで被われている。17時03分、ラバは刀を振りまわしたかと思うと、そのまま気絶し後ろ向きに倒れ、待機していた僧たちはこれを受け止め、担いで集会堂内に運び込む（図8-2）。

同時に、かたずをのんで見守っていた観衆はいっせいに中庭から退場する。なお、祭礼1日目の仮面舞踊とラーの登場に関しては、1984年と2009年で変化はない。ただし、後述するように、2009年においては、ラバの写真を撮影することが村人により厳しく監視されていた。村人たちはラーの機嫌を損ねないよう細心の注意を払っているかのように振る舞ったのである。

仮面舞踊とラー（祭礼2日目）

本祭礼2日目の2009年3月11日（チベット暦1月15日）、9時50分に私はマトー僧院に到着した。今日は、仮面舞踊と身体にゴンボの面の描かれた2人のラバが登場するのである。人々は、僧院内のカンギュルの納められた部屋や、サキャ・パンディット図書館などを拝礼しながら巡っている。

10時25分、2人の僧が中庭の南側の回廊の屋根で縦笛を吹く。11時09分に、集会堂から太鼓が聞こえる。人々が中庭に集まり始め、すでに150人くらいの観衆となっている。サキャ・パンディット図書館では、人々はサキャ・コンマの写真が置かれた玉座に頭をつけて拝礼している。また、入口を入ったところで五体投地で拝礼する人々もいる。

11時20分、モンがラーに奉献するラルガの演奏が始まる。11時33分、2人の僧が屋上で長笛を吹き鳴らし、儀礼の開始を告げる（写真8-49）。11時57分にモンの演奏が終わる。僧が中庭の正面にある演奏者席にチョッパと灯明を置く。12時15分、縦笛を吹く2人の僧に先導され、インドのマンドゥワラのサキャ派僧院にいるリンポチェの写真と僧衣を持った僧が登場し、それらを玉座に置く。

12時19分、第1場面のアビ・メメの舞踊が始まる。12時23分に両者は退場する。祭礼1日目の第2場面に登場したジャナックは、2日目には登場せず、12時25分に縦笛とシンバルの演奏とともに、2人の白い仮面をつけた第3場面の、プメット、および茶、青、黄、緑の面の4人のハトゥックが登場する。中庭の柱を右まわりにまわりながら踊ると、12時

写真 8-49　儀礼開始の合図の長笛を吹く僧（2009年）

32分に退場する。12時32分には、僧院内の護法尊堂ではセルケム儀軌が行なわれる。今日は、ラバの身体にゴンボの面が描かれるからである。さらに、ティムチョル儀軌において、ラバがラーを憑依するという責任を果たすことができるよう祈願される。

　12時33分に、第4場面として、縦笛とシンバルの演奏とともに、右手に刀、左手に盾を持ち、赤、青、朱の面をつけた戦争の指揮官であるケスパ（マクスポン）が登場する。そして、舞踊を終えると、12時40分に退場する。第5場面のゲロンの舞踊は12時44分に始まる。第1日目は5人であったが、今日は3人で踊る。彼らはブッダの5人の弟子を表現している。彼らは12時50分に退場する。第6場面のンガクスパが12時52分に登場する。第1日目は5人であったが、今日は4人で踊る。前掛けにはゴンボの顔が描かれ、昨日と同様、右手に短剣、左手に頭蓋骨の杯を持つ。踊った後、彼らは13時00分に退場する。

　第7場面前半部は、13時09分に線香を持った1名の僧、縦笛を持った2名の僧に先導されて、6人の緑面をしたゴンボが登場して始まる。村人たちは舞踊中庭を囲み、僧院の庭や回廊にいっぱいになって見ている。彼らは13時18分に退場する。13時30分には、第7場面後半部の四面ゴンボをはじめとする、グルギゴンボ、ナクポノチン、ラモが登場して始まる。そして、舞踊を終え、13時40分に退場する。

　祭礼1日目は、ここで休息があったが、2日目は休息なしに、続けて13時44分、第8場面の2人のトゥルダックが登場する。13時50分に赤いダオに紐をつけて、振りまわす。観衆は喜び笑う。13時56分にトゥルダックは退場する。第9場面は、13時57分、2人のシャワにより始まる。1名は茶色の面、もう1名は緑色の面をつけ、右手に木製の刀、左手に頭蓋骨の杯を持って踊り、14時01分に退場する。

　第10場面はチャムスコル・チェンモであり、14時05分に始まる。3人のゴンボ、ナクポノチン、白面のプメット、2人のシャワの計7名で舞踊が行なわれる。第1日目は、ここ

でラバが登場したが、今日は仮面舞踊がすべて終わってから、ラバが登場するのである。また、今日は、ラスキゴンボが中庭でダオを儀礼的に殺すことも行なわれない（表8-1）。14時23分に、2人のシャワだけを残し、他の諸尊は退場する。シャワだけで中庭を速くまわりながら踊る。14時26分、シャワは退場する。これで仮面舞踊は終了し、後はゴンボの面の描かれたラバの登場を待つだけである。人々は立つ者もいるが、多くは座ったままで待っている。

15時20分にモンが中庭に座る。しかし、まだ音楽は始まらない。15時30分、ラバは上半身にゴンボの面を描かれるため、部屋に入っている。絵が描かれた後、ラバは9層の黒い布で眼を被われる。15時47分、人々はラバが現れるのを待っている。もう仮面舞踊はないので、中庭の柱のまわりにも人々が立ち、中庭のみならず僧院の建物の2階の縁側や屋上には700-800人、あるいはそれ以上の人々があふれている。16時10分、陽は少し傾き、中庭の半分は陰になる。

人々はラバが出てくるはずの僧院の建物の入口を見て、じっと座っている。陽が背中にあたっている部分はよいが、身体の反対側の陰になっている部分は、しんしんとした寒さがしみる。建物の庇につけられたカーテン状の布の飾りが、風にひらひらと波打つ。また、中庭の中央の柱の上に立てられた大旗の先端につけられた5色の傘と経文を印刷したルンタも、わずかに風にゆれている。16時21分、人々はさらに増え、昨日同様、西門から中庭へ続く通路は人々で押し合いになる。僧院の屋上や中庭を囲む回廊の屋根の上も人々であふれ、ラーを見るため繰り出した人々は、すでに1,500人くらいになっている。僧の一団がラーを迎えるため、太鼓、縦笛、シンバルなどを持って集会堂から出て、2人のラバがいる部屋に行く。

16時30分、モンの太鼓がラーを歓迎するためのラルガの演奏を始める。警官は僧院2階の縁側の手すりに座っている人々を整理している。僧院の部屋から出て来たラバがここを通るのである。人々はざわめき、「ワー」と言っている。いよいよラバの登場である。16時47分、2人の長笛、2人の太鼓、2人の縦笛を持った僧に先導され、上半身を黒く塗られその上に赤、白、黄でゴンボの大きな顔が一面に描かれた2人のラバが僧院2階の縁側に登場する。頭は黒いヤクの毛で覆われ、目は黒い布で目隠しされている。彼らは手に持った手鼓をカタカタと打ち振りながら、前後の僧が彼らの頭上に広げたドルジェ・パルザンの上衣の下に隠れるようにして人々の間を進んで行く。ラバはこの僧衣に触れていないと、空の上に消えてしまうと考えられているのである。人々はいっせいに「ワー」と喚声を上げる。彼らは、そのまま、16時50分、集会堂へと入る。

16時54分、2人のラバが集会堂の屋上に現れる。人々に向かって何か言い、「ワー」と叫ぶと、人々も「ワー」と応える。頭は被った黒いヤクの毛のため丁度、黒髪を振り乱したようになっている。モンの太鼓と笛の音楽が続く。ラバは僧院の建物の中へ入り、僧院

の屋上に現れる。そして、僧院の中に消え、ここで人々の質問に答える。子供を抱えた父親やその他、予言を授けられた村人たちが次から次へと建物の外へと出てくる。そして、17時05分、2人のラバが手鼓を振りながら、僧院の建物から外に姿を現し、目隠しをしたままで2階の縁側の手すりの上を歩いて貴賓室のほうへ行く。彼らは、身体に描かれたゴンボの目を通して、まわりを見ることができると信じられているのである。

2人は人々から捧げられた、たくさんのカタックを腰から下げている。貴賓室で人々の質問に答え、17時07分、外に出て階段を下り中庭に入ると、そのまま西側にあるサキャ・パンディット図書館に入る。17時10分に図書館を出て、人々の中に作られた通路を進み、大旗が立てられている中庭中央の柱の上に立つ。

ラバは右手に木製の大きな金剛杵、左手に手鼓を持つ。僧が大麦粒の入った鉢を2人のラバに渡す。2人は人々に向かって託宣を述べ、この大麦粒をまく。人々は喚声を上げ、これを拾おうとする。ラバは柱から下り、そのまま17時11分、集会堂前の門の両側に立つ。ここで、再度、託宣を発しながら大麦粒を人々に向かってまく。人々は「ワー」と喚声を上げながら、両手を前に差し出してこの粒を取ろうとする。17時12分、2人のラバは集会堂内に入る。ラバの登場は、これで終了となる（図8-3）。

人々はいっせいに帰り始める。12時26分、ラバは衣装を着替え、頬かぶりをして集会堂を出る。2人の村人が、ラバの衣装と木製の金剛杵を荷物にまとめて集会堂から出ると、他の村人たちはこれに頭を触れて拝礼する（写真8-50）。

ラバに憑依したラーの予言は、「（今年は、世界で起こっている）戦争や飢饉は克服され、時宜にかなった雨が降る、（収穫も良い）であろう」（dmag mu ge 'joms char chu dus su 'bebs, 戦争・飢饉・克服される・雨・時宜にかなった・降る）というものであった。すなわち、今年の運勢は吉である。さらに、ゴンボは、予言ではないが、彼の希望として、「生きとし生けるものに平和と幸福が訪れるように」（sems can la zhi bde yong bya yin, 生きとし生けるもの・に・平和と幸福・来るだろう；「セムチャンラ・ズィスデ・ヨンチェン」というのは仏教儀礼での慣用句でもある）と述べ、人々を祝福するために大麦粒をまいたのである。

なお、2009年のゴンボのラーが、1984年と大きく異なる点は、彼らが僧院の外に出なかったことである。また、これに伴い、2009年の祭礼2日目の仮面舞踊は、一部を除き、祭礼1日目の仮面舞踊の各場面をそのまま反復していた。

しかし、1984年の祭礼2日目の仮面舞踊は祭礼1日目と比較すると、場面構成も異なり、全体としてかなり短縮されていた。そこでは、表8-1の進行順序に番号で示したように、僧たちがリンポチェの僧衣と写真を舞踊中庭の玉座に置いた後、すぐに第6場面のンガクスパ（タントラ修行者）が登場し、第4場面のケスパ（マクスポン）となり、第7場面前半部のラスキゴンボが登場し、ここで第9場面のシャワの登場となり、第7場面後半部のクルギゴンポが登場し、最後に第10場面のチャムスコル・チェンモ（大舞踊輪）となってい

第8章　マトー・ナグラン祭礼とラー　　407

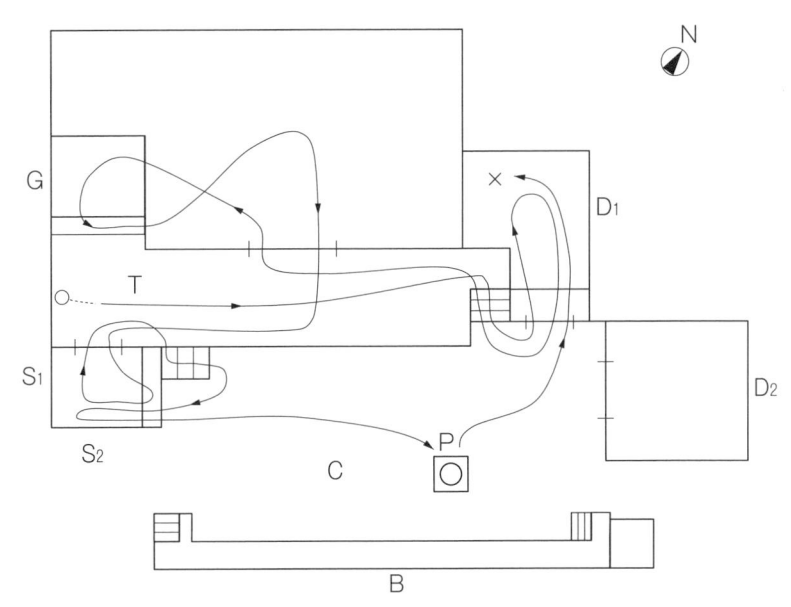

図8-3　マトー・ナグラン祭礼2日目のラバ（ゴンボ）の僧院内の走行軌跡。身体にゴンボの面を描かれたラバは僧院2階の縁側から集会堂に入り、その後、僧院屋上に出て、僧院内に入り、さらに貴賓室とサキャ・パンディット図書館を経て舞踊中庭の大旗の基台の上から託宣を述べ、大麦粒をまいて人々を祝福する。その後、集会堂前でも託宣を述べ、大麦粒をまいて人々を祝福し、集会堂内に入る（2009.03.11、チベット暦1月14日）
G：護法尊堂　D_1：集会堂　D_2：新集会堂　S_1：貴賓室（2階）　S_2：サキャ・パンディット図書館（1階）　C：舞踊中庭　P：大旗　T：僧院2階縁側　B：舞踊中庭回廊　○：ラーが憑依し、部屋から登場する地点　×：ラーが去る地点

写真8-50　ラバの衣装と木製の金剛杵に頭を触れて拝礼する村人たち（2009年）

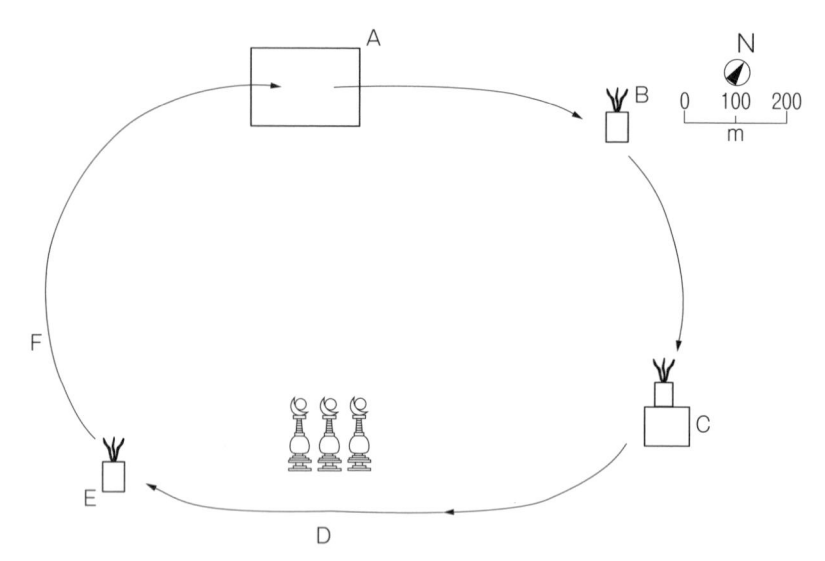

図8-4 マトー・ナグラン祭礼2日目のラバ（ゴンボ）の僧院の外の巡行経路
（1984.02.17、チベット暦2月15日）
A：マトー僧院　B：王宮のラトー（ヘミス僧院のラー）　C：大臣の家のラトー（クルゴンの祀られる赤い小堂）　D：仏塔群　E：チャングマチャン（柳の木のある場所）のラトー　F：バルング（隠された渓谷）の場所

写真8-51 祭礼2日目、マトー僧院の外に出て、丘の上にあるヘミス僧院のラーのいる王宮のラトーに向かうゴンボのラーと、託宣を受ける村人たち（1984年）

た。すなわち、従来の祭礼2日目は、ラバの登場が主要な演出となるため、仮面舞踊はかなり短縮されたものとなっていたのである。

1984年には、祭礼2日目に登場したラバは僧院の外に出た。彼らはまず、僧院から続く丘の上にあるラトーを訪れ、大麦粒をまいてそこに住むヘミス僧院のラーを祝福した（図8-4、写真8-51）。村人たちは小走りに進む2人のラバを追いかけながら、カタックを捧げ、個人的な質問をし、託宣を受ける。

写真8-52 小堂の横に造られたラトー（2009年）

その後、2人のラバは丘を下り、旧王宮跡の赤い小堂（写真8-52）に入り、グルゴンというラーにカタックを捧げる。そして、そこを出ると、マトー僧院の建つ丘の麓の仏塔群の横を小走りでかけ抜ける。村人たちは、託宣を受けるため、ラーの通り道の両側に待機し、また追いかける（写真8-53［口絵12］）。その後、2人のラバはチャングマチャンと呼ばれる柳の木のある場所のラトーやバルングと呼ばれる隠された渓谷のある場所で止まり、集まった村人たちはラーに個人的な託宣を受けるのである。その後、2人のラバは丘を登り、僧院の中庭に戻ると、大麦こがしをまわりにまき、その落ちた場所からそれぞれの地域の収穫の吉凶を占った。そして仏法とラダックの繁栄を祈り、終了したのである。

実は、1984年から2009年までの間に問題が起こり、祭礼2日目にラバが登場しなかった年が、2005年と2006年の2年間続き、その後、ようやく再度ラバが登場するようになったのである。もっとも、2007年以後のラバの登場は僧院の中においてのみであり、僧院の外に出てラトーを巡るという伝統はなくなってしまった。この祭礼の変化に関しては、村人の話、村人以外のラダックの人々の話、そしてパンディ師の話に基づき、次に詳しく分析することにする。

4　村人の語りと祭礼の変化

翌日、私はマトー村の村人からマトー・ナグラン祭礼についての話を聞くことができた。僧院から少し離れた山の麓の高台にある家に住むイシェイ・トゥンドップ氏は69歳であった。彼の家の名前はヤクラである。以前、人々は現在の僧院の建つ丘の麓にだけ住んでおり、彼の家のある場所はヤクの放牧にのみ用いられていた。その後、人々はあちこちに移り住み始めた。そして、この場所の名前がヤクラだったので、ここに住んだ彼の家の名前

もヤクラになった。なお、マトー村は7-8世紀にでき、彼の祖先は9世紀以来、ここに住んでいるという。その後、マトー僧院が14世紀にできたのである。

　彼の職業は農業である。彼は小麦と大麦の農耕、さらにジャガイモや野菜の栽培で生計を立てている。この野菜やジャガイモは市場で売る。彼には5人の息子と3人の娘があり、全員がすでに結婚している。娘たちは、結婚して他の村に住んでいる。息子たちは、結婚後、同じマトー村の別の家に住んでいる。さらに、彼にはナムギャル王朝の時の王の兄弟の1人であった祖先に辿れる従兄弟がいる。かつて、レーを都としていた王は兄弟に土地を与え、マトーの王にした。したがって、マトーの王はナムギャル王朝の子孫ということになる。なお、ゲールク派のバクラ・リンポチェは、このマトーの王の息子であり、マトー王宮で育った。さらに、リゾン僧院のジャゼ・リンポチェも、マトー村出身であり、バクラ・リンポチェの甥にあたる。

　こうして、彼は村人から見た、マトー・ナグラン祭礼とラー、祭礼における村人の役割、そして祭礼の変化、とりわけ2005年と2006年の祭礼2日目にラーが登場しなくなったことについて、次のように語ったのである。

村人からみたラー

　マトー・ナグラン祭礼は14世紀、僧トゥンパ・ドルジェにより始められた。当時、人々は仮面舞踊に熱心であった。現在、その熱心さはやや薄れているようだという。かつて、すべての人々は、仮面舞踊はチョスキョンやイーダムなど諸尊の舞踊であり、これら諸尊を見ることで、バルド（中有）における助けになると信じていたのである。また、ラーについても、人々は深く信じていた。

　とりわけ、祭礼2日目に登場するラーは身体を黒く塗り、目を布で被っている。これは、かつて、ラダックの1人の女王がラーを信じることがなく、「もし、おまえが本当に霊力があるのなら、私はおまえの目を布で被う」と言い、九重の黒い布でラバの目を被い、僧院の端から端に大きな木を渡し、ここから向こうまで走って渡ってみよ、と言った。そこで、ラバは目隠しをしたままで、それがまるで小さな欄干であるかのようにその上を2回、3回と走って渡ったのである。これを見て、女王はラーに対して深い信心を抱き、首飾りをラーに与えた。これが、現在でも祭礼2日目に登場するラバの両腕に着けられている首飾りである。

　今日でも、ほとんどの村人たちは、ラーに対して絶対的な信仰心を持っている。その理由は、まさにこの話——ラバが身体に描かれた目を通して見ることができ、僧院の欄干の上を走ったという14世紀末の出来事——が世代から世代にわたって語り継がれてきたことによるものである。なお、瞑想中にラバの心や身体が不浄になり、規律を守ることができなければ、ラバは僧院の屋根の手すりの上を走っている時、そこから落ちると言われてい

る。もっとも、14世紀からこの21世紀に至るまで、このような事故は一度も起こったことがない。ラバの演技は危険を伴うのである。

　ラダックの伝統的な考え方では、出産後、母親は1カ月間、家の中に留まり、親類や隣人の所を訪れてはならないとされる。また、彼女は畑の水路を横切ってもならないとされる。出産の際、母親からの出血があり、これがラーにとって良くないとされているからである。この禁忌はゼムチェスと呼ばれるが、もしこれを守らなければ、ラーのロンツァン・カルマルは不機嫌となり、怒ってその家に悪霊や不運をもたらす。このため、出産後1カ月間は、母親は家の中に留まることになっている。そうすれば、1カ月の間に母親も赤ん坊も完全に回復することになる。このことは、死に際しても同様である。夫、または妻が死んだ後、その配偶者は1カ月間、家に留まらねばならない。もし、この禁忌を破れば、ロンツァン・カルマルは怒ってその家族に悪運をもたらす。すなわち、血や死は不浄であり、この接触がラーにとって好ましくないと考えられているため、禁忌に違反したことの制裁が、人々に加えられることになるのである。

　なお、ラダックには、パスプン（pha sphun, 父・兄弟）と呼ばれる父系出自を核とする協力集団があり、これは共通のパスラー（phas lha, パスプン・ラー〈神〉）と呼ばれるラーを持つ。出産や死亡の際のゼムチェスにおいて、同じパスプン集団内においてのみ食事をとるなどの接触が許され、他のパスラーを持つ集団との間では接触が禁じられる。イシェイ・トゥンドゥップ氏の属する30軒ほどの家から成るパスプンのラーは、チャンゼという名前である。また、別のパスプンにはシングラーという名前のラーもいる。これは木のラー（神）という意味である。

　これらパスラーは、それぞれのパスプンの個別のラーである。これに対し、村全体のラーはユルラー（yul lha, 村・ラー〈神〉）と呼ばれ、ロンツァン・カルマルはこのユルラーである。また、パスラーのラトーは、パスプンに属する家々の中心となる1軒の家の屋上に立てられる。このラトーに立てられているビャクシンの緑の針葉のついた枝は、毎年正月に取り替えられる。同様にロンツァン・カルマルの2つのラトーのビャクシンも、ナグラン祭礼の1カ月後、ラーを谷の奥にある住み家であるラトーに送る際、新しく取り替えられるのである。

　すなわち、ラダックにおいては、祭礼に登場するラーをはじめとするさまざまな種類のラーが見られ、ラーに対する崇拝が人々の信仰の基盤になっている。そして、マトー村のすべての村人は、ラーの中でもロンツァン・カルマルは特に力があると考えている。このラーは人々の望みをかなえる力があると信じられているからである。もし、人々がラーを尊敬し、崇拝するならば、ラーは人々を助け、危険や災難から救う。しかし、もし、人々がロンツァン・カルマルを尊敬しなければ、彼は人々に不運をもたらすのである。同時に、ロンツァン・カルマルはブッダ・シャカムニへの帰依者であるとも考えられている。

さらに、ロンツァン・カルマルは丁度、人のような姿、形をした2人のラーからなっている。1神のラーは槍を持って赤い馬に乗る全身赤色のラーであり、これはラメ・ラー（僧のラー）と称され、僧タックツァン・ラスパに属するものである。他の1神は槍を持ち、白馬に乗る全身白色のラーであり、ギャペ・ラー（王のラー）と称され、センゲ・ナムギャル王に属するものである。ラーが僧院から7km離れた谷の最上部にあるラトーに戻る際、1頭の馬はヘミス僧院によって準備される。これは、16世紀にチベットから来て、ドゥック・カーギュ派のヘミス僧院を創設し、ラダック国王センゲ・ナムギャルの顧問となった僧タックツァン・ラスパに代わって、ヘミス僧院により提供されるものである。そして、もう1頭の馬はセンゲ・ナムギャル王に代わってストック王宮により提供されるのである。また、2日目のラーはゴンボの面を通して見る。すなわち、村人は、ゴンボがラバに憑依するのではなく、ラー（ロンツァン・カルマル）がラバに憑依し、そのラーが身体に描かれたゴンボの目を通して物を見るというのである。もっとも、この解釈に関しては、後述するようにゲロン・パルダン師やマトー僧院の解釈とは異なっていることも事実である。

祭礼における村人の役割

　マトー・ナグラン祭礼の2日間の本祭とその前日を含めた3日間、マトー村から毎日30人の若者が交代で僧院に行く。マトー村には全部で350軒ほどの家があり、各家には3-4人がいるが、地区を分けて、それぞれの地区から毎日、30人の若者を出す。彼らは僧院の中庭や部屋を掃除する。また僧たちが祭礼を遂行することができるように、裏方を務める。さらに、彼らは訪問客から寄附金を募り、また、食事を提供する。そして、祭礼終了後、彼らは後片付けをし、僧院の周囲を清潔にするのである。

　マトー・ナグラン本祭礼の8日前（2009年3月6日）に僧たちは集合し、ツォクスの儀軌を始める。そして、7日前の3月7日にケードルジェ儀軌のためのキルコル（色粉で描かれたマンダラ）を製作する。その後、3月8日から12日までの5日間にわたり、僧たちは午前3時に集会堂でケードルジェ儀軌を行なう。そして、3月12日にキルコルが破壊される。破壊されたキルコルの色粉は集められ容器に入れられる。この後、ある村人たちは僧院に行き、少量の色粉をくれるよう僧に頼むのである。この粉は大麦や野菜の畑に蒔かれる。そうすると、作物を食い荒らす害虫が減少するとされているのである。これを毎年繰り返すと、最終的には害虫は畑から完全にいなくなるという。僧はこの目的のために、破壊された後のキルコルの色粉をとっておくのである。他の僧院では、色粉は川に流される。これはラマユル僧院で破壊された後のキルコルの色粉が、泉や川のルーに捧げられることに見た通りである。しかし、マトー村では、人々はその力により害虫を退治するため、色粉を畑に撒くのである。3月13日は本祭の前日であり、すでにラバが登場して、村人たちの質問に答える。そして、3月14日と15日は本祭であり、仮面舞踊とラーの登場が見ら

れるのである。

　なお、マトー・ナグラン祭礼では、仮面舞踊の中でダオを殺す儀式が行なわれることは他の祭礼と同じであるが、これとは別に、大きな外部のトルマを火中に投捨するグストルの儀式は行なわれない。したがって、グストルにかかわる村人たちの役割もない。マトー僧院では、これに代わって、ちょうどラマユル僧院におけるカンギュル祭礼の際のデチョク（チャクラサンヴァラ）儀軌と同様、ケードルジュ儀軌におけるキルコルの製作とその破壊が行なわれ、グストルではなくキルコルが仮面舞踊とセットになっているのである。さらに、ここでラーが登場することも、ラマユル僧院には見られなかった特徴である。

　マトー・ナグラン祭礼における村人の重要な役割として、ラトーのビャクシンを新しく取り替えるという活動がある。このため、本祭礼の前の3月12日に登場したラーにより、マトー村の4名が選ばれる。彼らは、150km離れた下手ラダックのスキルブチェン村に行き、ここにある大きなビャクシンの木から、ビャクシンの葉のついた枝を取って来る。そして、マトー・ナグラン祭礼の1カ月後の15日に、ラトーのビャクシンを新しいものと取り替えるのである。

　以前、ラダックには、18世紀まで大きな道路がなかったため、馬とロバでスキルブチェン村まで往復するのに14日間を要したという。5-6日間かけて、スキルブチェン村まで行き、1日でビャクシンの枝を取り、7-8日間かけてマトー村まで帰って来るのである。もっとも、現在では、ラトーのビャクシンを取り替える4日前に、車でスキルブチェン村まで行き、1日でビャクシンの枝を取り、再びマトー村まで戻り、ラトーの古いビャクシンを、この新しいものと取り替える。

　スキルブチェン村では、マトー村からビャクシンを取りに来た人々が、馬やロバを村の放牧地に入れることが許された。また時には、牧草を無償でくれることもあった。この時期には通常、草は生えていないからである。マトー村からの人々はすべての食糧を持参し、ある家族の家に滞在し、そこで自分たちの食事を用意した。もし、丁度、村で結婚式があれば、マトー村からの人々は招待客のように敬意を表され、式に招かれ、チャン（大麦酒）を飲まされたという。

　スキルブチェン村には、ザングナムという名前の村のラーがいる。このラーはマトー村のロンツァン・カルマルの兄弟である。これらラーは、トゥンパ・ドルジェ・スパルザンがチベットからラダックにやって来た時に連れて来たスプンドゥンの七兄弟のラーである。彼らは元来、チベットにおける力のある霊であったが、仏法を守護することを誓い護法尊となったものである。そこで、マトー村のラバは、スキルブチェン村にビャクシンを取りに行く役割を担う村人に、1本の槍を渡す。そして、彼らはこの槍をスキルブチェン村にまで持って行き、村のラトーに立てるのである。

　ビャクシンの木は他の村々にもあるが、清純なものとは見なされていない。村の中にあ

るビャクシンの木は、下肥や牛の糞などの混ざった水の近くに生えているためである。これとは対照的に、スキルブチェン村の谷の最奥の雪渓のすぐ下に生えているビャクシンの木は、純粋な水を得ているので清純とされるのである。マトー村の人々が、遠く離れたスキルブチェン村にまでビャクシンを取りに行くのは、そこのビャクシンが清純であるからという理由のみによる。スキルブチェン下流のダ・ハヌ村や、またマトー村から70km西にあるヘミシュッパチェン村にもビャクシンがあるが、それらは清純とは見なされていないのである。実際、マトー村とスキルブチェン村の人々の間には、少なくとも7世代にわたって親族関係はない。それを越える遠い関係を持つ人がいるかもしれないが、あまり聞かないという。

　ある伝説では、毎年、スキルブチェン村の清純なビャクシンの枝を取ったため、その数が減少したという。そこで、スキルブチェン村から、村人がマトー村にやって来て、毎年ビャクシンの枝がラトーのビャクシンを新しく取り替えるために切り取られるので、ビャクシンが消滅しかけていると訴えた。すると、マトー村のラーは、一握りの大麦粒を彼らに与え、これをビャクシンの木のまわりにまくように言った。彼らはこれをスキルブチェン村に持って帰り、ビャクシンの木のまわりにまいた。その後、ここにはたくさんのビャクシンの木が生い茂ったという。

　さらに、別の伝説では、マトー村の人々がスキルブチェン村に、ビャクシンの枝を取りに行く慣習が確立されたことについて、次のように語られている。かつて、マトー村から4人の村人がビャクシンの枝を取るためにスキルブチェン村に来ることを、スキルブチェンの村人は快く思わなかった。ある時、4人の新人がマトー村からやって来て、どこにビャクシンの木があるかとたずねた。そこで、スキルブチェンの村人は別の方角を教えた。そこは、清純とされていない別のビャクシンの生えている場所であった。4人は初めて来たため、これが間違っているとは知らず、この場所のビャクシンの枝を切り取り、マトー村に持ち帰った。しかし、ラトーのビャクシンを取り替えようとした時、ラーが来て、そのビャクシンの枝を取り、そこかしこに投げ捨てたのである。それで、人々はこのビャクシンが清純ではないことがわかり、これを捨てた。この年は1年間、ビャクシンを取り替えることができなかったのである。そして、ロンツァン・カルマルは、スキルブチェン村の人々に対して不快に思い、悪霊や不運を投げかけた。その結果、多くの村人たちがハンセン病にかかり、また下痢になる者もいた。そこで、スキルブチェン村の村人はこのような病気の流行の原因を高僧に見てもらい、それが自分たちの村の、ある村人たちが、マトー村からビャクシンを取りに来た人々に、間違った場所を教えたためであることを知ることになった。翌年、スキルブチェン村から人々がマトー村にやって来て、マトー村のラーに許しを乞うた。そして彼らは、「マトー村の村人はスキルブチェン村からビャクシンを取ることを許可される」との協定文書を板に書き付けたのである。

実際、スキルブチェン村では、ビャクシンの生えている村の上の場所の下にある家で死者が出ると、この近くで火葬にすることはなく、村の下方10-15kmの所まで遺体を運び、火葬にするという慣習がある。これは、火葬にした時の煙がビャクシンにかかると、ビャクシンが不純になるからだと考えられているためである。このように、スキルブチェン村のビャクシンは清純に保たれており、これを得るために、マトー村の人々は遠く離れた下手ラダックのスキルブチェン村まで行くことになっているのである。

もっとも、チベットからラダックにやって来たサキャ派のトゥンパ・ドルジェ・スパルザンが連れて来た七兄弟のラーが、チャンタンのギャー、上手ラダックのマトー、ストック、そして下手ラダックのスキルブチェンに守護尊として配置されたという伝説に基づけば、マトーとスキルブチェンとの関係が単に清純なビャクシンを取るためのみであるとするのは考えにくいかもしれない。むしろ、かつてのラダック王国の王族と結びついたサキャ派僧院がこれらの領地を寄進され、村人への仏教の布教のために新たな地方神を付与し、あるいは従来からの地方神を仏教儀礼の中に統合した、という歴史的結果であるとも考えられる。ラーが村人たちの信仰の対象であるとともに、王宮や僧院とも結びついていることは、この可能性を示唆するものである。

祭礼の変化

実は、マトー・ナグラン祭礼2日目に登場するゴンボの形態をとるラーは、2005年と2006年の2年間にわたり、登場しなくなった。その後、再び登場するも、以前のように僧院の外に出て各所を巡ることは止めたのである。この変化の原因とその結果について、マトー村のイシェイ・トゥンドップ氏は次のように語る。

従来、ラバとなる僧の身体にゴンボの顔を描く人は、伝統的にレーのアバ・ラルダック（ラルダック家の祖父；ラルダックとはラーの所有者という意味の家名であり、ラトーを管理する役割を持つ。多くの村にそれぞれラルダック家がある）であった。絵を描くためには、1人のラバに対して、その胸と背中にそれぞれ1人ずつの絵師が必要であり、2人のラバのためには4人の絵師が必要となる。アバ・ラルダックは彼らの師匠であり、絵を描く際、他の絵師の間違いを指摘し、また全体の指図を行なっていた。彼は熟練した絵師であった。しかし、彼は年を取り2005年に世を去った。そのため、僧の身体にゴンボの顔を描くことのできる熟練者はいなくなった。その結果、ラーは、2005年と2006年の2年間、来なかったのである。現在、僧院は新しい絵師を見つけた。彼らはチェムレ村出身の絵師で、別の熟練した絵師や、絵の描ける高位の僧から訓練を受けた。なお、ラーが来なくなったのは、祭礼2日目のみであり、1日目には、2005年と2006年にも、以前と同様来ていたのである。

さらに、アバ・ラルダックが生きていた時には、登場したラーは僧院内を歩きまわるのみならず、僧院の外に出て、僧院の建つ丘の下にまで下りて来ていた。彼らはまず、マトー

僧院の建つ丘の端にあるヘミス・ラトーに行き、ここで大麦粒をまき、祝福した。このラトーのラーは、ヘミス僧院から来たラーである。次に彼らは丘を下り、その麓にあるグルゴン（gur mgon, 天幕・ゴンボ）という名前のラーを祀る小さな堂に行く。グルゴンは非常に力の強いラーで、サキャ派の僧たちのみならず、マトー村の人々は皆、崇拝している。ここには、ラトーがあり、赤い堂内にはグルゴンの壁画が描かれている。ラーにもその霊力により段階があり、マトーのラー（ロンツァン・カルマル）も、年毎にその地位を高めてはいるが、グルゴンはそれよりも少し高い地位にある。

　堂内で、ラバは壁画に描かれたグルゴンにカタックを奉献する。そして、ラバはこのグルゴンの堂を守っている家人により茶を献じられる。この家はズルカンパ（大臣・家）であり、グルゴンは貴族であるクルタックス家に属するラーである。その後、2人のゴンボのラバは丘の麓を右まわりにまわりながら仏塔群の横を通り、丘を登り、再びマトー僧院に戻るのである。これはたいへん長い道のりである。そして、再び僧院内で歩きまわる。

　なお、ゲロン・パルダン師や、マトー僧院のジャムヤン・ギャルツァン僧から以前聞いた話、さらには、私自身の1984年の観察に基づけば、2人のラバが僧院を出て丘を巡る際、途中には村人たちが待ち受けカタックを捧げ、商売や将来に対する個人的質問をし、これに対しラバから託宣を授けられるのである。しかし、2005年と2006年には、この巡行を行う祭礼2日目にはゴンボのラーが登場せず、また、2007年以後も、ラーは登場したものの、僧院外の巡行は全く行なわれなくなったのである。このいきさつについて、マトー村のイシェイ・トィンドップ氏はさらに続けて次のように語る。

　2005年の祭礼第1日目に、ラーはラバの口を借りて、僧院長に「次の日、私たちは黒い形（ゴンボの形態）では来ないだろう」と告げた。こうして、この年と翌年の祭礼2日目に、ラーは登場しなかったのである。しかし、3年目の2007年、サキャ派の法主であるサキャ・テンジンがラバの身体にゴンボの顔を描く絵師を準備し、その上で、ラーに次の日にも来てくれるよう特別に要請したのである。その要請に対し、ラーは「もし請われれば来るだろう、しかし、下には下りない（僧院外に出て丘の下を巡らない）」と告げた。このようにして、彼らは再び登場するようになったのである。

　さらに、ラーは、彼ら自身の自由意志で来たのではないという。ラーは、人間とは異なる彼ら自身の生活を営んでいる。たとえば、村人が、僧から僧院の掃除をするよう言われても、それをしたくない時もある。しかし、もし、僧たちが村人に、どうか来て手助けをしてほしいと要請すれば、村人は行くだろう。要請されなければ、村人は村人自身の仕事をする。同様に、ラーも彼ら自身の仕事がある。そこで、僧がラーに対し霊的に、どうか来てほしい、どうか来てほしいと要請し、その結果、ラーは来たのだという。ラーは自分の判断ではなく、僧が経典を読み、来てくれるよう祈願した結果、来たのである。

　しかし、ラーは僧院を出て、丘の下には下りないことになった。これに関し、マトー村

の人々はこれでよいと思っているという。もし、ラーが登場しなければ、マトー村の伝統は完全に失われるのである。それで、少しでも（僧院内だけであっても）ラーが登場するのであれば、それで人々が祝福を受けるには十分だと考えたのである。さもなければ、伝統は消滅し、記録の中だけに留められることになるからである。

　以上のように、マトー村の住人は、祭礼2日目にラーが出場を拒否したことに関して、第1にその理由を、熟練した絵師がいなくなったためである、と私に説明した。さらに、第2に、これを復帰させたのはサキャ・テンジンの要請の結果であり、第3に、その後もラーが僧院の外を巡ることがなくなったことについて、すべての伝統が断たれるよりは良いことだと了解していることが、明らかとなった。しかし、このラーの登場拒否とその後の祭礼の変化に関して、マトー村以外のラダックの人々は、異なる見解を持っている。これについて、さらにパンディ師をはじめとするラダックの人々の話に基づきながら、次に述べることにする。

5　ラーの登場拒否と政治

ラダックの人々の噂話

　パンディ師は、自分自身で実際に見たわけではないがと前置きした上で、マトー村では危機的状況があったという。これは、ラダックの人々の噂話であり、同時に、彼らのマトー村での問題に関する見解ということになる。パンディ師によれば、ラダックには社会的にきわめて低いカーストとされるモン（楽士、ヴェーダ）の人々がいる。マトー村にも数軒のモンの家があり、彼らは祭礼など必要な行事がある毎に、太鼓や笛を演奏しなければならないとされている。これはラダックの伝統である。しかし、現在、彼らは政府に対し、自分たちは低いカーストではなく、なぜ自分たちは低いカーストと見なされているのかと反抗している。彼らは自分たちは自由であり、民主主義の中での生活を営んでいると言い、楽士の仕事を拒否したというのである。さらに、彼らはラダックにおいてモンという低いカーストがあることについて、これは仏教の教義に基づくものであるのか否かを、ダライ・ラマ14世にたずねることさえしたのである。そして、後日、ダライ・ラマ14世は、ラダックにおいて講話を行なった際、仏教においてそのようなことは一切なく、すべての人々、すべての物は皆平等である、と述べるに至ったのである。

　この現代化に伴う伝統の継承に関する問題は、ラダックじゅう至る所での共通の課題になっている。特に、最近、マトー村において、このことは重大問題になった。モンの家の息子が軍隊に入隊し、軍の仕事についたからである。その結果、マトーのラーが登場する際、彼は太鼓を演奏する必要があるにもかかわらず、来なかった。この事件は、マトー村の村人と彼の家との間での大問題となった。彼は自分は軍隊におり、軍隊から休日の許可

を得ることができなかったため、太鼓の演奏を拒否したのだという。しかし、ラーは、この男が太鼓を演奏するために必要である、と言った。他の男の演奏ではだめだというのである。その結果、マトー村の状況はきわめておかしくなり、大きな紛争が発生したのである。ラーは、もしこの男が演奏しなければ、私は登場しない、といったというようなことが起こったかもしれないとのことである。なお、パンディ師は、ラーが登場しなくなったのが、このことによるのか、あるいは、他の原因によるものなのかは定かではないが、このような重大問題が起こったという事実は聞いているとのことであった。

　なお、この問題について、ラダックにおける別の知識人であり実業家である人に聞いたところ、この事件がマトー村以外の人々により、次のように語られていることが明らかになった。すなわち、マトー村の中でのモンの家と他の村人との間の紛争は、モンが音楽の演奏をしなければ畑に水をやらないといって村人が水を止めたため、モンの家の畑が干上がるという結果を招いた。また、マトー村以外のラダックの人々は、マトー村の村人はモンの青年が軍隊に入り、地位を得て金持ちになるのを阻止しようとしているのではないか、と噂しているという。実際、ラーは、村にモンの家が3軒あるにもかかわらず、この特定の家の青年による演奏がなければ登場しないと言ったのである。さらに、モンはダライ・ラマ14世に、仏教で自分たちは下のカーストかとたずね、ダライ・ラマは仏教にはそのようなことはないと答えた。そのため、モンは、自分たちは音楽の演奏をしたくなければしない、と言ったというのである。

ラーをめぐる政治

　ラーの登場拒否とその後の変化について、パンディ師は次のような印象を語った。従来、ラーはラトーに住んでいると考えられており、祭礼に際しては祭りの場に連れて来られ、そこで演技が行なわれた。しかし、最近、ある僧たちはこれは必要ないのではないかと提案し、なぜ彼らが遠い道のりを歩き、あるいは走って巡行しなければならないのかと疑いを持った。実際、彼らは僧院内外のあらゆる場所をラーになって走りまわりたくないと感じたかもしれない。彼らは、これは不必要であると言い、高位の僧はこれを中止することができると言った。そして、僧たちは彼に従った。このような筋書きは考え得ることである。さもなければ、ラーとなる僧たちだけでは、このような重大な変更は決定し得ないという。実際のところ、マトー僧院にはラダック出身の高位の僧はいない。しかし、チベット出身のマトー僧院長であるルディン・カンポは高位の僧であり、彼が「ラーの登場」は必要ではなく、また「ラーの登場の中止」はできると言ったに違いない。ルディン・カンポ、さらにはその背後のサキャ派宗主サキャ・テンジンなしには、彼らはラーの登場を中止することはできないはずである。

　さらに、彼らはラーの登場を中止するための何らかの弁明をしたのではないか、とパン

ディ師は述べる。そこで、私は2日目にゴンボの顔を描く絵師がいなくなったことがラーが出場しなくなった理由である、と村人が語っていることをパンディ師に告げると、パンディ師は笑って次のように答えた。彼（ラーの憑依した僧）は胸に描かれた（ゴンボの）目を通して見なければならない。そのため、もし目を描く絵師がいなければ、彼は盲目である。つまり、彼らは目が必要なのだ、と。

パンディ師は、ラバとなる僧の中に、僧院内を走り回り、特に2日目には目隠しをしたままで遠い道のりを歩かねばならないことを負担に感じている者がいてもおかしくない、と僧の気持ちに立って、ラーの登場拒否についての理由を機転をきかせながら推察したのである。さらに、この決定はラーやラバとなる僧ではなく、高位の僧の指示なしにはできないことを強調した。また、ゴンボの顔を描く絵師がいないとの理由は、弁明にすぎないと指摘したのである。

この解釈は、僧院の政治構造や僧たちの心情を十分に理解した上ならではの、的確な洞察であろう。また、この祭礼の変化を、村人と僧院との関係という視点から、僧院側による村人の信仰心の再活性化、および、自らの主導性の明示と祭りの新たな形式的展開と捉えることも可能であろう。そこで、ここでは、その変化の内容と過程について、ラーをめぐる政治とその背後にある人々の心という観点から、さらに分析を行なうことにする。

このため、祭礼の変化を3つの位相に分けて論じることにする。第1は、モン（楽士）の反抗、第2は、ダライ・ラマ14世の裁定と僧院の譲歩、そして第3は、サキャ派の政治的戦略である。第1のモンの反抗は、モンの楽士としての仕事の拒否により、村人と下級カーストのモンとの間の対立として問題が顕在化することになった。このため、ラーの登場拒否という事態を招くことになったのである。このことは一見、村人と僧院とが連帯し、軍人の職を得たモンに対し、ラダックの伝統的社会構造に基づく慣習的役割に戻るよう圧力をかけたようにも解釈できる。とりわけ、ラバとなる僧もマトー村出身の僧であること、さらに特定のモン個人に向けられたラーの要求は、この可能性を強く示唆する。しかし、パンディ師の、僧もラバとなることに負担を感じているはずであろうという示唆に基づくならば、モンが登場を拒否したということは、ラーの登場拒否のための僧の弁明に利用されたことになる。すなわち、ここではモンとラバとなる僧とが、祭礼を遂行するための負担を負いたくないという共通利益のもとに、伝統的祭礼の継続を当然とする村人に対立したという構図が浮かび上がる。この構図は、ゴンボの顔を描くための熟練した絵師がいなくなったという理由についても、そのまま当てはまることになる。死去した絵師の息子は、もはや絵師を継いではいないからである。したがって、ここでは、現代化による専門職の放棄と、祭礼の伝統を維持しようとする村人との間の対立、という構図が浮かび上がってくるのである。

第2の位相は、ダライ・ラマ14世の裁定により展開する。モンの訴えを受け、仏教教義

においては現代の民主主義におけると同様、人々の平等性を確保するとしたことは、職業の選択の自由を認めることを意味するものである。これは、モンの行動に対し制裁を加える村人の側を誤りとするものである。さらに、ラーの登場拒否の理由を特定のモン個人の行動に帰する僧院の弁明そのものの無効をも意味するものであった。

　この結果、僧院は再びラーを登場させざるを得なかったのである。これは、この問題の解決における僧院の譲歩である。僧院は、より正確に言えば、高位の僧である僧院長のルディン・カンポは、別の楽士と新たな絵師を準備し、特別の要請によりラーから登場の承諾を得るという正当化の手続きを行なうことになる。このことは、村人から見て、僧院の権威をより高めることはあっても、失墜させることはない。

　第3の位相は、サキャ派の戦略である。これは、僧院の譲歩の際における条件にあたり、今後の祭礼の次第に大きな変化を与えるものである。祭礼2日目にゴンボのラバが僧院外を巡行することを中止する、というラーの登場の条件は、ラバとなる僧たちの意向を汲んだものかもしれない。目隠しをしたままで長い距離を歩くことは、僧たちにとって過重な負担であるのみならず危険でさえある。僧院はこのことにも配慮しなければならなかったはずである。

　さらに、この変化にはもう一つの戦略が隠されているのではないかと考えられる。僧院外の巡行の中止により、ラバはマトー僧院の建つ丘の端にあるヘミス僧院のラトーや、丘の麓のマトー王宮と関係する大臣の家に属するラーの堂を訪れることを止めることになる。これらのラーへの訪問は、おそらくはラダック王国で強い力を持っていたドゥック・カーギュ派のヘミス僧院やマトー王宮を守るラーに対し、後にラダックにやって来て、この地にマトー僧院を建てたサキャ派の歴史に由来するものと考えられる。すなわち、ラバが僧院外の各所を巡る慣習は、ラダックの歴史の記憶そのものということになる。したがって、これを中止するということは、歴史的記憶の消去と新しい歴史の構築、すなわち歴史の修正に他ならないのである。

　もっとも、祭礼の1カ月後に、ラーをラトーに帰還させるに際して、ヘミス僧院とマトー王宮により馬が用意されることについての変化は見られない。そもそも、ロンツァン・カルマルというラーの名前そのものに、僧のラーと王のラーという歴史が不可分に刻み込まれている以上、歴史を完全に消去することはできないのである。しかし、ここでも、2日目に登場するラーに対する僧院と村人との間での解釈の相違が認められる。ゴンボのラーは客観的には、ゲロン・パルダン師の述べるごとく、ゴンボ（マハーカーラ）であり、1日目に登場する元来ツァンにすぎないロンツァン・カルマルとは比較の対象にならないほど高位の護法尊である。もっとも、マトー僧院の見解としては、2日目には、ロンツァン・カルマルはゴンボ（マハーカーラ）の超越的知識の形態の中に無となって入るとされる。[5]さらに、マトー村のイシェイ・トゥンドゥップ氏は、すでに記したように、2日目のラー

もロンツァン・カルマルであり、身体に描かれたゴンボの目を通して見る、と述べるのである。すなわち、2日目のラーがゴンボそのものであるのか、ロンツァン・カルマルであるのかについての微妙なずれを含みながら、僧院と村人では2日目のラーの正体についての解釈が全く異なっているのである。したがって、もし、ゴンボに重点を置く僧院の解釈に基づけば、ラーの帰還はゴンボとは無縁のロンツァン・カルマルに関することであり、2日目のゴンボのラーが巡行を止めるだけで、ラダックにおけるサキャ派に関する歴史は修正されたことになると解されるかもしれない。

マトー僧院は1967年まで転生がおらず、そのため、現在は、宗主であるサキャ・テンジンが任命したチベット人高僧であるルディン・カンポが転生として僧院長を務めている。もっとも、彼はマトー僧院には住んではいない。サキャ派にとって、とりわけラダック出身ではないチベットから亡命した高僧にとり、ラダックの歴史は地方的な事柄にしかすぎないであろう。そもそも、仏教僧院の祭礼に地方のラーが登場すること自体、仏教的教義からすれば不快なことかもしれない。ましてや、サキャ派の重要な護法尊であり仮面舞踊の主役であるゴンボが、ドゥック・カーギュ派のヘミス僧院やマトー王宮のラーに対し、いわば表敬の意を示すことに異議を唱えても不思議ではない。

マトー僧院では、1984年に、ラダックにおけるチベット難民居住地であるチョグラムサルにある仏教学中央研究所の支部としてのチェチェン学校が開設され、小学校の教育が行なわれている。生徒は卒業後、南インドのチベット難民居住地であるムンゴット、そして北インドのデラドゥンにあるサキャ大学に進むことになる[6]。実際、2009年に私がここを訪れた時には、僧院の裏手にあるサキャ・センター、仏教僧院研究所では、300人の僧たちが教育を受けていた（写真8-54）。

さらに、そこでは、サキャ派では宗教をビジネスとしてではなく、仏教の教えを必要としている人々に布教するという方針に基づき、仏教教義の教育に力点が置かれていた。もちろん、この新たな教育制度自体は、すでに述べたディグン・カーギュ派におけるラマユル僧院の組織改革に見られるように、難民チベット社会におけるチベット仏教僧院のグローバル化、多国籍型経営の一環として、ラダックの僧院を新たな経営戦略に組み込むものでもある。国際的競争に耐え得るチベット仏教の教育という観点から見れば、ラーの登場する祭礼や地方の歴史は修正してしかるべきであると映るかもしれない。実際、現代の仏教大学を卒業した僧たちがマトー僧院に戻り、そこで順番にラーの役割を負わされることに、物理的負担のみならず仏教教義上からの精神的負担を感じたかもしれない。それにもかかわらず、ラーの登場を容認せざるを得なかった僧院は、そのためには歴史の修正という条件をつけたと解釈することができるのである。

さらに、第4の位相をつけ加えるならば、それは村人の弁明にある。ここで、興味深いことは、マトー村の村人が私に語ったことと、語らなかったことである。彼らはラーの登

写真8-54 北インド、ウッタラカンド州、デラドゥンの
サキャ・センターにある、1995年に新しく建
設されたサキャ派僧院（2009年）

場拒否の理由を、熟練した絵師の不在とした。しかし、彼らは、マトー村における村人とモンとの間に起きた対立について、私には黙して語ることはなかった。彼らは自分たちの非を認めていたからであろう。ダライ・ラマ14世の裁定に異議を唱えることは、仏教徒としての立場を失うことになるからである。

　そして、村人たちは、祭礼に再び登場したラーに対し、観光客が写真を撮ることを執拗に阻止した。従来より、ラーは写真を撮られることを嫌い、写真を撮っている観光客を見つけると走り寄り、怒って刀で打つことが見られた。もっとも、1984年時点では、写真を撮影することは不可能ではなかった。村人はラーに見つかると恐いという注意はしても、彼ら自身が写真をとることを阻止することはしなかったからである。しかし、2009年には、村人たち自身が観光客を監視し、写真を撮っている観光客を見つけると僧院の屋上から小石を投げたのである。これは、再登場したラーがその機嫌を損ね、再び登場拒否をすることのないよう最善の配慮をするというラーへの忠誠心の表明であり、同時に、ラーの登場拒否を観光客の責任に帰すという、村人たちの弁明として解釈することも可能である。パンディ師は、村人は「わけがわからない」と言う。そもそも、仏教的論理からすれば悪霊であるはずのツァンであるラーを信じ、祭礼を見に来た観光客に石を投げることなどあり得べくもないからである。もっとも、この行為が、村人のラーに対する現実的利益に基づく絶対的な信仰と、これを伝統として守ろうとする集団的帰属性の表明であると解釈することは可能であろう。

　以上の分析に基づくと、マトー・ナグラン祭礼におけるラーの登場拒否と祭礼次第の変化は、インド独立後、半世紀を経てようやくラダックにおいて顕在化した現代化と、イン

ドのチベット難民社会におけるチベット仏教の新しい経営戦略を動因として、この変化を推進しようとする一部の人々や僧院と、逆にこの変化に抗してラーへの信仰と伝統を維持しようとするラダックの村人たちの間の、葛藤とその解決の過程であることが明らかとなる。また、この問題解決の過程で、僧院と村という集団間の直接的対立を顕在化させることなく、ラーをめぐる政治的語りを通して、その解決を図ろうとしていることが明らかとなる。その結果、僧院と村との互恵的関係を通した全体的体系は維持され、双方に受け入れられる部分的修正が加えられながら、祭礼が存続することを可能としているのである。

さらに、村人が伝統を維持しようとする理由は、彼らの生活が祭礼なしには成り立たないと考えられているからである。すでにラマユル僧院の祭礼に見たように、ここでも祭礼と生態と社会とは不可分に結びついている。村人にとって、生活を成り立たせるためには、僧院と村との全体的体系の維持が必須条件となり、農耕やそれに必要な降雨、さらには疫病や災害から生活を守るラーの力が必要なのである。また、祭礼の実行にはモンの役割が不可欠であり、このためには伝統社会の維持が必要なのである。村人がモンに対して制裁を課したのは、村としての伝統的集団の維持のためである。そして、ラーの登場拒否とその結果としての修正された祭礼の復活は、現代化と伝統との対立の中で、この僧院と村との間に形成される全体的体系が、調整を経ながら活性化される過程として捉えることができるのである。

註
1) Jamyang Gyaltsan 2005：24.
2) Jamyang Gyaltsan 2005：25.
3) 田村（写真）・頼富（解説）1986：no.38.
4) 山田 2011：13.
5) Jamyang Gyaltsan 2005：26.
6) Jamyang Gyaltsan 2005：31.

第9章　ストック・グル・ツェチュー祭礼とラー

　ストック・グル・ツェチュー祭礼（tog gu ru tshe bcu, ストック・尊師・日・10）は、グル（尊師；パドマサムバヴァ、padmasaṃbhava〈サンスクリット〉）の誕生日である10日を祝い、チベット暦の新年1月9-10日に、ストック村で行なわれる祭礼である。この祭礼に登場するラーは、村人のラバ（lha ba, ラー〈神〉・者；ラヤル、lha gyar, ラー・借りる；ラーが憑依する男）に憑依し、マトー・ナグラン祭礼におけるラーが僧に憑依することとは異なるものとなっている。したがって、ラーに関する事柄については、村人が主体となって僧院と協同で行なっている。また、ラーの登場するこの祭礼は、本来ストック王宮と結びついていたものであり、ゲールク派スピトゥック僧院の末寺であるグルプック僧院においてこの祭礼が行なわれるようになったのは、後のことである。現在、仮面舞踊はスピトゥック僧院からやって来た僧により行なわれ、その内容は同じゲールク派によるスピトゥック・グストル祭礼、リキール・ストルモチェ（ドスモチェ）祭礼における仮面舞踊と共通したものとなっている。

　私は、ストック・グル・ツェチュー祭礼とラーの登場についての全体像を把握するため、1984年と2009年の二度にわたり、実際にストック・グル・ツェチュー祭礼を観察し、また、1989年にストック村の村人からラーと祭礼との関係についての詳細な情報を得、さらに2009年にはラーと深くかかわるストック村のオンポ（dbon po, 占星術師）に、彼の視点から見たラーについての話を聞いた。また、仮面舞踊についても、ストック・グル・ツェチュー祭礼に加え、1983-1984年のスピトゥック僧院、1984年のリキール僧院において観察、記録を行なった。したがって、これらの情報を比較しながら、ストック・グル・ツェチュー祭礼について記載、分析することにする。

1　祭礼の次第

　ツェリン・ナムギャル氏は55歳、ストック村、キトシル家の村人である。私はゲロン・パルダン師とともに1989年に彼を訪ね、ストック・グル・ツェチュー祭礼と、そこに登場するラーについて話を聞くことができた。

ラバの選抜

　まず、ストック村におけるラーの歴史は、マトー村におけるものと同じである。すなわち、13世紀のサキャ派の高僧トゥンパ・ドルジェ・スパルザンがチベットから伴い連れて来た七兄弟（スプンドゥン、spun bdun, 兄弟・7）のラーに由来するものである。このうちストック村に配置された二神のラーは、セルラン（gser rang, 金・自身）と呼ばれる。なお、マトー村のラーは、ナグラン（nag rang, 黒い・自身）、またはチャクラン（lcags rang, 鉄・自身）と呼ばれ、ギャー村のラーは、ユラン（gyu rang, トルコ石・自身）と呼ばれている。

　ストック村のラーが憑依するのは村人である。もっとも、村人の中でも特定の家々の家族のみが、このための役割を負う。この役割は世代を通して継承される。これらは、グル（gu ru）家、ペレ（'phel le）家、ガルップ（lgar grub）家、バズゴー（ba mgo）家の四家である。なお、これらの家々には、この役割に関する特別の名称がつけられているわけではない。これらの家々に所属する家族の中から2人のラバが選抜され、ラバになることを要請されるのである。時には、同じ家族からおじとおいが選ばれ、また時には、異なる家族からラバが選ばれる。もし、これらの家々の人々の中でラーになる人がいなければ、村人は別の家からラーになる人を見つけなければならない。

　ラーが特定の家族の人々に憑依するという伝統は現在まで継続している。しかし、時にラーはある人には非常に強く、また、ある人には弱くしか来ないことがある。また、時に人々は本当にラーが憑依しているのかどうかを疑うような場合もある。それにもかかわらず、この伝統は今日まで中断することなく続いている。村人は、この伝統は高僧トゥンパ・ドルジェ・スパルザンがチベットからラダックに来た時に始まったものであるという。

　歴史的に見れば、当初、ラーはストック村にあるラダック王国の大臣の家の仏堂においてその役割を演じた。当時は仮面舞踊などの祭礼はなかった。その後、ラダック王がレーにある王宮に加え、ストック村に夏の宮殿を建てた。ここに、仮面舞踊を含むラーの祭礼が始まったのである。もっとも、ストック王宮においても、ラーの演出は以前のまま続けられた。これは、2-3世代前のことであるという。なお、ラダック王がストック村に新たな宮殿を建てたのは、ラダック王国にとって不吉な前兆となった。この後、ドグラ戦争（1834年）によりラダック王国はその独立を失い、ラダック王はストックの王宮に移らねばならなかったからである。

　その後、祭礼はストックの僧院に移った。これは、比較的最近の12-15年前のことである。ストック僧院はゲールク派に属し、スピトゥック僧院の末寺となっている。祭礼が僧院に移された理由は、当時、王は病気であり、王宮において祭礼やラーの演出が行なわれることを好まなかったからだという。この時、村人たちは僧院に対し、祭礼を行なってくれるようたのんだ。その結果、祭礼は王宮から僧院へと移った。したがって、以前は、ラーとストック僧院の間には何の関係もなかったのである。

こうして、現在、ラーはストック僧院に登場する。しかし、依然として、ラーがストック王宮を訪れるという伝統は続いている。また、祭礼に関する費用をはじめとするあらゆる手配は村人が行なっているのである。

祭礼の準備

祭礼の手配を行なうため、ストック村の四つの家がニェルパ（gnyer pa, 調達・者）としての役割を担うことになっている。彼らの役割はストック・グル・ツェチュー祭礼にかかわるものであるため、彼らは特にツェチューイ・ニェルパ（tshes bcu'i gnyer pa, ツェチュー〈ストック・グル・ツェチュー〉・の・調達・者）と呼ばれている。ある年に四つの家がこの役割を担当すると、次の年には別の四つの家が担当するというように、彼らは毎年、村の中で順番にこの役割を負う。ニェルパたちはまず、ラバを出す家を訪問し、ラバを出してくれるよう依頼する。ニェルパはラバに謝礼金を払い、今度はニェルパの家に彼らを招待し、チャン（大麦酒）と食事を供し、彼らにラバとしての役割を果たしてくれるよう要請するのである。この要請は3–4回繰り返される。そして、ラバとなる人はこの要請を受諾することになる。

本祭礼の日は、チベット暦1月9日と10日である。しかし、僧院での儀軌は1月7日に始まっている。さらに、この2–3週間前に2人のラバは僧院に行き、その後毎日、僧院長（ロボン、slob dpon）から水での浄化儀礼であるトゥスを受ける。もし、ラバが多忙であれば、トゥスは1週間行なわれる。しかし、もし時間が許せば、2週間、時には1カ月間、浄化儀礼が毎日続けられることになる。そして、1月7日、2人のラバは僧院に来て、そこでラーが彼らに憑依し、彼らのラバとしての役割が始まる。

この間、ラバが清浄に保たれるよう、彼らにはいくつかの制約が課せられる。第1に1–2カ月間、ラバの使用する茶碗や食器は他の人々のものと混同されてはならない。これはきわめて厳格な制約とされている。もっとも、食物に関する規制は設けられてはいない。第2に、彼らは毎日、僧院で浄化儀礼を受け、清浄になるようにされる。第3に、彼らは1カ月間妻と共に寝てはいけない。彼らは自分自身を清浄に保つようにするのである。もし、彼らがこれらの制約を厳格に守るのであれば、ラーは非常に強く憑依する。

祭礼前のラー

チベット暦1月7日にラバが僧院で憑依するのは、本祭礼日前における最初の憑依となる。しかし、この際、多くの人々がこれを見に来ることはない。祭礼の手助けを行なうツェチューイ・ニェルパ、すべての僧、そして2人のラバだけが僧院に行く。2人のラバは集会堂に入り、そこでラーが憑依する。その後、彼らは僧院の屋上に登り、手すりの上を走り回る。さらに、1月8日もこれと同様の演出が行なわれる。なお、ゲロン・パルダン師

によれば、ラバが僧院の屋上に登場し、走り回った後、舞踊中庭に下りるという演出は、チベットにおいては見られないという。したがって、このラバの演出はラダック独特のものであることになる。

　ラバは頭には三眼のついたツァンジャ（btsan zhwa, ツァン・帽子）を被り、身体にはチャムゴスを着け、上半身にはストレー（stod sle）を着ける。右手には刀、左手には槍を持つ。彼らは時に頭被りをラルパ（ral pa）と呼ばれる通常のヤクの毛製帽子に変えることもある。また、胸には鏡（メロン、me long）をつける。さらに、彼らは靴をはかないで、裸足のままである。彼らは裸足でいばらの上に飛び乗り、また冬の最中であるにもかかわらず、雪の積もっている地面を走り回る。しかも、彼らは足に怪我をすることはないという。

　ラーが裸足であることは、ストックのラーの特質である。なお、これとは対照的に、マトーのラーの特質は目隠しをしていることと、沸湯しているような熱い茶を飲み、それでも舌を火傷しないことである。ラーがこれらの特質を持つことは、次のような由来に基づいている。すなわち、かつて、センゲ・ナムギャル王の時代におけるヘミス僧院の僧院長であったタックツァン・リンポチェ（stag tshang rin po che）は、ラーが本当にラバに憑依しているか否かを試すため、ストックのラバに対しては、彼がいばらの上に飛び乗ることができるかどうかを、またマトーのラーに対しては、彼が目隠しをしたままで走り回ることができるかどうかを命じた。これに応え、ラーはそれぞれ、この課題をこなすことに成功した。それで、タックツァン・リンポチェは非常に喜び、ラーに鏡を献じたというのである。もっとも、すでに述べたように、マトーのラーに対しては、このストック村の村人の伝承とは異なり、ラダック王妃がラバを試し、首飾りを献じたという伝説になっている。

祭礼日のラー

　チベット暦1月9日と10日は、ストック・グル・ツェチュー本祭礼1日目と2日目になる。これらの日、ラーはラバに憑依する。時に、彼らは舞踊中庭に登場し、僧たちの舞踊に加わる。もっとも、ストックのラバは村人であるため、マトーの僧のラバのように熟練してはいない。

　ラバは朝、熱湯を飲む。そして、ズボン（カンナム、rkang snam）をはく。上半身は裸、肩にはストレー（stod sle）を着ける。ズボンの前は封蠟で封印（テツェ、te tshe, 印）が施される。朝から夕方まで、彼らは清浄に保たれねばならないため、便所に行くことを許されていないのである。彼らは1日中、熱湯、大麦酒、茶を大量に飲む。同時に、村人たちはズボンの前の封印が解かれていないか否かを調べる。外部のトルマ（phyi gtor）が夕方に投捨された後、初めて彼らは便所に行くことを許される。飲料を大量にとるにもかかわらず、1日中便所に行くことがないということは、裸足で走り回ることに加え、ストック

のラーのもう1つの特質となっている。通常であれば、人は寒い冬の1日に7-8回、便所に行かねばならない。それにもかかわらず、ラバが便所に行かないということは、憑依したラーが本物であることの証明とされるのである。

　祭礼2日目の1月10日はツェチュー（tshe bcu, 日・10）であり、この日はパドマサムバヴァの特別な祝日とされている。ラバにラーが憑依し、彼らは僧院の屋上に登場する。そして、彼らは舞踊の行なわれている中庭に下りて来て、少し踊る。その後、彼らは僧院の外にある広場に行く。ここでは、招待された村のオンポにより、ツェチュー祭礼のための用意がされている。ここで、オンポはラーに大きなチョッパ（mchod pa, 奉献のための大麦こがしの練り粉の固まり；ツォクス、tshogs）と大きな容器（ゴザ、mgo rdza, 頭〈の大きさ〉・容器）1杯のチャン（大麦酒）を奉献する。

　ニェルパたちは、大麦酒の入った大きな容器の上に互いの腕を組み合わせ、ラバはこの腕の上に乗って立つ。そして、ニェルパはラバに、今年のこの村における収穫の良し悪し、またある事業を行なうための吉月、吉日を尋ねる。ラバはこれらの質問に対し、予言（トゥクタック、tugs rtags, 霊・予言）を授けるのである。2人のラバは同時に答える。しかし、時には、先輩のラバだけが話すこともある。先輩のラバはより力が強いとされているのである。その後、彼らはニェルパの腕の上に立ったまま、チョッパ（ツォクス）を切る。そして、その断片をまわりに集まった村人たちに分け与えるのである。

　また、ラバたちはさまざまな場所を巡行する。僧院の集会堂では僧たちがチョスキョン（護法尊；ゴンボ〈マハーカーラ〉）に対する儀軌を行なっている。ここで、ラーがラバに完全に憑依すると、ラバは跳び上がる。僧たちはラバをつかまえ、彼らに刀と槍を渡す。そして、ラバたちはここを出て、第1に、僧院の屋根の上に立つ。僧院の外に出たラバは、第2に、大臣の家にある小さな仏堂（ロンペ・ラクチュン、blon po'i lhag chung, 大臣・の・仏堂・小さい）を訪れる。第3に、彼らは王宮（カル、mkhar）に行く。ここでは、まず仏堂に入り予言を授け、さらに屋根の上に登り走り回ると、下から見上げる人々に対し予言を授ける。第4に、谷の上にあるラルテン（lha rten, ラー〈神〉・住居；ラトー、lha tho, ラー〈神〉・印）を訪れる。そして、第5に、王宮の裏手にあるソナム・ナムギャル王の住居（ジムシャック、gzims shag, 僧の住居）に行く。ソナム・ナムギャル王は退位した後、ここで瞑想を行なう日々を過ごしたのである。そして、彼らは最後に、僧院の舞踊中庭（チャムラ、'cham ra, 舞踊・中庭）に戻って来る。ここで、ラーはラバの身体から離れる（ラー・ヨルチェス、lha yol byes, ラー〈神〉・去る）のである。なお、マトーにおいては、ラーが本当に帰る場所は峡谷の最上部にあるラトーであり、このための行事が祭礼後に行なわれるが、ストックでは単に僧院の舞踊中庭において、ラーが去ることになる。なお、ラーの巡行は1月7日から10日まで毎日行なわれる。しかし、ラルテンを訪れるのは1月10日のツェチューの日のみである。

ストックのラーとマトーのラーを比較すると、前者は村人に、後者は僧に憑依する。このため、マトーのラーはより活動的に見え、ストックのラーはこれより勢いがないように見える。人々は、一般的にストックのラーよりもマトーのラーをより厚く信仰している。マトーにおいては、ラバとなる僧自身が瞑想を含むあらゆる準備を行なうからである。

また、ストック・グル・ツェチュー祭礼はチベット暦1月9-10日にあり、マトー・ナグラン祭礼は1月14-15日にある。このため、人々はまず最初に、ストックのラーに質問を行なうことになる。しかし、もしその後、人々が同じ質問をマトーのラーにしても、全く同じ答えが返ってくるという。人々は、これらのラーが同じ兄弟に属しており、同じ考えを持っていると信じているのである。

なお、150年以上前のドグラ戦争前後のラダック王国の時代において、ストックのラバは祭礼に登場する前に瞑想を行なっていた。当時は、ストック村のピカール（phyi dkar）の近くにあり、現在は廃墟となっている寺院において瞑想が行なわれていた。その後、場所はローツァワの仏塔（lo tsa' ba'i〈＜lo tsa' ba rin chen bzang po〉mchod rten, ローツァワ〈ローツァワ［＜ローツァワ・リンチェンザンポ〔形式〕］・の・仏塔〉）に移され、その内部で瞑想が行なわれていた。しかし、1989年時点で、ラバが瞑想を行なうという慣習は見られなくなった。もっとも、後述するように、2009年において、ラバは再び僧院において瞑想を行なうことになったのである。

現在、ラバは頭被りであるツァンジャをはじめ、多くの衣装を着ている。しかし、以前、彼らは村人たちが日常使用している白い羊毛製のズボンであるカンナム、上着であるストレー、ラルパと呼ばれる帽子のみを着用していた。しかし、年毎に人々が多くの新しい衣装を奉献したため、現在では彼らの衣装は華やかになってきたのである。

また、ラーは、ストックのラーでさえ、写真を撮られることに関しては非常に厳格である。ゲロン・パルダン師によれば、かつて、アメリカ人の観光客が屋上でラバの写真を撮った際、ラバが来て彼を刀で打ったという。そして、僧がゲロン・パルダン師のところにやって来て、ラーは写真を撮られると怒るので写真撮影は禁じられている、と告げたという。これは、マトー・ナグラン祭礼におけるラーと一致している点である。

2　仮面舞踊とラー

ストック・グル・ツェチュー祭礼では、マトー・ナグラン祭礼と同様、ラーの登場と仮面舞踊とは並行して行なわれる。私は2009年、およびその25年前の1984年の2回にわたり、祭礼を観察した。ここでは、これらを比較しながら、仮面舞踊とラーの登場について述べることにする。

祭礼前日のストック僧院とラー

　本祭礼前日の2009年3月4日、私はレーを出発し、インダス河を渡り、対岸のストック僧院に午前8時51分に着いた。この僧院はゲールク派スピトゥック僧院の末寺でグルプック・ゴンパ（gur phug dgon pa, 天幕・立てる・僧院）と呼ばれる。僧院建設の際に、ここに天幕を立て人々が働いていたことから、僧院建設

写真9-1　ストック僧院（ゲールク派スピトゥック僧院末寺のグルプック僧院）（2009年）

後もこう呼ばれているのである（写真9-1）。標高は3,485mである。丁度、子供の僧が集会の合図を告げる縦笛を吹き鳴らし、本堂で読経が始まった。左右に配置された長机を前にした座席の左側最奥の一段高い席に僧院長が座り、4人の高齢、中年、青年の僧が左右の座席に配置され、3人の子供の僧は入口近くの座を占める。シンバル、縦笛、太鼓も机に備えられている。

　10時32分には、集会堂の外で3人のモン（楽士）が笛と太鼓でラーに捧げる音楽を演奏する。なお、ラダックにおけるモンは、ラダック王に恋をしたカシミール王の娘が、楽士とともにラダックに送られたことに由来すると伝説に語られる。これは、『ラダック王統史』に記されるラダック第2次王朝創始者のラチェンバガンの2世代下のジャムヤン・ナムギャル（c.1560-1590）がバルティ王アリミール・シェルカーンの捕虜となり、その後、すべての宝石で飾られたアリミールの娘ギャルカートゥンを妻として与えられ、兵士とともにラダックに帰国を許された時に、楽士であるモン一族もバルティスタンからラダックにやって来たことを意味するのであろう[1]。

　僧院の台所では、村人たちが食事、茶、大麦酒の準備を行なっている。僧はラーが持つ刀につけられた昨年のカタックを新しいものと取り替え、火をつけた線香の煙で刀を浄化する。また、刀以外に2種類の槍も準備される。槍の穂先の根元につけられた頭骨は、すべては永続しないものであること、すなわち無常の象徴である。これらの刀と槍は集会堂に持って行かれ、後にラーの憑依したラバに持たせるため、僧たちの席の前に置かれる（写真9-2）。

　集会堂内正面の最奥には玉座が設けられ、ゲールク派法主のダライ・ラマ14世の写真が置かれている（写真9-3）。集会堂右奥には、今回の儀軌の主尊であり、ゲールク派の主要なイーダム（守護尊）であるドルジェ・ジクチェット（rdo rje 'jigs byed；ヴァジュラバイ

写真 9 - 2 集会堂に置かれたラバのための刀と槍と、読経を行なう僧たち（2009年）

写真 9 - 3 玉座に置かれたダライ・ラマ14世の写真（2009年）

ラヴァ、vajrabhairava〈サンスクリット〉）が、ガラスケースの中に安置されている。中央の雄牛の面の左右にそれぞれ三面、頭上の赤面とその上にジャムパル（'jam pal, マンジュシュリ、mañjuśrī；文殊）を掲げた九面二十手の立像である。また、同じドルジェ・ジクチェットの画像は集会堂入口の内側の壁面にも描かれている（写真9 - 4）。なお、ドルジェ・ジクチェットは護法尊の王として、チョスギャル（chos rgyal, 法・王；ダルマラジャ〈サンスクリット〉）と呼ばれる。無上瑜伽タントラに属す主尊であり、ヤブユム（yab yum, 殿妃）の形態をとり、仮面舞踊に登場する。また、仮面舞踊とトルマを投捨するトルギャック（トルゾック）の次第は、すべてチョスギャル・ナンドゥップ（chos rgyal nang sgrub, 法・王・内部・成就）儀軌に基づくものである。

さらに、ジクチェットはヤマーンタカ（yamāntaka〈サンスクリット〉；gshin rje gshed：焔曼徳迦〈大威徳明王〉）ともされる。しかし、起源的にはジクチェット（ヴァジュラバイラヴァ）がヒンドゥー教の忿怒神バイラヴァを仏教化したものであるのに対し、ヤマーンタカはヤマ（死神）を倒すものという意味で仏教が作り上げた尊である。もっとも、ナムギャル王朝になると図像的には両者の区別はなくなる。なお、ヤマーンタカの成立には次のような物語がある。すなわち、成満の日を迎えようとしていた修行者が、牛の首をはねる盗人を目撃し、そのため、彼も首をはねられた。しかし、彼の死体はすさまじい怨念により落ちて

写真9-4　ドルジェ・ジクチェット（ヴァジュラバイラヴァ）。ストック僧院集会堂壁画（2009年）

いた牛の首をつけ、盗人たちを皆殺しにしたのみならず、血を求めて次々に人を襲うことになった。そこで、人々は文殊に哀願し、文殊はその忿怒相を現し、修行者の怨霊であるヤマを滅ぼしたという。それゆえ、ヤマーンタカはヤマより多くの武器を持ち、頭頂には文殊の面をのせているのである。したがって、現在、ラダックでもジクチェット、あるいはヤマーンタカは文殊の赤い忿怒相であるとされている。また、パンディ師によれば、カーギュ派のイーダム（守護尊）が青色のチャクラサンヴァラであるのに対し、ゲールク派のイーダムは赤色のヴァジュラバイラヴァであるとされる。

　集会堂左奥には、ツェパメット（tshe dpag med；アミターユス、amitāyus〈サンスクリット〉；無量寿）の塑像が安置され、その前に内部のトルマが並べられている（写真9-5［口絵13］）。中央のトルマはジクチェットであり、その両側はチョスキョン（護法尊）、前列の12のチョッパはジクチェットの随行者たちに奉献するためのものである。また、それらの前には諸尊に奉献するための灯明、大麦粒、線香、香水の他、忍耐の象徴とされる頭蓋骨の杯に入れられた血が置かれる。また、チョッパの1片は儀軌の途中で屋上に持って行かれ、チャムシン、ゴンボ、パルダン・ラモの諸尊に捧げられる。なお、これらのトルマは集会堂右奥のガラスケース内に安置されているジクチェットの象徴であり、供物もジク

チェットに奉献されるものである。したがって、背後に安置されているツェパメット像はこのトルマや供物とは何ら関係はなく、場所が他にないため、トルマはツェパメット像の前に並べられているのである。

　集会堂の左手には、儀軌の最後に僧院の外に運ばれ、火の中に投捨される外部のトルマが置かれている（写真9-6）。この先端にも、ラーの持つ槍につけられていたものと同様、無常を象徴する頭骨と、さらにその両側には無知を砕く智慧の象徴である赤い火焔の装飾が施されている。また、集会堂の右手には、ラーの憑依したラバが頭に被る帽子であるツァンジャが置かれている。マトーのラーに見られたものと同様、赤色の下地に三眼がつけられたものである（写真9-7）。

　集会堂の奥の小さな扉を入ると、もう1つの小部屋がある。ここには、ゲールク派の宗祖であり、ジャムパル（マンジュシュリ；文殊）の化身であるとされるツォンカパ（tsong kha pa；1357-1419）祖師像（写真9-8）を中心に両脇に2人の弟子を置き、さらに向かって左側には未来仏であるチャンパ（byams pa; maitreya、マイトレア〈サンスクリット〉；弥勒）像、右側には現在仏であるブッダ・シャカムニ（śākya thub pa；śākyamuni〈サンスクリット〉；釈迦）像とオパメット（'od dpag med; amitābha、アミターバ〈サンスクリット〉；無量光〈阿弥陀〉）（もしくは、過去仏であるカーシュヤーパ〈kāśyapa〉；迦葉仏）が安置される。

　また、ストック・グル・ツェチュー祭礼に登場するラーは、トゥンパ・ドルジェがチベットから連れて来た七兄弟のうちの二神であるという歴史的背景、さらに、マトー・ナグラン祭礼のラバが僧であり、ストック・グル・ツェチュー祭礼のラバが村人であるという点は、1989年に得た情報と一致する。

　しかし、ストックにおけるラバの選抜に関しては、2009年に得た情報は、1989年のものとは大きく異なっており、これは20年の間に変更がなされた結果であると考えられた。今回の情報に基づけば、ラバの選抜は20-30代の若者5-6人が候補者として選ばれ、それぞれの名前が書かれた紙片が入れられた大麦こがしの練り粉の球の中から、2人が選ばれるというタグリルによるものとなっていた。さらに、祭礼の2カ月前、彼らがラーにより憑依されるのか否かの試験が行なわれる。これ以前から、彼らは喫煙、飲酒が禁じられ、また、家族と食器を共有することも禁止される。試験の結果、適格であると見なされると、彼らはラバとして選抜されたことになる。これ以後、2人のラバは、毎日、五体投地による拝礼を108回行ない、パドマサムバヴァのマントラを数珠を3-4回分繰って唱える。数珠を1回繰るということは108回のマントラを唱えることになるので、全体ではこの3-4倍の324-432回のマントラを繰り返し唱えることになるのである。なお、パドマサムバヴァのマントラは、オム・ア・フム・バジャラ・グル・パドマ・シンギハ（パドマサムバヴァ）・フム（ཨོཾ་ཨཿཧཱུྃ་བཛྲ་གུ་རུ་པདྨ་སིདྡྷི་ཧཱུྃ་）であり、これはバンザル・グル（<ヴァジュラ・グル）と呼ばれているマントラである。

第9章　ストック・グル・ツェチュー祭礼とラー　　435

写真 9-6　集会堂左側に置かれたグストルのためのドルジェ・ジクチェットの外部のトルマ（左奥はツェパメット〈無量寿〉の塑像、ジクチェットとチョスキョンの内部のトルマ）（2009年）

写真 9-7　ラパの被る三眼のついた帽子であるツァンジャ（2009年）

写真9-8 集会堂奥の小部屋のツォンカパ像（2009年）

祭礼7日前になると、2人のラバは厳格な隠遁に入り、パドマサムバヴァの瞑想に集中する。瞑想の生活のリズムは、朝4時から6時までの瞑想、6時から9時までの休息と食事、9時から12時までの瞑想、12時から14時までの休息、14時から16時までの瞑想、16時から19時までの休息、19時から21時までの瞑想、そして、21時から翌朝4時までの就寝から成る。すなわち、1日4回、合計9時間の瞑想が課せられることとなる。これが7日間、繰り返されるのである。こうして、ラーの憑依した2人のラバが祭礼に登場するのである。なお、祭礼後、ラバは15日間、身体的に清浄を保たねばならない。もし、ラバが既婚者であれば、祭礼前の2カ月間と祭礼後の15日間は妻と床を共にすることはない。

さらに、2009年に得た情報で興味深い点は、ラーは毎年、次第に悟りに近づき、人々と僧院を守護するとされていることである。そして、これらのラーはいつかは悟りを得ることになるという。これは、マトー・ナグラン祭礼に登場するラーが、毎年その霊力のレベルを上げていくと言われていることと、相通ずる考え方に基づいている。しかし、マトーのラーの霊力とは、現実生活における利益というマトーの村人の認識に基づくものであり、他方、ストックのラーについての説明は、悟りという仏教的世界観に基づくラーの位置づけにかかわるものとなっている。ストックのラーの位置づけが僧院によるものであるのに対し、マトーのラーについての考え方は、村人によるこの位置づけの解釈であるということができるかもしれない。

実際、これら祭礼に登場するラーは、まだこの現実世界の中にあるジクステンペ・ラー（'jig rten pa'i lha,〈永続しない〉世界・者・ラー〈神〉）であるとされる。ジクステンとはラーの種類の分類からいえば、欲界、色界、無色界を含むこの現実世界である。そして、善業を積むことにより、ラーはそのレベルを上げて、やがてこの世界から自由になるとされる。また、仏法を守護するために、僧たちは祭礼に登場するラーのために働き、多くのトルマや酒を奉献する。なお、これらのラーとは対照的に、高位の護法尊であるパルダン・ラモ（シュリ・デヴィ）、ゴンボ（マハーカーラ）、ハヤグリーヴァ（hayagrīva〈サンスクリット〉；rta mgrin；馬頭）、ヤマーンタカ、チャクラサンヴァラ、さらにはダライ・ラマの守護尊であるネチュン・チョスキョン（gnas chung chos skyong）などは、すでにこの現実世界から自由になったジクステン・ラスダスペ・ラー（'jig rten las 'das pa'i lha,〈永続しない〉世界・

自由になる・者・ラー〈神〉）とされている。

　もっとも、仏教の護法尊となった四天王やヴェーダの神々に由来するとされる33のラーでさえ、欲界、色界、無色界の最下層である欲望のラー6種類（ドットラー・リクストゥク、'dod lha rigs trug）の中の、さらに最下層に位置づけられており、本来、悪霊のツァンであったような七兄弟のラーにとり、この現実世界から自由になるのはこの上なく難かしいことである。そもそも、ラーそのものが輪廻の中にあり、その善業を使い果たした後は、再び輪廻の中に生まれかわるという運命にある。それにもかかわらず、善業を積むことにより、悪霊のツァンであってもいつかは悟りに至るという方向性が示されていることは、僧院による仏教的世界観の村人に対する教化の一環であると考えられるのである。

祭礼前日のラーの登場

　2009年3月4日、13時になり、集会堂では僧たちの儀軌が続く。13時24分、ツォクスが諸尊に奉献され、ダライ・ラマ14世の玉座の上に置かれる。13時32分、2人のラバが集会堂に入って来る。そして、両腕を上げて「ウャー」と叫びながら踊る。ラーが憑依したのである。赤い衣装を着け、槍と刀を持った2人のラバは外に飛び出し、僧院の屋上に登場すると、手すりの上を走る。そして、刀を両手で持ち、その刃を自分の口に当て、舌を切る真似をする（写真9-9）。13時36分、ラバはいったん僧院の集会堂内に入り、三眼のついた赤い帽子であるツァンジャを被ると、再度外に出て、屋上にかけ登り、ここで村人からカタックを捧げられる。

　13時39分、2人のラバは僧院の外に出ると、走ってストック王宮へと向かう。村人たちも2人を追いかけながら走ってついて行く。僧院から王宮までは1kmほどあるため、私も急いで車で王宮へと向かう（写真9-10）。王宮の中庭には、すでにモンが到着しており、ラーを歓迎するラルガが演奏されている。13時42分には2人のラバも王宮に到着し、ラーが憑依した状態で気勢をあげる。村人たちは「ワー」と感嘆の声をあげる。ラバは王宮の建物の中に入り、内部にある仏堂を訪れた後、13時45分に王宮の屋上に現れる。手すりの上を走り、屋根の端で刀と槍を振りかざし叫ぶ（写真9-11）。中庭ではモンが音楽を続ける。約50名の村人たちは、中庭と中庭を取り囲む回廊の屋上に座って、2人のラバを見上げる（写真9-12）。

　ラバはいったん建物の中に入るが、14時05分、再度、僧院の屋上に出て、手すりの上を走る。屋上の北端に立ち、刀で手すりの縁をたたいて叫び、手すりの上を走って屋上の中央に立ち、人々を睥睨する（写真9-13）。屋上に待機していた手伝いの村人たちはラバの背後からラバの身体を手で持ち、ラバが屋上から落ちないように支える。ラバは王宮の屋根の南の端に行き、ここでも刀と槍を振り上げて叫ぶ。14時09分、ラバは王宮の建物内に入る。モンのラルガの演奏は止み、再度、通常の音楽が奏でられる。村人たちはラバの登

写真9-9　ストック僧院の屋上に登場した2人のラバ（2009年）

写真9-10　ストック僧院からストック王宮へと走って向かう2人のラバと村人たち（2009年）

写真9-11　ストック王宮の屋根の上に登場し、槍と刀を持って叫ぶ2人のラバ（2009年）

第9章　ストック・グル・ツェチュー祭礼とラー　439

写真9-12 ストック王宮の中庭でラルガを演奏するモン（楽士）と屋上のラバを見上げる村人たち（2009年）

写真9-13 ストック王宮の屋上に立ち、村人たちを睥睨する2人のラバ（2009年）

場が終了したことを知り、王宮を後にする。ラバは王宮の建物の中でラーが身体から去った後、30分ほど休息をとり、もとの僧院にある瞑想のための隠遁所へと戻るのである。

　なお、明日の本祭1日目は、僧院で仮面舞踊が行なわれるのと並行してラバが登場し、また明後日の本祭2日目には、仮面舞踊は行なわれず、2人のラバは僧院の外で予言を授け、ツォクスを切って村人に与え、その後、僧たちはトルマを火の中に投捨するトルギャックを行なうことになっている。もっとも、後述するように、本祭2日目にもラーが登場する際、少しだけ仮面舞踊が行なわれた。

仮面舞踊とラー（祭礼1日目）

　2009年3月5日、私はこの日のために時間を割いて同行してくれることになったパンディ師とともにレーを車で出発し、9時にストック僧院に到着した。10時07分、集会堂内に入ると、すでに9名の僧たちが朗唱を始めている。典籍はチョスギャル儀軌の一部であるチョスギャル・シャクスパ（chos rgyal bshags pa, 法・王・容赦する）であり、儀軌の開始にあたってまず最初に悪業の許しを請うためのものである。村人たちは堂内に入り、諸尊に拝礼しながら巡っている。僧たちは、時々、茶を飲みながら朗唱を続ける。

　建物の外にはすでに200名ほどの観衆が集まり、仮面舞踊が始まるのを待っている。長笛、太鼓が舞踊中庭に運び込まれる。11時14分、モンが太鼓を打ちながら中庭に入って来る。人々も次から次へと入って来て、中庭とそれを取り囲む回廊や建物の屋根に陣取り、その数はすでに500名を超えている。以前、1984年に私がこの祭礼に来た時には、人々は砂ぼこりをかぶりながら座っていたように覚えていたのが、現在の中庭は全面にセメントが敷かれ、清潔な印象を与える。また、人々の数は以前より少ないようである。子供連れの女、中年から高齢の女、子供たちだけのグループがそれぞれ固まって座を占める。大人の男たちは観衆の中にはあまり見られない。彼らは、手助けとして働いているのである。7-8人の村の男たちは会場整理のため、入って来た村人たちを席に導く。彼らは、一様に新調した赤褐色の伝統的着物であるゴンチェを着け、黒地に黄と白の絞り染めの施された帯を締めている。ただし、ゴンチェの下にはジーンズをはいている者が多い。また、靴も伝統的なフェルトと皮製の長靴ではなく、現代的なスニーカーや軽登山靴である。

　11時50分、モンの音楽が演奏され、仮面舞踊の開始が告げられる。僧たちは、リンポチェの法衣を中庭の玉座に置く。ゲールク派のラダックにおけるリンポチェは転生クショー・バクラであったが、彼はすでにこの世を去り、新たに発見された転生は現在2歳であることから、このリンポチェの臨席の象徴として法衣が置かれたのである。

　仮面舞踊は、ストック僧院の本山であるスピトゥック僧院からこの日のためにやって来た僧たちにより演じられる。したがって、その演目はスピトゥック僧院の仮面舞踊に準じたものとなっている。しかし、スピトゥック僧院で2日間をかけて行なわれる仮面舞踊をストック僧院では1日で行なわねばならないため、途中のいくつかの場面が省略され、また順序の入れ替わっている部分もある。なお、私は1983年12月31日、および1984年1月1日にゲロン・パルダン師とともにスピトゥック僧院を訪れ、スピトゥック・グストル祭礼における仮面舞踊1日目と2日目を観察している。したがって、それと比較しながらストック僧院における仮面舞踊について述べることにする。さらに、1984年1月30日と31日にゲロン・パルダン師とともに訪れた、同じゲールク派に属するリキール僧院のリキール・ストルモチェ（ドスモチェ）祭礼における仮面舞踊とも、必要に応じて比較しながら記すこととする。

第9章　ストック・グル・ツェチュー祭礼とラー　441

　ストック僧院における仮面舞踊の第1場面から第10場面までは、スピトゥック・グストル祭礼における仮面舞踊1日目の第1場面から第10場面までと同じであった。なお、第1場面と第2場面は前座であり、第3場面から第10場面が舞踊となっている（表9-1）。

　第1場面は11時58分に始まり、ハトゥック・ズィ（ha phrug bzhi, 子供〈弟子〉・4）が4人の子供の仮面を着けた踊り手として踊る（写真9-14）。彼らはワンポ・タクパル・チェトペ・チャム（dbang po dag par byed pa'i 'cham, 5感・浄化する・行なう・舞踊）の舞踊により、悪いものにまみれている頭から足の先までの身体を浄化することを人々に演じて見せる。第2場面は12時06分、先の4名のハトゥックとともに茶色の面を着けたハシャン（ha shang；布袋）が登場し、ラムドス・タルドス・ズィ（lam 'gros dal 'gros bzhi, 路・歩み・ゆっくり・4）と呼ばれるゆっくりとしたステップの舞踊を行なう。

　ゲロン・パルダン師によると、ハシャンは中国語であり、チベットにおいて多くの仏教学者をインドから招請した裕福な宗教的後援者であり、アラハト（arhat〈サンスクリット〉；羅漢）に相当するという。また、ハシャンは子供たちを愛し、僧院の壁画にはハシャンを中心にその周りに多くの子供たちが描かれている。スピトゥック僧院では、彼らは仮面舞踊の際、観客から衣装を修繕するための寄附金を集める役割を演じるのである。もっとも、パンディ師によれば、ハシャンは中国人の僧であり、またハトゥックは言葉上の意味は子供であるが、実際にはハシャンの弟子である若い僧を意味するという。なお、ゲールク派の僧院の仮面舞踊に登場するハシャンとハトゥック（リキール僧院ではハシャンは登場せず、そのかわりにインド人の学者としてアツァリャが登場する）は、ディグン・カーギュ派のラマユル僧院、ピャン僧院、さらにはニンマ派のタクタック僧院の仮面舞踊においては見られない。

　なお、ハシャンの起源は十六羅漢と二侍者（十八羅漢）のうちの侍者の一人であり、日本では七福神の一人とされているが、もとは唐代末の契比和尚に由来するとされる。もっとも、中国において初期仏教の理想の聖人とされる16人のグループとして阿羅漢を位置づけた説を受容したチベットにおいて、ハシャン（布袋）の由来は禅宗の祖菩提達磨、サムエの論争の中国側代表者大乗和尚、さらには多産神訶梨帝母（ハーリティー、hāritī〈サンスクリット〉）の配偶者パンチカ（pañcika〈サンスクリット〉）等との関連などが指摘されている[3]。

　ハシャンと踊りながら、4人のハトゥックは甘い菓子をリンポチェ席の空の玉座の上に置く。その冗談めいたしぐさが、観衆の笑いをさそう。さらに、彼らはそこから少し菓子を取って、人々に向かって投げる。人々は笑いに包まれる。また、第10場面のシャワ（鹿）の舞踊の際にも、彼らは座っている観客の間を歩き、人々に無理にカタックを掛けて、寄附金を集めてまわる。人々は、吉兆の印であるカタックを掛けられると金を出さねばならないので、笑いながら逃げようとする。しかし、最後には捕まって、寄附金を出すことに

表 9-1　スピトゥック・グストル祭礼、およびストック・グル・ツェチュー祭礼における仮面舞踊の場面とダオ、トルギャック、ツォクス（ツェチュー・チョッパ）、ラーの有無

番号	スピトゥック・グストル祭礼 1983年12月31日（仮面舞踊1日目） 場面	ダオ	トルギャック	ストック・グル・ツェチュー祭礼 2009年3月5日（祭礼1日目） 順序	時刻	ダオ	ラー	2009年3月6日（祭礼2日目） 順序	時刻	ダオ	ラー	ツォクス	トルギャック
1	ハトゥック・スィ (ha phrug bzhi)			1	11：58				−	−			
2	ハシャン・タン・ハトゥック (ha shang dang ha phrug)			2	12：06				−	−			
3	ゴンボ (mgon po)			3	12：14				−	−			
4	ゴンカル (mgon dkar)			4	12：19				−	−			
5	チョスギャル・ナンドゥップ (chos rgyal nang sgrub)			5	12：24				−	−			
6	ラモ (lha mo)			6	12：28				−	−			
7	ナムシャス (rnam sras)			7	12：32				−	−			
8	チャムシン (lcam sring)			8	12：36				−	−			
9	キタパラ (ki' tra pa la) ジナミトラ (dzi na mi tra)			9	12：40				−	−			
10	シャワ (sha ba) ゾー (mdzo)			10	12：45				−	−			
11	ショクダクパ (srog bdag pa) チャムシン (lcam sring) ドンマルマ (gdong dmar ma) ティートス・ギャット (gri thogs brgyad)			−	−								
12	トットゴック・ギャリ・ニス (mthod gog rgya ri gnyis)	+		12	12：57				−	−			
13	トゥルダック・スィ (dur bdag bzhi) ［ダレンギ・チャム (dgra len gyi 'cham)］	+		−	−								
	休　息			−	−								
14	ジャナックギ・チャムコル (zhwa nag gi 'cham skor)			13	13：14				−	−			
14a	セルケム (gser skyems)												
14b	チダックマ ('chi bdag ma)												
14c	ゲディックマ (dge sdig ma)												
15	シャワ・ツィック・チャム (sha ba gcig 'cham)	+		14	14：03	+			−	−			
15a	ダオ・ダルベ・チャム (dgra bo sgral ba'i 'cham)	+				+							
15b	スンガクス・トゥック・チャギャー・トゥック (sngags drug phyag rgya drug)												
15c	ダシャ・チョクスィル・ブルワ・ソグチェット (dgra sha phyogs bzhir 'bul ba sogs byed)	+				+							
16	バクペ・ンガソル ('bag pa'i mnga' gsol)			16	14：37	+		①	11：45	+			
16a	バクペ・ンガソル												
16b	シャワ・チャム・ジュクパ (sha ba 'cham 'jug pa)												
	1984年1月1日（仮面舞踊2日目）												
1	ハトゥック・スィ			−	−				−	−			
2	ハシャン・タン・ハトゥック			−	−				−	−			
3	セルジュンマ (gser zhun ma)			−	−				−	−			

第9章　ストック・グル・ツェチュー祭礼とラー　443

番号	スピトゥック・グストル祭礼 1983年12月31日（仮面舞踊1日目） 場面	ダオ	トルギャック	ストック・グル・ツェチュー祭礼 2009年3月5日（祭礼1日目） 順序	時刻	ダオ	ラー	2009年3月6日（祭礼2日目） 順序	時刻	ダオ	ラー	ツォクス	トルギャック
4	チューシン・ドンチェン (chu srin gdong can) ラモ（lha mo） センゲ・ドンチェン (sengeg gdong can)			−	−			−	−				
5	ラーイ・ツォモ (lha yi gtso mo) ルーイ・ツォモ (klu yi gtso mo) ノチンギ・ツォモ (gnod sbyin gyi gtso mo) ドゥットギ・ツォモ (bdud kyi gtso mo) シンポエ・ツォモ (srin po'i gtso mo) シンジェ・ズィ (gshin rje bzhi)			−	−			−	−				
6	シャワ・ニス・チャム (sha ba gnyis 'cham)			11	12：52			−	−				
7	トゥルダック・ズィ (dur bdag bzhi)	+		−	−	+		−	−				
7a	ダレンギ・チャム (dgra len gyi 'cham)												
7b	チャンポンギ・トン ('cham dpon gyi thon)												
8	ジャナック・マンラ (zhwa nag mang la)			−	−			−	−				
9	ユムチョック・ツァムンティ (yum mchog tsa mun [ti]) (＝チョスギャル・ユム (chos rgyal yum))			15	14：17		+	−	−				
9a	ゲディック・シャンチェット (dge sdig shan 'byed) (＝チョスギャル・ヤブ (chos rgyal yab))												
9b	ヤブユム・ニス (yab yum gnyis)												
10	バクパ・ジャンナムス・タン・ニャム ('bag pa gzhan rnams dang mnyam)	+		−	−			−	−				
10a	セルケム												
10b	チダックマ												
10c	ゲディックマ												
10d	ダチョク・ツァルワ・タン (dgra chog tshar ba dang)												
			+						12：13 13：17 14：56	+	+	+	+

（注）ストック・グル・ツェチュー祭礼1日目、進行順序第16場面、および2日目、進行順序第1場面のバクペ・ンガソルには、祭礼1日目、進行順序第15場面に登場したチョスギャル・ヤブユムが参加する。これは、スピトゥック・グストル祭礼、仮面舞踊第1日目、第16場面とは異なる点である。スピトゥック・グストル祭礼においてチョスギャル・ヤブユムがジャナックとともに踊るのは、仮面舞踊第2日目、第10場面のバクパ・ジャンナムス・タン・ニャムにおいてである。

写真 9-14 ストック・グル・ツェチュー祭礼 1 日目の仮面舞踊第 1 場面のハトゥック・ズィ（2009年）

なるのである。

なお、このおどけ者の役割は、ラマユル・カプギャット祭礼における仮面舞踊では、2 人のアツァリャが担っていたものである。ただし、アツァリャが諸尊の登場を先導するなど、仮面舞踊全体の進行にかかわっていたのとは異なり、ハトゥックは寄附金を集めることが主な役割でもある。それにもかかわらず、諸尊の舞踊という厳粛な僧院の仏教儀礼と、それを観客として見る村人との間を往来し、笑いによって両者を繋ぎ、祭りにおける同一性の場を作り上げるという効果は、両者に共通した道化役者としての重要な役割である。

第 3 場面は、12時14分に始まるゴンボである。彼らは二尊で登場し、右手に刀を持ち、グマ・ニス・ツェック（dgu ma gnyis rtseg, 9・2〈倍〉・足運び）と呼ばれる 9 歩を 2 回ずつ繰り返すステップで踊る（写真 9-15）。なお、同じゲールク派のリキール僧院の仮面舞踊でも、彼らはそれぞれヤブ（父、殿）とユム（母、妃）として登場し、それぞれが方便と智慧を象徴するとされ、ゴンボ・ヤブユム（mgon po yab yum, ゴンボ・殿・妃）と総称される。また、リキール僧院の護法尊堂にはゴンボの塑像が安置されている（写真 9-16）。なお、パンディ師によれば、ゴンボは一般的にマハーカーラと同義に用いられているが、本来は、主を意味するナータ（nātha〈サンスクリット〉）であり、インドのナーランダー大学の守護尊であった。そして、チベットに仏教が伝えられた時に、インドからチベットにやって来たものである。マハーカーラ（mahākāra〈サンスクリット〉）はチベット語ではナクポ・チェンポ（nag po chen po, 黒・大きい：大黒天）に相当するのである。

第 4 場面は、12時19分にヤブとユム二尊のゴンカル（mgon dkar, ゴンボ・白）の登場で始まる。白面のゴンボはンガパット（lnga phat, 我〈エゴ〉・破壊する）と呼ばれるステップでエゴを破壊する舞踊を演じる。1983年に行なわれたスピトゥック・グストル祭礼においても、ゴンカルは舞踊中庭に下りる集会堂前の階段の上に登場し、踊りながら観衆の取り囲む中庭へと進む。ゴンカルは富の尊であり、右手には宝石、左手には頭蓋骨の杯を持つ。

なお、ゴンボは護法尊であり、悪を破壊するため、忿怒の形相をしている。しかし、ゴンボは本来、平和的で慈悲深く、すべての悪を制御しているため勝者（ギャルワ・リンポチェ、rgyal ba rin po che, 勝者・貴人）と呼ばれる。また、ダライ・ラマは観音の転生であ

第 9 章　ストック・グル・ツェチュー祭礼とラー　445

写真 9-15　ストック僧院の仮面舞踊、第 3 場面で踊るゴンボ（2009年）

写真 9-16　リキール僧院護法尊堂におけるゴンボの塑像（1984年）

るとされているところであるが、ゴンボはこの観音の忿怒相としての顕現と考えられている。ゴンボは75種の異なる形態で現れ、ゲールク派における主要なゴンボは六手ゴンボ (mgon po phyag drug, ゴンボ・手・6)、白ゴンボ（ゴンカル）、四面ゴンボ（ゴンボ・ジャルズィパ）となっている。また、第6、7、8、9場面に登場するラモ、ナムシャス、チャムシン、キタパラとジナミトラは、ゴンボの従者と位置づけられる。

　第5場面は、12時24分に始まるチョスギャル・ナンドゥップ (chos rgyal nang sgrub, 法・王・内部・成就) であり、青面のヤブ（殿）と赤面のユム（妃）の二尊で登場する。彼らはフムパット (h'um phat, フム・破壊する) と呼ばれるエゴ（我）を破壊するステップで踊る。ゲールク派に所属するゲロン・パルダン師によると、チョスギャルはヤマ（シンジェ、gshin rje, 死神；yama〈サンスクリット〉）を征服するヤマーンタカ（シンジェ・シェット、gshin rje gshed; yamāntaka〈サンスクリット〉；死神を征服する者）であり、マンジュシュリ（文殊）の忿怒相であるとされる。さらに、祭礼に用いられるチョスギャル・ナンドゥップ (chos rgyal nang sgrub) 儀軌は、ゲールク派の守護尊ドルジェ・ジクチェット（ヴァジュラバイラヴァ）に関するものである。ドルジェ・ジクチェット、あるいはヤマーンタカは、ゲールク派における主要な守護尊として、ツォンカパが仏法の守護者として任命したものであり、この伝統はチベットのタシルンポ僧院に始まったものである。

　なお、後の場面に登場するヤマーンタカの仮面はマヘドンチェン (ma he gdong chen, 雄牛・面・大きい) と呼ばれ、パンチェンラマにより浄化され、チベットからラダックに招来されたものであるという。雄牛面のヤマーンタカは、スピトゥック僧院における仮面舞踊2日目の第9場面において、またストック僧院における仮面舞踊第15場面にチョスギャル・ヤブとして登場することになる。また、ヤマーンタカには内部成就、外部成就、秘密成就の3型があり、第5場面のチョスギャル・ナンドゥップは内部成就、第15場面のチョスギャル・ヤブユムは外部成就の雄牛面を持つものとなっている。もっとも、尊格としては、ジクチェット（ヴァジュラバイラヴァ）とヤマーンタカは区別されており、スピトゥック僧院においても、またリキール僧院においても、形態はほとんど同じであるにもかかわらず、ジクチェットとヤマーンタカというそれぞれ異なる尊格の塑像が見られる（写真9-17、9-18）。

　第6場面は12時28分に始まり、二尊のラモ (lha mo；パルダン・ラモ、dpal ldan lha mo) が登場し、グマ・スキャン・ツェック (dgu ma rkyang rtseg, 9・1回・足運び) のステップで踊る（写真9-19）。パルダン・ラモは、マハーカーリ、さらにはシュリー・デヴィー (śrīdevī〈サンスクリット〉) とも呼ばれるインド起源の女神である。ドルマ (sgrol ma；ターラ、tārā〈サンスクリット〉) の忿怒相としての化身、あるいはマハーカーラの妃ともされ、チベットの首都ラサの守護神となっている。さらに、パルダン・ラモは多くの形態をとる化身として現れる。これは、この人間世界をはじめとするさまざまな世界における悪を破

写真9-17 リキール僧院のジクチェット（ヴァジュラバイラヴァ）塑像（1984年）

写真9-18 リキール僧院のヤマーンタカ塑像（1984年）

写真9-19　ストック僧院の仮面舞踊、第6場面のラモ（2009年）

壊するためとされるからである。この現世（ジクステン、'jig rten, 消滅する・留まる）におけるパルダン・ラモは主尊として青色の面に5個の頭骨を掲げた忿怒相をとり、右手には三つ叉、左手には現世が永続しないものであることを象徴する頭蓋骨の杯を持つ。

　ストック・グル・ツェチュー祭礼における仮面舞踊では、パルダン・ラモのみが登場した。同様に、この仮面舞踊の基本となっているスピトゥック僧院における仮面舞踊1日目には、第6場面においてパルダン・ラモのみが登場する。しかし、スピトゥック僧院においては、ストック僧院で省略されていた仮面舞踊2日目に、パルダン・ラモの詳細な舞踊が行なわれる。そこでは、2日目第4場面において、パルダン・ラモはチューシン・ドンチェン（chu srin gdong can, 海獣・面・大きい）とセンゲ・ドンチェン（sengeg gdong can, 獅子・面・大きい）の2人の従者とともに舞踊を行なう。チューシンとは象のような長い鼻を持ち、龍の顔をした海に棲む神話上の海獣であり、また、センゲとは陸上の動物の王者、獅子（ライオン）である。パルダン・ラモはこのきわめて危険な動物たちを従者として任命し、彼女に服従させているのである（写真9-20、9-21、9-22）。実際、ラモは騾馬（雄ロバと雌馬との雑種であるラバ）に乗り、チューシンに先導され、センゲが背後に従うとされるのである。

　なお、スピトゥック僧院における仮面舞踊2日目の第5場面では、パルダン・ラモの化身とされるさまざまな諸尊が登場することになる。ラーイ・ツォモ（lha yi gtso mo, ラー・村の・首領〈女〉）は白い顔で、右手にカタックのつけられた矢（ダダール、mda' dar）、左手に鏡（メロン、me long）を持って登場する（写真9-23）。彼女は人間世界の上界にあるとされるラー・ユル（lha yul, ラー〈神〉・村）の頭領である。また、ルーイ・ツォモ（klu yi tso mo, ルー・村の・首領〈女〉）は緑色の顔、右手には宝石（ノルブ、nor bu）を持つ（写真9-24）。彼女は人間世界の地下にあるとされるルー・ユル（klu yul, ルー・村）の女王で

第9章　ストック・グル・ツェチュー祭礼とラー　　449

写真9-20　スピトゥック僧院における仮面舞踊2日目の第4場面に登場したパルダン・ラモ（1984年）

写真9-21　スピトゥック僧院における仮面舞踊2日目の第4場面に登場したパルダン・ラモの従者、チューシン・ドンチェン（1984年）

写真9-22　スピトゥック僧院における仮面舞踊2日目の第4場面に登場したパルダン・ラモの従者、センゲ・ドンチェン（1984年）

写真9-23　スピトゥック僧院における仮面舞踊2日目、第5場面のラーイ・ツォモ（1984年）

写真9-24　スピトゥック僧院の仮面舞踊2日目、第5場面のルーイ・ツォモ（1984年）

写真9-25　スピトゥック僧院の仮面舞踊2日目、第5場面のシンジェ（白面）（1984年）

ある。ルーには女も男もおり、上半身は人間、下半身は蛇（ルル〈ドゥル〉、sbrul）の形態をし、水中に棲んでいるとされる。したがって、魚や蛇はルーの親類であると考えられている。また、トカゲは地神（サダック、sa bdag, 地・所有する）であるとされているが、ルーとも関連があると考えられている。彼らは適切に取り扱わなければ人に危害を及ぼすが、同時に人に富をもたらすものとして、手に宝石を持っているのである。

　ノチンギ・ツォモ（gnod sgyin gyi gtso mo, ノチン・の・首領〈女〉）も、パルダン・ラモの化身の一つであり、人間世界とは異なる神の世界であるノチンギ・ユル（gnod sgyin gyi yul, ノチン・の・村）の頭領である。ノチンは人間と同じような形をしているが、獰猛であり、人に害悪を及ぼす。青い面をつけ、動物の顔をした帽子を被り、刀（ラルディ、ral gri）を持って登場する。ドゥットキ・ツォモ（bdud kyi gtso mo, ドゥットの・首領〈女〉）は人間界とは異なるドゥットの世界（ドゥットキ・ユル、bdud kyi yul, ドゥット・の・村）の頭領である。ドゥットも悪霊であり、人間に危害を加えるという。シンポエ・ツォモ（sri po'i gtso mo, シンポ・の・首領〈女〉）はシンポの世界（sri po'i yul, シンポ・の・村）の頭領である。ドゥットが人間に害悪を及ぼすだけであるのとは対照的に、シンポは暴力をふるい、人間を殺すという。ブッダは彼らのところにやって来て仏法（チョス、chos：ダルマ、

dharma〈サンスクリット〉）を与え、これら危険な世界を平和な世界へと変えた。このように、パルダン・ラモは姿を変えることにより、さまざまに異なった世界の女王となり、これらの世界の危険から人間を守護するのである。

さらに、シンジェ・ズィ（gshin rje bzhi, シンジェ・4）は、死後の世界であるシンジェイ・ユル（gshin rje'i yul, 死神・の・村；ヤマユル、yama〈サンスクリット〉yul）の4方向の守護神である。シンジェ（gshin rje, 死神；ヤマ、yama〈サンスクリット〉）は5種類の動物として現れるが、それら自身がラモである。白面の他、東（シャル、shar）の青（スゴンポ、sngon po）、南（ロー、lho）の黄（セルポ、ser po）、西（ヌップ、nub）の赤（マルポ、dmar po）、北（チャン、byang）の緑（ジャング、ljang khu）を表す牛面で、右手に刀、左手に頭蓋骨の杯を持って登場する（写真9-25）。パルダン・ラモは死神の世界においても、ヤマとして顕現するのである。

なお、ラモの詳細な舞踊は、リキール僧院においては、仮面舞踊1日目の第10場面のパルダン・ラモに始まる。ラモに奉献されるトルマが用意され、僧の招請により、ラモが階段の上に登場する。そこで、ラモは4方向を祝福し、その後、舞踊中庭に下りる。頭上には孔雀の傘を立て、右手に三つ叉、左手に頭蓋骨の杯を持つ。その後、ラモは舞踊中庭に留まって座り、次の第11場面で、ラモの従者のチューシン・ドンチェンとシンゲ・ドンチェンが登場し、さらに、第12場面のトゥスキ・ラモ・ニス（dus kyi lha mo gnyis, 季節・の・ラモ・2）では、夏（ヤル、dbyar）と秋（ストン、ston）のラモ、第13場面のトゥスキ・ラモ・ニスでは、冬（グン、dgun）と春（チット、dpyid）のラモが登場する。ラモは季節により、4種類の異なる形態で現れるのである。そして、ラモと従者たちはリンポチェ席と音楽演奏者席の前に1列に並び、僧によりトルマの奉献であるブルトルと、金酒の奉献であるセルケムが行なわれる。パルダン・ラモは、リキール僧院の守護尊となっているため、特別に奉献の儀式が行なわれるのである。その後、諸尊は全員で輪舞する（写真9-26）。

同じゲールク派に属するリキール僧院とスピトゥック僧院では、同じチョスギャルを主尊とする儀軌に基づいていても、祭礼における仮面舞踊の構成はそれぞれの僧院独自の次第を持つ。したがって、ストック・グル・ツェチュー祭礼の仮面舞踊におけるラモの場面は、これらと比較すれば、かなり簡略化されたものとなっていることが明らかとなる。

ストック僧院仮面舞踊の第7場面は、12時32分に始まるナムシャス（ナムセ、rnam sras；ヴァイシュラヴァナ、vaiśravana〈サンスクリット〉；多聞天）であり、黄色の面で、右手に旗、左手にマングースを持って二尊で登場し、ティシュル（ti shul, 3つの先のとがった）と呼ばれるステップで踊る（写真9-27）。ナムシャスは四天王（ギャルチェン・ズィ、rgyal chen bzhi, 大王・4）の一人で、北面を守る多聞天である。また、口から宝石を吐き出すマングースを持ち、富裕を与える神とされ、四天王の中でも特別な護法尊となっているのである。

なお、スピトゥック僧院の仮面舞踊1日目、第7場面にもナムシャスが登場する（写真

写真 9-26 リキール僧院の仮面舞踊1日目、第14場面の
チャムスコル（輪舞）（1984年）

写真 9-27 ストック僧院の仮面舞踊1日目、第7場面のナムシャス
（多聞天）（2009年）

9-28)。また、リキール僧院においては、ナムシャスは仮面舞踊1日目、第8場面のザンバラ・ヤブユム（'dzam bha la yab yum, ザンバラ・殿・妃）として、右手に宝石（ノルブ、nor bu）、左手にマングースを持ち登場する。彼らはゴンカル（ゴンボではない）とナムシャスと呼ばれ、富の神であり、ともに踊る。なお、儀軌によれば、ゴンカルは本来、左手には曲がった小刀を持つことになっている。また、ザンバラ（ムクズィン、rmugs 'dzin；ジャンバラ、jambhala〈サンスクリット〉）は、ヒンドゥー教のクベーラから派生した仏教の尊格であり、インドでは訶梨帝母（ハーリティー、hāritī）の夫とされる[4]。なお、ゲロン・パルダン師によれば、ナムシャスとザンバラは同じであるという。

ストック僧院仮面舞踊の第8場面は、12時36分に始まる二尊のチャムシン（lcam sring,

第9章　ストック・グル・ツェチュー祭礼とラー　453

写真9-28　スピトゥック僧院の仮面舞踊1日目、第7場面の
ナムシャス（多聞天）（1984年）

婦人〈敬語〉・姉妹）である。赤面に、右手に銅の小刀、左手に人間の心臓を持ち、ズィ・ドー（bzhi 'gro, 4・歩み）と呼ばれる4歩ずつのステップで踊る（写真9-29）。チャムシンはゲールク派独自の守護尊であり、カーギュ派には見られない。なお、ゲロン・パルダン師によると、チャムシンはバクツェとも呼ばれる。もし、そうであれば、インドではなく、中央アジア・モンゴルに起源するベクツェ（beg tse）[5]とも考えられる。なお、スピトゥック僧院の仮面舞踊1日目においても、チャムシンは、第8場面に赤面で、同じ持物を持ち登場する（写真9-30）。また、スピトゥック僧院の護法尊堂にもチャムシンの塑像が見られる。なお、リキール僧院の仮面舞踊1日目、第7場面において、チャムシンはヤブユムとして登場する。

　ストック僧院の仮面舞踊、第9場面は12時40分に始まるゴンボの従者であるキタパラ（ki' tra pa la）とジナミトラ（dzhi na mi tra）である。それぞれ青面と赤面で右手に手鼓、左手に短剣を持ち、ドゥンギャットマ（bdun brgyad ma, 7・8・者）と呼ばれるステップで踊る（写真9-31）。スピトゥック僧院においても、青面のキタパラと赤面のジナミトラは仮面舞踊1日目、第9場面に登場する（写真9-32）。

　ストック僧院の仮面舞踊、第10場面は12時45分に始まるシャワ・ゾー（sha ba mdzho〈シャプ・ゾーとも発音する〉、鹿・ゾー〈雄ヤクと雌牛の雑種〉）である。鹿の顔に枝角のついた黄色面のシャワ（鹿）と、ゾーの顔に2本の角のついた青面のゾーは、ンガパット（lnga phaṭ, エゴ〈我〉・足運び〈強い調子の〉）と呼ばれるステップで手に短剣を持って踊る（写真9-33）。なお、スピトゥック僧院の仮面舞踊1日目、第10場面においてもシャワとゾーが登場する（写真9-34）。もっとも、リキール僧院の仮面舞踊1日目、第9場面では、その名称はシャワとヤク（sha g·yag, 鹿・ヤク）となっている。

454　第2部　ラーの登場する祭礼と僧院

写真9-29　ストック僧院の仮面舞踊1日目、第8場面のチャムシン（2009年）

写真9-30　スピトゥック僧院の仮面舞踊1日目、第8場面に登場するチャムシン（1984年）

写真9-31　ストック僧院の仮面舞踊1日目、第9場面の青面のキタパラ（右）と赤面のジナミトラ（左）（2009年）

第9章　ストック・グル・ツェチュー祭礼とラー　455

写真 9-32　スピトゥック僧院の仮面舞踊1日目、第9場面の
　　　　　キタパラ（1984年）

写真 9-33　ストック僧院の仮面舞踊1日目、第10場面のシャワ・
　　　　　ゾー（鹿とゾー〈ヤクと雌牛の雑種〉）（2009年）

写真 9-34　スピトゥック僧院の仮面舞踊1日目、第10場面のゾー
　　　　　（1984年）

シャワは舞踊中庭の土地（サズィ、sa gzhi, 地・地面）の所有者であり、この意味でジンダック（zhing bdag, 土地・主人）ともなる。また、シャワは釈迦が悟りを開いた後、初めて説法をサールナートにある鹿野苑で行なった際、この教えを聞くためやって来たといわれている。このため、僧院の屋上には鹿の意匠が掲げられているのである。さらに、シャワは後の場面において、ダオ（dgra bo, 敵；悪霊とエゴの象徴である人形）を切ることになる。もっとも、シャワがダオを殺すことは、本来の仏教教義に基づくものではない。これは、伝統的慣習であり、とりわけ、スピトゥック僧院の仮面舞踊における特徴であるという。したがって、同じゲールク派に属するリキール僧院では、仮面舞踊においてダオを切るのは、ジャナック（黒帽；瑜伽タントラ行者）の統率者であるチャムポン（'cham dpon, 舞踊・頭；舞踊長）の役割となっている。

ストック・グル・ツェチュー祭礼の仮面舞踊の前座である第1場面と第2場面、およびそれぞれの諸尊の舞踊である第3場面から第10場面までは、もとになっているスピトゥック・グストル祭礼における仮面舞踊におけるそれらの場面と、順序、内容は同じであった。しかし、第11場面から第16場面までについては、ストック僧院における仮面舞踊は、スピトゥック僧院の仮面舞踊1日目の残りの一部分と2日目後半の一部分を組み合わせたものである（表9-1）。以下にこれらを比較、分析しながら述べていくことにする。

ストック僧院の仮面舞踊、第11場面は12時52分に始まる2頭の鹿の舞踊（シャワ・ニス・チャム、sha ba gnyis 'cham, 鹿・2・舞踊）である（写真9-35）。これは、スピトゥック僧院では、仮面舞踊2日目、第6場面に行なわれていたものである（写真9-36）。ここでは、2頭の鹿はダオを切ることはせず、舞踊を行なうのみである。ダオを切ることは、後に鹿が1頭だけで登場するシャワ・ツィック・チャム（鹿・1・舞踊）の場面において行なわれる。

ストック僧院の仮面舞踊、第12場面は、12時57分に始まるトゥルダック（dur bdag, 墓場・主〈所有者〉）である。これは、スピトゥック僧院の仮面舞踊1日目、第12場面のトットゴック・ギャリ・ニス（mthod gog rgya ri gnyis, トゥルダック・2）に相当する。彼らは骸骨の身体で、タクチャム（drag 'cham, 恐ろしい舞踊）と呼ばれる舞踊を行なう。トゥルダックは墓場の主で、肉を狼や鳥に与えたため、骸骨だけになったとされる。彼らは観衆の中に入り、人々を怖がらせ、また、吉兆の印である大麦こがしの白い粉を人々の頭上にまいて面白がらせる。彼らは、おどけ者としての役割も担っているのである。

さらに、彼らは、赤色の小さな人の形をしたダオを長い紐の中央に結びつけ、それぞれが両端を持って振り回し、地面に打ちつける（写真9-37）。ダオは悪霊の象徴であり、また仏教的には我（エゴ）の象徴とされる。ただし、この場面で用いられるのはナルブ（人々はニャルと発音している。nal bu, 非嫡出子）と呼ばれ、後にシャワ（鹿）が切って殺すために大麦こがしの練り粉で作った本当のダオとは別のものである。このナルブは悪事の象徴

写真9-35 ストック僧院の仮面舞踊、第11場面のシャワ・ニス・チャム（2頭の鹿の舞踊）（2009年）

写真9-36 スピトゥック僧院の仮面舞踊2日目、第6場面のシャワ・ニス・チャム（2頭の鹿の舞踊）（1984年）

写真9-37 ストック僧院の仮面舞踊、第12場面でダオ（敵〈悪霊の象徴〉；ナルブ、非嫡出子）を振り回し、地面に打ちつけるトゥルダック（墓場の主）（2009年）

であり、これを地面に打ちつける（ナルブ・ダブパ, nal bu brdab pa, 非嫡出子・打ちつける）ことは悪事の見せしめという意味を持つ。したがって、この演出は村人に対する社会規範の遵守という教化の役割を持つと解釈することができる。

なお、ストック・グル・ツェチュー祭礼においては、これに続くスピトゥック僧院の仮面舞踊1日目、第13場面、さらには2日目、第7場面に見られる4人のトゥルダック（トゥルダック・ズィ, dur bdag bzhi, トゥルダック〈墓場の主〉・4）は省略されている。スピトゥック僧院においては、4人の墓場の主は腰に小さな鈴（ティブシル、tib shil）をつけ、獰猛の象徴である虎の毛皮（スタックパックス、stag lpags, 虎・毛皮）を腰に巻き、仮面の上には平和を意味する五仏（リクスガー、rigs lnga, 系統〈種類〉・5）の象徴として、5つの小さな頭骨を掲げ、

写真9-38　スピトゥック僧院の仮面舞踊2日目、第7場面のトゥルダック・ズィ（4人の墓場の主）(1984年)

ダレンギ・チャム（dgra len gyi 'cham, 敵〈ダオ〉・拾い上げる・の・舞踊）と呼ばれる舞踊を演じる（写真9-38）。そして、この後に続くダオを切る場面のために、ダオとそれを置くためのダクン（dgra khung, ダオ・場所〈穴〉）と呼ばれる三角形の印の描かれた布を舞踊中庭に用意する。しかし、ストック僧院における仮面舞踊では、4人の墓場の主の場面がないため、ダオは第14場面のシャワ・ツィック・チャムの際、舞踊中庭に持ち込まれることになるのである。

さらに、ストック僧院における仮面舞踊では、スピトゥック僧院の仮面舞踊1日目、第11場面のチャムシンとその従者たちによる詳細な舞踊、および2日目、第4場面と第5場面におけるラモとその化身たちによる詳細な舞踊が省略されている。ラモとチャムシンはそれぞれすでに、第6場面、および第8場面で登場しているところである。そして、スピトゥック僧院の仮面舞踊では、これら諸尊とその化身や従者を含めた詳細な場面が展開することになる。しかし、ストック・グル・ツェチュー祭礼では、本来2日間にわたる仮面舞踊が1日に短縮されているため、これら詳細な場面は省略されているのである。

スピトゥック僧院におけるラモの詳細な舞踊である、2日目第4場面と第5場面については、すでにストック僧院の第6場面のラモのところで記した通りである。第11場面のチャ

写真 9-39 スピトゥック僧院の仮面舞踊 1 日目、第11場面の
ショクダクパ（指揮官）（1984年）

写真 9-40 スピトゥック僧院の仮面舞踊 1 日目、第11場面の
ティートス・ギャット（8 人の作業員）（1984年）

ムシンの詳細な舞踊は、スピトゥック僧院の特別な守護尊（ゴンボ）であるチャムシン（lcam sring）をいわば王とし、女王としてのドンマルマ（gdon dmar ma, 面・赤色・者〈女〉）、指揮官としてのショクダクパ（srog bdag pa, 命・所有する・者）、そして作業員としてのティートス・ギャット（小刀・先端・8）により構成される舞踊である（写真9-39、9-40）。実際、スピトゥック僧院の壁画には、チャムシンを中央に置き、向かって右側にドンマルマ、左側にショクダクパを配し、その下には8人のティートス・ギャットが描かれている。舞踊では登場したショクダクパ、チャムシン、ドンマルマは、ラムドス・タルドス・ズィ（lam 'gros dal 'gros bzhi, 路・歩み・ゆっくり・4）と呼ばれるゆっくりしたステップで踊り、またティートス・ギャットはラムドス・ズルプットマ（lam 'gros zur phud ma, 路・歩み・横

を向く）と呼ばれる横向きの姿勢で踊る。その後、全員が輪になり、グマ・コルチェン（dgu ma 'khor chen, 9・輪・大きい）とジードス・コルチェン（bzhi 'gros 'khor chen, 平和・歩み・輪・大きい）と呼ばれる大輪舞が行なわれる。

　ストック僧院の仮面舞踊、第13場面は、13時14分に始まるジャナックギ・チャムコル（zhwa nag gi 'cham skor, 帽子・黒〈瑜伽タントラ行者〉・の・舞踊・輪）である。縦笛を演奏する2人の僧に先導され、舞踊長（チャムポン、'chams dpon, 舞踊・長）がタントラ修行者の黒い帽子を被り、右手に短剣、左手に頭蓋骨の杯を持ち単独で登場する。リンポチェの玉座の横に設けられた演奏者席では僧が長笛を演奏する。ジャナックの統率者である舞踊長はここですべての種類の舞踊、すなわち、ラムドス・タルデス・ズィ、ンガパット、フムパット（ルパット）、グマ・コルチュン、グマ・ツァムチョット、ジードス・コルチェン、ティシュラ、ドゥンギャットマ、ロクツェム・タルドス等のステップの舞踊を行なう。さらに、13時27分に7人のジャナックが新たに登場して加わり、8名で再びすべての種類の舞踊を行なう。ジャナックたちは口を布で覆い、また彼らの被る黒い帽子には、皮、頭骨、毛、内臓の意匠が施され、それは人間の我（エゴ）を象徴する。なお、ストック・グル・ツェチュー祭礼における仮面舞踊、第13場面は、スピトゥック僧院の仮面舞踊1日目、第14場面のジャナックギ・チャムコルに相当する（写真9-41）。

　そして、セルケム（gser skyems, 金・酒を奉げる）が始まる。セルケムは金酒を奉献し、諸尊を招請、請願するものである。2人の僧が飲料の入った瓶からジャナックの持つ杯に飲料を注ぐ。そして、ジャナックはこれを諸尊に捧げる。こうして異なる諸尊ごとに次々と奉献が行なわれる。この儀式は、スピトゥック僧院における仮面舞踊1日目、第14場面において見られたセルケム儀軌と一致する。

　中央でセルケムが行なわれている間、他のジャナックたちは、グマ・チェスコル（dgu ma phyed skor, 9・大きな・輪）のステップで舞踊中庭に大きな輪を作り、ゆっくりと踊る。セルケム儀軌に続いて、ヤマーンタカに関する儀軌であるチダックマ（'chi bdag ma, 死・所有者・者；ヤマーンタカ）儀軌が朗唱され、この間、ドゥンギャットマ（bdun brgyad ma, 7・8・者）のステップで舞踊が続けられる。さらに、善悪の判断を行なうヤマーンタカに関するゲディックマ（dge sdig ma, 善業・悪業・〈判断する〉者）儀軌の朗唱が行なわれ、この間、ラムドスチェスコル（lam 'gros phyed skor, 路・歩み・大きな・輪）の他、ドルキョック（grol kyog）、ドゥンギャットマ、ロクチャム（log 'cham, 戻り・舞踊）のステップによる舞踊が続けられる（写真9-42）。そして、ジャナックは2人ずつ踊りながら退場し、13時56分には全員が退場する。

　ストック僧院の仮面舞踊、第14場面は、14時03分に始まるシャワ・ツィック・チャム（sha ba gcig 'cham, 鹿・1・舞踊）である。ここでは、チャムポン（舞踊長）の演じる1頭の鹿が登場し、ダオ・ダルベ・チャム（dgra bo sgral ba'i 'cham, ダオ〈敵〉・切る・舞踊）により、

第9章　ストック・グル・ツェチュー祭礼とラー　　461

写真9-41　スピトゥック僧院の仮面舞踊1日目、第14場面のジャナックギ・チャムコル（黒帽の輪舞）（1984年）

写真9-42　ストック僧院の仮面舞踊1日目、第14場面のジャナックギ・チャムコル（黒帽の輪舞）（2009年）

大麦こがしの練り粉で作った赤い人形のダオ（dgra bo, 敵）を小刀で切って殺す。ダオは、ニャオ（nya bo, 人形）とも呼ばれ、悪霊の象徴である。さらに、これは仏教の敵でもあり、ゲロン・パルダン師によると、自身の我（エゴ）の象徴でもある。なお、ダオを殺すのは鹿の姿をとった主尊であり、実際ディグン・カーギュ派においては、ラマユル・カプギャット祭礼で見たように、主尊自らがこの役割を担っている。また、ストック僧院の仮面舞踊、第14場面に相当するスピトゥック僧院の仮面舞踊1日目、第15場面においては、ダオを切るのは鹿であるが、スピトゥック僧院の仮面舞踊2日目、第10場面においては、ジャナックがこの役割を負う。しかし、いずれの場合においても、ダオを殺すのは舞踊の統率者であるチャムポン（舞踊長）が行なわねばならず、その際、彼は自身が主尊そのものであると瞑想するのである。そして、ダオを切る際、チャムポンはスンガクス・トゥック・チャクギャ・トゥック（sngags drug phyag rgya drug, タントラ〈瞑想〉・6・ムドラ〈印〉・6）を行ない、ダオを切った後、ダシャ・チョクズィル・ブルワ・ソグチェット（dgra sha phyogs bzhir 'bul ba sogs byed, ダオ〈敵〉・肉・方向・4・捧げる）により、ダオの破片を4方向の護法尊に奉献する。

　また、ダオを切る儀礼の次第と瞑想（ダチョク、dgra chog, ダオ・次第）は、以下の通りである。まず、悪霊の象徴であり、またエゴ（我）の象徴とされるダオが、ダクン（dgra khung, ダオ・場所〈穴〉）と呼ばれる三角形の印の真ん中に置かれる。ダクンは、山のように高くそびえる九層の大きな鉄の城であると瞑想しなければならない。その内部には大きな火が燃え上がっている。その炎は一瞬にして全世界を焼きつくすほどの大きさであり、非常に恐ろしい音を立てている。その音響は雷鳴の10億倍もの大きさである。この場所に一つのエゴ（我、ダオ）がある（写真9-43）。彼の身体は傷だらけであり、血が流れ出している。目からは涙が溢れ、口からは血が出ている。今、まさに彼は殺されようとしており、彼は叫び声を上げ、失禁する。彼は自身の秘所（ツァンマ、mtshan ma；チャンワ、'chang ba）をつかむ。また、彼の身体は鎖で縛られている。

　この時、チャムポンは彼自身がヤマーンタカであると瞑想する。彼の心臓から多くのタントラ瑜伽行者が出て来て、エゴを切ろうとする。瑜伽行者たちはさまざまな道具でエゴを捕える。さらに、他の悪霊たちもエゴの上に置かれる。その後、チャムポンは金剛杵と鈴を手に取る。そして、彼は、「悪霊たちよ、どこにおまえたちがいようと、すべての悪霊たちはここに来て、三角形の印の上に座れ」と言い、そのように願わねばならない（写真9-44）。そして、彼は4方向の守衛たちを任命する。これで、悪いエゴはすべて拘束され、もはや逃げることはできない。

　ダオを殺すためには、第1に、鉤（チャクスキュー、lcags dkyu）を使いすべての悪霊を捕え、第2に、金剛の綱（ドルジェ・ズァクスパ、rdo rje zhags pa）を持って縛り、第3に、鉄の鎖（チャク・ドック、lcags sgrog）で縛り、第4に、金剛杵と鈴（ドルジェ・ティルブ、

写真9-43 ストック僧院の仮面舞踊、第14場面のシャワ・ツィック・チャム（1頭の鹿の舞踊）において、ダクン（三角形のダオの場所）に置かれたダオ（敵；我〈エゴ〉の象徴）(2009年)

写真9-44 ストック僧院の仮面舞踊、第14場面において、ダオを切るための瞑想を行なうチャムポン（舞踊長）の演じるシャワ（鹿）(2009年)

rdo rje tril bu）の力で悪霊を押さえ込み、第5に、金剛の槌（ドルジェ・トワ、rdo rje tho ba）で悪霊を打ち、第6に、金剛の斧（ドルジェ・ダスタ、rdo rje dgra sta）で悪霊をたたき切り、第7に、金剛の三つ叉（ドルジェ・ツェースム、rdo rje rtse gsum）でエゴを突き刺し、第8に、金剛の刀（ドルジェ・ラルディ、rdo rje ral gri）でエゴを切り刻むのである。

それから、チャムポンはアブラナの種の入った頭蓋骨の杯を手に持つ。この種は毒と一緒に混ぜられており、エゴの身体の上に稲妻の矢のように落ち、その身体を完全に破壊する。チャムポンはこのアブラナの種をエゴの身体の上に落とす。さらに、別の頭蓋骨の杯

写真 9-45　ストック僧院の仮面舞踊、第15場面に登場するユムチョック・ツァムンティ（チョスギャル妃）（2009年）

写真 9-46　ストック僧院の仮面舞踊、第15場面で、チョスギャル・ヤブユム二尊が一緒に踊る（2009年）

に入れられた1万の血、千種類の毒をエゴの上に落とす。エゴの霊は泥のようになり意識を失う。

　そして、チャムポンは、私はこのエゴを殺すので、すべての守護尊は私に力を与えてくれるようにと祈願する。第9に、短剣（プルバ、phur ba）が自分の心臓から出てくる。短剣は尊でもある。チャムポンは短剣をエゴに突き刺し固定する。そして、再度、「私はエゴをばらばらにするので、すべての守護尊たちはどうか自分に力を与えてほしい」と請願する。その後、第10に、三日月型の小刀（ティグック、gri gug）でエゴを細かく切り刻み破片にする。今や、悪霊は完全に破壊された。そして、すべての人々はブッダの心のよう

に善なる心を持つようになる。チャムポンはこのように瞑想する。さらに、ダオを切った後、チャムポンはこのダオの悪い霊を良い霊に変え、ブッダの霊的世界に送らねばならない。したがって、チャムポンは霊的力を必要とされる。単に悪霊を破壊するだけでは殺人と変わらないからである。

ダオを切る儀礼が終わると、次にストック・グル・ツェチュー祭礼の仮面舞踊、第15場面が、14時17分に始まる。最初に、縦笛を演奏する2人の僧に先導され、ユムチョック・ツァムンティ（yum mchog tsa munṭi）が登場する（写真9-45）。ゲロン・パルダン師によると、彼女はヤマーンタカの妃、チョスギャル・ユム（chos rgyal yum, 法・王・妃）であるという。彼女は、ドゥンスポン・ヤスノン・ヨンノン・ジルノン（bdun spong g·yas gnon g·yon gnon zil gnon）、ジドー・チェトレン（zhi 'gro phyed len）、ラムドス・ダルデス・ズィ（lam 'gros dal gres bzhi）、ラムドス・ズィ（lam 'gros bzhi）、グマコルチェン（dgu ma 'khor chen）のステップの舞踊を演じ、舞踊中庭の大旗の基台の前に置かれた椅子に座る。そして、次に善悪を判断するヤマーンタカであるゲディク・シャンチェット（dge sdig shan 'byed）、すなわちチョスギャル・ヤブ（chos rgyal yab, 法・王・殿）が登場する。彼はドゥンスポン・ヤスノン・ヨンノンを踊り、さらに2本の角をまわしながら悪霊を押さえつけるしぐさの舞踊であるラノン（rwa gnon, 角・押さえる）を演じる。その後二尊はチョスギャル・ヤブユム・ニス（yab yum gnyis, 殿・妃・2）としてドゥンポン・ジドー・チェトレンのステップで舞踊を行なう。その後、14時30分には、チョスギャル・ヤブユム二尊はドゥンプン・ジドー・チェトレンのステップで一緒に踊る。そして、頭蓋骨の奉献（argham [sk] 'bul, 頭蓋骨・捧げる）が行なわれ、ラムドス・ヤスノン・ヨンノン、およびグマ・コルチェンの舞踊が行なわれる（写真9-46）。

舞踊中庭でチョスギャル・ヤブユムが踊っている最中の14時32分、2人のラバが僧院の屋上に現れ、手すりの上を走る。2人のラバは刀と槍を持ち、屋上の真ん中に立つ。人々は喚声をあげ、屋上を見上げる。ラバは屋上から下りると、走って正面の集会堂内に入る。

14時37分、ストック僧院の仮面舞踊の最終場面であるバクペ・ンガンソル（'bag pa'i mnga' gsol, 仮面・者・〈護法尊として任命されるよう〉祈願された）が始まる。ここでは、今までに登場した諸尊が登場し、全員で輪舞が行なわれる。ただし、第1場面、第2場面のハシャンとハトゥック、第12場面のトットゴック・ギャリ・ニス（トゥルダック）、第13場面のジャナックは除き、その他の諸尊が2人のラバとともに登場する。2人のラバは諸尊とともに舞踊中庭で踊る。ゆっくりした歩みのラムドス・タルワ、半歩ずつ進むラムドス・チェトレン、蛇のように三日月型の波状を描いて進むドゥルキョック（sgrul kyog, 蛇・三日月型）、7歩と8歩で踊るラムドス・ドゥンギャットマ、ロクチャムのステップによる舞踊が行なわれる。

2人のラバは、ツァンジャ（三眼のついた帽子）をとり、刀を舌に当て、人々の前で自

写真9-47　ストック僧院の屋上中央に立つラバを見上げる観衆（2009年）

分の舌を切るしぐさをする。そして、杯から水を飲む。村人はラバの肩かけをとり、赤い衣装を脱がせ、刀と槍もとって中央の大旗の基台の上に置く。ラバは「ウゥー、ウゥー」と叫んでいる。14時41分、ラバは再度、帽子を着け、諸尊と一緒に輪に加わって踊る。村人たちはカタックを吉兆の印としてラバに掛ける。ラバはそれを村人に返礼として与え、刀を持ち、再度踊る。そして、ラバは再び、刀を舌に当て自分の舌を切る真似をし、水を飲み、再び全員で踊る。2人のラバは裸足である。

　14時45分、ラバは舞踊中庭から走って去る。他の諸尊たちの舞踊は続いている。そして、二尊ずつ順次、踊りながら退場する。シャワ（鹿）とゾーが踊り、最後にシャワだけが1人で残って踊る。シャワは、ラムドス・タルデズィ、ンガパット、ルパット、グマ・コルチェン、ジドー・コルチェン、ティシュラ、ドゥン・ギャットマ、ロクチャムのステップによるすべての舞踊（チャム・ジュクパ、'cham 'jug pa）を演じる。

　14時48分、ラバは僧院の屋上に現れ、手すりの上を走る。シャワの舞踊は中庭で続いている。14時50分、ラバは僧院の2階の張り出し台に現れ、人々を睥睨し、肩を怒らせ、まわりを見下ろす。ラーは強く憑依している様子で、ラバはトランス状態にある。14時52分、舞踊中庭でシャワの舞踊が続けられる中、2人のラバが回廊の上に現れ、その屋上を走る。

　14時54分、縦笛を持った僧が2人と、線香を持った僧が1人中庭に来て、シャワを先導し、シャワは退場する。14時55分、モンの音楽が止み、僧は玉座に置かれていたリンポチェ

の僧衣をとり、集会堂に入る。しかし、人々はそのままで、ラバが再び登場するのを待っている。

　14時59分、ラバは再度、僧院2階に現れる。人々はラバを見上げながら、いっせいに「キ キソソ・ラー・ギャロー（ラーに勝利を）」と勝利の雄叫びの声を上げる（写真9-47）。15時00分、2人のラバは集会堂内に入り、そこで、帽子をとり、刀と槍と衣装だけで走り出る。15時06分、2人のラバは舞踊中庭に下りて、観衆の前を走る。さらに、ラバは舞踊中庭を囲む回廊の屋上を走る。1人のラバは集会堂に入り、もう1人のラバは再度、僧院の屋上に出る。15時05分、このラバは屋上から下り、再び、舞踊中庭に登場し、刀と槍を頭上にかざす。15時08分にこのラバも集会堂内に入り、ラバの演出は終わる。

　15時12分、2人の村人のラバは普段着に赤と白の吉兆のショールを掛け、集会堂を出て退場した。こうして、ストック・グル・ツェチュー祭礼1日目の仮面舞踊とラーの登場は終了したのである。

ラーの託宣とツォクスの奉献（祭礼2日目）

　祭礼2日目は、僧院の外においてオンポと村人による儀礼が行なわれる。ここに、ラーの憑依したラバが登場し、村人に託宣を告げ、ツォクス（特別にツェチュー・チョッパ、tshes bcu'i mchod pa, 日・10・奉献、と呼ばれる）がパドマサムバヴァに捧げられ、残りは村人たちに分け与えられるという儀式が行なわれる。また、その後、僧により1日目の仮面舞踊に続き、主尊チョスギャルの象徴であるトルマが火の中に投捨されるトルギャックの儀式が行なわれる。なお、祭礼2日目には仮面舞踊は行なわれないとのことであったが、実際には、仮面舞踊1日目の最終場面である第16場面のバクペ・ンガソルのみが再度演じられ、その後、トルギャックが行なわれた。

　9時30分にストック僧院に到着すると、僧院の東、約200m離れた広場に手伝いの村人であるニェルパたちが集まっている。広場は丘に囲まれており、その中央には大旗が立てられている。大旗の基台に接して西南側に台座が設けられ、この上にツォクスがのせられている。ツォクスの正面は西北向きに置かれ、これに面するように、オンポと太鼓の置かれた演奏者のための席、さらに台座を半ば囲むように儀軌に加わる村人たちの席が設けられている（写真9-48、図9-1）。9時53分には、オンポとその息子が席に座り、儀軌が始まる。また、15人ほどの村人たちも席につき、朗唱を行なう。儀軌はグル・リンポチェ（パドマサムバヴァ）のツェチュー（tshes bcu, 日・10）と呼ばれ、リウ・ドゥンマ（liu 'dun ma）をはじめ、拝礼の際に用いられるグル・トルシャクス（gu ru mthol bshags）などの典籍が用いられる。

　台座の上には、中央に赤く塗られた大きなツォクス（tshogs chen, ツォクス・大）と、その両側に小さなツォクス（tshogs chung, ツォクス・小）が置かれている。さらに、儀礼に

468　第2部　ラーの登場する祭礼と僧院

写真9-48　ストック・グル・ツェチュー祭礼2日目に、僧院の外に設けられた、ラーの託宣とツォクスの奉献のための場所（2009年）

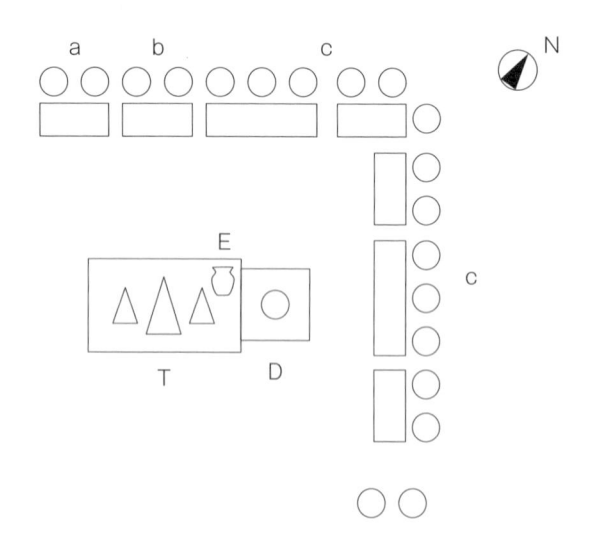

図9-1　ストック・グル・ツェチュー祭礼2日目にラーが託宣を告べ、ツォクスを奉献する儀礼の行なわれる場所（2009.03.06、09:53）
　　　T：ツォクス（ツェチュー・チョッパ）　E：ツェチャン（命の大麦酒）
　　　D：大旗　a：オンポ　b：演奏者（村人）　c：村人

参加する村人たちに配られるもう1つの小さなツォクスが加えられ、小さなツォクスは全部で3個用意された。大きなツォクスの上には命の瓶（ツェブム、tshe bum）がのせられ、その上には、白い布が高貴な人にかざされる傘の印として棒に結びつけられる。また、ツォクスの向かって左側には、吉兆の印であるカタックの結びつけられた頭の形をした大きな壺いっぱいに、長寿のための大麦酒であるツェチャン（tshe chang, 命・大麦酒）が入れられている。また、右側には長寿のための小球であるツェリル（tshe ril, 命・球）が、供物として菓子とともに置かれる。ガラスのコップに入れられた黄色をした飲料は、長寿のための大麦酒であるツェチャンである。これらの供物の手前には、飲料水、洗足水、花、線香、灯明、香水、食物の供物一式と、孔雀の羽の差し込まれた瓶が置かれる（写真9-49、9-50）。

　ツォクスは、パドマサムバヴァや忿怒尊に捧げられる供物であり、強い力の象徴として赤く塗られている。僧院における儀軌では、通常小さなツォクスが用いられるが、ここに置かれた大きなツォクスは、ツェチュー祭礼のために特別に用意されたものである。僧院の儀礼におけると同様、ツォクスは諸尊に捧げられる際、先端部分が斜めに切り落とされ、その後、残りの部分は小片に切り分けられ、人々に与えられるのである。これは聖なる食物とされ、薬が身体を治療するように、この食物は心を治療すると信じられている。人々は身体と同様、心も病気になると考えているからである。ツォクスは諸尊に奉献され、すべてのブッダや諸尊がこれを祝福しているので、特別な力があると信じられている。

　10時14分、オンポと村人たちは、ペー（大麦こがし）とバター茶で作られたコラックで朝食をとる。10時22分、儀軌が再開され、羊の皮の張られた太鼓が打たれ、朗唱が行なわれる。10時39分には、パンディ師も基台の西南側に新しく設けられた席に座り、儀軌が続けられる。10時48分、ラーがまだ憑依する前の2人のラバが来て、パンディ師と並んで座る。

　儀軌の進行に伴い、席に座って朗唱を続けるオンポや村人たちに、孔雀の羽の差し込まれた瓶の中の甘露が配られる。2人のラバと村人たちは、基台の南東側に1列に並び、ツォクスに向かい、招請されたパドマサムバヴァをはじめとする諸尊に拝礼を行なう（写真9-51、図9-2）。そして、命の小球と命の大麦酒が、座っているオンポや村人たちに配られる。ここでは、オンポがラーを招請し、ラバが憑依することになっている。もっとも、まだ完全には憑依していない様子であった。11時30分、2人のラバはこの場を去り、僧院へと向かう。朗唱はそのまましばらく続けられ、小さなツォクスの一つが、座って儀礼を行なっている村人たちに配られる。11時45分、グル・ツェチューの儀軌は終了した。なお、ツォクスの奉献は、この後、憑依したラバにより行なわれることになる。

　同時に、僧院では仮面舞踊が始まる。この仮面舞踊は、祭礼1日目の仮面舞踊、最終場面である第16場面のバクペ・ンガソルの反復であった。また、ハシャンとハトゥック、トゥ

写真 9-49　ツォクス（ツェチュー・チョッパ）と命の飲料
　　　　　（ツェチャン）（2009年）

写真 9-50　ツォクスとともに置かれた命の小球（ツェリル）（2009年）

ルダック、ジャナックが登場しないことに加え、主要な諸尊のみによる構成となっていた。すなわち、ゴンボ、ゴンカル、ラモ、チャムシン、キタパラとジナミトラ、シャワとゾー、そして主尊のチョスギャル・ヤブユムが登場し、チョスギャルを除いては殿妃ではなく単尊のみが登場した。また、シャワ（鹿）は最後に1人で踊るシャワ・チャム・ジュクパにおいて、本来はこれに先立つ第14場面のシャワ・ツィック・チャムで行なわれるダオを切る儀式を簡略的に行なった。すなわち、小さなダオを大旗の基台の上に置き、シャワは、立ったままで刀を持ってダオを切るというものであった。その後、シャワは1人で踊り、11時58分に退場し、仮面舞踊は終了した。

　なお、スピトゥック・グストル祭礼における仮面舞踊2日目の最終場面である第10場面

第9章　ストック・グル・ツェチュー祭礼とラー　471

写真9-51　2人のラバと村人たちはツォクスに向かい、諸尊に拝礼する（2009年）

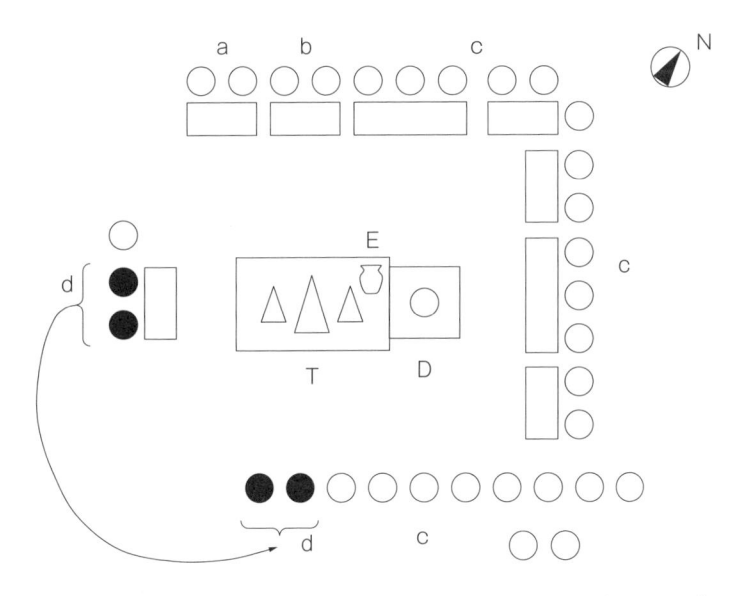

図9-2　憑依する前のラバと村人たちがツォクスに向かい、招請された諸尊に拝礼する（2009.03.06, 11：20）
　　　T：ツォクス（ツェチュー・チョッパ）
　　　E：ツェチャン（命の大麦酒）
　　　D：大旗　a：オンポ　b：演奏者（村人）　c：村人　d：2人のラバ

写真9-52　ストック・グル・ツェチュー祭礼2日目、ストック僧院の
　　　　　 屋上に登場し、手すりの上を走る2人のラバ（2009年）

写真9-53　ストック僧院の屋上で手に刀と槍を持ち、手すりの上を
　　　　　 走って叫ぶ2人のラバ（1984年）

は、2日目第8場面で登場したジャナックに第9場面で登場したチョスギャル・ヤブユムが加わり、チャムポンの演ずるジャナックがセルケム、チダックマ、ゲディックマを行ない、ダオを切る儀式が行なわれる。したがって、ジャナックによるセルケム、チダックマ、ゲディックマの後、シャワが1人で登場し、ダオを切り、その後、諸尊が全員で舞踊を行なうという、ストック・グル・ツェチュー祭礼における仮面舞踊の最終場面に至る次第は、スピトゥック・グストル祭礼における仮面舞踊、第1日目の最終場面に相当することになる。

　すなわち、ストック・グル・ツェチュー祭礼における仮面舞踊は、スピトゥック・グストル祭礼における仮面舞踊、第1日目の次第を基本としながら、第2日目に登場する主尊

第 9 章 ストック・グル・ツェチュー祭礼とラー 473

写真 9-54 ストック僧院の屋上の手すりの上に立ち、村人の個人的な質問に答えるラバ（2009年）

であるチョスギャル・ヤブユムの場面を途中に挿入したという構成になっている。この結果、ストック・グル・ツェチュー祭礼における仮面舞踊の最終場面には、スピトゥック・グストル祭礼における仮面舞踊、第1日目の最終場面では見られないチョスギャル・ヤブユムが登場することになるのである（表9-1）。

　12時10分、モンの演奏が始まり、先ほどの2人のラバが少し憑依しかかっている様子で、村人の男女に先導され、僧院の集会堂に入る。12時13分、ラーがラバに完全に憑依し、集会堂から出て来た2人のラバは僧院の屋上に登場し、刀と槍を振り上げ叫ぶ。村人たちも、ラーに個人的な質問をし、予言を得ようと、カタックを持ってラバを見守る。ラバは屋上の手すりの上を走る（写真9-52）。これは、1984年のストック・グル・ツェチュー祭礼2日目の、僧院の屋上におけるラーの登場と同様であった（写真9-53）。そして、ラバは手すりの上に立ったまま、村人からカタックを掛けてもらい、質問に答える。観衆は屋上のラバを見上げている（写真9-54）。

　その後、12時17分、2人のラバは僧院を出て、ストック王宮へと走って行く。ラバはストック王宮で、王族に彼らの将来についての託宣を告げるのである。人々はラバが再び戻ってくるまでの間、ストック僧院のまわりに店を出している露店で食事をしたり、買い物をしながらラバを待つ。13時10分、ストック王宮から戻って来たラバは僧院の集会堂に入る。そして、再度、僧院の屋上に出て、手すりの上を走り、叫ぶ。

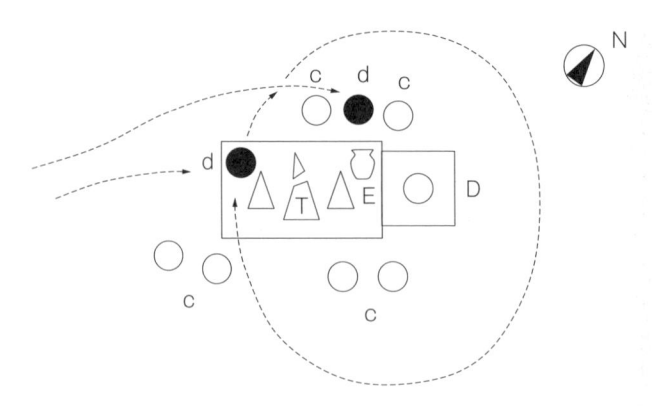

474　第2部　ラーの登場する祭礼と僧院

図9-3　ラーの憑依したラバがツェチャンの上方に立ち村人たちに託宣を
　　　　告げ、ツォクスを切って奉献する（2009.03.06, 13:17）
　　　　T：先端部分が切られたツォクス（ツェチュー・チョッパ）
　　　　E：ツェチャン（命の大麦酒）　D：大旗　c：村人　d：2人のラバ

写真9-55　ストック僧院グル・ツェチュー祭礼2日目、長寿の大麦酒の入った壺の上で
　　　　村人たちが組み合わせた腕の上に立ち、託宣を告げるラバ（2009年）

写真9-56　基台の上に立つラバと、ツォクスの小片を人々に配る手伝いの村人（2009年）

　13時16分、2人のラバはツォクスの置かれている広場にやって来る。そして、基台の上に立ち、刀を振り上げて叫ぶ。13時17分、村人たちが命の大麦酒の入った大きな壺の上で腕を互いに組み合わせ、この上にラバが立つ。そして、ラバは、「ストンチョットを行なうべきである。そうすれば、今年の降雨、収穫は吉兆である」と託宣を村人たちに告げる（図9-3、写真9-55）。なお、ストンチョット（stong mchod, 千・奉献）儀軌とは、ラマユル・カンギュル祭礼で見たように、ナムギャルマ（rnam rgyal ma；ウシュニシャヴィジャヤ〈サンスクリット〉；仏頂尊勝）を主尊とし、このマントラを千回唱え、灯明、線香、供物を千個ずつ奉献し、過去の罪業を清め、長寿を祈願するための、複数の僧による1日がかりの儀礼である。

　そして、ツォクスの先端が切り落とされる。13時19分、残りのツォクスが小片に切り分けられ、周囲に投げられる。村人たちは喚声を上げながら我先にとこれを拾う。ラバは叫び声を上げながら基台の周囲を走り回り、また基台の上に立つ。ツォクスはすでに切り分けられており、村人たちはこの小片を周りで見ている人々に配る（写真9-56）。ラバは僧院に戻り、13時24分、再度、僧院の屋上に現れ、その後、舞踊中庭に下りる。13時30分、モンの太鼓の音が止み、ラーはラバの身体から離れる。

　さらに、1984年のストック・グル・ツェチュー祭礼においても、2人のラバは刀と槍を持ち、命の大麦酒の壺の上で、村人たちが組み合わせた腕の上に立ち託宣を行なった。この後、ツォクスが切って奉献され（写真9-57［口絵14］）、残りのツォクスの小片は村人たちに分け与えられた。もっとも、これが行なわれた場所は僧院の麓の村のはずれであり、2009年に見られた僧院のすぐ横の場所とは異なっていた。この時の託宣は、「もし村人たちがブムを朗唱するのであれば、今年は良い収穫があるだろう」というものであった。こ

写真 9-58　ストック僧院のまわりで食事や茶を売る露店（2009年）

の後、ラバは僧院に戻り、舞踊中庭の回廊の屋上の手すりの上を走って、演出は終了した。

　なお、ブム（'bum, 10万）とはカンギュルの一部を成す経典である大般若経（十万頌般若）を意味する。この中には、10万の詩句があるためブムと呼ばれているのである。1詩句は32語から成る。また、ブムには、すべてのブッダ（仏）やボディサットヴァ（菩薩）がそこから生まれ出る源である空について述べられている。このため、空は母（ユム、yum）と考えられている。したがって、ブムはまたユムとも呼ばれるのである。ブムはチベットの木版刷では詳細なものでは12巻となり、簡潔なものでは3巻、さらに最も手短かなものは1巻にまとめられている。ラダックでは、ラマユル・カンギュル祭礼に見られるように、カンギュルやブムの朗唱が重要な宗教行事として、僧院や村々で行なわれるのである。

　2009年のストック・グル・ツェチュー祭礼では、以前と比べて僧院のまわりに、より多くの露店が出ていた。屋外にテントを張り、その中に机や椅子を並べ、あるいは露天で、食物や茶を売っている（写真9-58）。また、さまざまな菓子や装飾品も売られている。さらには、番号札を引き、その番号のつけられた品物をもらうことのできる遊びや、賭けトランプ、輪を投げてその輪が入った賞品に巻きつけられている紙幣の金額をもらうことのできる遊技も行なわれている（写真9-59、9-60）。もっとも、日本でも神社の祭りの際、露店で見られるように、軽い輪を品物に引っかからないよう、すっぽりと入れることは至難の技である。このまわりでは、村人たちが腰を下ろして休み、トルマの投捨の儀式が始まるのを待っている。肌を刺すような寒さの中であるにもかかわらず、小さな子供たちや少年、少女たち、さらには若い僧たちも楽しそうに露店を見て回り、食事や茶をとって時間を過ごす。厳格な僧院の儀式や緊張するラーの登場の合間に、ひとときのほっとする時空間が出現しているのである。

　約1時間後の14時29分、僧院から儀礼の再開を告げる長笛の音が響く。14時36分、モン

写真 9-59　賭けトランプ、ゲームを楽しむ若者たち（2009年）

写真 9-60　輪投げの遊技（2009年）

の音楽が奏でられ、トルマが舞踊中庭に持ち出され、整列した僧の一団を先頭に、村人がトルマを持ち、僧院の外に出て来る。2人のラバはすでに憑依が解け、隊列に加わり一緒に歩いて来る。

　なお、1984年のストック・グル・ツェチュー祭礼においてもこれは同様であった。集会堂内に置かれていた火の中に投捨されるための外部のトルマは主尊チョスギャル（ドルジェ・ジクチェット）のトルマであり、トゥクチューマ（drug cu ma, 60・者）と呼ばれ（写真9-61）、60の従者から構成される。トルマは木枠と干草で形が作られ、その上はバターと大麦こがしの練り粉で固められ、表面は赤い色で塗られている。上部には、現実世界が永遠ではないことの象徴である白い乾いた頭骨がのせられ、頭骨の両耳からは無知を破壊

写真 9-61 ストック・グル・ツェチュー祭礼に用いられる火に投捨されるトゥクチューマと呼ばれる主尊、チョスギャル(ドルジェ・ジクジェット)の外部のトルマと横に置かれたラムトル(1984年)

写真 9-62 舞踊中庭でトルマを前にセルケム(金酒の奉献)を行なう僧たち(1984年)

写真 9-63 トルマ投捨のための隊列の先頭の ポルット（アポ）とモルット（アピ）の人形（1984年）

写真 9-64 トルマなどを持った村人たちの隊列が進む（1984年）

する智慧の象徴である赤い火焔が出ている。先端（トック、tog）には金剛杵が飾られる。トルマをのせている皿の中には小さなトルマ（トルチュン、gtor chung、トルマ・小）が置かれる。また、主要なトルマの横には悪霊が行くべき道を示すためのラムトル（lam gtor、道・トルマ）が置かれる。ラムトルは道の途中で害悪を加えようとする悪霊たちに与えられるものである。なお、ラムトルという言葉はゲールク派で用いられるものであり、ラマユル・カプギャット祭礼で見たようにカーギュ派では用いられない。カーギュ派では同じ機能を果たすトルマとして、カルトル（dkar gtor、白・トルマ）が用いられるのである。

　トルマは村人たちにより、集会堂から持ち出され、舞踊中庭に置かれ、僧たちにより金酒の奉献であるセルケムが行なわれる（写真9-62）。そして、僧院の外で行進の隊列が組まれる。先頭はポルット（pho lud；アポ、a po、おじいさん）、およびモルット（mo lud；アピ、a pi、おばあさん）と呼ばれる人形である（写真9-63）。これらは木枠と干草を大麦こがしの練り粉で固めた男女の人形であり、本当の人間の身代わりとして悪霊に与えられるためのものである。こうして、隊列は僧たち、トルマなどを持った村人たちとともに、投捨される場所へと進むのである（写真9-64）。

　なお、本来、トルマの投捨は、仮面舞踊に引き続き行なわれるものである。しかし、ス

480　第2部　ラーの登場する祭礼と僧院

写真9-65　トルマを投捨する前に諸尊への奉献の儀礼であるセルケム（金酒の奉献）が行なわれる（2009年）

　トック・グル・ツェチュー祭礼においては、ラバの登場とツォクスの奉献が間に入るため、トルマの投捨の儀式は、その後に行なわれることになる。したがって、ラーの登場しないスピトゥック・グストル祭礼や同じゲールク派に属するリキール僧院におけるリキール・ストルモチェ祭礼においては、仮面舞踊とトルマの投捨は連続した儀礼となっている。ここでは、仮面舞踊の終了後、僧たちは集会堂に入り儀軌が朗唱される。そして、トルマが集会堂から持ち出される。この時、今まで僧たちの方向を向いていたトルマの最も力の強い正面が、1列になった僧たちの一団の進行方向を向くように変えられ（ゾルカー・ギュルワ, zor kha bsgyur ba, 力〈武器、トルマ〉・口〈顔〉・変える）、トルマを持った一団は集会堂を出るのである。中庭では、トルマを前にセルケムが行なわれ、諸尊がトルマに力を与えてくれるよう祈願がなされる。そして、僧院長に率いられ、トルマが僧院から野外へと持ち出されるのである。

　14時50分、トルマを運ぶ隊列は長笛を先頭にした僧たちの音楽隊、僧院長と僧たち、村人たちが一団となり、ストック僧院から約200m離れた広場に到着する。この広場は先にラバが託宣を行なった大旗と基台の設置された場所でもある。しかし、トルマの投捨はこれらの儀式や設備とは関係なく、単に大旗の近くの場所で行なわれるのである。ここには、後で焚火をたくため、薪としての枯れ枝が横から見ると先端が尖った三角形になるように、地面にうず高く積み上げられている。この薪の山はフムクン（h'um khung, フム〈マントラ種字〉・場所〈穴〉）と呼ばれる。この薪の山の東側に主尊の大きなトルマが置かれ、その前にラムトルが置かれる。そして、ポルット（アポ）、モルット（アピ）の男女の人形がこの薪の山の反対側の地面の上に捨てられる。音楽が演奏され、再度セルケムの儀礼が行なわれる。口に白い布を巻いた僧が瓶から酒を僧院長の持つ杯に注ぎ、僧院長がこれを諸尊

写真 9-66 ストック・グル・ツェチュー祭礼 2 日目、
トルマが火の中に投捨される（2009年）

に奉献し、祈願する（写真9-65）。ラムトルが薪の山の反対側に移される。そして、僧院長は弓矢をとり、つがえた矢を反対側のラムトルや人形のある西もしくは北の方向に向けて、丁度、薪の山を飛び越えるように空中に放つ。

14時56分、薪の山に火がつけられ、トルマが僧院長に渡される。僧院長はトルマを燃えさかる火の中に投捨する（写真9-66）。人々は「ティヤホー」という時の声を上げ、口笛を吹き鳴らす。そして、僧院長は刀を持って、空中を3回切る真似をする。僧たちはトルマが焼却されるよう、長い棒で火を調節する。まわりに集まっている村人たちもこの様子を見守る。その後、トルマを投捨した僧と村人たちは全員、僧院へと戻る。

焚火はまだくすぶり続け、村人たちが見守る中、子供たちは小石を拾い、地面に捨てられたポルットおよびモルットの人形めがけて小石を投げつける（写真9-67）。本来、この人形は本当の人間の身代りとして悪霊に与えられたものであり、これ自身は悪霊ではない。したがって、これに対して石を投げ破壊すること自体、意味のないことである。トルマの投捨においては、悪霊を取り込んでいるのは主尊の象徴であるトルマそのものであり、これはすでに火の中に投捨されているからである。しかし、子供たちが人形に石を投げるのは、1984年にも同様に見られており、これは一つの慣習となっているのである。

なお、1984年のストック・グル・ツェチュー祭礼におけるトルマの投捨も、2009年におけるものと同様であった。僧院長により、セルケムの儀礼が行なわれた後、矢が放たれ、トルマが火の中に投げ入れられ、刀が振られた（写真9-68 [口絵15]）。その後、村人たちにより、僧院の麓にある村の畑で競馬（スタルギュクス、rta rgyugs, 馬・競走）が行なわれた。10頭ほどの馬が乗り手とともに畑を直線で走るものである。さらに、馬の踊り（スタツェス、rta rtses, 馬・踊り）が行なわれた。畑で人の乗った4頭の馬の口を村人たちが曳

写真9-67　ポルットとモルットの人形に石を投げつける子供たち
　　　　　（2009年）

写真9-69　村人による馬の踊り（1984年）

き、左右に移動して馬が踊っているように歩ませるのである（写真9-69）。次に、馬から下りた4名の男たちは畑の中で伝統的な吉兆の踊りを踊る。1名はリーダーであるタシスパとしてカタックの巻かれた黒い帽子を吉兆の印として被り、踊りを先導する。この踊りはこの後、僧院で行なわれる踊りに先立つ吉兆の印として行なわれるものである。

　実は、これら競馬や踊りは、ラダックの村々では新年に行なわれる行事である。また、かつてのラダック王国時代、レーの王宮に居城していた王が悪霊祓いのドスモチェを見た後、人々は新年を祝い、レーのバザールの大通りで競馬や踊りを行なったのである。ドグラ戦争以後、ラダック王はストック王宮に移り、ここで、これらの行事が行なわれるようになったのであろう。そして、現在では、ストック・グル・ツェチュー祭礼において、こ

写真 9-70 僧院の舞踊中庭の大旗のまわりで踊る4名の村人の
ラルダック（1984年）

れらはトルマの投捨の後、村人たちの行事として行なわれているのである。
　この後、4人の男は僧院に行き、舞踊中庭の大旗のまわりで吉兆の踊りを踊る（写真9-70）。彼らは村で順番に選ばれた4つの家から出されたこの年のラルダック(lha bdag, ラー〈神〉・所有者〈世話人〉)であり、村にあるすべてのラトー（lha tho, ラー〈神〉・場所）に香を捧げ、管理する役割を担う。大旗の基台には、小さな2つの鉢に大麦こがしが入れられ、これにそれぞれビャクシンの緑の針葉のついた小枝が差し込まれている。実際のラトーは、村の近くの丘の上にあり、小さな鉢とビャクシンはこれらラトーの象徴である。また、ラーに奉献するため、皿に酒杯と線香が置かれている。4名のラルダックは、このまわりを右まわりに踊る。こうして、村人たちの吉兆の踊りにより、ストック・グル・ツェチュー祭礼は終了したのである。
　トルマを火の中に投捨することは、ラマユル・カプギャット祭礼で見られたように、悪霊の死骸を彼らの世界に追放するという意味がある。しかし、ゲールク派に属するゲロン・パルダン師によると、トルマの投捨にはこれ以上の積極的な意味があるという。すなわち、トルマの先の尖った三角形の形は主尊のヤマーンタカ・ヤブユムの力強い武器の象徴であり、そのまわりの赤い火焔（メリス、me ris）も強い力を表している。儀礼の最初の日に作られたトルマは、その後、毎日、僧により良い力を入れられる。時に、トルマにヤマーンタカ・ヤブユムの絵姿がつけられることがある。もっとも、これらはトルマを火の中に投げ入れる前に取りはずされる。こうして、儀礼最終日に、トルマは強力な武器として悪霊の世界に送り込まれる。したがって、トルマを火に投げ入れることは、悪霊の世界に対する攻撃を意味することになるのである。
　さらに、矢を射ることや、刀を三度振ることは悪霊との戦いを象徴している。実際、矢

はダオを殺す時にも、ダ・ゾル（矢・武器）として用いられており、これは矢に悪霊を殺す霊的力があることを意味するものである。トルマを火に投げ入れることは、トルマの持つ霊的力が丁度、強力な武器のように悪霊の世界を攻撃し、破壊することである。実際、隊列を組んでトルマの投捨に向かう僧や村人たちが、主尊や数多くの従者たちとともに悪霊との戦いに向かう一団と考えられることは、ラマユル・カプギャット祭礼においても見られた。したがって、トルマの投捨が悪霊の世界への攻撃であるという、トルマの投捨に関する、より積極的な意味づけは十分に可能である。

　もっとも、ラマユル・カプギャット祭礼におけるトルマの投捨には、このような意味づけはなされてはいなかった。そこでは、悪霊の死骸を主尊が離れた後の形骸であるトルマとともに、悪霊の世界に追放するという解釈のみがなされていた。実際、トルマの形態そのものも、ラマユル僧院における火に投捨する外部のトルマは、内部のトルマと同様、諸尊そのものの象徴的な意匠になっており、ゲールク派で用いられる火焔に包まれた三角形のいかにも武器のような形態とはやや異なっている。もっとも、トルマにもさまざまな種類があり、ラマユル僧院の儀軌で見られたように、ラバルトルマ（rab 'bar gtor mo, 非常に強い・炎・トルマ）のように敵、害悪、邪魔などの悪霊に投げつけられるもの、三角錐の形をしたトルゾル（gtor zor, トルマ・武器）のように、武器として用いられるトルマがあることも事実である。

　したがって、仮面舞踊に続くトルマの投捨という儀式は同じであっても、ここで用いられるトルマの機能と解釈は、ディグン・カーギュ派とゲールク派では異なっているということができるのである。

3　仮面舞踊、トルマ、ツォクスの意味

　仮面舞踊に続くトルマの投捨は、スピトゥック・グストル祭礼では無論のこと、同じゲールク派に属するリキール僧院のストルモチェ祭礼においても同様の次第をとる。リキール僧院における祭礼2日目の仮面舞踊は、第1場面のアツァリャ、第2場面のザムス、第3場面の諸尊が13種類のステップの舞踊を行なうセルジェンマ、第4場面のチョスギャル・ユム、第5場面のチョスギャル・ヤブに続き、第6場面ではジャナックが登場し、チョスギャル・ヤブユム、シャワ・ゾーなど諸尊が、13種類のステップの舞踊を行なう大輪舞（チャムコル・チェンモ）となる。舞踊の後、僧たちは集会堂にいったん戻り、トルマが正面の向きを変えられ集会堂から舞踊中庭に運び出され、ここでセルケムが行なわれる。

　その後、トルマは村人により僧院から外へと持ち出される。トルマを持った一団は僧院のある丘を下り、村のはずれへと向かう。隊列は、セルケムのための金酒の入った瓶と杯を持った僧たち、太鼓を持ったモン（楽士）、トルマを運ぶ2人の村人、チャムポンをは

じめ、線香や楽器を持った僧たち、そして仮面舞踊に登場したジャナック、チョスギャル・ヤブユム、シャワ・ゾーなどにより構成される。さらに、この後に先端に三つ叉のつけられた戦旗を持った村人たちが続く。ジャナックや諸尊がトルマの投捨に加わるのは、ストック・グル・ツェチュー祭礼におけるトルマの投捨の隊列とは異なる点である。ただし、トルマの投捨そのものは、僧院長により行なわれ、この点はストック僧院におけるトルマの投捨と同じである。

僧たちの一団はトルマが投捨される薪の山であるフムクンに到着する。ここで、僧院長によるセルケムが再び行なわれる。そして、トルマが持ち上げられ、フムクンの中に投げ込まれる。燃える焚火を僧、ジャナック、諸尊をはじめ、村人たちが囲み、見守る。ジャナック、そして、主尊であるチョスギャル・ヤブユムなど全員が13種類のステップの舞踊を演じる。さらに、シャワ（鹿）のみが最後まで残り、再度、13種類のステップの舞踊を素早く行なう。トルマが投捨される野外で舞踊が行なわれることは、ストック僧院や、ディグン・カーギュ派のラマユル僧院における祭礼では見られず、リキール・ストルモチェ祭礼の特徴である。

僧院に戻る途中、村人たちにより僧たちの一団に茶が供される。これは、ラマユル・カプギャット祭礼においても見られたように、悪霊との戦いから凱旋する一団への歓迎と感謝の表明である。僧院に入る前、僧院長はトルマを運んだり、セルケムを行なった空になった道具の上に足を置き、これらを祝福する。このことは、同時にこれらの道具を浄化し、悪霊がこれらに伴って僧院の中に入らぬようにするという意味がある。

その後、僧院の舞踊中庭では、再び舞踊が行なわれる。村人たちが見守る中、シャワ（鹿）は白い大麦こがしや大麦粒を空中にまき、今年の収穫が多く、人々が幸せになることを願い祝福する。大麦こがしは、本来、自分の背後に投げ上げて祝福するためのものであるが、冗談として人々に向かっても投げられる。そして、これが村人たちの頭や顔にかかれば、たいへん吉兆なことだと考えられている。人々は大麦こがしの粉で頭や顔を白くしながら、逃げ回り、笑い合う。その後、4名のアツァリャによる舞踊があり、白い大麦こがしの粉を村人たちに投げる祝福の儀式が行なわれる。

夕方、すべての僧は再び集会堂に集まり、諸尊に感謝するための儀軌（タンラック、gtang rag）を行なう。そして、小さなチョッパ（mchod pa, 供物；ブルトル、bur gtor, 奉献・トルマ）を僧院の屋根に置き、諸尊に奉献する。こうして、リキール僧院における仮面舞踊とトルマの投捨の祭礼は終了するのである。

また、レー市街にある新しい寺院、ゴンパ・ソマではチベット暦12月28-29日、ラダック仏教徒協会主催によるドスモチェ（mdos mo che, ドス・大きい）が行なわれる。これは、仮面舞踊とドスの破壊、およびトルマの投捨からなる年末の悪霊祓いの儀礼と結びついた祭礼である。ドス（mdos, 紐）とは、十文字に組んだ木枠にクモの巣のように糸を張りめ

写真9-71 レー・ドスモチェ祭礼におけるニンマ派タクタック僧院により製作されたドス（山田孝子撮影、1984年）

写真9-72 火の中に投げ入れられるドスの残骸と他のトルマ（山田孝子撮影、1984年）

ぐらせた儀礼用構築物である（写真9-71）。これは、悪霊祓いのためニンマ派などで用いられ、ゲールク派やカーギュ派で用いられる投捨用の外部のトルマに相当する。ドスの儀礼は占星術に結びついており、2-3層から成るドスは悪霊に与えられ、基部に4本の綱が結びつけられ、人々はそれを引っ張って崩壊させる。破壊されたドスの破片は聖なるものと考えられており、人々はこれを拾い、家に持ち帰って置いておく。こうするとネズミが来ないと言われているからである。

　ラダック王国時代、王は丘の上にある王宮から馬で麓に下り、そこでドスモチェが破壊されるのを見、さらにトルマが火の中に投捨されるのを見た後、王宮へ戻ったという。バザールでは競馬（タルギュック、rta rgyug, 馬・競走）が3回行なわれ、人々による踊りが行なわれた。その後、王宮において新年の祝いが行なわれた。なお、ドスモチェの破壊に先立つ仮面舞踊は、王国時代にはサキャ派のマトー僧院とディグン・カーギュ派のピャン僧院の2つの僧院のみにより行なわれた。また、トルマの投捨は、ドゥック・カーギュ派のヘミス僧院とその末寺のチムデ僧院、ゲールク派のスピトゥック僧院とティクセ僧院により行なわれ、ドスモチェに関してはニンマ派のタクタック僧院が行なった。

　王国が独立を失って以後、この慣習は変更され、仮面舞踊はレーの近くにある各仏教宗

第9章　ストック・グル・ツェチュー祭礼とラー　487

写真 9-73　王宮下のレーのバザールの大通りを行進するミナクポ
（黒い人）（1984年）

派の僧院が交代で行ない、ドスモチェの儀礼は、引き続きニンマ派のタクタック僧院が行なうことになった。

　1984年1月30-31日（チベット暦12月28-29日）には、タクタック僧院により製作されたドスが、仮面舞踊の後、他のトルマとともにバザールの大通りをレーの町の入口の所まで運ばれ、そこで破壊され、残骸は火の中に投げ入れられた（写真9-72）。同時に、ドゥック・カーギュ派のチムデ僧院がトルマの投捨を行ない、またゲールク派のスピトゥック僧院はトルマを火の中に投捨した。

　なお、ディグン・カーギュ派のピャン僧院は、変更後のドスモチェには参加せず、独自にマトー・ナグラン祭礼（チベット暦1月14-15日）の終わった後の、チベット暦2月9日に、レーでトルドック（gtor zlog, トルマ・破壊する）を行なっている。ゴンパ・ソマにおいて、カンギュルなどの経典が朗唱された後、2種類のトルマがレーの町の入口まで運ばれて投捨される。1つは火の中に投捨され、他の1つは切った後、軍隊により射撃の標的とされる。

　実際、1984年3月20日、レーのバザールの大通りはトルマを運ぶ人々と僧の一団、そしてそれを見るために集まった観衆によって埋めつくされた。アビ（祖母）、メメ（祖父）の仮面を被った演者は仮面舞踊におけると同様、冗談で人々を笑わせながら通りを歩き、人の心の中にいる悪霊の象徴であるミナクポ（黒い人）を形どった大きな人形を被った人、カプギャットの大きなトルマを運ぶ人々、そして楽器を持つ僧たちの一団が行進した（写真9-73）。この一団はレーの南の端の町の入口に到着し、ここでトルマが火の中に投じられ、悪霊が追放された。

　その後、僧たちはレーのバザールにあるゴンパ・ソマに戻り、ここで儀礼終了の祈りと

写真 9-74　レーの南のはずれにあるグラウンドで行なわれるポロ競技。グラウンドからは背後の丘に建つ旧王宮が望まれる（1984年）

ともに、白い大麦こがしの粉が空中に投げ上げられ、人々への祝福がなされた。さらに、翌日の3月21日と翌々日の3月22日には、レーの南のはずれにあるグラウンドで、ポロ競技が行なわれた（写真9-74）。こうして、レーにおけるピャン僧院独自のトルドックの祭礼は終了する。

　仮面舞踊の起源は、すでにラマユル・カプギャット祭礼のところで述べたように、チベットのリンジン・プンツォックにより15世紀に創られたといわれている。パンディ師によると、ディグン・カーギュ派では、15-16世紀に仮面舞踊が始められ、また、15世紀に改革派として新しく創設されたゲールク派では、16-17世紀に始められたのではないかという。ドゥック・カーギュ派のヘミス僧院やニンマ派のタクタック僧院では、パドマサムバヴァの八化身の仮面舞踊が行なわれる。もっとも、8世紀のパドマサムバヴァが仮面舞踊を導入したと考えることは難しい。

　仮面舞踊の意味については、人々が死後、忿怒尊が来た時、仮面舞踊を何度も見ていると、怖がることなく諸尊に導かれ、輪廻から自由になることができるためであるとされる。これは、現在でも、レーのラジオ局のインタビューで、位の高いリンポチェたちが常に行なっている説明である。人は死んでから次に転生するまでの間、中間の状態である中有（バルド、bar do）にある。『死者の書（bar do thos grol）』に基づけば、ここで、温和な諸尊と

忿怒尊たちからなる百尊が49日間、毎日、次々とやって来るとされるのである。

もっとも、ニンマ派は埋蔵経とされる『死者の書』に信頼を置くが、ゲールク派では信頼を置いていない。したがって、死の儀礼である葬儀に際しても、ニンマ派とカーギュ派は、すでにラマユル・カンギュル祭礼のところで述べたジトー儀軌（zhi khro, 平和・忿怒〈の百尊〉）を用いるが、ゲールク派ではこれを用いない。儀礼に関しても、ゲールク派はニンマ派やカーギュ派と異なり、『死者の書』に関連させてはいないのである。

したがって、仮面舞踊の意味についても、ゲールク派では異なる説明がされることになる。ゲロン・パルダン師が強調するように、悪霊の象徴であるダオを殺すことは、自分自身のエゴ（我）を殺すことであるという説明は、この一つである。また、チョスギャル・ヤブ（ヤマーンタカ）はゲディクシャンチェット（dge sdig shan 'byed, 善い行為・悪い行為・分離する〈判断する〉）と呼ばれ、人の行為の善悪を判断し、死後に行くべき場所を決めるとされているため、仮面舞踊におけるヤマーンタカの登場により、村人たちは実際に震えるという。さらに、トゥルダック（墓場の主）が人々の悪業の象徴である赤い人形を紐に結びつけ、振り回して地面に打ちつける演技は、人々に対して悪業に対する制裁を示すことになる。すなわち、ここでは死後の世界ではなく、現在の人々の行為の善悪が問題になっているのである。

仮面舞踊において僧たちは、自分自身がそれぞれの諸尊であると考えねばならない。これは、身体による舞踊行為、口（話すこと）によるマントラの朗唱、意による思考の集中から成るブッダへの帰依であり、ブッダとなるための実践そのものである。同時に、僧院を訪れる村人たちは、仮面舞踊を通して、目の前に実際に現れる諸尊を見ることができ、自分たちを浄化してくれるように祈願する。浄化するというのは、悪いものを取り除くということである。すなわち、仮面舞踊は邪悪なものと良いものとを峻別し、その上で、人々が悪い側のものを捨て、良い側のものを得ることができるようにするための手段である。この意味で、仮面舞踊は恐ろしい姿と形相をした忿怒尊を登場させることにより、人々をより良い仏教的社会規範へと導くための演出である。

トルマの投捨（トルドック、gtor zlog, トルマ・破壊する；トルギャック、gtor brgyag, トルマ・送る）やドスの破壊は、悪霊を追放するための儀礼である。これは、仏教以前から村々で行なわれていた悪霊祓いの儀式に由来するものと考えられる。下手ラダックの村では、新年にベレと呼ばれる悪霊の象徴である人形を作り、これに悪霊を呼び入れ、その後、村のはずれの道端に運び、村の外に向かって投げ捨てるのである。人々は時の声を上げ、口笛を吹き鳴らし、石を投げて悪霊を追放して新しい年を迎える。この儀式は現在、儀軌に従って、村にいる僧が執り行なっているが、僧院におけるトルマの投捨の儀礼に対応するものであろう。また、村で伝統的に用いられるベレという言葉はチベット語には見られず、意味不明とされるが、トルマのサンスクリット語であるバリ（bali）と類似しており、こ

の起源が古く遡る可能性のあることを示唆している。ゲロン・パルダン師によると、かつて、インドからチベットのカイラス山に巡礼に向かうタントラ修行者たちは、カシミール経由でラダックを通って行ったという。彼らは途中、ラダックの村々に滞在し、そこで村人たちの要望に応じ、悪霊祓いの儀式を執り行なった可能性がある。ベレという言葉は、その片鱗を示すのではないだろうか。

　また、この際、村人たちは大麦こがしの練り粉で作った小球を身体にこすりつけ、病気の原因である不浄や悪霊を練り粉に吸収させ、それをベレと一緒に投げ捨てる。仏教儀礼においても、ラマユル・カプギャット祭礼で見られたように、悪霊の姿に似せたものに悪霊を呼び寄せ、それをトルマとともに火の中に投げ入れることが見られた。トルマを悪霊とともに投捨するという考え方は、仏教以前からの民間信仰に由来しているのである。

　仏教儀礼においては、この悪霊の追放は、トルマを用いて行なわれることになったと考えられる。トルマには諸尊そのものの象徴である内部のトルマや、奉献する食物としての供物のトルマ、そして投捨される外部のトルマがある。ディグン・カーギュ派のラマユル・カプギャット祭礼におけるトルマの投捨は、主尊の象徴であるトルマに殺した悪霊を食べさせ、それを火の中に投捨し、悪霊をもとの世界に追放するという意味があった。また、ゲールク派のグストルにおいてはトルマの投捨は、その武器としての機能が重視され、より積極的に悪霊の世界への攻撃という意味を持たせるに至っている。しかし、いずれの場合も、トルマの投捨が悪霊の追放を目的としていることに変わりはない。こうして、村人たちは、降雨があり作物の実りが多いこと、戦争や疫病がない幸福な生活と繁栄を祈願するのである。

　したがって、儀軌の内容を人々にわかりやすく演出したのが、仮面舞踊とトルマの投捨の組み合わせから構成された、僧院と村人との祭礼ということになる。特に、ゲールク派では、トルマの投捨を含む祭礼をグストル（dgu gtor, 9・トルマ）と呼ぶ。グストルのグ（dgu, 9）とは19日と29日を意味する。月の満ち欠けの度合いを示す月齢では、新月の時を零として起算し15日が満月、30日が再び新月となる。ここでは、前半の15日間（ヤルンゴ、yar ngo）は悪霊の側が強くなり、15日の満月では最も強力となる。そして、後半の15日間（マルンゴ、mar ngo）は悪霊の側が弱くなり、新月の時が最も弱くなると考えられている。したがって、悪霊側が弱くなり、逆に守護尊側が強くなる時に、仮面舞踊とトルマの投捨が行なわれるのである。また、冬期には、太陽の出ている昼の時間が短くなり、悪霊の側は弱くなる。したがって、チベット暦の1年の終わりに、グストルが行なわれるのである。なお、ラダックでは歴史的に新年をチベット暦の12月としており、この慣習に基づく1年の終わりは11月となる。さらに、1年を半年ずつの2回に分けるという考え方に基づけば、7月は後の半年の最初の月となる。この時は、6月が前の半年の終わりの月となる。ラダックにおけるゲールク派の僧院の祭礼の日取りは、おおよそこの原則に基づい

て決められているのである。

　ツォクス（tshogs, 集会、犠牲の供物；sambhāra〈サンスクリット〉、供給、蓄積；gaṇa＜gaṇacakra〈サンスクリット〉、宴会の供物）とは、仏教においては、解脱のための功徳と純粋な知識の蓄積、またタントラ儀軌の集会の供物を意味し、その目的は功徳と純粋な知識の分配にある[6]。より具体的には、仏教儀礼において諸尊、とりわけパドマサムバヴァやその化身を含む諸忿怒尊に奉献される食物としての供物を意味する。大麦こがしの粉を練ってバターなどを混ぜ、円錐形に作り、表面は強い力の象徴として赤く塗られ、吉兆の印としてバターがつけられる。儀軌においては、その先端部分が斜めに切り落とされ諸尊に捧げられる。その後、残りの部分は小片に切り分けられ、僧たちに分配され食される。供物という意味ではチョッパ（mchod pa, 供物）の一種ということができる。実際、ストック・グル・ツェチュー祭礼のために用意された大きなツォクスはツェチュー・チョッパ（10日の奉献）と呼ばれる。なお、チョッパナンガ（5種類の供物）の一つとしてのジャルザス（食物）は、より一般的にブッダ、ボディサットヴァを含む諸尊に奉献される食物であり、ツォクスとは区別される。さらに、トルマの一種であるブルトル（奉献のためのトルマ）は供物としての食物であり、儀軌の途中で僧院の屋上に持って行き、諸尊、諸霊に与えられるものであり、ツォクスとは区別される。忿怒尊に捧げられるツォクスは赤く塗られ、奉献に際しては先端部分が切り落とされ、残りの部分が集会の参加者に分配されることが特徴なのである。

　このことから、本来、ツォクスとは仏教以前の宗教儀礼である動物供犠に由来していると考えることができるかもしれない。供犠とは神に動物をいけにえとして捧げ、神と人との関係を成立させる儀礼である。遊牧文化に広く見られ、また、シャマンが関与することもある[7]。供犠はおそらくヴェーダの宗教にまで遡ることができるかもしれない。しかし、これが仏教のツォクスの儀礼として取り入れられたのは、むしろその後のヒンドゥー教の影響のもとに成立したタントラ仏教の時代であろう。しかし、タントラ仏教がチベットに伝播した後、ここで再び仏教は地域固有の神々を祀る動物供犠とシャマニズムと出会い、対立、葛藤、融合を繰り返すことになる。

　仏教的立場からすれば、殺生は罪であり、このため動物供犠は禁じられることになる。同時に、地域固有の神々はパドマサムバヴァに調伏させられ、チベットの七兄弟に見られるように下級のラーとして仏教諸尊の体系の中に組み入れられることになったのである。ラダックにおいても、かつて村々では動物を殺し、ラーへの供犠を行なっていた。また、現在でも下手ラダックのダ・ハヌ地方では、ダルドの人々は村のラーに子ヤギの血と肉を捧げ祭礼を行なっている。さらに、東チベットのアムド地方では、祭礼において山の神はシャマンに憑依し、ヤギの心臓が取り出され、血と肉が供物として燃やされ、山の神に捧げられる。

第2部　ラーの登場する祭礼と僧院

表9-2 ストック・グル・ツェチュー祭礼1日目および2日目（チベット暦1月9-10日）におけるチョスギャル儀軌、仮面舞踊、ダオ儀礼、トルマの投捨、ツォクスの奉献、およびラバの登場等、僧院と村の儀礼の時間的混成

時刻	1000	1100	1200	1300	1400	1500	1600	1700

2009年3月5日
- 僧院の儀礼
  - チョスギャル儀軌
  - 仮面舞踊
  - ダオ儀礼
- 村の儀礼
  - ラバの登場

2009年3月6日（1984年2月11日）
- 僧院の儀礼
  - チョスギャル儀軌
  - 仮面舞踊
  - ダオ儀礼
  - トルギャック
- 村の儀礼
  - ラバの登場
  - ツォクス
  - 競馬
  - 馬の踊り
  - 踊り（畑）
  - 踊り（僧院中庭）

―――→：ラバの登場（ラーが憑依している状態）　--------→：ラバの登場（ラーが憑依していない状態）

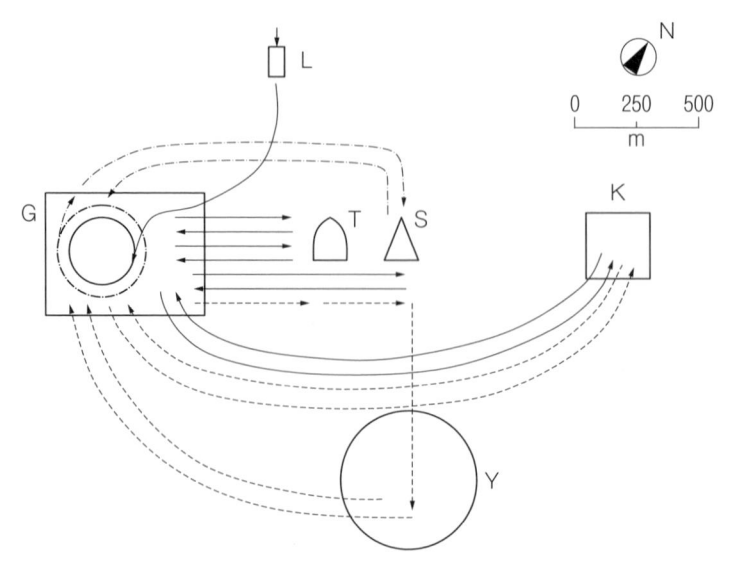

図9-4 ストック・グル・ツェチュー祭礼における僧院と村の儀礼の空間的混成
G：僧院（舞踊中庭）　K：王宮　Y：村　L：ラトー　T：ツォクス　S：トルマの投捨
―――→：ラバの活動軌跡　・・・・→：村人の活動軌跡　----→：僧の活動軌跡

ストック・グル・ツェチュー祭礼における赤く塗られた大きなツォクスは、本来はラーへの動物供犠の象徴であろう。仏教儀礼では強い力を示すとされる赤色は血のメタファーであり、ツォクスの先端部分を切り落とすことは、供犠動物の屠殺のメタファーである。さらに、ツォクスの小片の分配は宴会における動物の肉の分配のメタファーと考えることができる。仏教儀礼でパドマサムバヴァに奉献されるとされるツォクスは、村人にとっては同時にラーへの奉献でもある。託宣を告げ、村人への現実的利益を与えてくれるラーへの信仰は、仏教諸尊と併存しながら現在も続いているのである。

実際、ストック・グル・ツェチュー祭礼そのものが、村の民間宗教であるシャマニズムと仏教儀礼とが、時間的、空間的に組み合わせられた混成体系を形成している。祭礼前日、ラーはラトーから僧院へ戻る途中のラバに憑依し始め、僧院において完全に憑依する。祭礼1日目には、ラバは僧院の舞踊中庭で仮面舞踊の諸尊とともに踊る。さらに祭礼前日と祭礼2日目には、ラバは僧院を出て王宮をはじめとする各所を巡行する。また、祭礼2日目には、僧院でチョスギャル儀軌が行なわれている間、僧院の外の広場ではオンポと村人によりツォクスの儀軌が行なわれ、憑依する前のラバも参加する。

その後、僧院で憑依したラバは王宮に行き託宣を告げ、僧院に戻った後、僧院の外の広場で村人たちを前に託宣を告げ、ツォクスの奉献が行なわれる。僧院に戻ったラバは、舞踊中庭において身体からラーが離れる。村人たちは、このラバの活動を見るため、僧院から王宮へ、そしてツォクスのある広場へと移動する。その後、僧たちは村人たちとともに僧院からトルマを外に持ち出し、広場で火の中に投捨する。この時、すでに憑依の解けたラバも一緒に参加する。村人たちはこの後、村で競馬、馬の踊り、畑での踊りを行ない、再び僧院に戻ると、舞踊中庭で象徴的なラトーのまわりを踊るのである。

このように、僧院の儀礼と村の儀礼とは時間的、空間的に重なり合い、僧院と村という境界を越えて、一つの混成体系を形成しているのである（表9-2、図9-4）。ストック・グル・ツェチュー祭礼は、僧院と村人とが相互に乗り入れ、協力して行なう混成的祭礼なのである。

4　オンポとラーの関係

ストック・グル・ツェチュー祭礼において特徴的であるのは、オンポとラーとが深く結びついているということである。「ラーは常にオンポと関係がある」とストック村のオンポは語る。オンポとは僧ではない村人出身の悪霊祓いの儀礼と占星術の専門家である。私が祭礼後、パンディ師とともにストック村のオンポを訪ねた時も、彼は村人の家に招かれ、ティードスと呼ばれる儀礼の準備をしていたところであった。これは、子供に危害を加える悪霊であるティモに供物を与え、ドスとともに追放するための儀礼である。

彼はストック村出身のオンポであり、彼の家は代々オンポの家系である。このため、彼は子供の頃からストック村のラバについて見てきたという。かつて、ラバは特定の家の家族から選抜されていた。オンポが子供の時、彼は一つの家から何年もの間、ラバが出ているのを見てきた。また、オンポが年を取った後も、同じラバがその役割を担っていた。この理由について、オンポはラダックの村々が非常に貧乏であった当時、ラバを選出させることのできる家は、裕福な家に限られていたからではないかと語る。
　現在、ラバが選抜されるための特定の家はない。ラバはこれ以外の村人の中から選ばれるようになったのである。ラバが決まると村人たちはラバに大麦粒を供する。しかし、現在、村人たちがラバに大麦粒を持って行っても、「一体これは何か」と言われるだけで、受け取ることを拒否される。今や彼らは現金しか受け取らないのである。また、たとえ現金を得ても、彼らは満足はしていない。彼らはラバになりたくないのである。このため、ラバになる者がおらず、現在も村の中の金持ちの家の者がラバになっているのである。祭礼期間以外の時は、彼らは普通の村人として暮らしている。彼らは村人から尊敬されてはいるが、これは彼らがラバであることによってではなく、彼らの家が金持ちであるからという理由によるものである。さらに、ラバの任期は3年間とされた。もっとも、他にラバになる者が見つからず、現在2人いるラバの1人は、それ以上の期間ラバの役割を引き続き務めている。村人たちが、彼にラバになっていてくれるよう要請しているからである。なお、もう1人のラバは2年間ラバを行なっている。こうして、現在、古いラバと新しいラバとが一緒になって、ラバの役割を務めているという状況である。
　このため、オンポは誰がラバに適しているかを見つけなくてはならない。彼は村の中の若者を常に見ながら、ラバに適しているか否かの印（メワ、sme ba）を見出す。今までラバになっていた者が、もうラバを続けたくないと言い出せば、村人たちはオンポの所に相談にやって来る。オンポは若者の生年月日に基づいて占星を行ない、また彼にラバとなる印が見られれば、この若者がラバになることができる、と村人に教える。オンポによれば、この選抜に僧は多くはかかわっていないという。もっとも、僧からの話によると、すでに述べたように、現在はタグリルにより若者の候補者の中からラバが選ばれ、その後、適性が試験されることになっている。したがって、現実には、ラバの選抜にあたっては、オンポと僧院とが、ともに関与していると考えてよいであろう。
　祭礼前日、2人のラバは僧院からラトーに行く。そこで、ラトーにバターの灯明が捧げられ、村人とラバは拝礼する。しかし、食物を捧げることはない。なお、これには、僧はかかわらない。また、ここには柳の木があり、これはラー・チャン（＜ラー・チャングマ、lha lcang ma, ラー〈神〉・柳）と呼ばれ、ラーの居所であるとされる。人々はここにカタックを掛ける。柳の木を切るとラーの力が失われると考えられているため、人々はこれに触れることなく、柳の木は大木となっているのである。その後、彼らが僧院に戻ってくる道

の途中、ラーは徐々にラバにやってくる。僧院の集会堂でオンポは僧たちとともに、招請の儀軌であるスチャンデン（spyan 'dren）を行ない、ラーはラバの身体に完全に憑依する。

祭礼1日目にはオンポは何もしない。僧たちは招請と請願のためのセルケム（gser skyems）儀軌を行ない、金酒が諸尊に捧げられる。僧院の舞踊中庭で仮面舞踊が行われている間、オンポは僧院の2階の張り出し台に座っている。ラバがオンポのところにやって来ると、オンポはチンラップ（byin rlabs）を彼らに与え、ラーを祝福する。チンラップとはリンポチェなど高位の僧が家を訪れた際、家人に祝福の印として与えられる物である。

祭礼2日目、オンポは僧院の台所でラーを招請するためのスチャンデンを行なう。憑依したラバは僧院の屋上の手すりの上を走り、村人たちの歓迎を受け、その後、僧院の外に出て王宮に行く。ここで、王族に予言を与える。その後、僧院に戻り、屋上を走り、再び外に出てツォクスのある場所に行く。ここでは、すでにオンポと村人たちによる儀軌が終わっている。ここで、ラバは命の大麦酒の入った壺の上に立ち、村人たちに託宣を告げる。今年の祭礼において、彼らは村人たちに、ストンチョット儀軌を行なうべきである、そうすれば村は繁栄するであろう、と告げたのである。

このように、オンポはラバの選抜からラーの招請、そしてツォクスの奉献の儀礼に深くかかわっており、彼自身が語るように、ラーはオンポと常に関係しているのである。

オンポによれば、ストック・グル・ツェチュー祭礼に登場するストック・セルラン（stog gser rang, ストック・黄色〈金色〉・自身）と呼ばれる二神のラーは、マトー・ナグラン祭礼に登場するマトー・ナグラン（mang spro nag rang, マトー・黒色・自身）と呼ばれるラーの兄であるという。この二神はツァンとギャポである。さらに、兄のギャペ・ラー（rgyal po'i lha, 王・の・ラー〈神〉）は、ラダック王の個人専用のラーであり、こちらがリーダーである。また、弟のラメ・ラー（bla ma'i lha, 僧・の・ラー〈神〉）は、ラダック国王の教師であるドゥック・カーギュ派に属するヘミス僧院のタックツァン・ラスパ僧（虎僧）の個人専用のラーである。なお、マトー村ではマトー・ナグラン祭礼に登場する二神のラーはロンツァン・カルマルと称され、それぞれツァンとギャポであるとされている。これは、丁度、ダライ・ラマの専用のラーがネチュンであることと同様である。これは、マトー村のラーに関する人々の語りと一致している。なお、儀軌には、ツァン、ギャポという名称が記されているが、どちらがギャペ・ラーでどちらがラメ・ラーなのかということについては触れられていない。また、ヘミス僧院においては、ラーに秘密の飲料や食物を捧げるという。

二神のラーの由来はマトー村のラーと同様、僧トゥンパ・ドルジェがチベットから連れてきたとされる。また、パドマサムバヴァは多くの悪霊を調伏したので、彼とも関係があるとオンポは語る。そして、この二神のラーは現在、ストック村のユル・ラー（yul lha, 村・ラー）である。なお、ストック村ではオンポがラーと関係するが、マトー村にはオンポがいないため、同じ儀礼を僧が行なうのである。また、ラダック東部、チャンタンのギャー

村にもオンポがおらず、僧がその役割を担う。なお、下手ラダックのスキルブチェン村では、ラーの登場するような祭礼は見られない。もっとも、村人を治療するラバはスキルブチェン村にもいる。

また、ラーの由来以外、ストック村とマトー村の間には、ラーをめぐっては何の関係もない。マトー村ではスキルブチェン村との間に、ビャクシンをもらうという関係があるが、ストック村とスキルブチェン村との間にはそのような関係は見られない。実は、数年前、ストック村はスキルブチェン村に対し、スキルブチェン村はマトー村にビャクシンを与えているので、ストック村にも与えてほしいと申し出たことがあった。しかし、スキルブチェン村はこれを拒否したという。

ラーの由来が13世紀のサキャ派の僧トゥンパ・ドルジェに遡り、王のラー（ギャペ・ラー）、僧のラー（ラメ・ラー）という名称が16-17世紀のラダック国王センゲ・ナムギャル（獅子王、c.1590-1635；1569-1594）とドゥック・カーギュ派ヘミス僧院のタックツァン・ラスパに関係づけられることから、ラダック王国時代、ラーは王と僧院に深く関係していたことがわかる。また当時、王と僧院とは政治的に結びついており、村人はラーの信仰を通して王と僧院の統治のもとにあったと考えることができよう（図9-5）。ドグラ戦争以後、ラダック王国はその独立を失い、レーに王宮を構えていた王はストック王宮に移る。ここでは、従来よりオンポが村人とラーとを結びつける役割を担い、ラーは大臣の家を訪れていたのであるが、新たに王宮でグル・ツェチュー祭礼が行なわれることになった（図9-6）。その後、王がこれを止め、新たにゲールク派の僧院がグル・ツェチュー祭礼を執り行なうことになった。ここでは、現在、見られるようにオンポと僧院がともに祭礼に加わり、さらに、ラーが王宮を訪れ、巡行するという慣習が継続されているのである（図9-7）。

なお、マトー・ナグラン祭礼においては、ドグラ戦争以後も、僧院がラーと村人を結ぶ役割を担い、ラバも僧から選出されることになっていた（図9-8）。しかし、現在、ラバが僧院の外を巡行することは中止され、僧院もラーとの関係を限定的に継続するに至ったのである（図9-9）。なお、マトー村ではオンポがいないため、ラーとオンポとの関係は見られない。

以上のことから、ラーは一貫して村人の重要な信仰対象であり、王や僧院にとっても不可欠な存在であったということができる。ラーの信仰が仏教以前に遡ることは確かであろうが、オンポが仏教以前にまで遡るか否かは不明である。しかし、もし、ラダック王国以前にシャマニズム的宗教、政治体系が存在していたとすれば、ドグラ戦争以後のストック村のように、僧院ではなくオンポが、ラー、村人、王を結びつける役割を果たしていた可能性があることも指摘しておきたい。

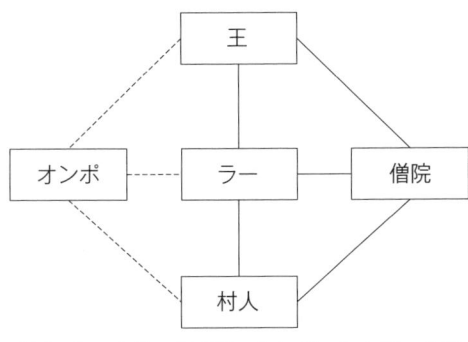

図 9-5 ラダック王国、センゲ・ナムギャル王とタックツァン僧の時代（16-17世紀）におけるラー、僧院、オンポ、村人、王の関係（実線：強い結びつき、破線：弱い結びつき〈以下同〉）

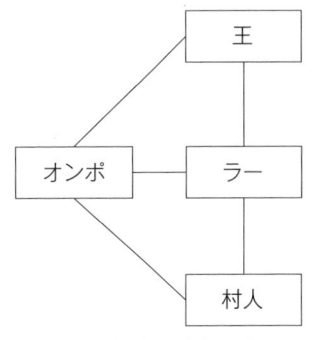

図 9-6 ドグラ戦争（1834年）以後のストック・グル・ツェチュー祭礼におけるラー、オンポ、村人、王の関係

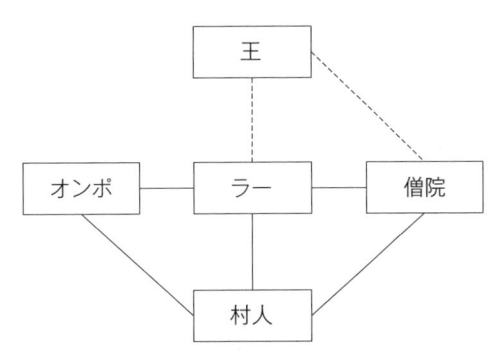

図 9-7 現在のストック・グル・ツェチュー祭礼におけるラー、オンポ、僧院、村人、王の関係

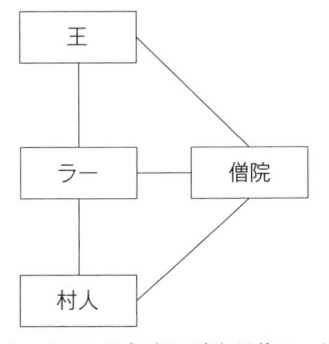

図 9-8 ドグラ戦争（1834年）以後のマトー・ナグラン祭礼におけるラー、僧院、村人、王の関係

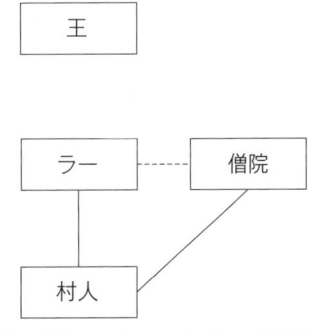

図 9-9 現在のマトー・ナグラン祭礼におけるラー、僧院、村人、王の関係

5　祭礼の変化

　ストック・グル・ツェチュー祭礼は、ラダック王国時代以来、さまざまに変遷を遂げてきた。そして、現在もその変化の過程にある。ここでは、1984年と2009年のグル・ツェチュー祭礼を比較しながら、最近の変化とその意味について、特に僧院の役割という視点から検証することにする。

　実際に目に見える変化は微妙であるが、その背後には僧院とラーとの結びつきの強化という方向性を見て取ることができる。従来、ラーの選抜はオンポと村人によってのみ行なわれていた。しかし、2009年には、僧院がこれに加わることになっていた。この背景には、ラバとなる伝統的な家々はラバを輩出することを止め、他の村人たちもラバとなることを望まないという状況が認められる。ラバの役割を担うことをためらうのは、マトー・ナグラン祭礼における僧にも見られたことであった。もっとも、僧においてはラバとなることの負担に加え、ラーの信仰と本来の仏教教義との間の相反が要因となっていたかもしれない。これとは対照的に、村人がラバとなるストック・グル・ツェチュー祭礼においては、ラダックの経済的向上と職業の選択の自由という現代化が主要な要因として考えられる。

　これは、マトー村でモン（楽士）が給料のよい軍隊に入り、また絵師の息子が家業を継ぐことを止めたことと同様である。このため、ラバは村の若者の中から選抜せざるを得なくなり、僧院がこの役割の一端を引き受けたのである。タグリルによる選抜方法はマトー僧院でラバを選ぶ時にも見られたものである。ストック僧院はこの方法を採用したのである。もっとも、マトー僧院でタグリルにより選ばれるのは僧であるが、ストック僧院では村人となる。ラバの選抜にオンポは依然としてかかわってはいるが、僧院も公式にこれに関与することになったのである。

　また、従来、ラバは浄化のための最低限の禁忌を課せられたものの、仏教的瞑想は行なわれてはいなかった。2009年には、ラバは僧院の隠遁所において厳格な時間割のもとに瞑想が課せられることになった。もっとも、瞑想はドグラ戦争前後のラダック王国の時代には行なわれていたことであり、ドグラ戦争以後、中断していたものが、再び僧院がグル・ツェチュー祭礼にかかわることにより復活したと捉えることも可能である。この瞑想で朗唱されるのは、パドマサムバヴァのマントラであり、この意味ではグル・ツェチュー祭礼の本来の目的に沿ったものと考えることができる。

　また、1984年には、ラバはラトーを訪れ、そこから村に戻る途中、オンポのもとで、ラーにより憑依されていた。しかし、2009年にはラーがラバに完全に憑依する場所は、僧院の集会堂や台所となった。ラバを招請するためのスチャンデンも、従来はオンポだけが行なっていたが、現在では祭礼前日は、僧とともに集会堂で行なわれる。もっとも、祭礼2日目

には台所でオンポが行なっている。さらに、ラーがラバの身体から離れる場所も、従来はラトーであったのが、2009年には僧院の舞踊中庭となった。ラーの憑依とラーが離れる場所が、村やラトーから僧院の空間へと移行したことになる。これは、僧院がラーへの関与を強化したことを意味する。

さらに、ラーの託宣とツォクスの奉献の場所が、従来は僧院の麓の村のはずれの広場であったのが、現在は僧院から200mほど離れてはいるが、僧院のすぐ近くの広場に移った。ここには大旗とツォクスをのせるための基台も新たに造設された。供物一式等も従来とは異なり、仏教儀軌の方式に則り配置される。ツォクスの奉献も、村人の認識ではラーへの奉献であるにもかかわらず、グル・ツェチュー祭礼の目的に則り、ラーがパドマサムバヴァに奉献するという形式をとる。ここでは、ラーにかかわる村の儀礼が、空間的に僧院もしくはその近くに移行するにとどまらず、その演出も仏教的解釈により意味づけられている。

それにもかかわらず、ストック・グル・ツェチュー祭礼において、変化していない演出も見られる。2人のラバが王宮を訪れ、巡行することである。これは、祭礼が王宮から僧院に移った後、慣習として始められたものであり、今日でも継続している。このことは、マトー・ナグラン祭礼における、祭礼2日目のラバによる巡行が中止されたことと対照的である。ストック・グル・ツェチュー祭礼において、ラバが現在も王宮を訪れる理由は、第1に、王宮には、ラダック国王の子孫である王族が現実に居住していることであろう。すでに王族は政治的権力を失ってはいるが、村人たちは王族に対して敬意を表す。彼らは、王族を無視することはできないのである。

第2に、ストック僧院の本山であるスピトゥック僧院の、クショー・バクラ・リンポチェの存在をあげることができる。ゲールク派のリンポチェであるクショー・バクラは、マトー村の旧王族出身のラダック人である。また、かつては政治的リーダーであり、ラダックの人々の厚い信頼を得ていた。政治においては、現在も王族との関係が重要である。ラダック仏教徒協会の会長は王族である。ゲールク派の僧院にとっても、また村人にとっても、王族は無視できないのである。

さらに、ラバの巡行はラダックの歴史そのものである。マトー・ナグラン祭礼の行なわれたマトー僧院には、ラダック出身の僧院長であるリンポチェがおらず、インドのデラドゥンにいるチベット出身のサキャ派の宗主が、その役割を兼務していた。そこでは、ラダックの一地方の歴史よりも、グローバル化するチベット仏教の教育、経営戦略が優先されることになる。サキャ派の守護尊としてのゴンボが、ヘミス僧院のラーのラトーや、かつてのラダック王国時代の大臣の家のラーを訪れ、巡行することは意味がない、と考えられたとしても不思議ではない。これに対し、ラダック出身のクショー・バクラ・リンポチェは、ラダックの伝統の重要性を理解しているはずである。それは僧院だけではなく、王国や人々自身の歴史そのものだからである。このような理由から、ストック・グル・ツェチュー祭

礼におけるラーの巡行の伝統が継承されていると考えられるのである。

　以上述べたように、ストック・グル・ツェチュー祭礼における最近の変化として、ラーの儀礼と僧院との結びつきが強化される方向にあることが明らかになる。これは、マトー・ナグラン祭礼におけるラーの登場が制限される方向にあることとは異なる点である。もっとも、政治的観点から言えば、これらの変化は僧院が村人の信仰の対象であるラーを通して、村人への統制力を維持、強化しようとする過程であることに変わりはない。同時に、このことは仏教的立場から言えば、僧院がラーをその制御のもとに置き、これを通して村人を本来の仏教教義に近づけようとする試みであると解釈することもできる。ラーが毎年そのレベルを上げ、僧院と人々を守護することにより、いつかは悟りを得ることができるとの説明は、村人たちへの仏教の教えそのものでもある。実際、ラーの託宣は1984年にはブム（大般若経）を朗唱すれば良い収穫があるとされ、2009年にはストンチョット儀軌（千回の奉献儀礼）を行なえば村が繁栄するとされたように、すでに予言そのものの中に仏教教化のメッセージが込められているのである。

　輪廻を離れ自由になるという人間の生死の哲学にかかわる仏教の目的と、現世利益を追求する村の儀礼との間で、僧院はラーの演出を巧みに調整しながら、村人を仏教本来の目的に近づけようと試みている。これが、僧院の儀礼と村人の儀礼の混成からなる、ストック・グル・ツェチュー祭礼の動態である。

　最後に、私には、2009年の25年前、1984年に見たラーの方が、衣服も地味であったにもかかわらず、より迫力があり、また村人との関係もより緊迫しているように感じられた。それは、ラバにとっても、また村人にとっても、ラーへの信仰が本物であったからではないだろうか。現代化の中で、確かに伝統は形式として継承されるが、人々の心そのものが変化し続けていることも事実なのである。

註
1) 煎本 1986d：216；煎本 1986a：442；Francke 1926（rep.1972）．
2) 頼富 198b2：148, 152-153．
3) 頼富 1982b：169-171．
4) 頼富 1982b：157．
5) 頼富 1982b：157．
6) Coleman (ed.) 1994：404．
7) 煎本 2007c; Irimoto & Yamada (eds.) 1994；Yamada & Irimoto (eds.) 1997．

第10章　シェー・シュブラ祭礼とラー

　レーの東、16kmに位置するシェー村で、毎年チベット暦7月9日と10日に行なわれるシェー・シュブラ祭礼は、村人による大麦の初穂の収穫儀礼であるシュブラ祭礼と、ラーの登場とが組み合わされた祭礼である。シュブラ祭礼（srubs lha, 初穂・ラー〈神〉）とは、大麦の収穫前にその初穂（シュブ、srubs）を畑から手で刈り取り、家の仏間や台所の柱の上部に掲げて収穫を祝う儀式である（写真10-1）。この後、村人は鎌を使うことが許され、本格的な大麦の収穫が行なわれることになるのである。シェー村におけるシェー・シュブラ祭礼は、ラダックの人々の間ではよく知られているところである。かつて、ラダック王は王国の古都であるシェーの王宮に住み、シェー・シュブラ祭礼はそこで毎年、盛大に行なわれていた祭礼だからである。もっとも、収穫祭であるシュブラ祭礼そのものは、ラダック、さらにはその北のヌブラ地方の多くの村々で見られる民間の祭礼である。

　本章では、このシュブラ祭礼とラーとの関係に焦点を合わせ、シェー・シュブラ祭礼について記述する。このため、まず伝統的シェー・シュブラ祭礼について記載し、次に現在のシェー・シュブラ祭礼の記載と変化の過程の分析を行なう。その上で、シェー・シュブラ祭礼とラー、王権の関係について考察することにする。伝統的シェー・シュブラ祭礼に関する情報は1989年、ゲロン・パルダン師とともにシェー村で行なったカンクー家のプン

写真10-1　台所の柱の上部にくくりつけられた大麦の初穂（シュブ）
　　　　　（カラツェ村、山田孝子撮影、1990年）

ツォック・スタンズィン氏（70歳）、および彼の息子のツェワン・リグズィン氏（45歳）へのインタビューに基づくものである。さらに、現在のシェー・シュブラ祭礼に関する情報は、2011年の観察とキュンルー家のツェリン・モトゥップ氏（75歳）へのインタビューに基づくものである。

1 シェー・シュブラ祭礼の歴史的経緯

歴史的背景

10-11世紀、ローツァワ（lo tsa' ba＜lokacakshuh〈サンスクリット〉、翻訳家）・リンチェンザンポ（rin chen bzang po）は、マルユル（mar yul, 赤い・国；現在のラダック地方）のティクセにニャルマ（nyar ma）寺院を設立した。現在、この寺院は廃墟になっている。しかし、当時、そこにはラーがいた。それは女神であり、名前はドルジェ・チェンモ（rdo rje chen mo, 金剛杵・大きい；大金剛女）といい、リンチェンザンポの僧院とその財産の守護者であった。なお、このラー（ラモ）のことは、リンチェンザンポの伝記に記されている。これによれば、かつて四姉妹の悪霊がおり、いつも人々や家畜に危害を加えていた。そこで、リンチェンザンポがその霊力で彼女たちを調伏し、護法尊として任命した。ドルジェ・チェンモはこの四姉妹の１人である。なお、彼女の姿はアルチ（a lci）寺院の壁画をはじめ、ラダックの多くの僧院で見られる。彼女は騾馬（らば；雄ロバと雌ウマの雑種）に乗り、右手に金剛杵、左手に頭蓋骨の杯を持つ（写真10-2）[1]。

その後、寺院は廃墟となった。しかし、寺院の横に小さな堂があり、ラーはここに住んでいた。ラダック王国第１次王朝のジャムヤン・ナムギャル（'jam dbyangs rnam rgyal）は、16世紀頃、このラーをシェーに連れて来ることを希望した。彼の王宮（カル、mkhar）はシェーにあり、彼は強い権力を持っていたからである（写真10-3）。なお、シェーの王宮はラダック王国第１次王朝の最初の王であるキデニマゴンの長男、ラチェン・パルギゴン（lha chen dpal gyi mgon, c.930-960）の時代からの王宮であった。第２次王朝になり、都がレーに移された後は、王子が生まれるとその１人はシェーの王宮に行くという慣習があった。王宮の中には銅メッキを施されたブッダ・シャカムニの像が安置されている。これは後年、センゲ・ナムギャル王の葬儀の記念として、1633年頃に息子のデルダン・ナムギャル王により建立されたものである[2]。

ジャムヤン・ナムギャル王はすべての手はずを整え、ラーをティクセからシェーに連れて来ようとした。最初に、彼は多くの女や男たちを集め、太鼓の演奏とともに、ラーを招請した。しかし、ラーは来ようとはしなかった。そこで、王はその力により、舞踊や獅子や道化師を手配し、ラーをティクセから強制的に招請した。その際、ラーは来たくなかったので両手でその地の草を摑んだ。このため、現在でもこの地では、草はねじれた形で生

第10章　シェー・シュブラ祭礼とラー　　503

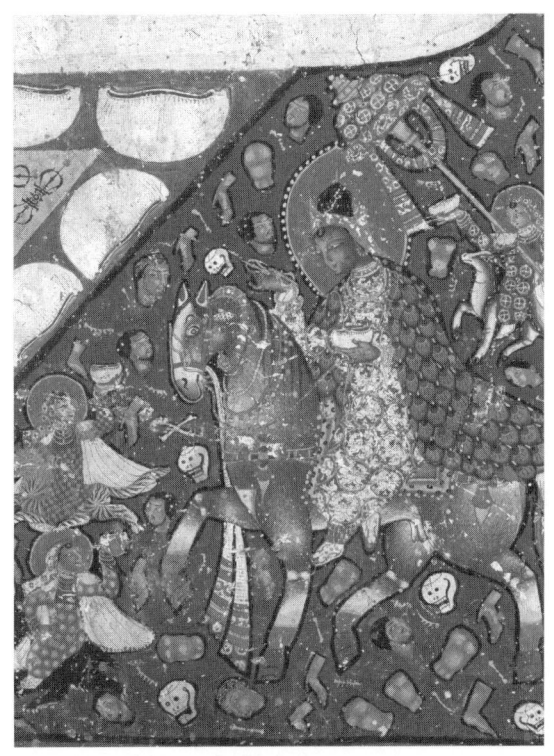

写真10-2　ドルジェ・チェンモ（大金剛女）。ゴンボ・ディクック（マハーカーラ）の従者として描かれる（アルチ寺院三層堂1階入口扉上部）（田村仁撮影）

写真10-3　シェーの王宮（1989年）

えているという。そして、村人たちは、ラーがこのテンマ（sbres ma）と呼ばれる草が好きであることを知り、これを刈り取りシェー村までの道に敷いたのである。

こうして、ラーはティクセからシェーにゆっくりと連れて来られた。その道の途中、ラーは少しうれしくなった。それで、この場所は今でも「幸せな場所（ガモツェ、dga' mo rtshe, 幸せ・端）」と呼ばれているのである。そして、ついにラーはシェーに招来され、シェー村と王宮の守護者となったのである。

これ以来、シェー・シュブラ祭礼が行なわれるようになり、この際、ラーが登場することになったのである。シェー・シュブラ祭礼は、チベット暦7月9日と10日に行なわれる。これはパドマサムバヴァの祝日であるツェチュー（10日）と関連しており、1年を2つに分けた後半の始まりの月に行なわれるものと考えられる。もっとも、村人の伝承によれば、この日はラーがティクセ村からシェー村に招来した日であるとされる。また、この日にシュブラの収穫儀礼が行なわれるのは、この日に後からシュブラの儀礼を重ね合わせた結果であるという。しかし、初穂の収穫儀礼は季節的にも限定されているはずであり、シュブラ祭礼とラーとは当初より密接に結びついていたと考えたほうがより自然であろう。

ラーの登場の一時停止

1970年から1978年までの9年間（ツェリン・モトゥップ氏によれば、1971-1972年頃の2-3年間）、ラーはラバに憑依しなくなった。この間、ラーは祭礼にまったく登場しなくなったのである。そこで、今から10年前の1979年、ドゥクチェン・リンポチェがラーに再び来るよう要請し、あらゆる種類の儀軌を行ない、ラーが来るよう試みた。彼はドゥク・カーギュ派の宗主であり、10-15年前（1974-1979）にラダックを訪れていたのである。そして、ついにラーはラバに憑依するようになった。ラーはドゥクチェン・リンポチェが偉大なる力を持っていたため自分はやって来たのだ、と告げた。しかし、その後、ラーは再び来なくなってしまった。

そこで、別の師であるヘミス僧院のトゥクシャス・リンポチェが、ラーを招請することを試みた。なお、彼は3-4年前（1985-1986）に他界したという。彼は祈禱を行ない、ラバの家族を呼んで要請した。シェー村では、特別にラーが憑依するためのラバの家族がいるのである。ラバの家族以外の人にラーは憑依しない。ラダック王国時代以来、彼らはラバ家として王により任命されていた。そして、世代を通してその家族の中からラバが選抜されることになっていた。彼らの家の名称もラバであり、シェー・ラバ、すなわち、シェー村のラバ家と呼ばれているのである。

ラーであるドルジェ・チェンモは位の高い護法尊なので、単に王族の守護者にとどまらず、広く僧院と人々の守護者となっている。しかし、ラバ家の家長である兄（家長は父と呼ばれるが、ラダックでは一妻多夫婚が見られ、兄弟がともに父となる。しかし、家長は兄弟の

うちの兄であり、この場合、人々は彼を兄と呼ぶ）は、ラーが憑依するラバとなることを完全に拒否したのである。もっとも、彼はすぐれた瞑想者であった。いったんは拒否されたにもかかわらず、ドゥクチェン・リンポチェは、ラーが来ることは人々にとって有益なことなので、ラーが憑依しなければならないのだ、と彼にラバとなることを要請した。リンポチェのこの命令にしたがい、兄はラバを再び始め、4-5年の間（1984-1988頃）、ラバの役割を務めた。しかし、その後、彼は病気になり死去した。

その後、兄の娘の夫がラバとなった。じつは、兄には彼自身の息子がいる。しかし、この息子にはラーは憑依しないという。このため、彼らは娘の婿をラバとして選んだ。本来はラバ家の直系からラバが選ばれるべきであるが、止むを得ぬ処置として娘の婿がラバの役割を引き受けることになったのである。彼は現在（1989）ラバを続けている。もっとも、あと2年（1991）で彼はラバを辞め、1992年からは本来のラバの家系である兄の孫（兄の息子の息子）に交代することになっているという。ドゥクチェン・リンポチェが要請し、すでに彼を次のラバとして選抜しているのである。

なお、2011年の事前の情報では、過去2年間（2009-2010）、ラーはやって来ず、2011年にもラーは登場せず、この状況はあと7年間続くというものであった。また、これは、ラーが祭礼に登場することがドゥクチェン・リンポチェにより禁止されたためとのことであった。現在、ゲールク派のクショー・バクラ・リンポチェなきあと、ラダックにはラダック出身の有力なリンポチェはいない。インドに難民として滞在しているチベット出身のリンポチェの政治的発言力が増しているのである。マトー・ナグラン祭礼におけるラーの登場拒否の件と比較対照すれば、おそらく現代化により、ラバの家族が伝統的役割を継承することに困難を感じ、ラバのなり手がいないという状況のもと、チベット出身のリンポチェはラバの登場という伝統を中止するという方向に動いたのではないかと考えられた。しかし、後述するように、2011年にラーはリンポチェの要請により、再び登場することになったのである。

僧がラバの役割を担うマトー・ナグラン祭礼では、僧院は修正を加えながらも伝統を継続してきたのに対し、ラバとなるのが村人のラバ家に限定されているシェー村では、村人がラバ家に伝統的役割を強要することには限界がある。僧院はむしろこの機会を捉えて、本来の仏教教義とは相入れない、ラダックの一地方の伝統文化であるラーの登場を中止することを選択したという可能性がある。これとは対照的に、ストック・グル・ツェチュー祭礼においては、すでに見たように、伝統的なラバが選抜される家々からは、もはやラバが出ないにもかかわらず、村の中の若者たちが交代で選抜されるという新しい方法が導入され、この伝統は継続していた。ここでは、ラダック出身のクショー・バクラ・リンポチェとストック僧院の役割が大きかったことについては、すでに指摘したところである。

祭礼におけるラーの登場とその変化の背景には、現代化と伝統との狭間で、ラバの役割

を担う僧や村人たちの社会的、経済的、心理的葛藤がある。さらには、僧院による本来の仏教教義とラーの信仰との矛盾、地域の伝統とグローバル化するチベット仏教との間の相克が見られる。これらさまざまな要因のもとで、マトー・ナグラン祭礼、ストック・グル・ツェチュー祭礼、そしてシェー・シュブラ祭礼におけるラーの登場の変化には、それぞれ、ラーの役割に修正を加えた部分的継続、ラバの選抜のための新たな方法の導入による継続、そしてラーの登場の一時停止と再登場という、三者三様の解決策が見出されることになるのである。

2　伝統的シェー・シュブラ祭礼

祭礼前のラー

祭礼の1カ月前、ラバは厳格な瞑想に入る。この際、村人たちは彼に食事の手配をする。また、ラバの付添人であるジャプシ（zhabs shi, 助手）の役割を担う者として、シェー村にはコニャック家とパクト家がラダック王国時代から王により任命されている。瞑想期間中、1人の付添人と1人の僧がラバの世話にたずさわる。彼らはラカン（lha khang, ラー〈神〉・堂；神堂；尊堂）にとどまり、自らを清浄に保つため他の人々と会うことが禁じられる。祭礼の15日前になると、ラバは食事を多くとらないようにする。実際には、タキ（ta kyi, 小麦粉の平焼き）を半皿ほど食べるだけである。もっとも、食事の種類に関する規制はない。

そして、祭礼の1週間前になると、不浄を祓うため、水による浄化儀礼であるトゥスを受ける。これは、ラバだけではなく、付添人やラバの舞踊を手伝う他の従者たち、音楽を演奏するモン、そしてラバが乗るための馬に至るまで同様に行なわれる。ラバの付添人同様、祭礼2日目に行なわれるラバの舞踊を手伝う従者たちも、ラダック王国時代から王によりその家々が任命されている。柳の木の枝を持って踊るマラック（ma lag）の役割はシャンクー家、木製の駻馬の首を持つティジョンマ（kri zhon ma）はチャリ家、木製の獅子の舞踊の役割を演じるギャルタ（rgyal sta）のうち、獅子の仮面を担当するのはラブスタン家とシャンクー家、獅子の尾を担当するのはシャンギ家、そして獅子の首を摑んで地面に倒す役割のドラ（do la）はダラ家、ラバが乗るための馬の世話係のチルポン（phyib dpon）はジトム家とカサ家が担うことになっている。これは、ラダック王国時代から現在に至るまで継承されている、シェー村における家々の役割である。

従者たちはこの期間、村で家族とともに過ごすが、一般の人々と会うことは許されてはいない。また、女性と接触することも禁じられている。これは、彼らを不浄から遠ざけることを目的としている。そして、トゥスにより、彼らはラバと同様、浄化されねばならないのである。

祭礼1日目

　シェー・シュブラ祭礼1日目はチベット暦7月9日である。この日の朝、村人たちは畑から大麦の初穂を手で刈り取り、家の仏間や台所で、ブッダ、ボディサットヴァ、そしてユルラー（村のラー）やパスラー（パスプンのラー）にこれを奉献する。これは、ラバが憑依する前に人々が最初に行なう儀式である。大麦が実り、農民たちは幸せである。それで、彼らはこれをまずラーに捧げるのである。これが収穫祭であるシュブラ祭礼の意味である。

　同日の朝、ラバは身体を洗い、ドルジェ・チェンモの像が安置されている神堂に行く。なお、神堂は通常ラカン（lha khang, ラー・堂）と呼ばれるが、正確にはドルジェ・チェンモは女神なので、ラモカン（lha mo khang, ラモ〈ラーの女性形〉・堂）と呼ばれる。僧とオンポもここに来て、ラーを招請するための儀軌であるスチャンデン（spyan 'dren）が行なわれる。堂の外ではモンがラーを迎えるためのラルガを演奏する。ラルガはラダックの村々ではどこでも演奏されるものであるが、シェー村におけるラルガは詳細で特別なものとされている。村人たちも、ラーの登場を見にやって来る。

　そして、ラーがラバに憑依する。ラバが完全にトランス状態になると、彼は堂から外に出て人々の前に登場する。堂の外には馬が用意されている。これは白馬（スタ・カルポ、rta dkar po, 馬・白い）である。ラバはリンガ（rig lnga, 宝冠）と呼ばれる五仏を形どった頭被りを着け、ウザ（dbu zha, 頭・帽子）、ストレー（stod sle, 上衣）、パンケップ（bang khebs, 前掛け）を着ける。また、彼は靴をはき、首飾りを着ける。さらに、右手の親指には通常高位の僧のみがはめるテイブルと呼ばれる指輪がはめられている。この指輪は、ラバがトランス状態に入る前に、大麦粒の入った容器の中に隠されていたものが、ラバが指を入れることにより親指にはめられたものである。こうして指輪がつけられたことは、ラーが完全に憑依した印であるとされる。人々は、ラーが今や本当にやって来たと信じるのである。こうして人々の前に登場したラバは、その後、馬に乗り、いろいろな場所を巡行する。

　最初にラバは神堂の屋根にあるラトーを訪れる。ここで、ラトーの中から1つの容器が取り出される。これは昨年、中に大麦粒が入れられ封印されていたものである。ラバはこれを開ける。村人たちはその中を調べる。もし、中味の半分ほどが腐っていれば、今年の収穫は良くないということになる。逆に、中味が腐っていなければ、良い収穫が見込めるのである。これは収穫の吉凶の占いである。なお、同様の占いはラダックの他の村でも、村のラーにより行なわれている。第2番目に、ラバはストンパと呼ばれる場所を訪れる。ここは本来、寺院があった場所である。第3番目に、ラバは王宮を訪れる。ここは、ラダック王国第1次王朝時代の王の居城であった。しかし、現在はシェー・シュブラ祭礼の時だけ、王妃がストック村からやって来て滞在することになっている。ドグラ戦争（1834）以後、ラダック王国がその独立を失い、王はインダス河対岸のストックに移るが、シェー・シュブラ祭礼に際しては、村人と王との緊密な関係は継続しているのである。王宮では、

ラーに沸騰した茶が供される。これは王の茶（ギャジャ、rgyal ja, 王・茶）と呼ばれ、やかんで供される。普通の人なら熱くて触れることさえできないにもかかわらず、ラバはこれを飲む。そして、ラバは王族に対し、将来の予言（トゥスタック、tugs rtags）を告げる。

第4番目に、ラバは王宮の裏手にある護法尊堂（ゴンカン、mgon khang, ゴンボ〈マハーカーラ〉・堂）に入り、席に着く。ここで、ラバはシェー村の下手の村人たちに忠告を与える。シェー村は下手（ヨクマ、yog ma）と上手（ゴンマ、gong ma）の2つの部分に分かれているのである。すべての村人たちが集まり、ラバに大麦酒を献じる。そして、ラバは彼らに忠告を与える。シェー村のすべての家族が大麦酒を作り、ラバに持って来る。しかし、ラバは数滴だけを飲み、残りは人々に与える。実際、村人たちは、病気、種まき、収穫、家の新築、旅立ち等に際し、大麦酒を寺院に持参しドルジェ・チェンモの像に奉献している。これはシェー村の慣習となっているのである。

第5番目に、ラバはジャ（ja'）と呼ばれる場所に行く。ここには沼があり、泉が湧いていて、魚が棲んでいる。これはラーの泉であると信じられている。ラーは泉を祝福し、カタックを贈る（写真10-4）。ある年には、この時、白い魚がここに泳いで寄って来たのがラバや多くの村人たちにより目撃されたという。なお、この場所には人々によって植えられた柳の木が立っている。これはラーのためのものであるという。もっとも、泉は本来、ルー（klu, ルー；水に棲むと考えられている霊）と関係するものであり、実際、ここにはルーの棲む場所であるルバン（klu bang, ルー・祠）が建てられている（写真10-5）。しかし、ラー、とりわけドルジェ・チェンモは高位の霊なので、ここを訪れる目的はルーに奉献するためではなく、ルーを祝福するためであるとされる。その後、第6番目として、ラバは最初の神堂に戻り、屋根の上に登るとそこを走る。これで、祭礼1日目のラーの登場は終了する（写真10-6）。もっとも、午後にはラバの舞踊が行なわれる。しかし、この際、ラーはラバに憑依することはなく、人としてのラバが踊るのである。

午後には、第1に、村人による舞踊が行なわれる。最初にマラックが柳の木の枝を持ち踊る。次にティジョンマが木製の騾馬の首を持ち、丁度、馬にまたがるような格好をして踊る。彼らはモンのラルガの演奏に合わせて踊るのである。さらに、ギャルタと呼ばれる木製の獅子が登場する。1人は獅子の面を持ち、もう1人が尾を持つ。そして獅子の口を開けたり閉じたりしながら踊る。第2に、最初のマラックがドラと呼ばれる人を連れて来る。ドラは獅子の首をつかまえ、地面に寝かせる。そして、ギャルチェン（rgyal chen）の調伏儀礼が始まる。ドラは4方向に祈りを捧げ、太鼓に合わせて踊る。こうして、彼は4方向の悪霊であるギャルチェンを調伏するのである。その後、彼らは舞踊を行なう。

第3に、ラバが登場して踊る。もっとも、この際、ラバにラーは憑依していない。したがって、彼はラーではない。ラバと付添人たちすべてが一緒に踊る。最後に、第4として、村長が踊る。その後、すべての村人たちが一緒になって踊るのである。これでシェー・シュ

写真10-4 ラーはジャにある泉にカタックを贈り祝福する（山田孝子撮影、1990年）

写真10-5 ルー（水に棲む霊）の棲み家であるルバン

写真10-6 馬に乗って巡行するラバ（山田孝子撮影、1990年）

ブラ祭礼1日目は終了する。

祭礼2日目

　祭礼2日目の7月10日のラーの登場は祭礼1日目と同様である。ただし、巡行において護法尊堂には行かないこと、大臣の家を訪れることが1日目と異なる点である。ラーの憑依したラバは、第1番目に、神堂の屋上にあるラトーを訪れる。ここで、ラバは容器に新しい大麦粒を入れ、封印してラトーの内部に納める。これは、来年、開いてその年の作物の吉凶を占うために用いられる。さらに、彼らはラトーの上に立てられている柳の葉のついた枝を、新しいものと取り替える。このラトーにはグル・ラー（gu ru lha, 尊師〈王〉・ラー；ドルジェ・チェンモを指す）が住んでいるとされる。

　第2番目に、祭礼1日目と同様、古い寺院のストンパを訪れる。第3番目には、王宮を訪れる。しかし、その後、護法尊堂には行かず、第4番目に、泉のあるジャを訪れる。そして、第5番目に、大臣の家（ジムスカン、gzims khang, 寝る〈敬称〉・家）に行く。ここで大臣（ロンポ、blon po）は沸騰した茶であるギャジャをラバに供する。第6番目にラバはペラという地名のついている場所に行き、馬に乗る。そして、馬を走らせる。そして、第7番目に、ラバは、4方向の4神の悪霊であるギャルチェンを調伏する。このため、オンポはギャルチェン・タルチェス儀軌を朗唱し、トルマをラバに与える。そして、ラバは儀軌にしたがい、このトルマを4方向に投捨する（石の上に置く）のである。

　なお、シェー村には王の招来したドルジェ・チェンモ以外に、2神のラーが村のラー（ユルラー）として存在している。1神はマンラーと呼ばれ、シェー村の下手にラトーがある。他の一神はドルジェ・バルマという名称で、シェー村の上手でシェー村とティクセ村の中間にラトーがある。このラーはマルポ（dmar po, 赤色・者）と呼ばれており、このことから、このラーはツァンの一種であるとされる。

　また、シェー村にはドルジェ・チェンモを憑依するラバ家のラバとは別に、4人のラバがいる。3名は男のラバ（lha ba）であり、1名は女のラモ（lha mo）である。男のラバのうち、1名は長年ラバを専門としており高齢である。しかし、他の者はこの5年以内（1984-1989）に、ラバやラモになった。彼らに憑依するラーの名前は知られていないし、人々はこれに関心を持ってはいない。これら、ラバやラモたちは人々の身体から毒を吸い出し、病気の治療を行なうことが主な仕事である。彼らに憑依するラーはドルジェ・チェンモではない。ドルジェ・チェンモは高位の霊であり、このようなことは決してしないという。彼らに憑依するラーは、ドルジェ・チェンモとは比較にならないような下級の霊とされているのである。

　このような職業を行なうラバやラモの行為は、仏教教義に照らして言えば良いことではない、とゲロン・パルダン師は言う。また、このようなラバやラモはある年には増加し、

また別の年には減少するという。しかし、特に最近、多くのラバやラモが出てきた。シェー村以外でも、たとえば、主都のレーでは以前には1人のラバしかいなかったにもかかわらず、現在（1989）は4人のラモがいる。また、サブー村では以前には1人のラモであったのが、現在では3名に増えた。

　実際、ラバやラモが仏教教義と相入れないという意見は、パンディ師による見解とも一致している。そもそも、ラバやラモは仏教以前のシャマニズムの信仰に基づいたシャマンそのものだからである。しかし、それを仏教が取り入れ、ラーを調伏し仏法を護るための護法尊としての役割を与え、人々の前に登場させたのが、まさにシェー・シュブラ祭礼そのものでもある。シェー・シュブラ祭礼はラダック王の強い主導権のもとで、ラーの登場とシュブラ祭礼が結びつけられた、シャマニズム的信仰を基盤とした王と村人による祭礼なのである。

3　現在のシェー・シュブラ祭礼

　2011年のシェー・シュブラ祭礼には、ラーは登場しないと考えられていた。これに先立つ2009年の祭礼で、ラーはラバに憑依することなく、またその翌年の2010年の祭礼においても、ラーはラバに憑依したものの、寺院内に留まり、巡行することはなかった。そして、人々に、今後ラーは来ない、と告げたのである。したがって、人々は、この憑依はラーが今後登場しないことを予言するためだけのものであったと解釈したのである。

　2011年のシェー・シュブラ祭礼は9月7-8日（チベット暦7月9-10日）に行なわれることになっていた。私は8月30日にラダックに入り、レーで待機していた。ラーの登場はなくとも、王国時代から続く村人たちの伝統的な舞踊を見たいと考えていたからである。しかし、8月31日に得た情報は、昨日からラバが瞑想に入ったという事実であった。そして、ラーが来るか否かについては、祭礼前日の9月6日に、人々に知らされるとのことであった。結果的に、ラーは登場し、祭礼1日目に巡行することはなかったが、2日目には王宮やジャと呼ばれる場所などを巡行し、村人たちの舞踊も行なわれたのである。

　ここでは、シェー・シュブラ祭礼におけるラーの登場の一時停止と、その後の再登場の経緯に焦点を合わせながら、シェー・シュブラ祭礼の記載と分析を行なうことにする。

シュブラの奉献とラーの登場の準備（祭礼前日）

　祭礼前日の9月6日、私はレーからインダス河沿いに東に16km離れたシェー村へと出発した。旧王宮の建つ岩尾根の先端の岩壁に刻まれた大日を中心とした金剛界五仏の彫刻（写真10-7）を過ぎると、尾根の上に王宮とその裏側にあるシェー王宮寺院（堂）、その上部に位置するかつての僧院の廃墟、さらに丘の頂上に建つ当初の王宮であったとされる砦

写真10-7 シェー王宮下の金剛界五仏の岩壁彫刻（2011年）

の跡が見える。さらに道路を先に進むと、崩れかけた古い仏塔群の中に、シェー寺院（堂）が現れる（写真10-8）。

　旧王宮に付随する王宮寺院のブッダ・シャカムニ像と王宮の下にあるゴマン・チョルテンと呼ばれる古い形式の仏塔は、ラダック王国第2次王朝のセンゲ・ナムギャル王(c.1590-1635；cf.1569-1595)の息子のデルダン・ナムギャル王 (c.1620-1645；cf.1594-1659/60) により1633年頃建立された（写真10-9）。また、王宮の麓の平地にあるシェー寺院の仏堂のブッダ・シャカムニ像、無量寿堂の無量寿（アミタユス）座像は、センゲ・ナムギャル王の時代に建立されたといわれている。また、シェー僧院の前庭には九体の石仏像が並べられている。石仏像には如来立像、宝冠如来坐像、弥勒立像、忿怒尊が見られる[3]。製作年代は不明であるが、弥勒像はムルベックの岩壁彫刻やザンスカール、サニ僧院の石仏の様式と類似している（写真10-10）。

　8時50分、旧王宮の麓にあるシェー寺院に到着すると、シェーの村人たちが寺院に集まり始めているところであった。また、ラバは寺院内の一室で瞑想を続けている。村人たちは、これから畑で大麦の初穂（シュブ）を手で抜き取り寺院に戻って来ると、それをドルジェ・チェンモ、パルダン・ラモなどの村を守護するラーをはじめ、ブッダ・シャカムニ、無量寿、観音などの諸尊に捧げるのである。また、明日は初穂の奉献は村の各家の仏間において行なわれ、初穂は家系を守護するパスラーに捧げられる。また、人々はバターをつけた大麦こがしの練り粉に火であぶった初穂の大麦粒を入れ、幸運の印として共食する。

　ラバに憑依するラーはドルジェ・チェンモであり、この祭礼自体がこの女神を中心に構成されている。ツェリン・モトゥップ氏の語るドルジェ・チェンモの由来は、1989年にプンツォック・スタンズィン氏の語った伝説と一致していた。すなわち、ローツァワ・リンチェン・ザンポが調伏し護法尊となったドルジェ・チェンモは、シェー村の東方、ティク

写真10-8 シェー村の平地に建つシェー寺院（2011年）

写真10-9 シェー王宮の下にあるゴマン・チョルテン（2011年）

セ僧院の近くにある現在廃墟となっているニャルマ寺院から、ラダック王により招請され、シェー村にやって来たというものである。さらに、女神はこれを拒むが、人々はドルジェ・チェンモが手で摑んで離さないテンマと呼ばれる緑の草を女神が好むことを知り、これを刈り取り、シェー村までの道筋に敷いたのである（写真10-11）。そして、ようやく途中にあるガモツェ（幸福な場所）と呼ばれる所まで来ると、ようやく女神は幸せな気持ちになり、シェー村にまでやって来たという。

　このテンマと呼ばれる草は、今日の祭礼においても、堂内や廊下にまき散らされ、ドルジェ・チェンモがやって来る準備とされる。また、明日の祭礼1日目と、明後日の祭礼2日目の、両日の午後に行なわれる村人による舞踊は、伝説においてドルジェ・チェンモを喜ばせるために、王が手配した騾馬や獅子の踊りの再現でもある。すなわち、祭礼は、ド

写真10-10　シェー寺院の前の石仏の弥勒立像（2011年）

写真10-11　シェー村に生えるテンマと呼ばれる緑の草。背景はラダック王国ナムギャル王朝初期に建てられた仏塔群の遺跡（2011年）

第10章　シェー・シュブラ祭礼とラー　515

写真10-12　ドルジェ・チェンモの塑像（2011年）　　**写真10-13**　祖師パドマサムバヴァ像（2011年）

ルジェ・チェンモが王により招請されシェー村にやって来た歴史そのものを語る演出となっているのである。

　シェー寺院の2階には2つのラカン（神堂）がある。1つはこの祭礼の主役であるドルジェ・チェンモを祀るドルジェ・チェンモ・ラカンであり、他の1つはパルダン・ラモを祀るパルダン・ラモ・ラカンである。ドルジェ・チェンモ堂の奥の正面中央には騾馬に乗り、右手に金剛杵、左手に頭蓋骨の杯を持った女神ドルジェ・チェンモ（大金剛女）の塑像が安置されている（写真10-12）。これは、アルチ寺院三層堂1階入口扉上部に描かれたドルジェ・チェンモの壁画の描写と一致するものである。また、ドルジェ・チェンモ像の頭上には、ドルジェ・チェンモの師であるツェワン・ノルブ僧と、さらにその上部にはブッダ・シャカムニの小さな像が配置されており、その周囲には2頭の龍と天女たちが舞っている。また、ドルジェ・チェンモ像の向かって左側にはドゥック・カーギュ派の守護尊であるドルジェ・チャン（ヴァジュラダラ〈サンスクリット〉；持金剛）、右側には小さなパルダン・ラモ像、四手ゴンボ像、そして祖師パドマサムバヴァの座像が配置される（写真10-13）。さらに、正面奥の右端には、昨年奉献された大麦の初穂であるシュブが置かれている。なお、旗を立てるための木製の台は、かつてのニャルマ寺院からもたらされたものである（写真10-14）。

写真10-14 ドルジェ・チェンモ堂に置かれている前年奉献された大麦の初穂と、木製の台の上に立てられた旗（2011年）

また、ドルジェ・チェンモ堂の左側の壁面には入口内側のツェリンマをはじめ、緑ターラ、四尊のブッダ・シャカムニ、パドマサムバヴァ祖師の壁画が描かれている（写真10-15、10-16）。さらに、堂内右側の壁面には、奥からパルダン・ラモとパルダン・ラモ・レマティ、そして入口内側にもパルダン・ラモかと思われる護法尊が描かれている（写真10-17）。なお、本来のドルジェ・チェンモ堂はこの直下にある1階の部屋であり、ドルジェ・チェンモ像はここに安置されていたものである。しかし、現在、1階の部屋は修復中のため、ここには村人たちの舞踊に用いられる仮面などの道具が置かれているのみである。なお、2階のドルジェ・チェンモ堂とその隣りに位置するパルダン・ラモ堂との間には、本来パルダン・ラモ堂にあったと思われる小さな窓がそのまま残されており、互いの部屋の中の様子をこの窓を通して垣間見ることができる。したがって、現在の2階のドルジェ・チェンモ堂は、後になって増築されたものと考えられよう。また、ドルジェ・チェンモ堂の建物の屋上には、ドルジェ・チェンモのラトーが立てられている（図10-1）。

9時56分、村人たちが手で刈り取ってきた根のついたままの初穂が、寺院の2階の回廊に持ち込まれる。ビャクシンの葉が燃やされ、浄化のための煙が立ち込める。昨年奉献された初穂にかわり、この初穂が新たにパルダン・ラモ堂をはじめとする堂の柱の上部に結びつけられるのである。このため、人々はこれを輪の形になるよう互いに結び合わせ、束を作る（写真10-18、10-19）。同時に、パルダン・ラモ堂の柱の上部にあった昨年の初穂が、ゴバ（村長）の認可のもとに取りはずされる（写真10-20）。

10時08分、オンポがパルダン・ラモ堂において儀軌の準備を始め、10時17分にはパルダン・ラモへの招請と奉献のためのティンチョル（'phrin bcol）儀軌、ラモ・スカンソル（lha mo skang gsol）儀軌が始められる（写真10-21）。なお、パルダン・ラモ堂には、明日の祭礼でラーが憑依した時のために、ラバの持つ槍をはじめ衣装一式が持ち込まれている。また、若い僧がオンポと一緒にいるが、彼はオンポの横にいて助手の役割を務めているだけである。ラーの招請のためのスチャンデン、浄化のためのトゥスはオンポが主導して行な

写真10-15　左側入口内側のツェリンマの壁画（2011年）

写真10-16　ドルジェ・チェンモ堂左側壁に描かれた緑ターラ、ブッダ・シャカムニの壁画（2011年）

写真10-17　ドルジェ・チェンモ堂の右側壁に描かれたパルダン・ラモ（2011年）

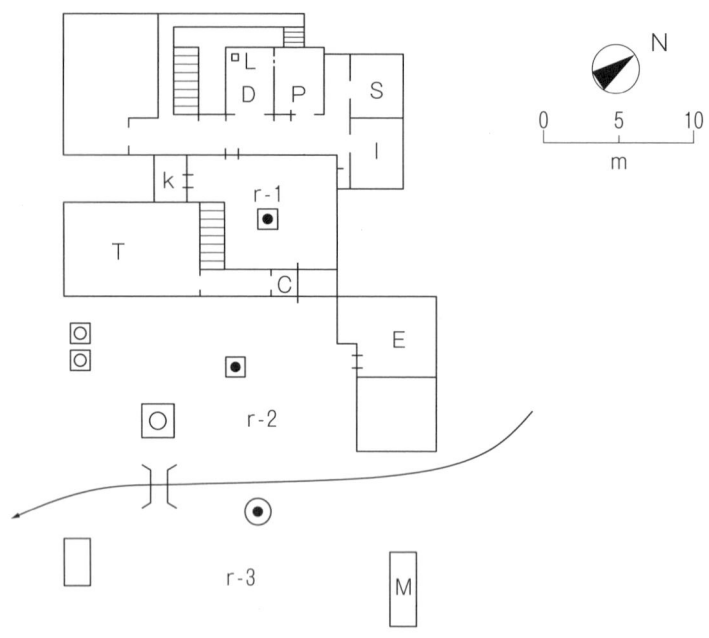

518　第2部　ラーの登場する祭礼と僧院

図10-1　シェー寺院の諸尊堂の配置図
　　　D：ドルジェ・チェンモ・ラカン　L：ラトー（屋上）　P：パルダン・ラモ・ラカン
　　　S：パドマサムバヴァ堂　T：ブッダ・シャカムニ（ストンパ）堂　C：灯明部屋
　　　E：ツェパメット（無量寿）堂　M：石仏群　I：ラバの瞑想堂
　　　k：厨房　r-1：寺院中庭　r-2：寺院外庭　r-3：村人たちの舞踊が行なわれる広場
　　　■：大旗　◎：仏塔　●：マニコル　▥▥▥：階段　┿┿：1階部分の通路
　　　--：DとPの間にある窓　→：小川　⌒⌒：橋
　　　なお、部屋の配置は2階部分を示し、Dの1階部分には周回することのできる回廊が
　　　ある。また、屋上にはラトーが立てられている

写真10-18　シェー寺院に持ち込まれた大麦のシュブ（初穂）（2011年）

第10章　シェー・シュブラ祭礼とラー　519

写真10-19　初穂は輪の形になるよう互いに結び合わされる（2011年）

写真10-20　パルダン・ラモ堂の柱の上部に結びつけられていた前年の初穂が取りはずされる（2011年）

写真10-21　パルダン・ラモ堂でパルダン・ラモへの要請と奉献の儀軌を行なうオンポ（2011年）

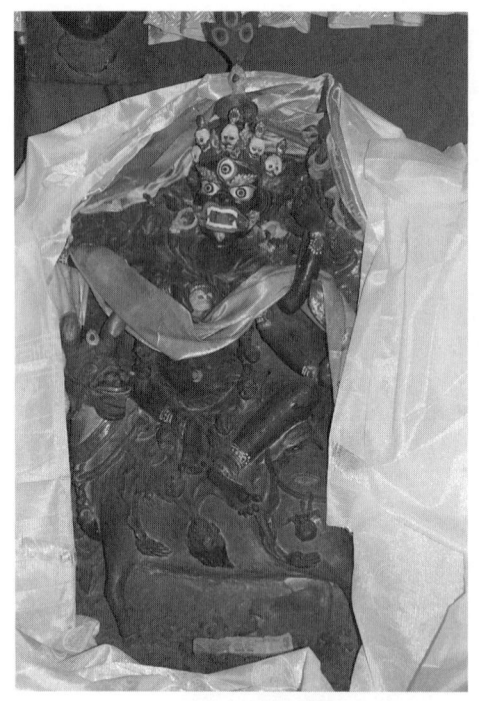

写真10-22 パルダン・ラモ堂のパルダン・ラモ（2011年）

うのである。さらに、後日、憑依したラバに終始伴い、また、ラーの離れた後のラバの介抱をするのもオンポの役割である。オンポとラーとは不可分に結びついているのである。

　10時27分、別室で瞑想していたラバがパルダン・ラモ堂に入って来て、正面奥に安置されている二尊のパルダン・ラモ像にかけられていた布を取りはずした。そして、二尊のパルダン・ラモ像にはカタックがかけられた。なお、祭礼前日のラバはラーが憑依していない状態にある。祭礼日には、ラバはこのパルダン・ラモ堂においてオンポのスチャンデンにより、ドルジェ・チェンモを憑依し、最後には隣のドルジェ・チェンモ堂においてラーはラバの身体から去るのである。パルダン・ラモ堂の正面奥には左からイシェイ・ゴンボの仮面、二尊のパルダン・ラモ像、馬に乗っていないドルジェ・チェンモ像、そして右端には本来悪霊であったグル・ラー・シンデギャット（gu ru lha srin sde brgyad）と呼ばれる護法尊像が配置されている。したがって、ドルジェ・チェンモ堂とパルダン・ラモ堂はラカンと称されるが、僧院におけるゴンカン（護法尊堂）に相当するものである。なお、パルダン・ラモを覆っていた布は、祭礼前日に取りはずされた後、祭礼終了日の祭礼2日目には、再びパルダン・ラモ像に被せられる。したがって、祭礼の3日間だけ、この女神は人々の前に姿を現すことになるのである（写真10-22）。

　オンポの儀軌が続けられる中、ラバは堂内右手奥に座る。10時21分、村人が堂内にテンマと呼ばれる緑の草の長い葉をまき散らして敷く。この日、ラーは憑依することはなかったが、村人たちはラーを招請するため、この草をパルダン・ラモ堂内のみならず、2階の回廊からドルジェ・チェンモ堂内に至るまでまき散らした（写真10-23）。

　10時30分、オンポと助手の若い僧の読経の中、村人が今年の初穂を持って堂内に入り、柱の上にくくりつける。同時に、堂の外の回廊では楽士（モン）が、音楽を演奏する。そして、10時47分、オンポの読経と外の楽士の演奏は同時に終わる。これで、パルダン・ラモとドルジェ・チェンモへの初穂の奉献が終了したのである。

　10時47分、オンポと助手の僧はパルダン・ラモ像の前でトゥスを行なう。これは招来し

写真10-23　2階回廊にまき散らされるテンマと呼ばれる草の葉（2011年）

写真10-24　ドルジェ・チェンモの像の前でトゥスを行なうオンポと助手の僧（2011年）

た諸尊を水で洗う浄化儀礼である。なお、病人を治療するためのトゥスは実際に病人の頭に水を少しかけるが、ここでは小さな金属製の鏡を諸尊の身体を写すものとし、この鏡に水をかけて諸尊を儀礼的に洗浄するのである。10時50分、オンポたちは隣のドルジェ・チェンモ堂に行き、ドルジェ・チェンモ像の前でトゥスを行なう（写真10-24）。

　その後、1階の本来のドルジェ・チェンモの部屋、さらに2階のパドマサムバヴァ堂においてトゥスが行なわれる。11時には、彼らはラバの瞑想する部屋に入り、ラバにトゥスが行なわれる。さらに、彼らは寺院の外に出て、庭にある仏塔の前でトゥスを行なう。こうして、寺院内外のすべての場所が浄化され、ラーが来る準備が整えられ、同時に招請さ

れた諸尊が賞賛され、身体が儀礼的に洗浄され、来年の幸運が願われるのである。

　村人たちは寺院の２階の回廊に集まり、持ち寄った食事を共食している。大麦で作った酒であるチャンも飲まれる。また、村人たちはバターを奉献のため持って来る。これは、ブッダ・シャカムニ堂の向かいにある小さな部屋に置き、灯明として捧げられる。このバターの奉献は、家族や村人たちの幸福を願うためである。

ラバと村人たちの討論（祭礼前日昼食後）
　こうして、明日からの本祭礼の準備は終了した。しかし、村人たちの関心は、明日、本当にラーが来るかどうかということにあった。2009年にラーは来ず、また2010年にもラバは本格的に憑依することはなく、次年度以後、ラーは来ないということを告げたのみだったからである。もちろん、この２年間、伝統的に行なわれていたラーの巡行も行なわれていなかった。今回も、ラバは憑依することなく、パルダン・ラモ像の布の覆いを取り、しばらく堂内に留まった後、そのまま瞑想室へと戻ったのである。村人たちは、ラーはもう登場することはないのではないかと心配していた。

　11時21分、昼食を終えた村人の世話役たちがラバの瞑想室に入った。閉じられた扉の内側で、彼らはラバと話し合いをしていた。部屋の外の廊下には村人たちが集まり、扉に耳をつけ、内部の会話に聞き耳を立てている。部屋の中でラバは、「もし、村人たちがラーを信じるのであれば毎年来るが、現在、人々はラーを信じていないので来る必要がない」と言っている。また、ラバは、「自分はもっと清浄にならなければならない」とも言う。実際、かつてラバは祭礼前に１カ月間の瞑想を行なっていた。しかし、現在、村人たちは10日間の瞑想期間でよいと決めたのである。もっとも、これも、ラバの負担を減らし、ラーに来てもらうための判断であった。さらに、ラーが憑依すると、ラバはその状態が４時間ほど続く。この間に、彼は王宮やブッダ・シャカムニ像などの各場所を巡行し、多くの人々の質問に答え、託宣を行なわねばならない。ラバにとって、本当に憑依しなければ、これらの役割を引き受けることもできないのである。

　瞑想堂の中で、ラバは憑依していない状態で村人と議論を続けている。彼は、「昨年、ラダックにおいて大洪水があった。しかし、この村（シェー村）に被害はなかった。したがって、人々はラーを信じるべきである。幸運はラーによってもたらされるのだ」と主張する。彼はシェー村に洪水の被害がなかったのは、自分に憑依するラーであるドルジェ・チェンモのおかげであると言っているのである。実際、昨年、2010年の夏に大雨によってもたらされた洪水と土石流は、公式の報告だけでラダックに200名以上の死者を出す災害であった。レーでは病院、ラジオ放送局、橋などが壊滅的被害を受け、またその東に位置するサブー村、さらにはチョグラムサルのチベット難民居住地では多くの家々が崩壊し、人々が流されたのである。

人々はレーの重要施設があたかも正確に攻撃目標にされたかのように破壊されたことに関し、天にいる何らかの悪神がこれを引き起こしたのではないかと噂した。しかし、災害後、ラダックを訪れたダライ・ラマ14世をはじめ各宗派のリンポチェは、この原因はラダックの人々が近年の商売による金儲けに没頭し、宗教心が疎かになったためであるとし、人々にマントラを唱え宗教心を喚起するよう忠告したとされる。

　この忠告は、パニック状態になっていたラダックの人々が、ともすればその攻撃の矛先を、仏教に対立し人々が常日頃から敵対心を持っていたムスリムに向けるという現実的な危険性を回避する効果を持っていたかもしれない。また、観光業による近年の急激な開発が被害を大きくしたという可能性もある。実際、建設にたずさわるため河原にテントを張って住んでいた多くの労働者たちが土石流に流された。いずれにせよ、人々はこの説明を受け入れ、落ち着いて再び宗教心を取り戻すことになったのである。

　後日、私は、シェーのラバがシェー村に被害のなかったことを、ラーによる守護によるものであるとしたことについて、レーにいるパンディ師とイシェイ・アグモ女史にたずねてみた。彼らは、ラバはそのようなことを言っているのかと一様に驚いた。そして、パンディ師は笑いながら、洪水の原因に関しても、仏教ではそもそも何らかの神の存在そのものを想定してはいないのだと語った。この観点からいえば、ラーが洪水から村を守ったという説明も、問題外の作り話にすぎないということになるのである。もっとも、イシェイ・アグモ女史は、ラーは今年は洪水があるか否かについて何らかの予言をしたか、としきりに私にたずねた。そして、今年、洪水があるということは予言しなかったとの私の話に、彼女は少し安心したようであった。このことから、近代的なレーの市民病院の看護婦長であった彼女でさえ、ラーを完全には信じていないわけではないことが窺われたのである。実際、ラダックでは今年の夏も雨が多く、人々は皆、洪水が再び起こるのではないかと心配していたのである。ラダックの多くの人々は、人知の及ばぬ将来の吉凶に関しては、ラーの超自然的力による予言を信じているのである。

　シェー寺院の瞑想室の中で、ラバは人々にさらに語り続けていた。彼は、「仏塔やマニ（オム・マニ・パドメ・フムのマントラを彫った小石を壁のように積み重ねて造った構築物）は清浄であるべきだ。さもなければ、ラーは来るべきではない」と言い、また、「ラーは毎年来るよりも、3-4年毎に一度くらい来たほうが、人々はよりラーを信じる」とも述べ、「シェーは大きな村だが、人々は近くのレーでの政府関係の仕事に忙しく、宗教心も薄れ、祭礼にも来ない」と、ラーが来ない理由を人々の信仰のなさにあると説明する。さらに、ラーが来るためには、「村人が一つにまとまり、お互いに助け合い、一致して瞑想する」ことが必要であると説く。

　実際、この村人とラバとの討論は、村人が、ラーが来ること、すなわちラバがラーを憑依することをラバに要請することに対し、ラバは村人の信仰と村の統合がその条件である

ことを繰り返し表明したものとなっている。そして、この討論でのラバの表明は、後日、祭礼1日目、および2日目に憑依したラバによるラーの託宣として、村人を前に繰り返し告げられることになったのである。

　後に、シェー村のツェリン・モトゥップ氏に聞いたところ、ラーが来なくなったのはこれが最初ではないという。すでに述べたように、1971年から1972年頃にもラーが来なくなった時期があった。この理由は、村内における相互の疎通がなくなったためであるという。そして、ラバは、ドゥクチェン・リンポチェの要請に応えて、村の人々が再統合し、マントラをよく唱えることをリンポチェに約束し、ラーが再び来るようになったというのである。また、現在のラバは18歳の時からラバを始め、過去15年間くらいラバの役割を担ってきた。彼はラバ家のツェワン・ドルジェ氏であり、ドルジェという名前が、ラーのドルジェ・チェンモという名前と一致していることが必要である。もっとも、この間、2-3年間、ラーが憑依しない時期もあった。この際、隣村のティクセ村からラバを招待し、彼にドルジェ・チェンモが憑依したのである。

　しかし、ここ数年、村の統合は再び失われていた。このため、ラーが来なくなったのだという。そして、ドゥクチェン・リンポチェは再びラバにラーが来るよう要請した。さらに、ラバはリンポチェを訪ね、リンポチェがラーが来ることを要請していることを確認したともいわれている。また、以前、聞いた人々の話によれば、オンポの言うには、ラーが来ることをリンポチェが禁止したため、ラーは来なくなり、今年もラーは来ないということであった。ドゥクチェン・リンポチェが、本当にラーの登場を禁止したり、あるいは逆に要請したりすることがあるのか否か、さらにはラーの登場拒否の理由が、本当に人々の信仰心や村の統合如何にかかわっているのか否かは藪の中である。

　私の印象では、ラバ自身はラーを憑依することにあまり積極的ではないように見えた。彼自身、自分は清浄ではないと言っていることから、精神的にも身体的にも憑依することが困難となっているのかもしれない。祭礼の終了後、村人たちとともにラバの家を訪れてわかったことであるが、ラバ自身、畜産局に務める公務員であり、土と木ではなくセメント造りの新築の家は、彼の家族の裕福な生活を窺わせるものであった。商売に忙しく祭礼に来ることもなく信仰心が薄れているのは、村人たちだけではなく、ラバ自身のことであったかもしれない。宗教心が疎かになることは、今や急激な現代化の進行するラダックにおいて、人々が共通に抱える問題なのである。

　それにもかかわらず、オンポと村人たちはラーの登場を強く望んでいるように思われた。村人たちはラーへの信仰を失ってはおらず、また、オンポは伝統を維持しようと努めていたからである。さらに、リンポチェは本来、ラーの登場には消極的ではあるが、人々の仏教への信仰が深まるのであれば、ラーの登場を容認するという姿勢をとっているように考えられた。ラーの登場は、現代化による伝統と変化との間の葛藤の過程における、ラー、

オンポ、村人、僧院の間の政治的駆け引きなのである。そして、この駆け引きの過程において、少なくともラバがリンポチェの言葉をラーの登場拒否と再登場を正当化するために用いているということ、さらにはラバがラーのメッセージを村人に伝えることにより、結果的には村人の信仰心の喚起と村の再統合が行なわれていることだけは事実であろう。

ラバと村人たちの討論の結果を踏まえ、ツェリン・モトゥップ氏は、明日はラーが来そうだと述べた。一時停止していたラーの登場は村人たちの強い要望により、再び解除されようとしているのである。13時には、ラーの持つはずの槍や衣装が置かれたパルダン・ラモ堂で、オンポがラーを迎えるためのスカンソル儀軌を始めた。これは、今日と同様、明日も早朝6時頃から繰り返し行なわれるのである。また、儀軌に用いられる悪霊たちに供されるための多くのトルマも並べられている。こうして、ラーが来る準備はすべて整えられたのである。

ラーの再登場（祭礼1日目午前）

祭礼1日目の9月7日、午前8時58分、シェー寺院に到着すると、村人たちはすでに集まり、オンポと僧はパルダン・ラモ堂でラーを招くためのスチャンデン儀軌を行なっていた。助手の僧は今日は2人である。また、ラバも堂内にいて、衣装を着けている。9時01分にラバはパルダン・ラモ堂を出て、瞑想堂に入る。女たちはカタックを結びつけたラダックの婦人が用いる伝統的な山高帽を被り、伝統的衣装に身を包み、花を持ち、ラバのいる瞑想堂に入ると、ラーが来るよう要請する。

9時07分、ラバは瞑想堂を出て、そのままドルジェ・チェンモ堂の屋上に登り、ラトーの前に立つ。もっとも、ラバは憑依してはいない。彼は衣装と黒い帽子を着けているだけで、憑依した時に持つ金剛杵や槍を持ってはいない。ラバは村人がラトーの根元から取り出した壺の中味を確認する。壺の中には昨年大麦粒が入れられ、封印されていたのである。中味を見たラバは怒らなかった。これは、村人によれば、すべてが吉事である、すなわち、今年の大麦の収穫は豊作ということを意味する。なお、明日の祭礼2日目には、ラバは来年のために、新しく大麦粒を入れた壺をラトーの中に納めるのである（写真10-25、図10-2）。

この後、9時09分、ラバはパルダン・ラモ堂に戻った。ラーを招請するためのスチャンデン儀軌がオンポにより続けられ、堂の外では楽士がラーを迎える特別なラルガの演奏を始める。オンポはシンバルを打ち鳴らし、助手の2人の僧は読経を続ける。花を持った女たちが心配そうに堂の外で待っている。また、男たちは堂の入口に押し合って群がり、中を覗き込んで、ラーが憑依するか否かを見守っている。堂の内部では、ラバが手を合わせ三拝を繰り返している。読経が終わり、オンポはラバの前でシンバルを打つ。9時20分、ラバは身体を震わせ、顔をひきつらせ、ラーに憑依される。これを見た村人たちは歓声をあげ、いっせいに「キキソソラー、ギャロー（ラーに勝利あれ）」と叫ぶ。そして、ラーは

526　第2部　ラーの登場する祭礼と僧院

写真10-25　ドルジェ・チェンモ堂の屋上にあるラトーの前で、大麦粒の入った壺の中味を確認するラバ（2011年）

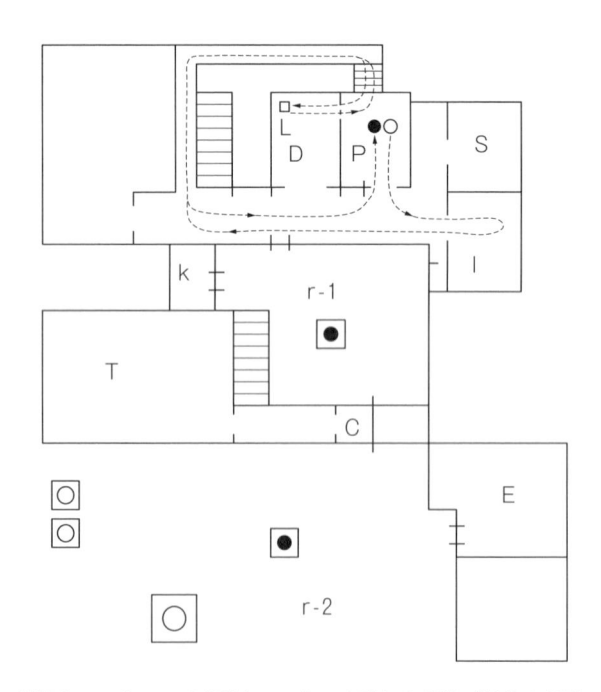

図10-2　ラーの憑依していないラバが屋上のラトーを訪れる経路（祭礼1日目、09：01-09：09）
　□：ラトー　○：出発点　●：終点　--→：ラーがまだ憑依していないラバの経路

写真10-26 登場したラーが寺院2階の手すりの上に立ち、人々の歓迎を受ける（2011年）

　パルダン・ラモ堂を出て、2階回廊の手すりの上に立つ。この2年間登場を一時停止していたラーは、人々の期待に応え、ここに再登場したのである（写真10-26）。

　ラーは右手に金剛杵、左手に槍を持ち、時々、太陽のほうを見上げながら、狭い手すりの上を行き来し、人々に向かって「ファー」と叫ぶ。2階の回廊には人々が立ち並び、5mほど下にある寺院中庭からは、村人たちが手すりに立つラーを見上げている。人々はラーを歓迎し、手に手に持った大麦酒を差し出す。ラーはこれを受け取り、一口飲んでは人々に返す。ラーは、「自分は来たくはなかったが、ドゥクチェン・リンポチェが来るように言ったので来たのだ」と、自分の再登場の理由について告げる。

　9時37分、ラーは祭礼の世話役の村人たちに先導され、中庭へと下りる。村人たちはラーを迎え、大麦酒を差し出し、仕事や家族の問題、あるいは運勢に関する個人的な質問を次々と行なう。ラーはこれらに短く答えながら、中庭を横切り、階段を登ると、9時40分、ブッダ・シャカムニ堂の2階へと入る。ラーはオンポの読経の中、ブッダ像の前で人々に向かってラーの登場を告げる。その後、ラーは堂内のブッダ像の周囲の回廊を一巡し、寺院の外へと出る（写真10-27）。

　9時52分、ラーは人々の質問に答えながら、寺院外庭にある仏塔の基台に登る。ラーは仏塔の周囲に集まる村人たちを見下ろし、仏塔の基台をゆっくりと右まわりにまわりながら、人々が我先にと差し出す大麦酒、ウイスキーなどを手に取り、それを人々の頭上に振りかけ、その後、一口飲むと人々に返す。この酒はラーによって祝福された酒となり、この場で分け合って飲む者もいる。酒を差し出した人はラーに個人的な質問をし、ラーはそれに個別に答える。この間、オンポは終始ラーに付き添い、人々による酒の奉献と質問の順番を整理し、またラーの活動を見守っている（写真10-28）。

写真10-27 ブッダ・シャカムニ堂に入り、ブッダ像を周回するラー（2011年）

　ラーは水で顔を洗いながらゆったりとした感じで、時に笑いを混じえ、人々に説教するという様子である。マトー・ナグラン祭礼やストック・グル・ツェチュー祭礼に登場するラーが、刀と槍を持って走りまわり、人々を睨みつけ、また、刀を自分の舌に当て切る真似をし、さらには刀で人々を打ったりするという威嚇は見られない。シェーのラーは、ドルジェ・チェンモという女神であり、元来は悪霊に由来するものの、七兄弟のラーのように忿怒の神ではないことによるものであろう。ここでは、人々はラーを畏怖の対象としてではなく、より親しみのある存在として見ているように感じられた。

　ラーは時々、「ハアッー」と叫びながら、人々に、自分は来たくはなかったがドゥクチェン・リンポチェをはじめとする多くのリンポチェの要請があったために来たのだ、と繰り返し述べ、「人々はいろいろな仕事をして、ラーを信じていない」「ラーを信じていない者はここに来なくともよい」と告げる。さらに、「私はこんなに酒を飲んでいるにもかかわらず、ちっとも酔ってはいない。私が酔っているように見えるか。これが私がラーである証拠だ」と人々の前で両手を大きく広げて見せる。これに応え、人々は「自分たちはラーを信じます。キキソソラー・ギャロー（ラーに勝利あれ）」と口々に叫ぶ。そして、村人たち全員に対し、「長寿のためのツェパメット（無量寿）の儀礼を行なうように、また寺院を修繕せよ」と託宣を告げる。さらに、ラーは、「ラーの登場は村人たちのラーへの信仰次第である。村人が信仰するのであれば、明日（祭礼2日目）も登場するであろう」と予

写真10-28 オンポに伴われたラーは仏塔のまわりを巡りながら、人々によって捧げられる大麦酒を飲む（2011年）

写真10-29 再登場したラーを歓迎し、注視する村人たち（2011年）

言する。村人たちはラーが再登場したことを喜び、ラーの忠告に従うことを誓ったのである。人々はラーを注視し、さらに、ある者は携帯電話や小型カメラを取り出し、ラーを写そうとする（写真10-29）。ここでのラーは、マトー・ナグランやストック・セルランとは異なり、写真撮影には寛容である。

　さらに、ラーは「王はどこだ、私はこの村や王宮を守っているラーなのに王は今日は来ていない」と王に対する不満をぶつける。伝統的にシェー・シュブラ祭礼では、ラーの巡行に合わせ、王や王妃が王宮においてラーを迎え、ギャジャ（王の茶）をラーに供することになっているのである。ラーは、今日は王の子孫がストック村からシェーの王宮に来ていないことを知っていたのである。もっとも、昨年、ラーは今年は来ないと予言しており、

530　第2部　ラーの登場する祭礼と僧院

写真10-30　パルダン・ラモ堂の中の憑依したままのラバ（2011年）

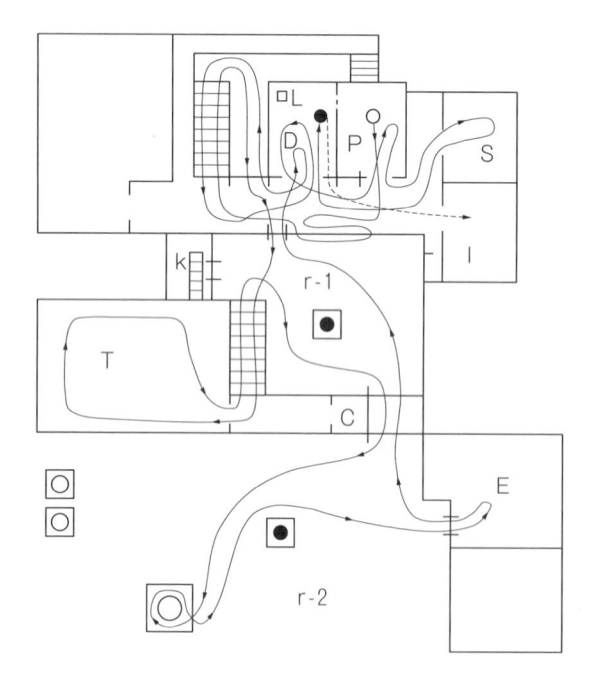

図10-3　ラーの憑依したラバが諸尊堂、仏塔を訪れる経路
　　　　（祭礼1日目、09：20-11：17）
　　　　○：出発点　●：終点
　　　　──▶：ラーが憑依しているラバの経路
　　　　┄┄▶：ラーが去った後の憑依していない
　　　　　　　ラバの経路

王のみならず村人たちもラーが本当に再登場することはあきらめていたため、王が来なかったとしても止むを得ない状況であったかもしれない。しかし、ラーのこの言葉を受け、翌日の祭礼2日目に王はシェー王宮に入り、そこで巡行したラーを迎えることになったのである。

　10時23分、ラーは離れた所にいる楽士に向かって、演奏を始めるよう指示する。音楽が始められ、同時に人々はラーに向かって、「勝利あれ」と大声で叫ぶ。しかし、すでにラーが登場して30分以上が経過し、さらに、ラーが、王がシェー王宮に来ていないことについて不満を述べたため、今日はラーの巡行がないことが明らかになった。そこで、ラーが巡行することを想定し仏塔の前に待機させられていた馬は引き戻された。村人たちはラーが馬に乗って巡行しないことに落胆しているようであった。しかし、人々は依然としてラーのまわりに群がり、ラーに質問を浴びせかける。こうして、ラーは仏塔の基台を下り、人々に囲まれながら、10時30分、向かいにあるツェパメット（無量寿）堂を訪れる。

　10時35分、ラーはツェパメット堂を出て、人々の質問に答えながら、もとの寺院の門をくぐり、中へと戻る。そして、1階にあるドルジェ・チェンモの古い堂を訪れ、その後、10時42分には2階のドルジェ・チェンモ堂に入る。その後、11時には、その隣のパルダン・ラモ堂に入る。オンポと祭礼の世話役たちに付き添われたラバは、まだ憑依したままである（写真10-30）。

　他の村人たちは、扉の所に押し合いながら集まり、中を覗き込んでいる。11時05分、ラーはグル（パドマサムバヴァ）堂に入る。ここでも、人々はラーのまわりに集まり、質問を続ける。11時06分、ラーは2階の回廊に出て、人々に向かって両手を広げ、自分がラーであることを見せる。左手の親指には、ラーが憑依している証拠である指輪がはめられている。ラーは左手を高く差し上げ、人々にこれを誇示する。そして、11時11分、ラーはもとのドルジェ・チェンモ堂に戻る。11時17分、ラーはラバの身体を離れ、憑依が終わる。ラバは堂を普通に歩いて出ると、瞑想堂へと戻る。そして、村人の舞踊が始まるまで寝て、休息をとることになるのである（図10-3）。

　なお、この後、午後からは村人の舞踊が行なわれるが、これは2日目の村人の舞踊と同様であるため、まとめて後述することにする。

ラトーの更新とラーの巡行（祭礼2日目午前）

　祭礼2日目の9月8日、8時28分にシェー寺院に到着すると、昨日、ラーが基台に登っていた外庭の仏塔のところで、馬の世話人と引かれてきた馬に向かってオンポがトゥス（浄化儀礼）を行なっている。また、別の小さな2基の仏塔の上部には、葉のついた柳の木の枝が渡され、その前でオンポがトゥスを行なう。この仏塔は、本来、ラーが巡行する際に訪れるべきシェー王宮の横にある8基の仏塔の代わりであるという。また、オンポはラー

写真10-31　ラーが被る五仏を配した冠で人々に祝福を与えるオンポ（2011年）

写真10-32　ラトーの枝を新しく取り替え、上部に傘を象徴する色布を被せる村人たち（2011年）

が憑依した時に被る五仏を配した冠を持ち、村人たちに祝福を与えている（写真10-31）。この冠は昨日は用いられなかったものである。昨日、行なわれなかったラーの巡行が、今日は行なわれるかもしれないのである。

　8時37分、ドルジェ・チェンモ堂の屋上では、ラトーの更新が行なわれた。ラトーの上部に立てられている木の枝は、ここではビャクシンではなく、柳が用いられる。これは、伝統的にドルジェ・チェンモが柳を好むとの理由からである。もっとも、上手ラダックにはビャクシンの木がなく、現実に用意することが困難であることも理由の一つかもしれない。ラトーの枝を新しく取り替える人々は、村人の舞踊の役割を担う特別の家々の6名と、オンポ、ラバからなる集団である（写真10-32）。彼らは、祭礼の前から毎日トゥスを受け

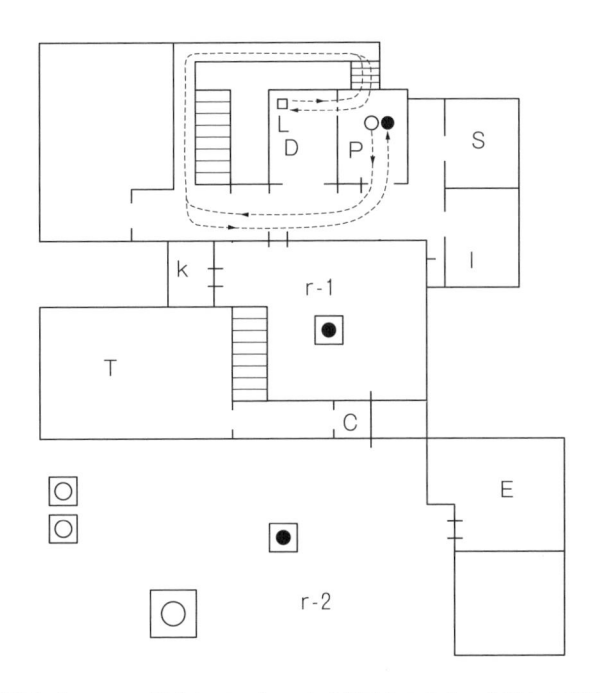

第10章 シェー・シュブラ祭礼とラー 533

図10-4 ラーの憑依していないラバが屋上のラトーを訪れる経路
（祭礼2日目、08：52-09：12）
□：ラトー ○：出発点 ●：終点
‐‐→：ラーが憑依していないラバの経路

て清浄に保たれている。ラーと接触する人々や場所は、すべて清浄でなければならないのである。さらに、ラトーの周囲では香が焚かれ、その煙によりこの場所が浄化されている。また、赤く塗られたラトーの基台にはヤクや野生の山羊の角が置かれ、この中にラーへの奉献のため、大麦酒が注がれる。さらに、ラーが巡行した後、ラトーの基部の内部に納められることになっている来年の占いのための大麦が入った壺も、その時のために準備される。8時52分にオンポが屋上に来て、ラトーが手違いなく更新されているか否かを確認する。9時02分にはラバも来る。ただし、ラバは憑依してはいない。オンポは、ラトーに向かって、トゥスを行ない、浄化する。9時04分、ラトーの更新が終わり、人々は屋上から下りる（図10-4）。

　9時12分、ラバはパルダン・ラモ堂に入る。オンポと助手の僧は、堂内の入口を入った左側の席に座り、儀軌を読み、太鼓とシンバルを打ち、ラーを招くためのスチャンデン儀軌を行なう。ラバはこの斜め向かいの堂内右奥の席に座る。堂内奥の正面には、一昨日の祭礼前日に布が取りはずされたパルダン・ラモの像、馬に乗っていないドルジェ・チェンモの像などが安置されている。堂の外では、楽士によるラルガの演奏が始められる。

　ラバは身体を少し震わせ、しきりに頭を振り、白眼をむいてあちこちと上方を見まわし

ている。そして、ラバは儀軌に伴う太鼓のドンドン、ドンドンという規則的に繰り返される音とシンバルの打ち鳴らされるジャーン、ジャーンと響く音に合わせ、右手で前に置かれた机を叩く。さらに、左手でも強く机を叩く。頭をぶるぶると震わせ、さらに右手、左手で交互に机を叩く。ラバは顔をしかめ、太鼓の周期に合わせて強く手で机を叩き続ける。そして、9時16分、ラバはその場で立ち上がる。これを見ていた人々はいっせいに「ラー・ギャロー(ラーに勝利あれ)」と叫ぶ。しかし、ラバは再びその場に座る。さらに、ラバは二度目に立ち上がり、村人たちは再び叫ぶ。しかし、ラバは再びその場に座る。そして、9時17分、ラバは三度目に立ち上がる。人々は腕を上げ、いっせいに「ラー・ギャロー」と叫ぶ。村人たちの期待に応え、ついにラーは憑依したのである。

写真10-33 登場し、2階の回廊の手すりの上に登ったラー(2011年)

　楽士による太鼓と笛によるラルガの演奏が続けられ、堂の外の回廊はラーの登場を待つ村人たちで溢れている。9時22分、人々が空の上を指さすので見上げると、寺院の上に広がる高層雲の中に五色の虹が出ている。これは吉祥の印とされ、高位の僧であるリンポチェが登場する時にも現れるとされるものである。9時52分、ラーを憑依したラバがようやく堂から出て来る。そして、そのまま2階の回廊の手すりの上に飛び乗る(写真10-33)。

　ラーは2階の手すりの上から回廊に集まる村人たちや、寺院の中庭で花を持ってラーを迎えるために集まる村人たちを見下ろし、狭い手すりの上を行き来する。そして、人々に向かって、「おまえたちには信仰と信心が必要である。そうすれば、すべては上手くいく」と託宣を告げる。9時28分、村人たちは瓶に入った大麦酒をラーに差し出す。ラーは少し口をつけ、そして村人に返す。9時33分、ラーはパルダン・ラモ堂の隣にあるドルジェ・チェンモ堂を訪れる。ここでは、ドルジェ・チェンモのみならず、尊師であるツェワン・ノルブの像に大麦酒を捧げる。

　9時35分、ラーがドルジェ・チェンモ堂から出ると、村人たちは再び「ラー・ギャロー」と叫ぶ。中庭では女たちが花を持ち、ラーが下りて来るのを迎えるため列を作って待っている。9時38分、ラーは中庭に下り、人々の間を進み、9時40分には寺院の門をくぐり、

写真10-34 ラーに伝統的な陶器に入った大麦酒を奉献する村人たち
（2011年）

外庭へと出る。そして、柳の枝を渡した2基の仏塔を訪れる。これは、王宮横の八仏塔に見立てた、ラーが巡行する場所の一つである。村人たちはラーのまわりを取り囲み、壺に入れた大麦酒を奉献する。現在、多くの人々は大麦酒を瓶に入れているが、中には伝統的な容器である素焼きの壺を用いる村人たちも見られる（写真10-34）。9時43分、ラーは仏塔から下り、人々の質問に答えながら、昨日同様、外庭にある大きな仏塔の基台に登る。

9時44分、ラーは仏塔の基台に立ち、人々に向かって両手を広げラーの登場を告げる。ラーは胸に鏡をつけ、右手に金剛杵、左手に旗のついた槍を持ち、頭には五仏を配した冠を被り、左手の親指にはラーが憑依している証拠である指輪をはめている。仏塔の周囲は、今日、ラーが登場するであろうことを知った多くの村人たちで埋め尽くされている。全員で300人ほどはいるだろう。その中で50人ほどは青い制服のシャツを着た小学校から中学校の生徒である。今日は平日なので、学校は休みではなく、彼らは授業の途中で先生に引率されてラーを見るためにやって来たのである。もちろん、彼らは他の村人たちのように大麦酒をラーに奉献したり、個人的な質問を行なうわけではない。彼らは遠くから、ラーと村人たちの様子を目をこらして見つめているのである。

ラーは昨日同様、「自分は村人が信仰心を失っているため来たくはなかった。しかし、多くのリンポチェが、ラーが登場することは村人のためになるので登場するようにと要請し、自分もそのことを約束した以上、約束を破ることはできないので登場したのだ」と、登場の理由をリンポチェとの約束に基づくものであることを人々に告げる。さらに、ラーは村人に対し、「信仰心がなければ自分は登場しない。自分は本当のラーだ。酒を飲んでいても酔ってはいない。自分を信仰するのか」と問いかけ、両手を広げ、自分がまったく酔っていないことを誇示する。これに応え、村人たちは昨日同様、「自分たちはラーを信

仰します。だから、どうかこれからも登場してください」とラーに対し将来の登場をも要請する。

　さらに、ラーは村人に対し、「ラバを尊敬せよ、もしラバが幸せに感じるなら、ラーも来るのだ」と告げる。すなわち、ここではラバはラーへの信仰のみならず、ラーを憑依する役割を担っているラバ自身への敬意をも要求しているのである。このことは、ストック・グル・ツェチュー祭礼の行なわれるストック村において、人々がラバに敬意を払うのはラバがラーを憑依するからではなく、ラバの家が裕福だからということを思い起こさせる。ラバはあくまでもラーを憑依させるための道具立てにすぎず、ラーの憑依していないラバはただの村人にすぎないのである。したがって、ラバ自身を尊敬せよとの発言は、シェー村のラバが、自身の役割を負担に感じており、それに対する代償を村人たちに求めているものと解釈できよう。また、ラバが幸せに感じるという心理状態にならなければ、ラーを憑依することも困難になっているという率直なラバ個人の気持ちを吐露したものでもあろう。こうして、ラーは仏塔の周囲をまわりながら、村人の信仰心を喚起し、またカタック、大麦酒、ウイスキーなどを受け取り、個人的な質問に答えるのである。

　10時04分、ラバは楽士に「ダマン、ダマン（太鼓、太鼓）」と指示し、楽士の演奏が始まる。憑依しているラーが抜けてしまわないように、時々、音楽が演奏されるのである。ラバは人々の求めに応じて大麦粒の散らばり方を見て占いを行ない、人々の質問に答える。また、ラバはオンポに関し、人々の前で、「このオンポは元来僧であったものが僧を辞めてオンポになったものであり、僧が途中で仏教の研究を止めるのはよくないことだ」と告げる。これに対し、オンポはラバの横に伴い、黙ったままでいる。今や、ラバの言うことはドルジェ・チェンモの言うことなので、オンポは何も反論することはできないのである。さらに、ラバは観衆の中の1人を指さし、「還俗したもと僧であっても、ラダックの仏教学中央研究所の教授となっているロブザン・ツェワンはたいへん良い仕事をしている」と、指さした先にいるロブザン・ツェワンに向かって公言する。彼はもとゲールク派、スピトゥック僧院の僧であったが、このシェー村に婿入りし、バクラ・リンポチェの創設した仏教学中央研究所において仏教哲学の研究を行なっている著名な学者である。ラバは観衆の中にロブザン・ツェワンを見出し、即座にオンポと対比させることにより、仏教への敬意を表明したのである。リンポチェの宗教的権威に敬意を払うと同様、ここでもラバは仏教そのものにも一目を置いたのである。

　仏塔の前に待機させられている馬は、人々の中で居心地悪そうに後退りを繰り返している。10時27分、馬の世話役は馬の周囲に浄化のための煙を立ち上らせる。ラーが仏塔の基台に立ってからすでに40分以上が経過しているのである。人々は、ラーが今日、本当に馬に乗って巡行するのか否かを心配そうに見守る。オンポは馬を近くに持って来させ、ラーが馬に乗るようにしきりに誘導している。しかし、ラバは、人々の心配をよそに、村人た

ちの個別の質問に答え、時に村人たちを笑わせ、同時に村人に信仰心を持つことを繰り返し誓わせている。村人たちはラバの発する一言一句に注意力を集中し、「カサ、カサ（ごもっともです、ごもっともです）」と言って頷きながら、その託宣を拝受する。

写真10-36 ルーへの供物である米粒（2011年）

10時40分、楽士の太鼓が打ち鳴らされる。10時42分、これに促されるようにラーは、ついに馬にまたがる（写真10-35［口絵16］）。人々はいっせいに「ラー、ギャロー」と喚声を上げる。10時45分、村人たちは隊列を組み、ラーの巡行が開始される。花を持った女たちが道に並びこれを出迎え、その後、一行とともに巡行する。笛を吹く楽士、2人の太鼓を打つ楽士を先頭に、30名ほどの花を持った女たちに続き、世話役の男たちとオンポに取り囲まれ、馬に乗ったラーが進む。村人たちはこの後に続く。また子供たちはラーを見ようと、列の前後を走りまわる。また、世話役のリーダーであるツェリン・モトゥップ氏は、楽士とともに先頭を進む。

一行はシェー村からレーへと続く舗装された幹線道路を南側へ迂回し、村の畑の中の地道を進む。11時03分、馬が立ち止まり、前進を嫌がる素振りを見せる。このため、ラバは巡行を止めると言い出す。馬が嫌がるということは、ドルジェ・チェンモが嫌がっていることを意味するからである。しかし、村人たちは、どうか巡行してくださいとラバに請願する。その結果、ラバは下馬し、その後、徒歩で畑の中の道を進み、幹線道路にまで出る。ここでは、先に着いていた女たちが花を持ってラーの一行を迎え、人々はラーに大麦酒を奉献する。ラーは人々の質問に答えながら幹線道路を歩いて巡行を続ける。

11時12分、ラーはジャと呼ばれる場所に到着する。ここには、王宮の建つ丘の麓に池があり、その中に造られた小道の先端には水の霊であるルーを祀るルバン（ルーの居所）が建てられている。ルーは魚の形をとって水中に棲んでいると考えられている。このため、ラーは水の中に米粒を投げ入れ、ルーに供する（写真10-36）。11時20分、ラーはこの場所にシェー村の村人たちがパドマサムバヴァの像を建立するという計画の是非について質問を受ける。ラーは、この計画はたいへん良いことだと答え、さらに、その際、パドマサムバヴァの顔が向けられるべき方向はこの方向が良いと、東方を指し示す。

11時23分、ジャを後にしたラーの一行は、幹線道路を下手のレーの方向に進み、王宮の裏側へとまわり込む。王宮の建つ岩尾根の先端には、大日を中心とする五仏の岩壁彫刻が

538　第2部　ラーの登場する祭礼と僧院

写真10-37　王宮裏側のシェー・ヨグモスで、仏塔の基台に立ちルバンを建てるよう人々に託宣するラー（2011年）

人々を見下ろしている。ここで、ラーは待機していた馬に再び乗り、幹線道路からその北側にある畑の中の地道へと入る。大麦はすでに黄金色の穂をつけ、畑の中には古式の大型のゴマン・チョルテンが白く輝いている。11時29分、仏塔群のある場所で下馬し、仏塔の基台の上に立ち、人々から大麦酒を奉献され、飲む。ここは、シェー村の上手と下手との境に当たり、シェー・ヨグマ（ヨグモス）のルクツェと呼ばれる場所である。ラーは人々を前に、「ここには少し水が来ようとしている。そのため、この場所にルバンが建てられねばならない」と告げる。実際、水が来ようとしているという一言は、人々が最も心配している洪水に対する予言である。しかし、同時に、ラーはこの対策として、水と深い関係のあるルーを祀るためのルバンを建てるよう、託宣を行なったのである（写真10-37）。

　11時41分、ラーは王宮裏側の丘の斜面へと向かい、尊師堂と護法尊堂を訪れる。ゴンボ（マハーカーラ）を祀る護法尊堂は、ラーが巡行の際、伝統的に訪れる場所の一つである。もっとも、尊師堂は最近建てられたものである。その後、ラーの一行は斜面にジグザグにつけられた急な小道を王宮へと登りつめる。11時47分、ラーの一行は王宮の裏手に到着し、そこで村人たちに迎えられる。11時51分、ラーはシェー王宮寺院のブッダ・シャカムニ堂に入る。ブッダ・シャカムニ堂は二層の建物になっており、吹き抜けの2階には回廊が巡らされており、その中央には1階に基部を置く巨大なブッダ・シャカムニ像がその上部を現している。ラーは回廊を1周巡り、正面で王に会う。ここで、王の供する熱湯のギャジャ

第10章 シェー・シュブラ祭礼とラー 539

写真10-38 シェー寺院の中庭に戻ったラーを出迎える村人や尼僧たち（2011年）

写真10-39 ドルジェ・チェンモ堂の屋上の手すりの上を、右手に金剛杵、左手に旗のついた槍を持ち、走るラー（2011年）

（王の茶）をすすり、託宣を告げる。11時58分に堂を出ると、堂の前庭に整列している祭礼の世話役を務めた村人たちにカタックを配る。そして、堂の横の階段になっている小道を下り、12時05分、寺院の集会堂に入る。この堂の奥は、先のブッダ・シャカムニ堂の1階基部となっている。集会堂でラーはトルマの並べられた祭壇の周囲をまわって、これを確認し、集まった村人たちを前に、信仰心の必要性を告げる。

その後、12時09分、ラーは集会堂を出て、王宮横につけられた階段を下る。12時13分、階段下の道に至り、そこで待機していた馬にまたがる。そして、人々に囲まれながら道をさらに下り、12時16分、幹線道路へと出る。12時18分、幹線道路から南にそれて地道に入

写真10-40　ラーの巡行の後、シェー寺院の中庭で村人たちにより用意され、配られる米、豆、野菜、ゆで卵の昼食（2011年）

る。そして、この最初に通ったシェー村の畑の中の道をシェー寺院の方向へと戻る。道の途中には、酒と供物を持った女たちがラーの帰還を笑顔で出迎える。12時24分、ラーの一行は寺院前の広場に戻る。ここでも、村人たちはラーを取り囲み、ある者は数珠をラーに渡し、それを祝福してもらうために息を吹きかけてもらう。そして、12時28分、ラーは下馬する。寺院内ではラーを迎えるラルガの演奏が始まる。

　12時31分、寺院の中庭には僧が線香を持ち、また花を持った村の女たちが整列してラーの到着を待っている。12時33分、ラーはオンポとともに寺院中庭に入って来る。今朝、10時45分に出発してから1時間48分の巡行を終え、ラーは寺院に無事帰還したのである。人々はラーを取り囲み、4-5名の尼僧たちまでもが手を合わせてラーを出迎え、カタックを贈る。ラーは親しげにこの尼僧たちと言葉を交す（写真10-38）。

　12時36分、ラーはドルジェ・チェンモ堂の屋上に上り、中庭を見下ろす手すりの上を走る（写真10-39）。中庭からは村人たちがラーを見上げている。その後、ラーは、今朝新しい柳の枝に取り替えられたばかりのラトーの前に行き、大麦粒の入った壺をその中に納める。これは、来年、大麦の収穫の吉凶を占うため、ここに1年間置かれることになるのである。ラーは、ここでも人々によって差し出される酒を飲み、質問に答え続ける。

　12時44分、ラーは今度はブッダ・シャカムニ堂の屋上に上り、その手すりの上を走る。その後、12時48分、今朝、登場した時のように、2階の回廊の手すりの上に立ち、回廊に集まった村人たちと中庭からラーを見上げる村人たちに向かい、「幸運はおまえたちの信仰心にかかっている。このことを心に留め、間違いなく守ることができたら、私は来年も来るだろう」と来年のラーの登場に関する予言を告げる。そして12時51分、ドルジェ・チェンモ堂に入る。オンポはラバの身体からラーを離すため、読経を行なう。人々は堂の入口に押し合って群がり、中の様子を覗き込む。12時57分、ラバは突然、倒れ込み、気絶する。ラーがラバの身体から離れたのである。オンポはラバの傍らに座り、ラバが被っていた冠や衣装につけられていた鏡などを取りはずし、介抱に当たる。

第10章　シェー・シュブラ祭礼とラー　541

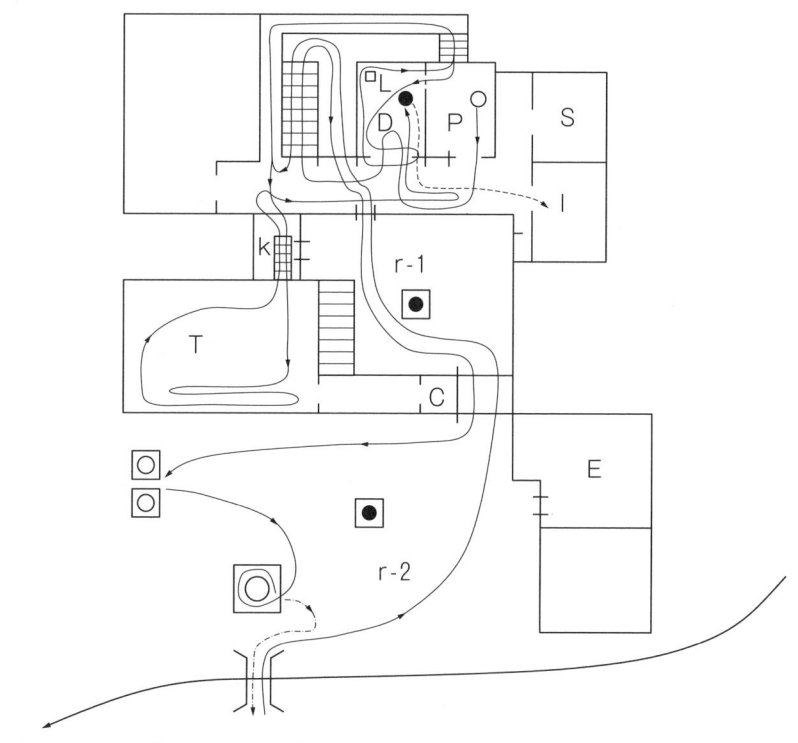

図10-5　ラーの憑依したラバが諸尊堂、ラトーを訪れる経路（祭礼2日目、09：25-13：00）
□：ラトー　〇：出発点　●：終点　──→：ラーが憑依しているラバの経路
--→：乗馬したラーの経路　-・-→：ラーが去った後の憑依していないラバの経路

　12時59分、ラバは起き上がり、その場に呆然として座り、頭をさすっている。すでに、ラーは身体から抜けているのである。13時、ラバはそのまま立ち上がると、ドルジェ・チェンモ堂を出て、瞑想堂へと引き上げる。オンポは隣のパルダン・ラモ堂で、カンソル儀軌を始める。13時07分、ドルジェ・チェンモ堂では僧が日課のドルジェ・チェンモに対するソルカー儀軌を始める。13時08分、オンポによるカンソルが終わる。そして、13時10分、中庭では村人たちにより、米に豆、野菜をのせ、ゆで卵をつけた昼食が配られ、人々は寺院の内外で思い思いに食事をとる（写真10-40）。これで、祭礼2日目のラーの巡行は終了したのである（図10-5）。

　このように、2年間のラーの登場の一時停止を経て、2011年のシェー・シュブラ祭礼にラーは再び登場することになった。もっとも、ラーの巡行は祭礼1日目には行なわれず、祭礼2日目のみに見られた。また、巡行に際しても、ラーの訪れた場所とその巡行順序には、ツェリン・モトゥップ氏が語った2008年以前の伝統的なものとの間に、相違が見られた。なお、22年前の1989年にプンツォック・スタンズィン氏から得たラーの巡行に関する情報には、ツェリン・モトゥップ氏による2008年以前の情報との間に若干の相違は認めら

542　第2部　ラーの登場する祭礼と僧院

表10-1　シェー・シュブラ祭礼においてラーが巡行する場所名とその順序（1989年以前、2008年以前、2011年）

場所番号	巡行場所名	巡行順序 1989年以前 1日目	1989年以前 2日目	2008年以前 1日目	2008年以前 2日目	2011年 1日目	2011年 2日目
1	ラトー（lha tho）	1	1	1	8	1	1、6
2	ブッダ・シャカムニ堂（ストンパ、ston pa）	2	2	2	1	2	—
3	王宮（mkhar）	3	3	3	3	—	5
4	護法尊堂（ゴンカン、mgon khan）（ヨグマ、yog ma）	4	—	4	—	—	4
5	ジャ（ja'）	5	4	5	(4)	—	3
6	神堂（ラカン、lha khan）（ドルジェ・チェンモ堂）	6	8	6	9	3	7
7	大臣邸（gzims khan）	—	5	—	5	—	—
8	ペラ（チャンバ・チョーリン、byams pa chos glin）	—	6	—	6	—	—
9	隠された峡谷（ベルン、be lung）	—	(7)	—	7	—	—
10	八仏塔（bder bshegs brgyad）	—	—	—	2	—	(2)

（注）巡行順序に付された（　）において、(7)は巡行したと思われる場所、(4)は巡行する場合もしない場合もあったとされる場所、(2)は王宮横の八仏塔に見立てた寺院前の仏塔。なお、2011年の祭礼1日目は外での巡行は行なわれなかった。

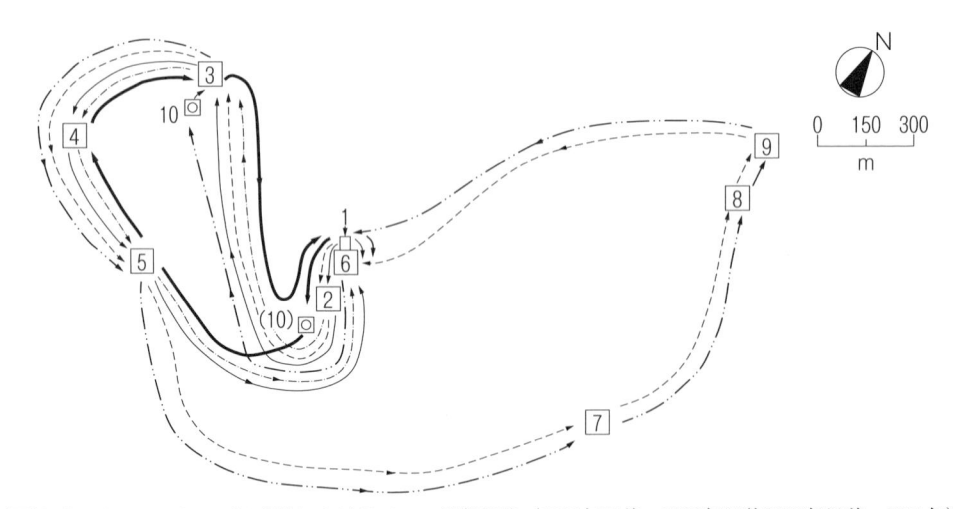

図10-6　シェー・シュブラ祭礼におけるラーの巡行経路（1989年以前、1990年以後2008年以前、2011年）
　　──→：1989年以前の祭礼1日目
　　--→：1989年以前の祭礼2日目
　　-·→：1990年以後2008年以前の祭礼1日目
　　-··→：1990年以後2008年以前の祭礼2日目
　　━→：2011年の祭礼2日目
　　なお、図中の番号は表10-1の場所番号に符合する。また、(10)は10の八仏塔を見立てた仏塔

写真10-41 シェー王宮の隣に建つ八仏塔（2011年）

れるものの、大きな違いはなかった（表10-1、図10-6）。

　今回の2011年のラーの巡行は、訪れる場所から見ると、従来、祭礼1日目に訪れていた場所に、ほぼ相当していることが明らかになる。伝統的には、2日目に大臣の家をはじめ、シェー寺院の東方に位置するチャンバ・チョーリン（byams pa chos glin, 弥勒・法・寺）やその近くにある隠された谷（ベルン、be lung）を訪れる。そして、チャンバ・チョーリンという地名のつけられた古い仏塔群のある場所で、ラーは1人で4方向の悪霊を払う儀式を行ない、またベルンと呼ばれる目に見えない峡谷に向かって、ラーはそこに住んでいると考えられている姿の見えない者たちと話をするのである。しかし、今回、ラーは本来2日目に訪れるはずのこれらの場所は訪れず、1日目に訪れることになっていた場所を2日目の巡行において訪れたのである。また、シェー王宮の隣に建つ八仏塔（写真10-41）に関しても、実際にその場所を訪れることはせず、シェー寺院の外庭の小さな仏塔をこれに見立て、ここに立ち寄ったにすぎない。これは、ツェリン・モトゥップ氏によれば、時間がないからという理由からである。いずれにせよ、今回の巡行が以前に比べると簡略化されたことは事実である。

　さらに、従来の巡行とのもう一つの大きな相違点は、伝統的には王宮に始まり、護法尊堂、ジャと巡る経路が、今回はこれとは逆に、ジャから始まり、護法尊堂、王宮へと巡り、そのままシェー寺院に戻ったことである。なぜ、このような変更がなされたのかは不明である。そもそも、ツェリン・モトゥップ氏によれば、ラーが登場するか否か、さらにはラーが巡行を行なうか否かはラーの喜び如何によるという。昨日、ラーは憑依したものの、用意された馬に乗ることを拒否し、また今日も、途中、馬が前に進むことを拒否し、ラーの巡行はあわや中断されようとしたのである。

　本来、ストック・グル・ツェチュー祭礼にも見られるように、憑依したラーが最初に訪

れるのは王宮であり、これはラダック王国時代からの伝統に基づくものである。王への訪問が最後にまわされるということは、かつては許されることではなかったはずである。しかし、今回、王宮への訪問が最後になった背景には、昨日、ラーが王宮に来ていない王を公然と批判したことと同様、王権の失墜が関係していたかもしれない。ラダック王国の独立が失われ、さらに現代化が進む中、王の存在はもはや単なる伝統文化でしかないのである。ラーがリンポチェの権威をその託宣の中で繰り返し認め、巡行においても、ジャにおけるパドマサムバヴァの建立の承認、護法尊堂への訪問、王宮におけるブッダ・シャカムニ堂への訪問がなされたことを考えると、ラーが、もはや王権ではなく、仏教との関係をより重視しようとした結果であると解釈することができるかもしれない。

村人の舞踊と村の再統合（祭礼1日目午後、および2日目午後）

シェー・シュブラ本祭礼1日目の9月7日（チベット暦7月9日）、および2日目の9月8日（チベット暦7月10日）の午後には、村人たちによる舞踊が行なわれる。これはラダック王国時代から続く伝統である。儀式次第は、1．マラック（ma lag）、ティジョンマ（kri zhon ma）、獅子（ギャルタ、rgyal sta）の登場、2．ドラ（do la）の登場、3．獅子の調伏、4．ラバの登場、5．ギャルチェン（rgyal chen）の調伏、6．オンポの舞踊、7．マラック、ティジョンマ、獅子、ドラの退場、8．村人の舞踊の場面から構成される。

全体の流れは、1日目、2日目ともほぼ同じである。しかし、ドラが獅子を倒すことは1日目には行なわれず、2日目に行なわれた。このため、1日目はドラの登場の前に獅子は身ずから横たわり、2日目はドラが獅子の首を押さえて倒す役割を担っていた。このため、ドラの登場後、獅子は起き上がらず、2日目に見られたようなマラック、ティジョンマ、ドラ、獅子による4方向への拝礼は1日目には行なわれなかった。また、ラバの登場は1日目ではギャルチェンの調伏の途中であったのに対し、2日目には、ギャルチェンの調伏の前となっている。これは、本来はラバの登場の後にギャルチェンの調伏が行なわれるべきものが、おそらく1日目はラバの登場が遅れたため、ギャルチェンの調伏の場面の途中で、ラバが登場することになったものであろう（表10-2）。

また、最後の場面の村人の舞踊は、1日目には行なわれず、2日目にのみ行なわれた。なお、伝統的にはこの際、憑依していないラバも踊ることになっているが、今回、ラバは舞踊には、加わらなかった。そして、村人の舞踊が終わった後、広場に入ったラバに、人々がカタックを贈った。儀式全体の時間は、1日目が103分（1時間43分）であったのに対し、2日目には139分（2時間19分）となっており、2日目のほうが1日目よりも36分間長くなっていた。なお、儀式の開始時刻と終了時刻が1日目と2日目で異なるのは、2日目にはラーの巡行が行なわれ、このため村人の舞踊の開始時刻も遅くなった結果である。それにもかかわらず、村人の舞踊は、第1に、1日目、2日目ともほぼ同じ儀式次第から構成されて

第10章　シェー・シュブラ祭礼とラー　545

表10-2 シェー・シュブラ祭礼における村人の舞踊の儀式次第と場面、場面の内容、時刻
（祭礼1日目：2011年9月7日、祭礼2日目：2011年9月8日；チベット暦7月9日、10日）

番号	儀式次第と場面	場面の内容	時刻 祭礼1日目	時刻 祭礼2日目	備考
1	マラック（ma lag）、ティジョンマ（kri zhon ma）、獅子（ギャルタ、rgyal sta）の登場	1-1．マラック、ティジョンマがドルジェ・チェンモ堂を3周まわり、拝礼	①12:56	①14:20	
		1-2．獅子がドルジェ・チェンモ堂を3周まわり、拝礼	②13:04	②14:29	
		1-3．マラック、ティジョンマ、獅子が寺院を1周まわる	③13:10	③14:34	
		1-4．マラック、ティジョンマ、獅子が広場に登場してまわり、4方向に拝礼	④13:15	④14:40	
2	ドラ（do la）の登場	2-1．マラック、ドラがドルジェ・チェンモ堂を3周まわり、拝礼	⑤13:38	⑤14:55	1日目には2-3は行なわれなかった。
		2-2．マラック、ドラが広場に登場	⑥13:49	⑥15:06	
		2-3．マラック、ティジョンマ、ドラ、獅子が広場でまわり、4方向に拝礼	—	⑦15:07	
3	獅子の調伏	ドラが獅子を倒す	—	⑧15:17	獅子を倒すのは、1日目には見られず、2日目のドラの役割となっている。
4	ラバ（lha ba）の登場		⑧14:12	⑨15:23	
5	ギャルチェン（rgyal chen）の調伏	5-1．中央と南の方向へのシュブの奉献	⑦13:54 ⑨14:15	⑩15:33	ラバの登場は1日目はギャルチェンの調伏の途中であるが、2日目はその前となっていた。
		5-2．4方向（東南西北）と中央へのトルマの奉献	⑩14:24	⑪15:52	
6	オンポの舞踊	6-1．オンポの舞踊	⑪14:32	⑫16:02	
		6-2．大麦酒の奉献			
7	マラック、ティジョンマ、獅子、ドラの退場		⑫14:36	⑬16:05	
8	村人の舞踊	8-1．女たちの舞踊	—	⑭16:09	1日目には村人の舞踊は行なわれなかった。伝統的にはラバも舞踊に参加していた。
		8-2．ゴバ、男たち、女たちの舞踊	—	⑮16:22	
9	儀式終了		⑬14:39	⑯16:39	
	合計時間（分）		103（1時間43分）	139（2時間19分）	

写真10-42　村人の舞踊に登場するティジョンマのつける騾馬の首
（2011年）

いること、第2に、ドラが獅子を調伏する場面は2日目であること、そして、第3に、2日目の最後に村人の舞踊が行なわれることが明らかとなった。したがって、2日間にわたる村人の舞踊は、同じものの単なる反復ではなく、若干の変異を含みながら、2日目の最後に村人の舞踊が行なわれるという一連の流れにある儀式として理解することが可能である。

　次に儀式の内容について記載することにする。儀式の第1場面はマラック、ティジョンマ、獅子の登場である。マラックは本来は片足がない人のためのサマーセット式鞍のことであるが、道化師をも意味する。さらには、片足が不自由であったラダックのある王の伝説と関連するのかもしれない。なお、この役割を担った人は片足が不自由であることを示すように、終始飛び跳ねるように踊った。ティジョンマは騾馬に乗った女神ラモ・ティジョンマであり、ドルジェ・チェンモの従者であるとされる。ティジョンマは柳の枝葉を縛りつけた青い仮面を被り、騾馬の首を腰の前に結びつける（写真10-42）。獅子はセンゲ・カルポ（seng ge dkar po, 獅子・白い）とも呼ばれる雪獅子である。獅子は白い仮面を着け、背中を布で被い、その中に2人の村人が入り、さらに3人目は尾を持つ。なお、後で登場するドラは統制者であるとされ、柳の枝葉を縛りつけた青い仮面を被り、山羊の毛皮の肩掛けであるロクパを着けている。

　この5人はツェリン・チャンガ（tshe ring spyan lnga, 長寿・目・5）と呼ばれるドルジェ・チェンモの従者であり、幸運の印であるとされる。また、彼らの役割はそれぞれがラダック王国時代から決められている各家の者によって担われている。儀式に先立ち、彼らは両足にドルジェ・チェンモが好むというテンマと呼ばれる緑色の草を縛りつける。また、仮面に縛りつけられた枝葉も、ラトーに立てられたものと同様、ドルジェ・チェンモ

が好むとされている柳である（写真10-43）。踊り手の準備が整うと、オンポは踊り手たちにカタックを掛ける。

　まず、マラックとティジョンマが1階のドルジェ・チェンモ堂の裏側に立ち、手に持った長い柳の枝で堂の壁を掃き、中のドルジェ・チェンモに対し拝礼する。これを3回繰り返す。そして、右まわりに堂の正面に出る。ここで2人は小さな輪を描いてまわり、ドルジェ・チェンモに対し拝礼することを3回繰り返す。その後、2人は再度、堂の裏側に戻り、柳の枝で壁を掃き、拝礼する動作を繰り返す。そして、堂の正面にまわり、踊る。さらに、三度目に堂の裏側に戻り、同じ動作を繰り返し、堂の正面にまわる。すなわち、彼らは同じ動作を繰り返しながら、ドルジェ・チェンモ堂の周囲を右まわりに三度巡るのである。そし

写真10-43　ドラの被る柳の枝葉を縛りつけた青色の仮面（2011年）

て、堂の正面で外側に向かって立つ。この間、楽士は堂の周囲の回廊の隅に座り、音楽を演奏し続ける。また、オンポはマラックとティジョンマに付き添い、所作についての指示を出す。

　次に獅子が、ドルジェ・チェンモ堂の裏側を3回行き来し、右まわりに堂の正面に出る。ここで、マラック、ティジョンマとともに輪を描いてまわる。獅子は口を大きく開けたり閉じたりしながらカタカタと鳴らし、ドルジェ・チェンモに対し拝礼する。彼らは同様の動作を繰り返しながら、ドルジェ・チェンモ堂の周囲を3回右まわりに巡る。そして、彼らは楽士を先頭に、マラック、ティジョンマ、獅子の順に隊列を組み、寺院の正面にある外庭へと出て、ここで再び輪を描いてまわる（写真10-44）。

　その後、彼らは寺院の周囲を右まわりに1回巡る。途中、ラバの瞑想室の前で輪を描いて1回まわる。寺院の外庭に戻ると、ここに建てられている大旗の周囲を1回巡る。そして、小川にかかる橋を渡り、舞踊のための広場に入場する。この一連の演技は、かつてラダック王がどのようにしてドルジェ・チェンモをニャルマ寺院のドルジェ・チェンモ堂から招請したかという歴史の演出となっているのである。

　広場に入ると、彼らは真ん中でひとまわりする。楽士が着席し、音楽の演奏が始まる。マラック、ティジョンマ、獅子は右まわりに速く走りながら広場の中央をまわり、東の方

写真10-44 第1場面、内容1-2（祭礼1日目）。寺院の外庭に出たマラック、ティジョンマ、獅子（2011年）

向に向かって拝礼する。その後、再び広場の中央を走ってまわり、寺院の方向に向かって拝礼する。広場を走ってまわることと拝礼を繰り返しながら東、南、西、北の方向に向かってそれぞれ拝礼するのである。拝礼の際、マラックとティジョンマは持っている柳の枝で獅子の身体を掃く動作をする。その後、獅子は横になって休息し、ティジョンマはその横に座る。そして、マラックのみがドラを迎えるため、寺院へと戻る。

儀式の第2場面はドラの登場である。寺院の1階のドルジェ・チェンモ堂の裏側では、仮面を被り足にテンマを縛りつけ、手に柳の枝を持ったドラがマラックとともに、柳の枝で3回壁を掃き、拝礼し、堂の正面にまわり、ここで輪を描いてまわり、ドルジェ・チェンモに拝礼する。この動作を繰り返しながら、彼らはドルジェ・チェンモ堂の周囲を右まわりに3回巡る。この間、楽士は堂の回廊の隅に座り音楽の演奏を行なう。第1場面におけるマラックとティジョンマと同様、彼らはこうしてドルジェ・チェンモを招請するのである（写真10-45）。

その後、笛と太鼓を演奏する楽師を先頭に、マラックとドラは寺院の中庭を通り外に出る。寺院の外庭で、彼らは輪を描いて3回まわる。彼らは寺院の周囲を巡ることはなく、そのまま小川の橋を渡り、広場に登場する（写真10-46）。

祭礼1日目における第2場面では、広場に登場したドラはマラックとともに、倒れている獅子と座っているティジョンマのまわりをまわる。そして、ティジョンマとドラが交替し、今度はマラックとティジョンマが獅子の周囲をまわり、その後、オンポに先導され広場の外に出る。彼らは外にある大麦畑でシュブ（初穂）を抜き取り広場に戻る。この後、シュブの4方向への奉献が行なわれる第5場面へと移行することになる。すなわち、祭礼1日目には、第3場面のドラが獅子を倒す演技は行なわれず、さらに、第4場面のラバの

第10章　シェー・シュブラ祭礼とラー　549

写真10-45　第2場面、内容2-1（祭礼1日目）。ドルジェ・チェンモ堂の周囲を巡り、拝礼するドラ（2011年）

写真10-46　第2場面、内容2-1（祭礼1日目）。寺院の外庭で輪を描いてまわるマラックとドラ（2011年）

登場も第5場面の途中に行なわれることになるのである。

　しかし、祭礼2日目における第2場面では、マラックとドラが広場に登場した後、横になっていた獅子は起き上がり、マラック、ティジョンマ、ドラとともに寺院の方向に向かい拝礼し、その後、広場の中央で輪を描いて走りまわる。そして、東の方向に向かい拝礼が行なわれる。拝礼の際、柳の枝で獅子の身体が掃かれる。同様に、これは南、西、北の各方向についても繰り返される。この後、ドラが獅子を倒す第3場面へと移行する。すなわち、マラック、ティジョンマ、ドラ、獅子が広場を走ってまわり、4方向と寺院に向かって拝礼を行なう演技は、祭礼1日目には見られず、祭礼2日目にのみ行なわれた。

　第3場面はドラが獅子を調伏する場面である。これは祭礼2日目にのみ見られた演技で

写真10-47 第3場面（祭礼2日目）。倒れた獅子の周囲をまわるドラ（2011年）

写真10-48 第4場面（祭礼1日目）。登場したラバに花と茶が捧げられる（2011年）

ある。祭礼1日目にはドラの登場の後、すでに倒れていた獅子は起き上がることがなかったので、ドラが改めて獅子を倒すこともなかったからである。祭礼2日目における第3場面では、ドラは広場の中央に立っている獅子に近づき、獅子面を支えている首にあたる部分の棒を持ち、ゆっくりと獅子を倒す。獅子の中に入っている2人はその場に横たわる。その後、獅子の尾を持っていた者とティジョンマは獅子の側に座り、ドラは手に持った柳の枝を振りながら、その周囲をまわる（写真10-47）。なお、獅子が倒されるということは無知、あるいは人間に危害を与えようとする悪霊たちを殺すことを意味する。もっとも、これは獅子を完全に殺すということではなく、それを制圧することの演出である。

第4場面はラバの登場である。祭礼1日目において、ラバは第5場面の4方向へのシュ

第10章　シェー・シュブラ祭礼とラー　551

ブの奉献がすでに始まっている途中に登場した。しかし、祭礼2日目には、第3場面でドラが獅子を倒し、そのまわりをまわっている時にラバが登場し、その後、第5場面の4方向へのシュブの投捨が始められた。ラバは憑依していない状態で、花を持った女たちと柳の枝を持ったマラック、さらに祭礼の世話役の村人たちに先導されて寺院から広場へと登場する。そして、広場の東北側に位置する石仏群の前の、一段高くなった席に座る。ラバの前には机が置かれ、ラバの右手にオンポ、左手にはゴバと世話役の村人たちが広場のほうを向いて座る。花束と茶がラバに捧げられ、マラックとティジョンマがラバに挨拶する（写真10-48）。

　第5場面はギャルチェンの調伏である。ここでは、中央と南の方向へのシュブの奉献、および東南西北の4方向および中央へのトルマの奉献が行なわれる。まず、マラックとティジョンマが楽士を先頭に、オンポに伴われ広場の外に出る。そして、石仏群の裏手に広がる大麦畑からシュブを3束抜き取る（写真10-49、10-50）。広場の中央では獅子が横たわり、尾を持つ役割の者とドラが側に座ったままである。広場に戻ったマラックとティジョンマは中央に横たわる獅子のまわりを速く走りまわる。一度まわる毎にシュブを獅子の方向に投げる。これを3回繰り返す。次に、南の方向に、シュブを2つ重ねた石の上に置き、さらにその上に石をのせる。そして、ティジョンマはそれに向かって手に持った石を投げ、積み重ねられた石を崩す。その後、彼らは再度、広場の外に出てシュブを取って広場に戻って来る。先ほどと同様、広場の中央に向かってシュブを投げ、その後、南の方向で積み重ねた石をシュブとともに崩す。さらに、三度目に彼らは広場の外に出て、シュブを取って戻り、獅子のまわりをまわり、中央に向かってシュブを投げる（写真10-51）。

　次に東南西北の4方向と中央へのトルマの奉献が、マラックとドラにより行なわれる。ドラは小石の上に置かれたトルマを着席しているオンポから受け取り、これを右手に持ったまま、マラックとともに広場の中央に横たわる獅子のまわりを走りまわる。その後、トルマを広場の東の方向の隅に置き、マラックとともに柳の枝で外に向かって掃き出す。そして、寺院の方向に向かい拝礼する。同じ演技が東南西北の4方向について行なわれる。オンポは1回ごとに小さなトルマを作り、小石の上にのせて、ドラに手渡す。トルマには先端に吉兆の印のバターがつけられ、大麦酒が注がれる。そして、最後に中心とそのまわりの四柱からなるトルマがドラに手渡される。ティジョンマとトルマを持ったドラは広場に横たわったままの獅子のまわりを走りまわり、そこにトルマを投げる。村人たちはこのギャルチェンへのトルマの奉献の演技を黙ったまま見守っている。

　この第5場面において奉献されるシュブとトルマは、ギャルチェンと呼ばれる悪霊に供するためである。人々は悪霊に対し、これらを食べよ、そして私たちには危害を加えるなとの意図のもとにこれらを供するのである。マラックは柳の枝を持ち、ドラはトルマと柳の枝を持って広場を右まわりに輪を描いて速く走りまわる。4方向への奉献の後、最後に

写真10-49　広場の裏手に広がるシェー村の大麦畑（2011年）

写真10-50　大麦のシュブ（初穂）（2011年）

写真10-51　第5場面5-1（祭礼2日目）。シュブに向かって石を投げるティジョンマ（2011年）

写真10-52　第6場面6-1（祭礼2日目）。広場中央で倒れたままの獅子のまわりを、膝を曲げながら1歩ずつまわるドラとオンポ（2011年）

中心への奉献が行なわれる。さらに、次の第6場面の最後には、大麦酒も投げ与えられる。こうして、悪霊たちはすべて調伏させられるのである。

　第6場面はオンポの舞踊である。オンポを踊りにさそうため、ドラがオンポのところに行き、指をからませ、オンポを広場に連れ出す。そして、マラックを先頭に、指をつないだドラとオンポが倒れて横たわったままの獅子のまわりを右まわりに1回まわる。この際、ドラとオンポは1歩ごとに膝を深く曲げて進む。この演技は王に対する謙譲の表現と思われる（写真10-52）。

　オンポが席に戻った後、ドラは大麦酒をオンポをはじめ、ラバ、ゴバ、世話役たちに捧げる。その後、広場の東の方向に向かって大麦酒を供する。さらに、用意されていたツォクスをオンポから受け取り、大麦酒とともに楽士に供する。その後、マラックとドラは広場の中央で輪を描いて走りまわる。ドラは手に持った瓶の中の大麦酒を広場の中央に振りまき、最後にこの瓶を南の方向に向かって投げる。そして、マラックとドラは南の方向に向かって柳の枝で地面を掃く。こうして、大麦酒はトルマと同様、悪霊たちにも供されたのである。なお、伝統的には大麦酒は素焼きの壺に入れられており、この壺ごと大麦酒が南の方向に投げられていた。

　第7場面は、マラック、ティジョンマ、ドラ、獅子の退場である。広場中央で横たわっていた獅子は起き上がり、広場を出て、寺院へと退場する。ラバをはじめ、オンポ、ゴバ、世話役など村の男たちは寺院の方向を向いて並び、「ラー、ギャロー（ラーに勝利あれ）」と一斉に叫ぶ。彼らは、来年の村の繁栄と調和を祈願するのである。こうして、祭礼1日目の広場での儀式は終了した。なお、祭礼2日目には、この後、村人の舞踊が行なわれることになる。

554　第2部　ラーの登場する祭礼と僧院

写真10-53　第8場面（祭礼2日目）。女たちが楽士の太鼓に合わせて登場し、広場を1周しながら踊る（2011年）

写真10-54　第8場面（祭礼2日目）。儀式が終了し、ラバにカタックを供する村人たち（2011年）

　第8場面の村人の舞踊は、楽士の打つ太鼓の音楽により始められる。人々はラバに踊るよう要請する。楽士は太鼓を打ち続ける。伝統的には、ラバは憑依していない状態で踊ることになっている。しかし、今回、ラバは着席したままで、広場で踊ることはなかった。女たちは1列になって広場に並び、太鼓に合わせてゆっくりと輪を描きながら広場を踊ってまわる。歌は歌われない。女たちは広場を1周し、拝礼する。彼女たちは踊りながら広場をさらに1周し、拝礼し、舞踊を終える（写真10-53）。次に、ゴバと世話役の男たちが広場に出て1列になって踊る。さらに、男たちの間に女たちが男女の組を作るように1人ずつ加わり、総勢16名でゆっくりと広場をまわりながら踊る。この舞踊は、肩掛けの端を前に出した片手で持ち、2歩進み、ゆっくりと別の足をすり寄せ前進を繰り返し、後退し、

写真10-55 ラバの家で感謝の接待を受ける祭礼の世話役たち
（2011年）

1回転するというラダックの村人たちの伝統的な民俗舞踊である。次に楽士の太鼓が速いリズムで打たれると、人々は速いステップの舞踊へと移行する。そして、1列に並んだまま両手を前に出し腰をかがめて拝礼し、舞踊は終了する。

　こうして最後に村人たちが一つになって踊ることで、ラバが登場の一時停止の理由の一つとしていた村人たちの調和の欠如が修復され、村は再統合されたように見えた。その後、席を立ち、広場に入ったラバのまわりに人々が集まり、次々とカタックを供する。人々はラバに感謝の意を伝え、ラバもこれに応えて笑顔を見せる（写真10-54）。こうして、16時39分、ラバは退場し、広場での儀式はすべて終了したのである。

　なお、この後、16時48分、寺院に戻ったオンポはパルダン・ラモ堂で儀軌の朗唱を行ない、ラバが二尊のパルダン・ラモ像にカタックをかけ、像はもとの布で再び覆われる。その後、ラバはドルジェ・チェンモ堂に入りドルジェ・チェンモに感謝を捧げると、もとの瞑想堂に戻る。大きな箱に入れられたラバの衣装が人々により担ぎ出され、女たちは再びラバを迎えるため待機する。17時、ラバは自分の家に戻るため寺院を出る。ラバは中庭からドルジェ・チェンモ堂に向かって拝礼し、さらに寺院の外からも寺院の方向に向かって拝礼する。オンポをはじめ、演技の役割を務めた役者たち、世話役の男たち、花を持った女たちの一行が、ラバとともにラバの家へと向かう。

　17時13分、ラバの家に到着すると、人々を接待するための準備が、ラバの家族によりなされている。人々は、ラバとオンポを主席に配し、着席する。ジュース、紅茶、ビスケットが供される（写真10-55）。これはラバの家族の側からの祭礼を手伝った村人たちに対する感謝の接待である。こうして、17時30分、人々は解散し、シェー・シュブラ祭礼はすべて終了したのである。

4　シェー・シュブラ祭礼、ラー、王権

シェー・シュブラ祭礼の意味

　シェー・シュブラ祭礼の第1の意味は、大麦の初穂であるシュブを村の守護神であるラーに捧げ、収穫を感謝し、収穫活動の開始日を設定する収穫祭である。同時に、ラーの居所であるラトーの柳の枝が新しく取り替えられ、ラトーの基部に納められている壺の中の大麦粒による吉凶の占いが行なわれる。これはラダックの村々に広く見られる、民間儀礼としてのシュブラ祭礼と共通するものである。

　シェー・シュブラ祭礼の第2の意味は、ラダック王国第2次王朝のジャムヤン・ナムギャル王が、女神ドルジェ・チェンモをティクセのニャルマ寺院からシェーに招来した歴史の演出である。楽士の音楽と村人たちによるラーの招請が行なわれ、ラーの好むテンマと呼ばれる草が敷かれる。その後、道化師に先導され、ドルジェ・チェンモの従者であるティジョンマ、さらには獅子がドルジェ・チェンモ堂の周囲をまわってラーを招請し、広場で踊るのである。これは、伝説に語られるラーの招請の過程そのものの演出となっている。

　実際、祭礼日の午前中には、ドルジェ・チェンモがラバに憑依し、人々の前に現れる。そして、午後にはドルジェ・チェンモの招来が演じられる。ここでは、憑依していないラバが広場に登場することになる。このことは、目に見えないラーがラバとともに広場に登場し、人々とともに踊ると考えることができるかもしれない。すなわち、第2の意味である歴史の演出は、同時に実際のラーの招請と登場をも意味するのである。

　シェー・シュブラ祭礼の第3の意味は、悪霊の調伏である。獅子を倒すことは、人間の悪い心の制圧であると仏教的に解釈される。もっとも、この動物を倒すという演出は、下手ラダックのティモスガン村の新年の祭りにおいて演じられる、野生の山羊の模型を狩人が狩猟するという伝統芸能を思い起こさせる。実際、統制者とされるドラの衣装は野山で活動する狩人を連想させるものである。さらに、山羊の狩猟に関する詳細な叙述は、ダルドのチョポ・シュブラ祭礼に歌われる特別な歌にも登場する。また、ラダックの村々では、新年に、小麦粉の練り粉を焼いて小さな野生の山羊を作り、これを横に倒す儀礼が各家で見られる。ダルドにおいて、実際に山羊を殺しその血をラーに捧げる供犠が見られることから、これら焼いた小麦粉の練り粉で作った山羊を横に倒すことは、ラーへの供犠の象徴であると解釈することが可能である。

　したがって、シェー・シュブラ祭礼における獅子を倒す演技は、本来、ラダックに広く見られる野生の山羊の狩猟に関する伝統芸能や、ラーへの供犠と関連する民間儀礼がそのまま取り入れられ、それに仏教的解釈が加わったものと考えることができる。

ギャルチェンの調伏はおそらく仏教以前から継続し、またチベット仏教にも取り入れられている悪霊祓いの儀式である。伝統的に、ラーは祭礼2日目の巡行の際、チャンバ・チョーリンにおいてギャルチェンの調伏を行なっていた。広場の中心と南の方向に大麦の初穂であるシュブが奉献されることは、シェー・シュブラ祭礼における悪霊祓いの特徴であり、この祭礼が収穫祭と関連づけられていることとなっている。同様に、東南西北の4方向と中心へのトルマの奉献は、悪霊たちに食物を与えることにより、人間に危害を加えることを止めさせるための儀礼である。

　また、儀軌を読み、トルマを作り、それをドラに与え、奉献させる役割を、僧ではなくオンポが担っていたことは重要である。これは、ストック・グル・ツェチュー祭礼において、オンポがラーにかかわる儀礼を担っていたことと同様、オンポとラーとの強い結びつきを示すものである。したがって、ここでは、ラーは僧院とではなく、オンポと関係していることが明らかになるのである。

　シェー・シュブラ祭礼の第4の意味は、村の再統合である。午後の祭礼の最後の場面で、村人たちは男と女が交互に並んで1列になり、広場を輪になってまわりながら踊る。その前にはオンポも踊り、また伝統的にはラバも踊るのである。ダルドのチョポ・シュブラ祭礼において、目に見えないラーが広場で村人たちとともに踊っていると語られることから、このシェー・シュブラ祭礼においても、村人たちとラーは、ともに踊っていると考えられるかもしれない。

　村の中での人々の意思の疎通の欠除や、ラーに対する信仰心の薄れという問題を乗り越え、村人たちが協力して祭礼を遂行し一緒になって踊ることで、村人たちの連帯と初原的同一性の場が出現する。シェー・シュブラ祭礼は、ラーを中心にした集団の再統合という社会的、生態的意義を持つのである。

ラーと王権

　シェー・シュブラ祭礼は王の強い権力のもとで、村人の民間儀礼であるシュブラ祭礼とラーの登場とが結びつけられた祭礼である。そこでは、ラダックの村々に見られる狩猟や供犠に関連する伝統芸能や民間儀礼までもが組み合わされ、一つの祭礼となっている。オンポはラーを招請するためのスチャンデン儀軌を行ない、ラーに付き添い、ギャルチェンの調伏のための儀軌を執り行なう。しかし、マトー・ナグラン祭礼やストック・グル・ツェチュー祭礼に見られるような、僧院による儀軌や仮面舞踊は行なわれない。その結果、伝統的には王が祭礼の主導権を持ち、オンポがラーの登場を含む儀礼を執行し、村人たちが舞踊を行なう祭礼となっているのである。もちろん、僧院もラーをはじめ、王や村人と関係を持っていた。そもそも、ドルジェ・チェンモはリンチェン・ザンポが調伏した悪霊の四姉妹に由来し、ニャルマ寺院の護法尊となっていたからである。実際、ジャムヤン・ナ

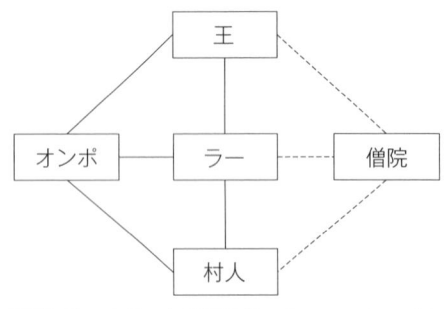

図10-7 ラダック王国時代のシェー・シュブラ祭礼における王、ラー、村人、オンポ、僧院の関係（16世紀-1834年）（実線：強い結びつき、破線：弱い結びつき）

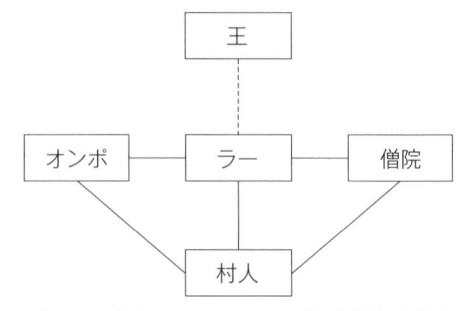

図10-8 現代のシェー・シュブラ祭礼における王、ラー、村人、オンポ、僧院の関係（2011年）（実線：強い結びつき、破線：弱い結びつき）

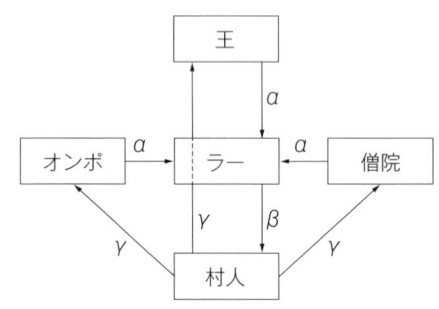

図10-9 ラーを中心とする王、村人、オンポ、僧院の間の現実的利益と政治的力の交換という視点から見た関係
α：承認　β：現実的利益　γ：政治的力の付与

　ムギャル王の息子のセンゲ・ナムギャル王はドゥック・カーギュ派、ヘミス僧院のタックツァン僧とともに、ラダック王国に繁栄をもたらした。しかし、ラーの登場をはじめとする祭礼の儀式次第そのものに、僧院は積極的にかかわっているとはいえない。ここでは、ラーの登場を仲介とした王と村人との関係が、祭礼の主軸となっているのである（図10-7）。

　このことから、王は村人のラーへの信仰に基づき、より強力なラーを登場させ、シェー・シュブラ祭礼を創作したと考えることができる。しかし、同時に、当時のラダック王自身がラーへの信仰を持っていたことも、その背景にあると思われる。王は常にラーからの託宣を受け、政治的判断を行なってきたからである。王とラーとの関係は、仏教以前のラダックの政治的伝統に遡るかもしれない。

　しかし、現在、ラダック王国が独立を失い、王の権力がなくなったことに加え、高僧であるリンポチェの政治的力によりラーの登場の可否が決められているかのように見える。

すなわち、王とオンポ、王と僧院との政治的関係はほとんどなく、王とラーの関係も、伝統的祭礼の継承を通した象徴的なものでしかない（図10-8）。それにもかかわらず、ストック・グル・ツェチュー祭礼や、マトー・ナグラン祭礼に見られるラーの巡行と同様、シェー・シュブラ祭礼においても、ラーの王宮への巡行は祭礼の重要な演出となっている。王宮への訪問は、ラダック国王とシェー村の人々の歴史的関係の記憶であり、彼らのラダック人としての帰属性の基盤となっているのである。

シェー・シュブラ祭礼に基づき、このラーを中心とする王、村人、オンポ、僧院の関係を、政治的力と現実的利益の交換という視点から分析すると以下のようになる（図10-9）。ここでは、村人のラーに対する信仰を前提として考えると、王は伝統的にその権力によりラーを招請し、承認と庇護を与えることにより、ラーは村人に現実的利益を与え、村人は王の権威を認めるという三者間の関係が成立する。また、僧院はラーの登場に関し、村人の仏教に対する宗教心が喚起されるのであれば、それを容認するというように、ラーの登場の可否を判断する。このことは、すでにマトー・ナグラン祭礼やストック・グル・ツェチュー祭礼で明らかにされたように、僧院がラーの登場に関し、修正を加えることによりそれを認める過程と同様である。すなわち、僧院はラーに対し承認を与え、これにより登場したラーは村人に現実的利益を与え、その結果、村人は僧院に対し帰依するという関係が成立する。同様に、オンポは儀軌の執行を通してラーの登場を可能とし、これにより登場したラーは村人に現実的利益を与え、この結果、村人はオンポの社会的役割を認めるという三者間の関係が成立する。

これらの関係はそれぞれの三者間において、現実的利益と政治的力の一方向の交換、すなわち間接交換の体系が成立していることを意味する。また、別の観点からいえば、王と村人、僧院と村人、オンポと村人の間で、それぞれラーを仲介して、現実的利益と政治的力の交換が行なわれていると解釈することも可能である。すなわち、村人はラーから現実的利益を与えられることにより、王、僧院、オンポに対しその社会的権威を認め、政治的力を与えるということになる。

結果的には、伝統的なラダック王国時代において、王を頂点とした政治体系は村人のラーへの信仰を通して形成、維持されていたことになる。もちろん、ラーの仲介以外にも、オンポは王に対し必要な占いや儀軌を行ない、また僧院も必要な仏教儀礼を行なうことにより、王に承認と庇護を与えられるという関係があった。したがって、ラーは僧院やオンポと同様、王権を支えるための重要な手段の一つであったと考えることができるのである。

現代化とラーの役割

1834年のドグラ戦争以後、ラダック王国はその独立を失い、また1947年のインド独立後の民主化により、王権は実質的に失われた。さらに、1974年のカシミール、ラダック地方

の入域解禁以後、現代化が進行し、1990年頃にはその影響が表面化することになる。これは、ラーの登場する祭礼にも見られ、マトー・ナグラン祭礼、ストック・グル・ツェチュー祭礼において、すでに伝統と現代化との葛藤とその解決過程を論じてきたところである。同様の過程は、シェー・シュブラ祭礼においても見ることができる。

シェー・シュブラ祭礼におけるラーの登場の一時停止は、伝統的なラバの社会的役割分担の問題として捉えることができる。シェーのラバは登場停止の理由を、村の調和の欠如、村人の信仰心の希薄化、さらにはリンポチェによる禁止などとする。しかし、その背景には、ラバ自身の登場したくないという意思が働いていると考えることも可能である。このことは、マトー・ナグラン祭礼において、ラーが登場しない理由を、楽士や絵師の不在としたことと同様の責任転嫁であろう。実際、ストック・グル・ツェチュー祭礼において、ラバが村の若者の中から選抜されるという方式に改められたのは、伝統的なラバとなる家々からラバが出なくなったことへの対策である。民主主義の浸透は職業の選択の自由を認め、さらに現代化により現金収入の得られる就職への機会が与えられたことにより、ラバや楽士や絵師という、伝統的な専業集団による社会的役割の維持は、困難となったのである。

ラバの役割に関して、かつてシェー村のラバ家にラバが不在となった時、傍系の家族からラバが選ばれたことがあった。さらに、シェー村からラバが登場しなかった数年間にわたり、村人たちは隣のティクセ村のラバに頼み、シェー・シュブラ祭礼のために、彼にドルジェ・チェンモを憑依してもらったこともある。ティクセ村のラバの憑依するラーとドルジェ・チェンモとは姉妹なので、このラバはドルジェ・チェンモを憑依することができたのだろうといわれている。すなわち、たとえラバが不在となったとしても、シェー村の人々はこの役割を補完するための手段を持っているのである。

このような伝統的役割の補完は楽士についても見られる。じつは、祭礼終了後、村人たちとともに、私がラバの家を訪れた際わかったことであるが、今回、祭礼に参加していた楽士のうちの1人は、伝統的なモンの家からの出身者ではなかったのである。彼は、中産階級に属する村人であり、音楽を学び楽士として演奏の役割を引き受けた。ラダックでは、モンは社会的に最も低いカーストに位置づけられる家系に属し、それ以外の人々との結婚も許されてはいない。したがって、一般の村人が楽士の役割を引き受けるということは、本来、考えられないことである。しかし、最近の観光化により、ラダックの歌、舞踊などがラダック文化として観光客のために公演されることになり、この際、不可欠な演奏を担当する楽士は、「アーティスト」として観光客に紹介されることになった。そして、欧米の観光客の写真撮影や拍手喝采を浴びることで、彼らの芸術家としての評価が認められたのである。このような背景から、一般の村人が音楽を演奏することに、抵抗感が少しは薄らいだと考えることができる。ここでは、現代化により、かつての楽士がその職業を離れ、

逆に一般の人が楽士の職業を補うという事例が見られるのである。

なお、マトー・ナグラン祭礼におけるラーの登場に関し、楽士や絵師が不在となった際、僧院が彼らを別の村から探してきて、その役割を担わせることになった経緯はすでに述べたところである。

伝統的役割の補完は、オンポについても見られる。現在のオンポはシェー村出身であるが、かつては僧であり還俗した後オンポになった。シェー村に代々続いていたオンポの家系が途絶えたためである。また、かつて、シェー村にオンポが不在となった時、シェー村の人々はストック村のオンポに来てもらい、ラーを招請するための儀軌を執り行なってもらったことがある。さらに、現在のシェー村のオンポもその職業を引き継ぐ者がおらず、若い僧にオンポとなるための教育を行なっている。しかし、新たなオンポが育つとは限らず、その際は、シェー村で決められているオンポを手配する役割の家が責任を持って、どこからかオンポを探してくることになっているのである。

おそらく、現代化以前から、村人たちは祭礼を継続させるべく、それぞれの役割を補完するための、さまざまな方策を講じてきたはずである。急激な現代化により、現在、多くの問題が一度に表出しているという状況のもと、彼らはこの方策を適宜実行し、伝統の継承を可能としているのである。

現代化の中で伝統が継承される際、ラーの役割自体にも変化が見られる。ラダック王国時代、村人たちに現実的利益を与え、それにより王権を支えるという役割を担っていたラーは、王権が失われた現在、王からの承認と庇護も失われることになった。このことは、王権のもとでの、村人たちのラバ家に対する食糧の提供という、政治的・経済的基盤が失われたことをも意味する。実際のところ、現代化による貨幣経済への移行と、インド国内における農産物の流通の自由化により、ラダックで生産される大麦の価値は下落した。ストック村のラバがその役割を依頼される際、村人によって大麦を提供されても、「これは一体何か」と見向きもしないというのはこのことを示している。ラバの役割を支えるための大麦の提供は、もはや経済的にも成り立たなくなっているのである。

さらに、村人に現実的利益を与えるというラーの役割も、ラバが言うように村人たちのラーに対する信仰心が失われているのであれば、その実現は難しい。ラーに対する信仰心とはラーの超自然的力への信仰であり、ここでの現実的利益はこの超自然的力に依存しているからである。したがって、ラーの超自然的力を信じないのであれば、ラーが登場する意味もないことになる。確かに、現代化により人々の生活は、自然に大きく依存する農牧業から公務員や商業へと移行しようとしている。ラダックの主都、レーに隣接するシェー村において、この影響はとりわけ大きい。人々の生活がラーから離れようとしていることは事実であろう。実際、ラバ自身も政府の畜産局の公務員なのである。ラーに対する信仰心が失われようとしているのは、ラバ自身も同じなのかもしれない。

もっとも、私の観察によれば、多くの村人たちは依然としてラーへの強い信仰心を持ち続けているように見える。現代化の中で、ラバは自身と村人のラーに対する信仰心をめぐる葛藤の最前線にあるということができるのである。ラバの役割は極度の心理的、身体的負担を伴うものであり、さらに、その能力も一生続くものとは限らない。現代化の中ですでに15年間、この役割を担ってきたラバ自身が、この限界を一番よく知っているはずである。ラバの登場の一時停止は、ラバ自身がそれでもやる気を出してラーを憑依するためには、人々の気持ちも含めてそれなりの舞台設定をしてほしい、というメッセージであったかもしれない。

結果的に、村人たちはそれに応え、あらゆる準備を行なった。村人たちはラーの登場を望んでいたのである。そして、祭礼前日には祭礼の世話役をはじめ、寺院協会の若者たちを含む村人たちが、ラーの登場について、瞑想堂に籠るラバと話し合いに及んだのである。実際、ここでのラバの主張は、翌日ラーが登場した際、そのままラーの託宣となり、村人たちに告げられることとなった。また、世話役のリーダーを務めたツェリン・モトゥップ氏はドルジェ・チェンモ・ツォクスパ（ドルジェ・チェンモ会）を1991年に立ち上げ、その会長でもあった。同様の会はそれ以前からあったが、彼は名称を変更し、自分が動かすことのできる、より機能的な組織にしたという。この会は、シェー・シュブラ祭礼における食事の手配や経理を担当し、さらには、仏塔やマニの修理という寺院施設の管理にもたずさわっている。実際、祭礼の経費には、ラバに対する経費も含まれているのである。

すなわち、祭礼の世話役がいわば任期つきの祭礼の実行組織であり、ドルジェ・チェンモ会はそれを財政的に後援するNGOのような組織であるということができよう。組織の活動のため、時に村長（ゴバ）から村人たちに対し、食物を提供するよう指示が出され、また、政治家に対し援助を要請することもあるという。王権なきあと、シェー村の人々は独自の組織を作り、シェー寺院と村の守護神であるドルジェ・チェンモの登場するシェー・シュブラ祭礼を維持、継承してきた。村人たちは、これらの組織をあげて、ラバに対し、ラーの登場を要請したのである。

ラーの登場の一時停止から再登場に至るまでの過程を見ると、ラバはもはやラーを憑依せざるを得ない状況にまできていたという印象を受ける。おそらく、ラーの登場を望む村人たちの意向を受け、リンポチェはラバの登場を認め、ラバは村人のために登場してほしいとのリンポチェの要請により登場したのだと、その正当性を託宣として告げることになったのであろう。

もっとも、ここで興味深いことは、ラーが登場した際、ラーは村人に対し、ラーへの信仰のみならず、ラバ個人への敬意をも求めたことである。すでに、王からの庇護は望むべくもない状況のもと、ラバは王からではなく村人からの直接の返礼を要求したということになる。このことは、政治的力と現実的利益の交換という視点からいえば、王、ラー、村

人の三者間における間接交換の体系は、王なきあと、ラーと村人との間の直接交換の体系へと移行したことを意味する。そして、この村人からの敬意の気持ちこそが、心理的にも支えとなり、ラバをしてラーを憑依することを可能としたのかもしれない。

　このようにして、ラーが登場した結果、ラーが登場拒否の理由としてあげていた、ラーへの信仰心の希薄化と村人同士の意思の疎通のなさによる村の調和の欠除という問題は修復され、村の再統合が達成されたことは事実である。ドルジェ・チェンモは、マトー・ナグラン祭礼やストック・グル・ツェチュー祭礼に登場した七兄弟の怒れる神々とは対照的に、優しさを持っているという印象を私は受けた。このラーが女神であるということに加え、ラバの大らかそうな人柄がそれを可能としていたのであろう。現代化による問題を敏感に察知し、それを的確に村人に警告し続けていたラバ自身が、村人のための問題解決の必要性を一番感じていたかもしれない。この意味で、ラーの役割は今や王のためではなく、村人たちのためにあるということになるのである。

註
1) 田村（写真）・頼富（解説）1986：no.27.
2) Paldan 2008：17.
3) 頼富 1982b：230.

第11章　仏教の行方

1　仏教徒とムスリムの衝突

　私がラマユル僧院でのカンギュル祭礼の調査を終え、カラツェ村に戻り、そこからレーに来た1989年7月27日、レー市街には夕方8時から朝の5時までの夜間外出禁止令が出ていた。また、町には多くの警官がいた。最初の投石合戦の時には、軍隊が呼ばれ、これを鎮圧した。しかし、インドの中央政府は、このようなことで軍隊を呼ぶなとレー市に言ったという。それで、レー市は自分たちには警官が不足していると主張した。その結果、スリナガルから多数の警官が投入され、町中に警官が多く見られることになったのである。

　ゲロン・パルダン師によれば、ラダックにおける仏教徒とムスリムとの間の紛争は、カシミール（スリナガル）のスンニ派のムスリムが起こしているという。彼らは、レーのバザール（市場）の店主たちであり、金銭をラダックのムスリムの青年たちに与え、騒ぎを起こしているのだという。ラダックに伝統的に住んでいるムスリムはシーア派に属するバルティであり、彼らと仏教徒との間には従来より何の問題もなかった。また、ラダック王国時代において、インドのスリナガルと中央アジアのヤルカンドの間の長距離交易の担い手はカシミール商人であり、さらにヤルカンド商人とラダック女性との混血であるアルゴン（'a rgon）と呼ばれる交易専業集団であった[1]。彼らの末裔は現在もレーの旧王宮の下に住み、商店を営んでいる。彼らと仏教徒の間には、宗教の違いはあっても、経済活動における共生関係が長年にわたり形成されてきており、宗教をめぐる紛争は見られなかったのである。

　そもそも、仏教徒とムスリムとの間の抗争は今に始まったものではない。歴史的にたどれば、ムスリムは8世紀のはじめ西インドに侵入し、11世紀から13世紀には北インドを征服してイスラーム王朝を建て、デリーに都を置いて仏教やヒンドゥー教の寺院を破壊した。そして、ついにはインドから仏教を消滅させた[2]。現在の抗争もイスラーム教の東進と拡大という歴史の延長線上に位置づけることができよう。実際、ラダック王国時代にはイスラーム教は戦争や融和策を通してラダックの政治に大きな影響を与えてきた。

　もっとも、今回の紛争は直接的には1947年のインド独立後のカシミールの帰属問題に端を発している。大英帝国からの独立に際し、ムスリムはインドのヒンドゥー教徒から分離独立し、イスラーム国家としてのパキスタンを樹立した。当時、カシミールはムスリムが多数派を占めていたが、ヒンドゥー教徒の君主の統治下にあり、インド国に帰属すること

になった。このため、パキスタンはカシミールの領有権を主張し、第一次印パ戦争（1947-1948）が起こり、1949年には国連の調停により暫定停戦ラインが画定されたのである。

その後も、ラダック北部に位置するヌブラ地区における中国との国境地帯であるアクサイ・チン高原において、インドと中国間の紛争が起こる。中国はこの国境未確定領域の中に軍用道路を建設し、現在、実効支配を進めているのである。さらに、1965年には第二次印パ戦争が起こり、1971年にも東パキスタンにおいて第三次印パ戦争（バングラデシュ独立戦争）が起こる。そして、1972年のシムラ協定により、カシミール問題に関しては、カシミール地方西部のアザド・カシミール、ギルギット、バルティスタンをパキスタンが管理し、カシミール地方東部のラダックを含むジャム・カシミール州をインドが管理するという現在の停戦ラインが決定したのである。もっとも、パキスタンは、カシミール地方全域を自由カシミールとして、自国の領土であることを主張しており、現在も停戦ラインを挟んで戦闘が繰り返されているのである。

したがって、今回の仏教徒とムスリムとの間の紛争の原因は、本来はインドとパキスタンの間のカシミールの領有権をめぐる問題にあり、宗教間の対立ではないはずである。もし、宗教間の対立があるとしても、ムスリムとヒンドゥー教徒との間の対立であり、仏教徒とは本来は関係がないはずであった。しかし、ラダックがジャム・カシミール政府のもとに置かれたことにより、宗教による政治的差別化が起こり、この結果、仏教徒とムスリムという宗教的帰属性が、両集団を分ける指標となったのである。ここに、カシミール問題がかかわってきているため、ラダックも必然的にこの問題に巻き込まれざるを得ないことになった。もし、カシミールがパキスタンに帰属するということになれば、ラダックはパキスタンというイスラーム国家の中に吸収され、仏教そのものも、かつてのインドで起こったように滅亡することになってしまうからである。

このような背景のもとに、1980-1981年にラダックはインド国内において後進地域に認められる指定部族（sheduled tribe）としての地位を得ようと、スローガンを掲げてレーのバザールの大通りをデモ行進した。指定部族としての認定は、すでにインド政府により、ヒマチャル・プラデシュ州のラホール地域やスピティ地域等における住民に与えられているものである。この指定部族としての地位が認められれば、指定カーストとして認められている低いカーストの人々と同様、優遇措置が受けられることになるのである。したがってこの時点では、ラダックの仏教徒とムスリムは共闘した。また、このデモの際、これを阻止しようとする警察との間で乱闘となり、警官の発砲により2人が死亡した。

1989年の今回の紛争は、すでに、私がラマユル僧院に入る前、7月7日のレーの映画館での、ムスリムと仏教徒の青年による喧嘩により始まった。そして、レーのバザールにあるゴンパ・ソマに、ムスリムにより手製の爆弾が投げ込まれ、投石合戦が繰り返されたため、第1回目の終日外出禁止令が出されることになったのである。これは2-3日間続き、そ

の後は、夜間のみの外出禁止令となった。この際、集会禁止令も同時に発令された。これはバザールなど特定の場所で5-6人以上の人が集まることを禁止するというインドの法律である。

第2回目の終日外出禁止令は、集会禁止令を破って満月の日の翌日に、レーのバザールをラダック仏教徒協会（Ladakh Buddhist Association）の仏教徒がデモ行進をし、さらに翌日にデモ行進が予定されていたため、7月21日から3日間にわたり出されたものである。

写真11-1　バザールにある仏教寺院（ゴンパ・ソマ）で集会を終え、大通りに出る仏教徒のデモ隊（1989年）

さらに、7月28日にはムスリムのデモ行進がレーのバザールの大通りで行なわれ、彼らは、自分たちはパキスタンに所属したい、とのスローガンを掲げた。これは、今までスリナガルでは見られたことではあるが、ラダックでは初めてのことであった。これに対して、ゲロン・パルダン師はたいへん心配した。このスローガンに対して、同日にはラダックの仏教徒の女性数名が、「パキスタンの手先はラダックから出て行け」というスローガンの書かれたプラカードを掲げて、バザールの大通りを大声を出して行進した。私が見ている前で、警察のジープとトラックが来て、彼女たちはそれに乗せられて連行された。トラックの荷台に乗せられるまで、彼女たちは大声でスローガンを叫び続け、これを見ているラダックの人々は拍手した。なお、このスローガンは、私がカラツェからレーに来る途中、サスポール村の道路沿いの壁にあった落書きと同じものである。仏教徒のデモは翌7月29日にもレーのバザールにある仏教寺院から出発し、イスラーム教のモスクの前で行なわれた（写真11-1）。

さらに、8月6日には、レーの西、カラツェに行く途中にあるニェモで、サスポールのキャンプ場に向かうドイツ人観光客4人を乗せたタクシーが仏教徒により投石され、ムスリムの運転手が暴行を受け負傷、軍のトラックでレーの病院に収容された。このため、サスポール、ニェモは軍の管制下に置かれた。また、8月7日には、レーの東にあるシェー村の数家族のムスリムの家が焼き打ちに遭い、警官の発砲により、数名が負傷し、現在も入院しているとのことであった。この襲撃された家族はスンニ派のムスリムであったという。このため、シェーをはじめ、ティクセ、チュショットの村々も軍の管制下に置かれる。8月7日には、サスポール、ニェモは軍の管制下からはずされるが、これは名目上のことで、実際には軍が出て監視態勢が続けられていた。これは翌8月8日も同様であった。

さらに同日、8月7日にはラダック全域においてジェネラル・ストライキが行なわれ、終日、バザールの商店は閉まり、タクシーはなく、人々は外出していない。これは外出禁止令ではなく、ストライキであり、ラダック仏教徒協会が中心になって、ラダックを連邦直轄領（Union Territory）とするという要求を、インドの中央政府に訴えるためのものであった。レーの町は平静であったが、周辺の村々では衝突が続いていた。こうして、第3回目の終日外出禁止令は8月8日に出され、8月9日まで続いた。昼間の外出禁止令は、夜間の外出禁止令である夜8時から朝5時までに加え、朝5時から夕方5時まで外出を禁止するというものである。実質的には終日、人々は外出せず、水くみに出て走って帰ってくるのが見られる程度であった。8月8日の夜9時には、バザールのほうで爆発音がし、その後、3発の発砲があった。男と女の叫ぶ声が聞こえ、警察のジープがすぐその方向に走る。9時10分に再び爆発音がするが、その後は静かになった。

　第1回目の終日外出禁止令の後は、主として仏教徒がムスリムを襲うという形をとっている。これは、第1回目の衝突の時に、ムスリムが仏教寺院に爆弾を投げ込んだ仕返しであると考えられよう。しかし、仏教徒によるデモ行進の計画を阻止した第2回目の終日外出禁止令以後、ムスリムは、仏教徒のムスリムへの攻撃の報復として、以下のような攻撃を行なった。第1に、ザンスカール地区のランドム僧院の一部を破壊した。ランドム僧院はカルギルからザンスカールに入る途中にある僧院で、イスラーム教圏と仏教圏との境界線を示す標識となっている僧院である。第2に、ドラスにある岩に彫られた三体の仏像を破壊した。これも、かつてラダックに仏教が伝播したことを証拠づける歴史的遺跡であり、イスラーム教圏と仏教圏との間の境界線として認められていたものであった。第3に、カルギル、スリナガルにおいて、ラダックから来た仏教徒のタクシー運転手を暴行した。第4に、スリナガルの学校に通っていたラダック出身の仏教徒の子供たちに暴行を加えた。このため、学校の子供たちは全員ラダックに引き上げ、また一部はジャムの学校に移った。

　ここでは、すでに宗教が相互に個人や集団を識別する指標として用いられ、相手がムスリムだからやっつける、相手が仏教徒だから攻撃するというように、紛争は宗教対立となっている。このムスリムによる仏教への攻撃に対し、今度は仏教徒がラダックの村々において、ムスリムに対する報復攻撃を行なったのである。このため、第3回目の終日外出禁止令が出された。そして、ラダックの仏教徒の要求は、1980-1981年の指定部族の地位獲得の要求から、ラダックを連邦直轄領にするという要求に拡大する。もちろん、これらラダックの政治的地位に関する要求は、インド独立直後から、しばしば行なわれてきたところであるが、宗教対立と暴力的衝突を伴った政治運動として盛り上がりを見せるのは、これが初めてであった。

　連邦直轄領とは、デリーのようにインド中央政府のもとに直接置かれる行政組織を意味する。こうなれば、国の補助金や政府関係の仕事が、直接、ラダックに来ることになる。

現在、ラダックはジャム・カシミール州政府のもとに置かれているため、国からの予算も州政府を通ってラダックに来ている。このため、州政府の多数派を占めるムスリムに有利なように予算が配分され、さらにはラダックやレー市関係の役人も、カシミール州政府の意のままに任用されることになっているのである。その結果、ラダックにおける政府関係のポストはスンニ派のムスリムが占め、政府からの請負いの仕事もスンニ派のムスリムが受注することになる。そして、請負いの仕事の予算は各役人が自分の懐に入れ、実質的にはまったく進んでいない状況だという。

　連邦直轄領の要求は、今までのジャム・カシミール州政府下において、仏教徒のラダック人が少数者として無視され続けてきたという不満が、一気に爆発した結果である。したがって、この要求は、この際、ジャム・カシミール州とは手を切って、ラダックを分離独立させ、インドの中央政府の直轄下に置くことを意図する。ジャム・カシミール州政府の議会議員は75名おり、内閣の大臣は32名いる。ラダックからの代表は2人の議員のみで、大臣はいない。したがって、ラダックの意見は議会に反映されてはいない。さらに、ラダックの代表で、かつてのインド政府の大臣を務めたクショー・バクラ（ゲールク派のリンポチェ）、および、現在、閣議問題と石油問題の2つの重要な大臣ポストを務めるヌブラ地区出身のP.ナムギャルも、ラダックでこそ政治力はあるものの、インド中央政府の保守党に所属しているため、カシミール州政府の国民会議党からはまったく無視され、ラダックから出した法案は常に否決されるという状態が続いていたのである。

　また、近年の観光化に伴い、ラダックに住む人々のカシミール人に対する不満も大きなものとなっていた。これは、カシミールの州都スリナガルから来たムスリムの商人が、レーのバザールにある店やホテルを買い占めている、という経済的進出に対する直接的な不満であり、また、ムスリムの観光ガイドが仏教に関する知識が十分にないまま、僧院の仏像を観光客に誤って紹介していることに対する僧たちの不満でもあった。彼らは「ラダックの文化を破壊している」、あるいは「町を汚している」等と表現されていた。

　さらに、ラダックの人々が要求する連邦直轄領の範囲について、ゲロン・パルダン師は、ザンスカール地区、カルギル地区を含むラダック全域であるという。私は、カルギル地区はムスリムが多数を占めているので無理ではないかと質問した。しかし、彼はカルギル地区はシーア派だから問題はないという。シーア派とスリナガルのスンニ派とは対立しているため、シーア派はラダック側につくというのである。シーア派（shī'a〈アラビア語〉）とはイスラーム教（Islām〈アラビア語〉）の中の一宗派であり、ムハンマド（Muḥammad；イスラーム教の創唱者）のいとこであり娘婿であるアリーとその後裔を指導者（イマーム、imām〈アラビア語〉）とし、スンニ派と対立してきた。ラダックに古くから住むムスリムは、元来チベット系住民で、後にイスラーム化したバルティであり、彼らはシーア派に属しているのである。

これに対して、スンニ派（Sunī〈アラビア語〉）とは、ムハンマドの言行の伝承に基づく範例や伝統であるスンナ（sunnah〈アラビア語〉）を重視し、アブ・バクル、ウマル、ウスマーン、アリーの4人をムハンマドの正統の後継者とみなす。彼らは、ラダックには、ラダック－モンゴル戦争以後、ムガール帝国下のカシミールからやって来たムスリムである。このため、ラダックではカシミール人（カチェ）とスンニとは同義語として用いられているのである。また、仏教徒の女性が結婚により改宗したムスリムも、このスンニ派に属している。したがって、現在、仏教徒と対立しているムスリムは、より正確にはスンニ派のムスリムということになる。そして、彼らがカシミール政府において多数派を占めているのである。

実は、スリナガルにおいて近年、何度も爆弾テロを含む暴力的衝突が起きている。これは、スンニ派とシーア派間の対立ともいわれるが、実質的には、政治的反目と宗教間の対立とは一致していない。政治的には反政府側および政府側の各政党の中には、スンニ派、シーア派がともに入っている。反政府側は親パキスタン（Pro-Pakistan）といわれ、政府側の反パキスタン（Anti-Pakistan）と対立している。1989年の6月には、マシンガンで武装した20名ほどの青年が、政府軍のトラックを襲撃した。彼らは、カシミール自由戦線（KLF, Kashmir Liberal Front）という、カシミール地方をパキスタン側に奪還するという運動のもと、パキスタンで訓練を受け、インド側カシミールに送り込まれたといわれている。この襲撃後、彼らはカシミールのある地区に逃げ込んだ。そこで、カシミール政府軍はこの地区を包囲し、家捜しをした。この際、政府軍が住民に暴行を加えたとの理由で、住民が蜂起し、反政府運動を行なった。このため、カシミール政府は外出禁止令を発令したのである。これが、1989年当時、スリナガルで起こった衝突の実態である。

すなわち、カシミール問題とラダック問題とは、本来別の問題であるにもかかわらず、ラダックがジャム・カシミール州政府のもとにあることによって、これらの問題が連結し、それが宗教対立を引き起こすまでに至っているのである。実際のところ、現在のラダックがインド独立後のジャム・カシミール州に含まれたのは、ドグラ戦争（1834）によりラダック王国がその独立を失い、当時、シーク王国下にあったジャム、ドグラ地方のグラブ・シン王の藩王国の配下に入ったことによるものである。ラダック王国の歴史的独立性という観点からいえば、ジャム・カシミール州に含まれていること自体が、現在の問題を生じさせている原因となっているのである。そうであれば、ラダックをジャム・カシミール州から分離、独立させることが、この問題を解決する最も有効な策となるはずである。連邦直轄領の要求は、この論理に沿ったものであろう。そして、このことを人々の意識と感情のレベルで実行しようとすれば、仏教徒とムスリムという宗教的対立を軸に、「仏教徒のラダック」という独自の帰属性（アイデンティティ）を形成する必要があるということになる。すなわち、ここでは仏教という宗教がラダックの民族的帰属性の標章として用いられているのである。

ラダックの人々が仏教を民族的帰属性の標章として用いることは、ロシア連邦の中のブリヤートが神話的な叙事詩の英雄ゲーセルを用い、またモンゴル国が実在した歴史的英雄であるチンギス・ハーンを用いて帰属性を形成することとは対照的に、より広い外部の仏教世界との連携を意味するものである。とりわけ、ノーベル平和賞の受賞者であり、国際的に認知されたダライ・ラマ14世を頂点とするチベット仏教との連帯は、ラダック人にとって、仏教を正当化するための強力な後ろ楯となる。仏教はラダックの人々の日常生活においても政治においても最も強い力を持ち、同時にイスラーム教に対抗するためのより広範な連帯を可能とする。ラダック仏教徒協会は、旧ラダック王国の王の子孫である現在の王の娘婿を協会長に据え、しかも旧ラダック王国の復興という狭い意味での復古主義的運動ではなく、人々の宗教に訴えるという、より現実的で有効な対処方法を選択し、実践していると言えるのである。

2　村々における暴力的衝突

8月2日、レーに来たパンディ師とともに、トクダン・リンポチェを自宅に訪ねた。僧院の経済や僧の人数に関する資料を見せてもらうためであった。3日と4日にピャン僧院でカプギャット祭礼があるため、多くの人々がリンポチェ宅を訪れ祝福を受けていた。彼は昔の記録を持って来させ、パンディ師がそれを解読してくれた。レーに外出禁止令が出ている中、トクダン・リンポチェは何事もないかのように落ち着いて座っていた。もっとも、彼はラダックが指定部族の地位を要求するために行なわれた1980年のデモ行進の先頭に立っていたし（彼が投石した石が警官に当たったという話もある）、また、今回の事態収束後の2003年に「宗教の役割と平和的共存」のテーマのもと、レーで開催された「宗派を越えたセミナー2003」には、ムスリム各宗派の代表者とともにラダックのディグン・カーギュ派代表として出席し、パンディ師とともに壇上に座り、ラダックでは伝統的にムスリムと仏教徒が共存していたこと、そしてムスリムも仏教徒も互いに協力し合うことが重要であるとの意見を述べている。従来、ラダックではゲールク派のバクラ・リンポチェが政治家として卓越しており、連邦直轄領の獲得に向けて対ムスリム政策を進めてきたところであるが、2003年9月当時、彼は出席できる状態になかったようで（2003年11月に他界）、今回の衝突の解決に際しては、ラダックを代表して、トクダン・リンポチェがその任を負ったのである。なお、8月3日にも夜間外出禁止令の中、バザールの大通りで仏教徒によるデモが続けられ、彼らは警察のトラックで連行された（写真11-2、11-3）。また、バザールの閉じられた商店の壁には、「カシミールからの自由ラダック」のスローガンの書かれたポスターが貼られていた（写真11-4）。

私は、8月8日は、予定では、朝からカラツェ村に息子の太郎を迎えに行き、再びレー

写真11-2　夜間外出禁止令の出ているレーのバザールの大通り。正面の丘の上に建つ旧王宮（1989年）

写真11-3　バザールの大通りでトラックに乗せられた仏教徒たち（1989年）

写真11-4　バザールに貼られたポスター。「カシミールからの自由ラダック、ラダック問題唯一の回答、連邦直轄領の地位」と書かれている（1989年）

に戻った後、デリーに向かうはずであった。しかし、終日外出禁止令が出されたためカラツェに行くことができなくなった。昼頃、バザールに行くと、欧米の観光客がレーを脱出するため、バスとタクシーに分乗し、軍隊の護衛つきで出発するところであった。先頭の軍用トラックの運転席の屋根には機関銃が銃座に取りつけられ、荷台に乗った兵士がこれを構えている。トラックには10名ほどの兵士が乗っている。観光客たちは警察で特別許可をもらい、カルギル経由でスリナガルに出発するという。私は、今日、カラツェ村に行けない旨の手紙を彼らに託し、カラツェ村を通過する時に誰かに渡してくれるよう頼んだ。

　パンディ師はすでにレーを離れていたが、紹介されていた彼の妹の夫に会い、現状に関する情報を得る。その後、警察署に行き、カラツェまでの車を調達してもらおうと試みるも、あしらわれる。しかし、丁度、カラツェで私たちが滞在していたギャムツォ家の長男に出会い、彼が親切に対応してくれる。彼は警察署長をしているのである。彼によると、レーからカラツェの往路は軍の護衛があるので問題はないが、帰りが危険なので出発は無理とのことであった。後に、彼はホテルに戻った私に電話をくれ、帰路も、ニェモ、サスポール、カラツェ間には大量に軍が出動しているので安全とのことであった。しかし、すでにタクシーはつかまらず、今日は行くことができない。そこで、再びパンディ師の妹の夫の所に行き、情報交換し、明日の情勢待ちということになった。

　さらに、もう一つの悩みは天候であった。レーはヒマラヤの真ん中にあるので、雲が厚くかかると飛行機が着陸できない。実際、7月29日から8月2日まで飛行機は欠航していた。以前は週に数回しか定期便がなく、1週間はおろか1カ月も飛行機が飛ばないこともあった。飛行機が欠航すると予約客がたまり、飛行機に乗ることができなくなるのである。そうすると、人々は陸路、カルギル経由で2日間をかけスリナガルに出て、そこから飛行機でデリーに向かわなければならなくなる。さらに悪いことに、雨のため、ゾジ峠で山崩れがあり、カルギルとスリナガル間の道路が不通になっていた。前回の1988年の調査の時は、9月末から10月1日にかけ大量の雨が降り、道路の決壊、さらには屋根が落ちたり壁が崩れた家屋が、カラツェとレーの間の村々で多く見られた。ラダックの家屋は日干しレンガで作られているため、雨により簡単に崩れてしまうのである。通常であれば、ラダックは乾燥地帯で雨量は年間30-50mmときわめて少ない。そのため、雨に強い窯で焼いたレンガではなく、単に粘土を太陽で干した日干しレンガが用いられているのである。そして、今年（1989）も7月末から8月のはじめに大量の雨が降った。7月中旬には、インドでは雨期に入るはずなのに雨がない、とのニュースがあった。おそらく7月末になり、本格的な雨期が始まり、ヒマラヤ山脈を越えて、ラダックにも雨が降ったのであろう。なお、2010年にも大量の雨による山崩れのため、レー、サブー、チョクラムサ等で、家屋が崩壊するなどの大きな被害が出たところである。

　8月9日は、昨日に続き、朝から外出禁止令が出ていた。ホテルの前の通りとバザール

の大通りとの交叉点には小銃を持った3名の警官が立っている。午前7時に、私は警察署に行き、カルギル行きのバスが出るかどうかを聞く。もっとも、警察署前の庭には1台の空港行きのバスしか停められていない。これも、警察の許可が出ていないとのことで、20名ほどの観光客が警官と交渉しようとしている。ギャムツォ家の長男の署長がいたので、彼にたずねると、ここからスリナガル行きのバスは出ないとのことである。まず、バザールの大通りから出ることになっている空港行きのバスで空港まで行き、そこからスリナガル行きの観光客用の大型バスが出るとのことであった。

先ほどの観光客たちは、バザールの大通りから空港行きのバスが出るので、そちらに行けと警官に言われ、カバンを引きずってバザールへと移動している。私も、とりあえず彼らの後を追ってバザールへ行き、バスに乗る。私は山田孝子に渡すフィールド調査用のカセットテープ、電池、ノート、ボールペン、そして肉の缶詰1個と魚の缶詰2個のみをナップサックに入れていた。カラツェ村の人々の土産にと、せっかく買った食料品は重いためホテルに置いてきた。これは空港まで歩く時のことを考えて、荷物の重量を最小限とするためであった。

午前8時にバスは空港に着いた。他の観光客たちは、スリナガル行きの飛行機に乗るため、空港の入口に集合している。まだ中には入れないのである。私は、ここでタクシーを拾うべく、2台停まっていたタクシーと折衝したが、1台はすでに旅行会社に雇われたものであり、他の1台は飛行機でスリナガルから到着する客を運ばねばならないとのことであった。やがて、1台の大型バスが来たので、運転手にたずねると、今日はカルギルまで行き、最終的にはスリナガルまで行くとのことであった。カラツェまで便乗させてくれるよう頼み、110ルピーで交渉が成立した。

午前8時30分にバスは発車した。8時45分にスピトゥック僧院前で観光客を乗せた。もともと乗っていた観光客とともに彼らは全員1つのグループで、このバスも彼らが借り切っている車であった。席がなくなったため、私は移動して運転席の横に座った。レーから西に進み、峠を越えてニェモの村に入る。村を横切る道路には軍隊が出て、自動小銃を持った兵士が100m間隔で立ち、警備にあたっていた。道路には焼き打ちにあったタクシーとトラックが1台ずつ放置されていた（写真11-5）。また、道路沿いの家の壁には「パキスタンの手先は出て行け」とのスローガンが書かれていた。次に通過したバスゴー村も、同様に軍の管制下に置かれていた。また、道路に面する壁には同様のスローガンが書かれている。バスゴーの西のはずれには軍のトラック数台が停まっている。各村とも、自動小銃と鉄製の軽マシンガンで装備した兵士が20-30名くらいずつ配備されていた。

峠を越えサスポール村に入る。ここも同様で、兵士たちが警備についている。バスはサスポールをノンストップで通過し、インダス河にかかる橋を渡らず、そのまま幹線道路を西進する。この橋は、インダス河左岸にあるアルチ寺院に行くためのものである。じつは、

事前に、観光客のリーダーの要請で、バスはアルチ寺院に寄る予定であったのが、運転手はこれを無視してバスをとばしたのである。30分ほど後に、このドイツ人観光客のリーダーが、橋はどこにあるのかと運転手に文句を言うが、すでに通り過ぎた後である。運転手はアルチに止まると面倒が起こるためノンストップだと言いバスを走らせる。観光客は不平を並べるが、タクシーやトラックが襲撃されて焼き打ちに遭っている状況で、運転手も命がけなのである。ニュ

写真11-5　焼き打ちに遭い破壊され、道路に放置されたタクシーとトラック（1989年）

ラ村に入る手前で、カルギル方面から来るトラック隊とすれ違うため、30分間ほど待機する。やがて、運転席の屋根に機関銃を備え、15名ほどの兵士が乗った軍用トラックを先頭に、約100台のトラックが次々と通過する。

　ティンモスガンへの分岐点を過ぎ、軍事レーダー施設を通過し、カラツェ手前の政府の建物を過ぎて、カラツェ村に入る。ここでも、バスはノンストップで通過する。私はバスを止めるよう言い、バスは村を通過した西のはずれで止まり、そこで私は下車した。カラツェ村の道路沿いにあるバザールは全店閉鎖され、軍の管制下にある。私は、西のはずれから村を斜めに横切る村道を伝って、ギャムツォ家に向かった。途中、村人はゾーを使って大麦を脱穀している。また、すべての大麦は刈り入れが終わり、乾燥させられ、すでに脱穀するための場所にまで運び上げられている。

　12時30分にギャムツォ家に着き、ここで10月まで調査を続ける山田孝子のためにナップサックをあけて中味を渡す。そして、息子の太郎の出発準備のため、靴下を急いではかせ、私と太郎は、スリナガルからレーに向かってやって来るはずの観光客用の大型バスを待つため、13時にカラツェ村の東の端の道路に出る。ここでは、2名の兵士が警備している。ギャムツォ家の娘のヤンチェンと山田孝子が昼食用にとビスケットを持って来る。危険なので、すぐ戻るよう言う。ヤンチェンは道路をはさんで、兵士に私たちの面倒を見るよう頼んでくれている。このおかげで、兵士は私たちに気を配ってくれ、後に1台のトラックを止めてくれることになったのである。

　暑い中、私たちは道の端に座ってバスを待った。しかし、結局この日、バスは来なかっ

たようである。インド人の兵士は銃を持った自分の写真を撮ってくれなどと言っていたが、後で問題になると困るので無視することにした。

　じつは、この時、私はカラツェで起こった出来事について知らなかった。これを知ったのは、後日、デリーから日本に帰国するため、空港で出国手続きのため待っている時のことであった。たまたま、私の隣に、小学5年生くらいの1人の女の子を連れた若い日本人夫妻が並んでいた。彼らには、私たちが滞在していたデリーのジャンパト・ホテルでも会っていた。そこで、何となく言葉を交すと、何と、「ラダックで死にかけた」と言うではないか。話を聞いてみると、カラツェでの投石事件が明らかになったのである。

　彼らは、8月7日にレーからスリナガルに行くべく、タクシーで他の観光客を乗せた車と隊列を組み、出発したという。8月7日はレーで仏教徒協会によるジェネラル・ストライキがあった日であり、私がカラツェに行った前日にあたる。レーからニュラ村までは、前回の暴動のため、各村で軍が警備していた。彼らの乗った20台くらいのタクシーの先頭には軍用トラックが、機関銃で武装し、警護していた。もっとも、レーを出発したのは夜の8時頃で、すでに外は真っ暗であった。

　ニュラ村で、先導していた軍の車はこれ以降は危険ではないと判断し、離れた。もっとも、彼によると、これはカラツェでの暴動を予期して、後でカラツェの村人を検挙するために、自分たちをいわばおとりとして使って、はめたのだという。カラツェに入ったのは夜の10時を過ぎていた。バザールはあかあかと電灯が灯っていた。タクシーの隊列が入ると、バザールの中央で、両側から突然石が雨のように降ってきた。タクシーのフロントガラスは割られ、側面のガラスも割れ、室内に石が飛び込んできた。あるムスリムの運転手はアンバサダー（英国統治時代からの名残りの、インド製の乗用車の商標名）の利点を活用し、前のボンネットを上げ（運転席からの操作でボンネットがフロントガラスを覆うように跳ね上がる）、石をボンネットで受け止めた。後で調べてみると、エンジンルームに直径20cmくらいの石が3-4個入っていた。また、あるタクシーでは、側面の窓ガラスを破って石が後部座席に飛び込み、数名が怪我をした。あるドイツ人の子供は、顔面の下の顎の部分に石が当たり、流血し、スリナガルで今も入院しているという。これは重傷であった。

　投石はバザールの店々の屋上から行なわれ、大人、少年に混じり、子供もいた。子供が小さな石を投げつけるのならかわいげもあるが、両手で持つほどの直径20cmくらいの石を投げたとのことである。なお、彼は、証拠にこの石をリュックに入れて日本に持ち帰るところだという。そして在日本インド大使館に石を持って行って、抗議をするつもりだというのである。さらに、バザールの中央で、あるタクシーが停車したため、後続のタクシーは右往左往した。しかし、停車するのはきわめて危険なので、全車、投石の中を突っ切った。なお、後続の大型バスには石は投げられなかった。さらに、この後に100台くらいのトラックが続いていたが、これについてはどうなったかは知らないとのことであった。

こうして、フルスピードでカラツェを突き抜け、そのまま、ノンストップで峠を越えた所（これは、おそらくラマユルの手前か、もしくは川を渡った後の高原と思われる）で、全車は停車し、怪我人の応急処置と点呼を行なった。当日は、そのままカルギルまで、ノンストップで走った。彼は、子供にもしものことがあってはいけないので、眠らないで、ブッダの岩壁彫刻のあるムルベックまで起きていた。

　翌８月８日にスリナガルに着くと、窓ガラスの割れたタクシーを先頭に、ムスリムたちは仏教徒への抗議デモを行なった。そもそも、彼は８月６日頃にはレーに着いたらしく、レーに行く時も、スリナガルからカルギルの間のゾジ峠で大量の雨により起こった山崩れに遭い、車が流されそうになり、死にかけたという。また、レーの手前のサスポール村では、ユニオン・テリトリー（連邦直轄領）要求のポスターをタクシーに貼られ、「これはやばい」と思ったという。レーに着いてみると、ムスリムと仏教徒との対立による投石騒動で、警官による発砲のため２人が死亡――２人は王宮に逃げ込んだが追って来た警官に射殺された――との情報に危険を感じ、すぐスリナガルに引き返すべく、８月７日に軍の護衛のもと出発したが、カラツェで以上のような事件に遭ったとのことであった。

　私は、これで、８月８日にカラツェに着いた際、窓の壊れたトラックが放置され、また軍が厳重な警戒態勢を敷いていた理由がわかったのである。同時に、私はカラツェの人々の行動――あのほがらかに歌を歌い、遊んでいた少年や子供たちが石を投げていたということ――に強い衝撃を受けるとともに、落胆をも覚えた。人間は何をするかわからないものだと思った。仏教徒と言えども、扇動されれば、人をも殺しかねない行為に走るという事実を突きつけられたのである。仏教の教義とは関係なく、村人たちは子供のような感情で動いているのだろうかとも思った。

　しかし、冷静に考えてみると、彼らのやっていることは、まさに、私が今まで見てきたチベット仏教の祭礼における儀軌で悪霊を殺し、それを火の中に投げ込み、あるいは村の新年の儀礼で悪霊の象徴を村の外に投げ捨て「ティヤホー」と勝利の叫び声をあげることと変わりはないのである。実際、私はレーでゲロン・パルダン師が私に言ったことを思い出さずにはいられなかった。シェー村で仏教徒がムスリムの家族の家を焼き打ちしたとの話に、私が、仏教徒がそのようなことを本当にするのかと質問したことに対し、彼は笑って、「あなたは仏教徒とは平和な人々だと思っているかもしれないが、仏教徒も怒れば強力ですよ」と語ったのである。そして、昔、実際にあった一つの事件について話してくれた。

　それは、1947年のインド独立後のカシミールの領有権をめぐる印パ戦争の時、パキスタン軍がインダス河に沿って下手ラダックに侵攻し、ニェモ村にまで至った時のことである。ニェモ村はインダス河とザンスカール河との合流点であり、そこから先には大きな峠がある。その峠を越えれば、さらに小さな峠はあるものの、広い高原はそのままレーに続いており、インド軍にとっては最後の防衛線になる重要な地点である。その時、ニェモ村に住

んでいたムスリムの家族は、この村を制圧したパキスタン軍を手助けし、村の家々から食料を強制的に調達したという。やがて、インド軍が反撃に出て、パキスタン軍を現在の停線ラインにまで押し戻した。そして、ニェモ村では仏教徒の村人たちが、先のムスリムの家族を皆殺しにしたというのである。

　つまり、ラダックの仏教徒にとって、カシミール人はムスリムであり、それは同時にパキスタンの手先であると見なされている。彼らは敵であり、チベット仏教儀礼における悪霊なのである。彼らを追い払わなければ、自分たちが殺されることになるのである。悪霊を殺し、追い払う儀礼は、単なる伝統行事や儀式ではなかったのである。それは、彼らの現実の生活そのものなのである。別の視点から言えば、彼らはそのような世界に現実に住んでいるということをも意味している。すなわち、チベット仏教が実践的な力を持ち、村人たちが祭礼で真剣にトルマを火に投捨する役割を演じるのは、それが彼らの生活そのものだったからなのである。

　カラツェの村の東の端で私と太郎が待っているところに、14時、トラックの集団がやって来た。先頭は機関銃を台座に据えた軍用トラックに警護され、その後には軍用ジープの指揮車が続く。ジープは私たちのいる前で止まり、後続のトラックが走り抜けるのを監視している。これらトラックの隊列は、スリナガルからレーに荷物を運搬するための商売用の民間のトラックである。軍隊はこのトラックが村を通過する際に襲撃を受けないように警護しているのである。私たちは手を上げてトラックを止めようとするが、ジープに乗っていた指揮官の指示で3台ほどのトラックはノンストップで通過させられる。村の中で停車すると投石される危険があるためである。道の端に一緒にいた兵士が指揮官に話しをし、やっと、後方から来たトラックに指揮官は止まるよう指示し、レーまで便乗させてもらえることになった。高い運転席に荷物を放り込み、太郎を押し込んで、私も運転席に登る。そして、トラックは一路、レーへと向かう。

　15時に、ニュラ村を通過したところで休息がとられた。2台のトラックの運転手は仲間同士で、一緒に道路脇に車を止め、米を炊き、卵入りの肉カレーを作って食べる（写真11-6）。私は食べる気にならなかったが、運転手のすすめで太郎は一緒に昼食をとった。16時にようやく出発する。時間がかかりそうであったが、ともかくレーに今日中に着けばよいと思い、静かに乗っていた。運転手はかなり疲れているらしく、時々、眠りながら運転している。サスポールをノンストップで通過し、次の峠の手前で休息がとられる。トラックのエンジンが焼けているので、このままでは峠越えは無理なのである。トラックの運転手は仲間のトラックの運転席に行って仮眠をとっている。

　17時にトラックは再び出発し、サスポールの東の峠を越える。リキール僧院への分岐点では、仏教の大旗を立てるための石の台の上に無線機が置かれ、2人の兵士が警備にあたっている。バズゴーとニェモの村々をノンストップで通過する（写真11-7）。ニェモでは焼

写真11-6　トラックの傍で昼食を作って食べる（1989年）

写真11-7　ニェモ村を走る幹線道路。道路に沿って仏塔が建つ
　　　　　（1989年）

かれたタクシーとトラックの前で、軍のジープと5人ほどの兵士が警備についている。レーへの最後の峠を登る。強風で砂が吹きつける中をトラックはゆっくり登り、高原を走る（写真11-8、11-9）。18時30分、峠を越えた所にあるラダックの若い新兵の集団であるラダッキ・スカウトの兵舎への分岐点にある水の補給所で、休息がとられる。

　19時にトラックは再び出発し、レーの手前10kmにある軍の駐屯地の所で止まる。ここには、レーの町に入ることを怖れたトラックが、100台ほど駐車したままで夜を過ごしている。私たちの乗ったトラックもここで止まり、今夜はレーには入らないという。明朝、レーに行くので、トラックの運転席で寝たらどうかという。しかし、明朝は、デリー行きの飛行機便があるため、50ルピーを謝礼として渡し、私たちは別の車をつかまえるため、道路に出る。道路では軍の士官が遮断機で通過する車を1台ずつ止め、検問を行なってい

写真11-8　峠道を登るトラック（1989年）

写真11-9　私たちとともに高原を併走するトラック（1989年）

る。そこで、止められたトラックやジープに便乗を頼むが、どれも断られる。

　19時30分、ようやく1台の病院の救急車である白いジープが止まり、軍の士官も子供がいるので何とかレーまで乗せて行ってくれるよう指示を出してくれる。私も運転手に、私たちがレーの市立病院の看護婦長であるイシェイ・アグモ女史に世話になっていることを告げると快く乗せてくれる。ジープは今日、カラツェから足に怪我をした急患をレーの病院に運ぶところだという。17時にカラツェを出発したという。さすがに救急車だけあって速いものである。私たちが乗ると、車はサイレンを鳴らし、すごいスピードでレーに向かう。20時、レーの病院に到着する。急患を診察してもらうため、運転手は医者を起こしに行き、私たちは車で待つ。20時20分に車は出発し、すでに暗闇の中にあるレーの町に入る。バザールの大通りは警官が警備しているのみで、人の姿はまったくない。外出禁止令が出

ているのである。20時30分にホテルに近いバザールの大通りで車を降り、暗がりの中、私のライトをたよりに、私たちはホテルに辿り着く。

　ホテルの部屋に荷物を置いて、すぐに夕食を頼む。ホテルのオーナーが、もし明日、終日外出禁止令が出れば、彼がある人を空港に運ぶことになっているので、私たちも一緒に来たらどうかと言ってくれる。早速そうすることに決め、明朝5時に起きることにする。後に判明したのだが、ある人とは、ブータンのドゥック・カーギュ派のリンポチェで、オーナーの息子と同じ学校で学んでいた学友であった。オーナーの息子は、ヘミス僧院のリンポチェで転生（トゥルク）である。ヘミス僧院はラダックのドゥック・カーギュ派の本山である。明日の荷造りをし、寝る。太郎も疲れていてすぐに寝る。

　8月10日、暗い中、起きて、5時30分には1階のロビーに行き、荷物を置いて朝食をとる。オーナーが来て、ホテルの裏口から彼の自宅の庭に出る。ここには2台のトラックが置いてあり、彼が所有しているという。彼はタクタック僧院の配下にあるチュショット村出身で、彼自身はニンマ派に属している。彼の頼んだタクシーの中で待っていると、ブータンのリンポチェがやって来る。庭を出て川沿いの橋の所で止まり、ここで警官が1人同乗する。車を出し、十字路で止まって待っていると、カンリ・ホテルの戸口から2台のタクシーが観光客を乗せて出てくる。このホテルの若いインド人の雇われマネージャーも私たちの車に乗り込む。私たちの車が2台のタクシーを先導して、タクシー停留所まで行く。ここで、2台のタクシーはバザールへ抜け、空港へと去る。私たちのタクシーは方向を変え、もと来た道を下り、先ほどの橋を渡り、地道を空港の方向へと走る。外出禁止令の警備をしている警官が3名、道をふさいでいる。私たちの車の後部座席に乗っていた警官がドアを半分開け話をすると、3名の警官は眼をつむり、1人は行けと手で合図し、私たちの車は問題なく通過する。

　私は、このリンズィ・ホテルのオーナーの政治力に舌を巻いた。彼は経済界の実力者であり、同時に私たちの車には宗教界の実力者であるリンポチェも同乗し、さらに警官まで従えているのである。また、途中、先導した観光客はラダックのムスリムのオーナーが経営するカンリ・ホテルに宿泊していた客である。リンズィ・ホテルのオーナーは仏教徒であるが、彼は一般の人々が仏教徒とムスリムの感情的対立にある中で、ちゃんとムスリムのオーナーとも連絡を取り合い、助け合っていたのである。さらには、ブータンのリンポチェはデリーまでの予約切符を持ってはいなかった。しかし、私たちと一緒に飛行機に乗ることができたのである。空港マネージャーとリンズィ・ホテルのオーナーも助け合っていたはずである。飛行機には救急のための席が常に1-2席リザーブされており、この席を誰に割り当てるかは、空港マネージャーの裁量によっているからである。

　現在のラダックでは、ラダック王国の滅亡後、かつての貴族や官僚は観光ビジネスを通して経済界の実力者となり、宗教界の実力者であるリンポチェやさまざまな権力機構と、

写真11-10 飛行機からザンスカール山脈のヌン（7,135m）、クン（7,077m）を望む。ヌンはインド領ヒマラヤの最高峰（1989年）

昔と同じ構造で結びついていたのである。しかし、本来の意味での政治家が不在であることも事実である。かつてのラダック王国では、とりわけその末期において、王の権力は名目的なものとなり、僧院が政治的権力を握っていた。しかし、現代社会において、宗教的指導者が有効な政治家になれるのかどうかは疑問である。確かに、かつて、ゲールク派のクショー・バクラは、インドの国会議員としてラダック社会において政治力を行使した。しかし、ムスリムと仏教徒の対立という枠組みの中で、ムスリムの同意を得られず、また仏教各宗派の統一も図ることができず、その力を失ったといわれる。現在は、ヌブラ出身のP.ナムギャルが、卓越した政治力を発揮するのみである。彼に続く者が出るのか、あるいは人々の宗教が何らかの問題解決策のための方向を見出し、新たなラダックの政治－経済機構を作り出すことができるのかが、ラダックの喫緊の課題となっているのである。私は無気味な静けさの中を空港に向かって走る車の中で、今まさに作られつつあるラダック社会の姿を垣間見たのである。

　6時30分に車は空港に着いた。私たちは空港の外で待った。空港は、飛行機が確実に飛ぶことがわかってから、乗客を建物の中に入れることになっている。やがて、デリーからの飛行機が来て、別の乗客を乗せ、チャンディガルへと飛び立つ。この飛行機がもう一度、レーに戻り、今度はデリーに向けて飛ぶ予定になっているのである。空には雲が多くあっ

たが、東の空には青空が雲の間に見えるようになる。周囲の山々の頂きからも霧が取り払われる。この天候なら、飛行機は飛べそうである。

　9時、ようやく空港内に入る。いつも通り、空港の入口では多くの乗客が飛行機に乗ろうとするため、入口で検閲を行なっている警官との間や乗客同士での怒鳴り合い、押し合いの喧嘩が続いている。10時に空港内でチェック・インの手続きをすませ、手荷物検査も終えて待合室に入る。10時30分に、先ほどの飛行機がチャンディガルからレーの空港に戻ってくる。ここまでくれば、飛行機はデリーに向けて飛ぶことができそうである。11時に荷物を飛行機に積み込むための再検査をすませ、バスで滑走路に待機している飛行機まで移動し、飛行機に乗り込む。

　飛行機は滑走路を走り出し、いつものことながら、あまり速度が出ないので飛び上がれるかどうか心配になる。ここは、標高が3,600mほどあり、空気が薄いため、飛行機の速度が出ないのである。飛行機はジャンプを繰り返しながら、滑走路の東の端にあるスピトゥック僧院の建つ丘の手前でようやく離陸し、丘の上の僧院の横をかすめるようにして飛び立つ。高度を上げると、今日は雲が多く、その合間にはインダス河とその南のザンスカールの山脈が眼下に広がっているのが見える。こうして、何とかラダックを後にすることができたのである（写真11-10）。

　なお、この後もラダックに留まっていた山田孝子[5]によると、レーでは8月27日にデモ隊と警官が衝突し、死者4名、負傷者数名が出、ラダック仏教徒協会長ら数名が逮捕され、カルギルまたはスリナガルに護送された。そして、8月31日には彼らの釈放を要求するデモが行なわれ、9月7日には再びストライキが行なわれた。また、この間に、レーの旧王宮下にあるスンニ派のモスクが爆破された。そして、これら一連の抗議行動の結果、10月7日には、インド大統領による「憲法指定部族法令1989（Constitution Jammu and Kashmir Scheduled Tribes Order）」が制定されたのである。もっとも、ラダックを連邦直轄領とする要求は認められず、指定部族法令もラダックにおける特定集団ごとに分断されたものとなっており、ラダック全体としての統一性に欠けるものであった。しかし、最終的には、1995年の「ラダック自治山麓開発評議会条例1995（Ladakh Autonomous Hill District Development Council Act）」により、地域開発計画に関する実質的な権限が、インド政府およびジャム・カシミール政府から、ラダックの評議会に委譲されることになったのである。

註

1)　煎本 1986a：453.
2)　金岡ほか（監修）、菅沼ほか（編集）1989：230-231.
3)　煎本 1977：321.
4)　山田 2009：187-188.
5)　山田 2009：182-184.

第12章　結論と考察

1　ラダック仏教僧院における祭礼の特徴と意義

　ラマユル僧院における祭礼の観察を中心に、ラダック仏教僧院における祭礼の特徴を次のように指摘することができる。第1に儀礼は仏教的世界観に基づいている。この世界観とは、仏教理論に基づいた宇宙観と人生観、そしてブッダをはじめとする諸尊の分類体系である。第2に儀礼は衆生への奉仕を目的とする実践であり、このため儀礼は村人の生活や人生と密着したものとなっている。第3に、儀礼の実践のための具体的方法は、瞑想を基本とした儀軌であり、タントラ仏教そのものの基本的方法論でもある。そして、この儀軌を通して、仏教理論におけるブッダと宇宙の本源的真理である空が体得されるのである。第4に、僧院における祭礼は僧たちと村人たちとの共同作業であり、社会集団の維持を通した生態学的意義を持つ。以下に、これらについて順次述べることにする。

祭礼における仏教的世界観

　仏教的宇宙観は、鉄の壁に囲まれた大海に現れたメルー山を中心とし、4方向に浮かぶ4大陸とそれらの間の4亜大陸からなるマンダル（宇宙）である。ここに生きとし生けるすべてのものがあり、それらは輪廻転生を繰り返す。この輪廻はセパコロ（輪廻図）によって示されるように、無知、怒り、欲望によって回転させられ、そこにあるものは死をまぬがれず、原因と結果の関係により、転生のための6種類の場所が決められる。下級の地獄、餓鬼、動物から、上級の人、阿修羅、ラー（神）と区別されるが、より良い場所とされる阿修羅でさえラーではなく、メルー山中腹にある木になる不死の果物を取ろうとして、その上空に住むラーと不断の戦いを続ける。さらに、27種類のラーは、欲望の6種類、形態のある世界の場所の17種類、形態がなく境界なく生成する4種類に分類され、メルー山の上空に階層をつくる。しかし、これらも死をまぬがれることはできず、やがては輪廻の中に転生する運命にある。この輪廻から自由になったのが、ブッダ（仏）、ボディサットヴァ（菩薩）、アラハティ（應供）であり、この世界はセパコロの外にある。アラハティは輪廻から解脱し、ヒーナヤーナ仏教ではブッダの状態にあると考えられている。また、ボディサットヴァは完全なブッダへの途上にある。人々の最終的な目的は輪廻から自由になること、すなわちブッダになることである。このためにいちばん近い場所は人である。輪廻から自由になるためには、悪業を浄化し、善業を蓄積することである。こうして輪廻の中に

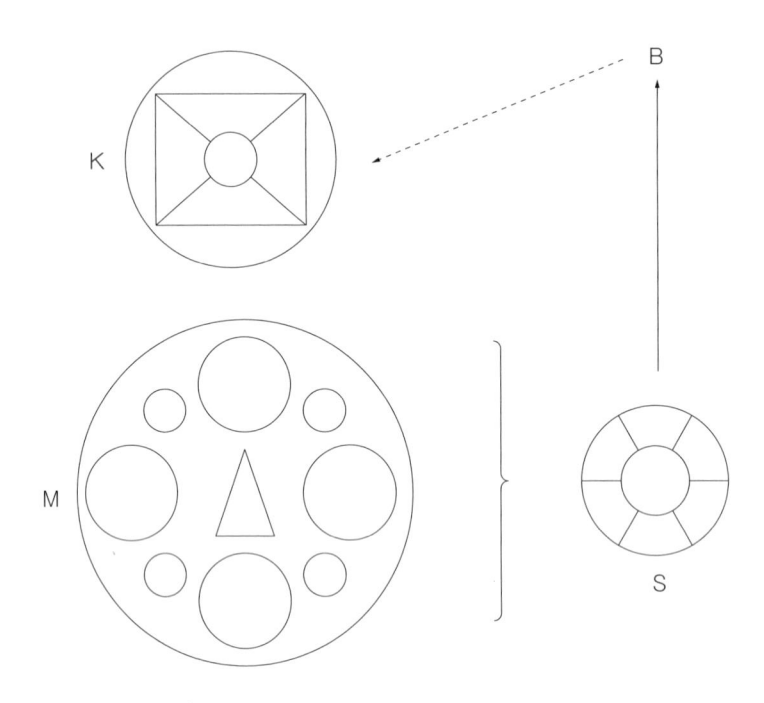

図12-1　儀礼の仏教的世界観
　　　　M：マンダル（宇宙）　S：セパコロ（輪廻図）　K：キルコル（諸尊の建物）　B：ブッダ
　　　　─→：輪廻から自由になる　--→：諸尊の招請

何千回も何万回も生まれかわりながら、よりブッダに近づいていくのである。
　さらに、10段階、10方向にあるとされるブッダの世界には、地域固有の神々が護法尊として統合される。また、祖師は尊格であり、その系統は現在の師に至るまで、仏法を伝えるブッダそのものと見なされ、それぞれの仏教宗派の歴史的連続性の時間軸となっている。なお、ここで注意すべきことは、師をブッダと同格とすることには、実際の教育において危険をも伴うということである。これに関して、ダライ・ラマ14世は、弟子はその師を十分に見極めた上で選ぶことができると述べている。もし、誤った師を選べば、誤った教育がなされることになるからである。
　儀軌においては、宇宙の外にあるブッダの世界は、諸尊に特有なキルコルとしてマンダル（宇宙）の上に置かれる。キルコルは主尊を中心とし、随伴する諸尊と護法尊を周囲4方向、あるいはその中間を含めた8方向に配置した諸尊の建物である。儀軌における祭壇は、マンダルとその上にある諸尊の世界を象徴したキルコルから構成されている。そして、ブッダの世界から招請された諸尊は、このキルコルに座すことになる。儀軌の主尊とは別に、チベット仏教における五仏は高位のブッダとして諸尊を浄化する力を持つとされ、儀軌に登場する。また過去仏、現在仏、未来仏の三仏は仏教の開祖であるシャカムニ(Śākya-

muni, 釈迦牟尼）に象徴されるように人間からブッダへの道を達成し、また人間を常に見守ってくれる仏教の歴史的、中心的存在である。これらは僧院において仏像やタンカに描かれる。しかし、本来、ブッダの本質は空である。したがって、仏教における人間の究極の目的は空の体得にあるということができる。人間は仏教理論に基づいた仏教的世界観の中で、輪廻転生を繰り返しながら、この目的に向かって日々生きているということができるのである（図12-1）。

衆生への奉仕を目的とする祭礼の実践

チベット仏教では、儀礼は衆生への奉仕を目的として実践される。この実践こそがマハーヤーナ仏教をマハーヤーナ仏教たらしめている特質なのである。儀軌の最初と最後には、この儀礼によって得られた功徳を生きとし生けるものすべてに捧げるという願望の朗唱が行なわれる。衆生への奉仕とは第1に、仏教の世界観に基づいた罪業の浄化と功徳の蓄積である。村人たちはマントラを唱え、マニコルをまわし、仏塔のまわりをまわる。僧院で行なわれる祭礼は、カンギュルやブムの朗唱に見られるように、村人たちのために功徳を積むためにある。また、ナムギャルマ儀軌に見られたように、ナムギャルマ自身が輪廻の世界に下りて来て、衆生をブッダの世界へと連れて行くことが願われる。また、ラマユル僧院のカンギュル祭礼において行なわれた、ヤンザップ儀軌、ジトー儀軌、コンシャクス儀軌は罪業を浄化し、善業を積み、ブッダになるための儀礼である。さらに、ミトゥクパ（mi 'grugs pa）儀軌ではブッダに対し、ジトー儀軌におけると同様、罪業の浄化が願われる。

また、オチョク（'od chog）儀軌はオパメット（無量光）を主尊とする罪業の浄化のための儀軌であり、同様にトンチョック（ltung chog）儀軌は三十五仏に罪業の浄化を祈願するものである。さらに、スニェンナス（bsnyen gnas）とニュンナス（snyung gnas）の儀軌はチェンレンズィ（観音）を主尊とし、善業を蓄積し、罪業を浄化するための儀軌である。また、カンギュル祭礼において見られたキルコルを用いたデチョク儀軌は、デチョク（チャクラサンヴァラ）と殿妃のパクモを主尊とし、来世のために功徳を積むことを目的とする。

衆生への奉仕の第2は、現実的な利益を村人たちにもたらすことである。ここには2つの方法がある。1つは現実的利益を招くことである。ストンチョット儀軌におけるナムギャルマは先に述べたように、人々をブッダの世界に連れて行くのみならず、長寿や繁栄をもたらす。同様に、マンダルジマ（[mandal] bzhi ma）儀軌はターラ（ドルマ、sgrol ma）を主尊とし、家の繁栄、女性のための子供の出産を願い、善業を積むための儀軌である。またスカンワ（bskang ba）儀軌はアプチ（a phyi）、チョスキョン（chos skyong）など、諸尊に対し人生における成功や繁栄を願うものである。

現実的利益をもたらすもう1つの方法は、悪霊の追放である。カプギャット祭礼に見たように、忿怒尊はその力の行使により悪霊を殺し、火に投じて追放するのである。また、

表12-1 僧院、および村において通常行なわれる儀礼、主尊、目的、実施場所

儀 礼	主 尊	罪業の浄化	善業の蓄積	現実的利益の享受	悪霊の追放	僧院・寺院	村の家
カンギュル／ブムドクパ	ブッダ		＋			＋	＋
ラマチョットパ	祖師		＋			＋	
ミトゥクパ	ブッダ	＋				＋	
オチョック	オパメット	＋				＋	
トンチョック	三十五仏	＋				＋	
ソルカー	ブッダ		＋			＋	＋
チャプトル	諸尊、諸神		＋		（＋）	＋	
ナスチュー	ブッダ／十六アラハト		＋			＋	
スニェンナス／ニュンナス	チェンレスィ	＋	＋			＋	
ジトー／コンシャクス／ヤンザップ	ジトー／ヤンザップ	＋	＋			＋	
デチョック	デチョック		＋			＋	
パクモ	パクモ		＋			＋	
ストンチョット	ナムギャルマ		＋	＋		＋	（＋）
マンダルジマ	ターラ		＋	＋		＋	
スカンワ	アチ／チョスキョン			＋		＋	
ゴンボ	ゴンボ				＋	＋	
カプギャット	チェチョクヘールカ				＋	＋	
ギャズィ	ブッダ・シャカムニ				＋	＋	
ドス	パドマサムバヴァ				＋	＋	＋
ヤンクック／スカンソル／ツァントゥン	パドマサムバヴァ		＋	＋	＋		＋
グルズィワ	パドマサムバヴァ	＋			＋	＋	
サンス	パドマサムバヴァ				＋	＋	＋

　村で行なわれるギャズィ（brgya bzhi）儀軌はブッダ・シャカムニを主尊とし、悪霊を克服するためのものである。また、パドマサムバヴァを主尊とするドス（mdos）儀軌はドン（gdon）と呼ばれる悪霊を打ち負かすものである。さらに、パドマカタング（padma bka' tang）儀軌はパドマサムバヴァの歴史に関するもので、ヤンクック（ヤンクー、g·yang 'gugs）儀軌に用いられ、多くの家で夜を徹して行なわれる。儀軌は村の中の家を１軒ずつ順番にまわり、冬の間じゅう続く。これは夜中には終わらず、朝になり陽が昇ると終了する。パドマサムバヴァは悪霊を退治する専門家であると見なされ、夜に集まると考えられている悪霊を打ち負かすために夜を徹して儀軌が続けられるのである。さらに、この儀軌では悪霊の退治のみならず、「ヤンクー（g·yang 'gugs, 富の力・来る）」と叫びながら人々は裕福

表12-2　チベット仏教に関連する儀礼の実践とその目的、目標、方法（専門家）

| 目的 | 目標 | 方法（専門家） |||||
		チベット仏教儀礼（僧）	シャマニズム（ラバ／ラモ）	悪霊祓い（オンポ）	占星術（チスパ）	チベット医学（アムチ）
輪廻から自由になる（ブッダになる）	罪業の浄化	＋				
	善業の蓄積	＋				
現実的利益	利益の享受	＋	＋			
	悪霊の追放	＋	＋	＋		
	予　　言	（＋）	＋			
	占　　星			＋	＋	
	治　　療					＋

を招く演技を行なう（表12-1）。

　したがって、現実的利益を享受するために、諸尊はそれぞれ独自の役割を付与されることになる。とりわけ、悪霊を克服するための、パドマサムバヴァや忿怒尊の役割は重要である。これら諸尊は地域固有の神々がパドマサムバヴァにより調伏され、仏法を守護する護法尊となったものである。チベット仏教はこれら護法尊の力を用いることにより、村人たちの現実的利益の享受を可能としているのである。さらに、この現実的利益とは村人たちの日々の生活に直接かかわるものである。したがって、チベット仏教の儀礼は人々の生活に密着したものであるということができるのである。

　それにもかかわらず、人々が生来持っている性質により生起するさまざまな問題のすべてに、チベット仏教の儀礼だけで対処することは困難である。このため、個別の問題の解決のための方法がそれぞれの専門家により実施される（表12-2）。

　ラダックの村々におけるシャマンであるラバ／ラモの主要な役割は、病気や不幸の原因となる悪霊の追放と、その結果としての利益を村人にもたらすこと、さらには吉凶を占う予言である。チベット仏教においては、ラバ／ラモに憑依する地域固有の怒れる神々を護法尊として仏教の尊格に取り込み、またそれらを調伏する力を持つパドマサムバヴァに悪霊の追放という役割を付与したのである。同時に、チベット仏教はシャマニズムには見られなかったナムギャルマやターラなどの諸尊に長寿、成功、繁栄などを招く役割を付与し、より積極的に現実的利益を招くための儀礼を行なうのである。

　このことにより、人々が畏怖し、従属していた怒れる神々を仏法のもとに置き、逆に人々が彼らを自分たちのために使う、という新たな関係の形成を可能としたのである。さらに、チベット仏教の儀礼においては、輪廻から自由になる、すなわちブッダになるという究極の目的のもとに、罪業の浄化、善業の蓄積のための儀軌が実践される。これらの目的もま

た方法も、シャマニズムにはまったく見られないものである。シャマニズムが現実的利益の享受を目的としているのに対し、チベット仏教がそれと同時に、ブッダへの道という人々が生きるための目標を明確に示しているという点で、チベット仏教とシャマニズムとは明確に一線を画す。

　オンポは悪霊の追放のため、仏教儀礼でも行なわれている忿怒尊による儀軌を専門にする。儀軌の種類は限られてはいるものの、僧たちが行なうものと同様の儀礼を行なう。オンポは村人であるが、帽子だけは、僧によって用いられるバルジャ（bar 'ja, 上部が三角形で頭部を覆い、下部が外側に湾曲した羊毛製の帽子）を着ける。儀軌は父が教え、世代で継承される。したがって、家の名称も、たとえばバズゴー・オンポ（バズゴー村のオンポ）と呼ばれる。彼はドス（mdos）やジンシャック儀軌という、悪霊、さらには生霊に対する強い儀軌を行なう。また、オンポは占星も行なうことができる。実際、「占星はオンポの友人である」と言われる。

　もっとも、今日オンポは少なくなっているという。村の家々が経済的に自給可能となったからである。かつて、オンポは1日で食事と5ルピー程度の賃金、あるいは大麦で、この仕事を行なってきた。しかし、現在は他の現金収入があるため、採算が合わなくなってきた。また、元来オンポの仕事は副業であった。しかし、この仕事を続けるためには多くのことを学ばねばならないので、費用対便益比の観点から見て、継続は困難となってきているのである。この結果、村人もオンポの所には来なくなった。現在、ドスの儀軌は僧が行なう。なお、ラバ／ラモはこの儀軌は行なわない。また、生霊を焼き殺すためのジンシャック儀軌は、僧の他、オンポやラバ／ラモも行なうことができる。もっとも、ラバ／ラモのジンシャックは正式な儀軌に従うものではなく、彼らは任意の方法で行なっているという。このため、人々はジンシャック儀軌を僧に頼むことが多い。

　実際、悪い霊が人に憑いて障害を起こしていると考えられる場合、最初に行なわれるのはカブゴ儀礼である。僧により、仏、法、僧への帰依が唱えられた後、典籍、短剣、金剛、数珠などのいずれかが依頼者の頭の上に置かれ、足元で悪霊が嫌うという強い香を放つググル（gu gul）が燃やされ、4ページほどのカブゴ儀軌が暗唱される。そして頭に置かれたものを取り去った後、僧は依頼者に息を吹きかける。これだけで、弱いゴンモ（ソンデ、生霊）なら去るといわれる。この時、暗唱される儀軌には、「ブッダ（仏）、ダルマ（法）、サンガ（僧）、そしてダーキニー、守護尊などの力により、すべての種類の悪霊は邪悪な考えを捨て、おまえの住む場所に立ち去れ。もし、おまえが去らないのであれば、私は忿怒尊となってマントラを唱え、おまえたちを殺し、数千の破片にしてしまうぞ」と述べられる。僧はここで、マントラを唱える。そして、「それ故におまえは去るのだ。再度、祖師、ブッダなどの力により、病気になった人の命は金剛のように不死となるように、そして、繁栄がさらに増大するように」と唱えられる。これは5分から10分で終わる。なお、

人々は、とりわけ年配の僧にこれを頼む。また、瞑想者であるツァンスパも力があると考えられており、人々に依頼される。カブゴ儀軌は物理的ではなく、霊的原因により障害が起こっていると判断された時に行なわれる儀軌なのである。

　さらに、数日、あるいは数カ月しても悪霊が去らない時に、ジンシャック儀軌が行なわれる。これは3-4人から、時には9-10人の僧によって行なわれる。祭壇の前に火が焚かれ、その前に僧たちが並んで座る。横に置かれた机の上の大麦粒、小麦粒、米、アンズ、アブラナの種、油、食物など15-16種類の供物が次々と一人の僧によって火の中に投げ込まれる。これは、春や夏に行なわれる通常のジンシャックであるが、儀軌の中には、ゴンモなど生霊に対する処法も述べられている。ここにはゴンモ（病気の原因となっている相手の女性の生霊）の髪の毛など、身体の一部を使用すると記されている。しかし、普通、ゴンモの写真や名前を記した紙が用いられる。ゴンモの霊を呼び出し、この写真の中に強制的に招請した後、メラー（me lha, 火のラー〈神〉）にこれを食べるよう要請し、火の中に投じて燃やす。また、病気になった依頼者の女はこの場にいなければならない。時に、ゴンモがその場で女に入り、「もう決して来ないから、燃やさないでくれ」とこの女の口を借りて語り、手を合わせて頼むこともある。ジンシャック儀軌を行なった結果、依頼者は全快することもある。しかし、数カ月、数年後に再びゴンモが来ることもある。この時には、再度、ジンシャック儀軌を繰り返すのみである。これより強い儀軌はないからである。

　さらに、別の専門家としてチスパ（占星術師）がいる。チスパは天宮図を見て人の運勢を占うのである。結婚式や葬儀における日取りの吉凶、あるいは何月に雨が多いか少ないか、日食、月食がいつあるかを見る。さらに、この年にこのようなことをしなさい、さもなければ事故にあう、ということを告げる。また、別の専門家としてのアムチは、チベット医学に基づき治療を行なう。彼らはスマンラ（sman bla; Bhaiṣajyaguru〈サンスクリット〉；薬師）を守護尊とし、チベットの身体観に基づき患者の診断、伝統的薬物、灸、吸引・切開による治療を行なう。これは霊的ではなく病理学的治療である。

　最後に、占星を用いない吉凶の占い、すなわち予言は、シャマンであるラバ／ラモにより行なわれる。とりわけ、パドマサムバヴァにより調伏され護法尊となった地域固有の神々が僧、あるいは村人に憑依する。仮面舞踊の際にラーが登場するマトー、ストック、シェーの村々では、人々は怖れおののきながらこの神に占いを請う。そして、この神は村人たちの前で来年が豊作かどうか、吉凶を告げるのである。

　もちろん、僧院においても、すでに述べたように、トゥルクの選出にあたって、守護尊の前で占いが行なわれる。また、ダライ・ラマの守護尊であるネチュンは緊急場面において予言を行ない、これは政策の決定に関して重要な役割を果たしてきた。しかし、通常、村人一般に対して吉凶の予言を行なうということは僧院の役割ではない。おそらく、予言はラバ／ラモに残された数少ない専門分野の一つであるということができよう。

ラダックにおいては、ラバ／ラモはその職業を始めるにあたり、僧院のリンポチェによって承認されるための儀式が行なわれる。この意味で、彼らは仏法のもとにあるということができる。調伏された神々が僧に憑依するのも、彼らがチベット仏教の諸尊の体系の中に統合されたことを意味するものである。もっとも、インダス河下流のダ・ハヌ地方では現在も村の神を中心とした祭礼が行なわれている。また、ラダックの村々においても、ユルラー（村の神）は、村のはずれにある石を積んで作ったラトーに祀られ、僧と村人によるサンス（浄化）の儀軌が定期的に続けられている。さらに東チベットのアムド地方においては山の神が専門のシャーマンに憑依し、山の神を中心とした祭礼が行なわれる。ここでは、神々の廟が村々に建てられ、同じ建物の1階と2階、あるいは右側と左側に仏教諸尊の像と分けられ、神々と諸尊とは併存して祀られているのである。

　すなわち、現実的利益の享受という点においては、未だに仏教と地域固有の神々は、しのぎを削り合っている。両者の関係は、人々の現実的望み、さらには背後にある政治的思惑のもとに、現在も動的な変化を続けているのである。

　儀礼の実践が人々への奉仕であるということに関連して、最後に私はもう一言述べておかねばならない。奉仕というのは、儀礼を人々のために行なうということにとどまらず、他者のために生きるという、より普遍的な慈悲の心を意味するものである。これはマハーヤーナ仏教の最も大切なところでもある。私は、2009年にラダックを訪れた際、以前、村人は現実的利益を望んで儀軌を依頼しているかもしれない、と笑っていたパンディ師が、人々に請われて、レーの町にある小さな寺で毎月、仏教の講話を行なっていることを知った。私がパンディ師に誘われて行くと、彼はブッダの像の前に座り、朗唱に始まり、20人ほどの人々を前に、仏典をもとに講話が行なわれた。その後、茶と菓子が配られ、人々からの質問と応答が繰り返された。そして、1時間半ほどの講話が終わると、全員で経が唱えられ終了した。

　私はパンディ師が人々のために、仏教の教えを実践していることに心を打たれると同時に、人々が日々の生活における現実的な利益だけではなく、今や、仏教本来の目的に興味を持ち始めていることに驚いた。この30年間のラダックの急激な社会と経済の変化により、かつては鳴りを潜めていたラバ／ラモ、そしてそこを訪れる人々が増えたという。変化に伴う人々の心の葛藤が増えたことによるものであろう。しかし、同時に、仏教本来の教えに興味を持つ人々も現れたのである。

　私は、パンディ師の講話に聞き入る人々を見ながら、僧院の正面にかかげられている仏法を象徴する法輪とその両側の2頭の鹿の装飾を思い出していた。これはブッダが悟りの後、インドのサルナートにある鹿野苑で最初の説法を行なった時、話を聞こうとする者のいない中、最初に森の中から現れた鹿が、ブッダの話に耳を傾けたという説話を主題としたものである。私はラダックの人々の心の中に今、新しい何かが生まれ始めたことを感じ

たのである。

祭礼の方法

　チベット仏教における祭礼の特徴の第3は、儀軌の実践のための具体的方法にある。この方法とは第1に反復と回転、第2に観念と現実との一元化、第3に人格変換、第4に力の行使、そして第5に僧院と村との協力活動である。

　第1の反復と回転とは、祭礼を毎年繰り返し行ない、その期間中にも同じ儀軌を繰り返し行ない、さらにその儀軌の中では同じマントラを繰り返し唱えることである。そして、そのマントラは空の中に生じた種字のまわりを、数珠のように回るのである。太鼓のリズムと音楽の演奏は、この反復の原動力となっている。反復は恒常的活動となり、無限の回転運動をしているかのような心理的効果をもたらす。回転する円の中心だけが不動であり、それは宇宙の中心にあるメルー山であり、その上に浮かぶ神々の宮殿の中心のブッダであり、その本質は空である。さらに中心に自己を置き、中心から世界を見ることで自己と宇宙との同一化が可能となる。

　反復と回転は僧院の祭礼における儀軌に限らず、人々の日常の生活においても見られる。人々はマントラを繰り返し唱え、マニコルを回し、仏塔を周回する。宇宙も人生も回転し続けているという思考は彼らの世界観であり、心・口・意を通した現実的体験となっているのである。

　反復と回転は極北のトナカイ遊牧民の儀礼を思い起こさせる。そこでは、太陽の季節的循環、自然の生と死の循環に自らを同調させるかのように人々は儀礼を繰り返し、トナカイの主神に供物を投げ上げながら、太陽の兄弟である火を中心にして天幕のまわりを回るのである[2]。チベット仏教の祭礼における反復と回転は、おそらく仏教以前の人類共通の循環の思考に根ざしたものであるかもしれない。しかし、それを儀礼の方法論として積極的に活用し、瞑想を通して自己と宇宙との初原的同一性を体得することを可能としたのは、チベット仏教の特徴といってよいであろう。

　第2の観念と現実との一元化とは、現実を観念によって自由に変えることである。祭壇に並べられた7種類の供物、あるいは両手の印により表現される7種類の供物は観念によって宇宙にまで広がる量と大きさに拡大し、チャプトル儀軌によって小さな球状の供物に注がれる水は大海となり、供物は食べることができないほどの大きな食物となる。縦笛、シンバル、太鼓によって奏でられる音楽は、世界を包む美しい演奏となり、指を鳴らして捧げられる八女神は、それぞれ美しい姿態をとり、数珠を持ち、歌い、踊り、花を持ち、香を持ち、灯明を持ち、食物を持つ。また、容器に置かれた大麦の粒はメルー山とそれを取り囲む4大陸、4亜大陸からなる宇宙そのものであり、これが諸尊に捧げられるのである。さらに、諸尊の建物であるキルコルは壮大な大きさの宮殿であり、この中心に主尊が

おり、その周囲には随行する諸尊が配置され、4方向の護法尊がこの建物の門を護る。祭壇そのものが、宇宙とその上に浮かぶ諸尊の宮殿なのである。

この現実の観念化には象徴記号が用いられている。さまざまな種類の法具や供物はこの象徴記号である。さらに、それぞれの諸尊を象徴する種字とマントラはこの記号となっている。僧は瞑想を通して、この記号の意味する観念世界を視覚化する。そして、現実には見えない諸尊を招請し、視覚化し、供物を捧げ、祈願を行なうのである。

村人にとっては、この逆に、観念の現実化が行なわれている。カプギャット祭礼における仮面舞踊では、諸尊が具体的な姿をとって登場し、人々の目前で舞う。悪霊の象徴であるダオが8種類の武器で殺され、切り刻まれ、忿怒尊によって食べられる。さらに、悪霊の死骸の入った大きなトルマが隊列を組んだ村人たちと僧により広場に運ばれ、そこで火の中に投じられて焼き殺されるのである。祭礼においてはさまざまな象徴的記号と演出により、本来見えない世界を目の前に具体的に見えるようにしているのである。こうして、祭礼の場は観念と現実との境界が取り払われた一元的な世界となっているのである。

儀礼の具体的方法の第3は、人格変換である。僧は儀軌において、ダクスケット（自身・視覚化）により、諸尊の形態であるダムチクパに招請した本物の諸尊であるイェシェスパを溶け込ませ、自分自身が諸尊となる。さらに、ドゥンスケット（前面・視覚化）では、さらに招請した諸尊を目前に視覚化し、すでに諸尊となっている自分自身が、目前の諸尊に奉献と祈願を行なう。そして、諸尊の送別においては、自分自身に溶け込んでいたイェシェスパを分離し、目前に視覚化した後、すでにそこにあるイェシェスパとともに、ブッダの世界への帰還を請願するのである。この人格変換の過程は以下のように示される。

ダクスケット＝G（O→Nt→Ny）
ドゥンスケット＝Ny：G（Ny）
送別＝G（Ny→O）
（ただし、G：僧；Nt：ダムチクパ；Ny：イェシェスパ；O：空）

ここで重要なことは、人格変換の最初と最後に空（O）がくることである。空はそこからあらゆるものが生まれる源である。空の状態になることは人格変換を可能にするばかりではなく、宇宙の本源的真理を体得することを可能とするのである。

専門のタントラ行者であるツァンスパ（ンガッパ）は、瞑想を通してダクスケットの修行を行なう。その1人であるパンディ師の兄が言うように、ドゥンスケットは主として人々のために行なわれるものである。なお、パンディ師によれば、マントラの部分はサンスクリットをチベット語に音写して書かれており、一般の僧たちはこの意味を理解していないという。ただし、その他の部分においては、儀軌の進め方について述べられているため、

儀軌全体の意味は理解できるという。

　また、儀軌の種類と諸尊に応じて、人格変換の過程は異なる。ナムギャルマ儀軌では、ナムギャルマを象徴するブルムの種字から光明が放たれ、ブッダの世界からナムギャルマが招請される。そして、それと同じナムギャルマを自分の頭上に置き、頭の上から自分の身体の中に溶け込ませていくことにより、自分自身がナムギャルマとなるのである。しかし、デチョク（チャクラサンヴァラ）儀軌においては、すでに見たように、フムの種字を最初から自分自身の心の中心に観想する。そして、その周囲を回転するマントラにより、太陽と月を合体させ、またデチョクがその妃を抱くように男と女を合体させ、ブッダであり同時に自分自身である種字から大麦が成長するように、ブッダが誕生する。こうして、自分自身が宇宙であり、ブッダそのものとなるのである。

　なお、人格変換はシャマニズムにおいても見られる。シャマンは諸神を憑依する。しかし、この方法はシャマンの資質に大きく依存する。誰もがシャマンになれるわけではない。セアンスにおける緊張や音楽などの効果による精神的集中により、突然シャマンに憑依する怒れる神は人々を怖れさせ、神（シャマン）はしばしば人を打ったり、暴言を吐く。憑依した神がシャマンの身体から去るまで、シャマンは自身を制御することができない。そして、神が去るとシャマンは気絶し、この間のことは記憶にはない。もちろん、程度の差はあるにせよ、シャマンは基本的には媒体としての役割を持つ。

　これに対し、仏教儀軌においては、瞑想の段階を踏みながら人格変換が行なわれ、この過程は制御されたものとなっている。僧の頭の中には現実とはまったく異なる世界が広がっているであろうにもかかわらず、儀礼は粛々と進められるのみである。さらに、人格変換の過程は空の体得と慈悲の実践を目的とした理論によって支えられている。この意味で、チベット仏教における人格変換の方法は、シャマニズムとは異質のものであるということができる。

　具体的方法の第4は、力の行使である。チベット仏教における儀軌は、現実的目標に対する力の行使という方法をとる。すなわち、人々が神に対して一方的に祈願するという方法ではなく、神そのものとなった人が、悪霊を追放し、あるいは幸運を招き寄せるという方法により、現実的利益の享受を図るのである。これは、人間とは異なる絶対者としての神の存在を否定する仏教理論に合致するものである。すなわち、宇宙の根源的真理が空であり、ブッダそのものであるならば、人格変換により神となった人が、自ら力を行使することが可能となる。もちろん、ここで力を行使するのは人ではなく神であり、それは仏法のもとに、それぞれの役割を付与された諸尊である。仏法とは生きとし生けるものへの慈悲であり、ブッダの世界への救済である。悪霊を追放し、幸運を招くという2つの方向の現実的利益の享受は、僧院における祭礼を通して、人々の目に見える形で、公共の場で演出される。同時に、これは自分自身の内面にある利己的な邪悪な心を抑制し、利他的な慈

悲の心を芽生えさせ育てることの実践となる。
　したがって、力の行使とは、外側に向かう力のみならず、自分自身の心に対する内側に向かう力の行使なのである。このことは、チベット仏教の実践が、仏法のもとに理想とする尊格を作り出し、自分自身がそれらの尊格と同一化することにより、自分自身の心を制御し、それにより理想とする社会を作り出すという積極的役割を持つことを意味するものである。
　祭礼の方法の特徴の第5は、僧院と村との協力活動である。ラマユル僧院においては、すでに見てきたように、1年に2つの祭礼が配置される。1つはチベット暦2月に行なわれるカプギャット祭礼であり、他の1つは5月に行なわれるカンギュル祭礼である。カプギャット祭礼は悪霊の追放、カンギュル祭礼は幸運を招き、功徳を積むことを目標とする。さらに、パンディ師によると、あらゆる儀礼はサムサーラ（輪廻）から自由になることを究極的目標とするという。このように、目標は異なるにもかかわらず、両者はともに僧院と村人たちの共通目的のための共同作業によって成り立っている。
　すなわち、カンギュル祭礼における仮面舞踊では、僧たちが諸尊となり、悪霊の象徴であるダオを殺し、切り刻み、食べ、村人たちは観客としてこの仮面舞踊に参加する。舞踊の合間の寸劇では、村人であるチベット医に扮する僧は、悪霊がすでに死んでいて治療できないことを冗談とともに演じる。祭りの進行役であり、同時に道化役者としてのアツァリャは、人々の笑いを誘い、仮面舞踊の会場を僧たちと村人たちが共有する一つの場とする。そして、村人たちは悪霊の死骸を、カプギャット尊の象徴である舞踊のトルマとともに舞踊中庭から持ち出し、投捨する。さらに、儀軌の最終場面では、村人たちはゴンボ（マハーカーラ）のトルマを僧院の外に投捨し、同時にカプギャットの主尊であるチェチョクヘールカのトルマを、そこに強制的に招かれ、座らされ、殺された悪霊の死骸とともに、村のはずれまで隊列を組んで運び、火の中に投げ入れるのである。
　また、カンギュル祭礼においては、僧たちによるチベット大蔵経仏説部であるカンギュルの朗唱が行なわれる。その後、デチョク（チャクラサンヴァラ）を主尊とする儀軌が行なわれる。色粉を用いてキルコルが製作され、デチョクが招請され、罪業の浄化と功徳の蓄積が行なわれる。キルコルは諸尊の帰還後、破壊され、この聖なる色粉は音楽隊に先導された僧たちの隊列とともに僧院を下り、泉と川に流される。そして、村の広場では、僧たちを迎えた村人により、民俗舞踊と宴が催されるのである。
　このように、祭礼は僧院と村との協力活動により成り立っており、僧たちと村人たちは儀礼によって得られた現実的利益と功徳とをともに享受し、喜び合うのである。

祭礼の生態学的意義
　実際のところ、ラダック社会では、限られた土地の分割を防ぐため、一妻兄弟多夫婚制

が見られ、さらに兄弟のある者は僧となる。すなわち、僧院は村の人口を僧として受け入れ吸収するという生態学的役割を持つ。ラダックの社会と生態は、僧院によって支えられているのである。逆に、僧院側から見れば、僧院の人口の維持は僧となる村人の補充によって成り立っている。さらに、チベット仏教儀礼の専門家となった僧たちは、村人たちのために儀軌を用いて現実的利益を供与し、さらに仏法に基づき苦悩から自由になるための指針を示す。また、僧院が村の生産物の一定の分配を受けるためのソスニェムスと呼ばれる慣習的制度が確立しており、僧院の経済は村の経済によって支えられている。すなわち、僧院と村との間には、僧による儀礼による超自然的力と、村人による生業活動による生産物の交換を通した、互恵的関係が形成されている。そこでは、超自然的力によって収穫が約束されると考えられ、その生産物によって再び超自然的力の行使が可能となるというように、相互に原因と結果となりながら、両者は不可分に結びついているのである。すなわち、僧院と村とは相互に補完し合い、ラダックの生態に対応した一つの社会を形成している。ラダック仏教僧院における祭礼は、この僧院と村との社会的、経済的、超自然的結びつきの象徴的実践となっているのである。

　しかし、祭礼はこの象徴的意味だけにとどまるものではない。祭礼はラダックの人々の生存のための、より現実的な生態学的役割を担っている。僧院と村との共同作業により進められる祭礼は、その最終場面において、僧たちと村人たちの初原的同一性の場を作り出す。僧と村人とは同じ社会の中の異なる範疇に属する。それぞれが独自の組織と規範を持ち、異なる衣服を着け、それぞれの生活を営む。しかし、そもそも、僧たちは、村人が子供の時に僧院に来て生活することになった者たちであり、村人との間には親子、兄弟をはじめとする親族関係が維持されている。僧にとって村人は他者ではない。同様に村人にとっての僧も他者ではない。出自を同じくする同じ地域の人々なのである。祭りの場は、この初原的同一性の確認の場である。ここでは、村人同士、僧同士、そして僧と村人という人間同士のそれぞれの集団の帰属性と、これら異なる集団を包括する同一性とがともに再確認されるのである。カンギュル祭礼の後に行なわれた、村人たちと僧たちの宴における席の配置はこの表象である。それぞれの集団はそれぞれ異なる席を占めていた。しかし、同時に、そこにいる全員が一つの同じ祭りの場を共有していたのである。

　このことは、それぞれの集団の維持にとって必要なことである。村の生活は村人たちの間における協力行動によって成り立っている。大麦、小麦を耕作するための灌漑用水路の管理、水の配分の調整、収穫作業は人々の間の協力なしには行なうことができない。共通の災害には共同で対応し、共通の利益のためには集団としての協力行動がとられる。僧院の生活においても同様である。1年の半分は村の経済に支えられ、また後の半分は僧たち自身が自分たちの生活を支えねばならない。その上で、僧院と村とは互恵的関係によって不可分に結びついている。これら、集団の維持はラダックの過酷な自然環境における、彼

らの生存戦略なのである。

　集団の維持に必要な社会規範は、ミチョス（人々の宗教）、ラーチョス（僧の宗教）として定められている。もちろん、現実の生活において、これらを厳格に遵守することは困難かもしれない。集団を成り立たせるためには、協力のみならず競争の原理も働くからである。しかし、儀礼では、罪業を懺悔することにより、それらを浄化し、原状回復することを可能とする。仏教的社会規範は、現実を許容しながら、なおかつ、内に向かって、邪悪な心を抑制し、善なる心を伸ばすことにより、現実を理想のブッダの世界により近づけようとする動的な集団調整機能を持つのである。

　このことは、外に向かって悪霊を追放し、内に向かって利益を招くという集団的祭礼の目標と対応するものである。祭礼における協力活動は、集団形成のために必要な共通の帰属性を再確認させ、強化させる。したがって、ラダックの僧院における祭礼は、社会集団の維持と調整を通して、生存のための生態学的意義を持っているのである。

　最後に、ラダック仏教僧院における祭礼の理論、実践、方法に基づく全体としての重要性は以下のように指摘することができる。すなわち、チベット仏教の祭礼が仏教的宇宙観と人生観に基づき、衆生への奉仕を目的としていること、および、タントラ仏教の特徴的方法である瞑想を通して自己と宇宙との初原的同一性、および、その本源的真理としての空を体得することである。デチョク儀軌に見られたように、太陽と月、男と女という宇宙と身体の二元的対立項の合一と解消により、人は宇宙の起源にまで遡り、物事の本質は同一性にあり、すべての出発点は観念と現実の境のない空であることを体得する。チベット仏教は、瞑想を通して、リグ・ヴェーダに語られる「そのとき（太初において）無もなかりき、有もなかりき」という宇宙開闢の歌[3]、さらには自己と宇宙との同一視というウパニシャッドの思想[4]を経ながら、自然（神々）と人間との初原的同一性という人類最古の普遍的世界観にまで回帰するのである[5]。

　そこから、はるか下方にある輪廻（サムサーラ）の苦悩の世界を見ることができる。輪廻にある6つの場所は、じつは現実の人間世界の象徴でもある。そこには、地獄、動物、そして争いに明け暮れる阿修羅となった人間自身を見ることができるのである。輪廻図は人間の心の表象そのものである。その時、空の中に種が生まれ、それが芽生え、衆生を救済すべく諸尊の形をとって現れる。そして、諸尊そのものとなった僧たちは村人たちとの協力活動を通して、悪霊を追放し、幸運を招き、功徳を蓄積し、輪廻から自由になることを究極の目的とするのである。祭礼はこの慈悲の実践であるとともに、僧院と村との社会的、経済的、超自然的結びつきの象徴であり、さらには集団の維持と調整を通した生存戦略としての生態学的意義を持つのである。

2　チベット仏教とシャマニズム

　チベット仏教の儀軌における瞑想が、その由来は別にして、制御されたシャマニズム的方法として解釈できること、さらに、その目的は現実的利益のみならず、仏教教義に基づく輪廻からの解脱であることについては、すでに指摘された通りである。しかし、現実的利益と輪廻からの解脱という2つの異なる目標を統合することは、現実世界に生きる人々にとっては至難の技であることも事実である。このため、ラダックにおける祭礼は、村人たちによるラーへの強い信仰に基づく現実的利益の追求、僧院による宗教を通した教化と覇権の拡大、王による王国の統治というそれぞれの誘因が相互に交錯しながら実践されている。とりわけ、ラーの登場する祭礼であるマトー・ナグラン祭礼、ストック・グル・ツェチュー祭礼、シェー・シュブラ祭礼はこの政治的葛藤の結果である。他方、ラダックの村々におけるシュブラ祭礼は、僧院や王が直接関与することのない、ラーと村人たちの間における民間儀礼である。したがって、これらの祭礼を比較対照することで、ラーの登場をめぐるチベット仏教とシャマニズムとの関係を明らかにすることができる。

ラーへの信仰とシャマニズム

　ラダックの仏教僧院におけるラーの登場する祭礼とこれに関連する民間儀礼であるシュブラ祭礼に関して、ラーへの信仰、村の民間儀礼、王権、オンポ、僧院儀礼、ラーの登場など、祭礼を成り立たせている諸動因について表12-3に示す。

　ラーへの信仰は、僧院における祭礼、村における民間儀礼にかかわらず、共通して認められる。特に村の民間儀礼であるシュブラ祭礼は、村を守護するユルラーや親族集団を守るパスラーをはじめとするさまざまなラーと深い関係にある。村人たちの現実世界はラーの力の支配する超自然世界そのものであり、村における祭礼はラーへの奉献を通して加護を得るための儀礼である。したがって、ラーへの信仰はシャマニズムの基盤となる世界観である。

　もっとも、ラーへの信仰だけでシャマニズムは発生しない。人々は必要に迫られ、ラーを強制的に呼び出し、願いを伝えるという積極的行動戦略を作り上げたのである。このため、シャマンはラーと人間との仲介者としての役割を託されることになる。ラダックの人々は病気の治療、将来の予言、旅の安全などを願うため、ラバやラモの所を訪れる。彼らは依頼者の求めに応じてラーを憑依する職業的シャマンとして、人々の個人的質問に答える。これとは対照的に、僧院の祭礼に登場するラーは力が強く、レベルが高いとされ、個人的要望のみならず王国や村人一般に関する託宣を公共の場で告げる。仏教僧院の祭礼におけるラーの登場は、人々の間に広く見られるラーへの信仰を基盤としているのである。

表12-3 ラダックの仏教僧院におけるラーの登場する祭礼と、これに関連するシュブラ祭礼に関するラーへの信仰、村の民間儀礼、王権、オンポ、僧院儀礼、ラーの登場などの動因の有無

地　域	祭礼名	ラーへの信仰	村の民間儀礼	王権	オンポ	僧院儀礼	ラーの登場
上手ラダック	マトー・ナグラン	+		(+)		+	+
	ストック・グル・ツェチュー	+		+	+	+	+
	シェー・シュブラ	+	+	+	+		+
下手ラダック	シュブラ／シュブラ・チェンポ（カラツェ村）	+	+				
下手ラダック、ダ・ハヌ地方（ダルド）	シュブラ（ダルツィック村／ガルコノ村）	+	+				
	チョポ・シュブラ（ダルツィック村）	+	+				
	チョポ・シュブラ（ボノナ）（ガルコノ村）	+	+	(+)*1			(+)*2
東チベット、アムド地方	ルロ	+	+	(+)*3	(+)*4		+

＊1　リーダー（ギルシン）　＊2　ラーは登場するが憑依しない　＊3　国家　＊4　エージェント

　ここで、興味深いことは、ラダックの基層文化を担うと考えられる下手ラダック、ダ・ハヌ地方ガルコノ村のダルドにおけるチョポ・シュブラ祭礼に登場するラー（ラモ）である。2005年の調査で観察したのだが、村のラーであるガンセ・ラモは山羊の供犠が行なわれた後、祭りの場に招請される。しかし、その役割を担うラルダクパはラーを憑依することなく、目に見えないラーとともに村のチャンラに厳粛、かつ静かに迎え入れられる。そして、村人たちは男も女も、ラーとともに踊る。彼らが語るように、かつてラーは常に村人たちとともにあり、村人たちと一緒になって踊っていた。実際、彼らが2年間にわたり踊り続けたという環状の石で囲まれたチャンラが、彼らが踊った足跡とともに山の奥に残されている。村人にとってのラーは、ここでは人々を威嚇する恐れる神ではなく、人々とともに踊る、幸福の象徴となっているのである。ラーと村人たちとの集団的で平和的な関係は、シャマニズム誕生の瞬間の初原的形態を暗示するものかもしれない。

ラーの登場と王権

　表12-3に基づけば、ラーの登場と王権とは密接に関係していることが明らかになる。とりわけ、シェー・シュブラ祭礼においては、ラダック国王自らがラーをティクセから招来し、村の民間儀礼であるシュブラ祭礼と結びつけることにより、シェー・シュブラ祭礼が始められたという歴史的経緯がある。マトー・ナグラン祭礼やストック・グル・ツェチュー祭礼においても、ラーの登場と王家との関連が見られ、ラダック王国が独立を失っ

た後も、旧大臣家や旧王宮へのラーの巡行が継続されていた。これは、王が村人のラーへの信仰の上に立って、王国の統治を行なった結果であると解釈することができよう。もっとも、マトー・ナグラン祭礼、ストック・グル・ツェチュー祭礼、シェー・シュブラ祭礼に登場するラーは、本来、村人たちが信仰していた村のラーではなく、仏教僧により調伏された強力な悪霊由来の護法尊である。王国とその国民を守護するためには、より力のあるラーが必要とされたのである。

また、下手ラダックのガルコノ村におけるチョポ・シュブラ祭礼では、彼らダルドの歴史と、リーダーであったギルシンへの追悼が主題となっており、王権というほど強いものではないが、そこにギルシンの政治的リーダーシップとラーとの関連を認めることができる。もっとも、ここでのラーの登場は、人に憑依することなく、人々とともに踊るというものであり、その背後に政治的意図は見受けられない。

さらに、ラーの登場と王権に関連して興味深いことは、オンポとラーとの関係である。特に、ストック・グル・ツェチュー祭礼に関して、ストック村のオンポは自ら、「オンポは常にラーと関係がある」と語る。オンポがラバを選抜し、またラーを招請するためのスチャンデン儀軌を行ない、さらに、ラーへのツォクスの奉献儀軌を執り行なうのである。もちろん、オンポのいないマトー村では僧院がこの役割を負っている。また、シェー・シュブラ祭礼でもオンポはスチャンデン儀軌を行ない、ラーとともに行動するなど、ラーとの強い結びつきが見られた。

オンポとラーとの関係は、おそらく王権に支えられたボン教にまで遡ることができるかもしれない。ここでのボン教とは、民間のシャマニズムとは区別して、王国統治のための宗教機構を意味する。王、官僚、宗教専門家の存在はすでに吐蕃王国において、ツェンポ（君主）が右手にシャマン長を従え、左手に大臣を従える三頭鼎坐の形で運営されていた可能性があるからである。[6] ここでのシャマン長とは、仏教ではなくラーを信仰するボン教の教団長であったはずである。そして、シャマンの手助けをする役割を、オンポが担っていたのではないだろうか。その後、仏教がボン教にとってかわり、彼らは仏教から切り離され、悪霊祓いの儀軌の専門家として村人となり、その役割を代々継承するに至ったと解釈することができるかもしれない。このことは、かつてラダックに、ラーを信仰する王朝があった可能性をも示唆するものである。

なお、表12-3には比較のため、2006年、2009年の調査で得られた東チベット、アムド地方のルロ祭礼の事例についても記している。ルロ祭礼はチベット暦6月に行なわれる初穂の収穫祭である。ここでは、収穫物を山の神であるラーに捧げ、その後、村人たちによる踊りが数日間にわたって行なわれる。この際、ラーを祀る廟の前で、ラバは家畜の供犠を行ない、その心臓が取り出され、血が振りまかれ、赤い供物としてラーに捧げられる。また、大麦こがしの粉が燃やされ、白い供物として煙とともに天に昇り、ラーに捧げられ

る。ラバは山の神を憑依し、託宣を告げ、人々とともに行進し祝福を与え、さらに村のはずれで悪霊を燃やし追放する。憑依したラバは恐れる神となり、村の規則を破った者たちを打ち、人々を怖がらせ、また、小刀で自分自身の頭をたたいて切り、その血をラーへの捧げ物とする。

　村人たちは彼らの歴史と関連する踊りを踊り、若い男たちは背中の皮膚に長い針を刺して吊り下げ、頬の両側を貫通する長い針を口に突き通したまま踊る。また、ある男たちは、小刀で切った頭から流れる血で顔面を真っ赤に染めて踊る。彼らはこの苦行と血の奉献により、願いがかなえられると考えている。ここでは、ラーは動物のみならず、人間の血の供犠を求めているのである。

　この過激なラーと人々の演出の歴史的背景は明らかではない。私の知る限りでは、インドにおける死と破壊の女神であるカーリーへの山羊の供犠と、村人たちが身体に長い針を刺して行進するヒンドゥー教の祭礼を想起させる。または、中国古代文明の人身供犠に由来するものなのか、あるいは、かつてのボン教に、このような苦行と血の奉献の儀式が伴っていたのであろうか。いずれにせよ、集団による供犠の祭礼は単なる民間のシャマニズムではなく、歴史的に遡ればその背後には、かつて高度な政治体制や宗教機構があったことが想定されるのである。

　現在、このルロ祭礼を支えているものは、かつての王権に代わる国家である。ここで、興味深いことは、かつてのオンポの役割を村出身の現代のインテリゲンチアが担っていることである。彼らは国家のエージェントとして多額の資金を調達し、村人からも寄附金を集め、シャマンを使って村人を統治し、シャマニズム的祭礼を政治的に展開させようとしている。山の神の新たな壮大な廟の建設と祭礼の観光化は、チベット仏教への対抗と、チベット文化の商品化を目的としているように見える。すなわち、ここで現在起こっていることは、チベット仏教とシャマニズムとの間の歴史的抗争への再帰であり、チベットと中国との間の国家の主権をめぐる戦いである。したがって、ここでも、ラーの登場を通して、国家権力とシャマニズムとが密接に結びついていることが明らかになるのである。

ラーの登場と僧院

　表12-3から、さらに、ラーの登場と僧院とが関連していることが明らかになる。マトー・ナグラン祭礼とストック・グル・ツェチュー祭礼に登場するラーは、13世紀のサキャ派の高僧トゥンパ・ドルジェ・スパルザンが東チベットのカム地方から連れて来たといわれる七兄弟のラーに由来する。彼らはすでにパドマサムバヴァにより調伏され、護法尊として任命されていた悪霊たちであった。当時の僧院はラダック王国の王権を支える役割を持ち、強力なラーを招来し、村人たちのラーへの信仰の上に王国の統治を進める役割を担ったのであろう。王権と結びつくことにより、僧院各宗派は宗教を通した覇権の拡大を図ったと

考えられるからである。

　さらに、マトー・ナグラン祭礼においては、当初よりラーが憑依するのは僧であり、また、七兄弟のラーは本来の悪霊由来のラーとして登場するのみならず、祭礼2日目には空となり、仏教の高位の護法尊であるゴンボ（マハーカーラ）の意識に溶け込み登場すると説明される。すなわち、ここでは僧院がラーの登場に関する主導権を持ち、ラーに関しても仏教的解釈による演出が行なわれることになる。このことは、ストック・グル・ツェチュー祭礼においても、ラーは毎年そのレベルを上げ、僧院と村人とを守護し、やがては悟りに至ると説明されることと同様である。仏教僧院は、単に村人のラーへの信仰に基づいた王国の統治に資するのではなく、仏教教義に基づいた村人への教化を試みているのである。

　さらに、僧院の祭礼においては、ラーの登場と組み合わせて、仏教儀軌と仮面舞踊が行なわれる。すなわち、民間儀礼と仏教儀礼による混成祭礼が構成されることになる。この結果、僧院は祭礼を通した村人への教化が可能となる。本来、仏教教義とは無縁のはずであるラーの登場というシャマニズム的演出を取り入れることで、僧院は村人との間に政治的力と現実的利益のラーを通した間接交換という互恵的関係を結び、この関係の上に、輪廻から自由になるという仏教本来の生き方の目標を、人々に教えることを試みているのである。

　このように、王権にとってのみならず、僧院にとっても、ラーが重要であることは疑う余地はない。実際、マトー・ナグラン祭礼、およびストック・グル・ツェチュー祭礼に登場する二神のラーは、それぞれ王のラー、僧のラーと呼ばれ、ラダック王国の繁栄期において太陽と月にたとえられた、センゲ・ナムギャル王（獅子）とヘミス僧院のタックツァン・リンポチェ（虎）の守護神であるとされる。これは、王と僧院とラーとが密接に結びついていた証拠でもある。したがって、チベット仏教とシャマニズムとの関係は、王権や僧院抜きに考えることはできない。

　もっとも、僧院自身はラーの力を本当に信じているのであろうか。各僧院にはゴンカン（護法尊堂）があり、ここには忿怒尊が祀られている。忿怒尊はヒンドゥー教由来の神々や、元来悪霊であったものが調伏させられて護法尊（チョスキョン）となったものであり、さらに、この中には仏教各宗派や各僧院の守護尊（イーダム）として任命されたものが含まれる。チベット仏教の儀軌の実践においては、これら護法尊の存在が必須であり、その力により、悪霊が追放されるのである。

　さらに、中央チベットにおいても、ダライ・ラマ14世の個人的なラーとしてのネチュンが政策決定に重要な役割を果たしてきた。1959年にダライ・ラマ14世がラサを脱出する際、夏の宮殿であるノルブ・リンカにおいて、2神のラーが招請され、1神は中国服を着けて登場しラサに留まるよう進言したのに対し、ネチュンはラサを脱出するよう進言したため、

ダライ・ラマ14世は後者に従ったといわれる。

現在、チベット亡命政府のあるインドのダラムサラにはネチュンの堂があり、内部にはダライ・ラマ14世の玉座と大臣たちの席が設けられ、重要な政策決定に際してはネチュンが招請され、憑依したネチュンは彼らの前で託宣を告げるのである。もちろん、これは、僧院におけるラーというよりも、政治と宗教を統合したダライ・ラマ政体の政治的役割に属するものであろう。それにもかかわらず、ここでは、シャマニズム的方法が違和感なく採用されているのである。実際、パルダン・ラモとネチュンはチベットの守護尊とされており、これらを配した写真が各所に飾られている。

現実世界は不確定であり、合理的には予測不可能な部分がある[7]。また、人々による政治的忠告は利害関係に左右されるため、客観性を欠く場合がある。シャマンによる託宣は、この不確定性に対する大局的見地からの、超自然的方法を用いた意思決定の手段であるということが言えるかもしれない。

仏教とシャマニズムは、本来異質なものであるにもかかわらず、チベット仏教はシャマニズムと併存している。仏教そのものが、多様なものの存在を許容し、生きとし生けるものに同じ命の存在を認めるという哲学に基づいているため、異質なものを排除することなく、逆に抵抗なく取り入れることが可能なのである。仏教とシャマニズムの役割を、それぞれの目的に従って区分した上で、それらを併存させ、仏教教義と現実的利益をともに実践するという、二つの側面を持つことがチベット仏教の本質なのである。

ラーをめぐる政治的体系の5位相

仏教僧院における祭礼の中で、ラーの登場するマトー・ナグラン祭礼、ストック・グル・ツェチュー祭礼、シェー・シュブラ祭礼等について分析した結果、政治的体系の5位相を区別することが可能である（図12-2）。ここでの位相とは、全体としては共通する体系の枠組みが、異なる時間と空間によって見せる異なった現れ方を意味する。

すなわち、第1位相は、ラーと村人の関係を中心とする体系、第2位相は、ボン教、王、ラー、村人の関係を中心とする体系、第3位相は、僧院、王、ラー、オンポ、村人の関係を中心とする体系、第4位相は、僧院、ラー、オンポ、村人の関係を中心とする体系である。また、先に述べたラマユル僧院のカプギャット祭礼やカンギュル祭礼は、ラーの登場しない村人と僧院との関係を中心とする祭礼であり、これを第5位相として加えることが可能である。

この5位相は、村人のラーへの信仰を基盤とし、それがシャマニズムに基礎を置くボン教と王権とが結びつく体系へと移行し、さらにボン教が仏教に代わり、王権と僧院との関係が強化され、その後、ラダック王国の独立と王権が失われたことに伴う変化に対応するものである。したがって、歴史的には第1位相を基盤とし、第2位相はラダック王国成立

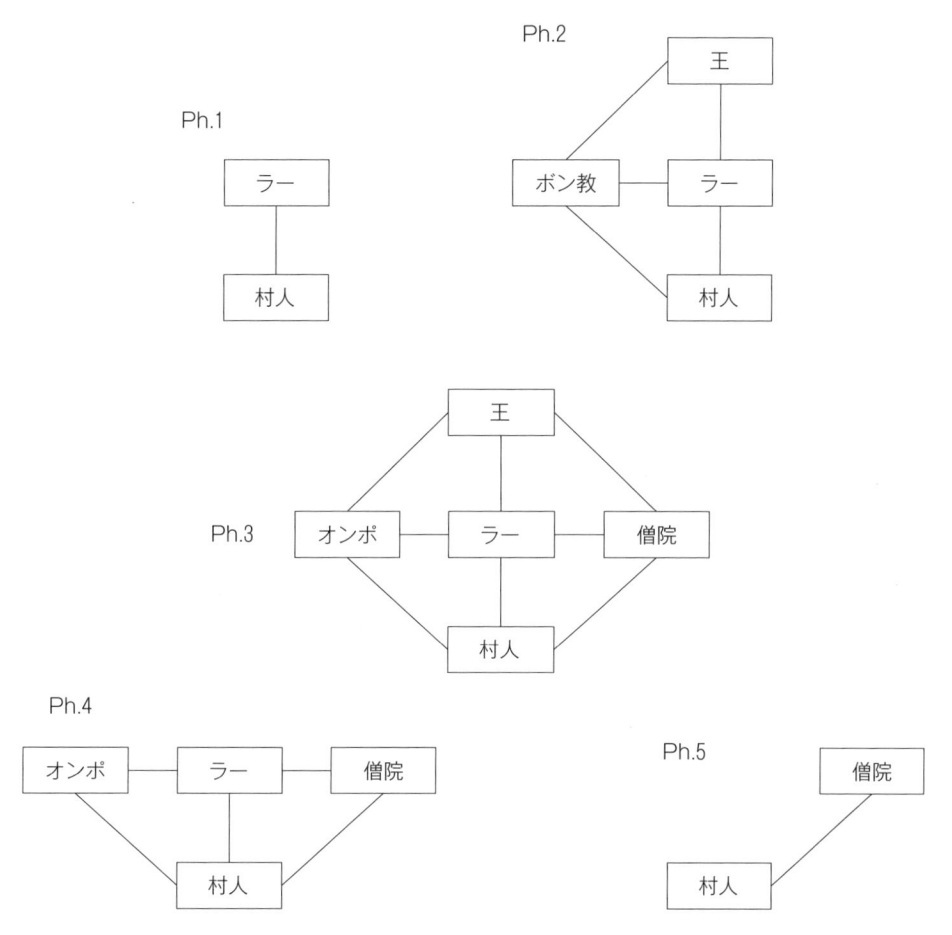

図12-2 ラー、王、ボン教、オンポ、僧院、村人の政治体系の位相
Ph.1：第1位相　Ph.2：第2位相　Ph.3：第3位相　Ph.4：第4位相　Ph.5：第5位相

以前、もしくは王国初期の時代に対応し、第3位相は発展期を中心とするラダック王国時代、そして第4位相はラダック王国時代以後から現代に対応する。

　もちろん、これら位相の相違というものは、不可逆的な一方向への歴史的変化ではなく、それぞれの時代と場所の状況に適応した体系を示すものである。また、ここで注目すべきことは、これら各位相において、村人とラーとの関係は変わることなく継続していることである。さらに、現代においては、僧院はラーを登場させることに消極的であり、むしろ、仏教本来の教義に基づいた祭礼により、村人への教育を行おうとしている。したがって、王権なき後の、現代の第4位相は、もし仏教僧院が別の方法で村人にかかわることがなければ、あたかもラーと村人の関係を中心とした第1位相を示す体系に戻ったような印象さ

え受ける。また、先に述べた東チベットにおいては、王が国家にかわり、オンポがインテリゲンチアにかわることにより、あたかもボン教がかかわる第2位相を示す体系が再現されているかのように見える。

　西のラダックから中央チベット、そして東チベットに至る広大なチベット文化圏において、人々はラーに対する信仰を共通の基盤としながら、王権や僧院との関係を通してさまざまな政治体系の位相を、時代的変異、あるいは地域差として表出してきたと言えるのである。

3　仏教と現代化

現代化と伝統

　チベット仏教は仏教教義を根本としながらも、その実践のあり方は、時々の社会情勢や人々の信仰に対応してきた。仏教そのものが社会に適応し、また社会を変えていく力を備えていたからである。したがって、ラダックにおける仏教についても、その本質は歴史的、政治的動態の中でこそ理解されることになる。

　とりわけ、ラーの登場をめぐる祭礼の変化から、この動態と現代化との関連を分析することができる。ラダックにおける現代化の特徴は、僧院と村人が外部からの異なる要因のもとに、それぞれ変化が誘発され、その結果として祭礼に変化が見られたことである。1947年のインド独立に伴う民主主義的思想が、1974年の入域解禁以後、徐々に村人にまで受容され、1990年代には社会的価値観を変えるにまで至った。伝統的な下層カーストの職業である楽士、あるいは負担の大きいラバの役割を引き受けることよりも、現金収入の多い職業の選択の自由が優先されることになったのである。これは、かつての軍隊への就職に加え、近年の観光化による商業という経済活動の可能性の多様化を背景としている。

　また、ラダックの僧院は、1959年のダライ・ラマ14世のインドへの亡命以後、かつてのチベットとの結びつきが、1980年代以後急速に復興した難民チベット仏教僧院との結びつきに転じることになる。もっとも、難民社会における仏教僧院は、チベット仏教のグローバル化とともに新たな布教、僧の教育、僧院の経営戦略をとり、ラダックにおける僧院もこの一環としての役割を担うことになる。ラマユル僧院に見られる運営組織の改革は、ラダックの僧院が、従来の地方的、伝統的な僧院と村人との間の生態的互恵関係に基づく経営から、生計基盤を国際的市民に置く新たな僧院組織への人材供給源として位置づけられることを意味する。また、インドのチベット仏教僧院での僧に対する教育は、欧米市民が望み、かつ彼らに受け入れられる論理的で合理的な仏教教義の解釈に則して行なわれる。すなわち、仏教そのものの表現が現代化しているのである。

　したがって、チベット仏教に併存していたシャマニズム的信仰は、ここでは排除される

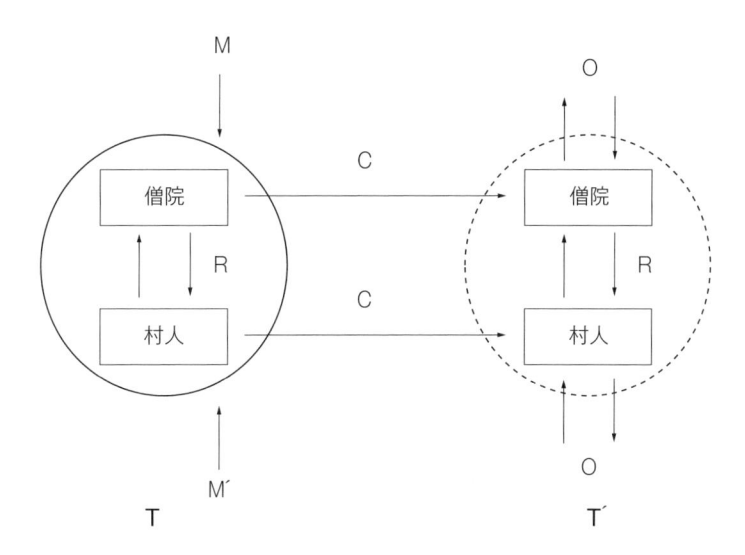

図12-3 ラダックにおける、現代化と僧院と村人との間の伝統的生態的
互恵関係の維持
M：現代化（チベット仏教のグローバル化）
M´：現代化（社会的価値観）
C：変化、調整　R：伝統的互恵関係　O：外部世界
⬯：閉鎖的関係　⬰：開放的関係
T：僧院と村人との伝統的関係
T´：現代化による僧院と村人との関係

ことになる。その結果、ラーの登場するラダックの僧院の伝統的祭礼にも修正が加えられる。すなわち、村人における現代化、そして、僧院の現代化による変化が、僧院と村人との協同作業である祭礼の再構成をもたらすことになったのである（図12-3）。

　ここには伝統と現代化との葛藤が見られた。その結果、マトー・ナグラン祭礼におけるラーの登場の修正、ストック・グル・ツェチュー祭礼における新たなラバの選択方法の導入と僧院のかかわりの強化、そして、シェー・シュブラ祭礼におけるラーの登場の一時停止と再登場というように、それぞれの祭礼の歴史的背景、僧院と村人との政治的関係に基づいた解決方法が見られたのである。祭礼はラダックの歴史の記憶であり、それに価値を置くか否かが修正の重要な要因になっていた。また、人々の日常の生活はラーへの信仰と不断の関係にあり、さらに、僧院と村人との間には生態的互恵関係が継続している。ラーの登場する僧院の祭礼はこれらの象徴であり、実践の場そのものなのである。

　マトー・ナグラン祭礼において、2日目のラーが登場しなくなったことに対し、村人は楽士に対し制裁を加えてまで、伝統的役割を果たすことを求め、また、僧院に対しラーの登場を請願し、僧院は他の村から絵師を調達することでこれに応えた。ストック・グル・

ツェチュー祭礼においては、伝統的なラバの家にかわって、村の若者たちが交代でラバになる制度を導入し、僧院も仮面舞踊という仏教儀礼と混成させながら、ラーの登場の継続に協力した。また、シェー・シュブラ祭礼においては、ラーの登場が一時停止されたにもかかわらず、村人は彼らにとっての伝統儀礼であるシュブラ祭礼と、王国時代からの舞踊を継続させ、ラーの再登場を可能としたのである。

これらの祭礼は、村の祭礼であるシェー・シュブラ祭礼のように、村の再統合の役割を果たす。さらに、僧院が積極的にかかわる場合には、僧院と村人とが相互に調整、協力しながら伝統を維持しようとする姿勢が見られる。ラダックの僧院にとっては、難民チベット人によるチベット仏教のグローバル化にもかかわらず、僧となるのは村人である。僧院は村人の経済活動にその経営基盤を置いており、また村人は経済活動をはじめとする生活と人生のあらゆる側面に対し、僧院から必要な儀軌の提供を受ける。この僧院と村人との生態的互恵関係の継続は両者の生存のための必須条件であり、これが地方の伝統なのである。したがって、伝統と現代化との間の葛藤は現代化に対抗する伝統の維持、あるいはグローバル化に対抗するローカル化の過程として捉えることができる。これは、現代社会における伝統文化の連続性を指摘する立場を支持するものである。[8]

すなわち、ラダックにおける現代化とは、仏教も村人もそれぞれが、外部世界との開かれた関係を持つことで、社会に対する新しい価値観や戦略を取り入れながら、祭礼の実践を通して集団の統合を維持しようとする過程である。さらに、現代化という視点から見ると、現実的利益に基づくラーへの信仰から、生き方の哲学としての仏教への大きな変化の流れを見てとることができる。ラーへの信仰と仏教とは、対立、混成しながら、西のラダックから中央チベット、東チベットという広大な地域における、文化的地域差を表出する共通の動因となっているのである。

人々にとっての信仰の意味

チベット仏教が現実的利益の享受と、人間の生死の哲学という仏教本来の目標を示すことを目的としているのであれば、それが必要とされる社会において、今後とも生き続けるであろう。宗教は人間の生き方と社会のあり方の文化的指針となるからである。現代化により技術や経済や政治が変わろうとも、人間の心そのものに起因する悩みはなくなることはないからである。[9]

ラダックの現代化により、かつての王国の首都であったレーには、夏の間観光客が訪れ、バザールには旅行社、レストラン、土産物店が立ち並ぶ町になった。崩れかけていた旧王宮は観光用に修復され、町の周囲に広がっていた緑の畑はゲストハウスやホテルとなった。9月の始めには2週間にわたり、観光客のためのラダック・フェスティヴァルが開催され、村人たちの伝統的踊りや歌、弓の競技、さらには仮面舞踊までもが行なわれるのである。

この結果、町には個人の企業家が生まれ、また村の人々もレーの町に出て働く機会を得ることになった。かつては見られなかったような高額な紙幣が人々の間を飛び交い、ラダックは経済的に豊かになったと言えるかもしれない。

　このような現状の中で、レーの市民がチベット仏教僧であるパンディ師やゲロン・パルダン師に求めるものは、かつての悪霊祓いのための儀軌ではなく、縁起と空、菩提心、慈悲という仏教本来の教義と人間の生き方に関する講話である。パンディ師はレーの町にある仏堂で、またゲロン・パルダン師はレーの隣にあるサブ村に設立した小さな仏堂で毎月、市民や村人のための講話の会を開催している。これは、ダライ・ラマ14世が欧米の人々を対象に解説する合理的で検証可能な新たなチベット仏教の姿でもある。ここでは、仏教は単なる信仰ではなく、人々にとっての理解の対象であり、また実践のための指針となっている。チベット仏教は王権や僧院のための宗教から、人々の宗教へと移行したのである。

　このような現代の状況は、紀元前5世紀、北インドのガンジス河中流域、マガダ国において、釈迦が初めて仏教を起こした時と似ているかもしれない。当時、人々は商業で栄える都市国家における自由な気風の中、本来の心の救済を求めたと考えられるからである。あるいは、この状況は、時代背景や規模は異なるかもしれないが、技術的、経済的に豊かになった国で、人の生や死や生き方に関する文化的指針としての宗教が機能していない日本の現状と共通する点があるかもしれない。人々は生きることの意味を問うことを忘れ、現実の豊かさにのみ目を向け、それを享受しているかのように見えるからである。

　現代は科学的な医療や技術により、病気や災害を克服することが可能になった。その結果、悪霊を追放したり、富を招くための儀礼の役割はそれだけ減少することになる。しかし、新しい状況のもとでも、心そのものに起因する悩みは尽きない。とりわけ、生と死を二元的対立的に捉える近代の合理主義的、唯物主義的思考のもとで、人間はその存在そのものが否定される死への恐怖と不安を抱えながら、刹那的生き方を強いられるのである。

　この唯物主義的思考とは対照的に、チベット仏教では、生と死を対立させず、存在のすべてを生、死にゆくことと死、死後、再生の4つの現実に分ける。それぞれは、誕生から死までの期間である「現世の自然なバルド（本有）」、死のプロセスの始まりから内なる息が絶える瞬間までの心の本質の出現、すなわち根源の光明の出現による「死の苦痛に満ちたバルド」、音と色と光による心の本質の輝きの体験、すなわち光明の死後体験である「法性の光り輝くバルド」、一般に言われる中間状態（中有）であり新たな誕生の瞬間までを言う「再生のカルマによって引き起こされるバルド」の4つのバルドである。ここでは人間の存在を生と死の連続した一連のプロセスとして捉える。人は死後、再生のバルドを経て再びこの世に戻り、またこの世も現実世界のバルドなのである[10]。人々が何万回となくマントラを唱え続けるように、また、マニコルをまわし、寺院や仏塔の周囲を巡り続けるように、生きることは回転しながら永遠に続く人生の過程にすぎないのである。

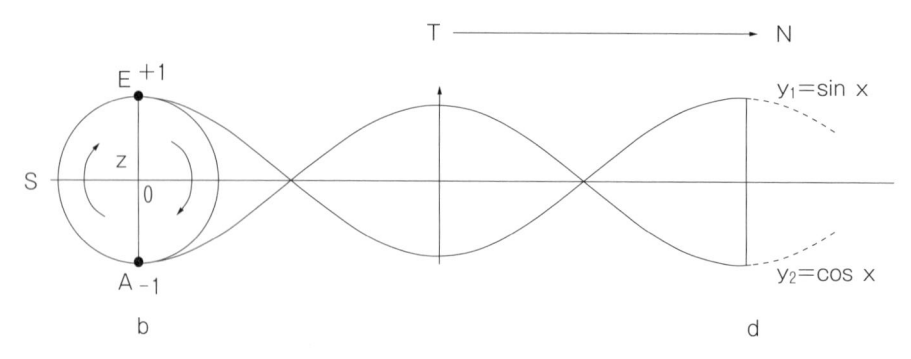

図12-4 人間が生きるという誕生から死の過程における利己心と利他心の発現の変化と
心の位相、および、それらを超越した空と慈悲心の位置づけの模式図
S：輪廻　E：極限値の利己心　A：極限値の利他心　T：空　N：慈悲心
b：誕生　d：死　z：心　y_1：利己心　y_2：利他心　x：時間

したがって、現代の仏教は、生と死の哲学に比重が置かれることになる。これは、仏教の現代化といってよいかもしれない。このことは、死を間近に感じている人々にとっては、特別の意味を持つ。すなわち、現実世界の生も決して実体のあるものではなく、したがって、死も恐れるものではないと知ることができるからである。生も死も生きるということの一連の過程でしかないのである。この世は苦であるとする仏教の基本的前提に立ち、世界は空であると悟り、輪廻から自由になりブッダになるとの菩提心のもと、慈悲の実践を積み、何千回、何万回となく人に生まれ変わりながら、人々はブッダへと近づくのである。

　ブッダ、ボディサットヴァが衆生をあわれみ、楽を与え、苦を除くという慈悲の実践は、マハーヤーナ（大乗）仏教の真髄である。このことは、世界の見方を意識から変えることにより、人間本来の心をそこに見出し、その実践を通して人の生き方と現実の社会のあり方を変えることになる。人がブッダになるということは、とりもなおさず、人々が理想とするブッダの世界をこの現実世界に出現させることに他ならない。この意味で、マハーヤーナ仏教に基礎を置きながら、瞑想を手段とするチベット仏教は、個人と社会に直結した実践的宗教であるということが言えるのである。

　それでは、心という視点から、空や慈悲はどのように位置づけられるのであろうか。人の心のはたらきは、利己心と利他心の発現として捉えられる。人間が生きるという誕生から死への過程において、心の位相はそれぞれ、サイン曲線を描く利己心とコサイン曲線を描く利他心の和として模式化することができる（図12-4）。

　すなわち、下記の通りである。

$z = y_1 + y_2$

（ただし、$y_1 = \sin x$、$y_2 = \cos x$、z：心、y_1：利己心、y_2：利他心、x：時間）

誕生から独立、そして子供をもうけるという人生のそれぞれの局面を経て、利己心と利他心とは逆転する。さらに、その後の子供の独立から自己の死に至る過程において、再び、利己心と利他心とは逆転し、出発点に戻ることになる。すなわち、人間の人生は、個人を単位として考えると、男女差をはじめとする個人差を含みながらも、完全な依存に始まり、独立を経て他者への完全な奉仕に至り、その後、再び完全な依存に戻り、死に至ることになる。円で表した心は同じであるにもかかわらず、人生の過程におけるさまざまな社会的状況のもとで、利己心と利他心の発現が異なるため、さまざまな位相として表れることになるのである。

しかし、仏教では死後、再び輪廻に入りこの過程を続ける現象世界の人生そのものを空であると達観し、利己心や利他心という二項対立構造そのものを越え、心の根源にある純粋な思いやりの心のみを慈悲心として取り出し、これを維持することを目標とするのである。これが輪廻から自由になるということであり、そこには生も死もなく、利己心も利他心もなく、空性とそこに芽生えた慈悲心のみがあることになる。実際、利己心や利他心も集団の遺伝子プールの生存という視点から見れば、同じ心のはたらきであり、二項対立的に表現されるというだけにすぎないのである。

言い替えれば、現象的にはその瞬間ごとに、状況に対応して利己心や利他心が発現されるが、理論上、その和は常に0、すなわち、

$$Z = 0$$

となる。これは、現実とは矛盾するように見えるが、これこそが空性であり、心の本質なのである。さらに、マハーヤーナ仏教では、この心の空性を理解した上で、利他心の発現を極大値に、利己心の発現を極小値に自己制御する、すなわち、

$$T \to N \text{ （ただし、T：空、N：慈悲心）}$$

とする。その結果、

$$y_1 = 0$$
$$y_2 = 1$$

となり、

$$Z = 1$$

という心の位相を得ることができる。すなわち、状況に惑わされることなく、常に利他心を極大値に維持するのである。そのためのエネルギーが瞑想であり、その過程が菩提心となる。

もっとも、現実の生活を生きる人々にとって、悟りに向かう精神の場である菩提心を得ることは至難の技である[11]。さらに、利己心と利他心は現実の社会関係においては、結果的に支配と従属の関係を生む。人々がリンポチェを信仰するのは、彼の慈悲心を現実世界における絶対的利他心として認識し、自己の利己心ゆえに彼に依存するからである。この結果、リンポチェは現実世界では、利他心と引きかえに絶対的な信頼を得ることになる。もちろん、このことは、社会的、生態的視点からは、集団の統合という意味を持つことにもなる。さらに、人々がリンポチェをブッダそのものとして認識するならば、それは人間を超えた神聖な存在となり、霊的力を付与され、カリスマとなる。この意味で、人々の側から言えば、信仰とは絶対的利己心であると言えるかもしれない。

　もっとも、本来の仏教教義は、M.ウェーバーが述べるような、社会のカリスマ的支配類型を導くことを目的としているものではない。ダライ・ラマ14世が、自分は生きとし生けるものの中の一人の人間であると語り、また、仏教の論理性と各自における検証の可能性の必要性を強調するのは、現実世界において人々がともすれば陥る危険性のあるカリスマへの信仰を注意深く排除し、仏教本来の教義の理解へと人々を導こうとするものである。仏教教義は空の概念を導入することにより、現実の社会のみならず、二元論に基づく支配と従属という社会学的解釈そのものをも超えるのである。

　ところで、人々は、現実的利益の享受と菩提心という仏教教義とを本当に区別しているのであろうか。ラマユル・カブギャット祭礼において、さまざまな悪霊を儀礼的に殺し、主尊のトルマとともに火中に投捨することを、パンディ師は治療であると言う。これは、丁度、病人が薬を飲み、健康の回復を図ることと同じだと説明するのである。もし、そうであれば、この世の苦悩から自由になり、より良い輪廻の場所に生まれかわり、あるいはブッダの世界に至ることも、人々にとっては治療であるかもしれない。苦を去り、幸せを得るという点で、これらは同じ目的を持つからである。人々にとって、宗教は救済なのである。さらに言えば、人々は救済のためであれば、チベット仏教のさまざまな儀軌のみならず、ラーであろうとシャマニズムであろうと、可能な限りの手段を用いるはずである。これが人々の信仰であり、彼らの側から見た生存戦略だからである。

　しかし、現代化により、ラダックの人々は生と死にかかわる生き方の問題に、より大きな関心を持つようになった。パンディ師やゲロン・パルダン師が定期的に開く仏教教義の講話の会に、レーの人々や村人たちが強く引きつけられるのは、このことを示している。そして、彼らの求めに応じて、チベット仏教は現実的利益だけではなく、生き方の哲学をも用意することができる。実際、ダライ・ラマ14世は欧米の人々に理解できるように、合理的説明を提示し、チベット仏教のグローバル化を可能とした。これが、彼らをはじめとする現代人が直面する、心の問題への有効な処方箋となっているからである。

　同時に、ダライ・ラマ14世は欧米の心理学者との討論の中で明らかにするように、自己

の意識の最深部にあるきわめて微細なレベルの意識の実体としてのオエセル（光明）は、現代科学によっては実証できないにもかかわらず、瞑想を通した体験によって知り得るものであることを指摘する[12]。これは、チベット仏教のタントラ的、神秘的側面でもある。人間の心は数百万年に及ぶ人類進化の産物であり、これに比較すれば、ほんの一瞬にしかすぎない最近の近代科学による心の理解は、その限界があるということなのかもしれない。したがって、ここでの宗教は、現代化に対抗する伝統と同様、近代合理主義に対抗する人間の心の神秘性として位置づけることが可能かもしれない。そもそも、神秘性とは近代科学による分析の限界の向こう側を示すものにしかすぎないのである。

　心とは人類学的には脳のはたらきであり、身体の神経生理学的反応に基づく記憶、感情、思考を含み、自然と文化の動的相互作用の結果としての人類進化の産物である[13]。また、仏教では、心身の構成要素を空を除いて、5つの聚り（蘊）、12の領域（処）、18の要素（界）を含む集合の連続体としてみる。5つの聚りとは、第1に物質的構成要素の聚り（色蘊）、第2に感受の聚り（受蘊）、第3に表象の聚り（想蘊）、第4に意思的な組成物の聚り（行蘊）、第5に意識の聚り（識蘊）である。12の領域とは、視覚、聴覚、嗅覚、味覚、触覚、意識からなる6つの内的根拠とそれに対応する色、音声、香、味、触知し得るもの、諸構成要素からなる6つの外的根拠を示す。さらに、18の要素とは、視覚、聴覚、嗅覚、味覚、触覚、意識からなる6つの感覚器官とそれに対応する色、音声、香、味、触知し得るもの、諸構成要素からなる6つの対象、そしてこれらに対応する視意識、聴意識、嗅意識、味意識、触意識、非感覚的意識からなる6つの意識である[14]。

　意識を生じさせるには、認識対象としての原因（所縁縁）、強い影響力を持つ原因（増上縁）、直前の原因（等無間縁）がある。認識対象としての原因とは対象自身が意識に対して投与する自らのイメージであり、強い影響力を持つ原因とは感覚器官に内存する能力であり、ともに外的な物質である。また、意識はそれ自身「対象を照明しつつ認識するもの」として生じてくるが、これは先行する意識の連続した流れがなければならず、これが直前の原因であり、内的な意識である。同様に、意識には始まりは存在しないし、また一人の人の意識の流れに終わりもない。この心の連続ということが、転生を可能にしている理由であるとされるのである[15]。さらに、無上ヨーガ・タントラの見方によれば、粗大なレベルと微細なレベルの意識の他にあるきわめて微細なレベルの意識こそが、先に述べた連続する心の流れの実体としてのオエセル（光明）であるとされ、死の解体プロセス、あるいは瞑想においてこれを体験することができるという[16]。仏教は心の分析に基づき、その最深部に働きかけることで、人間の活動に方向性を与えるのである。

　なお、ここで、きわめて微細な意識が転生を通して連続するという考え方は興味深い。なぜなら、心は進化の産物であるという最近の科学的所見とも共通する考え方だからである。もっとも、現代科学においては、連続する心の本体は、特定の心のはたらきを発現さ

せるための遺伝子群という物質にその根拠を置くことになろう。宗教と科学とは、異なるアプローチから共通の問題に取り組んでいるのである。

　これまで、世界の人々は自己と世界の意味を見出そうと、さまざまな神話や世界観を作り上げてきた。そして、これらに基づき、人間と神々との間にさまざまな儀礼や祭礼を発展させてきた。これらの背後には、意識されているか否かにかかわらず、人間と自然との間、さらには、人間と人間との間における初原的同一性と互恵性の観念が広く認められる。これらは、人類進化の過程で、集団の生存にとって適応的な心のはたらきとして形成され、継承されてきたものである。仏教において、これらは生きとし生けるものへの慈悲として表現されるのである。

　さらに、これを知るために、チベット仏教では瞑想を通していったん意識下にまで遡り、世界は意識によって作り出された幻影であり、その実体は無であるとする空の体得に至る。この悟りのもとに、根源的な心のはたらきを諸尊として見出し、自己と同一化することによりこれを実践する。仏教は、瞑想という体験に基づいて、生物学的、心理学的領域のみならず、合理主義に基づく近代科学の限界を超える神秘的領域をも包含しながら、二元論に捉われない論理的世界を構築し、世界の根源的真理を知り、生きることの意味を理解する。その上で、仏教は、実践を通して、自己と社会をより良いものにするための方法と目標を示す心の制御となるのである。

　宗教は、それが仏教であれキリスト教であれ、またイスラーム教やヒンドゥー教であれ、あるいは狩猟採集民のアニミズムや、遊牧民のシャマニズムであれ、苦を去り幸せを得ることを目的としている。社会の統合の形や論理的世界は異なっていても、目的は一致しているのである。さらに、この目的は集団の生存の上に成り立っている。人々は帰属性（アイデンティティ）の標章としての伝統を継承することで集団の凝集を可能とし、ラーの登場や、リンポチェに信頼を置くことで、集団の方向性を見出し、集団の統合を図る。また、利他的行動としての慈悲の実践を通して、集団の生存のための適応値を上げる。したがって、人々の信仰とは、心という観点から見れば、きわめて生態的であるということさえできるのである。

註
1) 山田 2009：321.
2) 煎本 2007c.
3) 辻（訳）1970：322.
4) 中村 1990：246-247.
5) 煎本 1996：4 ；煎本 2010a：543-544, 559-560.
6) 佐藤 1959：716　cf.煎本 1986a：450.
7) 煎本 1988：148-149.

8) Yamada 2011b：261-271.
 9) VHS「チベット2002──ダラムサラより──」2002、東京、自由工房；ゲシェー・ソナム・ギャルツェン・ゴンタ 2007.
10) ダライ・ラマ14世 テンジン・ギャツォ 1999：53-59；ソギャル・リンポチェ 1995：183-184.
11) シャーンティデーヴァ 2009.
12) ヴァレラ，F. J., J. W. ヘイワード（編）1995：12.
13) 煎本 2007b：1.
14) 第14世ダライ・ラマ 1980：66-71.
15) ダライ・ラマ14世 テンジン・ギャツォ 1996：39-41.
16) ヴァレラ，F. J., J. W. ヘイワード（編）1995：211.

エピローグ

　デリー空港は34℃であった。3,000mを一気に降り、むっとする暑さの中、デリー中心部にあるジャンパト・ホテルに直行した。シャワーを浴び、3カ月ぶりで肉のサンドイッチを食べた。ラダックでは夏には肉を食べることはなく、ほとんど毎日が大麦こがしとバター茶の食事だった。しかし、肉はまずくて食べられなかった。私は太郎を部屋に残し、すぐにオート・リキシャ（三輪自動車）でインド航空の事務所に行き、切符の払い戻しを受けた。今日のデリー行きの便がキャンセルになった場合のことを考えて、明日のレーからスリナガル、明後日のスリナガルからデリー行きの切符を予備に買っておいたものである。その後、ホテルに飛んで返り、休養を取った。その後の日本までの飛行機便を待つ間の数日間、私は太郎とともにデリーのさまざまな場所を見て歩いた。

　ホテルで太郎が何か書いているのでたずねてみると、毎日、日記をつけているという（写真1）。毎日あったことが、1日にノート半ページ、10行ほどに記されている。8月12日には、「オールドデリーに行って、鳥のびょういんとジャイナきょうのお寺に行ってから歩道を歩きました。お店がたくさんありました。フウセンガムを買いました」とあった。この日、私たちは、オールド・デリーにあるジャイナ教（Jaina〈サンスクリット〉）の寺院を訪ねたのである。寺院の同じ敷地内にある建物の壁に鳥の絵が描かれていたので入ってみると、そこは寺院の運営する「鳥の病院」であった。ここでは、車に轢かれて怪我をしたハトなどの鳥を収容し、元気になったら再び外に放すということを行なっているという。車やオート・リキシャや人力車、さらには馬車や牛車が縦横に行き交うこのインドの雑踏の中で、傷ついた鳥を助けている人々がいるということに、何か温かいものが感じられた。なお、ジャイナ教は釈尊とほぼ同時代に、仏教と同様、バラモン教の身分制や祭祀主義への批判から生まれ、不殺生、不妄語、不偸盗、不淫、無所有という禁戒と苦行の実践により解脱を説く宗教である。大理石で造られた仏像に近い祖師像は、ヒンドゥー教やチベット仏教の寺院の諸像と比較すると、清純で洗練された印象を与えるものであった。

　外は非常に暑く、おそらく40℃以上あったように思う。涼しいレストランを求めてひたすら歩くが、結局見つからず、頭が朦朧としだし、熱射病の危険を感じたため、オート・リキシャを拾い、急いでホテルに引き上げたのである。なお、この近くにはヒンドゥー寺院もあり、後日、私が訪れた時には、シヴァ神をはじめとする神々に供物を捧げ祈る、多くのインド人でごった返していた。

写真 1　デリーのホテルで日記をつける太郎（1989年）

8月13日の日記には、「オールドデリーに行って結婚式を見ました。おまつりみたいでした。すごくうるさかったです。すごくあつかったです。ザクロを買いました。とってもおいしかったです」と書かれていた。この日、私たちは再びオールド・デリーを歩いたのである。路地に入ると、食物を売る店屋が並び、道にはヒンドゥー教のシヴァ神の乗り物である聖なる牛が悠然と歩いていた。バザールでは結婚式の行列が太鼓を鳴らして練り歩き、楽隊は私たちの前で止まると、ひとしきり太鼓の演奏をした。たいへん暑かったが、人力車でオールド・デリーを走り、ザクロを買い、その後、ジャンタル・マンタル（Jantar Mantar）に行った。ジャンタル・マンタルは1724年にジャイプールの王ジャイ・スィン2世が建設した、巨大な日時計をはじめとする天文観測のための建築物であり、古来からインドにおいて、天文学に関する科学的関心が強かったことを示していた。

翌8月14日には、「オールドデリーにある高いとうにのぼりました。まっくらなかいだんをとおっててっぺんに行ってまわりを見たら、オールドデリー全部とニューデリーちょっとが見えました。おみやげをかいました」と記されていた。この日、私たちは、ムガール帝国時代に建てられたインド最大のモスクであるジャマー・マスジッド（Jamma Masjid）に行き、塔に登ったのである。暗いラセン階段を登り塔の上に出ると、オールド・デリーの雑踏が眼下にあった。このモスクでは、ムスリムたちが中央の池で足を洗い清め、聖地メッカの方向に礼拝を捧げる姿が見られた。北インドを制圧し、建国されたイスラーム教国であるムガール帝国の都が現在の旧市街、オールド・デリーにあたる。その後、1857年のセポイの反乱後、ムガール帝国はイギリスにより滅亡させられる。オールド・デリーは1911年から1931年まで、カルカッタから遷都したイギリス領インドの首都となるが、1931年以後は建設の完成したニュー・デリーが新首都となり、インド独立後もニュー・デリーがインド連邦政府の立法、行政、司法機関などが建ち並ぶ政治の中心地となるに至っているのである。

さらに翌日の8月15日はインドの独立記念日であった。テレビでは式典が放映されていた。この日の日記には、「インドのどくりつきねんびでした。レッドフォート（赤いおしろ）に行きました。川へ行きました。しんだ人をやいていました。かみさまの形にほった木の人形をかいました」とあった。この日、私たちは、ムガール王朝第5代皇帝シャー・

ジャハーンによって建てられた城であるレッドフォート（ラール・キラー、Lal Qila）に行ったのである。また、ガンジーが眠るラージ・ガート（Raj Ghat）に行き、さらに近くのニガムボッド・ガート（Nigambodh Ghat）を訪れた。葬列が木の台の上に置かれた死者を担いで次々とやって来ると、積まれた薪の上にそれをのせ、火葬にしていた。その後、灰は天に続いていると考えられているこの聖なるガンジス河の支流に流されるのである。

　マハトマ・ガンジーは非暴力運動のもと、ヒンドゥー教徒とムスリムの融和を試みたインド独立運動の指導者であるが、狂信的ヒンドゥー教徒に暗殺されることになった。そして、インド独立後の現在も宗教の融和は実現されず、インドとパキスタンという2つに分かれた国の間では、戦闘とテロとが続いている。おそらく、仏教以前のヴェーダの時代から、この地では多くの戦争と文明の歴史が繰り返されてきたのであろう。そして、社会が人々にとって困難な状況であったが故に、宇宙の真理と心の平安を求めて、仏教をはじめとするさまざまな宗教が生まれてきたはずであった。しかし、宗教は現在、逆に戦争を拡大させる要因とさえなってしまったのである。

　太郎の日記は、さらに遡って、ラダックでのことについても記されていた。レーに着いた日、1日中頭が痛くなったこと、前年の調査の時から山田孝子の手助けをし、レーの市立病院の看護婦長をしていたイシェイ・アグモおばさんの家に滞在したこと、レーでは1日おきに電気がくるので、夜は懐中電灯で照らしていたこと、また、イシェイ・アグモの妹の尼僧と一緒に、日本からの日蓮宗日本山妙法寺の若い僧がレーの郊外にある小さな丘の上に建てようとしている世界平和祈願のための仏塔の建設現場にまで登り、ごはんをいただいたこと、そして丘を登るのがしんどかったが、石の上にトカゲがいるのを見つけたこと、また自分の知っている折り紙を全部折って人にあげたことなどが書かれていた。

　さらに、日記には、7月23日にレーからカラツェに行き、前回の時から知っているパンディおじさんに会ったことも記されていた。7月24日にはプンツォク・ドルマ、スタンジン・ラモ、クンチョック・スタプギャスという名前のカラツェの子供たちと友達になり、チュリー（アンズ）の実を取りに行ったこと、翌25日にはスタンジン・ラモともう1人のお兄さんと一緒にインダス河の近くの崖の所まで行き、そこで初めて聞いたロバの鳴き声がとても奇妙な声だったことが綴られていた。

　7月26日には、「小鳥を一ぴきみつけて、家にもってかえってダンボールばこに入れました。まだ子どもでとべません。すからおちたその小鳥とはすずめの子です。畑に写しんをとりにお父さんといっしょに行きました」とあり、翌27日には、「夕方に畑にさんぽに行きました。畑では村の人が大麦をかりいれていました。かりいれが終わった畑では、ゾー（うしとヤクのあいのこ）がすきで畑をたがやしていました。（ヤクとはつのがあって黒い長い毛がはえている大きいどうぶつでした）お父さんとわかれました」と記されていた。この日、私は1人でカラツェからレーに行ったのである。

写真2 カラツェ村の畑での太郎と友達（山田孝子撮影、1989年）

　そして、7月28日には、「バター茶をのみました。（バター茶とはお茶にしおとバターを入れて作ったお茶です）ゾモ（ゾーのめす）の子どもが生まれました。子どもの小鳥が、まどからとんでいきました」とあった。また、翌29日には、「朝、雨がふってきて、へやにどろのあまもりがしました。（インドの家はぜんぶどろの日ほしレンガで作ってあるのであまもりがしやすいのです）きょ年は、家がくずれたそうです」と記されていた。さらに、30日には、「畑にいきました。畑ではほかの人たちが大麦をだっこく場にもっていっていました。（かたにかついで）帰る時に、ぼくは、ゾーとゾモをおいたてて行ったら、ゾーはゆっくり、ゾモははやく行きました」とあった。後で山田孝子に聞いたら、村の子供たちと小枝を持って、ゾーとゾモを追い立てて行くのが、とても楽しかったと話していたという（写真2）。

　7月31日には、カラツェの学校が始まり、インドの学校では10時から10時30分の間が登校時間であることが記されていた。また、泊まっている家の子供は家の手伝いがあるため、今日は学校には行かず、翌8月1日に手伝いがなかったため、学校に行ったことが記されていた。8月2日には畑の上の林にアンズの実を取りに行ったらナシの木もあったこと、友達の1人が木から落ちて怪我をして泣いていたことが記されていた。また、8月5日には友達と目かくしおにごっこをして遊んだこと、8月6日には朝、川に洗濯に行った時、石から滑り落ちて足に怪我をし、寝ていたこと、また家の人がたくさんのアンズの実をとってきたことが書かれていた。

　8月7日には、「今日からストライキがはじまりました。ストライキとは、店が全部しまっている時のことをいいます。いちばにだれもでれません。へいたいと石をなげる人だけがいます。1つ店がひらくとそこに石をなげます。いちばに出た人はつかまります。朝その人たちがこうしんをしていました（なにかをさけびながら）」と記されていた。8月7日はラダックのジェネラル・ストライキの日で、カラツェでも村人たちがデモ行進を行

なったのである。また、8月8日には私がカラツェに来る予定であったのが来なかったこと、そしてカラツェの花でドライ・フラワーを作っていたのが完成したこと、が記されていた。

私が太郎を迎えに行った8月9日には、「カラツェからレーに行きました。(トラックで。6時間かかりました。タクシー、バスの2ばいの時間) とちゅうでぼくの名前とにた名前の村がありました。(その名前はタルゥといいます)」とあり、翌8月10日には、「ひこうきでレーからデリーに行きました。(とちゅうでせかいで十番目に高い山ヌン・クンという山がみえました) デリーにきたら、きゅうにあつくなりました」と記されていた。

同じものを見ていても、太郎には私とは別の世界が見えていたのである。そして、何よりも私がはっとさせられたのは、太郎が日本からインドに着いた翌日の7月14日に記された最初の日記の記述であった。それは、以下のような記述であった。「きのう、インドのデリーにつきました。ぼくは今日、ホテルのへやでないてしまいました。なんでないたかというと、自分と同じとしの子どもがどうろの車のとまるしんごうが赤になると、車によってきてお金をくださいとお金をもらいにくるのをみて、かわいそうだと思ってないてしまったんです」。実際、後で山田孝子に聞くと、太郎がホテルの部屋で泣いていたのでその理由をたずねてみたところ、このようなことを言っていたという。インドでは、多くの乞食がいて、半ば職業化していることも事実であろう。また、そう考えることによって、本当に大切な真実から目を背けているということもあるかもしれない。しかし、素直に、自分と同じ年の子供たちをかわいそうだと思った心に、私は強く感銘を受けたのである。その心こそが、瞑想や修行を積み重ね仏教が懸命に追い求めてきた、空の中に生まれる慈悲の心そのものであったからである。

人間の心には利己的な心と利他的な心とがある。利己的な心は衝突を生み、利他的な心は協力を生む。これらがともにあるのは人間の心の自然である。人類学的にみれば、これら両者は、個人としての生存にとっても、また集団としての生存にとっても、ともに必要な、人間に本来備わった心である。問題は個人と集団にとって、より良い生き方のできる社会を作るための両者のバランスの取り方にある。そのために、心の自己制御が有効な方法となり得るのである。

仮面舞踊において悪霊の象徴であるダオを殺して切り刻むのは、自身の心の内にあるエゴ（利己的な心）を制圧することであると、ゲロン・パルダン師が強調するように、また、パンディ師が人々がサムサーラ（輪廻）から自由になるように慈悲の実践を行なっているように、人は自分自身の心を制御することができるのである。人間は、アヴァロキテシュヴァラ（観音）のように、泥の中から咲き出る蓮の花によって象徴される純粋な智慧と、サムサーラ（輪廻）の苦悩を取り去るための宝石によって象徴される堅固な力を持ち、慈悲の心を原点として、利己的な心を抑え利他的な心を育てるよう、自身の心を制御するこ

とが可能なのである。宗教とは本来、人間が幸せになるという目的のために、心の側から行動を制御するための案内人なのである。

　私はすべての人が、心の内にある空の中に生まれる慈悲の心を、人間の原点として忘れずに、生きてほしいと思ったのである。

ラダック語語彙用語解

- ラダック語は、言語学的にはチベット語ラダック方言に分類されるが、ラダックの人々は、チベット語と区別し、ラダック語として認識している。このため、本書ではラダック語という表記を採用する。
- ラダック語は、チベット語の正書法を使用するが、語彙用語解では、それらを、Wylie-Kitamura 転写方式に準じてアルファベット表記した。発音は片仮名表記とし、並び順は、50音順とした。もっとも、日本語片仮名表記は、必ずしも正確な発音を反映するものではない。たとえば、rとlの区別、有気音と無気音の区別は表記できない。また、ラダック語の発音は、チベット語ラサ方言とは異なり、正書法に忠実なものとなっており、語頭子音のrを側面摩擦音（lateral spirant）に近く発音する場合があり、これを片仮名では、スと表記した。また、lhaの発音は側面摩擦音であるが、ラーと表記した。さらに、zhaの発音は実際には、ザとジャの中間音に近いため、それぞれの語彙の近い発音に基づき、ザ、またはジャと表記した。
- 語彙用語解は、ラダックにおけるフィールド・データに基づき、本書に含まれる語彙を対象とした。ただし、尊名、人名等には、サンスクリット［sk］を含む。なお、データに齟齬が見られる場合には、確認のため、*A Tibetan English Dictionary*（Jäschke, H. A. 1980［orig. 1881］）を参照した。また、仏教関係用語等のサンスクリットとの対応を確認するため、*A Handbook of Tibetan Culture*（Coleman [ed.] 1994）、『仏教文化事典』（菅沼晃・他［編］1989）、『チベット密教の研究』（種智院大学密教学会・インド・チベット研究会［編］1982）を参照した。

ア

ア（ཨ, a：マントラ種字の1つ）

ア（ཨཿ, ah：マントラ種字の1つ）

ア（ཨཿ, a'h：マントラ種字の1つ）

アーディトヤ（āditya［sk］：阿提覩耶［尊名］）

アヴァロキテシュヴァラ（avalokiteśvara［sk］：観音［尊名］）

アサンガ（asaṅga［sk］：無著、395-470年頃［人名］）

アシュヴィン（aśvin［sk］：アシュヴィン［尊名］）

アショカ（aśoka：アショカ王、紀元前268-232在位［古代インド、マウリア王朝第3世の王名］）

アツァリャ（アツァラ）（a tsa rya〈a tsa ra〉; ācārya［sk］：インド人学者［現在のインドでは修士に相当］）

アティーシャ（atīśa［sk］：アティーシャ、980-1052年［人名］）

アヌッタラヨガ（anuttara yoga［sk］; rnal 'byor bla na med pa：無上瑜伽）

アビ・メメ（a bi me me, 祖母・祖父：祖父母［仮面舞踊の配役名］）

アビダーナウッタラ・タントラ（abhidhānottara tantra［sk］：サンヴァラ系の密教聖典）

アビラティ（abhirati［sk］：東方妙喜世界）

アプチ（アチ）（a phyi：尊名）

アプチ（アチ）・ジンザンチンチュック（a phyi bzhin bzang dbyings phyug; dharma ḍākinī［sk］：尊名［ディグン・カーギュ派の守護尊］）

アプチ（アチ）・チョスキドルマ（a phyi chos gyi sgrol ma：馬に乗っているので、アプチ〈ア

チ〉・スタラチェッパ［a phyi rta la 'cheb pa］とも呼ばれる：尊名［ディグン・カーギュ派の守護尊］）

アプチゲスカル（a phyi'i dgyes gar, アプチ〈アチ〉・の・喜び・踊り：アプチの踊り［舞踊名］）

アプチゲルドン（a phyi'i sger 'don, アプチ〈アチ〉の・専用の・登場：アプチの出場［場面名］）

アポ・アピ（a po a pi, 翁・媼：翁媼［下手ラダックの方言、ラダック全域ではガポ・ガモと言う］）

アム（ཨཾ, am：マントラ種字の１つ）

アムゴン（a mgon：ラマユル僧院の背後にある丘の名称）

アムゴン・ギ・ラトー（a mgon gyi lha tho, アムゴン・の・ラトー：アムゴン丘のラトー）

アムチ（am ci; am chi：チベット医師［ラダック語では一般的に用いられるが、チベット語では一般的ではない］）

アラハト（arhat［sk］；a ra ha ti, アラハティ；dgra bcom pa, ダチョンパ：阿羅漢、應供）

アリミール・シェルカーン（a li mir sher khan：バルティ王国王名）

アルガム・ブル（argham［sk］'bul, 頭蓋骨・捧げる：頭蓋骨の奉献）

アルゴン（'a rgon：ラダック女性と結婚したムスリム交易商人の子孫）

アルチ（a lci：アルチ［寺院名、村名］）

アルチ・チョーコル（a lci chos bskor：アルチ法輪寺、アルチ堂）

イーダム（yi dam：個人、あるいは宗派を護るための特別な守護尊）

イェーシェス・ゴンポ・チャクズィパ（ye shes mgon po phyag bzhi pa, 智恵・主・４手・者：尊名）

イェシェウ（ye shes 'od：ネパール、マラ王朝のコルレ王の出家後の名前）

イェシェスパ（ye shes pa：仏陀の世界にいる本物の諸尊）

イシェカンロ（yi shes mkha' 'gro：尊名）

イズィン・ノルブ（yid bzhin nor bu, 望みをかなえる・宝石：望むものをかなえられる宝石）

イダックス（yi dwags：餓鬼）

イディム・スキョックス（idim skyogs, つぎ込む・匙：儀礼に用いる小さな匙）

イブロック（yi 'brog：〈悪霊に起因する〉不幸な出来事）

ウ・ツァン（dbus gtsang：中央チベットのウ・ツァン地方）

ヴァイシュラヴァナ（vaiśravaṇa［sk］；ナムシャス、rnam sras：多聞天［尊名、ギャルチェンズィの１つ］）

ヴァスバンドゥ（vasubandhu：世親、400-480年頃［人名］）

ヴァルナ（varṇa［sk］：四種姓）

ヴィナヤ（vinaya［sk］：戒律）

ウクパ（'ug pa：梟）

ウザ（dbu zha, 頭・帽子：帽子）

ウチョス（dbu chos：役員）

ウムザット（dbu mdzad：儀礼責任者）

ウムザットズルワ・ズクサ（dbu mdzad zur ba bzhuks sa, ウムザット・退役・座：退役ウムザットのための座）

ウルカースヤー（ulūkāsyā［sk］：梟頭女［尊名］）

ウルガンマ（dbu rgan ma < dbu mdzad rgan ma, 頭・古参：古参頭）

ウルガンマ・ズクサ（dbu rgan ma bzhuks sa, ウルガンマ・座：ウルガンマの座）

オエセル（'od gsal：光明）
オチョク（'od chog：儀軌名）
オパメット（od dpag med;amitābha［sk］：無量光［五仏の１つ、尊名］）
オミン・チュイン・ウスタ・メパナス（'og min chos dbying dbus mtha' med pa nas：諸尊の建物のある本来の世界）
オム（ༀ, om：マントラ種字の１つ）
オム・ア・フム（ༀ ཨཱཿ ཧཱུྃ［om a'h h'um］：ブッダの身体・話し・心：身口意の三密のマントラ）
オム・マニ・パドメ・フム（ༀ་མ་ཎི་པད་མེ་ཧཱུྃ།［om ma ṇi pad me h'um］, オム〈身口意の浄化〉・宝石・蓮華〈宝石と蓮華は観音菩薩の慈悲の力と智慧の象徴〉・フム〈種字、自己を高めるための帰依を動機づける〉：観音のマントラ）
オンポ（dbon po：占星術師）

カ

カー（bka'：命令）
カーカースヤー（kākāsyā［sk］：烏頭女［尊名］）
カーギュット・ラマ（bka' brgyud bla ma：儀軌名）
カーギュパ（bka' brgyud pa：カーギュ派）
カーシュヤーパ（kāśyapa［sk］）：迦葉仏［人名］）
カーシュン（bka' bsrung：三叉の矛）
カーシュン（bka' srung, 命令・守護者：従者［尊名］）
カーシュンズィ（bka' srung bzhi, 命令・守護者・４：４従者［ハラ、ザー、マモ、タムチェンの４尊］）
カーシュンズィ・ゲルドン（bka' srung bzhi sger 'don, 命令・守護者・４・専用の・出場：４従者の出場：場面名）
カーシュンブルトル（bka' srung 'bul gtor, 命令・守護者・捧げる・トルマ：４従者への供物）
カーラチャクラ（kālacakra［sk］; dus kyi 'khor lo：尊名、儀軌名）
カーリクス（kag rigs, 悪運・系統：悪運ども）
カイラーサ（kailāsa［sk］：カイラース山、須弥山）
ガウ（ga'u：護符の入った小さな金属製の箱）
カウワ（kawu wa：尊名［マハーカーラの顕現］）
カタック（kha btags：吉兆の印の白布）
カタップジェ（mka' sgrab rje：ツォンカパの弟子の僧名、1385-1438年）
カタム（kha tam［sk］：デチョクの持つ杖）
カダムパ（bka' gdams pa: bka' brgyud bka' gdams pa：カダム派）
カチャパ（kha 'phyag pa, 雪・掃く：除雪）
カチャル（kha char：リンチェンザンポの建立とされるプラン地方の寺院名）
カッグ（kag：害をおよぼす悪運）
カトー（ka to：巾の広い長い刀）
カプギャット（bka' brgyad, 命令・８：尊名）
カプギャット・カン（bka' brgyad khang, カプギャット・堂：カプギャット堂）
カプギャット・デシェック・ドゥスパ（bka' brgyad bde gshegs 'dus pa, カプギャット・良く逝っ

た〈シューンヤター、śūnyatā［sk］・概要：儀軌名）
カプギャット・トルドック（bka' brgyad gtor bzlog, カプギャット・トルマ・投捨：カプギャットのトルマの投捨）
カプジュク（khyab 'jug：尊名）
ガポ・ガモ（rgad po rgad mo：翁媼［ラダック全域での称、下手ラダックではアポ・アピと言う］）
カマラシーラ（kamalaśīla［sk］：蓮華戒、8世紀［人名］）
カム（khams：東チベットのカム地方）
カムチュ（kha mchu：口論）
カムルップ（kam rub：アッサム地方）
ガモツェ（dga' mo rtshe, 幸せ・端：幸せな場所、ティクセ村とシェー村の間にある場所の地名）
カラス（kha ras, 口・塞ぐ：口を塞ぐ白布）
ガリコルスム（mnga' ris skor gsum：西チベットのルトク、グゲ、プラン地方を含む地方名）
カル（khal：容積の単位［大麦粒で13-14kgに相当、1カルは5ボー、20ブレ］；1カルの種を蒔く畑地の面積にも適用）
カル（mkhar：王宮）
カル・ラトー（カル・ギ・ラトー）（mkhar lha tho＜mkhar gyi lha tho, 王宮・の・ラトー：王宮のラトー）
カルギャン（dkar rgyan, 白い・装飾：白い装飾）
カルダン（kha gdan, 四角の・じゅうたん：四角い絨毯の席）
カルダンシェラブ（skal ldan shes rab：人名）
ガルダンダルゲーリン（dga' ldan dar rgyas gling：リキール〈ルキール〉僧院の別称）
カルツィ（dkar rtsi, 白・物質：白い砂）
カルツェ（dkar rtse：プーリック地方の地名）
ガルップ（lgar grub：ストック村の家名）
カルドット（bka' sdod：尊名［ラダックではカンロ、mkha' gro とも呼ばれる女神］）
カルトル（dkar gtor, 白・トルマ：白い供物）
カルブ（mkhar bu：カルブ［村名］）
カルポ（dkar po：白）
ガルマ（gar ma, 踊り〈を踊る〉・女神：踊りを踊る女神、マンダル奉献儀軌における8女神の1つ）
カルマパ（kar ma pa：カルマ派）
カルワ（'khar ba：どら〈銅鑼〉）
カワカルポ（kha ba dkar po：東チベット、カム地方の地名）
ガワキルワ（dga' ba 'khyil ba, 喜び・渦巻き：吉兆の渦巻き文様）
ガワキルワ・ドス（dga' ba 'khyil ba'i 'gros, 喜び・渦巻き・ドス：吉兆の渦巻き文様のドス）
ガワン・ギャルタン（ガワン・ナムギャル）（ngag dbang rgyal mthan; ngag dbang rnam rgyal：17世紀のブータンのドゥック・カーギュ派の僧名）
ガワンデレクワンチュク（ngag dbang dge legs dbang phyug：ディグン・カーギュ派の転生僧名）
カン（khang：家屋）
ガン・グー（ngan rgu, 悪・9個：あらゆる悪）
カンギュル（bka' 'gyur：チベット語訳大蔵経仏説部）

カンギュル・ドクパ（bka' 'gyur sgrog pa, カンギュル・朗唱：カンギュルの朗唱）
カンギュル・ラカン・サルチェンモ（bka' 'gyur lha khang gsar chen mo, カンギュル・神〈尊〉・部屋・新しい・大きい：チベット訳大蔵経典を納めた経堂）
ガンゴン（ガンスゴン）（sgang sngon：ピャン僧院の別称）
カンジャル（khan sbyar：小刀）
カンソル（スカンソル）（bskang gsol, 実現する・要求：儀軌名）
カンソル・ギャツァ（スカンソル・ギャツァ）（bskang gsol brgya rtsa：儀軌名）
カンダローハー（khaṇḍarohā［sk］；ドゥムスケスマ、dum skyes ma［尊名］）
カンツァン・ギャット（khang tshan brgyad, 家・部分・8：ラマユル僧院配下の家々の8区分）
ガンティ（ganti［sk］：撥）
カンナム（rkang snam：ズボン）
ガンパ（ngan pa：悪）
カンポ（mkhan po：教師［ディグン・カーギュ派における称号、ゲールク派におけるゲシェー〈博士〉に相当］）
カンリン（khang ring, 部屋・長い：長い部屋）
カンリン（rkang gling；シュカンドゥン、rkang dung：骨製の笛）
カンロ（カンロマ）（mkha' 'gro ma；ダーキニー、ḍākinī：尊名）
カンロマツォクス（mkha' 'gro ma'i tsogs, カンロマ・の・ツォクス：カンロマへの供物）
キタパラ（ki' tra pa la：尊名）
キタン（khyi thang：西チベット、グゲ地方の地名）
キチュー（skyi chu：チベットのキチュー河）
キデニマゴン（skyid lde nyi ma mgon：ラダック王国初代王名、c.900-930年）
キナクポ（khyi nag po, 犬・黒：黒犬）
ギャジャ（rgyal ja, 王・茶：王の茶［シェー・シュブラ祭礼において王がラーに供する茶］）
ギャズィ（brgya bzhi：儀軌名）
ギャスパ（rgyas pa：詳細）
ギャタムティグ（rgya khram gri gug；チャクスキュー、lcags kyu：鉄製で柄の先頭に刀と金剛杵がつけられた武器）
ギャツォ（rgya mtso：仏教的宇宙観におけるメルー山と四大陸の浮かぶ大海）
ギャツォチューリス（rgya mtsho chu ris：舞踊名）
ギャパ（brgya pa, 100・持つ者：貸付大麦粒100カルの管理を担当する僧の役職名）
ギャプツァン・トゥルンパ（スキョワ・リンポチェ、skyob pa rin po che；リンチェンパル、rin chen dpal：ディグン・カーギュ派の祖師）
ギャペ・ラー（rgyal po'i lha, 王・の・ラー：王のラー［マトー・ナグラン祭礼に登場するラーの名称］）
ギャランタン（rgya lan tang：毒花）
ギャリッドナドゥン（rgyal srid sna bdun, 王・種類・7：王の7種類の持物）
ギャリン（rgya gling：縦笛）
ギャリンパ・ズクサ（rgya gling pa bzhugs sa, 縦笛・者・座：縦笛奏者の座）
ギャルカートゥン（rgyal kha thun：バルティ王国アリミール・シェルカーン王の娘でラダック王国ジャムヤン・ナムギャル王の后）

ギャルタ（rgyal sta, 王・馬：獅子）
ギャルチェン（rgyal chen：大王）
ギャルチェン・ズィ（rgyal chen bzhi, 大王・4：4天王［ユルコルチェン〈時国天〉、パスケスポ〈増長天〉、ミミザン〈広目天〉、ナムシャス〈多聞天〉]）
ギャルチェンリ・ズィ・ラー（rgyal chen ris bzhi'i lha：大王の4種類のラー）
ギャルツァン（rgyal mtshan, 勝利・印：勝利の旗）
ギャルブ（rgyal bu：王子）
ギャルポ（ギャポ）（rgyal po：王［護法尊名、悪霊名としても用いられる]）
ギャルリッドナドゥン（rgyal srid sna bdun, 王・〈の所有物〉・の・7：主尊デチョクに奉献される7種の王の所有物［輪、宝石、女王、官僚、象、馬、将軍]）
ギャルワ・リクスンガ（rgyal ba rigs lnga, 勝者となった〈最高の、ブッダ〉・種類・5：五仏［ミスキョットパ〈阿閦〉、ナムパルナンザット〈大日〉、リンチェンチュンダン〈宝生〉、オパメット〈無量光〉、ドンヨットドゥッパ〈不空成就〉5尊]）
ギャルワ・リンポチェ（rgyal ba rin po che, 勝者・貴人：ゴンボ、ダライ・ラマ）
ギャロンギトゥン（rgyal blon gyi 'thon<rgyal po chos skyong gi 'thon, ギャルポ・チョスキョン・の・登場：ギャルポとチョスキョンの登場［場面名]）
ギュル・チック（bsgyur cig：方向が変わる）
キュン（khyung; garuḍa [sk]：ガルーダ、金翅鳥）
ギュン・チャクスムパ（rgyun chags gsum pa：僧の規律に関する典籍）
キュンカ・リンポチェ（khyung kha rin po che：タントラ修行の指導者の僧名）
キルコル（dgyil 'khor, 中心・円, maṇḍala [sk]：諸尊の宮殿、マンダラ）
キルコル・シャクパ（dkyil 'khor shag pa, キルコル・破壊する：キルコルの破壊）
グーグル（gu gul：悪霊を払う香の名称）
グゲ（gu ge：西チベットの地方名）
クショク（クショー）（sku shog：高位の人）
グスコルワニス（dgu bskor ba gnyis, 9・回る・2：舞踊名）
グストル（dgu gtor, 9〈満月の日〉・トルマ：トルマの投捨）
グッズクス（'gug zhugs, 招待する・座る〈入る〉：悪霊をトルマに呼び入れる）
グヒヤサマージャ（guhyasamāja [sk]；サンドゥス、gsong 'dus：尊名）
グマ・コルチェン（dgu ma 'khor chen, 9・輪・大きい：大輪舞［舞踊名]）
グマ・スキャン・ツェック（dgu ma rkyang rtseg, 9・1回・足運び：舞踊名）
グマ・チェスコル（dgu ma phyed skor, 9・大きな・輪：舞踊名）
グマ・ニス・ツェック（dgu ma gnyis rtseg, 9・2〈倍〉・足運び：舞踊名）
グヤガンパ（'gu ya sgang pa：ディグン・カーギュ派の僧名）
グル（gu ru［本来は sk］：尊師；パドマサムバヴァ、padmasaṃbhava [sk]：人名）
グル（gu ru：ストック村の家名）
クル（khur：収穫した麦の束をまとめて1度に背負うことのできる単位［60-70kg、麦粒1カルに相当]）
グル・トルシャス（gu ru mthol bshags：典籍名）
グル・ラー（gu ru lha, 尊師〈王〉・ラー：ドルジェ・チェンモを指す）
グル・ラー・シンデギャット（gu ru lha srin sde brgyad：本来悪霊であった8護法尊名）

グル・リンポチェ（gu ru rin po che；パドマサムバヴァ［人名］）
グルギゴンボ（ゴンボグル）（gur gyi mgon po; mgon po gur：尊名）
クルグムギチュー（kur gum gyi chu, サフラン・の・水：サフランを入れてカタックで濾した水）
グルゴン（gur mgon, 天幕・ゴンボ：マトー村のラーの名称）
グルジワ（gu ru zhi ba：儀軌名）
グルプック・ゴンパ（gur phug dgon pa, 天幕・立てる・僧院：ストック僧院の別称）
グン（dgun：冬）
グンカン（dgun khang, 冬・部屋：冬の居住部屋）
グンチャクスムパ（rgyun chags gsum pa, 彼ら・着座：着座）
クントゥ・ザンポ（kun tu bzang po；パル、dpal：空のような何もない空間；チェチョク、che mchog：尊名［すべてのブッダの最初の者がここから出現した。チェチョクをこの顕現とする］）
ケードル（ケードルジェ）（kye rdor＜kye rdo rje, ケー〈注意を引くための言葉〉・金剛；ヘーヴァジュラ、hevajra［sk］：尊名）
ゲールクパ（dge lugs pa：ゲールク派）
ゲサル（ge sar：ケサル伝説の王）
ゲシェ（dge bshes; kalyāṇamitra［sk］：精神的教師［ゲールク派では博士に相当］）
ゲスコス（チョーティンバ）（dge skos; chos 'khrims pa：規律監督者）
ゲスコス・ズクサ（dge bskos bzhugs sa, 規律監督者・座：規律監督者の座）
ゲスニェンズィ（dge bsnyen bzhi, ゲスニェン・4：尊名）
ケスパ（skyes pa, 霊力のある・人：霊力のある人［仮面舞踊の配役名］）
ゲット（'gyed：与える［僧たちに金銭を献じる儀式］）
ゲディク・シャンチェット（dge sdig shan 'byed, 善い行為・悪い行為・分離する〈判断する〉：ヤマーンタカの裁定）
ゲディックマ（dge sdig ma, 善業・悪業・〈判断する〉者：ヤマーンタカ、yamāntaka［sk］［尊名、儀軌名］）
ゲパマ（sgeg pa ma, 姿勢〈をとる〉・女神：姿勢をとる女神［マンダル奉献儀軌における8女神の1つ］）
ゲロン（dge slong：学士、学僧）
ゲロンギ・ティムス・ニプギャガプチェンガースム（dge slong gi khrims nyis brgya lnga bcu nga gsum, 僧・の・規則・253：僧の253の規則）
ゴザ（mgo rdza, 頭〈の大きさ〉・容器：大麦酒を入れる大きな容器）
ゴジ（dngos gzhi：儀軌名）
ゴマズィ（sgo ma bzhi, 扉・者・4；トゥルペチャクニェンズィ、sprul pa'i phyag brnyan bzhi：4方向の扉の守護者［チェチョクの4化身の使者：狼、虎、猪、梟］）
ゴムスキュー（gom skyu：チャプトル儀軌に用いられるバターを乗せた平たいトルマ）
コラック（kho lag：大麦こがしとバター茶を混ぜた食物［チベットではbag, パックと呼ばれる］）
コルダック（dkor bdag：悪霊名）
コルナック（gor nag：アンズの種から油を絞った残り滓）
コルワ（'khor ba：サムサーラ、saṃsāra［sk］：輪廻）
コロ（'khor lo：輪）
コロ・リンポチェ（'khor lo rin po che, 輪・貴い：王の7種類の所有物の1つ）

ゴン・カル（mgon dkar, ゴンボ・白：白ゴンボ［尊名］）
ゴンカン（ゴンボ・カン）（mgon khang＜mgon po khang, ゴンボ〈マハーカーラ〉・部屋：護法尊堂、護法堂）
コンシャクス（bskong bshags：儀軌名）
ゴンジュン・ソルカー（mgon gzhung gsol kha：儀軌名）
コンゾル（rkong zor, 灯明台・武器：灯明台の武器［灯明台に墓場の土、家系の断絶した家の煤、多くの災難があった家の土などを入れた悪霊に対する武器］）
ゴンダック（dgon bdag, 僧院・所有者：僧院の所有者［僧院の財産管理者であるゴンニエルのことを下手ラダックのスキルブチェン僧院ではこのように呼ぶ］）
コンチョク・ジステンギド（dkon mchog rjis dran gyi mdo：食事前に唱える典籍名）
コント（ズェルダン）（khong khro; zhe sdang：怒り、憎悪、瞋）
ゴンニエル（dgon gnyer, 僧院・管理者：僧院の財産管理者）
ゴンニエル・カン（skyu gnyir khang, ゴンニエル・部屋：僧院の管理者の部屋）
ゴンパ（dgon pa：僧院）
ゴンパゾット（mngon pa mdzod, 知る・宝物；アビダルマコシャ、abhidharmakośa［sk］：阿毘達磨倶舎論）
ゴンペ・チーダム（dgon pa'i spyi tham, 僧院の・印：僧院の公印）
ゴンベゲルドン（mgon po'i sger 'don, ゴンボの・専用の・出場：ゴンボの出場［場面名］）
ゴンペジン（dgon pa'i zhing, 僧院の・畑地：僧院所者の畑地）
ゴンポ（'gong pho, 悪霊・男：男の生霊［悪霊名］）
ゴンボ（mgon po；ナータ、nātha［sk］：ゴンボ、護法尊［マハーカーラと同一視されるが、本来は異なる尊］）
ゴンボ・グル（mgon po gur, ゴンボ・尊師：グルギゴンボ、gur gyi mgon po, 尊師の・ゴンボ；マハーカーラ、mahākāla［sk］：尊名）
ゴンボ・ジャルズィパ（mgon po zhal bzhi pa, ゴンボ・口・4・者：4面ゴンボ［尊名］）
ゴンボ・チャクズィパ（mgon po phyag bzhi pa, ゴンボ・手・4・者：4手ゴンボ［尊名］）
ゴンボ・チャクドゥク（mgon po phyag drug, ゴンボ・手・6：6手ゴンボ［尊名］）
ゴンボ・チャクニス（mgon po phyag gnyis, ゴンボ・手・2：2手ゴンボ［尊名］）
ゴンボ・ヤブユム（mgon po yab yum, ゴンボ・殿・妃：殿妃ゴンボ［尊名］）
ゴンポパ（sgom po pa：ディグン・カーギュ派における最高位の法主）
ゴンモ（'gong mo, 悪霊・女：女の生霊［悪霊名］）
ゴンラック（dgon lag, 僧院・手〈枝〉：末寺）

サ

ザ（gza'：タンション、drang srong：尊名［カーシュンズィの1つ］）
ザー、フム、バム、ホー（ཛཿཧཱུྃབྃཧོཿ, dzah, h'um, bam, hoh, 招請する・頭上に留る・入って1つになる・偉大なる幸せ：瞑想において尊と同一化する時のマントラ；悪霊を強制的に招請する際にも用いられるマントラ）
サカ（sa ka, 日付を捉える：播種の儀式）
サカルタンワ（sa dkar btang ba, 土・白い・置く：白い土で描かれた吉兆の文様）
サキャ・ゴンパ（sa skya dgon pa：サキャ僧院）

ラダック語語彙用語解　631

サキャ・パンディット・ゾットカン（sa skya pa [ndi] d dpe mdzod khang, サキャ・パンディット・図書館：サキャパンディット図書館）
サキャイ・カンソー（sa skya'i bskang gsol, サキャ・の・カンソル：典籍名）
サキャパ（sa skya pa：サキャ派）
ザクスパ（zhags pa：綱）
サズィ（sa gzhi, 地・地面：土地）
サチョク（sa chog, 場・治療法：神聖化［儀軌の準備の儀式］）
ザブシル（zhabs bsil：洗足水）
サブダック（sa bdag, 土地・所有者：地霊）
ザム（'dzam：尊名［主尊チェチョクの妃とも言われる］）
ザム・ニスギトン（'dzam gnyis gyi 'thon, ザム・2・の・登場：二人のザムの出場［場面名］）
サムテンリン（bsam gtan gling, 禅定寺：僧院名）
サムルン・パルチャット・ラムセル（bsam lhun bar chad lam sel：儀軌名）
ザランマ（za lam ma［本来は sk］：カプギャットに付随する守護霊）
サルナン（gsal snang：人名）
ザン（zan：ザン；パパ〈敬語〉、pa pa［大麦粉を湯の中で煮た料理］）
サンヴァラ（saṃvara [sk]；デチョク、bde mchog：尊名）
サンヴァローダヤ・タントラ（saṃvarodaya tantra [sk]：サンヴァラ系の密教聖典の名称）
サンガクチョーリン（gsang sngags chos gling：僧院名）
サンゲス（sangs rgyas; buddha [sk]：仏、ブッダ）
サンス（bsangs：浄化儀礼）
ザンストゥン（zangs thun, 銅・武器：銅の武器［悪霊を殺すための儀軌に用いられる先を巻いた銅線］）
サンチョット（gsang spyod〈敬語〉；デチョット、bde spyod、チャグラ、chag ra ともいう：便所）
ザンドクパリ（zangs mdog dpal ri：天上の世界）
ザンバラ（'dzam bha la；ムクズィン、rmugs 'dzin；ジャンバラ、jambhala [sk]：尊名）
ザンバラ・ヤブユム（'dzam bha la yab yum, ザンバラ・殿・妃：殿妃ザンバラ［尊名］）
ザンブリング（'dzam bu gling；ザンブ〈木の名称〉・大陸：仏教的宇宙観におけるメルー山の南にある大陸名）
シ（sri：悪事が生じること［悪霊名］）
シ（ཏྲཱི༔, tri'h：マントラ種字の1つ）
ジードス・コルチェン（bzhi 'gros 'khor chen, 平和・歩み・輪・大きい：大輪舞［舞踊名］）
シェクソル（gshegs gsol, 去る・捧げる：諸尊を送別する儀式）
シェチャマ（shes bya ma；ゴンボパ、sgom po pa：ディグン・カーギュ派における最高位の法主）
シェマル（shes mar, 貸借契約・バター：家畜の貸借契約）
シェラザンポ（shes rab bzang po：ゲールク派の僧名）
シェラップキパロルトゥチェンパ（shes rab kyi pha rol tu phyin pa, 智慧・の・彼岸・へ・行った：大般若経）
シェルカン（shel khang, ガラス・部屋：ガラス張りの部屋）
シェルテン（shel 'phreng：草の数珠）

シェルニン（sher snying, 大般若経・真髄：大般若経）
シカ（si kha, 災難・口：人を苦しめる災いの言葉）
ジクステン（'jig rten, 消滅する・留まる；loka［sk］：世界、現世）
ジクステン・チョトット（'jig rten mchod bstod：尊名［チェチョヘールカを中心とする8顕現の1つ］）
ジクステン・ラスダスペ・ラー（'jig rten las 'das pa'i lha,〈永続しない〉世界・自由になる・者・ラー〈神〉：ラーの範疇名）
ジクステンゴンポ（'jig rten mgon po; 'bri gung dharmasvamin［sk］：ディグン・カーギュ派の宗祖 1143-1217年［人名］）
ジクステンペ・ラー（'jig rten pa'i lha,〈永続しない〉世界・者・ラー〈神〉：ラーの範疇名）
シクトゥル（sig thur：木の小刀）
ジクメットクンガ・ナムギャル（'jigs med kun dga' rnam rgyal：ラダック王国ツェワン・ラプタン・ナムギャル王の王子［人名］）
ジダック（gzhi bdag, 家屋の敷地、台所のかまど近くの場所・所有者：敷地霊）
ジトー（zhi khro, 平和・忿怒〈の100尊〉：ジトー［尊名］、ジトー儀軌［儀軌名］）
ジドー・チェトレン（zhi 'gro phyed len：舞踊名）
ジナミトラ（dzhi na mi tra［本来は sk］：尊名）
ジムシャック（gzims shag, 寝る〈敬語〉・居室：高僧の個人住居）
ジムス（gzims：寝る）
ジムスカン（gzims khang, 寝る〈敬称〉・家：大臣の家）
ジムスチュン（gzims chung, 寝る〈敬語〉・小さい：個室〈室、nang の敬語〉、寝室）
ジムスチュンウス（gzims chung dbus, 寝る・小さい・中央：中央寝室）
シムハ・デヴァ（simha deva：カシミール国王名）
シメット（shi med, 死・ない：借りた頭数と同じ頭数の家畜を返却する貸借契約）
シャーンタラクシタ（śāntarakṣita［sk］：寂護、725-788年頃［人名］）
シャカムニ（śākyamuni［sk］；śākya thub pa：釈迦牟尼）
ジャクスパ（zhags pa：縄）
シャザカンロ（sha za mkha' 'gro, 肉・食う・カンロ：尊名）
シャス（shas：貸借契約；大麦粒の貸付契約）
シャスンパ（sha gsum pa：ゾルによる太鼓の舞踊の3番目の踊り手の名称）
シャチュクル・ゴンパ（shar chu khul dgon pa：シャチュクル僧院）
ジャナック（zhwa nag, 帽子・黒：黒帽、瑜伽タントラ行者［仮面舞踊の配役名］）
ジャナック・ギ・チャムコル（zhwa nag gi 'cham skor, 帽子・黒〈瑜伽タントラ行者〉・の・舞踊・輪：場面名）
ジャプシ（zhabs shi：助手）
ジャプシル（zhabs sil：洗足水［7種類の供物の1つ］）
ジャムスムチョンスム（'jam gsum 'chong gsum：舞踊名）
ジャムパル（'jam dpal, マンジュシュリ、mañjuśrī［sk］：文殊［尊名］）
ジャムパルスン（'jam dpal gsung：尊名［チェチョクヘールカを中心とする8顕現の1つ］）
ジャムヤン・ナムギャル（'jam dbyangs rnam rgyal：ラダック王国王名、c.1560-1590年）
シャリジムスチュン（shar gyi gzims chung, 東・の・寝る・小さい：東の小寝室）

シャル（shar：東）
ジャルザス（zhal zas, 口・食物：食物［7種類の供物の1つ］）
ジャルバク（zhal 'bag, 口・仮面；トージャル、khro zhal, 恐しい顔：ゴンボの忿怒仮面）
ジャルヤスカン（gzhal yas khang, 計測無限・建物：キルコルに観想する壮大な諸尊の宮殿）
シャワ（sha ba：鹿）
シャワ・ゾー（シャプ・ゾー）（sha ba mdzho, 鹿・ゾー〈雄ヤクと雌牛の雑種〉：仮面舞踊の配役名）
シャワ・ツィック・チャム（sha ba gcig 'cham, 鹿・1・舞踊：1頭の鹿の踊り［舞踊名］）
シャワ・ニス・チャム（sha ba gnyis 'cham, 鹿・2・舞踊：2頭の鹿の踊り［舞踊名］）
シャワトン（sha ba'i 'thon, 鹿の・出場：鹿の出場［場面名］）
シャン（srang：屋根のついていない通路）
ジャンクー（ljang khu：緑）
シャンシュン（zhang zhung：チベットのシャンシュン地方）
シャンタップ（gsham thab：僧衣）
ジャンチュブリン（jang chub ling：ディグン・カーギュ派の僧院名）
シャンパ（shangs pa：シャン派）
シャンマ（sran ma：エンドウ豆）
ジュー（gzhu：弓）
シュヴァーナースヤー（śvānāsyā［sk］：狗頭女［尊名］）
シューカラースヤー（śūkarāsyā［sk］：猪頭女［尊名］）
シューンヤター（śunyatā［sk］：ストンニッド、stong nyid：空）
シュカンドゥン（rkang dung：骨製の笛）
ジュクソルワ（bzhugs su gsol ba, 座・着く・請う：瞑想において招請された諸尊に着座を請う）
ジュクティ（bzhugs khri, 座・玉：玉座）
シュクパ（shug pa：笛の吹き口の所を吹いて出す口笛の音）
シュッパ（shug pa：ビャクシンの葉［浄化のための香として用いられる］）
シュブ（srubs：初穂）
シュブラ（srubs lha, 初穂・ラー：初穂のラー〈神〉、シュブラ祭礼）
シュリーデヴィー（śrīdevī［sk］：パルダン・ラモ、dpal ldan lha mo［尊名］）
シュンコル（srung 'khor, 防ぐ・円：トルマ下部の周囲に垂らされた護符の囲み）
ジュンデン（gzhung 'tren, 共同・給仕する：村人による僧侶招待の慣習）
シュンマ（srung ma：守護尊［ディグン・カーギュ派ではイーダムとしてのアプチを称す］）
シュンワ（srung ba：マントラが入れられた護符）
ジョ（bhyo：ヨーグルト）
ショク（srog；ラ、bla：命）
ショク・チェン（gshog cen：翼を持つ者［キュンを示す］）
ショクダクパ（srog bdag pa, 命・所有する・者：仮面舞踊の配役名）
ジョクツォクス（zhog tshogs, 朝・集会：朝の集会）
ショクパ（gshog pa：翼）
ジョジョ（bhyo bhyo［sk］：悪霊を駆逐するためのマントラ）
ジョナラジャ（jonarāja［sk］：人名）

ショル（srol：屋根のついた通路）
ション（tshon：色、色粉）
ジョンパ（zhong pa：木製の長方形の鉢）
シルニェン（sil snyen：シンバル）
ジン（zhing：畑）
シンカン（shing khang, 木・部屋：薪の貯蔵部屋）
ジンギシュタクマ（ji snyid su dag ma：経典名）
シングモ・ラルチクマ（sring mo ral gcig ma, 妹・髪の毛・1本・者：霊名）
ジンザンチンチュック（bzhin bzang dbyings phyug＜a phyi bzhin bzang dbyings phyug, アプチ・ジンザンチンチュック：尊名［ディグン・カーギュ派の守護尊である2尊のアプチの1つ］）
シンジェ（gshin rje, 死神；ヤマ、yama［sk］：無常大鬼）
シンジェ・イ・ユル（gshin rje'i yul, 死神・の・村；ヤマユル、yama［sk］yul：無常大鬼の国、死後の国）
シンジェ・ズィ（gshin rje bzhi, シンジェ・4：死後の世界の4方向の守護者）
ジンダック（zhing bdag, 畑地・主人：畑地の所有者）
シンデ（gshin 'dre, 死・悪霊：死霊）
シンポ・イ・ツォモ（sri po'i gtso mo, シンポ・の・首領〈女〉：悪霊シンポの女首領［パルダン・ラモの化身］）
シンポ・イ・ユル（sri po'i yul, シンポ・の・村：悪霊シンポの世界）
シンモ（srin mo：女の悪霊名）
ズィ・ドー（bzhi 'gro, 4・歩み：舞踊名）
ズィグパック（gzig dpags, ユキヒョウ・皮：ユキヒョウの皮［マトー・ナグラン祭礼でラーが着ける腰巻き］）
ズィマルンガ（bzhi ma lnga, 4・になる・5；4が5になる：貸借契約における25％の利率）
ズィルドゥンギャスコル（bzhi brdung brgyad bskor：舞踊名）
ズィンスキョン（zhing skyong, 王国・守護者：尊名）
ズィンスキョン・ゲルドン（zhing skyong sger 'don, ズィンスキョン・専用の・登場：ズィンスキョンの出場［場面名］）
ズィンスキョン・ヤブ（zhing skyong yab, ズィンスキョン・殿：ズィンスキョン殿［尊名］）
ズィンスキョン・ヤブユムギトン（zhing skyong yab yum gyi 'thon, ズィンスキョン・殿・妃・の・出場：殿妃ズィンスキョンの出場［場面名］）
ズィンスキョン・ユム（zhing skyong yum, ズィンスキョン・妃：ズィンスキョン妃［尊名］）
スヴァータントリカ（svātantrika［sk］：自立論証派）
スートラ（sūtra［sk］, mdo：経典）
ズェルダン（zhe sdang：怒り、憎悪、瞋）
スカーヴァティー（sukhāvatī［sk］：西方極楽世界）
スガムペー（sngam phye：麦こがし［チベット、ラサ方言ではツァンパ、rtsam pa と呼ばれる］）
スカルド（skar rdo：バルティスタンのスカルド［地方名］）
スカンワ（bskang ba：儀軌名）
スキドモション（skyid mo shong, 喜び・峡谷：僧院の食料貯蔵庫）

スキャブド（skyabs 'gro：仏、法、僧への帰依）

スキョパ・ジクテンゴンポ（skyob pa 'jig rten mgon po；スキョパ・リンポチェ、skyob pa rin po che：ディグン・カーギュ派の創始者である祖師、1143-1217年［人名］）

スキョンギスマゴスクムドックドカル（skyon gyis ma gos sku mdog dkar：儀軌名）

ズクカムス（gzugs khams：色界、形態のある世界）

ズクソル（bzhugs gsol：着座の要請）

ズクメットカムス（gzugs med khams：無色界、形態のない世界）

スケチェットキラー（skye mched kyi lha：境界なく生成するラー［ラーの範疇名］）

スケット（skyed；パル、'phar：利息）

スゴモ（bsngo smon＜bsngo ba smon lam：儀軌名［典籍はチョルチョット、chos spyod］）

スコラム（skor lam, 回転・路：細長い回廊）

スゴルモ（sgor mo：飲酒のための銅製容器）

スコルワスコルワ（skor ba bskor ba, 巡回・巡回：祭壇のまわりの巡回）

スゴワ（bsngo ba＜bsngo ba smon lam：儀軌名）

スゴンド（sngon 'gro：開始のための儀式［儀軌名］）

スゴンポ（sngon po：青色）

スタ・カルポ（rta dkar po, 馬・白い：白馬）

スタク（スタック、タック）（stag：虎）

スタク・パクス（stag lpags, 虎・皮：虎の皮、マトー・ナグラン祭礼でラーが着ける腰巻き、カプギャット祭礼において8種類の武器が置かれる赤い布［強い力の象徴］）

スタクナ・ゴンパ（stag sna dgon pa：スタクナ僧院）

スタゴン（sta gon：儀式の準備）

スタチェス（rta rtses, 馬・踊り：馬の踊り）

スタチョリンポチェ（rta mchog rin po che, 馬・貴い：王の7種類の所有物の1つ）

スタラチェッパ（rta la 'cheb pa＜a phyi rta la 'cheb pa, アプチ・スタラチェッパ：尊名［ディグン・カーギュ派の守護尊である2尊のアプチの1つ］）

スタルギュクス（rta rgyugs, 馬・競走：競馬）

スタンスキョン（bstan skyong, 教義・守護者：尊名）

スチャンデン（spyan 'dren：諸霊、諸尊の招請のための儀軌［儀軌名］）

スツァン（rtsang：木の枝を交叉させ対にして立てたもの［短剣の象徴］）

スツィギマル（rtsi gu'i mar：アンズ種・の・油：アンズの種油）

スツィルク・タンバ（rtsris grub gtang ba, 経理・与える：財産の引き継ぎ）

スック・スン・トゥク（sku gsung thugs：身・口・意［三密］）

スッタニパータ（sutta nipāta［sk］：典籍名）

ストスポチェ（stobs po che：トウォズィ〈4忿怒尊〉の1つ）

ストック・グル・ツェチュー（tog gu ru tshe bcu, ストック・尊師・日・10：ストック・グル・ツェチュー祭礼）

ストック・セルラン（stog gser rang, ストック・金・自身：ストック・グル・ツェチュー祭礼に登場するラーの名称）

ストレー（stod sle：上衣）

ストン（ston：秋）

ストン・スンマ（stong gsum ma, 千・3・持つ者：儀軌名）
ストン・チョット（stong mchod, 千・奉献：儀軌名）
ストンニッド（ストンパニッド）（stong nyid＜stong pa nyid；シューンヤター、śūnyatā［sk］：空）
ストンパ（ston pa, 教え導く・者：ブッダ・シャカムニ）
スニェンナス（bsnyen gnas：儀軌名）
スニェンナス・カン（bsnyen gnas khang, アヴァロキテシュヴァラ〈観音〉に関する儀軌の名称・堂：堂名）
スパルバル（dpal 'bar, 光栄な・輝き：灯火［トルマの投捨に際し、道端を照らす役割としてトルマに立てられる灯火］）
スピトゥック（spi thug; dpe thub, ペトゥ：スピトゥック僧院）
スプンドゥン（spun bdun, 兄弟・7：7兄弟神［護法尊名、チベットにおいてパドマサムバヴァにより調伏された悪霊由来の護法尊。後にサキャ派のトゥンパ・ドルジェ・スパルザンに従ってラダックにやってきた］）
スポス（spos：線香）
スポスポル（spos phor：香炉）
スマッド・ナムス（smad rnams；シャム：下手ラダック地方）
スマン（sman；スマンモ、sman mo：悪霊名）
スマンラ（sman bla; bhaiṣajyaguru［sk］：薬師［尊名、儀軌名］）
スマンラック（sman rag：神々の飲む不老不死の甘美な飲料、甘露）
スムダ（gsum mda'：リンチェンザンポの建立したとされるザンスカール地方の寺院名）
スムチューツァースム（sum cu rtsa gsum：尊名）
スムドゥンドルジェウズック（sum brdung rdo rje'i bus 'dzug：舞踊名）
スムドゥンパンレン（sum brdung spang len：舞踊名）
スムルンパルチョットラムセル（bsam lhun bar chod lam sel：儀軌名）
ズルカン（zur khang, 大臣・家屋：大臣の家）
ズルトン（zur bton, 専用の・儀軌：専用の儀軌［ラマユル僧院ではゴンボとカプギャット各尊の儀軌を意味する］）
スンガクス・トゥック・チャギャ・トゥック（sngags drug phyag rgya drug, タントラ・6・ムドラ（印）・6：6の瞑想と6の印［仮面舞踊におけるダオを切る時の所作］）
スンガクスダワ（sngags bzla ba, マントラ・唱える：諸尊に対してマントラを唱える）
ズンス（gzungs：マントラ、māntrā［sk］：真言）
ズンスタック（gzungs thag：紐）
スンドゥット（gsung mdud, 祝福・結び目：祝福の結び目［高位の僧が人々に結んで与える紐］）
セコラ（se ko ra, 金・帽子：金色の帽子）
ゼスゲルドン（gza'i sger 'don, ザ〈タンション〉の・専用の・出場：ザの出場［場面名］）
セパ（srid pa：実在）
セパコロ（srid pa 'khor lo, 実在・輪；bhavacakra［sk］：輪廻図）
セムジャ（sem ja：ネパール、マラ王朝の首都名）
セムス（sems; citta［sk］：心、意）
セムスケット（sems skyed：儀礼自体を衆生のために行うこと）

セルギサズィ（gser gyi sa gzhi, 金・の・基底：仏教的宇宙観における世界の金の基底）
セルケム（gser skyems, 金・酒：諸尊の招請と誓願のための金酒の奉献儀礼［儀軌名］）
セルテン（gser phreng, 金・列：金色の列［リンポチェを歓迎するための僧による出迎えの列］）
セルポ（ser po：黄）
セルラン（gser rang<stog gser rang, ストック・金・自身：ストック・グル・ツェチュー祭礼に登場するラーの名称）
センゲ・カルポ（seng ge dkar po, 獅子・白い：白い獅子：仮面舞踊の配役名）
センゲ・ドンチェン（seng ge gdong can, 獅子・面・大きい：大面の獅子［仮面舞踊の配役名］）
センゲ・ナムギャル（seng ge rnam rgyal：獅子王、ラダック王国王名、c.1590-1635年；c.1569-1594年）
センドンマ（seng gdon ma, 獅子・頭・持つ者：仮面舞踊の配役名）
センモ（bsen mo：悪霊名）
ゾクチェン（rdzogs chen：ゾクチェン派）
ソグラツァン（srog ra btsan：悪霊ツァンの名称）
ソスニョムス（bsod snyoms：僧、鍛冶、楽士、チベット医などが村の生産物の一定の分配を受けるための慣習的制度）
ソックシス（sog dkris, ワラ・束：外部のトルマを作るための束ねたワラ［束のラサ方言の発音はティスであるが、ラダック語ではシスと発音する］）
ソッド（bsod：幸運）
ゾット（mdzod：物置き部屋）
ソナム・ドゥスパ（bsod nams bsdus pa：儀軌名）
ソブジョン（gso sbyong：儀軌名）
ゾラック（zo lag：料理用の大鍋）
ゾル（zor：武器）
ゾル・ギャットキトン（zor brgyad kyi 'thon, 武器・8・の・出場：8種類の武器の出場［場面名］）
ゾル・ギャトパ（zor brgrad pa, ゾル・8番目：8番目のゾル）
ゾル・ズィパ（zor bzhi pa, ゾル・4番目：4番目のゾル）
ゾル・スンパ（zor gsum pa, ゾル・3番目：3番目のゾル）
ゾル・タンポ（zor dang po, ゾル・最初：最初のゾル）
ゾル・チャムス（zor 'chams, 武器・舞踊：舞踊名）
ゾル・ドゥクパ（zor drug pa, ゾル・6番目：6番目のゾル）
ゾル・ドゥンパ（zor bdum pa, ゾル・7：7番目のゾル）
ゾル・ニスパ（zor gnys pa, ゾル・2番目：2番目のゾル）
ゾル・ンガパ（zor lnga pa, ゾル・5番目：5番目のゾル）
ソルカー（gsol kha：儀軌名）
ゾルカー・ギュルワ（zor kha bsgyur ba, 力〈武器、トルマ〉・口〈顔〉・変える：トルマの搬出）
ソルジャ（gsol ja, 茶〈敬語〉<ja：茶［一般的にバター茶］）
ソルタプ（gsol thab, 台所〈敬語〉<タプツァン、thab tshang：厨房、台所）
ソルタン（gsol tang：茶〈敬語〉［バター、塩の入っていない茶］）
ソンツェンガンポ（srong btsan sgam po, 吐蕃王国王名、581-649年頃）

ソンデ（gson 'dre, 生・悪霊：生霊）

タ

ダ（dgra：敵）
ダ（mda'：矢）
ダーキニー（ḍākinī［sk］；カンロマ、mkha' 'gro ma：尊名）
ターラ（tārā［sk］；ドルマ、sgrol ma：尊名）
ダオ（dgra bo, 敵・形；リンガ、linga［sk］, 印〈チベット語でスタックス、rtags, 印〉：悪霊とエゴの象徴である人形）
ダオ・ダルベ・チャム（dgra bo sgral ba'i 'cham, ダオ〈敵〉・切る・舞踊：舞踊名）
タガンダ（ltas ngan dgra, 前兆・悪・敵：悪の前兆の悪霊名）
タキ（ta kyi；タイ、ta yi；チャパティ、capātī［ヒンディー語］：小麦粉で作る無発酵の平焼きパン）
タクサコ（tag sa ko; tokṣaka［sk］：德叉迦龍［リキール僧院を守るルーの名称］）
ダクスケット（bdag bskyed, 自身・視覚化：瞑想において自分自身が諸尊になる）
タクゾル（khrag zor, 血・武器：血の武器［麦こがしの練り粉で三角形のおにぎりのような形を作ったものに血を塗った悪霊に対する武器］）
タクタック・ゴンパ（phrag theg dgon pa; brag tog dgon pa：タクタック僧院）
ダクダンマ（bdag sdang ma：儀軌名［仏、菩薩、祖師への礼讃と帰依の唱えの儀礼］）
タクチャム（drag 'cham, 恐ろしい・踊り：舞踊名）
ダクドゥン（bdag mdun：ダクスケットの際の供物）
タクトゥン（thrag thun, 血・武器：血の武器［悪霊を殺すための儀軌に用いられる杯に入れられた血］）
タクトゥン・ロルワ（khrag 'thung rol ba：舞踊名）
タクナック（drag nag, 強い・黒：強い黒［トルマを僧院の外に運び出し投捨する役割の村人たち］）
タクポ（dwags po：チベットの地方名）
タグリル（rtags sgril：転生を候補者の中から選ぶ方法）
ダクン（dgra khung, ダオ・場所〈穴〉：仮面舞踊でダオを置くための三角形の印の描かれた布）
タザン（gra tshan：チベット、タクポ地方の地名）
ダシ（dwa sri：災難）
タシ・ナムギャル（bkra shis rnam rgyal：ラダック王国王名、c.1555-1575年; c.1500-1532年）
タシカタック（bkra shis kha btags, 最高位・カタック：上等のカタック）
タシチェザン（bkra shis chos rdzon; ガンゴン、sgang sngon；ピャン、phyi dbang：ピャン僧院の別称）
タシチョッパ（bkra shis mchod pa：儀軌名）
ダシャ・チョクズィル・ブルワ・ソグチェット（dgra sha phyogs bzhir 'bul ba sogs byed, ダオ〈敵〉・肉・方向・4・捧げる：切ったダオを4方向に捧げる仮面舞踊における所作）
タシャク（grwa shag, 僧・住居：僧の住居）
タシルンポ（bkra shis lhunpo：チベット、シガツェにあるゲールク派僧院名）
タジン（grwa zhing＜grwa ba zhing, 僧・畑：個人の僧に配分された僧院所有の土地）

ダス（'bras：米粒）

ダズクス（dgra gzugs, 敵・身体；ニャオ、nya bo：悪霊の身体）

ダスタ（dgra sta, 敵・斧：敵の斧［仮面舞踊でギャルポの持つ斧の名称］）

ダゾル（mda' zor, 矢・武器：矢の武器［木で作られた弓矢で悪霊に対する武器］）

ダダール（mda' dar：カタックのつけられた矢）

ダチョク（dgra chog, ダオ・次第：ダオを切る儀礼の次第と瞑想）

ダチョンパ（dgra bcom pa; a ra ha ti, アラハティ；arhat［sk］：應供）

タック（khrag：血、山羊の血）

タックツァン・ラチェン（タックツァン・ラスパ）（stag tshang ras chen：ラダック国ヤンゲ・ナムギャル王により招請されたドゥック・カーギュ派、ヘミス僧院の僧名［虎僧］）

タッドナン（gtad nan：魔術）

タッパ（bkrad pa：皮製の長靴）

ダトゥン（mda' thun, 矢・武器：矢の武器［悪霊を殺すための儀軌に用いられる小さな模型の弓矢］）

タプツァン（tab tshang：厨房）

ダミスニャン（sgro mi snyan, 声・ない・愉快な：仏教的宇宙観におけるメルー山の北にある大陸名）

ダミスニャンギダ（sgro mi snyan gyi zla, 声・ない・愉快な・の・競争的：仏教的宇宙観における北の大陸に附随する亜大陸名）

タム（ཏྲཾ, tram［sk］：マントラ種字の1つ）

タムチェン（tam can; dam can：尊名［カーシュンズィの1つ］）

ダムチクパ（dam tshig pa：瞑想において視覚化された形態としての諸尊）

タムツィカンロ（tam tshig mkha' 'gro：尊名）

タムツィクドルジェ（dam tshig rdo rje：舞踊名）

タムディン（rta mgrin：ゾルによる太鼓の舞踊の最初の踊り手の名称）

ダルジン（gral 'dzhin, 列座・保持する：開始の儀軌）

ダルチェン（dar chen, 旗・偉大な：大旗）

ダルチャムス（bsgral 'chams, 殺す・舞踊：舞踊名）

ダルド（dard；ブロックパ、brog pa：ダルド民族）

ダルバ（dar ba：酸乳）

タルヤムス（tal yams：伝染病［悪霊名］）

ダレンギ・チャム（dgra len gyi 'cham, 敵〈ダオ〉・拾い上げる・の・舞踊：舞踊名）

ダワ（zla ba：月）

タンコップ（thang khob：マトー村の地名）

ダンサティル（gdan sa thil：中央チベットにあるディグン・カーギュ派の本山）

タンション（drang srong; ザ、gza'：尊名［カーシュンズィの1つ］）

タンタス（than ltas：干魃の前兆［悪霊名］）

タンチュンニス（thang btsun gnyis, タンチュン・2：尊名）

タントラ（tantra［sk］; rgyud：密教教典）

タンニンゴンチックランタブス（bstan snying dgons gcig lhan thabs：ソルチョット儀軌の典籍名）

タンパリッゲラー（tam pa rigs brgya'e lha, 神聖な・系統・100の・ラー：ラーの範疇）
ダンビダ（sdang b'i dgra：すべての悩ましい敵）
タンマ・チューニス（bstan ma bcu gnyis, タンマ・12：タンマ12女神［護法尊名、チベットにおいてパドマサムバヴァにより調伏された悪霊由来の護法尊］）
タンラー（tang lha：ラーの名称）
タンラギ・チョッパ（gtang rag gi mchod pa, 感謝・の・奉献：諸尊への感謝の奉献）
タンラック（gtang rag, 感謝：諸尊に感謝するための儀軌名）
チェチョギトン（che mchog gi 'thon, チェチョク・の・出場：チェチョクの出場［場面名］）
チェチョク（チェチョクヘールカ）（che mchog; che mchog he ru ka［ヘールカは sk］：尊名［カプギャットの主尊］）
チェチョクヘールカ・ヤブユム（che mchog he ru ka yab yum, チェチョクヘールカ・殿・妃、尊名［カプギャットの主尊］）
チェツァン・チュンツァン（che tsang chung tsang, ツァン家・兄・弟：ディグン・カーギュ派の法主）
チェレ（lce le：傘と勝利の旗をあわせた僧院の天井飾り）
チェンレンズィ（spyan ras gzigs〈dbang phyug〉；アヴァロキテシュヴァラ、avalokiteśvara［sk］：観音［尊名］）
チェンレンズィ・チャクストン（spyan ras gzigs phyag stong, 観音・手・千：千手観音［尊名］）
チカン（sphyi khang, 全員の・家屋：共同住居）
チクタン（cig tan：プーリック地方の地名）
チクドゥンメロンマ（chig brdung me long ma：舞踊名）
チクニェン（dbyig gnyen；ヴァスバンドゥ、vasubandhu［sk］：人名）
チストルジンワ（phyi gtor bzhing ba, 外部の・トルマ・作る：投捨用のトルマを作る）
チダックマ（'chi bdag ma, 死・所有・者；ヤマーンタカ、yamāntaka［sk］：尊名、儀軌名）
チツェデバ（spyi tso'i sde pa, 総・経営責任者：僧院の経営総責任者）
チット（dpyid：春）
チデ・ゴンパ（chi mde dgon pa：チデ僧院）
チトル（phyi gtor, 外部の・トルマ：投捨用のトルマ）
チムジャムペヤン（mchims 'jam pa'i dbyangs：人名）
チャー（bya：鳥）
チャースム（bya gsum, 鳥・3番目：3番目の鳥［仮面舞踊の配役名］）
チャータン（bya tang, 鳥・1番目：1番目の鳥［仮面舞踊の配役名］）
チャーチュ（bya byi'u：小鳥）
チャーニス（bya gnyis, 鳥・2番目：2番目の鳥［仮面舞踊の配役名］）
チャク・ギャット（phyag brgyad, 手・8：8手）
チャク・ゾット（phyag mdzot, 手・働き：リンポチェの会計係）
チャク・ドック（lcags sgrog, 鉄・鎖：鉄の鎖）
チャクスキュー（lcags dkyu; lcags kug：鉄鈎）
チャクツァル（phyag 'tshal：歓迎、拝礼）
チャクツァルワ（phyag 'tshal ba：瞑想において招請され着座した諸尊を歓迎し拝礼する）
チャクトゥン（lcags thun, 鉄・武器：鉄の武器［悪霊を殺すための儀軌に用いられる小さな四

角い鉄の破片のついた棒］）
チャクドックドルチェン（lcags sgrogs 'gros chen：舞踊名）
チャクドックドルチュン（lcag sgrogs 'gros chung：舞踊名）
チャクドル（phyag rdor＜phyag na rdo rje、ヴァジュラパニ、vajrapāṇi［sk］：金剛手［尊名］）
チャクラサンヴァラ（cakrasaṃvara［sk］：尊名）
チャクラン（lcags rang, 鉄・自身；ナグラン、nag rang：マトー・ナグラン祭礼に登場するラーの名称）
チャクリ（lcags ri, 鉄・壁：仏教的宇宙観における大海を囲む鉄の壁）
チャスム（cha sum：チャプトル儀軌に用いられる3個の大きなトルマ、儀軌名）
チャダ・スカンワ（chad dgra bskang ba, 不足・補う：弁償）
チャックチェ（chags che：人に取り付いている大悪霊［悪霊名］）
チャックブルワ（phyag 'bul ba, ひれ伏した・奉献：5体投地）
チャット（byad＜byad ma：害悪を与える魔女［悪霊名］）
チャバ（bya ba; kriyā［sk］：所作）
チャプチンギチャルギャ（skyabs sbyin gyi phyag rgya; アバヤムドラ、abhaya mudra［sk］：施無畏印）
チャプトル（chab gtor＜chab gtor ma, 水〈敬語〉・トルマ〈供物〉；チュートル、chu gtor, 水・トルマ：儀軌名）
チャマ（chan ma＜ja ma：料理人）
チャミック（'chams yig, 舞踊・手紙：書面）
チャミックロクパ（'chams yig sgrog pa, 舞踊・手紙・読み上げる：仮面舞踊の配役の書面での読み上げ）
チャム・ジュクパ（'cham 'jug pa：すべての踊り［舞踊名］）
チャムゴス（'cham gos：外套）
チャムシン（lcam sring, 婦人〈敬語〉・姉妹：尊名）
チャムスコル・チェンモ（'chams 'khor chen mo, 仮面舞踊・円・大きい：大舞踊輪［舞踊名］）
チャムスパ（'chams pa, 舞踊・者：仮面舞踊者）
チャムチョット（ja mchod, 茶・奉献：茶の奉献［茶を飲む前の諸尊への奉献］）
チャムトル（'chams gtor, 舞踊・トルマ：舞踊トルマ［仮面舞踊に用いられる、主尊を象徴する外部のトルマ］）
チャムトル・チュンワ（'chams gtor phyung ba, 舞踊・トルマ・破壊する：舞踊トルマの破壊［場面名］）
チャムポン（'cham dpon, 舞踊・頭：舞踊長）
チャムラ（'chams rwa, 舞踊・中庭：舞踊中庭）
チャルダル（phyar dar, 掛けられた・旗：ヤクの尾を先端につけた旗棒）
チャン（byang：北）
チャン（ch'an：チャン派）
チャン（chang：大麦の醸造酒）
チャンキ（spyang ki：狼）
チャングマ・チャン（ギ）ラトー（lcang ma can gyi lha tho, 柳・のある・の・ラトー：柳のある場所にあるラトー）

チャンゴ（spyang mgo, 狼・頭；パルギ・ポニャ、dpal gyi pho nya、パル〈チェチョク〉・の・使者：狼の面［仮面舞踊の配役名］）
チャンチュブウ（byang chub 'od：人名）
チャンチュプセムパ（byang chub sems dpa'; ボディサットヴァ、bodhisattva［sk］：菩薩）
チャンチュプチョーリン（byang chub chos gling：菩提法寺）
チャンバ（チャンパ）（byams pa; マイトレア、maitreya［sk］：弥勒［尊名］）
チャンバ（チャンパ）・チョーリン（byams pa chos gling, 弥勒法寺［古い仏塔群のあるシェー村の地名］）
チャンブー（'changs bu：大麦こがしの練り粉を手の指で握って作った悪霊への供物）
チュー（chu：水）
チュウ・チャン（mchu can, 嘴・持つ者：嘴を持つ者［キュンを示す］）
チューシン・ドンチェン（chu srin gdong chen, 海獣・面・大きい：大面の海獣［仮面舞踊の配役名］）
チュートル（chu gtor, 水・トルマ；チャプトル、chab gtor：儀軌名）
チューブル（chu 'bur：のぼり）
チューペンルー（chu phan klu：ルーの名称）
チュクスゴンチャン（dbyug sngon can：トゥォズィ〈4忿怒尊〉の1つ）
チュスコル（chu skol：白湯）
チュピンペザック（chu phing pa'i zhag, 水・灌漑の・日付：水を灌漑用水路にとり込む日）
チュル（byur：中傷［悪霊名］）
チュンポ（'byung po：災難を起こす悪霊）
チョオー（jo bo：若い時のシャカムニ、釈迦牟尼）
チョーチンバ・ツンツェ（chos 'khrims ba chung tse, 規律監督者・小さい：僧院の副規律監督者）
チョートゥル（cho 'phrul：奇跡［テウラン等の悪霊が起こす不思議な現象］）
チョクチンギチャルギャ（mchog sbyin gyi phyag rgya; ヴァラダムドラ、varada mudra［sk］：与願印）
チョグラナムパルギャルワギャルツェン（phyogs las rnam par rgyal ba'i rgyal mtsen：勝利の旗［マンダル奉献儀軌における供物の1つ］）
チョジュン・スノルワ（chos 'byung bsnol ba, 三角形・交差：涅槃、空を象徴する文様）
チョジュン・リンパ・スムダン（chos 'byung rim pa gsum ldan, 三角形・周囲・三重・壁：死の大王ヤマの監獄を象徴する文様）
チョス（chos; ダルマ、dharma［sk］：仏法）
チョスギャル（chos rgyal, 法・王；ダルマラジャ、darma rāja［sk］：尊名）
チョスギャル・シャクスパ（chos rgyal bshags pa, 法・王・容赦する：儀軌名）
チョスギャル・ナンドゥップ（chos rgyal nang sgrub, 法・王・内部・成就：儀軌名）
チョスギャル・ヤブ（chos rgyal yab, 法・王・殿：尊名）
チョスギャル・ヤブユム・ニス（chos rgyal yab yum gnyis, 法王・殿・妃・2：尊名）
チョスギャル・ユム（chos rgyal yum, 法・王・妃：尊名）
チョスキョン（chos skyong, 仏法・守護；ダルマパーラ、dharmapāla［sk］：護法尊）
チョスキョン・ツィマラ（chos skyong rtsi ma ra：尊名［ツァン由来のディグン・カーギュ派

における護法尊。ゲールク派ではツェタパと呼ばれる]）
チョスジェ・ダンマクンガタクパ（chos rje ldan ma kun dga grags pa：ディグン・カーギュ派の僧名）
チョスチョット（chos spyod：茶を飲む前に諸尊への奉献のために唱えられる典籍名）
チョチョ（phyo phyo［sk］：悪霊を駆逐するためのマントラ）
チョットブル（mchod 'bul：奉献）
チョットメ（mchod me, 捧げる・火：灯明）
チョッパ（mchod pa, 奉献・物；ブルトル、'bul gtor, 捧げる・トルマ：供物）
チョッパ（spyod pa; caryā［sk］：行）
チョッパナンガ（mchod pa sna lnga, 奉献・種類・5〈5とあるのは灯明と食物を除いて杯が5つあるから〉：5供物［飲料水、洗足水、花、線香、〈灯明〉、香水、〈食物〉]）
チョッパブルワ（mchod pa 'bul ba, 供物・奉献を行う：諸尊への奉献）
チョッペマンダル（mchod pa'i maṇḍal, 奉献・の・マンダル〈宇宙〉：諸尊に奉献するマンダル）
チョッペラモギャット（mchod pa'i lha mo brgyad, 奉献・の・女神・8：奉献の8女神［マンダル奉献儀軌における8女神：ゲパマ、テンワマ、ルマ、ガルマ、メトックマ、ドックポマ、ナンサルマ、ティチャプマ]）
チョヨン（mchod yon：飲料水［7種類の供物の1つ。また、灯明と食事以外の5種類の供物の杯を総称してチョヨンと呼ぶ]）
チョルジェ（chos rje, 仏法・主：法主）
チョルチョット（chos spyod：典籍名）
チョルテン（mchod rten; stūpa［sk］：仏塔）
チルポン（phyib dpon：シェー・シュブラ祭礼におけるラーの乗る馬の世話係）
チンダック（spyin bdag：寄贈者）
チンラップ（byin rlabs：高位の僧などが祝福の印として人に与える物）
ツァツァ（rtsa tsha：遺灰と土を固めた円錐体の造物）
ツァムジンギメトック（mtshams 'dzin gyi me tog, 東北・の・花：東北方向に置く花）
ツァムスカン（mtshams khang, 瞑想・家屋：瞑想者の住居）
ツァルン（rtsa rlung, 脈・風：調息法）
ツァン（btsan：ツァン［悪霊名]）
ツァンジャ（btsan zhwa, ツァン・帽子：3眼の描かれたツァンの帽子）
ツァンジャク（bcan zhags, ツァン・縄：ツァンの持つ赤い縄）
ツァンスパ（mtshams pa, 瞑想・男：男の瞑想者）
ツァンスマ（mtshams ma, 瞑想・女：女の瞑想者）
ツァンツォ（mtshan tho：マトー・ナグラン祭礼におけるラーを選ぶための僧の先任順次に従った名簿）
ツァンティカ（tsandri ka［sk］：尊名）
ツァンパカ（tshram pa ka［sk］：インド産の木に咲く花の名称［供物としての花に用いる]）
ツァンマ（gtsrang ma：清純）
ツァンマ（mtshan ma；チャンワ、'chang ba：秘所）
ツィクドゥンダルマ（chig brdung da ru ma：舞踊名）
ツィルック（rtsris sgrug, 会計・集める：経理）

ツェ・ラー（rtse lha, 頂き・ラー：頂きのラー［ラーの名称］）
ツェスパスム（tshes pa gsum, 始まりの日・3：新年の3日目）
ツェズンス（tshe gzungs：儀軌名）
ツェタパ（rtse kra pa：尊名［ツァン由来のゲールク派における護法尊。ディグン・カーギュ派ではチョスキョン・ツィマラと呼ばれる］）
ツェチャク（tshes phyag, 始まり〈夜明け〉の日・挨拶：新年の祝賀の挨拶）
ツェチャン（tshe chang, 命・大麦酒：長寿の大麦酒）
ツェチュー（tshe bcu, 日・10：パドマサムバヴァの生誕日である10日）
ツェチュー・チョッパ（tshes bcu'i mchod pa, 日・10・奉献：ストック・グル・ツェチュー祭礼に用いられる特別なツォクス）
ツェチューイ・ニェルパ（tshes bcu'i gnyer pa, ツェチュー〈＜ストック・グル・ツェチュー〉・の・調達・者：ストック・グル・ツェチュー祭礼の調達者）
ツェトゥン（mtshe thun, ツェパット草・武器：ツェパット草の武器［悪霊を殺すための儀軌に用いられる草の茎］）
ツェパット（mtshe pad：ツェパット草）
ツェパメット（tshe dpag med, 命・無限；アミターユス、amitāyus [sk]：無量寿［尊名］）
ツェパル・ミギュルドントップ・ナムギャル（tshe dpal mi 'gyur don grub rnam rgyal：ラダック王国王名、1808-1830年）
ツェプム（tshe bum, 命・瓶〈容器〉；カラーシャ [sk]：人の命の容器）
ツェラーナムスム（tshe lha rnam gsum, 命・ラー〈神〉・3：命の3神［ツェパメット〈無量寿〉、ドルカル〈白ターラ〉、ナムギャルマ〈仏頂尊勝〉の3尊］）
ツェリル（tshe ril, 命・球：長寿のための小球の供物）
ツェリン・チャンガ（tshe ring spyan lnga, 長寿・目・5：ドルジェ・チェンモの5人の従者）
ツェリンチェットガ（tshe ring mched lnga, 命・長い・姉妹・5：ツェリンチェット5女神［護法尊名、チベットにおいてパドマサムバヴァにより調伏された悪霊由来の護法尊］）
ツェリンマ（tshe ring ma：尊名）
ツェルマ（tsher ma：トルゾルにさした木の枝）
ツェワン・ナムギャル（tshe dbang rnam rgyal：ラダック王国王名、ツェワン・ナムギャルⅡ世、1752-1782年）
ツェワン・ラプタン・ナムギャル（tshe dbang rab brtan rnam rgyal：ラダック王国最後の王名、1830-1835年）
ツェワンノルブ（tse dbang nor bu：ニンマ派の僧名）
ツォクザス（tshogs rdzas, ツォクス・材料：供物としての菓子）
ツォクス（tshogs; sambhāra [sk]：集会、供物［麦こがしと大麦の醸造酒を混ぜて作った円錐形の供物］）
ツォクスツォクスパ（tshogs tshogs pa, 集会・集まる：集会）
ツォクスブルワ（tshogs 'bul ba, ツォクス・奉献する：諸尊にツォクスを捧げる）
ツォクチェン（tshogs chen, ツォクス・大：大きなツォクス）
ツォクチュン（tshogs chung, ツォクス・小：小さなツォクス）
ツォクティン・ズィパ（tshogs thing bzhi pa, 集会・4回目：4回目集会）
ツォクティン・スムパ（tshogs thing gsum pa, 集会・3回目：3回目集会）

ツォクティン・タンポ（tshogs thing tang po, 集会・1回目：1回目集会）
ツォクティン・ニスパ（tsogs thing gnyis pa, 集会・2回目：2回目集会）
ツォクティン・ンガパ（tshogs thing lnga pa, 集会・5回目：5回目集会）
ツォクラック（tshogs lhag, ツォクス・残り：ツォクスの残り［下級の霊たちへの供物］）
ツォブム（gtso bum：瓶）
ツォム（tshoms; スコル、skor：集会堂前の小さな広場）
ツォムブ（tshom bu：集会［大麦粒等を用いて作られたキルコル］）
ツォン（tshon：武器）
ツォンカパ（tsong kha pa：宗喀巴、ゲールク派の開祖、1357-1419年［人名］）
ツクスマ（tshugs ma; tshugs 'chams pa：仮面舞踊の登場口から外側、左手に進む踊り手）
ツンモリンポチェ（btsun mo rin po che, 女王・貴い：王の7種類の所有物の1つ）
デ（'dre：人の悪霊［ソンデ、gson 'dre：生霊と同一視される］）
ティートス・ギャット（gri tog brgyad, 小刀・先端・8：仮面舞踊の配役名）
ティク（gri gug：小刀）
ティクシン（thig shing, 定規・木：木で作った定規）
ティクスコル（thig skor, 線・円：コンパス）
ディクズップ（sdigs mdzub; カラナムドラ［sk］：忿怒印）
ティクセ・ゴンパ（khrig se dgon pa; khri gs rtse dgon pa; khri rtshe dgon pa：ティクセ僧院）
ティグック（gri gug：三日月型の小刀）
ディグンスキャブゴン（'bri gung skabs mgon, ディグン主・守護者：ティグン・カーギュ派の法主）
ディグンパ（'bri gung pa：ディグン派）
ティシュル（gri shul, 小刀・先の尖った：舞踊名）
ティジョンマ（kri zhon ma：シェー・シュブラ祭礼の配役名）
ティソンデツェン（khri srong lde brtsan：吐蕃王国王名、755-797年）
ディチャプ（ディチャク）（dri chab; dri chag：香水［7種類の供物の1つ］）
ディチャプマ（dri chab ma, 香水（を持つ）・女神：香水を持つ女神［マンダル奉献儀軌における8女神の1つ］）
ディップ（sgrib：不純、穢）
ティデツックツェン（khri lde gtsug brtsan：吐蕃王国王名、704-755年）
ティトゥン（gri thun, 短剣・武器：短剣の武器［悪霊を殺すための儀軌用いられる短剣］）
ティプシル（tib shil：小さな鈴［仮面舞踊でトゥルダックが腰につける鈴］）
ティムスカ（thim ska：階段）
ティムック（gti mug：無知、痴）
ティルブ（dril bu：鈴）
ティローパ（ti lo pa; tilopāda［sk］：人名）
ティンゲズィンギワンスクル（ting nge 'dzin gyi dbang bskur, 集中〈冷静で意識を集中した状態〉・の・開始・与える：儀軌の準備の儀式）
ティンチョル（'phrin bcol, 規則・要求：儀軌名）
ティンラスザンポ（ティンボ・ザンポ）（'phrin las bzang po：ディグン・カーギュ派の祖師名）
テウラン（the'u rang：悪霊名）

デクス（bdegs：邪魔［悪霊名］）
テクスパグスカル（dregs pa dgu bskar：仮面舞踊名）
デシェクギャッドパ（bde gshegs brgyad pa, 良く逝った〈空、śūnyata [sk]〉・8・者：八仏）
デスキョン・ナムギャル（bde skyong rnam rgyal：ラダック王国王名、1720-1739年）
デチェンチョクネスティルブーパ（bde chen mchog brnyes dril bu pa, 元気・大きい・1番良い・得る・鈴・者：デチョックの静態［尊名］）
デチョク（bde mchog; サンヴァラ、saṃvara [sk]; ラマユルではチャクラサンヴァラ、cakrasaṃvara [sk]〈ヘールカ、heruka [sk]〉と称される：尊名）
テチョク（theg mchog：ヘミス僧院の末寺名）
デチョク・ヤブユム（bde mchog yab yum, デチョク・殿・妃：デチョク殿妃［尊名］）
テチョクワン（theg mchog dbang; mipan tsewang：ヘミス僧院の僧名）
テツェ（te tshe：印、封印）
デバ（sde pa：僧院の経営責任者）
デバチェン（bde ba can, 幸福・〈たくさん〉所有している; スカーワティ、sukhāvatī [sk]：極楽）
テプスキュ（mtheb skyu, 親指・穴：円盤状の練り粉を親指でへこませたもの）
テプチャット（mtheb chad, 親指・ちぎる：小麦の練り粉をちぎって作ったトゥクパ［食物］）
デプドゥン（sde bdun：尊名［ラダックではカンロ、mkha' 'gro とも呼ばれる女神］）
デプン（'bras spung：チベット、ラサにあるゲールク派の僧院名）
デペカル（sde pa'i mkhar, デバの・王宮：僧院におけるデバの部屋の別称）
デルゲ（sde dge：東チベットのデルゲ地方［カンギュル・デルゲ版製作地］）
デルダン・ナムギャル（bde ldan rnam rgyal：ラダック王国王名、1594-1659/60年）
デルチェンポエブムパ（gter chen po yi bum pa, 宝物・偉大・な・瓶：マンダル儀軌における供物の1つ）
デルチャクス（sder chags：爪を持つ者［キュンを示す］）
テンギュル（bstan 'gyur：チベット大蔵経論疏部）
デンチャムスパ（bden 'chams pa：仮面舞踊に登場口から内側、右手に進む踊り手）
テンマ（sbren ma：ドルジェ・チェンモが好むとされる草の名前）
テンワマ（phreng ba ma, 数珠を持つ）・女神：数珠を持つ女神［マンダル奉献儀軌における奉献8女神の1つ］）
トゥォズィ（gro bo bzhi, 忿怒・4：4忿怒尊［ストスポチェ、チャクスゴンチャン、トルギャル、ミヨワ］）
ドゥカン（'du khang, 集会・堂：集会堂）
トゥク（dug：毒）
トゥクサル・メロン（thugs gsal me long, 心〈意〉・明晰な・鏡：マトー・ナグラン祭礼に登場するラーが着ける鏡）
トゥクシン（thug sing, トゥクパ・薄い：薄いトゥクパ［汁物］）
ドゥクス（gdugs：傘）
ドゥクスポス（bdug spos：香をたく・線香：杯の中にエンドウ豆と大麦粒を入れ線香を立てたもの）
トゥグスポス（btug spos：線香［7種類の供物の1つ］）
トゥクチャムス（drug 'chams, 6・舞踊：舞踊名）

トゥクチューマ（drug cu ma, 60・者：60の従者から構成されるチョスギャルの外部のトルマ）
ドゥクトゥン（dug thun, 毒・武器：毒の武器［悪霊を殺すための儀軌に用いられる毒の草］）
トゥクユム（tugs yum, 意・妃：ゴンポの妃［尊名］）
トゥス（khrus, 洗う：水による浄化儀礼）
トゥスカン（khrus khang, 洗う・部屋：浴室）
トゥスキ・ラモ・ニス（dus kyi lha mo gnyis, 季節・の・ラモ・2：ラモの名称）
トゥスタック（tugs rtags, 霊・予言：予言）
ドゥスパ（bsdus pa：略式）
トゥチョック（ltung chog：儀軌名）
ドゥックパ（'brug pa：ドゥック・カーギュ派）
ドゥットキ・ツォモ（bdud kyi gtso mo, ドゥット・の・首領〈女〉：悪霊ドゥットの女首領［パルダン・ラモの化身］）
ドゥットキ・ユル（bdud kyi yul, ドゥット・の・村：悪霊ドゥットの国）
ドゥッパ（sgrub pa：儀式の執行）
トゥッパ（thug pa：小麦粉を練り、紐状にしたものや、手でちぎったものをゆでた食物［うどん、切り麦］）
ドゥトゴン・トスガル（bdud mgon khros gar：舞踊名）
ドゥブ（gdub bu：マトー・ナグラン祭礼に登場するラーが手首につける目の図案のある絹製のバンド）
ドゥムチョットチェンモ（sgrub mchod chen mo, 成し遂げる・奉献・大きい：数日間続く儀軌の一般名称、大儀軌）
ドゥムチョットチュンツェ（sgrub mchod chung tse, 成し遂げる・奉献・小さい：数日間続く儀軌の一般名称、小儀軌）
ドゥル（sbrul：蛇）
ドゥルキョック（sgrul kyog, 蛇・三日月型：舞踊名）
トゥルク（sprul sku：転生）
トゥルダック（dur bdag; トゥルトット、dur khrod, 墓場・主〈所有者〉：仮面舞踊の配役名）
ドゥルツィ（bdud rtsi：甘露［儀軌では大麦酒が用いられる］）
ドゥルツィスマンチョット（bdud rtsi sman mchod：舞踊名）
トゥルパ（sprul pa：転生を捜す）
トゥルペチャクニェンジー（sprul pa'i phyag brnyan bzhi; ゴマジー、sgo ma bzhi, 扉・者・4：チェチョクの4化身の使者、4方向の扉の守護者［狼、虎、猪、梟］）
ドゥルワ（'dul ba：経典）
トゥン（dung：ホラ貝、ホラ貝の笛）
ドゥンギャットマ（bdun brgyad ma, 7・8・者：舞踊名）
ドゥンギュット（gdung rgyud：継承）
トゥンシャクス（ltung bshags：典籍名）
ドゥンスケット（mdun bskyed, 前面・視覚化：瞑想で諸尊を前面に視覚化する）
ドゥンステンニチョルテン（gdung rten gyi mchod rten, ドゥンステン・の・仏塔：仏塔名）
ドゥンダル（mdung dar, 槍・布：槍につけられた旗）
トゥンチャムス（drung 'chams, 同等の・舞踊：舞踊名）

トゥンチュン（btsun byung, 僧・小さい：大麦の練り粉で作ったツァンへの供物としての人形）
トゥンチョス（dung chos：プムスケット儀礼に用いられる紐につけられた貝）
トゥンド（tud 'gro：畜生）
トゥントル（tun gtor, 時期・トルマ：トルマの種類名）
トゥンパ・ズクサ（dung pa bzhugs sa, ホラ貝・者・座：ホラ貝の奏者の座）
トゥンパ・ドルジェ・スパルザン（trung pa rdo rje dpal bzang：チベットからラーの7兄弟神を伴いラダックに来た13世紀のサキャ派の僧名）
ドゥンプン・ヤスノン・ヨンノン・ジルノン（bdun spong g.yas gnon g.yon gnon zil gnon：舞踊名）
トー（tho：記録）
ドーゾル（rdo zor, 石・武器：石の武器［墓場から持ってきた小石にマントラの書かれた紙片を巻きつけた悪霊に対する武器］）
トータンバ（do dam pa：会計責任者）
トーディ（lto 'gro'i：腹部で行く者［キュンを示す］）
トクダン・リンポチェ（rtogs ldan rin po che〈rtogs ldan rin po che ngag dbang blo gros rgyal mtshan：ディグン・カーギュ派の転生僧名）
ドクパ（bzlog pa：儀軌名）
トクマ（'phrog ma, 奪う・母：悪霊名）
トクマ・マブ・ンガギャ（'phrog ma ma bu lnga brgya, トクマ・母の・子供・500：500人の子供を持つ母トクマ［悪霊名］）
トクロル（thog rol, 屋上・音楽：リンポチェを歓迎するための僧院の屋上での演奏）
ドジョエバ（'dod 'jo yi ba, 願望の充足する・雌牛：仏教的世界観における西の大陸への供物）
ドス（mdos, 紐：悪霊払いに用いる造物、儀軌名）
ドスモチェ（mdos mo che, ドス・大きい：大きなドス、儀軌名、祭礼名）
トダ（kro dha：金剛の偉大な男の忿怒）
ドチャクス（'dod chags：欲望、貪）
ドック（bzlog：マントラ種字の1つ）
トック（thog：屋根）
トック（tog：先端）
ドック・チック（zlog cig：駆逐する）
ドックポマ（bdug spos ma, 香〈を持つ〉・女神：香を持つ女神［マンダル奉献儀軌における8女神の1つ］）
ドットカムス（'dod khams, 欲望・世界：欲界）
ドットラー・リクストゥック（'dod lha rigs trug, 欲望・ラー・種類・6：欲望のラー6種類［ラーの範疇名］）
トッパ（tod pa：頭蓋骨の杯）
ドプデ（sgrub sde, 瞑想者・集団：瞑想者のコミュニティ）
トッペ・ナントゥ・トルマ・ズルスム・スンパ（tog pa'e nang du gtor ma zur gsum gsum pa, 頭蓋骨・中に・トルマ・三角形・3：頭蓋骨の中に入った3つの三角形のトルマ）
トディン（mtho lding：リンチェンザンポが建立したとされるグゲ地方の寺院名）
ドトゥン（rdo thun, 石・武器：石の武器［悪霊を殺すための儀軌に用いられる石］）

トム（ཁྲོཾ, khrom：マントラ種字の1つ［キュン（ガルーダ）の象徴］）
ドラ（do la：シェー・シュブラ祭礼の配役名）
トラー（trā［sk］：救護する）
トリル（gtor ril, トルマ・球：チャプトル儀軌に用いられる小球状のトルマ）
ドルカル（sgrol dkar＜sgrol ma dkar po, ドルマ・白; sita tārā［sk］：白ターラ［尊名］）
トルギャック（gtor brgyag, トルマ・送る：トルマの投捨）
トルギャル（'tod rgyal：トウォズィ〈4忿怒尊〉の1つ）
ドルキョック（grol kyog：舞踊名）
トルケップス（gtor' khebs, トルマの・覆い：色布のトルマの覆い）
ドルジェ（rdo rje; vajra［sk］：金剛、金剛杵）
ドルジェ・ギャポ（rdo rje rgyal po：尊名）
ドルジェ・ギルトゥン（rdo rje skyil krung; ヴァジュラサナ［sk］：両足を組んで座る姿勢）
ドルジェ・ジクチェット（rdo rje 'jigs byed; ヴァジュラバイラヴァ、vajrabhairava［sk］：［尊名］）
ドルジェ・ジャクスパ（rdo rje zhags pa, 金剛・網：金剛の網）
ドルジェ・ダスタ（rdo rje dgra sta, 金剛・斧：金剛の斧）
ドルジェ・チェットパ（rdo rje phyed pa：舞踊名）
ドルジェ・チェンモ（rdo rje chen mo, 金剛・大きい：大金剛女［尊名、シェー・シュブラ祭礼に登場するラー〈ラモ〉の名称］）
ドルジェ・チャン（rdo rje 'chang; vajradhara, ヴァジュラダラ［sk］：持金剛［尊名］）
ドルジェ・ツェースム（rdo rje rtse gsum, 金剛・三つ叉：金剛の三つ叉）
ドルジェ・ティルブ（rgo rje dril bu, 金剛杵・鈴：上に金剛杵のつけられた鈴）
ドルジェ・トワ（rdo rje tho ba, 金剛・槌：金剛の槌）
ドルジェ・ラルディ（rdo rje ral gri, 金剛・刀：金剛の刀）
ドルジェキャンドス（rdo rje rkyang 'gros：舞踊名）
ドルジェチェスドゥス（rdo rje phyed bsdus：舞踊名）
トルシャクスドス（gtor bshags 'gros：舞踊名）
トルソス（gtor gsos, トルマ・追加：追加用のトルマ）
トルゾル（gtor zor, トルマ・武器：トルマの武器［毒花を三角錐のトルマに刺した悪霊に対する武器］）
トルタック（tod khrag, 頭蓋骨・血：仮面舞踊で用いられる持ち手のついた木製の頭蓋骨に赤い血がもられた杯）
トルチュン（gtor chung, トルマ・小：小さなトルマ）
トルトゥン（gtor thun, トルマ・武器：トルマの武器［悪霊を殺すための儀軌に用いられるトルマ］）
トルドック（gtor zlog, トルマ・破壊する：トルマの投捨）
ドルドック（sgrol zlog＜sgrol ma zlog pa：儀軌名［典籍はドルマとドクパ］）
ドルマ（sgrol ma：ターラ、tārā［sk］［尊名、典籍名］）
トルマ（ストルマ）（gtor ma, ラダックではストルマとも発音：大麦こがしの練り粉で作った諸霊や諸尊の象徴、供物［ナントル〈内部のトルマ〉、チトル〈外部のトルマ〉、ブルトル〈供物のトルマ〉の3種類がある］）
トルマ・ギャルツァ（gtor ma brgya rtsa：チャプトル儀軌のための典籍名）

トルマ・チンギスラパ（gtor ma byin gyis bralb pa：トルマに活力を注入し輝かしいものとする儀式）

ドルマ・ラカン（sgrol ma lha khang, ドルマ・神〈尊〉・堂：ドルマ堂）

トルマドゥスムマルポ（gtor ma gru gsum dmar po, トルマ・三角形・赤い：赤く塗られた三角錐のトルマ）

ドルマニルチック（sgrol ma nyir gcig, ドルマ〈ターラ〉・21：ドルマ〈ターラ〉21尊）

トルン（spro lung：チベットの村名）

トン（'thon ; 'don：出場）

ドン（ルドン）（gdon：悪霊）

ドンカン（mgron khang, 賓客・家屋：賓客の家）

ドンキル（'don dkyir：小麦粉を発酵させて焼いたパン）

ドンコラック・ドンサ（mdon kho lag mdon sa, 食事する・コラック・食べる・場所：コラックを食べる場所［マトー村の地名］）

ドンスポン（grong dpon pa, 家〈家々の〉・統率者：ラダック王国時代、村の働き手として王に仕えた役職）

ドンタ・チャングス（'don lta dbyangs：声明）

ドンタマ（'don tha ma, 登場・最後：最後の登場［場面名］）

ドンタンポ（'don tang po, 登場・最初：最初の登場［場面名］）

ドンチャン（gdong can, 顔・持つ者：顔を持つ者［キュンを示す］）

ドンパルパ（'don bar pa, 登場・中間：中間の登場［場面名］）

ドンポズクサ（mgron po bzhugs sa, 招待客・席：招待客席）

ドンマルマ（gdon dmar ma, 面・赤色・者〈女〉：チャムシンの妃［尊名］）

ドンヨットドゥッパ（don yod grub pa; amoghasiddhi［sk］：不空成就［五仏の1つ、尊名］）

ナ

ナーガールジュナ（nāgārjuna［sk］; klu sgrub：龍樹、150-250年頃［人名］）

ナーランダー（nālandā［sk］：現在のインド、ビハール州にあった仏教大学・僧院、5-12世紀）

ナガラジャナンド（naga raja nando; kriṣna［sk］：黒龍［リキール僧院を守るルーの名称］）

ナクポチェンポ（nag po chen po, 黒・大きい；マハーカーラ、mahākāra［sk］：大黒［尊名］）

ナクポノチン（nag po gnod sbyin, 黒・ノチン：尊名）

ナグラン（nag rang, 黒い・自身；チャクラン、lcags rang：マトー・ナグラン祭礼に登場するラーの名称）

ナス（gnas：場所、趣［輪廻により再生する6つの場所］）

ナスチュ（gnas bch：儀軌名）

ナスツァンメリスキラー（gnas gtsang ma'i ris kyi lha, 場所・純粋・の・種類・の・ラー：ラーの範疇名）

ナツォックドルジェ（sna tshogs rdo rje：舞踊名）

ナッド（nad：病気）

ナムカ・スティンサン（gnam kha' sting bsang, 空・上部・清い：ラマユル僧院の最上階にある客人のための部屋）

ナムギャル・カルポ（rnam rgyal dkar po, ナムギャル・白い・者：尊名）

ナムギャル・ツェモ（rnam rgyal rtse mo：ナムギャル・頂上［ラダック王国ナムギャル王朝の王宮の建つ丘の頂上］）

ナムギャルマ（rnam rgyal ma＜gtsug tor rnam par rgyal ma；ウシュニシャヴィジャヤ、uṣṇiṣavi-jayā［sk］：仏頂尊勝［尊名］）

ナムギャルメチョルテン（rnam rgyal ma'i mchod rten, ナムギャルマ・の・仏塔：ナムギャルマの仏塔）

ナムギャルメトルマ（rnam rgyal ma'i gtor ma, ナムギャルマ・の・トルマ：ナムギャルマのトルマ）

ナムシェス（rnam shes; vijñāna［sk］：識、知覚）

ナムシャス（rnam〈thos〉sras, ナムトシャス：ヴァイシュラヴァナ、vaiśravaṇa［sk］：多聞天［尊名、ギャルチェン・ズィの1つ］）

ナムシャスキゲルドン（snam sras kyi sger 'don, ナムシャス・の・専用の・出場：ナムシャスの登場［場面名］）

ナムパルナンザット（rnam pal snang mdzud; vairocana［sk］：大日［五仏の1つ、尊名］）

ナムリン（gnam gling, 空・領域：周囲が天窓で囲まれた空間を持つ建物）

ナモグル（na mo gu ru, 伏礼・師：チョスチョットの典籍の一部［典籍名］）

ナルタン（snar thang：チベットの地名［18世紀のカンギュル・ナルタン版の製作地］）

ナルテン（ナンステン）（nang rten, 内部・神聖：尊名［ラマユル僧院の主尊でありディグン・カーギュ派の創始者であるニャメットゴンポを示す］）

ナルブ（nal bu：非嫡出子）

ナルブ・ダブパ（nal bu brdab pa, 非嫡出子・打ちつける：悪事の象徴であるニャオを地面に打ちつける儀式）

ナローパ（na' ro pa; nāropadā［sk］：人名）

ナン（nang：部室）

ナンサルマ（snang gsal ma, 灯明〈を持つ〉・女神：灯明を持つ女神［マンダル奉献儀軌における8女神の1つ］）

ナントル（nang gtor, 内部の・トルマ：内部のトルマ［僧院内に安置される諸尊の象徴］）

ナンパターヤス（snang ba mtha' yas; lokeśvararāja (amitābha)［sk］：阿弥陀［尊名］）

ニェウレ（ne'u le：マングース［口から宝石を吐き出すと考えられているジャコウネコ科の動物。ナムシャス等諸尊の持物］）

ニェチョットリンガ（nyer mchod lnga, 悪霊・奉献・リンガ：麦こがしで作った悪霊、敵の象徴［ニャオ、nya bo；ダオ、dgra bo；ニェチョット、nyer mchod；リンガ、lnga とも呼ばれる］）

ニェルパ（gnyer pa, 調達・者：調達者）

ニェンポエストップス（gnyen po'e stobs, 治療の・力：危害を改善する力）

ニズィン（nyi 'zhin, 太陽・捕える：日食）

ニスドスパニス（nyis 'gros pa gnyis, 並んで・〈雄牛〉2：仮面舞踊の場面名）

ニズン（nyi zuns：西チベット、プラン地方の地名）

ニマ（nyi ma：太陽）

ニャオ（nya bo; ダオ、dao：悪霊を象徴する人形）

ニャオダルワ（nya bo bsgral ba, ニャオ・殺す：悪霊を駆逐する儀式）

ニャオチュ（nya bo bchu, ニャオ・10：10体のニャオ）

ニャシャ（nya sha＜nya bo'i sha, ニャオ〈ダオ、悪霊〉・肉：ニャオの破片）
ニャシャ・ランスム・ダップ（nya sha lan gsum brdab, ニャオ〈ダオ〉・肉・3回・下方：悪霊を象徴するニャオの破片を3回地面に振り下ろす［舞踊名］）
ニャチャ（nya cha, 魚・対：一対の魚［ルーの害悪を追い払うための小さな魚の形に作られた一対の像］）
ニャティス（nya mkhris, 魚・胆汁：魚の胆汁［ニャチャに混ぜられる魚の胆汁］）
ニャムジャクギチャルギャ（mnyam bzhag gi phyag rgya; ダヤナムドラ、dhyana mudra［sk］：定印）
ニャメットゴンポ（mnyam med mgon po, 比類なき・主：ディグン・カーギュ派の祖師であり、創始者である主パトナシュリ：スキョパ・ジクテンゴンポ、skyob pa 'jig rten mgon po を示す）
ニャルマ（nyar ma：リンチェンザンポの建立したとされるマルユル〈ラダック〉地方の寺院名）
ニュンナス（snyung gnas：儀軌名）
ニラブック（nyi la bug：マトー村の地名）
ニルヴァーナ（nirvāṇa［sk］；ニャングデ、myang 'das：涅槃）
ニルダ（nyi zla＜nyi ma zla ba, 太陽・月：仮面舞踊でザが持つ太陽と月をかたどった持物）
ニルドゥンパンレン（nyis brdung spang len：舞踊名）
ニンマパ（rning ma pa：ニンマ派）
ヌブ（nub：西）
ネチュン・チョスキョン（gnas chung chos skyong, ネチュン・護法尊：尊名［ダライ・ラマの守護尊］）
ノチェット（gnod byed：害を与える者）
ノチンギ・ツォモ（gnod sbyin gyi gtso mo, ノチン・の・首領〈女〉：悪霊ノチンの女首領［パルダン・ラモの化身］）
ノチンギ・ユル（gnod sbyin gyi yul, ノチン・の・村：悪霊ノチンの国）
ノッパ（gnod pa：害悪）
ノル（nor：裕福）
ノルブ（nor bu：宝石）
ノルブ・ナス（nor bu nas, 貴重な・大麦粒：大麦粒［かつて大麦粒は貴重であったため人々がこう呼んだ］）
ノルブ・リンポチェ（nor bu rin po che, 宝石・貴い：王の7種類の所有物の1つ）
ノルラー（nor lha, 富・ラー：富のラー［ラーの種類］）

ハ

バーヴァヴィヴェーカ（bhāvaviveka［sk］：清弁、500-700年頃［人名］）
バータタ（ba ṭa ṭa［本来は sk］：召し使い）
ハーリティー（hāritī［sk］：多産神訶梨帝母［尊名］）
パカシャス（pak ka shas, 固定した、永久の〈ウルドゥ語〉・貸借契約：永代貸借契約）
バカン（'bag khang, 仮面・部屋：仮面堂）
バクジュワ（'bag zhu ba, 仮面・要求する（敬語）：仮面堂から舞踊中庭への仮面の持ち出しと戻し）

バクソル（'bag gsol＜'bag gsol kha, 仮面・祝福：仮面舞踊の前に行われるソルカー儀軌［儀軌名］）

バクペ・ンガンソル（'bag pa'i mnga' gsol, 仮面・者・〈護法尊として任命されるよう〉祈願された：仮面舞踊の場面名）

パクモ（phag mo; ヴァジュラヴァーラーヒー、vajravārāhī [sk]：儀軌名、尊名［デチョク〈チャクラサンヴァラ〉の妃］）

パサムギシング（dpag bsam gyi shing, 願望の充足する・木：仏教的宇宙観における南の大陸への供物）

バザラ（bdzra：金剛［尊名］）

ハシャン（ha shang：布袋［仮面舞踊の配役名］）

パスケスポ（'phags skyes po; virūḍhaka [sk]：増長天［尊名、ギャルチェン・ズィの1つ］）

バズゴー（ba mgo：ラダックのバズゴー村；ストック村の家名）

パストル（pad gtor：トルマの種類）

パスプン（pha sphun, 父・兄弟：父系出自を核とする協力集団）

パスラー（phas lha, パスプン・ラー〈神〉：パスプンを守護するラー）

バタルティキ（ba thar kri ki：インド産のバター［ラダック産のバターはマル、marと呼ばれる］）

パック（phag：猪、豚）

パット（phaṭ [sk]：爆破、すべての害悪を殺し、爆破することを意味するマントラ）

パットコル・チャルギャ（pad gor phyag rgya, パドマ〈蓮〉・輪・手・印：供物を象徴する両手の形で作る印［チョッパナンガ〈5供物〉、ギャルリットナドゥン〈7種の王の所有物〉などそれぞれが手の形で表現され、供物として諸尊に奉献される］）

バットバット（rbad rbad [sk]：悪霊を駆逐するためのマントラ）

ハトゥック・ズィ（ha phrug bzhi, 子供〈弟子〉・4：ハシャンの4人の弟子［仮面舞踊の配役名］）

パドマ（pad ma：蓮）

パドマカタング（pad ma bka' tang：儀軌名）

パドマカルポ（pad ma dkar po：ドゥック・カーギュ派の僧名）

パドマサムヴァヴァ（padmasaṃbhava [sk]；パドマ・チュンナス、pad ma 'byung gnas：蓮華生［人名］）

パドマスン（pad ma gsung：尊名［チェチョクヘールカを中心とする8顕現の1つ］）

パドマトッティシェリ（pad ma kro ti shwa ri [sk]; pad ma khro mo dbang mo：カプギャットの妃［尊名］）

パドメギャルツェン（pad ma'i ngyal mtshan：尊名）

パニ（pa ni：マトー村の地名）

パパ（pa pa：パパ［敬語］；ザン、zan［大麦粉を湯の中で煮た料理］）

パム（པཾ, pam：種字の1つ）

ハヤグリーヴァ（hayagrīva [sk]; rta mgrin：馬頭［尊名］）

ハラ（ha ra：尊名［カーシュンズィの1つ］）

パラミターナヤ（pāramitā naya [sk]：波羅密道）

バランチョット（ba lang spyod, 雌牛・享受する：仏教的宇宙観におけるメルー山の西にある大陸名）

パル（dpal; クントゥ・ザンポ、kun tu bzang po：空のような何もない空間［すべてのブッダの最初の者がここから出現した。チェチョクをこの顕現とする］）
パル（par：印刷）
パルイェシュ（dpal ye shes：人名）
パルギ・カースン（dpal gyi bka' bsrung, パル〈チョチョク〉・の・命令・守護者：チョチョク尊の従者）
パルギ・ポニャ（dpal gyi pho nya, パル〈チェチョク〉・の・使者：チョチョクの使者［狼を示す］）
パルダン・ラモ（dpal ldan lha mo; シュリーデヴィー、śrīdevī［sk］：尊名）
バルド（bar do：中有、死から輪廻転生による再生までの中間の状態）
バルドトドル（bar do thos grol：埋蔵経「死者の書」）
パルララー（bar lha lha：ラーの種類）
バルング（sba lung, 隠された・渓谷：地名）
バンケップ（bang khebs：前掛け）
パンチカ（pañcika［sk］：尊名）
バンバ（bang ba; ムンカン、mun khang とも呼ばれる：僧院における貸借用の大麦種籾の貯蔵庫）
ヒーナヤーナ（hīnayāna［sk］：小乗、上座部）
ピカール（phyi dkar：ストック村の地名）
ピャン・ゴンパ（phyi dbang dgon pa：ピャン〈チワン〉僧院）
プートラ（pu tra［本来は sk］：息子）
プーリック（pu rig：プーリック地方）
ブッダ（buddha［sk］; サンゲス、sangs rgyas：仏、ブッダ）
ブッダパーリタ（buddhapālita［sk］：人名、470-540年頃）
プット（phud：諸尊、諸霊への供物）
ブットブット（sbud sbud［sk］：悪霊を駆逐するためのマントラ）
ブップチャル（sbub chal：大型のシンバル）
プトン・リンチェンドゥプ（bu ston rin chen grub：人名）
ブム（'bum, 10万：シェラプキパロルトゥチェンパ〈shes rab kyi pha rol tu phyin pa, 智慧・の・彼岸・へ・行った〉：大般若経、カンギュルの一部を成す経典で「大般若経〈十万頌般若〉」）
フム（ཧཱུྃ, h'um：マントラ種字の１つ［ブッダ、ゴンボ、カブギャット、デチョク等諸尊の象徴］）
ブム・スコル（'bum 'khor, ブム〈大般若経〉・回転：ブム〈大般若経〉を朗唱する会合）
フムクン（h'um khung, フム〈マントラ種字〉・場所〈穴〉：トルマが投捨される薪木の山）
ブムスケット（bum bskyed, 瓶・視覚化：瞑想において瓶の中に諸尊を視覚化すること）
ブムチュ（bum chu：サフランを入れた水）
ブムパ（bum pa：仏塔頭部の球状になっている部分、瓶）
フムパット（h'um phaṭ［sk］, フム・破壊する：舞踊名）
プメット（bud med：女［仮面舞踊の配役名］）
プラサンガ（prasaṅga vākya［sk］：帰謬法）
プラサンギカ（prāsaṅgika［sk］：帰謬論証派）
プラン（pu 'rangs：西チベットの地方名）
プル（プルパ）（phur＜phur pa：短剣）

ブルトゥク（'brul thug, 落ちる・トゥクパ：ちぎった小麦粉で作るトゥクパ［食物］）
ブルトル（'bul gtor, 捧げる・トルマ：供物としてのトルマ）
ブルバ（'bul ba：寄進する、奉納する、提供する）
プルパティンラス（phur pa 'phrin las：尊名［チェチョクヘールカを中心とする8顕現の1つ］）
ブルム（ྦྷཾ, bhr'um：マントラ種字の1つ）
ブレ（bre：容積の単位［1ブレは1/4ボー、1/20カル、1ブレは大麦粒で650-700gに相当］）
プンツォク・ナムギャル（phun tshogs rnam rgyal：ラダック王国王名、1739-1752年）
ペー（phe：麦こがし［ラサ方言ではツァムパ、rtsam paと呼ばれる］）
ヘーヴァジュラ（hevajra［sk］：尊名）
ペーカル（ペーハル）（pe dkar; pe har：護法尊名［チベットにおいてパドマサムバヴァにより調伏された悪霊由来の護法尊］）
ベーダ（be da：楽士［ラダックでは楽士はモン、monと呼ばれ、ベーダは音楽を生業として漂白する乞食を意味する］）
ヘールカ（heruka［sk］：尊名［ヘールカは血を飲む者の意味］）
ベクツェ（beg tse：尊名）
ベスキョス（be skyods：スプーン）
ヘミス・ゴンパ（he mi dgon pa：ヘミス僧院）
ヘミツェチュ（he mi tshes bcu, ヘミス・日・10：ヘミスツェチュ祭礼）
ベルカ（ber ka：棒）
ベルン（be lung：隠された谷）
ペレ（'phel le：ストック村の家名）
ベレ（be le：悪霊の象徴である人形［トルマのサンスクリットであるバリ、bali［sk］に由来する可能性がある］）
ベンヤプ（beng yab, ベン・殿：尊名）
ボー（bo：容積の単位［1ボーは4ブレ、1/5カル］）
ポタラ（po ta la：チベット、ラサのポタラ宮殿）
ボディサットヴァ（bodhisattva［sk］; チャンチュプセムパ、byang chub sems dpa'：菩薩）
ポブラン（ポタン）（pho brang, 宮殿、住居：ラトー、lha tho：ラトー［ラーの居所としての石積み］）
ポメチュ（bud med bchu, 女・10：女の悪霊への供物としての10体の女の人形）
ホル（hor：モンゴル人）
ボルダン（'bol gdan, 柔らかい・じゅうたん：厚く柔らかいじゅうたんの座）
ポルット（pho lud; アポ、a po：おじいさん）
ポロック（pho rog：烏）
ボンポ（bon po：ボン教徒）

マ

マードヤマカ・カーリカー（madhyamaka kārikā［sk］：中論〈頌〉）
マードヤミカ（mādhyamika［sk］：中観派）
マートル（ma gtor, 母〈主〉・トルマ：儀軌の中心となる主尊を象徴するトルマ）
マーナ（māna［sk］：意）

マーントラー（māntrā［sk］, 意・救護する：マントラ、真言）
マクスポン（dmag dpon：将軍、指揮官）
マクポンリンポチェ（dmag dpon rin po che, 将軍・貴い：王の7種類の所有物の1つ）
マゴン（ma dgon, 母・僧院：本僧院）
マチャン（ma chan＜ma chan ma, 長・料理人：料理長）
マトー・ゴンパ（mang spro dgon pa, 一層大きい・幸せ・僧院：マトー僧院）
マトー・ナグラン（mang spro nag rang, マトー・黒色・自身：マトー・ナグラン祭礼に登場するラーの名称、マトー・ナグラン祭礼）
マトーイロンツァン（mang spro'i rong btsan, マトーの・峡谷・ツァン：マトー・ナグラン祭礼に登場するラー〈ツァン〉の別称）
マニ（maṇi［sk］, 宝石：マントラ）
マニコル（maṇi 'khor, 宝石・回転＜ma ṇi lag skor, 宝石・手・回転：手で回転させるマントラの入った回転筒）
マニチューコル（maṇi chu 'khor, 宝石・水・回転：水で回転させるマントラの入った筒）
マニツォクスパ（maṇi tshogs pa, 宝石・集会：マントラ集会）
マニテプスコル（maṇi mtheb skor, 宝石・親指・回転：親指で回転させるマントラの入った筒）
マニドゥンチュル（maṇi dung 'phyur, 宝石・10億：10億個のマントラを印刷した紙が入れられている大きなマニコル［手で押して回転させる］）
マニペタプツァン（maṇi pa'i tab tshang, マントラ・〈唱える〉人の・厨房：マントラを唱える人々の食事の用意をするための厨房）
マハーヴュットパッティ（mahāvyutpatti［sk］：「翻訳名義大集」）
マハーカーラ（mahākāra［sk］; ナクポチェンポ、nag po chen po：大黒［尊名］）
マハームドラー（mahāmudrā［sk］; phyag rgya chen po, 印・大：空、ブッダの状態）
マハーヤーナ（mahāyāna［sk］; theg pa chen po：大乗）
マヘ（ma he：雄牛〈あるいはヤク〉［仮面舞踊の配役名］）
マヘ・トン（ma he 'thon, 雄牛・登場：雄牛の登場［場面名］）
マヘ・ドンチェン（ma he gdong chen, 雄牛・面・大きい：大面の雄牛［仮面舞踊の配役名］）
マモ（ma mo：尊名［カーシュンズイの1つ］）
マモジスコル（ma mo bzhi skor：舞踊名）
マモドトン（ma mo rdod gtong：尊名［チェチョクヘールカを中心とする8顕現の1つ］）
マラック（ma lag：シェー・シュブラ祭礼の配役名）
マル（mar：バター［ディモ（ヤクの雌）から作られたラダック産のバター。牛から作られたインド産のバターであるバタルティキとは区別される］）
マルシュクス（mar skyugs, バター・取り出す：トルマを象徴するためのバターを押し出す真鍮製の管）
マルツェナス（ma rtsa'i nas, 資本・大麦粒：貸借契約のための資本の大麦）
マルパ（mar pa［sk］：人名、1012-1096年）
マルバン（mar bang, バター・合板：トルマを装飾するためのバターを作るための木製の板）
マルポ（dmar po：赤色）
マルメ（mar me, バター・火：チョトメ、mchod me, 奉献・火：バターの灯明［7種類の供物の1つ］）

マルメカン（mar me khang, バター・灯・部屋：灯明の油、バターを奉献するための部屋）
マルモスペロトック（ma rmos pa'i lo tog, 耕作しない・作物〈トウモロコシ〉：仏教的宇宙観における北の大地への供物）
マルユル（mar yul, 赤い・国：現在のラダック地方）
マルンゴ（mar ngo：後半の15日間［新月の時を零として起算し、15日が満月、30日が再び新月となる。この後半の15日間］）
マンジャ（mang ja＜mang po ja, 多くの〈僧たちのための〉・茶：茶の奉献儀式）
マンダル・ジマ（maṇḍal bzhi ma：儀軌名）
マンダル・ブルワ（maṇḍal 'bul ba, マンダル・生起する：諸尊にマンダル〈宇宙〉を奉献するための儀軌名）
ミ（mi：人）
ミカ（mi kha, 人・口：褒め言葉に込められた妬みの悪霊［悪霊名］）
ミカザス（mi kha'i rdzas, ミカ〈悪霊〉・の・物質：悪霊ミカの食物）
ミガン（rmi ngan：悪夢［悪霊名］）
ミグダル（mig dar, 目・布：目隠しのための布［マトー・ナグラン祭礼においてラーの着ける目隠しの布］）
ミスキョットパ（mi bskyod pa; akṣobhya [sk]；阿閦［五仏の1つ、尊名］）
ミスニュン（mi snyung, 人・心臓：仮面舞踊においてマモが持つ人の心臓を象徴する三角錐の木）
ミダル（mig dar：ハチマキ）
ミチョス（mi chos, 人々〈村人〉・宗教：村人の規範）
ミトゥクパ（mi 'grugs pa; mi 'khrugs pa：儀軌名）
ミナック（＜ミナクポ、mi nag po, 人・黒：悪霊テウランの害を防ぐ役割を持つ黒い人形）
ミパムワンポ（mi pham dbang po：ドゥック・カーギュ派の僧名）
ミミザン（mig mi bzang; virūpāksha [sk]：広目天［尊名、ギャルチェン・ズィの1つ］）
ミャルワ（dmyal ba：地獄）
ミヨワ（mi gyo ba：トゥォズィ〈4忿怒尊〉の1つ）
ミラレパ（mi la ras pa [sk]：人名、1040-1123年）
ムルベック（mul bek：ラダックのムルベック村）
ムンカン（mun khang, 暗い・部屋：暗室）
メトック（me tog：花［7種類の供物の1つ］）
メトックマ（me tog ma, 花〈を持つ〉・女神：花を持つ女神［マンダル奉献儀軌における8女神の1つ］）
メトプンドス（me dpung 'gros：舞踊名）
メメ（me me：祖父、おじいちゃん、お坊さん）
メラー（me lha, 火・ラー〈神〉：火の神）
メリス（me ris：火炎）
メルンキルワ（me rlung 'khyil ba：舞踊名）
メロン（me long：鏡）
メワ（sme ba：ラバに適しているか否かの印）
モルット（mo lud; アピ、a pi：おばあさん）

モン（mon：楽士）
モンパタンガス（rmod pa trag sngags：尊名［チェチョクヘールカを中心とする8顕現の1つ］）

ヤ

ヤク（g.yag：ヤク）
ヤクギシュンマ（g.yag gi rnga ma, ヤク・の・尾の毛：ヤクの尾の毛）
ヤブ（yab：殿［父の敬語］）
ヤブユム（yab yum, 殿・妃：殿妃）
ヤブユム・ニス（yab yum gnyis, 殿・妃・2：殿妃2人）
ヤマ（yama［sk］；シンジェ、gshin rje：死神）
ヤマーンタカ（yamāntaka［sk］；シンジェチェット、gshin rje gshed, 死神・征服する者：焔曼徳迦（大威徳明王）［尊名］）
ヤマダーヒー（yamādahī［sk］［尊名］）
ヤマダンシュトリー（yamadaṃṣṭrī［sk］［尊名］）
ヤマドゥーティー（yamadūti［sk］［尊名］）
ヤママタニー（yamamathanī［sk］［尊名］）
ヤムス（yams：伝染病）
ヤヤ（ya ya［sk］：悪霊を駆逐するためのマントラ）
ヤル（dbyar：夏）
ヤルカン（dbyar khang, 夏・部屋：夏の居住部屋）
ヤルンゴ（yar ngo：前半の15日間［新月の時を零として起算し、15日が満月、30日が再び新月となる。この前半の15日間］）
ヤンクー（ヤンクック）（g.yang 'gugs, 富の力・来る：儀軌名）
ヤンザップ（yang zab：儀軌名）
ヤンザップコンシャクス（yang zab bskong bshags：儀軌名［通称コンシャクス］）
ヤンザップジトー（yang zab zhi thro：儀軌名［通称ジトー］）
ヤンザップソルデップ（yang zab gsol 'debs：儀軌名）
ヤンザップツァスムラチャン（yang zab rtsa gsum las byang：儀軌名）
ヤンズィンガパ（yang 'dzin lnga pa：ヘミス僧院の僧名）
ヤンスパ（dbyangs pa, 音楽・者：演奏者）
ヤンタックトゥクス（yag tag thu gas：尊名［チェチョクヘールカを中心とする8顕現の1つ］）
ヤンリガル（yang ri sgar：地名）
ユム（yum：妃［母の敬語］）
ユムチョック・ツァムンティ（yum mchog tsa mun ṭi：ヤマーンタカの妃であるチョスギャルユム［尊名］）
ユラン（yu rang, トルコ石・自身：ディグン・カーギュ派シャチュクル僧院ゴマン祭礼に登場するラーの名称）
ユリカンギュル（g.yu ru'i bka' 'gyur, ユル〈ラマユル僧院〉・の・カンギュル：ラマユル僧院のカンギュル祭礼）
ユリゴンヨック（yu ru'i dgon gyog, ラマユル・僧院・配下：ラマユル僧院配下の村々）
ユル（yul：村）

ユル・タクポ（yul drug po, 村・6：ランドルニマが大麦粒を貸付けたラマユル僧院配下の6村）
ユルコルチュン（yul 'khor srung; dhṛitarāshṭra［sk］：持国天［尊名、ギャルチェン・ズィの1つ］）
ユルラー（yul lha, 村・ラー〈神〉：村のラー）
ユルラン（yur lan, 灌漑用水路・再度行なう：用水路を掃除し灌漑を行なう）
ユンドゥン（g.yung drung; svastica［sk］：吉祥文）
ユントゥン（yungs thun, アブラナの種・武器：アブラナの種の武器［悪霊を殺すための儀軌に用いられるアブラナの種のついた小枝］）
ユンドゥン・ゴンパ（g.yung drung dgon pa, 吉祥文〈svastika［sk］〉・僧院：ラマユル僧院の別称）
ヨガ（yoga［sk］; rnal 'byor：瑜伽）
ヨガチャーラ（yogācāra［sk］：瑜伽師）
ヨグマ（yog ma：下手）
ヨルダン（g.yo ldan, 動作・それが持つ：仏教的宇宙観における西の大陸に附随する亜大陸名）
ヨンチェス（yong byes：来る）

ラ

ラー（lha：天、神々）
ラー・スキョチェス（lha skyod byes, ラー・来る［敬語］：ラーが憑依する）
ラー・スキョットパ（lha skyod pa, ラー〈諸尊〉・来る［敬語］：瞑想における諸尊の視覚化と混合）
ラー・チャン（＜ラー・チャングマ、lha lcang ma, ラー〈神〉・柳：ラーの居所である柳の木）
ラー・ツァン（lha btsan, ラー・ツァン：ラーとツァン［尊名］）
ラー・ペプチェス（lha phebs byes, ラー・来る［敬語］：ラーが憑依する）
ラー・ユル（lha yul, ラー〈神〉・村：ラーの国）
ラー・ヨルチェス（lha yol byes, ラー・去る：ラーがラバの身体から離れる）
ラーイ・ツォモ（lha yi gtso mo, ラー・村の・首領〈女〉：ラーの国の女首領［パルダン・ラモの化身］）
ラーチョス（lha chos, 神〈僧〉・宗教：僧の規範）
ラーマー（lāmā［sk］; ラマ、la ma：尊名）
ライ（bla dbyi, 命・分離する：悪霊の身体と命を分離して殺す儀式名）
ラカン（lha khang, ラー〈神〉・堂：神堂、尊堂）
ラカンプレウ・ポモ・ニス（las mkhan spre'u pho mo gnyis, 仕事人・猿・男・女・2：男女2人で仕事をする猿［仮面舞踊の配役名］）
ラクタ（rakta［sk］：血、血を入れた杯）
ラクティルラルニャム（lag mthil lhar mnyam：儀軌に用いる長い赤いジュズ）
ラクトゥン（rag dung：長笛）
ラクパリラーチョクコロスゴム（lhag pa li lha mtshog 'khor lo sngom, 神の・中の・神・一番良い・法輪・律：デチョク殿妃［尊名］）
ラサ（lha sa, ラー〈神〉・地：ラサ、チベットの首都）
ラス（las：行為、業）

ラスキゴンボ（las kyi mgon po, 行為・の・ゴンボ；尊名［ラサ方言ではレキゴンボ］）
ラスブム（las bum：補助の瓶）
ラダック（la dwags：ラダック地方）
ラダック・ストッド（la dwags stod：上手ラダック地方）
ラチェン（rwa can：角を持つ者［キュン〈ガルーダ〉を示す］）
ラチェン・ギャルブリンチェン（lha chen rgyal bu rin chen：カシミール王国初代のイスラーム王、c.1320-1350年［リンチャン・シャー；リンチン；サドルウッディン、sadr ud din と同一人物］）
ラチェン・ギャルポ（lha chen rgyal po：ラダック王国王名、c.1050-1080年）
ラチェン・ゴトップゴン（lha chen dngos grub mgon：ラダック王国王名、c.1290-1320年）
ラチェン・タクブムデ（lha chen grags 'bum lde：ラダック王国王名、c.1400-1440年）
ラチェン・ツェタン・ナムギャル（lha chen〈mi 'gyur〉tshe brtan rnam rgyal：ラダック王国王名、1782-1808年）
ラチェン・ツェワン・ナムギャル（lha chen tshe dbang rnam rgyal：ラダック王国王名、c.1532-1560年）
ラチェン・デレク・ナムギャル（lha chen bde legs rnam rgyal：ラダック王国王名、c.1660-1685年）
ラチェン・バガン（lha chen bha gan：ラダック王国王名、c.1470-1500年）
ラトー（lha tho, ラー〈神〉・印〈場所〉；ポブラン、pho brang：ラーの居所としての石積み）
ラノン（rwa gnon, 角・押さえる：舞踊名）
ラバ（lha ba, ラー・者：ラーの憑依者〈男〉、シャマン）
ラバルトルマ（rab 'bar gtor mo, 非常に強い・炎・トルマ：トルマの種類）
ラマ（bla ma：優れた者、高位の僧）
ラマイン（lha ma yin, ラー・ではない：阿修羅）
ラマチョッパ（bla ma mchod pa, ラマ・奉献：祖師への奉献の儀式［儀軌名］）
ラマユル・ゴンパ（bla ma yu ru dgon pa, ラマユル・僧院；g.yung drung dgon pa, 吉祥文・僧院; yu ru dgon pa, ユル・僧院などと呼ばれる：ラマユル僧院）
ラム（ram：火の種子、行為の火）
ラムチョッド（lam mchog 'gro, 道・最良・行く：仏教的宇宙観における西の大陸に附随する亜大陸）
ラムドス（lam 'gros：舞踊名）
ラムドス・ズィ（lam 'gros bzhi：舞踊名）
ラムドス・ズルプットマ（lam 'gros zur phud ma, 路・歩み・横を向く：舞踊名）
ラムドス・ダルドス・ズィ（lam 'gros dal 'gros bzhi, 路・歩み・ゆっくり・4：舞踊名）
ラムドス・チェスコル（lam 'gros phyed skor, 路・歩み・大きな・輪：舞踊名）
ラムトル（lam gtor, 道・トルマ：トルマの種類）
ラメ・ラー（bla ma'i lha, 僧・の・ラー〈神〉：僧のラー［マトー・ナグラン祭礼に登場するラーの名称］）
ラモ（<パルダン・ラモ、dpal ldan lha mo; シュリーデヴィー、śrīdevī [sk]［尊名］）
ラモ（lha mo, ラー・女：ラーの憑依者〈女〉、シャマネス、女神）
ラモ・カンソル（lha mo skang gsol：儀軌名）

ラモカン（lhamo khang, ラモ〈ラーの女性形〉・堂：女神堂）
ラヤル（lha g.yar, ラー・借りる；人々はルーヤル〈klu g. yar, ルー・借りる〉とも発音する：ラーが憑依する者）
ラル・ダック（lha bdag, ラー〈神〉・所有者〈世話人〉：ラーの世話人）
ラルガ（lha rnga, ラー・音楽：ラーの登場に際して演奏される音楽）
ラルテン（lha rten, ラー〈神〉・住居：ラトー、lha tho, ラー〈神〉・印：ラーの居所としての石積み）
ラルパ（ral pa：ヤクの毛製帽子）
ラルパ・ナクポ（ral pa nag po, ヤクの毛製帽子・黒：黒いヤクの毛製帽子［マトー・ナグラン祭礼でラーが被る帽子］）
ラルパ・マルポ（ral pa dmar po, ヤクの毛製帽子・赤：赤いヤクの毛製帽子［マトー・ナグラン祭礼でラーが被る帽子］）
ラルパチェン（ral pa can:khri gtsug lde brtsan：吐蕃王国王名、815-838年）
ラルンパルギドルジェ（lha lung dpal gyi rdo rje：チベットの僧名）
ラワンロト（lha dbang blo gros：ゲールク派の僧侶）
ランダルマ（glang dar ma：吐蕃王国王名、838-842年）
ランドルニマ（rang grol nyi ma＜ba ku la rang grol nyi ma, バクラ・ランドルニマ：ディグン・カーギュ派の転生［僧名］）
ランポリンポチェ（glang po rin po che, 象・貴い：王の7種類の所有物の1つ）
リ（gri：小刀）
リーラブ（ri rab；メルー、meru [sk]：メルー山、須弥山）
リウ・ドゥンマ（liu 'dun ma：典籍名）
リキール・グストル（正確にはリキールのストルモチェ〈gtor mo che, トルマ・大〉：人々はリキール・ドスモチェと発音するが、本来はリキール・ストルモチェ）
リキール・ゴンパ（li 'khyil dgon pa：リキール僧院［人々はリキール・ゴンパと発音するが、本来はルキール・ゴンパ、klu 'khyil dgon pa］）
リグジンロンポン（rig 'dzin slob dpon：尊名［チェチョクヘールカを中心とする8顕現の1つ］）
リクスム・ゴンポ（rigs gsum mgon po, 系統〈種類〉・3・護法尊：3尊［チェンレズィ〈観音〉、ジャムパル〈文殊〉、チャクドル〈金剛手〉の3尊］）
リザン（ril zan, 球・大麦の練り粉：大麦の練粉で作った小球）
リゾン・ゴンパ（ri rdzong dgon pa：リゾン僧院）
リンガ（lnga；ダオ、dgra bo；liṅga [sk]：悪霊の象徴である人形［男根を形どった像、ヒンドゥー教ではシバ神の象徴として崇拝されるが、チベット仏教では悪霊、エゴの象徴とされる］）
リンガ（rigs lnga：宝冠）
リンガタルワ（ling ga dral ba, リンガ・引き裂く：リンガを引き裂く［仮面舞踊において悪霊を殺す儀式名］）
リンガチョットパ（ling ga bcod pa, リンガ・切る：リンガを切る［ツォクスを奉献する際に一部を切り取る儀式名］）
リンズィリーラブダンチャスパ（gling bzhi ri rab dang bcas pa, 大陸・4・メルー山・と・共に：仏教的宇宙観におけるメルー山と周囲の4大陸）
リンチェン（rin chen：宝石）

リンチェン・プンツォク（rin chen phun tshogs：ディグン派の聖人名）

リンチェンチュンダン（rin chen 'byung ldan; ratnasambhava［sk］：宝生［尊名、五仏の1つ］）

リンチェンパル（rin chen dpal：人名）

リンチャン・シャー（rinchan shah; rinchin, リンチン; riñchana bhotta：カシミール王国王名、1320-1323年［ラチェン・ギャルブリンチェンと同一人物］）

リンポチェ（rin po che, 尊重される：重要な人物、高僧）

リンポチェドゥクス（rin po che'i gdugs, 貴い・傘：マンダル奉献儀軌における奉献物の1つ）

リンポチェリオ（rin po che'i ri bo, 宝石・の・山：仏教的宇宙観における東の大陸への供物）

ルー（klu; nāga［sk］：地下の国や泉に住む霊）

ルー・ユル（klu yul, ルー・村：ルーの国）

ルーイ・ツォモ（klu yi tso mo, ルー・村の・首領〈女〉：ルーの国の女首領［パルダン・ラモの化身］）

ルートル（klu gtor, ルー・トルマ：儀軌名）

ルーピニー（rūpiṇī［sk］; ズクツァンマ、gzugs can ma：尊名）

ルゥンズェット（lhung bzed：托鉢のための鉢）

ルキール・ゴンパ（klu 'khyil dgon pa; klu dkyil, ルー・中心：ルキール僧院、人々はリキール・ゴンパと発音するが本来は、ルキール・ゴンパ）

ルス（lus：身体［仏教的宇宙観の東の大陸に附随する亜大陸］）

ルスパクス（lus 'phags, 身体・成長する：仏教的宇宙観の東の大陸に附随する亜大陸）

ルスパクスポ（lus 'phags po, 身体・成長する〈背の高い〉・と共に：仏教的宇宙観におけるメルー山の東にある大陸名）

ルター（r̥ta［sk］, 天則：宇宙の理法）

ルダル（ru dar, 赤・旗：戦旗の赤い旗）

ルトク（ru thogs：西チベットの地方名）

ルドラ（rudra［sk］：魯達羅）

ルバン（klu bang, ルー・場所：ルーの居所）

ルマ（glu ma, 歌〈を歌う〉・女神：歌を歌う女神［マンダル奉献儀軌における8女神の1つ］）

ルン（rlung：〈幸運を意味する〉風）

ルンゼット（lhung bzed：杯）

ルンナックツモ（rlung nag 'tshub mo, 風・黒・軽い嵐：場面名）

ルンパアリ（drung pa 'a li：ラダック王国王タクブムデの息子［人名］）

レマティ（re ma ti; remati［sk］：尊名）

ロ・ザー・ジャック・ドゥス・パル（lo zla zhag dus spar, 年・月・日・刻・災い：年、月、日、刻における災い）

ロー（lho：南）

ローチュル（blo byur：突然の出来事）

ローツァワ（lo tsa' ba＜lokacakshuh［sk］：翻訳家）

ローツァワ・リンチェンザンポ（リンチェンザンポ）（lo tsa' ba rin chen bzang po：翻訳家リンチェンザンポ、958-1055年［人名］）

ローツァワイチョルテン（lo tsa' ba'i〈＜lo tsa' ba rin chen bzang po〉mchod rten, ローツァワ〈＜ローツァワ・リンチェンザンポ〉・の・仏塔）：ローツァワ・リンチェンザンポ様式の仏塔

ロクチャム（log 'cham, 戻り・舞踊：舞踊名）
ロサリン（blo gsal gling：チベットのデプン僧院の学堂名）
ロトタンパ（blo gros brtan pa：［人名］、1402-1476年）
ロトチョクダン（blo gros mchog ldan：ラダック王国王名、c.1440-1470年）
ロボン（slob dpon, 教える・者：教師、僧院長）
ロボン・ズクサ（slob dpon bzhuks sa, 僧院長・座：僧院長のための座）
ロボンパドマ（slod dpon pad ma：舞踊名）
ロン（rong：峡谷［マトー村の地名］）
ロンツァン（rong btsan, 峡谷・ツァン：峡谷のツァン［マトー・ナグラン祭礼に登場するラーの名称］）
ロンツァン・カルマル（rong btsan dkar dmar, 峡谷・ツァン・白・赤：マトー・ナグラン祭礼に登場する2神のラーの名称）
ロンペ・ラクチュン（blon po'i lhag chung, 大臣・の・仏堂・小さい：大臣家の小さな仏堂）
ロンポ（blon po：大臣）
ロンポリンポチェ（blon po rin po che, 大臣・貴い：王の7種類の所有物の1つ）

ワ

ワシャン（'wa shang：人名）
ワン（dbang：制御された力、加入儀礼、灌頂）
ワンギカンロ（dbang gi mkha' 'gro, 制御の・カンロ：尊名）
ワンポ・タクパル・チェトペ・チャム（dbang po dag par byed pa'i 'cham, 5感・浄化する・行う・舞踊：舞踊名）
ワンポメトック（dbang po'i me tog, 力のある・花：5感覚器官と意からなる6識を象徴する造物）
ワンラ（wan la：ラダックの村名、僧院名）

ン

ンガ（rnga：太鼓）
ンガクス（sngags：マントラ、瑜伽タントラ）
ンガクスパ（sngags pa, 瑜伽タントラ・男：男の瑜伽タントラ行者）
ンガクスマ（sngags ma, 瑜伽タントラ・女：女の瑜伽タントラ行者）
ンガチャク（rnga lcag, 太鼓・手：太鼓の撥）
ンガチャムス（rnga 'chams, 太鼓・舞踊：場面名）
ンガドゥンンガドス（lnga brdung lnga 'gros：舞踊名）
ンガパット（lnga phat ［sk］, 我〈エゴ〉・破壊する〈強い調子の足運び〉：舞踊名）
ンガボン（rnga bong：胴体に3対の足を持つラクダの形の造物、カプギャット、ゴンボに附随する守護者）
ンガヤブ（rnga yab：払子［仏教的宇宙観において南の大陸に附随する亜大陸］）
ンガヤブジャン（rnga yab gzhan, 払子・その他：仏教的宇宙観における南の大陸に附随する亜大陸）

文 献

(著者名、アルファベット順)

Bamzai, P. N. K.
 1962 *A History of Kashmir*. New Delhi: Metropolitan Book Co.

Coleman, G.（ed.）
 1994 *A Handbook of Tibetan Culture*. Boston: Shambhala Pub. Inc.

Cunningham, A.
 1854 *Ladakh, Physical, Statistical and Historical, with Notices of the Sorrounding Countries*. London: Wm. H. Allen and Co.

ダライ・ラマ14世テンジン・ギャツォ
 1980 『大乗仏教入門』菅沼晃（訳）、東京、蒼洋社。(*orig*. The XIV the Dalai Lama 1971, *The Opening of the Eye*. Madras: Theosophical Pub.House; 1975, *The Buddhism of Tibet and the Key to the Middle Way*. London: George Allen & Unwin Ltd.)
 1996 『ダライ・ラマの仏教哲学講義——苦しみから菩提へ』福岡洋一（訳）、東京、大東出版社。(*orig*. His Holiness the Dalia Lama, Tenzin Gyatso; trans. and ed. by Hopkins, J. 1988, *The Dalai Lama at Harvard*, *Lectures on the Buddhist Path to Peace*. Japanese translation rights arranged with Snow Lion Pub., New York through Liaison Office of His Holiness the Dalai Lama for Japan & East-Asia, Tokyo)
 1999 『ダライ・ラマ死をみつめる心』ハーディング祥子（訳）、東京、春秋社。(*orig*. His Holiness the Dalai Lama 1997, *The Joy of Living and Dying in Peace*. San Francisco: Harper Collins Pub., Japanese translation rights arranged by the Library of Tibet, Inc. c/o The Wylie Agency (UK) Ltd, London through Tuttle-Mori Agency, Inc., Tokyo)

Das, C.
 1981 (*orig*. 1902) *Tibetan-English Dictionary*. Kyoto: Rinsen Book Co.

Francke, A. H.
 1972 (*orig*. 1926) *Antiquities of India Tibet*. Part (Vol.) II. Archaeological Survey of India, New Imperial Series, Vol.L. New Delhi: S. Chand & Co. (Pvt.) Ltd.
 1977 (*orig*. 1907) A History of Western Tibet. In Gergan, S. S. and F. M. Hassnain (eds.), *A History of Ladakh*. New Delhi: Sterling Publishers Pvt. Ltd., pp.47-182.

Gergan, S. S. and F. M. Hassnain
 1977 Critical Introduction. In Gergan, S. S. and F. M. Hassnain (eds.), *A History of Ladakh*. New Delhi: Sterling Publishers Pvt Ltd., pp.1-46.

ゲシェー・ソナム・ギャルツェン・ゴンタ（Geshe Sonam Gyaltsen Gontha）
 2007 『八つの詩頌による心の訓練』東京、チベット仏教書普及会《ポタラ・カレッジ》。

Hamayon, R. N.
 1994 Shamanism: A Religion of Nature? In Irimoto, T. and T. Yamada (eds.), *Circumpolar Religion and Ecology*. Tokyo: University of Tokyo Press. pp.109-123.

His Holiness the Dalai Lama
  1999 (orig. 1985) *Kalachakra Tantra, Rite of Initiation*. Boston: Wisdom Pub.
インド・チベット研究会、種智院大学密教学会（編）
  1982 『チベット密教の研究——西チベット・ラダックのラマ教文化について』京都、永田文昌堂。
煎本　孝（Irimoto, T.）
  1981a 「西チベット、ザンスカール地区における人口と性比の村落間変異」『民族学研究』46(3)：344-348.
  1981b 「北西インド、ザンスカール地区におけるチベット系住民の生態と世界観に関する調査報告」『日本民族学会第20回研究大会研究発表抄録』吹田、国立民族学博物館、59-60頁。
  1983 [2002]『カナダ・インディアンの世界から』東京、福音館書店。
  1984 「チベット系住民（ラダック地区）の親族名称」『日本民族学会第23回研究大会研究発表抄録』吹田、国立民族学博物館、35-36頁。
  1986a 「ラダック王国史の人類学的考察——歴史－生態学的視点」『国立民族学博物館研究報告』11(2)：403-455.
  1986b 「ラダック」『ヒマラヤ仏教王国1　人間曼陀羅界』田村仁（撮影）、梅棹忠夫（序文）、石井溥・今枝由郎・煎本孝・鹿野勝彦・真鍋俊照（解説）、東京、三省堂、10頁。
  1986c 「ザンスカール」『ヒマラヤ仏教王国1　人間曼陀羅界』田村仁（撮影）、梅棹忠夫（序文）、石井溥・今枝由郎・煎本孝・鹿野勝彦・真鍋俊照（解説）、東京、三省堂、88頁。
  1986d 「ラダック王国史覚書」『ヒマラヤ仏教王国1　人間曼陀羅界』田村仁（撮影）、梅棹忠夫（序文）、石井溥・今枝由郎・煎本孝・鹿野勝彦・真鍋俊照（解説）、東京、三省堂、214-222頁。
  1986e 「写真解説」『ヒマラヤ仏教王国1　人間曼陀羅界』田村仁（撮影）、梅棹忠夫（序文）、石井溥・今枝由郎・煎本孝・鹿野勝彦・真鍋俊照（解説）、東京、三省堂、240-246頁。
  1988 「アイヌは如何にして熊を狩猟したか——狩猟の象徴的意味と行動戦略」『民族学研究』53(2)12：5-154.
  1989a 「ラダックにおけるラーの概念」『第10回北海道印度哲学仏教学会研究例会』札幌、北海道大学。
  1989b 「ラダックにおけるラーの概念」『印度哲学仏教学』4：305-324.
  1994 Anthropology of the North In Irimoto, T and T. Yamada (eds.), *Circumpolar Religion and Ecology*. Tokyo：University of Tokyo Press. pp. 423-440
  1996 『文化の自然誌』東京、東京大学出版会。
  2002 （編）『東北アジア諸民族の文化動態』札幌、北海道大学図書刊行会。
  2004a Northern Studies in Japan. *Japanese Review of Cultural Anthropology* 5：55-90.
  2004b *The Eternal Cycle: Ecology, Worldview and Ritual of Reindeer Herders of Northern Kamchatka*. Senri Ethnological Reports No.48, Osaka: National Museum of Ethnology.
  2005a 「北方学とチベット学」『北方学会報』11：81-92.
  2005b Northern Studies and Tibetology. *Northern Studies Association Bulletin* 11：1-7.
  2007a 「日本における北方研究の再検討——自然誌－自然と文化の人類学－の視点から」*Anthropological Science* (*Japanese Series*) (The Anthropological Society of Nippon) 115

(1): 1-13.
2007b 「人類学的アプローチによる心の社会性」『集団生活の論理と実践——互恵性を巡る心理学および人類学的検討』煎本孝・高橋伸幸・山岸俊男（編）、札幌、北海道大学出版会、3-33頁。
2007c 『トナカイ遊牧民、循環のフィロソフィー』東京、明石書店。
2007d 「未来の民族性と帰属性」『北の民の人類学』煎本孝・山田孝子（編）、京都、京都大学出版会、317-329頁。
2010a 「人類の進化と北方適応」『文化人類学』74(4): 541-565.
2010b 『アイヌの熊祭り』東京、雄山閣。
2010c 「チベット研究の現状とデータベース作成」『北方学会報』14: 43-49.
2010d Ecological Implications of Tibetan Buddhism: Exorcising Rites in Village and Monastic Festivals. *The XXth Congress of IAHR*. August 15-21, 2010, Toronto: University of Toronto.
2011 Commonality in Tibetan Belief and Creed——Posession by Lha at Festivals and its Relation to Kingship and Buddhism. *Regionality and Commonality in Tibetan Cultures. International workshop for Global COE Program*. Hokkaido University, Dec. 12-13, 2011
2012 Commonality in Tibetan Belief and Creed——Posession by Lha at Festvals and its Relation to Kingship and Buddhism. *Northern Studies Association Bulletin* 16: 3-4.

Irimoto, T. and T. Yamada (eds.)
1994 *Circumpolar Religion and Ecology*. Tokyo: University of Tokyo Press.
2004 *Circumpolar Ethnicity and Identity*. Senri Ethnological Studies no.66. Osaka: National Museum of Ethnology.

石黒　淳
1977 「ラダック——西チベットのラマ教美術」『みずえ』873: 58-71.

Jamyang Gyaltsan
2005 *Mangtro Monastery*. Leh: Cultural and Welfare Society, Mangtro Gonpa.

Jäschke, H. A.
1980 *A Tibetan-English Dictionary*. Delhi: Motilal Banarsidass.

金岡秀友・柳川啓一（監修）、菅沼晃・田丸徳善（編）
1989 『仏教文化事典』東京、佼成出版社。

金子英一
1989 「チベット」『仏教文化事典』金岡秀友・柳川啓一（監修）、菅沼晃・田丸徳善（編）、東京、佼成出版社、293-304頁。

雲井昭善
1989 「仏教思想の背景と脈絡」『仏教文化事典』金岡秀友・柳川啓一（監修）、菅沼晃・田丸徳善（編）、東京、佼成出版社、9-15頁。

Macdonald, A. W.
1984 Religion in Tibet at the Time of Srong-btsan sgam-po: Myth as History. In Ligeti, L. (ed.), *Bibliotheca Orientalis Hungarica* Vol. XXIX/2: *Tibetan and Buddhist Studies Commemorating the 200th Anniversary of the Birth of Alexander Csoma de Körös*, Vol.2. Budapest: Akadémiai Kiadó. pp.129-140.

松長有慶
　　1980　「ラダック地方におけるリンチェンサンポの遺跡」『第3回高野山大学チベット仏教文化調査団報告書』チベット仏教文化研究会、11-16頁。

長澤和俊
　　1989　「中央アジア、シルクロードの仏教」『仏教文化事典』金岡秀友・柳川啓一（監修）、菅沼晃・田丸徳善（編）、東京、佼成出版社、281-290頁。

中村　元
　　1958　『ブッダのことば――スッタニパータ』東京、岩波書店。
　　1980　『ブッダの世界』東京、学習研究社。
　　1989　『ヴェーダの思想（中村元選集　第8巻）』東京、春秋社。
　　1990　『ウパニシャッドの思想（中村元選集　第9巻）』東京、春秋社。

Nawang Tsering Shakspo
　　1988　*A History of Buddhism in Ladakh*. Delhi: Ladakh Buddhist Vihara.

西　義雄
　　1976　『國譯一切経印度撰述部（毘曇部二十六上）』東京、大東出版社。

越智淳仁・二上寛弘・常多　昇
　　1979　「ザンスカールの密教調査」『第2回高野山大学チベット仏教文化調査団報告書』チベット仏教文化研究会、7-24頁。
　　1989　「仏教思想の展開、密教」『仏教文化事典』金岡秀友・柳川啓一（監修）、菅沼晃・田丸徳善（編）、東京、佼成出版社、37-44頁。

岡田英弘
　　1981　「モンゴルの分裂」『北アジア史（新版）――世界各国史12』護雅夫・神田信夫（編）、東京、山川出版社、183-228頁。

Paldan, Thupstan
　　1976　*The Guide of the Buddhist Monasteries and Royal Castles of Ladakh* (1st edition). Delhi: printed by Dorjee Tsering.
　　1982　*A Brief Guide to the Buddhist Monasteries and Royal Castles of Ladakh*. Delhi: Golden Print.
　　2008　*The Guide of the Buddhist Monasteries and Royal Castles of Ladakh* (9th edition). Delhi: printed by Dorjee Tsering.

Paljor, Tsarong
　　1987　Economy and Ideology on a Tibetan Monastic Estate in Ladhakh: Processes of Production, Reproduction and Transformation. Ph.D. Thesis, University of Wisconsin-Madison.

Petech, L.
　　1977　*The Kingdom of Ladakh: c.950-1842 A.D.* Serie Orientale Roma Vol.LI, Instituto Italiano per il Medio ed Estremo Oriente. pp.1-191.
　　1978　The 'bri gung pa Sect in Western Tibet and Ladakh. In Ligeti, L. (ed.), *Bibliotheca Orientalis Hungarica Vol.XXIII: Proceeding of the Csoma de Körös Memorial Symposium*. Budapest: Akadémiai Kiadó. pp.313-325.

酒井真典
　　1978　「インド北西部ラダック・レーに於ける仏教文献調査報告」『第1回高野山大学ラマ教

文化調査団報告書』高野山大学インド・ネパール学術調査事務局、10-14頁。

榊　亮三郎
  1916　『梵蔵漢和四譯對校翻譯名義大集』京都、真言宗京都大学。

シャーンティデーヴァ（Śāntideva）
  2009　『シャーンティデーヴァ入菩薩行論（Byang chub sems dpa'i spyod pa la 'jug pa)』ゲシェー・ソナム・ギャルツェン・ゴンタ、西村香（訳注）、東京、チベット仏教普及協会《ポタラ・カレッジ》。

佐藤　長
  1959　『古代チベット史研究（上・下巻）』京都、同朋舎。

Sharp, H. S.
  1994　Inverted Sacrifice In Irimoto, T. and T. Yamada (eds.), Circumpolar Religion and Ecology. Tokyo: University of Tokyo press. pp. 253-271

嶋崎　昌
  1977　『隋唐時代の東トゥルキスタン研究——高昌國史研究を中心として』東京、東京大学出版会。

Snellgrove, D. L. and T. Skorupski
  1977　*The Cultural Heritage of Ladakh*, Vol.I. New Delhi: Vikas Pub. House.
  1980　*The Cultural Heritage of Ladakh*, Vol.II. New Delhi: Vikas Pub. House.

スタン, R. A (Stein, R. A.)
  1971　『チベットの文化』山口瑞鳳・定方　晟（訳）、東京、岩波書店。(*orig*. Stein, R. A. 1962, *La Civilisation Tibétiane*. Paris: Dunod, Editeur)

ソギャル・リンポチェ
  1995　『チベットの生と死の書』大迫正弘・三浦順子（訳）、東京、講談社。(*orig.* Sogyal Rinpoche 1992, *The Tibetan Book of Living and Dying*. Rigpa Fellowship. Japanese edition published by arrangement with Harper Collins Pub. Inc. through Japan Uni Agency, Inc.)

菅沼　晃
  1989a　「仏教思想の展開中期・後期大乗仏教」『仏教文化事典』金岡秀友・柳川啓一（監修）、菅沼晃・田丸徳善（編）、東京、佼成出版社、31-37頁。
  1989b　「仏教思想の展開初期大乗仏教」『仏教文化事典』金岡秀友・柳川啓一（監修）、菅沼晃・田丸徳善（編）、東京、佼成出版社、25-31頁。

田村　仁（撮影）、松長有慶（序文）、今枝由郎・立川武蔵・真鍋俊照・頼富本宏（解説）
  1986　『ヒマラヤ仏教王国2　密教曼陀羅界』東京、三省堂。

田中公明
  1987　『曼荼羅イコノロジー』東京、平河出版社。
  1994　『超密教時輪タントラ』東京、東方出版。

田中公明（編）
  2000　『ハンビッツ文化財団蔵　チベット仏教絵画集成　第2巻』ソウル、ハンビッツ文化財団・京都、臨川書店。
  2001　『ハンビッツ文化財団蔵　チベット仏教絵画集成　第3巻』ソウル、ハンビッツ文化財団・京都、臨川書店。

立川武蔵
　　1999　「インド密教の歴史的背景」『インド密教』立川武蔵・頼富本宏（編）、東京、春秋社、19-31頁。
辻　直四郎
　　1970　『リグ・ヴェーダ讃歌』東京、岩波書店。
ツルテム・ケサン（Tshul khrims skal bzang）
　　1981　「ラダック地方のラマ教の宗派と寺院について」『第3回ラダック調査団報告書』種智院大学密教学会、インド・チベット研究会、101-106頁。
Tucci, von Giuseppe and W. Heissig
　　1970　*Die Religionen Tibets und der Mongolei*. Stuttgart: Verlag W. Kohlhammer.
ヴァレラ, F. J., J. W. ヘイワード（編）
　　1995　『心と生命——〈心の諸科学〉をめぐるダライ・ラマとの対話』山口泰司・山口采生子（訳）、東京、青土社。（*orig*. Hayward, J. W. and F. J. Varela (eds.) 1992, *Gentle Bridges, Conversations with the Dalai Lama on the Sciences of Mind*. Japanese translation published by arrangement with Shambhala Pub. Inc., Boston）
Waddell, L. A.
　　1978　*Buddhism and Lamaism of Tibet*. Kathmandu: Educational Enterprise Ltd.
山田孝子（Yamada, T.）
　　1994　『アイヌの世界観』東京、講談社。
　　2009　『ラダック——西チベットにおける病いと治療の民族誌』京都、京都大学学術出版会。
　　2011a　「可視化されるラー（神）の力と宗教性の現出——ラダックにおける僧院の祭りから」『北方学会報』15：3-14.
　　2011b　Anthropology of Continuity and Symbiosis of Traditional Cultures. In Yamada, T. and T. Irimoto (eds.), *Continuity, Symbiosis, and the Mind in Traditional Cultures of Modern Societies*. Sapporo: Hokkaido University Press, pp.261-271.
Yamada, T. and T. Irimoto (eds.)
　　1997　*Circumpolar Animism and Shamanism*. Sapporo, Hokkaido University Press.
山口　益・舟橋一哉
　　1955　『倶舎論の原典解明世間品』京都、法藏館。
山口瑞鳳
　　1983　『吐蕃王国成立史研究』東京、岩波書店。
　　1985　「ラマ教」『平凡社大百科事典　第15巻』東京、平凡社、420-421頁。
頼富本宏
　　1978　「ラマ教図像に関する若干の問題点について」『第1回ラダック調査団報告書』種智院大学密教学会、インド・チベット研究会、47-56頁。
　　1982a　「ラマ教の典籍とその資料」『チベット密教の研究』種智院大学密教学会、インド・チベット研究会（編）、京都、永田文昌堂、63-92頁。
　　1982b　「ラマ教の美術」『チベット密教の研究』種智院大学密教学会、インド・チベット研究会（編）、京都、永田文昌堂、93-238頁。
　　1999　「密教の確立——『大日経』と『金剛頂経』の成立と思想」『インド密教』立川武蔵・頼富本宏（編）、東京、春秋社、32-56頁。

# 附録１　ゴンボ・ズンス

（カプギャット祭礼において外部のトルマに入れられるゴンボのマントラ、写真4–6）

No.1　ཧཱུྂ་ཨོཾ་བཛྲ་མཧཱ་ཀཱ་ལ་ཀླུ་སྦྲུལ་དུག་བགེགས།　བྱད་ཕུར་ཐན་ལྷམས་རྩེ་འཛུན་བྱུར་དང་སྲི་དགྲ་ཡམས་

ཁགས་ཆེ་ཐམས་ཅད་བཟློག་ཅིག་བསྒྱུར་ཅིག

No.2　ཧཱུྂ་ཨོཾ་བཛྲ་གྲཱི་ཧཱ་ཙ་ཏི་སྭཱ་ར་ཡ་མཧཱ་ཀཱ་ལ་ཙིཏྟ　སློག་ལ་ཏྲིང་ཏྲིང་ཛ་པཏ་སྒྲོཾ

No.3　ཧཱུྂ་ཨོཾ་བཛྲ་གྲཱི་ཧཱ་ཏུ་ཧཱ་སྭཱ་ར་ཡ་མཧཱ་ཀཱ་ལ　ཙིཏྟ་ཡ་ཏྲིང་ཏྲིང་ཛ་ཛ་སྒྲོཾ

No.4　ཧཱུྂ་ཨོཾ་བཛྲ་མཧཱ་ཀཱ་ལ་རྦྱ་ཏུ་བྷེན　ཧྲུཾ་ཇ་ཛི་པཏ་སྒྲོཾ

No.5　ཧཱུྂ་ཨོཾ་བཛྲ་གྷྲི་ཧཱ་ས་མ་ཡ་ཀ་ཀླུ་སྦྲུལ　མཧཱ་ཀཱ་ལ་ཛི་སྒྲོཾ

No.6　ཧཱུྂ་ཨོཾ་མཧཱ་ཀཱ་ལ་ཤུ་ཏེ་ཡ་མ་དུ་ཛ་སྒྲོཾ

No.7　ཧཱུྂ་ཨོཾ་མཧཱ་ཀཱ་ལ་ཏུ་གྲྭད་ཛ་སྒྲོཾ

No.8　ཧཱུྂ་ཨོཾ་མཧཱ་ཀཱ་ལ་སྦ་ན་ཏི་ད་ཛི་པཏ་སྒྲོཾ

No.9　ཧཱུྂ་ཨོཾ་ཀཾ་མཧཱ་ཀཱ་ལ་ཛི་པཏ་སྒྲོཾ

No.10　ཨོཾ་མ་ཧཱ་ཀཱ་ལ་ཤུ་ཏེ་ཡ་མ་དུ་ཛཿ་ཨོཾ་བཛྲ་　མཧཱ་ཀཱ་ལ་རྦྱ་ཇ་ཏི་ད་ཛི་པཏ་ཨོཾ་བཛྲ་མཧཱ་

ཀཱ་ལ་ཏུ་གྲྭད་ཛཿ་ཨོཾ་བཛྲ་མཧཱ་ཀཱ་ལ་རྦྱ་ཛི་པཏ　བདག་སྐྱབས་པ་པོ་ཆོས་སྐྱིད་མནའ་ཐང་

དང་བཅས་པ་ལ་འཆོ་བར་བྱད་ཕུར་བོད་　གཏོང་ཐན་ལྷམས་མཚན་ངན་སྲི་དང་ཀག་རིགས་

དུག་མཚོན་ཉད་ཡམས་ངན་པ་ཐམས་ཅད་　དགྲ་ལ་བྟོ་བཟློག

No.11　ཨོཾ་ཙྪཾ་མཧཱ་ཀཱ་ལ་བཛྲ་ནཱ་ཡི་བཛྲ་ཏྲི་ཏྲི་ཏྲི་པཏ་　བྱད་མ་ཐམས་ཅད་བཟློག་ཅིག་བདག་སྲུག་པོ་མི་

ནོར་འཁོར་སློབ་དང་བཅས་པ་ལ་གནོད་པའི་བྱད་　ཕུར་གཏད་མནན་ཐན་ལྷམས་དུག་མཚོན་རྒྱལ་

པོའི་ཆད་པ་ལྷ་སྲིན་སྡེ་བརྒྱད་ཀྱི་གནོད་གདུག　ལོ་ཟླ་ཞག་དུས་སྦྱར་རྩིའི་བཙུབ་ཀཱ་ག་ཤི་བ་

ལངས་པ་མི་ཁ་མཁའ་ཀླུ་སོགས་གནོད་པ་ཐམས　ཅད་སྲུང་བའི་དགྲ་ལ་བྟོ་བཟློག་ཟླུག་ཡ

No.12　ཨོཾ་གྲི་བཛྲ་མཧཱ་ཀཱ་ལ་ཡ་སྔགས་ན་ཡུ་པ་ངྭ་རི་　ཏེ་ཡི་ཏ་བཙྭི་མ་ཀཱ་ལོ་ཡ་ཡི་ད་རྫུ་ཏུ་ཡ་

ཡ་ཨ་པ་ཀཱ་རི་ཏེ་ཡ་དི་པ་ཏྲི་ཛྲ་སྨྲ་རི་ཤྲི་ཏུ་ཧྲུ་ཨི་ད་　དུ་ཚྭི་ཁ་བྷྭ་ཏི་བྷྭ་ཏི་མ་ར་ར་གྲིག་གྲིག

བབཊྚ་བཚྪ་ཏུ་ན་ན་ད་ད་པ་ཙ་པ་ཙ་དི་ན་མེ་གོ་ན　དག་བགེགས་མཐུ་དྲུག་མ་ར་ཡ་ཛི་པཏ་ཛི་བདག

ཏག་ཆོས་སྐྱིད་མནའ་ཐང་ལ་གནོད་པའི་དགྲ་འདྲེ་　བྱད་བྱུར་བཀྲ་མི་ཤེས་པ་ཐམས་ཅད་བཟློག་ཅིག

附録2　カプギャット・ズンス

（カプギャット祭礼において外部のトルマに入れられるカプギャットのマントラ、写真4-7）

No.1.　བཟློག

No.2.　ཧཱུྃ༔

No.3.　རྃ༔

No.4.　ཨྃ༔　སྲུབ་པ་ལ་བར་དུ་གཅོད་ཅིང་སྲུབ་པ་པོ་ལ་　གནོད་པའི་གནོད་བྱེད་དོ་སྲི་འབྱུང་པོ་ཐམས་ཅད་　ཕྱམས་རིལ་དད་ལུས་དུ་བུ་སྟིང་ལ་ཧཱུྃ་ཧཱུྃ་ཞེན་　དུར་ཕྱམས་སྨྱ་ར་ལ་ཛཿཕཊ་སྟོ་གཡམས་སུ་སྟོ་　མོ་སྟོ་གཡོན་དུ་སྟོ་སྟུང་བའི་དག་ལ་སྟོ་གནོད་པའི་　བགེགས་ལ་སྟོཿ

No.5.　ཨོྃ་བཛྲ་མཧཱ་གྷོ་ཎ་པཉྩ་གྷོ་རི་རི་བཛྲ་ཀྲོ་དྷི་　ཀྲི་ལ་ཡ༔　མ་ཏ་ཀྲ་ཀྲ་ཉྩ་ག་ཀྲུ་རི་རི་　ཏཱ་ལ་རི་ཧཱུྃ་ཕཊ།　ཐན་དང་ཕུས་ཤན་མི་མཐུན་པའི་　ཕྱོགས་ཐམས་ཅད་དག་བགེགས་ཀྱི་སྟེང་དུ་　སྟོ་བཟློག་བསྒྱུར་ཤོག་བགེགས་ཀྱི་དབང་པོ་　ལྷ་སྲོག་ཚེ་བསོད་ནོར་ཕྱུགས་དབང་རླུང་ཡུལ་　ཞིང་མཁར་ཁང་ལ་ཕུཿཕུཿཧཱུྃ་ཧཱུྃ་བད་བད་　སྦྱོད་སྦྱོད་ལ་ཡཱ།

附録3　キュン・ズンス
（カブギャット祭礼において外部のトルマに入れられるキュンのマントラ、写真4-8）

No.1　ཧཱུྃ།

No.2　ཨཿ ཨོྃ་བྱྀ་ག་ཊ་ཙ་ལེ་ཙ་ལེ་སྟྲཱི་པཏ། སངས་རྒྱས་དེ་བཞིན་གཤེགས་པའི་བྱུང་གིས་ ལྷས་དབན་ཐམས་ཅད་གནོད་བྱེད་བགེགས་སྡང་ བྱེད་དགྲ་བོ་རྣམས་ལ་སྟོྃ་སྟོྃ་བཟློག་བཟློག་བསྒྱུར་ བསྐྱུརཧཱུཾ་ཕཊ་སྭཱ་ཧཱི་མཚན་དང་ཐམས་ཅད་ དགྲ་བགེགས་ལ་བཟློག་བསྒྱུརཿ

No.3　ཨོྃ་བཛྲ་ག་ཊ་ཙ་ལེ་ཙ་ལེ་སྟྲཱི་པཏ་རོ་རེཿ བྱུང་གིས་ལྷས་དང་དགྲ་ལ་བཟློགཿ

No.4　ཨོྃ་རཏྣ་ག་ཊ་ཙ་ལེ་ཙ་ལེ་སྟྲཱི་པཏ། རིན་ཆེན་བྱུང་གིས་ལྷས་དང་དགྲ་ལ་བཟློགཿ

No.5　ཨོྃ་པདྨ་ག་ཊ་ཙ་ལེ་ཙ་ལེ་སྟྲཱི་པཏ། པདྨ་བྱུང་གིས་ལྷས་དང་དགྲ་ལ་བཟློགཿ

No.6　ཨོྃ་ཀརྨ་ག་ཊ་ཙ་ལེ་ཙ་ལེ་སྟྲཱི་པཏ། ལས་ཀྱི་བྱུང་གིས་ལྷས་དང་དགྲ་ལ་བཟློགཿ

No.7　ཨོྃ་ལོ་ཀ་ག་ཊ་ཙ་ལེ་ཙ་ལེ་སྟྲཱི་པཏཿ འཇིག་རྟེན་བྱུང་གིས་ལྷས་དང་ཐམས་ཅད་སྡང་བྱེད་དགྲ་ལ་བཟློགཿ

No.8　ཨཿ གནོད་པས་གདོང་ཅན་ལྷས་དང་དགྲ་ལ་བཟློགཿ སྤྱི་བོས་སྤྱིར་ཆགས་ལྷས་དང་དགྲ་ལ་བཟློགཿ མཆུ་ཡིས་མཆུ་ཅན་ལྷས་དང་དགྲ་ལ་བཟློགཿ གཤོག་པས་གཤོག་ཅན་ལྷས་དང་དགྲ་ལ་བཟློགཿ ར་ཡིས་ར་ཅན་ལྷས་དང་དགྲ་ལ་བཟློགཿ སྦོ་བས་སྦོ་འགྲོའི་ལྷས་དང་དགྲ་ལ་བཟློགཿ ལྷས་དང་བརྒྱད་ཅུ་རྩ་གཅིག་བཟློགཿ ཡེ་འབྲོག་ཤུམ་བརྒྱ་དྲུག་ཅུ་བཟློགཿ བློ་བུར་བདུན་བརྒྱ་བཞི་ཤུ་བཟློགཿ སྭཱར་ཅིགཿ

あとがき

　実をいうと、あとがきを書くのはまだ早すぎるかもしれない。ラダックの人々の日常生活に関する膨大なフィールド・データの整理がまだ終わっていないからである。それにもかかわらず、ここで本書を上梓する理由は、仏教僧院の祭礼がラダックの人々の生活の全体にかかわり、さらにそれはラダックの人々の生態と世界観の中核となっているからである。仏教僧院をめぐる祭礼の自然誌は、30年間にわたりラダックを見続けてきた一人の人類学徒によるラダックの全体像とその時空的位置づけ、そしてそこに生きる人々の描写である。

　さらに、ここで用いられた自然誌の理論と方法論は、ラダックの人々の外側と内側から見た世界を理解するのに有効であった。実際のところ、世界を関係の総体として捉える自然誌の体系的視点は、世界に実体はなく原因と結果の関係のみにより成り立つとする、ナーガールジュナの仏教における縁起と空の理論と相通ずるものであった。このため、チベット仏教の理論や人々の考え方も抵抗なく私には理解することができたのである。自然誌は近代合理主義に基づく対立的二元論に捉われることなく、その分析の限界を越え、またさまざまな学問領域の境界をも越えて、いわば対象に寄り添うようにして、その全体像を理解することができるのである。おそらく、それが無理のない本来の人間の、自然な思考様式に基づくものだからであろう。

　さらに、私はラダックでのフィールド・ワークを通して、マハーヤーナ仏教の説く慈悲に強い関心を覚えた。それは、キリスト教の隣人愛と奉仕、イスラーム教やヒンドゥー教で重視される貧者への施しとしての喜捨と共通するのみならず、現代の人類学や社会心理学のテーマの一つである互恵性や利他心の探究に通ずるからである。

　私はかつて、インドのダージリンの朝霞の中を、遠くカンチェンジュンガの秀峰を見ながら散歩していた時のことを思い出す。前から歩いて来たチベット僧が私に向かって、「あなたはとても大きな頭をしていますね」と語りかけてきた。私が頭の上まですっぽりと覆う雨具を着けていたからである。私は自分の頭を指さし、「でも中味は空っぽなのですよ」と冗談で答えた。チベット僧は即座に、「それが大事なのです。すべては空から生じるのですから」と言って微笑んだのである。実際、チベット仏教では、瞑想を通して空の中に慈悲の心が芽生えると説く。私たちはあまりにも多くの事柄に心を奪われ、そのため、本来見えるはずの本当に大切なものを見失っていたのである。

私は現在、老人介護施設でいかにすれば人々が幸せに過ごせるのか、あるいは過疎地域でいかにすれば人々が互いに助け合いながら暮らしていけるのか、という現代日本が直面する課題のもと、大学院生の教育、指導を行なっている。マハーヤーナ仏教における慈悲心は、自然誌の実践においても共通するテーマなのである。

　すべての宗教が本来そうであるように、学問もまた人々とともにある。瞑想は何も座って沈黙することだけをいうのではない。横になっていても、歩いている時も、論理的分析で物事を理解することなのである。この意味で、宗教も学問も異なるアプローチをとりながらも、同じように物事を理解、検証し、その先にある人間の幸せという共通の目標に向かっているのかも知れない。

　ところで、私が1979年にカシミールを初めて訪れ、2011年に最近のフィールド・ワークを終えるまでに、すでに30年以上の歳月が経過した。この間、多くの人々の支援と助力があった。1983年、山田孝子とともに本格的なラダック調査に着手した際、当時2歳になっていた息子の太郎を、私の母と今は亡き父があずかってくれることになり、私たちはフィールド・ワークを敢行することができたのである。そして、私たちの最初の出会いとなったカシミール研究所所長のF.ハスナイン博士、レーのジョルダン家の人々、コンチョック・パンディ師とゲロン・パルダン師は、現在に至るまで30年間にわたり、いわばラダックの宗教と文化の教師として、惜しみなく彼らの知識と智慧を私たちに授け、一貫して私たちを助けてくれることになった。今、振り返って考えてみると、出発点でのこれらの人々との出会いに、その後の研究の展開のすべてが、丁度、一粒の種のように込められていたと言えるかも知れない。私たちが、もし、少しでもラダックを理解することができているとすれば、それは彼らからの賜物である。そして、もし、そこで私たち自身の役割が少しでもあったとするならば、この30年間、決して諦めることなく探究を続け、その結果、この種を何とか育てることができたということにあるのかも知れない。

　そして、2011年、北海道大学で開催したグローバルCOEプログラム「心の社会性に関する教育・研究拠点」、国際ワークショップ「チベットの地域性と共通性」には、ラダックからのコンチョック・パンディ師、イシェイ・アグモ女史をはじめ、多くのチベット人を招待し、ともにチベットの文化と心についての討論を重ねることができたのである。私たちはフィールドで結ばれた交流を通して、人生の一部を私たちの記憶の中に共有しているのである。私の30年間にわたる経験的観察方法というフィールド・ワークは、私の人生そのものであり、同時に彼らの人生そのものでもある。そこには観察者も対象者もない。フィールド・ワークそのものが今や、私たちの人生になっているのである。

　また、調査研究を遂行する上で、昭和58年度文部省在外研究員派遣、昭和63年度庭野平和財団研究助成、平成元-2年度日本学術振興会国際共同研究、平成13年度、平成15-17年度、平成18-21年度、平成23-25年度文部科学省・日本学術振興会科学研究費、平成14-18

年度文部科学省21世紀 COE プログラム「心の文化・生態学的基盤研究拠点形成」(北海道大学)、平成19-23年度同グローバル COE プログラム「心の社会性に関する教育・研究拠点形成」(北海道大学) 事業等の支援を得た。また、本書の出版は日本学術振興会平成25年度科学研究費助成事業研究成果公開促進費 (学術図書、JSPS 課題番号255124) によるものである。

　さらに、最後の最も重要な仕事である原稿の作成にあたり、鎌田亜子氏にはデータのパソコンへの入力、図・表の作成、写真の整理等のお手伝いをいただいた。そして、写真家・田村仁氏からは諸尊の壁画の貴重な写真をお借りし、掲載の許可をいただいた。また、山田孝子氏にも写真の掲載の許可をいただき、ラダック語語彙用語解の作成にご助力をいただいた。なお、上記掲載の写真は、その該当個所に撮影者の氏名を明示した。それ以外の写真は、筆者自身の撮影によるものである。さらに、法藏館編集部大山靖子氏、および編集者大隅直人氏、宮崎雅子氏には本書の出版の労をとっていただいた。

　ここに、本書の内容に関する責任は筆者個人にあることを明記するとともに、上記関係機関と関係各位に深く感謝の意を表するものである。そして、この成果が生きとし生けるすべてのもののために役立てられるよう願う次第である。

2013年12月

煎本　孝

索 引

あ

アーリア人　23
アヴァロキテシュヴァラ　223
　　→　観音、チェレンズィ
悪趣清浄軌　30
アサンガ（無著）　24
阿閦（如来）　239, 342
アショカ王　24
アダム・カーン　34
アチネ寺院　315
アツァリャ（アツァラ）　153, 172, 188, 193, 397, 441
アティーシャ　25, 31, 221
アニミズム　614
阿毘達磨倶舎論（漢訳）　233
阿毘達磨倶舎論（西蔵訳）　233, 284
アプチ（アチ）　72, 73, 135
アプチ・ジェンザン・インチュック　73
アプチ・スタラチェプパ　73
アプチ・チョスキドルマ　73
アポ・アピ　193
阿弥陀如来　239
アムチ　193
アラハティ（應供）　585
アラハト　237
アリミール・シェルカーン　34, 431
アルゴン　565
アルチ・チョーコル　40
アルチ寺院　27, 39, 250, 502

い

イーダム　73, 135, 374, 431
イェシェウ　29
イェシェスパ　338
イスラーム　32
イスラーム王朝　565
イスラーム化　32, 34, 36, 569
イスラーム教　565, 614
イダックス　229
一元化　593
インド　566

う

ヴァイシュラヴァナ　73
ヴァジュラヴァーラーヒー　247　→　パクモ
ヴァスバンドゥ（世観）　24
ヴァラナシ・サンスクリット大学　114
ヴェーダ神　233, 236
ヴェーダの宗教　491
ウチョス　49
馬の踊り　481
ウムザット（儀礼責任者）　49, 50, 296, 347, 350
ウルガンマ　50

え

永代貸借契約（パカシャス）　88, 96
絵師　370, 415
縁起　24, 238

お

王　496, 507
王宮（カル）　86, 544
應供　237　→　アラハティ
王権　599, 603, 604
王族　499
王の7種類の所有物　266, 280, 285, 322
オエセル（光明）　256, 613　→　光明
オパメット（無量光）　340, 342, 434
オミン・チュイン・ウスタ・メパナス　123
オム・マニ・パドメ・フム　223
オンポ　467, 496, 516, 561, 590, 599
オンポとラーの関係　493

か

カーギュットラマ　317, 347
カーギュ派　31, 39, 489
カーシュンズィ　133, 200, 323
カーシュンブルトル　138, 323
カーラチャクラ（時輪）　241, 250
カーラチャクラ・タントラ　26
階層社会　112, 299
回転　226
カイラス山　490
カウワ　126

カシミール　24, 27, 36, 490, 565
カシミール商人　565
カシミール人　570, 578
カシミールの帰属問題　565
カシュガル　34
カズダル　97, 308
カタック　297, 299, 334
カタップジェ　40
カダム派　31, 71
活性化　423
カニカ・ストゥーパ　27
カニシカ王　27
カブギャット(チェチョクヘールカ)　97, 119, 131, 135, 200, 487　→　チェチョクヘールカ
カブギャット祭礼　98, 119, 205, 357
カブギャット祭礼の意味　186
カブギャット堂　75, 148
カブギャット・デシェック・ドゥスパ　119
カブギャット・トルドック　120
カブゴー　83
カマラシーラ(蓮華戒)　25, 221
カム　364
仮面堂(バカン)　59, 75
仮面舞踊　44, 186, 187, 372, 386, 430, 440, 484, 603
仮面舞踊とトルマの投捨　490
仮面舞踊の意味　488
仮面舞踊の起源　488
我欲(エゴ)　206
カラーシャ　137
カラツェ寺院　329
ガリコルスム　36
カリスマ　612
カル　88
ガルーダ　128　→　キュン
カルギャン　131
カルギル　568, 583
カルシャ僧院　40
ガルダンダルゲーリン　40
カルツィ　170
カルドット　131, 135, 200
カルトル　133, 200, 479
カルブの戦闘　34
カルマ派　31
ガワキルワ　154, 170, 172
ガワキルワドス　179
カンギュル(チベット語訳大蔵経仏説部)　70, 213
カンギュル祭礼　98, 212, 354, 356, 357
カンギュル・ドクパ　213

カンギュルの朗唱　213
カンギュル朗唱の意味　221
ガンゴン　42, 38
間接交換　559, 563, 603
ガンダーラ　24, 26
カンダローハー　248
カンツァンギャット　99
観音　341, 444, 446
　　　→　アヴァロキテシュヴァラ、チェレンズィ
カンポ　113
カンロ　72, 135
カンロマ　248, 271
カンロメツォクス　272

き

儀軌　44
帰属意識　108
帰属性(アイデンティティ)　559, 570, 614
吉凶　400, 540
吉凶の占い　507
キデニマゴン　29, 32, 502
ギャー村　495
逆過程の光明体験　241
ギャブツァン・トゥルンパ　73
ギャペ・ラー　365, 412, 495, 496
ギャポ　365
ギャランタン　144
ギャリッドナドゥン　266
ギャリン　139
ギャルカートゥン　34, 431
ギャルチェン　508
ギャルチェン・タルチェス儀軌　510
ギャルチェン四尊(ギャルチェンズィ)　328, 349
ギャルツァン　164
ギャルポ　142
ギャルワリクスンガ　342
キュン　128, 200　→　ガルーダ
ギュンチャクスムパ　295
共生関係　565
行タントラ　26
共同住居(チカン)　63
協力活動　593, 596
キリスト教　614
キリスト教徒　33
キルコル(マンダラ)　139, 213, 245, 284, 313, 319, 335, 359, 412
キルコル型祭礼　46
キルコルシャクパ　245, 304

索引

キルコルの製作　245
儀礼　44, 314
儀礼活動　8, 294
儀礼活動時間　226
近代科学　613
近代合理主義　613

く

空　24, 179, 238, 256, 339, 585, 598, 610, 614
空海　26
空性　611
供犠　313, 491
グゲ　30
クシャン朝　26
クショー(クショック)・バクラ　58, 440, 499, 569
クショク　53
グストル　490
グストル型祭礼　44
グッズクス　200, 207
クル　88
グルギゴンボ　370, 379, 391
グルジワ　331
グルブック・ゴンパ(僧院)　39, 431
グローバル化　421, 499, 506, 608
グンチャクスムパ　316
クントゥ・ザンポ　188

け

経営戦略　423, 499
経験的観察方法　8
経済・宗教的交換　111
競馬　481, 482, 486
ケードル　366
ケードルジェ　375
ケードルジェ儀軌　412
ゲールク派　31, 39, 426, 484, 486, 489
ゲサル　29
ゲシェ　31
解深密経　24
ゲスコス(規律監督者)　49, 50, 259, 273, 277
掲師(チトラル)　26, 29
ゲット　297
ゲディックマ儀軌　460
現実的利益　422, 493, 559, 589, 603
現世利益　500
現代化　419, 422, 498, 505, 559, 561, 606, 607, 613
権力構造　87

こ

業(ラス)　238
高僧の個人住居(ジムシャック)　63
幸福　314
光明(オエセル)　241　→　オエセル
光明体験　241
広目天　233, 329
ゴーダマ・ブッダ(釈尊)　23
互恵性　299, 335, 614
互恵的関係　422, 603
心　613
心の位相　610
心の空性　611
心の神秘性　613
心のはたらき　610, 614
心の本質　611
心の本体　613
ゴジ　121, 123
五仏　30, 342　→　金剛界五仏
護法尊(チョスキョン)　72　→　チョスキョン
ゴマズィ　183, 194, 199
ゴマン・チョルテン　512, 538
ゴムスキュー　330
コラック　125, 214
コルダック　145
コルワ(サムサーラ)　229　→　サムサーラ
コン・コンチョク・ゲルポ　43
ゴンカン　72
金剛界五仏　511　→　五仏
金剛手　341, 376
コンシャクス(儀軌)　98, 213, 315, 323
ゴンジュン・ソルカー　97, 98
混成体系　493
混成的祭礼　493
コンゾル　144
ゴンダック　50
コンチョクジステンギド　295, 347
コント　229
ゴンニエル(財産管理者)　49, 50, 273
ゴンニエルカン　75
ゴンパゾット　284
ゴンパ・ソマ　46, 485, 487, 566
ゴンペジン　88
ゴンボ　72, 73, 119, 135, 382, 393, 433, 436, 444, 446　→　マハーカーラ
ゴンボ　142
ゴンボカン　74

ゴンボグル　370
ゴンボ・チャクズィパ　119
ゴンボ堂　148
ゴンボ・ヤブ　131
ゴンボ・ヤブユム　444
ゴンボ・ユム　131
ゴンモ　142
ゴンラック　90

さ

ザ　133
サールナート　185
財産の引き継ぎ(ツィルック・タンバ)　50
西方極楽世界　239
祭礼　9,44,423,490,578,593
祭礼の再構成　607
祭礼の生態学的意義　596
祭礼の特徴　585
祭礼の変化　409,415,498
ザインウル・アビディーン　33
サカ　97
サカルタンワ　296
サキャ・センター　373,421
サキャ・テンジン　376,418
サキャイ・カンソー　395
サキャ僧院　43
サキャ派　31,39,43,364
サダック　133,450
サチョク　251
サドルウディン　33
サニ僧院　27,43,512
サブー村　511
サマルカンド　33
サムサーラ　87,115,596　→　コルワ
サムルン・パルチャット・ラムセル　131
ザランマ　135,200
ザン　219
サンヴァラ・マンダラ　247,249
サンガ　120,214
サンガクチョーリン　42
サンカル僧院　39
サンゲス　229,237　→　ブッダ
サンス　160
ザンスカール　12,27,512,568
ザンストゥン　145
サンチョット　66

し

シーア派　565,569
シェー王宮　531
シェー王宮寺院　511
シェー寺院　249,512
シェー・シュブラ祭礼　501
シェー・シュブラ祭礼の意味　556
シェー村　501,511
シェクソル　124,251,262,272,287
シェマル　88,90
シェラザンポ　39
シェルニン　131,295,316
時間・空間分析方法　8
色界　233
ジクステンゴンポ　37
ジクステンペ・ラー　436
ジクステン・ラスダスペ・ラー　436
ジクメットクンガ・ナムギャル　38
持国天　233,328
死者の書　488
四手ゴンボ　515
自然誌　7
ジダック　133
シッディ　121
指定部族　566
指定部族法令　583
四天王　233
ジトー　97,319
ジトー儀軌　282,315,322,489
慈悲　359,592,595,610,614
慈悲心　611,612
慈悲の実践　614
シベリア　208
資本(マルツェナス)　89
ジムスカン　86
シメット　90
四面ゴンボ　379,394,395
下手ラダック　29
シャーンタラクシタ(寂護)　25,221
シャーンタラクシタ派　29
社会　423
社会規範　240,359,598
社会的権威　559
社会的役割　560
シャカムニ(釈迦牟尼)　69,74,586
シャス　88,89
シャチュクル僧院　42,54

ジャナック　190, 388, 456
ジャプシル　138
シャマニズム　208, 209, 493, 511, 595, 599, 603, 604, 614
シャマン　208, 589, 604
ジャム・カシミール州政府　569
ジャムパル　432
ジャムパルマ　337
ジャムヤン・ナムギャル(王)　34, 365, 502
ジャルザス　138
シャワ　397, 453, 456, 466
シャンシュン　29
ジャンチュブリン僧院　112
シャン派　31
ジャンパル　376
集会活動時間　226
集会堂(ドゥカン)　66, 148, 375
収穫儀礼　501
宗教　21, 566, 568, 613
宗教的帰属性　566
宗教的対立　570
宗教の国際化　114
集団調整機能　598
集団的帰属性　422
集団的祭礼　598
集団の凝集　614
集団の統合　612, 614
集団の方向性　614
16種類の女神　322
主観客体化方法　9
シュカンドゥン　151
ジュクスソルワ　123
シュクパ　157
シュッパ　147
シュブラ祭礼　172, 501
シュブラ祭礼とラー　501
ジュンデン　130
シュンマ　135
上手ラダック　29
小勃律(ギルギット)　29
ジョー　148
初会金剛頂経　26, 30
ショク　146
ショクパ　146
初原的同一性　9, 312, 313, 357, 557, 593, 597, 598, 614
所作タントラ　26
四忿怒尊　341

シルニェン　139
白ターラ　325
人格変換　593, 594
人格変換の過程　594
ジンギ・シュタグマ　120
身、口、意　295
信仰　612
人口　94
信仰心　561
真言(マントラ)　25　→　マントラ
シンジェ　229
寝室(ジムスチュン)　59
人生観　598
ジンダック　456
シンデ　142
神堂(ラカン)　61　→　ラカン
シンモ　144
信頼　612
真理の停止　238
真理の道　238
人類進化　614

す

垂直的階層構造　85
垂直的階層社会　86
ズィマルンガ　89
ズィンスキョン・ヤブ　138
スヴァータントリカ派(自立論証派)　25
ズェルダン　229
スカーワティ　238
スカルド　34
スカンソル・ギャツァ　366
スカンソル儀軌　382
スキャブド　337
スキョパ・ジクテンゴンポ(スキョパ・リンポチェ)　42, 67, 73, 135, 291
スキョンギスマゴスクムドックドカル　347
スキルブチェン僧院　315, 349, 354
スキルブチェン村　413, 496
ズクソル　156, 175
ズクツァンマ　248
スケチェットキラー　233
スゲンナス儀軌　282
スゴモ　311, 324
スゴルモ　97
スゴンド　120, 123
スゴンワ　353
スタクナ僧院　42

スタゴン　120
スタンスキョン　138
スチャンデン(儀軌)　495, 525
スツィギマル　98
スッタニパータ　23
ストック王宮　365, 412, 426, 473
ストック・グル・ツェチュー祭礼　425
ストック僧院　426
ストック村　425, 495
ストンチョット(儀軌)　101, 213, 222, 315, 325, 475
ストンデ僧院　40
スニェンナスカン　61
スパルバル　202
スピトゥック・グストル祭礼　440
スピトゥック(ペトゥ)僧院　27, 37, 39, 440, 451, 486
スプンドゥン　364, 413, 426
スマン　141
スマンモ　138, 140, 141
スマンラー(儀軌)　97, 282
スマンラック　120
スムチュツァースム　138
スムルンパルチョットラムセル　352
スリナガル　10, 565, 568, 577, 583
スンガスダワ　123
ズンス　125
スンドゥット　370
スンニ派　565, 570

せ

生計活動の年周期　356
政治的体系　604
政治的力　559, 603
生死の哲学　500
生存戦略　115, 598
生態　423
生態学的意義　585, 598
生態学的意味　209
生態学的機構　312
生態的互恵関係　356, 606, 607
生態の生存戦略　357
世界観　21
説一切有部(アビダルマ)　24
摂大乗論　24
絶対的利己心　612
絶対的利他心　612
セパコロ(輪廻図)　86, 229, 585 → 輪廻図

セムス　255
セムスケット　337
セルギサズィ　283
セルケム　177, 197, 460, 479, 484, 495
セルテン　296
セルラン　426
センゲ・ナムギャル(王)　32, 34, 38, 365, 412, 428, 496, 502, 512
千手観音　376
センモ　144

そ

僧院(ゴンパ)　59, 496, 500, 602, 603, 604
僧院儀礼　599
僧院経営方式　111
僧院の運営　49
僧院の公印(ゴンペ・チーダム)　51
僧院の制度改革　107
増長天　233, 329
僧の個人住居(タシャック)　63
ゾー　97
ゾクチェン派　44
ソグラツァン　138
ソスニェムス　91
ソスニェン　356
ゾット　231
ソナム・ドゥスパ　131
ソナム・ナムギャル王　429
ソブジョン　97
ゾル　177, 191, 199
ソルカー　98
ソルジャ　193
ソルタン　316
ソルチョット儀軌　294
ソンツェンガンポ　28, 221
ソンツェン図書館　113
ソンデ　142

た

ダーキニー　135, 248, 271
ターラ(ドルマ)　35, 73 → ドルマ
大旗(ダルチェン)　62
大乗仏教　23
大乗仏教の本質　238
大日(ヴァイローチャナ)　30, 342
大日経　26
大般若経(十万頌般若)　222
大勃律(バルティスタン)　29

ダオ　120, 396, 399, 413, 456, 458, 462, 465
タキ　193
タクサコ　40
ダクスケット　251, 256, 273, 320, 338, 340
託宣　409, 473, 493, 538, 604
タクゾル　144
タクタック僧院　44, 486
ダクダンマ　120, 214, 295, 337
タクトゥン　145
ダクドゥン　320
タクナック　197
タグリル　56, 366, 434, 498
ダクン　458, 462
多国籍型経営　421
多国籍型経営方式　111
タシ・ナムギャル　34
タシチェザン　42
タシチョッパ　131
タシルンポ僧院　39
タジン　88, 92
ダズクス　146, 193
ダゾル　144
タタール　33
ダチョンパ　229
タックツァン・ラスパ　365, 412, 496
タックツァン・ラチェン　37, 42
タックツァン・リンポチェ　428
ダトゥン　145
ダ・ハヌ　208
タムチェン　133
ダムチクパ　338
多聞天　233, 329　→　ナムシャス
ダライ・ラマ14世　26, 55, 110, 376, 417, 419, 431, 523, 571, 586, 612
ダライ・ラマ政権　36
ダルジン　213
ダルチェン　157
ダルド　29, 142, 172, 491
ダルバ　219
ダルマ　120, 214
タントラ　26
タントラ修行者　490
タントラ仏教　491, 585
タンパリッゲラー　186
ダンマクンガタクポ　69
タンラギ・チョッパ　123

ち

チェチョクヘールカ　74, 119　→　カプギャット
チェチョクヘールカ・ヤブユム　121
チェンレンズィ　223, 341
　　→　アヴァロキテシュヴァラ、観音
チェンレンズィ・チャクストン　376
チストルジンワ　123
チスパ(占星術師)　591
チダックマ儀軌　460
チツェデパ(総経営責任者)　51, 95
チデ僧院　42, 249
チトル　75, 121
チベット　36, 113
チベット難民　112
チベット仏教　603
地方型経営方式　111
チムジャムペヤン　222
チムデ僧院　486
チャ　229
チャクゾット　65, 308
チャクツァル　156
チャクツァルワ　123
チャクトゥン　145
チャクドル　341, 376
チャクブルワ　295
チャクラサンヴァラ　73, 213, 247, 436
　　→　デチョク
チャクリ　283
チャスム　330, 350
チャックツァル　175
チャックブルワ　172
チャプトル(儀軌)　98, 214, 245, 275, 317, 330, 349
チャマ(料理人)　49, 52
チャミック　151
チャミックロクパ　155
チャムシン　433
チャムスパ　152
チャムチョット　130
チャムトル　121
チャムトル・チュンワ　181
チャムトルの投捨　196
チャムポン(舞踊長)　49, 52, 456, 462〜464
チャムラ　157
チャルダル　157, 168
チャン　130, 429
チャンタン　54
チャンチュブウ　31

チャンチュプセムパ 229, 237
　　→ ボディサットヴァ
チャンチュプチョーリン 42
チャン派 29
チャンバ(弥勒) 376, 434
チャンブー 140, 282, 295
中有 488
中観派 24
チューシン 133
チューペンルー 138
厨房(タプツァン) 59
中論(頌) 23
チュスコル 316
チュピンペザック 97
チョオー 67
チョーティン・ツンツェ 52
チョーティンバ 49
チョートゥル 141
チョキロッタ 67
直接交換 563
チョジュンスノルワ 179
チョジュンリンパスムダン 181
チョスギャル 432
チョスギャル儀軌 440
チョスギャル・ナンドゥップ 432, 446
チョスキョン 135, 138, 366, 374, 429
　　→ 護法尊
チョスキョン・ダルマパーラ 73
チョスキョン・ツィマラ 140
チョスジェ・ダンマクンガタクパ 37, 42, 72
チョスチョット 295
チョットブル 156, 175
チョットペマンダル 282
チョットメ 99, 138
チョッパ 282, 295, 429
チョッパナンガ 139, 320, 332, 339, 342, 347, 491
チョッパブルワ 123
チョッペラモギャット 285
チョヨン 138, 139
チョルジェ 53
チョルチョット 311, 317, 324
チョルテン 157, 334
チンダック 154

つ

ツァツァ 61, 375
ツァムスカン 63, 80
ツァン 140, 143, 365, 379, 510

ツァンジャ 379, 428, 465
ツァンスパ 138, 154, 190
ツァンスマ 154
ツァンパカ 138
ツァンマ 150
ツェスパスム 97
ツェズンス 131
ツェタパ 140
ツェチャク 97
ツェチューイ・ニェルパ 427
ツェトゥン 145
ツェパメット(無量寿) 78, 325, 379, 433
　　→ 無量寿
ツェパメット(無量寿)堂 531
ツェパル・ミギュルドントップ・ナムギャル 37, 38
ツェラーナムスム 325
ツェリンマ 138, 516
ツエルマ 144
ツェワン・ナムギャルⅡ世 37
ツェワンノルブ 44
ツェワンラプタン・ナムギャル 32, 37, 38
ツォクザス 332
ツォクス 97, 123, 147, 208, 251, 262, 271, 287, 323, 331, 412, 429, 467, 469, 475, 484, 491, 493
ツォクスツォクスパ 293
ツォクスの奉献 467, 495, 499
ツォクスブルワ 123
ツォクラック 147
ツォムブ 139
ツォンカパ 31, 434
ツクスマ 153

て

ティクセ 502
ティクセ僧院 39, 39, 486
ディグン・カーギュ研究所 112
ディグン・カーギュ・サムテンリン尼僧院 113
ディグン・カーギュ派 31, 40, 54, 250, 484
ディグン・スキャブゴン・チェツァン 107
ディグン・スキャブゴン・チェツァン・チュンツァン 54, 67
ディグン・スキョパ(ニャメットゴンポ・パトナシュリ) 54
ディグン派 31
ディスキット僧院 40
ティソンデツェン 28, 221
ティチャク 138

ディップ 150
ティデツックツェン 28
ディトゥン 145
ティムール 33
ティムチョル 58
ティムック 229
ディモ(ヤクの雌) 90
ティモスガンの交易協定 108
ティルブ 139
ティローパ 71
ティンゲズィンギワンスクル 251, 316
ティンチョル儀軌 516
ティンボ・ザンポ 68
ティンラスザンポ 78
テウラン 140
デスキョン・ナムギャル 38
デチョク(チャクラサンヴァラ) 72, 73, 213, 245, 247, 250
デチョク(チャクラサンヴァラ)儀軌 100, 245, 250
デチョク・ヤブユム 250
テチョクワン 42
デパ(経営責任者) 49, 51, 95, 308
デパチェン 238
デパの王宮(デベカル) 66
テプスキュ 140
テプチャット 138
デプドゥン 131, 135, 200
デプン僧院 39
デラドゥン 55, 112
デルゲ版 222
デルダン・ナムギャル(王) 32, 502, 512
テンギュル 213
デンチャムスパ 153
伝統 423, 500, 505, 607, 613
伝統的祭礼 419
伝統的集団 423
伝統的役割 560
伝統の継承 561

と

同一化 313, 359
同一性の場 444
トゥォズィ 341
トゥクシン 98
ドゥクスポス 138
ドゥクトゥン 145
トゥクパ 98, 215

ドゥック・カーギュ派 31, 42, 249, 412, 420
ドゥック派 31
ドゥクパ・ブムデ 364
道化役者 444
トゥス 83, 150, 427, 520
ドゥット 373, 450
ドゥッパ 121
東方妙喜世界 239
ドゥムチョットチェンモ 100
ドゥムチョットチュンツェ 100
ドゥムチョットチュンツェ・ニェルパ 100
ドゥル 229
トゥルク 53
ドゥルシ 138
トゥルダック 396, 456
トゥルパ 54
トゥン 139
ドゥンギュット 54
トゥンシャクス 237
ドゥンスケット 251, 259, 265, 278, 320, 344
ドゥンステンニチョルテン 61
トゥンチュン 143
トゥンド 229
トゥンドゥプ・チョスギャル 69
トゥンパ・ドルジェ・スパルザン 43, 364, 368, 375, 413, 426
ドーゾル 144
トータンバ(会計責任者) 49, 50
トクダン・リンポチェ 37
トクダン・リンポチェ・ナワンロト・ギャルツェン 38
ドクパ 123, 131, 324
トクマ 141
トクマ・マブ・ンガギャ 141
ドグラ戦争 38, 426, 482, 498
トクロル 296
ドス 46, 485, 486, 489
ドスモチェ 46, 485
ドチャクス 229
ドトゥン 145
吐蕃王国 28, 389
ドラース 27
トリル 275, 330
ドルカル 325
トルキスタン 33, 34
トルギャック 124, 197, 432
ドルジェギャポ 137
ドルジェ・ジクチェット(ヴァジュラバイラヴァ)

431
ドルジェ・チェンモ 502
ドルジェ・チェンモ・ラカン 515
ドルジェ・チャン 316,515
トルソス 138
トルゾル 144
トルチュン 139
トルトゥン 145
トルドック 487
ドルドック 311,324,352
トルマ 44,120,121,124,131,377,484,510,578
ドルマ(ターラ) 131,324,446 → ターラ
トルマギャルツァ 317
トルマチンギスラパ 121
トルマの機能と解釈 484
トルマの投捨 197,479〜481,483,489
ドンキル 98,148
ドンスポン 97
トンユドッパ 342

な

ナーガールジュナ(龍樹) 23,71
ナータ 120,444
ナーランダー大学 24,71,444
ナガラジャナンド 40
ナクポチェンポ 120
ナグラン 426
ナスチュ 97
ナスツァンメリスキラー 341
夏の部屋(ヤルカン) 67
ナムギャルカルポ 138
ナムギャルツェモ 38
ナムギャルマ 315,325,340,475
ナムギャルメチョルテン 334
ナムギャルメトルマ 328
ナムシェス 255
ナムシャス(ナムトシャス、多聞天) 73,138,329,
 451 → 多聞天
ナムパルナンザット 342
ナモグル 295
ナルタン新版 222
ナルテン 97
ナローパ 71
ナントル 72,121

に

ニェチョット 120
ニェチョルガ 120

ニェルパ 51,99,427
二元的対立 256
21ターラ像(ドルマニルチック) 74
27種類のラー 231
二手ゴンボ 374
253の規則 50
ニャオ 120,140,193
ニャオダルワ 123
ニャオチュ 143
ニャシャ 195
ニャチャ 144
ニャルマ寺院 502,515
如来蔵説 24
ニルバーナ 187
人間活動系 7
人間性 314
ニンマ派 31,39,44,489

ぬ

ヌブラ 34,501,566

ね

ネチュン・チョスキョン 436
ネパール 113
涅槃 179,187

の

ノルブ・ナムギャル 34
ノルブナス 283

は

バーヴァヴィヴェーカ(清弁) 24
パカシャス 87,88
パカン 157
パキスタン 566,578
バクズワ 156
パクソル 157
パクモ(ヴァジュラヴァーラーヒー) 72,73,96,
 247 → ヴァジュラヴァーラーヒー
バクラ・ランドルニマ 58,152,174
バクラ・リンポチェ 373
バザラ 126
ハサン・カーン 34
ハシャン 441
パスケスポ 328
パスプン 411
パスラー 411,507
八仏(デシェクスギャトパ) 59

ハチマキ(ミダル)　259, 269, 285, 322
パック　229
パットコル・チャルギャ　139, 347
初穂　501, 520
パドマサムバヴァ(グル・リンポチェ)　28, 42, 44, 67, 199, 221, 331, 365, 425, 515, 537
パドマトッティシェリ　74, 119
パドメギャルツェン　78
パパ　98, 98, 130, 219
ハヤグリーヴァ(馬頭)　74, 436
ハラ　133
バラモン教　23, 26
パル　188
パルダンシェラブ　39
パルダン・ラモ　395, 433, 436, 446, 515, 520
パルダン・ラモ・ラカン　515
バルティ　565, 569
バルティスタン　33, 365, 431
バルド　186, 240, 358, 609
パルラー　138
般若・母タントラ系　26
般若・方便双入不二のタントラ　26
般若教　23, 24
反復　226, 296
反復と回転　593

ひ

ヒーナヤーナ　237, 240
羊　90
秘密集会タントラ　26
ピャン僧院　42, 54, 486, 487
ヒンドゥー教　23, 26, 33, 236, 614
ヒンドゥー教徒　565
ヒンドゥー哲学　236

ふ

ブータン　113
不空成就　342
プクタル僧院　40
仏、法、僧　295
仏教　23, 208, 209, 236, 604, 614
仏教学中央研究所　114, 364, 421
仏教儀軌　603
仏教教化　500
仏教教義　498, 500
仏教儀礼　493
仏教的宇宙観　87, 359, 598
仏教的社会規範　489, 598

仏教的世界観　585
仏教的論理　206
仏教哲学　236
仏教徒　33, 565
仏性　242
ブッダ(覚者、仏)　74, 120, 214, 237, 325, 376, 585
　→　サンゲス
ブッダ・シャカムニ　188, 378, 434, 502
ブッダ・シャカムニ像　538
ブッダ・シャカムニ堂　527
ブッダパーリタ　24
仏頂尊勝　325
プトン・リンチェンドゥプ　222
普遍的世界観　598
ブム　222, 295, 316, 354, 475, 476
フムクン　480, 485
プムスケット　251, 259, 276, 321
プムスコル　223
プムパ　339
冬の部屋(グンカン)　66
舞踊中庭(チャムラ)　59, 429
プラサンガ論法(帰謬法)　24
プラサンギカ派(帰謬論証派)　24, 240
ブルトゥク　215
ブルトル　121, 138, 330, 331
ブレ　88
ブロックパ　142
プンツォク・ナムギャル　38

へ

ペー　125, 214
ヘーヴァジュラ　366, 367
ヘーヴァジュラ・タントラ　26
ベーダ　172
ヘールカ　247
ヘミス(ヘミ)僧院　37, 38, 42, 365, 409, 412, 420, 428, 486
ヘミツェチュ　42
弁償(チャダ・スカンワ)　51

ほ

ボー　88
奉献の7腕　337
奉仕　359
宝生　342
方便・父タントラ系　26
菩提心　611, 612
ボディサットヴァ(チャンチュプセムパ、菩薩)

214, 237, 585　→　チャンチュプセムパ
ポプラン　365
ポメチュ　144
ホル　34
ポロ競技　488
ボン教　29, 31, 225, 601, 604

ま

マウリヤ朝　27
マゴン　90
マチャン（料理長）　49, 52
マトー王宮　420
マトー僧院　43, 364, 486
マトー・ナグラン祭礼　364
マトー村　413, 495
マニ　62
マニコル　223
マニチューコル　225
マニチュスコル堂　315
マニツォクスパ　61
マニテプスコル　223
マニドゥンチュル　61, 83, 225
マニペタブツァン　61
マハーヴュットパッティ（翻訳名義大集）　233, 284
マハーカーラ　120, 126　→　ゴンボ
マハームドラー　71
マハーヤーナ（大乗）　23, 237, 240
マハーヤーナ仏教　587
ママキ　137
マモ　133
迷い　238
マルシュクス　129
マルパ　31, 71
マルメ　138
マルメカン　379
マルユル　29, 502
マンジャ　297, 335
マンダル　217, 317, 585
マンダルブルワ　282, 317
マントラ　127, 129, 140, 223, 345, 349, 593
　→　真言
マントラの力　222
マントラの朗唱　345
マンラック　202

み

ミ　229
ミカ　144
ミカザス　144
ミスキョットパ　342
ミチョス　239
密教　25, 26
ミトゥクパ（儀軌）　97, 282, 350
ミナクポ　374, 487
ミナック　135
ミパムワンポ　36
ミミザン　329
ミャルワ　229
ミラレパ　31, 71
ミルザハイダル　34
民間儀礼　599
民衆教化　237
民族的帰属性　570
民俗舞踊　245, 301

む

麦こがし　125
無上瑜伽タントラ　26, 241
無色界　233
ムスリム（イスラーム教徒）　33, 211, 523, 565, 577, 578
村の再統合　544
村人の舞踊　544
無量光　→　オパメット
無量寿　→　ツェパメット
ムルベック　27, 512

め

瞑想　254, 255, 296, 462, 511, 585, 595, 598, 614
瞑想者　80, 83, 147, 190
瞑想方法　359
メトック　138
メルー山　85, 233, 283, 585

も

モン（楽土）　172, 370, 405, 417, 431, 440, 498, 560
モンゴル　113
モンゴル戦争　35, 38
モンゴル帝国　43
文殊　376

や

山羊　90
ヤク　90, 381
8つの誓い　239

ヤブユム 73
ヤマーンタカ 433, 436
ヤルカンド 565
ヤンクー 66
ヤンザップ 315
ヤンザップ・コンシャクス 315
ヤンザップ・ジトー（儀軌） 315, 317, 322
ヤンザップ・ソルデップ（儀軌） 315, 317, 320
ヤンザップ・ツァスムラチャン（儀軌） 315, 317, 321, 323, 324
ヤンズィンガパ 38
ヤンスパ 152

ゆ

唯識説 24
遊牧 491
ユラン 426
ユリカンギュル 213
ユリゴンヨック 90
ユルコルチュン 328
ユルラー 411, 507, 510
ユルラン 98
ユントゥン 145
ユンドゥン・ゴンパ（僧院） 42, 71

よ

ヨーガ行派 240
欲界 231
予言 369, 371, 400, 406, 473, 508, 540

ら

ラー 80, 133, 229, 231, 233, 448, 496, 500
ラー・スキョチェス 367
ラーチョス 239
ラー登場型祭礼 44
ラーと王権 557
ラーの巡行 541, 531
ラーの招請 495
ラーの信仰 498
ラーの託宣 467, 499
ラーの力 603
ラーの登場 430, 437, 599
ラーの登場拒否 419, 420, 422
ラーの登場と王権 600
ラーの登場と僧院 602
ラーの登場の一時停止 504
ラーの役割 559
ラーへの信仰 558, 599

ラーへの動物供犠 493
ラー・ペプチェス 367
ラーマー 248
ラーユル 237
ラー・ヨルチェス 367, 429
ラーをめぐる政治 418
ラカン 520 → 神堂
ラクトゥン 139
ラサ 395
ラサ版 222
ラス 238
ラダック 94, 113, 490
ラダック王国 32, 496, 506, 602, 604
ラダック王国の歴史的独立性 570
ラダック王統史 32, 109, 431
ラダック人 108, 499, 559
ラダックの人口統計 95
ラダックの歴史 499
ラダックの歴史の記憶 420
ラダック仏教徒協会 485, 499, 567, 571, 583
ラダック文化研究所 16
ラチェン・ギャルブリンチェン 32
ラチェン・ギャルポ 40
ラチェン・ゴトップゴン 37
ラチェン・タクブムデ 32, 37
ラチェン・ツェタン・ナムギャル 37
ラチェン・デレク・ナムギャル 35
ラチェン・バガン 32
ラチェン・パルギゴン 502
ラトー 80, 87, 365, 516, 525
ラトーの更新 531
ラバ 44, 208, 366, 384, 405, 425, 465, 466, 504, 510
ラバの巡行 499
ラバの選抜 495
ラバ／ラモ 589
ラマ 53, 72, 135
ラマイン 229
ラマチョッパ（儀軌） 97, 282, 316, 317
ラマユル・カプギャット祭礼 396, 462, 483
ラマユル僧院 13, 27, 42, 54, 187, 354, 356
ラムトル 479
ラメ・ラー 365, 412, 495, 496
ラモ 208, 379, 510
ラモ・スカンソル儀軌 516
ラヤル 383
ラルガ 370, 405
ラルダック 483
ラルパチェン 29

ラワンロト　39
ランダルマ　29, 389
ランツァ文字　127
ランドム僧院　568
ランドルニマ　89

り

リキール(ルキール)僧院　39, 451
リキール・ストルモチェ(ドスモチェ)祭礼　440, 484, 485
リキール・ストルモチェ祭礼　485
リクスム・ゴンポ　376
利己心　610
利息(スケット、パル)　89
リゾン僧院　39, 40
利他心　610
利他的行動　614
理論と方法論　7
リンガ　120
リンガチョットパ　332
リンズィリーラブダンチャスパ　283
リンチェンザンポ　30
　　→　ローツァワ・リンチェンザンポ
リンチェンチュンダン　342
リンチェンパル　73, 135
リンチャン・シャー　32
リンチン　33
輪廻　187, 598
輪廻図　→　セパコロ
輪廻転生　585
輪廻転生観　359
リンポチェ　49, 53, 612

る

ルー　133, 305, 448, 508, 537
ルートル　305
ルーピニー　248
ルディン・カンポ　418
ルバン　508, 537, 538
ルンパアリ　33

れ

レー　10, 511
歴史の修正　420
連邦直轄領　568, 583

ろ

ローサル(新年)　97
ローツァワ・リンチェンザンポ　71, 430, 502
　　→　リンチェンザンポ
ロディン・ケンポ・リンポチェ　375
ロトチョクダン　32
ロポン(僧院長)　49
ロンツァン　368
ロンツァン・カルマル　365, 379, 411

わ

ワン　251, 259, 269, 281, 285, 323
ワンポメトック　200, 207
ワンラ僧院　42

ん

ンガ　139
ンガボン　135, 200

煎本　孝（いりもと　たかし）

1947年、兵庫県に生まれる。1977年、東京大学大学院理学系研究科博士課程（人類学）単位取得退学。1980年、カナダ国サイモン・フレーザー大学大学院博士課程（社会学・人類学）修了。Ph.D.（哲学博士）取得。国立民族学博物館、北海道大学大学院文学研究科教授を経て、現在、北海道大学名誉教授。

著書　*Chipewyan Ecology: Group Structure and Caribou Hunting System*（National Museum of Ethnology, 1981）、『カナダ・インディアンの世界から』（福音館書店、2002年）、『文化の自然誌』（東京大学出版会、1996年）、『トナカイ遊牧民、循環のフィロソフィー』（明石書店、2007年）、『アイヌの熊祭り』（雄山閣、2010年）、ほか。

ラダック仏教僧院と祭礼

2014年2月28日　初版第1刷発行

著　者　煎本　孝
発行者　西村明高
発行所　株式会社　法藏館

〒600-8153
京都市下京区正面通烏丸東入
電　話　075(343)0030（編集）
　　　　075(343)5656（営業）

装　幀　佐藤篤司
印刷・製本　亜細亜印刷株式会社

Ⓒ T. Irimoto 2014

ISBN 978-4-8318-7442-9 C3039　　*Printed in Japan*
乱丁・落丁本の場合はお取替え致します

舞台の上の難民　チベット難民芸能集団の民族誌	山本達也 著	6,000円
チベット密教　瞑想入門	ソナム・G・ゴンタ 著	3,400円
つながりのジャーティヤ　スリランカの民族とカースト	鈴木晋介 著	6,500円
アジアの仏教と神々	立川武蔵 編	3,000円
挑戦する仏教　アジア各国の歴史といま	木村文輝 編	2,300円
ブータンと幸福論　宗教文化と儀礼	本林靖久 著	1,800円
ビルマの民族表象　文化人類学の視座から	髙谷紀夫 著	8,200円
スリランカの仏教	R・ゴンブリッチ／G・オベーセーカラ 著　島　岩 訳	18,000円
大黒天変相　仏教神話学Ⅰ	彌永信美 著	14,000円
観音変容譚　仏教神話学Ⅱ	彌永信美 著	18,000円
モンゴル仏教の研究	嘉木楊凱朝（ジャムヤンカイチョウ）著	13,000円
中国仏教造像の変容　南北朝後期および隋時代	八木春生 著	20,000円

法藏館　　　　価格税別